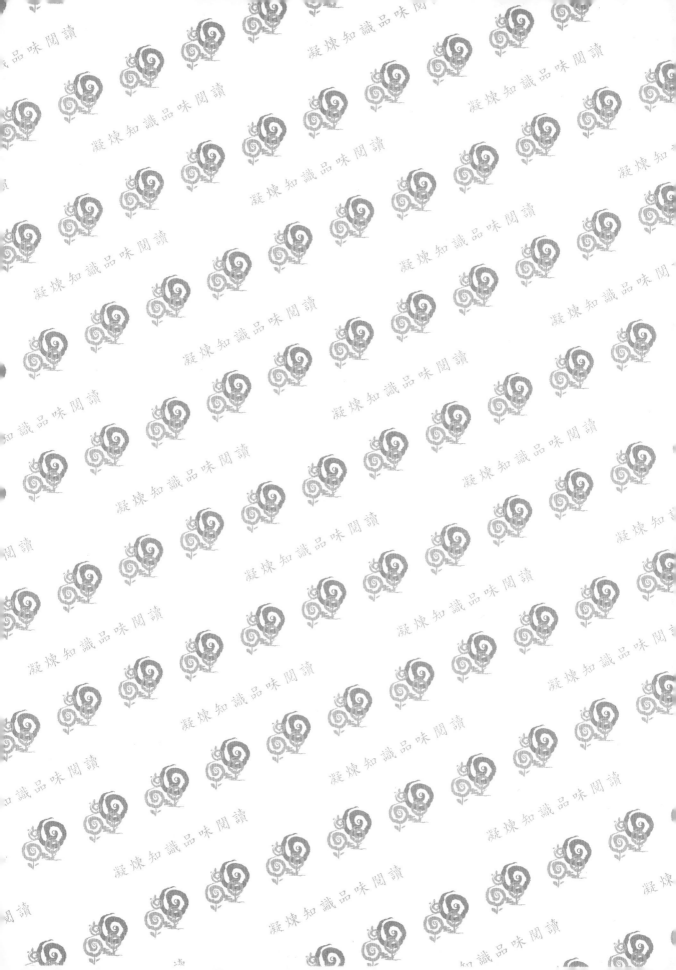

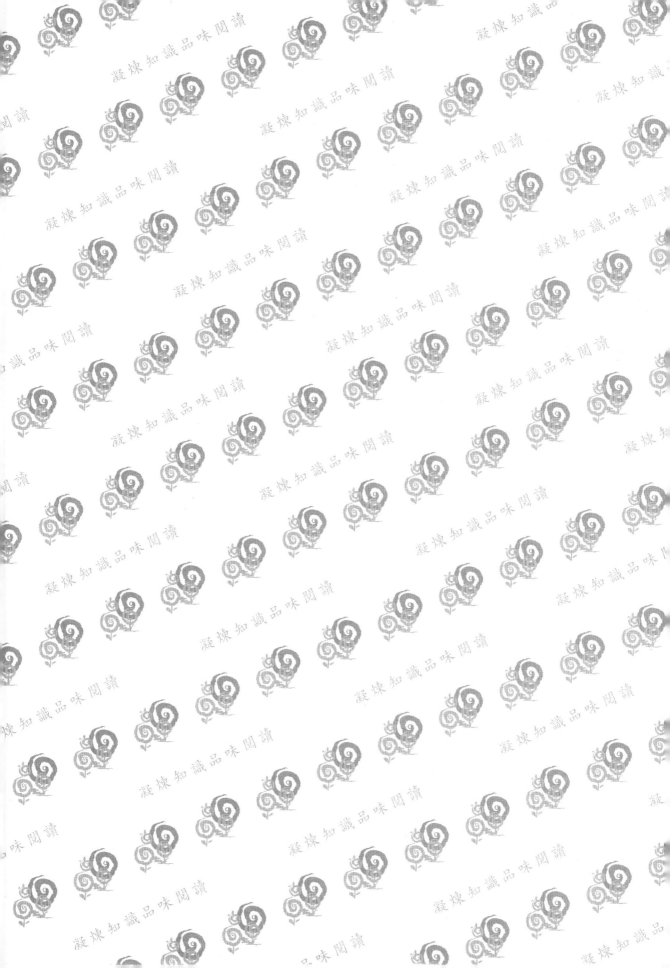

研究&方法

# 多變量統計之線性代數基礎
# ——應用STaTa分析

張紹勳 著

五南圖書出版公司 印行

# 自 序

　　混合模型 (mixture model) 旨在密度估計、聚類資料 (clustered data)、區別 (discriminant) 分析，後來演變成「潛在類 (unobserved classes) 迴歸預測」的工具。混合模型框架提供了一個方便且靈活的方法來模擬複雜的異質 (heterogeneous) 資料庫 ( 如生物學研究中通常會出現的數據集 )，例如：細胞計數數據和微陣列數據分析、大型生物醫學數據集中減少維度、非對稱和非常態集群。

　　本書中多變量分析，包括平均數之假設檢定 (hypothesis testing of means)、多變量變異數分析 (multivariate analysis of variance, MANOVA)、多元迴歸分析 (multiple regression analysis)、典型相關分析 (canonical correlation analysis)、線性判別分析 (discriminant analysis)、主成分分析 (principal component analysis)、因素分析 (factor analysis)、集群分析 (cluster analysis)、多元尺度法 (multidimensional scaling, MDS)。此外，結構方程模式 (structural equation modeling, SEM) 及階層線性模式 (hierarchical linear model, HLM) 作者另有專書介紹。

　　多變量分析主要應用在生物學 (biology)、經濟學 (economics)、工程學 (engineering)、遺傳學 (genetics)、市場行銷 (marketing)、醫學 (medicine)、精神病學 (psychiatry)、教育學、心理學、社會科學、人管、生產管理、經濟系、風險管理系、航運管理、財務金融、會計、公共衛生、工業工程和土木……。

　　本書第 0 章先介紹 SAS、R 和 SPSS 檔案，如何轉成 STaTa 檔案使用格式，坊間常見的 41 種軟體及大型資料庫之檔案格式，都可轉至 STaTa 來分析。STaTa 也是大數據分析很好的工具。

　　有鑒於 STaTa 分析功能龐大，可說是地表最強統計軟體，故作者撰寫一系列 STaTa 相關書籍，包括：

　　一、《STaTa 與高等統計分析》一書，該書內容包括描述性統計、樣本數的評估、變異數分析、相關、迴歸建模及診斷、重複測量……。

　　二、《STaTa 在結構方程模型及試題反應理論的應用》一書，該書內容包括路徑分析、結構方程模型、測量工具的信效度分析、因素分析……。

三、《生物醫學統計：使用 STaTa 分析》一書，該書內容包括類別資料分析 ( 無母數統計 )、logistic 迴歸、存活分析、流行病 (odds ratio) 的計算、篩檢工具與 ROC 曲線、工具變數 (2SLS)……Cox 比例危險模型、Kaplan-Meier 存活模型、脆弱性之 Cox 模型、參數存活分析（六種模型）、加速失敗時間模型、panel-data 存活模型、多層次存活模型……。

四、《Meta 分析實作：使用 Excel 與 CMA 程式》一書，該書內容包括統合分析 (meta-analysis)、勝算比 (odds ratio)、風險比、四種有名效果量 (ES) 公式之單位變換等。

五、《Panel-data 迴歸模型：STaTa 在廣義時間序列的應用》一書，該書內容包括多層次模型、GEE、工具變數 (2SLS)、動態模型……。

六、《STaTa 在財務金融與經濟分析的應用》一書，該書內容包括誤差異質性、動態模型、序列相關、時間序列分析、VAR、共整合……。

七、《多層次模型 (HLM) 及重複測量：使用 STaTa》一書，該書內容包括線性多層次模型、vs. 離散型多層次模型、計數型多層次模型、存活分析之多層次模型、非線性多層次模型……。

八、《模糊多準則評估法及統計》一書，該書內容包括 AHP、ANP、TOP-SIS、Fuzzy 理論、Fuzzy AHP……理論與實作。

九、《邏輯斯迴歸及離散選擇模型：應用 STaTa 統計》一書，該書內容包括邏輯斯迴歸、多元邏輯斯迴歸、配對資料的條件 logistic 迴歸分析、multinomial logistic regression、特定方案 rank-ordered logistic 迴歸、零膨脹 ordered probit regression 迴歸、配對資料的條件邏輯斯迴歸、特定方案 conditional logit model、離散選擇模型、多層次邏輯斯迴歸……。

十、《有限混合模型 (FMM)：STaTa 分析 ( 以 EM algorithm 做潛在分類再迴歸分析 )》一書，該書內容包括 FMM：線性迴歸、FMM：次序迴歸、FMM：Logit 迴歸、FMM：多項 Logit 迴歸、FMM：零膨脹迴歸、FMM：參數型存活迴歸……理論與實作。

十一、《多變量統計：應用 STaTa 分析》一書，該書內容包括平均數之假設檢定、多變量變異數分析 (MANOVA)、多元迴歸分析、典型相關分析、線性判別分析 (discriminant analysis)、主成分分析、因素分析 (factor analysis)、集群分析 (cluster analysis)、多元尺度法 (multidimensional scaling, MDS)……。

此外，研究者如何選擇正確的統計方法，如適當的估計與檢定方法、與統計概念等，都是實證研究中很重要的內涵，也是本書撰寫的目的。為了讓研究者能正確且精準使用 STaTa 統計分析，本書內文儘量結合「理論、方法、統計」，期望能夠對產學界有拋磚引玉的效果。

最後，特別感謝全傑科技公司 (http://www.softhome.com.tw) 提供 STaTa 軟體，晚學才有機會撰寫 STaTa 一系列書籍，以嘉惠學習者。

張紹勳 敬上

# Contents

# Contents

# Contents

# Contents

## Chapter 06　典型相關分析 (canonical correlation, canon 指令 )　637

## Chapter 07 判別分析 / 線性判別分析 (discriminant analysis) 675

# Contents

# Contents

## Chapter 11 多維標度法 / 多向度量尺 (multidimensional scaling) 939

## Chapter 12 對應分析 (correspondence analysis) 987

# STaTa是地表最強的
# 統計軟體

# 0-1 STaTa 是地表最強大的統計軟體

本書中每章都有 STaTa analysis 範例，倘若採用的是 STaTa v12 以前的版本，則可能無法讀取 CD 所附有些「*.dta」檔案，此時可改用 STaTa v15 以後的版本。

STaTa 是 Statacorp 於 1985 年所開發的統計程式，在全球被廣泛應用於企業和學術機構中。許多使用者運用在研究領域，特別是心理學、經濟學、社會學、政治學、管理學及藥理學、流行病學領域。

STaTa 是一套完整整合式的統計分析軟體，提供研究人員所需的資料分析、資料管理與強大繪圖功能。它同時具有數據管理軟體、統計分析軟體、繪圖軟體、矩陣計算軟體和程式語言的特點，功能強大卻又小巧玲瓏。從 1985 年到現在不斷更新和擴充，內容日趨完善，Menu 操作視窗非常容易使用。迄今 STaTa 已在美國各大學廣爲流傳，也是地表最強統計套裝軟體。

圖 0-1　STaTa v15 新增加的統計功能

新版本 STaTa 更增加許多新功能，包含多層次混合模型 (multilevel mixed models)、精確邏輯斯迴歸 (exact logistic regression)、多元對應分析 (multiple correspondence analysis)、Bayesian 多層次模型、潛在類別分析、Linearized DSGEs、非線性多層次混合模型、特定方案 Logit 模型、無母數迴歸、門檻迴歸……，可在官網 (www.stata.com) 看到更多 STaTa 新版本功能。利用其 regress screenshot 快速、精確且容易使用的點選式介面，加上直覺式語法與線上支援，使得 STaTa 相形於其他統計軟體更容易上手，且可以在 STaTa 出版的英文書中找到所有的分析功能。

**STaTa 各統計功能簡易說明：**

---

**延伸迴歸模型（extended regression models, ERMs), There are four new commands that fit**
- · linear models
- · linear models with interval-censored outcomes, including tobit models
- · probit models
- · ordered probit models

---

**潛在類別分析 (latent class analysis, LCA)**
. gsem (alcohol truant weapon theft vandalism <-), logit lclass(C 3)

---

**Bayesian regression models using the bayes prefix**
. bayes: regress y x1 x2

---

**convert dynamic Markdown documents to HTML with dyndoc**

---

**linearized DSGEs**

. dsge  (x = E(F.x) - (r - E(F.p) - z), unobserved)
    (p = {beta}*E(F.p) + {kappa}*x)
    (r = 1/{beta}*p + u)
    (F.z = {rhoz}*z, state)
    (F.u = {rhou}*u, state)

---

**有限混合模型：(finite mixture models, FMMs)：17 種迴歸**

| fmm: prefix that can be used with 17 estimators | | | |
|---|---|---|---|
| regress | tobit | intreg | truncreg |
| ivregress | poisson | tpoisson | nbreg |
| streg | logit | ologit | mlogit |
| probit | oprobit | cloglog | betareg glm |

| |
|---|
| spatial autoregressive models, 重點有：<br>spatial lags of, endogenous covariates, heteroskedastic errors, cross-sectional data, panel data<br>analyze spillover, spatial weighting matrices |
| 存活分析：(parametric survival models for interval-censored data) |
| 非線性多層次混合模型 (nonlinear multilevel mixed-effects models) |
| 特定方案 Logit 模型 (alternative-specific mixed logit regression) |
| 無母數迴歸 (nonparametric regression) |
| Bayesian 多層次模型 (Bayesian multilevel models) |
| 門檻迴歸 (threshold regression) |
| panel-data tobit models with random coefficients and intercepts |
| easy import of federal reserve economic Data：如<br>You need GDP for Venezuela, Colombia, and Peru. You launch STaTa. You choose File ><br>Import > Federal Reserve Economic Data (FRED). You type "Venezuela Gross Domestic<br>Product" and click on Search. |
| multilevel mixed-effects interval regression：<br><br>. meintreg exerlo exerup age work kids walk \|\| cid: |
| Multilevel tobit models |
| Panel-data 共整合檢定 (cointegration tests) |
| 時間序列中多個斷點檢定 (cumulative sum test for parameter stability) |
| 多組之廣義 SEM(multiple-group generalized SEM) |
| 分析資料具有 ICD-10-CM/PCS 碼 |
| 檢定力：<br>power analysis for cluster randomized designs<br>power analysis for linear regression |
| 誤差異質性之線性模型 (heteroskedastic linear regression) |
| 具樣本選擇 Poisson 模型 (Poisson models with sample selection) |
| **結構方程模型 (SEM)**<br>結構方程模型 (SEM) 是一個統計學的測試，估計使用統計數據和定性的因果假設的組<br>合關係技術。結構方程模型 (SEM) 同時允許驗證和探索性建模，這意味著它們適合於<br>理論測試和理論的發展。因素分析 (Factor analysis)，經路迴歸分析 (path analysis and |

regression all represent special cases of SEM)。SEM 進階分析，包括：測量不變性 (Measurement invariance). 多組群建模 (Multiple group modelling): This is a technique allowing joint estimation of multiple models, each with different sub-groups. Applications include behavior genetics, and analysis of differences between groups (e.g., gender, cultures, test forms written in different languages, etc.). 潛在成長模型 (Latent growth modeling). 多層次模型 (Hierarchical/multilevel modes); 試題反應理論 (item response theory models). ( 潛在 ) 混合模型 (Mixture model) (latent class) SEM. Alternative estimation and testing techniques. 強靭推論 (Robust inference). 調查抽樣 (Survey sampling analyses). 多方法多特質模型 (Multi-method) multi-trait models. 結構方程模型 (Structural Equation Model Trees).

## 0-1-1 多變量統計 (multivariate analysis) 之指令

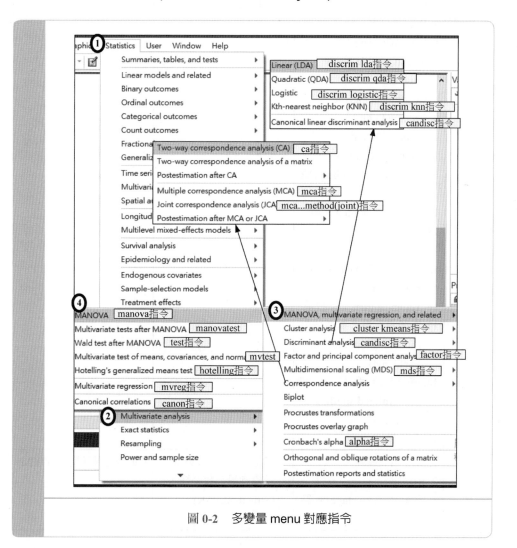

圖 0-2　多變量 menu 對應指令

## 0-1-2 單層次：連續 vs. 類別依變數迴歸之種類

作者《STaTa 與高等統計分析》一書，該書內容包括描述性統計、樣本數的評估、變異數分析、相關、迴歸建模及診斷、重複測量……。

STaTa 單層次：連續 vs. 類別依變數之迴歸分析法，如下表。

| | 橫斷面 (cross section) 研究 | 縱貫面研究 (longitudinal research) | |
|---|---|---|---|
| | | 限定態 ( 有差分變數 ) | 不限非定態 |
| 1. 單一方程式之迴歸 | 1. OLS( 最小平方法 ) 迴歸<br>2. WLS( 加權平方法 )<br>3. Probit 迴歸<br>4. Robust 迴歸 (rreg 指令 )<br>5. Prais-Winsten 迴歸<br>6. 分量 (Quantile) 迴歸<br>7. Logit 迴歸<br>8. Conditional logistic<br>9. Ordered Logit<br>10. Ordered Probit<br>11. Multinomial Logit<br>12. Zero-inflated Poisson 迴歸<br>13. negative binomial 迴歸<br>14. 截取迴歸 (censored regression)<br>15. 斷尾迴歸 (truncated regression<br>16. Errors-in-variables 迴歸<br>17. 有限資訊最大概似估計 (limited-information max likelihood)<br>18. 廣義動差估計法 (generalized method of moments)<br>19. 動態模型 | 1. ARMA( 若無單根 )，類似 ARIMA(p,l,q)<br>2. arch/garch 模型 | ARIMA(p,l,q)，若有單根，則為 ECM |
| 2. 聯立方程式之迴歸 | 1. 似不相關迴歸<br>2. 兩階段 (2- stage) 迴歸<br>3. 三階段 (three-stage) 迴歸 | 1. 向量自我迴歸 (VAR)<br>2. 結權向量自我迴歸 (Structural VAR) | 向量誤差修正模型 (VECM) |

STaTa 除了廣義線性迴歸 (reg 指令 ) 外，尚有下列指令可執行各種類型之歸迴。

| STaTa 指令 | 說明 |
|---|---|
| areg | an easier way to fit regressions with many dummy variables |
| arch | regression models with ARCH errors |
| arima | ARIMA models |
| boxcox | Box-Cox regression models |
| cnsreg | constrained linear regression |
| eivreg | errors-in-variables regression |
| etregress | linear regression with endogenous treatment effects |
| frontier | stochastic frontier models |
| gmm | generalized method of moments estimation |
| heckman | Heckman selection model |
| intreg | interval regression |
| ivregress | single-equation instrumental-variables regression |
| ivtobit | tobit regression with endogenous variables |
| newey | regression with Newey-West standard errors |
| nl | nonlinear least-squares estimation |
| nlsur | estimation of nonlinear systems of equations |
| qreg | quantile (including median) regression |
| reg3 | three-stage least-squares (3SLS) regression |
| rreg | a type of robust regression |
| gsem | generalized structural equation models |
| sem | linear structural equation models |
| sureg | seemingly unrelated regression |
| tobit | tobit regression |
| truncreg | truncated regression |
| xtabond | Arellano-Bond linear dynamic panel-data estimation |
| xtdpd | linear dynamic panel-data estimation |
| xtfrontier | panel-data stochastic frontier model |

| STaTa 指令 | 說明 |
|---|---|
| xtgls | panel-data GLS models |
| xthtaylor | Hausman-Taylor estimator for error-components models |
| xtintreg | panel-data interval regression models |
| xtivreg | panel-data instrumental-variables (2SLS) regression |
| xtpcse | linear regression with panel-corrected standard errors |
| xtreg | fixed- and random-effects linear models |
| xtregar | fixed- and random-effects linear models with an AR(1) disturbance |
| xttobit | panel-data tobit models |

STaTa「regress」之後指令 (postestimation)：

| STaTa 指令 | 說明 |
|---|---|
| estat archlm | test for ARCH effects in the residuals |
| estat bgodfrey | Breusch-Godfrey test for higher-order serial correlation |
| estat durbinalt | Durbin's alternative test for serial correlation |
| estat dwatson | Durbin-Watson d statistic to test for first-order serial correlation |
| dfbeta | DFBETA influence statistics |
| estat hettest | tests for heteroskedasticity |
| estat imtest | information matrix test |
| estat ovtest | Ramsey regression specification-error test for omitted variables |
| estat szroeter | Szroeter's rank test for heteroskedasticity |
| estat vif | variance inflation factors for the independent variables |
| estat esize | eta-squared and omega-squared effect sizes |
| 迴歸參數的檢定 (tests of parameters) | |
| test | Wald test of linear hypotheses |
| testnl | Wald test of nonlinear hypotheses |
| lrtest | likelihood-ratio tests |
| hausman | Hausman specification test |
| suest | generalization of the Hausman test |

## 一、迴歸分析之專有名詞

迴歸分析係以數學和統計方法來確認一組變數中的系統性部分，並依此解釋過去的現象和預測未來。它將研究的變數區分為依變數與自變數，建立依變數為自變數之函數模型，其主要目的是用來解釋資料過去的現象及自變數來預測依變數未來可能產生之數值。

1. 自變數 (independent variable)：由數學方程式預測的變數。

2. 依變數 (dependent variable)：又稱反應變數，據以預測依變數的值之變數。

3. 簡單線性迴歸 (simple linear regression)：僅有一自變數與一依變數，且其關係大致上可用一直線表示。

$$Y = \alpha + \beta X + U$$

其中

$\alpha, \beta$ 為未知參數 ( 迴歸係數 )，需要我們去估計。

$U$ 代表不能由 $\alpha + \beta X$ 所描述的 $Y$ 行為，亦即 $Y$ 與線性模型之間的誤差。

4. 複迴歸 (multiple regression)：兩個以上自變數的迴歸。

5. 多變數迴歸 (multi-variable regression)：又稱向量迴歸 ( 如 VAR, VECM)，用多個自變數預測數個依變數，建立之聯立迴歸方程式。例如：STaTa 的 Multiple Equation 迴歸。

## 二、單層次：各類型迴歸之適用情境

STaTa 光是「單層次：線性模型」就有 26 種迴歸，另還有二元迴歸、次序迴歸、類別迴歸、計數迴歸等大類別迴歸，每個大類別迴歸又細分為好幾種不同的迴歸方法。STaTa 已是地表最強的統計軟體。

「單層次：線性模型」可參考作者《STaTa 與高等統計分析》一書的介紹。

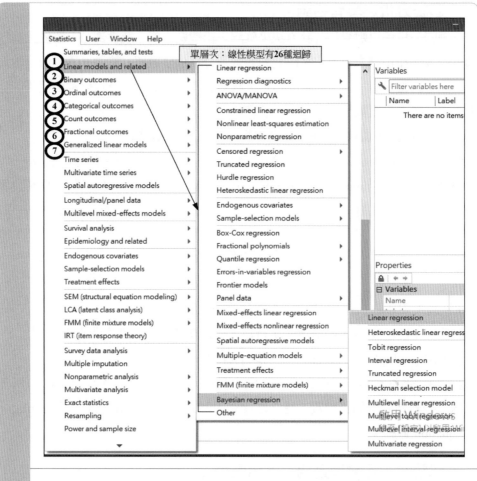

圖 0-3　單層次 ： 各類型迴歸

|  | 自變數<br>(predictor) | | |
|---|---|---|---|
| 依變數<br>(outcome) | 連續變數 | 類別變數 | 連續＋類別變數 |
| 連續變數 | 線性迴歸<br>censored 迴歸<br>truncated 迴歸<br>Robust 迴歸 | 線性迴歸<br>censored 迴歸<br>truncated 迴歸<br>Robust 迴歸 | 線性迴歸<br>censored 迴歸<br>truncated 迴歸<br>Robust 迴歸 |

| 自變數<br>(predictor)<br><br>依變數<br>(outcome) | 連續變數 | 類別變數 | 連續 + 類別變數 |
|---|---|---|---|
| | Quantile 迴歸<br>Constrained 迴歸<br>Errors-in-variables 迴歸 | Quantile 迴歸<br>Constrained 迴歸<br>Errors-in-variables 迴歸 | Quantile 迴歸<br>Constrained 迴歸<br>Errors-in-variables 迴歸 |
| binary 變數 | 線性迴歸 ≈<br>Logistic 迴歸 ≈<br>probit 迴歸<br>Conditional logistic 迴歸 | 線性迴歸 ≈<br>Logistic 迴歸 ≈<br>probit 迴歸<br>Conditional logistic 迴歸 | 線性迴歸 ≈<br>Logistic 迴歸 ≈<br>probit 迴歸<br>Conditional logistic 迴歸 |
| Ordinal 變數 | 次序 logit 模型 Ordered Logit and 次序機率模型 Ordered Probit Analysis | 次序 logit 模型 Ordered Logit and 次序機率模型 Ordered Probit Analysis | 次序 logit 模型 Ordered Logit and 次序機率模型 Ordered Probit Analysis |
| Nominal 類別變數 | Multinomial Logit 及相關模型 | Multinomial Logit 及相關模型 | Multinomial Logit 及相關模型 |
| Count 變數：<br>Count 迴歸 | 1. Poisson 迴歸<br>2. Zero-inflated Poisson 迴歸<br>3. negative binomial 迴歸<br>4. Zero-inflated negative binomial 迴歸<br>5. Truncated negative binomial 迴歸<br>6. Truncated Poisson 迴歸<br>7. Zero-truncated Poisson 迴歸<br>8. Mixed-effects Poisson 迴歸 | 1. Poisson 迴歸<br>2. Zero-inflated Poisson 迴歸<br>3. negative binomial 迴歸<br>4. Zero-inflated negative binomial 迴歸<br>5. Truncated negative binomial 迴歸<br>6. Truncated Poisson 迴歸<br>7. Zero-truncated Poisson 迴歸<br>8. Mixed-effects Poisson 迴歸 | 1. Poisson 迴歸<br>2. Zero-inflated Poisson 迴歸<br>3. negative binomial 迴歸<br>4. Zero-inflated negative binomial 迴歸<br>5. Truncated negative binomial 迴歸<br>6. Truncated Poisson 迴歸<br>7. Zero-truncated Poisson 迴歸<br>8. Mixed-effects Poisson 迴歸 |
| 多個依變數 | Multiple Equation 迴歸 seemingly unrelated 迴歸 ( 同一組自變數 ) | Multiple Equation 迴歸 seemingly unrelated 迴歸 ( 同一組自變數 ) | Multiple Equation 迴歸 seemingly unrelated 迴歸 ( 同一組自變數 ) |

註：「≈」表示迴歸係數之顯著性 z 檢定，p 值都是非常接近。

| 依變數 | STaTa 提供的模型 | 編碼 / 值 Codes/ Value |
|---|---|---|
| 二元 (binary) 依變數模型 | linear probability model (LPM), probit, logit | e.g. 是與否、同意與不同意。接受貸款申請與否、購屋與否。 |
| 多項選擇模型 (multinomial choice) | multinomial probit, multinomial logit | 選擇主修經濟、財務、企管、會計或資管。 |
| 有序 (ordered) 選擇模型 | ordered probit | 依變數為非數字，但具有自然的順序。<br>e.g. 成績 A, B, C, D。<br>　　 債券等級 AAA, AA 等。 |
| 計數資料 (count data) 模型 | Poisson 迴歸 | 依變數為非負整數。<br>e.g. 某戶子女人數。<br>　　 某人一年看醫生次數。 |
| 個體選擇模型 | Tobit 迴歸 | y 基本上為連續的正值，但其值為 0 的機率大於 0。<br>e.g. 保險額度。<br>　　 退休基金投資於股票的額度。 |
| Heckit 模型：解釋變數 x 可以觀察到，但由於另外一些因素的影響，y 並非全部可觀察。 | heckprobit 迴歸 | 1. 截取迴歸 (censored regression)：依變數超過某門檻就不存此觀測值，但自變數資訊存在。STaTa 有提供 Tobit 迴歸。<br>2. 斷尾迴歸 (truncated regression)：自變數與依變數超過某門檻，就都不存在觀測值。STaTa 有斷尾迴歸。 |

1. 以上多數的模型通常並不適合 OLS 估計法 ( 因為「違反常態性」假定 )，可以採用非線性最小平方法 (NLS) 來估計，但 NLS 估計式常常是無效率的 (inefficient)，一般都採用最大概似估計 (maximum likelihood estimation)。
2. 最大概似估計在小樣本中它的性質是未知的；但是我們可以證明在大樣本裡 ( 有學者主張樣本數 500 以上 )，最大概似估計是常態分布的、一致的，而且是最佳的。
3. 我們必須將以上的迴歸函數解釋為機率的預測。

## 0-1-3 多層次模型 (HLM) 及重複測量之 STaTa 指令

> 定義：混合效果
>
> 混合效果＝固定效果＋隨機效果
>
> 固定效果 (fixed effect) 是所有組中的效果都相同 (which are the same in all groups)。
>
> 隨機效果 (random effect) 是各組之間的隨機呈現效果都不同 (which vary across groups)。
>
> 在混合模型中，每個 levels 都很明確存在隨機和系統 ( 固定 ) 效果。

　　除線性多層次模型 (mixed, xtmixed 指令 ) 外，STaTa 混合模型約略可分成三大類：

**類 1** | hierarchical linear model |( 多層次線性模型，HLM) 依變數是連續變數，STaTa 線性多層次模型之對應指令包括 mixed、xtmixed。

**類 2** | hierarchical generalized linear model |( 廣義多層次模型，HGLM) 依變數是類別型、計數型、次序型、離散型變數，稱為階層廣義線性模型，STaTa 線性多層次模型之對應指令包括 menl、melogit、meprobit、mecloglog、meologit、meoprobit、mepoisson、menbreg、metobit、meintreg、meglm、mestreg、meqrlogit、meqrpoisson。

**類 3** | Bayeisan 多層次迴歸 | 包括 (bayes: mixed、bayes: metobit、bayes: meintreg、bayes: melogit、bayes: meoprobit、bayes: mecloglog、bayes: meologit、bayes: meoprobit、bayes: mepoisson、bayes: menbreg、bayes: meglm、bayes: mestreg。

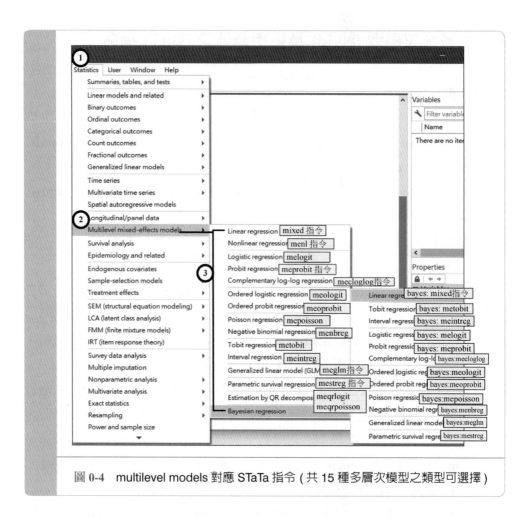

圖 0-4　multilevel models 對應 STaTa 指令 ( 共 15 種多層次模型之類型可選擇 )

多層次混合模型之指令為：

| 指令 | 說明 |
|------|------|
| xtmixed、mixed | 多層次混合效果 *linear regression* |
| xtmelogit、melogit | 多層次混合效果 *logistic regression* |
| xtmepoisson、mepoisson | 多層次混合效果 *Poisson regression* |
| menl | 非線性混合效果迴歸 *Nonlinear mixed-effects regression* |
| meprobit | 多層次混合效果 probit regression |
| mecloglog | 多層次混合效果 complementary log-log regression |
| meologit | 多層次混合效果 ordered logistic regression |

| 指令 | 說明 |
|------|------|
| meoprobit | 多層次混合效果 ordered probit regression |
| menbreg | 多層次混合效果 negative binomial regression |
| metobit | 多層次混合效果 tobit regression |
| meintreg | 多層次混合效果 interval regression |
| meglm | 多層次混合效果 generalized linear model |
| meqrlogit | 多層次混合效果 logistic regression (QR decomposition) |
| meqrpoisson | 多層次混合效果 Poisson regression (QR decomposition) |
| mestreg | *多層次參數存活模型* |
| bayes: 開頭 12 指令 | bayes: mecloglog 、bayes: meglm 、bayes: meintreg 、bayes: melogit 、bayes: menbreg 、bayes: meologit 、bayes: meoprobit 、bayes: mepoisson 、bayes: meprobit 、bayes: mestreg 、bayes: metobit 、bayes: mixed |

1. 有網底斜體字的迴歸，才納入本書的範例。
2. 混合效果 = 固定效果 + 隨機效果。
3. 隨機截距 / 隨機斜率屬隨機效果。
4. 指令 xtmixed 、mixed 專門處理多層次 mixed regression ( 具常態分布、連續型結果變數 )。它特別受到歡迎。

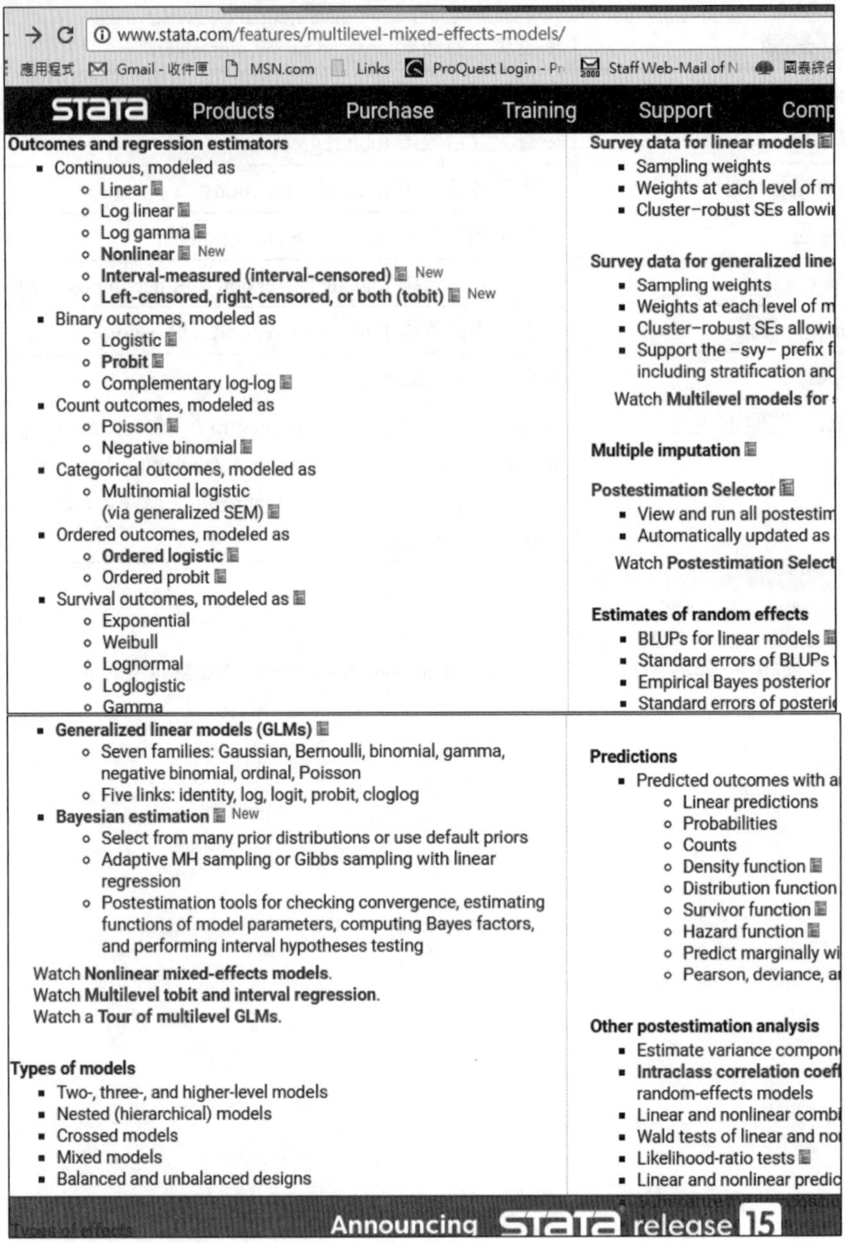

www.stata.com/features/multilevel-mixed-effects-models/

應用程式 Gmail - 收件匣 MSN.com Links ProQuest Login - Pr Staff Web-Mail of N 國泰綜合

STATA Products Purchase Training Support Comp

**Outcomes and regression estimators**

- Continuous, modeled as
  - Linear
  - Log linear
  - Log gamma
  - **Nonlinear** New
  - **Interval-measured (interval-censored)** New
  - **Left-censored, right-censored, or both (tobit)** New
- Binary outcomes, modeled as
  - Logistic
  - **Probit**
  - Complementary log-log
- Count outcomes, modeled as
  - Poisson
  - Negative binomial
- Categorical outcomes, modeled as
  - Multinomial logistic (via generalized SEM)
- Ordered outcomes, modeled as
  - **Ordered logistic**
  - Ordered probit
- Survival outcomes, modeled as
  - Exponential
  - Weibull
  - Lognormal
  - Loglogistic
  - Gamma
- **Generalized linear models (GLMs)**
  - Seven families: Gaussian, Bernoulli, binomial, gamma, negative binomial, ordinal, Poisson
  - Five links: identity, log, logit, probit, cloglog
- **Bayesian estimation** New
  - Select from many prior distributions or use default priors
  - Adaptive MH sampling or Gibbs sampling with linear regression
  - Postestimation tools for checking convergence, estimating functions of model parameters, computing Bayes factors, and performing interval hypotheses testing

Watch **Nonlinear mixed-effects models.**
Watch **Multilevel tobit and interval regression.**
Watch a **Tour of multilevel GLMs.**

**Types of models**

- Two-, three-, and higher-level models
- Nested (hierarchical) models
- Crossed models
- Mixed models
- Balanced and unbalanced designs

**Survey data for linear models**

- Sampling weights
- Weights at each level of m
- Cluster–robust SEs allowi

**Survey data for generalized line**

- Sampling weights
- Weights at each level of m
- Cluster–robust SEs allowi
- Support the –svy– prefix f including stratification and

Watch **Multilevel models for**

**Multiple imputation**

**Postestimation Selector**

- View and run all postestim
- Automatically updated as

Watch **Postestimation Select**

**Estimates of random effects**

- BLUPs for linear models
- Standard errors of BLUPs
- Empirical Bayes posterior
- Standard errors of posteri

**Predictions**

- Predicted outcomes with a
  - Linear predictions
  - Probabilities
  - Counts
  - Density function
  - Distribution function
  - Survivor function
  - Hazard function
  - Predict marginally wi
  - Pearson, deviance, a

**Other postestimation analysis**

- Estimate variance compon
- **Intraclass correlation coef** random-effects models
- Linear and nonlinear combi
- Wald tests of linear and no
- Likelihood-ratio tests
- Linear and nonlinear predic

Announcing STATA release 15

圖 0-5　STaTa 選擇表提供之多層次迴歸模型的種類

在 STaTa 裡，其 HLM 可以分析的結果變數 (outcome variable)，包括連續、計數、序數和名義變數，以及假定一系列解釋變數 (explanatory variable) 的線性組合之間的函數關係。這個關係通過合適的「**family**()⋯link()」來定義，例如：廣義處理「Multilevel mixed-effects generalized linear model」之 **meglm** 指令，其排列組合如下表、下圖 ( 圖 0-6)：

| 特定的指令 | 廣義的 meglm 對應指令 | |
| --- | --- | --- |
| **melogit** | **family**(bernoulli) | **link**(logit) |
| **meprobit** | **family**(bernoulli) | **link**(probit) |
| **mecloglog** | **family**(bernoulli) | **link**(cloglog) |
| **meologit** | **family**(ordinal) | **link**(logit) |
| **meoprobit** | **family**(ordinal) | **link**(probit) |
| **mepoisson** | **family**(poisson) | **link**(log) |
| **menbreg** | **family**(nbinomial) | **link**(log) |

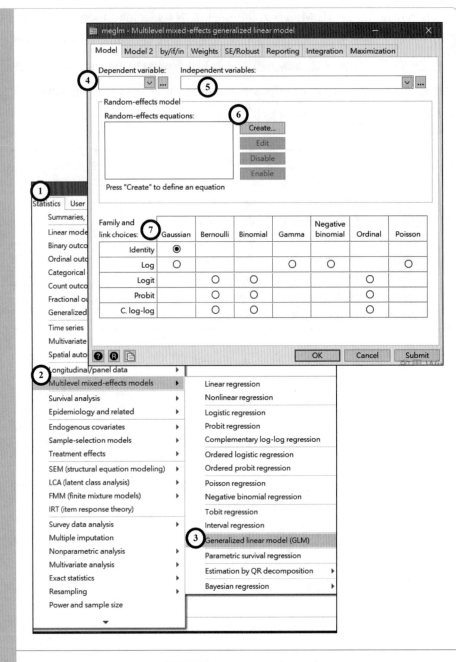

圖 0-6　**meglm** 指令 7 種變形之多層次模型

Generalized Linear Models (GLMs)

$$g(\mu) = \beta_0 + \beta_1 * X_1 + ... + \beta_P * X_P$$

$$(\mu = E(Y|X) = mean)$$

| model | response | $g(\mu)$ | distribution | coef interp |
|-------|----------|----------|--------------|-------------|
| linear | continuous (ounces) | $\mu$ | Gaussian | change in avg(Y) per unit change in X |
| logistic | binary (disease) | $\log\left(\dfrac{\mu}{1-\mu}\right)$ | Binomial | log odds ratio |
| loglinear | count/times to events | $\log(\mu)$ | Poisson | log relative risk |

　　STaTa 指令共有 15 種多層次模型之建構指令，由於指令眾多，本書受限於篇幅，凡未能在本書介紹指令的範例，都可以開啟「指令名稱.do」來練習。例如：想查詢 meprobit 、 metobit 指令的用法，就可開啟「meprobit.do」、「metobit.do」指令檔，如圖 0-7。

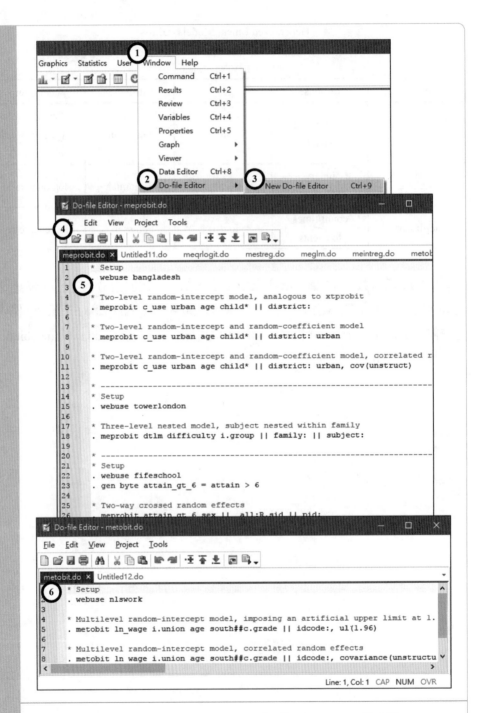

圖 0-7　開啓 「meprobit.do」 或 「metobit.do」 指令檔

## 0-1-4 STaTa panel-data 迴歸的種類

作者《Panel-data 迴歸模型：STaTa 在廣義時間序列的應用》一書，該書內容包括多層次模型、GEE、工具變數 (2SLS)、動態模型……。

## 一、STaTa panel 指令之功能

| STaTa 指令 | 說明 |
|---|---|
| 1. 資料管理及探索工具 | |
| xtset | 宣告資料檔為追蹤資料 (panel-data) |
| xtdescribe | 描述 xt- 資料的模樣 (pattern) |
| xtsum | 分別計算組內 within (over time) 及組間 between (over individuals) 的變異數 |
| xttab | xt- 資料的表格 |
| xtdata | xt- 資料的快速界定搜尋 (faster specification searches) |
| xtline | 繪 xt- 資料的線形圖 (line plots with xt data) |
| 2. 線性 panel 迴歸估計 (estimators) | |
| xtreg | 固定效果、組間 (between)、隨機效果 (random-effects)、樣本平均 (population-averaged) 線性模型 |
| xtregar | 誤差帶 AR1 之固定效果、隨機效果模型 (fixed- & random-effects linear models with an AR(1)disturbance) |
| xtmixed | 多層次混合效果 (multilevel mixed-effects) 線性模型 |
| xtgls | 使用廣義最小平方法之追蹤資料模型 (panel-data models using GLS) |
| xtpcse | 帶追蹤校正標準誤之線性迴歸 (linear regression with panel-corrected standard errors) |
| xthtaylor | 誤差成分模型之 Hausman-Taylor 估計 (Hausman-Taylor estimator for error-components models) |
| xtfrontier | 追蹤資料之隨機前緣模型 (stochastic frontier models)：<br>隨機分析 (stochastic calculus) 是機率論的一個分支。主要內容有伊藤積分、隨機微分方程、隨機偏微積分、逆向隨機微分方程等，最近大量應用於金融數學。<br>隨機性模型是指含有隨機成分的模型。它與確定性模型的不同處，在於它仍可解釋以下舉例：在賭場里賭大小，如果有人認為三次連開大第四次必然開小，那麼此人所用的既是確定性模型。但是常識告訴我們第四次的結果並不一定與之前的結果相關聯。在 19 世紀科學界深深的被黑天鵝效應和 |

| STaTa 指令 | 說明 |
|---|---|
| | 卡爾‧波普爾的批判理性主義所影響。所以，現代自然科學都以統計與歸納法作為理論基礎。大體說，統計學是適用確定性模型與隨機性模型作比較的一門學科。 |
| xtrc | 隨機係數迴歸 (random-coefficients regression) |
| xtivreg 指令 | 工具變數、兩階段最小平方法之追蹤資料模型 (instrumental variables & two-stage least squares for panel-data models) |
| 3. 單根檢定 (unit-root tests) | |
| xtunitroot | 追蹤資料之單根檢定 (unit-root tests) |
| 4. 動態 panel-data 估計法 (estimators) | |
| xtabond | 線性動態追蹤資料之 Arellano-Bond 估計 |
| xtdpd | 線性動態追蹤資料之估計 (linear dynamic panel-data estimation) |
| xtdpdsys | 線性動態追蹤資料之 Arellano-Bover/Blundell-Bond 估計 |
| xtabond | Arellano-Bond 之線性動態追蹤資料估計 <br><br> *STaTa 舉例：二期落遲項 (two lags) 之依變數 <br> . webuse abdata <br> * w 及 k 為 predetermined。w, L.w, k, L.k 及 L2.k 等落遲項都為附加的解釋變數 (additional regressors) <br> . xtabond n l(0/1).w l(0/2).(k ys)yr1980-yr1984, lags(2) vce(robust) |
| 5. 結果截取 (censored-outcome) 估計法 (estimators) | |
| . xttobit | 隨機效果 tobit 模型 (random-effects tobit models) |
| . xtintreg | 隨機效果區間資料迴歸模型 (random-effects interval-data regression models) |
| 6. 非線性：二元依變數 (binary-outcome) 估計法 | |
| xtlogit | 固定效果、隨機效果、樣本平均 (population-averaged)logit 模型 |
| . xtmelogit | 多層次混合效果羅吉斯迴歸 (multilevel mixed-effects logistic regression) |
| xtprobit | 隨機效果 & 樣本平均 (population-averaged) probit 模型 |
| xtcloglog | 隨機效果 & 樣本平均 (population-averaged) cloglog 模型 |
| 7. 非線性：次序依變數 (ordinal-outcome) 估計法 | |
| xtologit | 隨機效果 ordered logistic 模型 |
| xtmepoisson | 多層次混合效果 (multilevel mixed-effects) Poisson 迴歸 |
| xtoprobit | 隨機效果 ordered probit 模型 |

| STaTa 指令 | 說明 |
|---|---|
| 8. 非線性：計數依變數 (count-data) 估計法 | |
| xtpoisson | 固定效果、隨機效果、樣本平均 (population-averaged) Poisson 模型 |
| xtnbreg | 固定效果、隨機效果、樣本平均 (population-averaged) 負二項模型 ( negative binomial models) |
| 9. 廣義方程式估計法 (generalized estimating equations estimator) | |
| xtgee | 使用 GEE 求出樣本平均 (population-averaged) 追蹤資料模型 |
| 10. 公用程式 (utilities) | |
| quadchk | 偵測數值積分法之敏感度 (check sensitivity of quadrature approximation) |
| 11. 多層次混合效果 (multilevel mixed-effects) 估計法 | |
| . xtmelogit | 多層次混合效果羅吉斯迴歸 (multilevel mixed-effects logistic regression) |
| xtmepoisson | 多層次混合效果 Poisson 迴歸 (multilevel mixed-effects Poisson regression) |
| . xtmixed | 多層次混合效果線性迴歸 (multilevel mixed-effects linear regression) |
| 12. 廣義估計方程式 (generalized estimating equations, GEE) 估計法 | |
| . xtgee | 使用 GEE 分析樣本平均之追蹤資料 (population-averaged panel-data models using GEE) |

更簡單地說，STaTa 線性 panel 之常用指令，如下表：

| 功能 | STaTa 指令 |
|---|---|
| panel 摘要 | xtset; xtdescribe; xtsum( 最小值、最大值等 ); xtdata; xtline( 線形圖 ); xttab( 次數分布 ); xttran( 不同時段的遷移 ) |
| 混合資料 (Pooled)OLS | regress |
| 隨機效果 | 「xtreg…, re」;「xtregar…, re」 |
| 固定效果 | 「xtreg…, fe」;「xtregar…, fe」 |
| 隨機斜率 (random slopes) | quadchk; xtmixed; xtrc |
| 廣義最小平方方法迴歸 (feasible generalized least squares, FGLS) | 「xtgee, family(gaussian)」; xtgls; xtpcse 指令 |

| 功能 | STaTa 指令 |
|---|---|
| 一階差分 (first differences)：有單根情況，才使用「D.」運算子。 | 單根動態 regress(with differenced data)。範例如下：<br><br>. use invent.dta<br>. tsset year<br>. reg D.lgdp year L.lgdp L.D.lgdp<br>. display "rho=" 1+_b[L.lgdp]<br>. reg D.lgdp L.lgdp L.D.lgdp<br>. display "rho=" 1+_b[L.lgdp] |
| 靜態工具變數 (static IV)：內生共變 | xtivreg; xthtaylor |
| 動態工具變數 (dynamic IV) | gmm |
| 隨機模型 ( 例如：stochastic production or cost frontier) | xtfrontier |

1. **reg**ress 指令：線性迴歸，用途包括 OLS、Logit、Probit 迴歸。

2. 「xtreg…,(FE, RE, PA, BE)」指令：固定效果、隨機效果、樣本平均 (population-averaged)、組間效果之線性模型。

3. 一階差分迴歸：reg 指令搭配「D.」運算子，專門處理有單根的變數之迴歸。

4. xtgls 指令：使用 GLS 來求 panel-data 線性模型，可同時解決誤差之自我相關及變異數異質性之問題。

5. xtdpd 指令：Linear regression with panel-corrected standard errors.

6. 「xtregar…,(FE, RE)」指令：Fixed- & random-effects linear models with an AR(1) disturbance.

7. quadchk 指令：Check sensitivity of quadrature approximation.

8. xtfrontier 指令：xtfrontier fits stochastic production or cost frontier models for 追蹤資料 (panel-data)。也就是說，xtfrontier estimates the parameters of a linear model with a *disturbance generated by specific mixture distributions*.

9. xtivreg 指令：Instrumental variables & two-stage least squares for panel-data models.

10. xthtaylor 指令：Hausman-Taylor estimator for error-components models.

   雖然 xthtaylor 及 xtivreg 都是使用工具變數來做估計，但兩者的事前假定

(assumption) 是不同的：

(1) xtivreg 假定：模型中，解釋變數的某部分變數 (a subset of the explanatory variables) 與特質誤差 (idiosyncratic error) $e_{it}$ 是有相關的。

(2) xthtaylor 指令之 Hausman-Taylor 及 Amemiya-MaCurdy 估計法係假定：某些解釋變數與個體層次 (individual-level) 隨機效果 $u_i$ 是有相關的，但有些解釋變數卻與特質誤差 (idiosyncratic error) $e_{it}$ 是無相關的。

11. xtabond 指令：Arellano-Bond 線性動態追蹤資料之估計 (linear dynamic panel-data estimation)。

12. xtdpdsys 指令：Arellano-Bover/Blundell-Bond 線性動態追蹤資料之估計。

13. xtdpd 指令：線性動態追蹤資料之估計。

## 二、STaTa panel-data 對應之選擇表的指令

作者《Panel-data 迴歸模型：STaTa 在廣義時間序列的應用》一書，該書內容包括多層次模型、GEE、工具變數 (2SLS)、動態模型……。

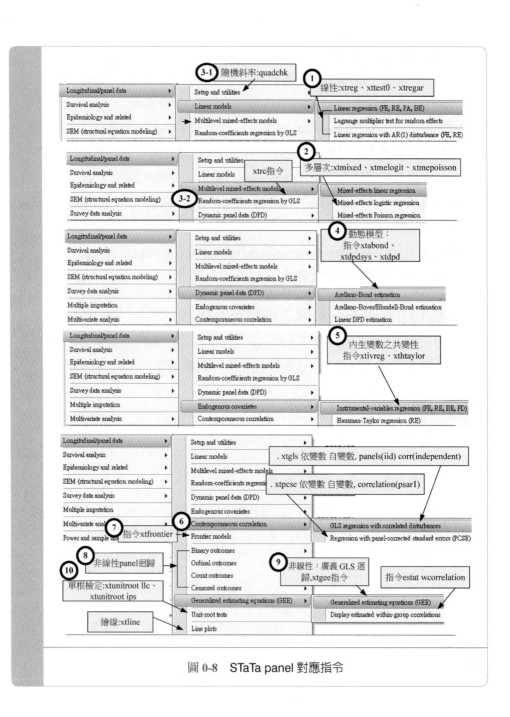

圖 0-8　STaTa panel 對應指令

## 0-1-5 STaTa 流行病 (epidemiologists) 之選擇表對應的指令

STaTa 提供 epitab 指令 (tables for epidemiologists)，其繪製二維 / 三向表格之對應指令，如圖 0-9 所示。

常見指令有 ir 、 es 、 cc 、 tabodds 、 mhodds 、 mcci 指令，以及 symmetry 、 dsdize 、 istdize 、 kapwgt 、 kap 、 kappa 、 brier 、 pksumm 、 pkshape 、 pkcross 、 pkequiv 、 pkcollapse 指令。

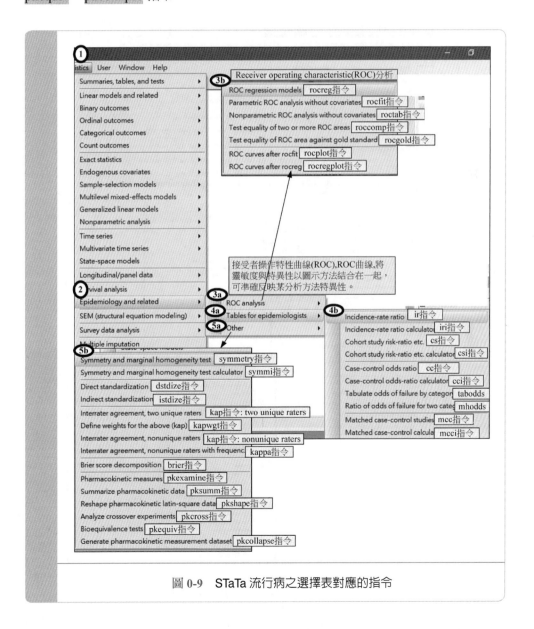

圖 0-9　STaTa 流行病之選擇表對應的指令

## 0-1-6 STaTa 存活分析的選擇表之對應指令

作者《生物醫學統計：使用 STaTa 分析》一書，該書內容包括類別資料分析 (無母數統計)、存活分析、流行病學、配對與非配對病例對照研究資料、盛行率、發生率、相對危險率比、勝出比 (odds ratio) 的計算、篩檢工具與 ROC 曲線、工具變數 (2SLS)……。

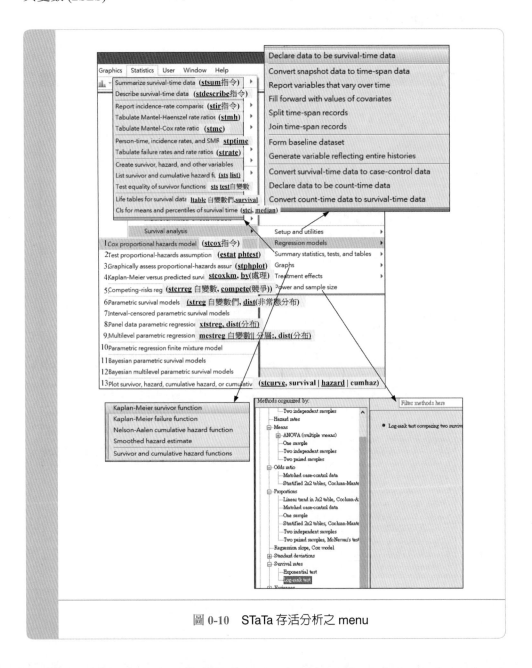

圖 0-10　STaTa 存活分析之 menu

　　STaTa 常見的存活分析，包括 Cox 模型 (STaTa 已用 stcox 指令取代 )、Cox 比例危險模型 (proportional hazards model, PHM) (stcox 、streg 指令 )、Kaplen-Meier 存活模型 (stcoxkm 指令 )、競爭風險存活模型 (stcrreg 指令 )、參數存活模型 (streg 指令 )、panel-data 存活模型 (xtstreg 指令 )、多層次存活模型 (mestreg 指令 )、調查法之 Cox 比例危險模型 [(svy:stcox, strata() 指令 ]、調查法之參數存活模型 [(svy:streg, dist( 離散分布 ) 指令 ] ( 如圖 0-11)。

圖 0-11　STaTa 調查法之存活分析 menu

## 0-1-7 STaTa 縱貫面─時間序列之選擇表

作者《STaTa 在財務金融與經濟分析的應用》一書，該書內容包括誤差異質性、動態模型、序列相關、時間序列分析、VAR、共整合……等 ( 見圖 0-12)。

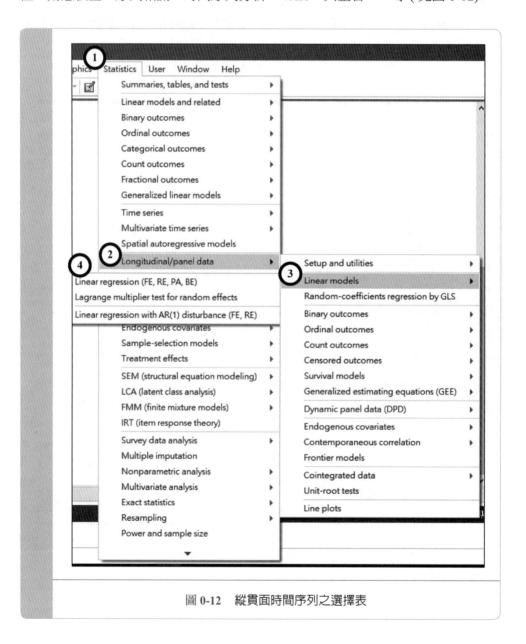

圖 0-12　縱貫面時間序列之選擇表

# 0-1-8 邏輯斯迴歸及離散選擇模型之 STaTa 選擇表

STaTa 之 Binary regression 選擇表之對應指令，如圖 0-13。

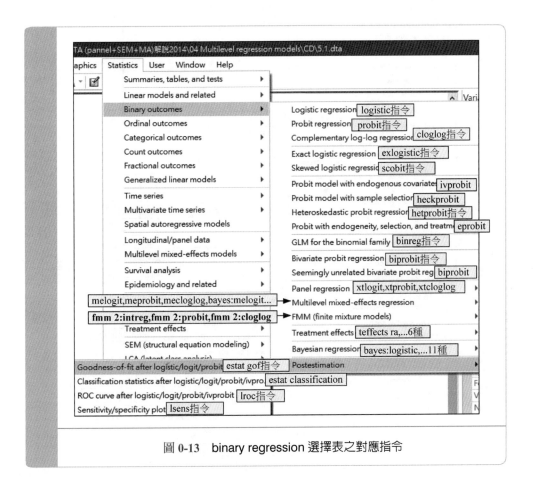

圖 0-13　binary regression 選擇表之對應指令

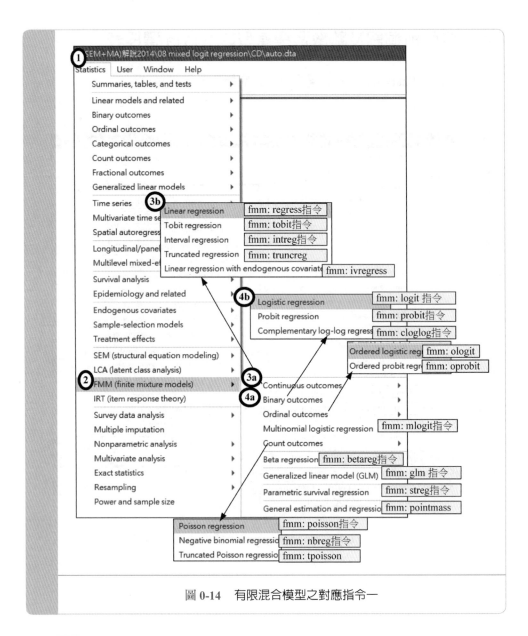

圖 0-14　有限混合模型之對應指令一

fmm 估計法旨在「Fitting finite mixture models」。

Finite mixture models (FMMs) 旨在對可觀察值作分類，調整聚類(clustering)，並對不可觀察的異質性 (unobserved heterogeneity) 進行建模。有限混合建模中，可觀察的數據被假定屬於幾個不可觀察的子母群體 ( 稱為 classes) ，並且使用概率密度或迴歸模型的混合來對結果變數建模。在適配模型之後，也可以對每個觀察值之 classes 成員概率做預測。

STaTa v12 的 fmm「mix( density )」選項，結果變數可搭配的分布有以下 7 種。

| 分布 ( density ) | 說明 |
|---|---|
| gamma | Gamma 分布 |
| lognormal | Lognormal |
| negbin1 | Negative Binomial-1 (constant dispersion) |
| negbin2 | Negative Binomial-2 (mean dispersion) |
| normal | Normal or Gaussian |
| poisson | Poisson |
| studentt | Student-t with df degrees of freedom |

STaTa v15 的「fmm: density 」選項，結果變數可搭配的分布有下列 17 種。

| 分布 ( density ) | 說明 |
|---|---|
| Linear regression models | |
| fmm: regress | Linear regression |
| fmm: truncreg | Truncated regression |
| fmm: intreg | Interval regression |
| fmm: tobit | Tobit regression |
| fmm: ivregress | Instrumental-variables regression |
| Binary-response regression models | |
| fmm: logit | Logistic regression, reporting coefficients |
| fmm: probit | Probit regression |
| fmm: cloglog | Complementary log-log regression |
| Ordinal-response regression models | |
| fmm: ologit | Ordered logistic regression |
| fmm: oprobit | Ordered probit regression |
| Categorical-response regression models | |
| fmm: mlogit | Multinomial (polytomous) logistic regression |
| Count-response regression models | |
| fmm: poisson | Poisson regression |
| fmm: nbreg | Negative binomial regression |
| fmm: tpoisson | Truncated Poisson regression |
| Generalized linear models | |

| 分布 (**density**) | 說明 |
|---|---|
| fmm: glm | Generalized linear models |
| Fractional-response regression models | |
| fmm: betareg | Beta regression |
| Survival regression models | |
| fmm: streg | Parametric survival models |

「fmm:」可選擇 17 種分布之一，來適配依變數的分布。

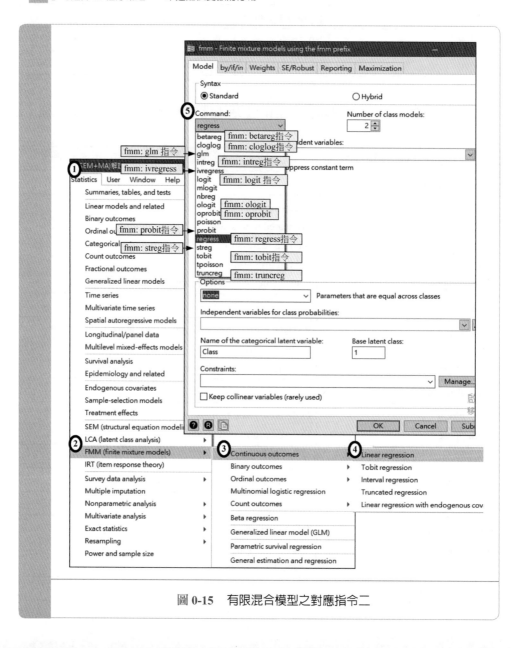

圖 0-15　有限混合模型之對應指令二

其中，高斯混合模型 (Gaussian mixture model)：高斯分布，$\mu$ 為平均值 (mean)、$\sigma$ 為標準差 (standard deviation)。利用高斯混合模型的平均值描述特徵參數的分布位置，共變異矩陣來描述分型形狀的變化，因此高斯混合模型可以很平滑的描述聲音、影像、照片、財務報表、射擊半徑……的特徵分布。

## 0-1-9 有限混合模型 (finite mixtures models, FMM): EM algorithm

**小結**

　　STaTa 除了上述統計外，尚有 Bayesian regression models、dynamic stochastic general equilibrium (DSGE)、extended regression models (ERM)、latent class analysis (LCA)、spatial autoregressive models、threshold regression 等迴歸模型。以上這些迴歸模型，作者另有專書特別來介紹。

# 多變量：
# 統計概念的基礎

自然界、社科界常會針對某研究主題，同時測量一大堆不同變數 ( 調查性狀 ) 的資料，但我們並非針對個別變數進行統計分析，而是將所有變數合起來共同討論，針對這樣資料的統計分析，就需要用到多變量分析技術。

多變量分析 (multivariate analysis) 分為橫斷面 (MANOVA 、因素分析、對應分析……) 及縱貫面分析法 (VAR 、VECM ……)。橫斷面多變量分析能夠在多個研究對象和多個指標相互關聯的情況下分析出它們的統計規律，非常適合農業科技研究的特點。所謂變數 (variable) 又稱變量，就是所觀測的特性，如株高、乾物重、產量、糖分含量、花色等。變數的結果，即所觀測特性的測定值，稱為觀測值 (observation)，又稱變數值 (variate)。

多變量分析 (MVA) 是基於線性代數的統計學原理，它涉及一次觀察和分析多個統計結果變數。多變量分析之目標有 4 類，如圖 1-1。

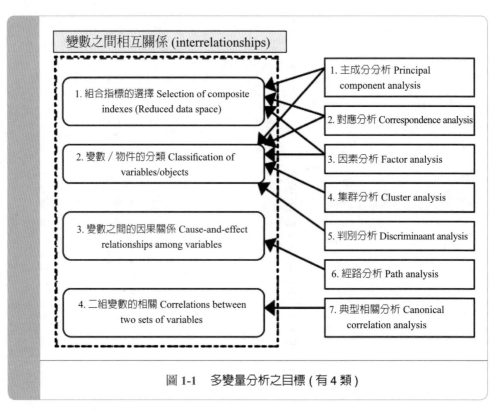

圖 1-1　多變量分析之目標 ( 有 4 類 )

（參考資料：https://en.wikipedia.org/wiki/Multivariate_analysis）

### 1. 主成分分析 (pca 指令 )

　　對農業而言，自然界的事物往往為多個指標的綜合結果，例如：代表一個果實品質的諸種特徵，包括大小、形狀、甜度、表皮外觀、纖維質含量、水分含量等性狀；反映一個昆蟲形態的諸種特徵，包括體長、體寬、前翅長、觸角長、後翅數等性狀；代表氣候條件中的氣象因素，包括氣溫、日照時數、日照強度、風速等。

　　以果實品質而言，可能有些品種的果實較大但甜度不足，另有些品種則甜度和水分含量很高卻果實較小，其他品種又可能夠大也甜但纖維較多，因此我們不能單就一個特定性狀來決定品質的好壞，而必須將所有性狀變數一起共同考量，即應使用一個綜合性指標。

　　就統計上而言，數值能產生越大變異，越能反映彼此間之差異，但是將這些不同測量單位的性狀數值相加起來或求其平均，未必可斷言此指標就是最好的。若是對不同變數給予不同的權重，那麼加權的比重到底要設多少，也很難有一個明確的基準。因此在縮減原始變數個數以產生一個綜合性指標時，總希望在選擇變數 ( 越少越好 ) 與所能解釋的變異 ( 越多越好 ) 中達到平衡點，那意味著所找到的新變數不但精簡且具有代表性。

　　在這些場合中依變數太多而不易處理時，利用變數間的相依結構，將手上許多相關性很高的變數轉化成彼此互相獨立的變數 ( 線性組合 )，能由其中選取較原始變數個數少，且能解釋大部分資料中的變異的幾個新變數，此即所謂的主成分 (principal component)，而這幾個主成分也就成為我們用來解釋資料的綜合性指標。經由這種主成分分析 ( 簡稱 PCA )，我們可以搜尋出主要潛在因子、捨棄次要因子以簡化資料結構，並用來選擇變數的綜合性指標，使觀測值在這些主成分方面顯示最大的個別差異分。

### 2. 對應分析 (ca、mca 指令 )

　　對應分析 (correspondence analysis, CA) 的邏輯係採用列聯表 (contingency table) 為基礎，來分析兩個或兩個以上的類別變數資料。CA 是自 1960 年代後，開始盛行於歐洲國家的資料維度縮減之統計方法，最先提倡對應分析的學者是法國社會科學家 J. P. Benzecri(Clausen, 1998)。Bourdieu 在〈Distinction: A Social Critique of the judgment of Taste〉一文中，大量使用對應分析來研究法國人的生活風格，確立了對應分析在社會學研究中的正當性 (Clausen, 1998)。

延續上述主成分的概念，對於實際問題當我們希望同時求得變數和樣本的主成分，對變數和樣本進行主成分分析的方法，稱為對應分析。對應分析的優點及實質用途，是可使特徵值相同的 R 型和 Q 型主成分能用同一座標軸表示，以便在同一座標平面上可同時標示出樣本和性狀的散布圖，以同時表達出變數和樣本兩者之間的相互關係，從而檢視各類樣本的主要變數為何。這種同時將變數和樣本標在一起的圖，稱為雙標圖 (biplot)。但對應分析並非陳述概念之間的因果關係，而僅僅是統計學意義上的對應關係而已。

對應分析最早由 Benzécri(1973) 提出，演變迄今，在很多不同時代裡該方法的名稱和原理基礎略有不同 (Oksanen, 2004)，如最適尺度法 (optimal scaling)、相互平均法 (reciprocal averaging)。最適尺度法是市場、社會、心理學上常用的方法，又稱雙重尺度法 (dual scaling, Nishisato, 1980)；相互平均法為 Hill (1974) 所提出，目前名稱仍維持存在，但其算法幾乎罕見；現代統計軟體均以對應分析來稱呼，且演算法採卡方測度 ($\chi^2$ metric) 的加權主成分，即分析過程如同主成分分析一樣求特徵值分析，但不同處在於以「卡方測度」取代「歐氏測度」(Euclidean metric)。簡言之，對應分析相當於列聯表 (contingency table) 資料的加權之主成分分析，是一種用來尋求列聯表的行列兩種變數之間聯繫的低維圖示法。對應分析無需太多統計前提，它所處理的資料形式不限連續 (continous) 或離散 (discrete) 變數，離散變數且不限計數 (count) 或序位 (ordinal) 變數，即使數字符號的虛擬變數 ( 例如：不存在 =0，存在 =1) 亦可。因此，對應分析非常適合於描述生物性資料，早已廣泛應用於生態學，尤其是植物生態學 (Lepš & Šmilauer, 1999)，現已大量應用到其他各方面之研究領域 (Beh, 2004)，包括基因組分析，如胺基酸組成 (Tekaia et al., 2002)、密碼子使用偏好性 (Gupta and Ghosh, 2001, Liu et al., 2004a, b)、微陣列分析 (Tan et al., 2004) 等。

## 3. 因素分析 (factor 、factormat 指令 )

許多測定性狀之間通常彼此相關，形成的背景原因各式各樣，而其共同原因稱為共同因素 (common factor)。我們希望能用這些較少的共同因素來表現原先的資料結構，以尋求基本結構、簡化觀測系統，找出資料背後隱藏的含意或潛在特徵，這是因素分析的主要目的。例如：將某種紅酒與對照酒作比較，就諸多個品評項目在 −4 到 +4 的量表上給分，如酸味、苦味、甜味等，可利用因素分析將資料分成少數幾個共同因素，並將這些因素命名為辛辣、總品質、香醇等。將

不同水稻品種穀粒形態的諸多項幾何特徵之測量值，利用因素分析將資料分成少數幾個共同因素，以從中找出最能代表水稻穀粒形態的量化指標。將不同玉米雜交種的諸多種性狀，用因素分析將資料分成少數幾個共同因素，如第一因素反映出成熟期、分蘗、粒數與抽穗期，第二因素主要反映成熟期和粒重，第三因素反映株高。

因素分析是主成分分析的衍生方法，因此一般電腦軟體進行因素分析的主要流程，仍會先經由主成分分析程序，計算出相關矩陣的特徵值及特徵向量以決定共同因素的個數，然後從相關矩陣中抽取共同因素，計算因素負荷矩陣 (factor loadings matrix) 及其變異數，並旋轉因素以增加變數與因素之間關係的解釋，最後計算出旋轉因素的得分值 (rotated factor score)，使其對變數或樣本進行分類。轉軸的方法很多，但基本原則在於使經過轉軸後的因素矩陣中的每一個變數都只歸於一個或少數幾個因素上，使矩陣中 0 或接近於 0 的因素負荷量增多，以減低因素的複雜性，使因素的解釋由繁雜趨向簡單。決定因素數目的方法與主成分分析一樣，都是依據每一因素的特徵值 ($\lambda$) 大小，特徵值越大，代表該因素的解釋力越強。

4. 集群分析 (cluster kmeans、cluster kmedians 指令)

集群分析是將具有多個變數的一群樣本加以區分歸類，使性質特徵相近者納入一類。經濟、社會、人口、生物研究等領域中，都存在大量分類研究、構造分類模式的問題。過去人們主要靠經驗和專家知識作定性分類處理，很少利用數學方法，以致許多分類往往帶有主觀性和隨意性，無法揭示客觀事物內在的本質差異性和關聯性，特別是對於多因素、多指標的分類問題，定性分類更難以實現準確分類。因此，我們利用集群分析以客觀統計分析的方式，將一批樣本或變數，按照它們在性質上的親疏程度 (彼此間距離或某種相似係數)，「物以類聚」地把相似的個體（或觀測值）歸於一群。集群分析在農業研究上的應用，例如：調查蛋白質、碳水化合物、脂肪、卡路里、維生素等營養成分含量，對不同品牌穀類製品進行分群；調查各種血液蛋白質位點基因頻率，對不同黃牛品種進行分群；調查各種形態特徵，對某種昆蟲不同品種或棲息地進行分群等。

雖然集群分析是多變數分析方法中較簡單的一種，但其分析方法和結果判讀一直以來爭議不斷。

5. 判別分析 (discrim 、 discrim knn 、 discrim lda 指令 )

判別分析是在已知的分類之下 ( 如草本類和木本類兩個類別 )，選出具有代表性的樣本 ( 如牽牛花、劍蘭代表草本類植物，而玫瑰代表木本類植物 )，然後由這些樣本的屬性中找出一套最有效的判別函數，這個 ( 些 ) 函數可用來執行分類的工作。一旦遇到有新的樣本時，可以利用此方法選定一判別標準，以判定該新樣本應歸屬於哪個類群。判別分析法的用途很多，如動植物分類、醫學疾病診斷、社區種類劃分、氣象區劃分、土壤類型分類、產品等級分類、職業依能力分類、人類考古學之年代或人種分類等。集群分析與判別分析都是用來處理數值分類問題，其間的差異在於集群分析是不存在一個事前分類的情況下進行資料結構的分類，而判別分析則是已知當前研究對象的分類狀況下，建立適當的判別標準後，將某些未知個體正確地歸屬於其中某一類。集群與判別往往在一個問題上要連續運用，如先進行集群分析，再進行判別分析，就可以進行樣本的識別。

一般電腦軟體進行判別分析的主要流程，首先計算組內各變數的平均值、總平均值、離差矩陣、共變數矩陣等統計值，然後求出判別函數作為綜合判別指標，再計算各組判別係數及判別效果的檢驗統計量，以判斷待判樣本屬於何群並計算後驗機率。判別的規則，最直覺的觀念是求得各群各一個判別函數，將待判樣本帶入各群函數，以函數值最大者代表此一觀測值所被分布到的群別。但判別分析法發展至今，已產生出各種判別函數與規則，如 Fisher 線性判別、距離判別、Bayes 判別、逐步判別等 (Yuan & Zhou, 2003)。我們可以將待判樣本的觀測值 ( 不管新值或舊值 ) 帶入各群所屬的判別函數：使用新的樣本觀測值，可以判斷該樣本的歸屬群別；若是使用原經驗樣本的舊值帶入各群所屬的判別函數，則可以針對判別結果進行驗證以確認其分群的正確度。分群的正確度，簡稱判別率，為判別正確之個數除以所有測試樣本個數。

6. 路徑分析：SEM(sem 、 gsem 、 mvreg 指令 )

一連串的分析變數多半依時間順序先後發生，先發生者視為解釋變數，後發生者視為反應變數，而路徑分析就是在探討分析變數間之單向影響關係，找出變數之間的路徑係數，並畫出路徑分析圖。藉由路徑圖，研究者能清楚瞭解變數間之影響途徑 ( 箭頭方向 ) 及影響方向 ( 正向、負向、模糊等 )，利用這樣的因果模式來幫助說明假設中的因果關係。我們常以兩變數之簡單 ( 直線 ) 相關係數來衡量其相關程度，但此相關係數並無法說明變數間的因果關係，例如：口香糖的

銷售量與犯罪率之間有正相關，但在未做路徑分析之前，不可斷言口香糖銷售量高是犯罪率高的「原因」。路徑分析法最早由遺傳學者 Wright 於 1921 年所提出，主要用來解釋人類基因間的因果關係 (Wright, 1921)。他將路徑分析首次應用於經濟學上，用來分析玉米及毛豬的價格 (Wright, 1925)，然後再被後人擴大應用至其他各領域。必須特別注意的是，路徑分析法雖屬相關關係的研究，但仍須小心下結論，除非證據十分明確，不可輕易下因果關係的結論。因果模式只是用來幫助「說明」假設中的因果關係，而非用來「證實」這種因果關係。路徑分析法的一個貢獻是鼓勵研究者在進行研究之前，作理智的預測而非毫無方向、漫無目標的摸索，研究者必須在研究的過程中不斷修正其因果模式，直到能正確說明該現象為止 (Shen,1998)。

　　路徑分析是迴歸模型的一種延伸，其計算流程相當簡單。但首先在執行電腦程式之前，研究者必須視其研究對象和目標，擬定可能的路徑圖架構，然後依據研究者所擬定的路徑，以變數間的相關係數作為資料進行迴歸分析，計算所得的各路徑之迴歸係數，即路徑係數。從顯著的路徑係數估計值之正負和大小，可以判斷影響作用是正或負、以及它的影響程度。

　　有關 SEM 詳情，可參看作者《STaTa 在結構方程模型及試題反應理論的應用》一書，該書內容包括路徑分析、結構方程模型、測量工具的信效度分析、因素分析……。相對地，mvreg 指令之範例如下：

```
* 範例 mvreg 指令
. sysuse auto

* Fit multivariate regression model
. mvreg headroom trunk turn = price mpg displ gear_ratio length weight

Equation          Obs    Parms      RMSE     "R-sq"           F         P
-------------------------------------------------------------------------
headroom           74        7    .7390205   0.2996    4.777213    0.0004
trunk              74        7    3.052314   0.5326     12.7265    0.0000
turn               74        7    2.132377   0.7844    40.62042    0.0000


-------------------------------------------------------------------------
          |    Coef.   Std. Err.      t     P>|t|     [95% Conf. Interval]
----------+--------------------------------------------------------------
```

```
headroom      |
       price |   -.0000528     .000038    -1.39    0.168    -.0001286    .0000229
         mpg |   -.0093774    .0260463    -0.36    0.720     -.061366    .0426112
displacement |    .0031025    .0024999     1.24    0.219    -.0018873    .0080922
   gear_ratio |    .2108071    .3539588     0.60    0.553    -.4956976    .9173119
      length |     .015886     .012944     1.23    0.224    -.0099504    .0417223
      weight |   -.0000868    .0004724    -0.18    0.855    -.0010296    .0008561
        _cons |   -.4525117    2.170073    -0.21    0.835    -4.783995    3.878972
-------------+--------------------------------------------------------------------
trunk         |
       price |    .0000445    .0001567     0.28    0.778    -.0002684    .0003573
         mpg |   -.0220919    .1075767    -0.21    0.838    -.2368159    .1926322
displacement |    .0032118    .0103251     0.31    0.757    -.0173971    .0238207
   gear_ratio |   -.2271321    1.461926    -0.16    0.877    -3.145149    2.690885
      length |     .170811    .0534615     3.20    0.002     .0641014    .2775206
      weight |   -.0015944     .001951    -0.82    0.417    -.0054885    .0022997
        _cons |   -13.28253    8.962868    -1.48    0.143    -31.17249    4.607429
-------------+--------------------------------------------------------------------
turn          |
       price |   -.0002647    .0001095    -2.42    0.018    -.0004833    -.0000462
         mpg |   -.0492948    .0751542    -0.66    0.514    -.1993031    .1007136
displacement |    .0036977    .0072132     0.51    0.610    -.0106999    .0180953
   gear_ratio |   -.1048432    1.021316    -0.10    0.919    -2.143399    1.933712
      length |     .072128    .0373487     1.93    0.058    -.0024204    .1466764
      weight |    .0027059     .001363     1.99    0.051    -.0000145    .0054264
        _cons |    20.19157    6.261549     3.22    0.002     7.693467    32.68968
--------------------------------------------------------------------------------

* Replay results, suppressing header and coefficient tables but reporting correla-
  tion matrix
. mvreg, notable noheader corr
```

### 7. 典型相關 (canon 指令 )

　　我們對一組變數綜合結果和另一組變數綜合結果間的關係感到興趣，且想從其中一組變數來預測另一組變數。例如：作物一組生長特性和一組氣象因素間的關係、作物一組產量性狀和一組品質性狀間的關係、某家禽的一組生長性狀和一組生蛋性狀間的關係、農業產銷研究中一組價格指標和一組生產指標間的關係

等。在農業科技研究上，常需要瞭解生物群與其環境間的關係、育種目標性狀與選拔性狀間的關係等，故不少實際問題可歸結為典型相關研究。為探討兩組變數 ( 反應變數 Y 和解釋變數 X) 間的關係，找出 X 的線性組合與 Y 的線性組合，以使這兩個線性組合之間具有最大的簡單相關關係。而能使這兩組變數的線性組合相關最大的權重，稱為典型相關係數。因此，Tatsuoka(1988) 將典型相關視為一種「雙管的主成分分析」。

簡單相關、複相關和典型相關之間的差異。典型相關分析除了可以反映出兩組變數之間相互關係的絕大部分訊息，也能揭示兩組變數之間的內部關係。

一般電腦軟體進行典型相關的主要流程，是由變數間的相關矩陣，分別導出 X 和 Y 的兩個線性組合 ( 此即典型變數 )，使該兩個典型變數的共變數最大，以計算出典型相關係數及進行其顯著性測驗，最後計算重疊指數 (redundancy index，有如複迴歸分析中的決定係數$R^2$)，以衡量典型相關所能解釋的變異程度。

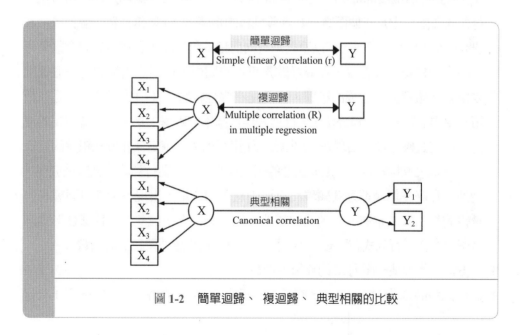

圖 1-2　簡單迴歸、　複迴歸、　典型相關的比較

# 1-1 認識數學符號

## 1-1-1 數學符號

攻讀社會科學的人常會很害怕數學及統計，追根究柢，就是無法深入理解抽象的數學符號，導致量化研究常常無法有新突破，尤其在方法論與統計的結合方面，總是有填不完的漏洞。常見的數學符號如下：

1. 英文字母：在工程數學、微積分、線性代數、統計學、資料結構、數值分析的書中，常見的：大小寫 a, b, c 代表常數 (constant) 或係數 (coefficient)；f, g, h 代表函數；i, j, k 代表整數；小寫 x, y, z 代表變數；大寫 X, Y, Z 代表矩陣。

2. $|X|$：若 X 為變數，則 $|X|$ 為絕對數，例如：$|-8| = 8$。若 X 為 m×n 矩陣，則 $|X|$ 為行列式 (determinant)，它是將 m 列 ×n 行矩陣 ( 二維陣列 ) 轉成常數值。行列式在數學中是一個函數，其定義域為的矩陣 A，「取值」為一個純量，寫法 det(A) 或 $|A|$。行列式可以看做是有向面積或體積的概念在一般的歐幾里得空間中的推廣。或者說，在 n 維歐幾里得空間中，行列式描述的是一個線性變換對「體積」所造成的影響。無論是在線性代數、多項式理論，還是在微積分學中 ( 如，換元積分法 )，行列式作為基本的數學工具，都有著重要的應用。行列式概念最早出現在 17 世紀，使用行列式來確定線性方程組解的個數以及形式。19 世紀以後，矩陣概念的引入使得更多有關行列式的性質被發現，行列式在許多領域都逐漸顯現出重要的意義和作用，出現了線性自同態和向量組的行列式的定義。行列式的特性可以被概括為一個多次交替線性形式，這個本質使得行列式在歐幾里得空間中可以成為描述「體積」的函數。

3. $\bar{X}$ (bar)：代表某一序列 $X_i$ 的算術平均數。

4. $\vec{X}$：$\vec{X}$ 為 m×1 向量 (vector)，它是二維矩陣 (matrix) 的特例，$\vec{X}$ 是 m 列 1 直行的矩陣，格式如：$\vec{X} = \begin{bmatrix} 0.3 \\ 0.1 \\ 0.2 \\ 0.4 \end{bmatrix}$

5. $\tilde{X}$：$\tilde{X}$ 若為模糊數 (fuzzy number)，最常見的是三角模糊數，例如：$\tilde{X}$ =( 下界、

平均數、上界) = (4,5,6)，亦可能是梯形模糊數，例如：$\tilde{X}$ =(3,4,7,9)。$\tilde{X}$若為多項式，例如：$\tilde{X} = X_1 + X_2 + X_3$，則$\tilde{X}$可能是投資組合，其中，$X_1$ 為電子股、$X_2$ 為金融股、$X_3$ 為營建股。

6. $\hat{X}$ (head)：變數 X 的預測值。例如：簡單迴歸式 **Y = bX + a** 中，採最小平方法的目標係求誤差 $\varepsilon$ 的總和 $\sum_{i=1}^{n}(Y_i - \hat{Y})^2$ 達到最小值，利用偏微分來求得線性迴歸的預測值$\hat{y}$，其公式如下：

$$b_{Y.X} = \frac{\sum_{i=1}^{N} X_i Y_i - \frac{\sum_{i=1}^{N} X_i \sum_{i=1}^{N} Y_i}{N}}{\sum_{i=1}^{N} X_i^2 - \frac{(\sum_{i=1}^{N} X_i)^2}{N}} = \frac{\sum_{i=1}^{N}(X_i - \overline{X})(Y_i - \overline{Y})}{\sum_{i=1}^{N}(X_i - \overline{X})^2}$$

$$= \frac{Cross - Product}{SS_X} = \frac{\frac{\sum_{i=1}^{N}(X_i - \overline{X})(Y_i - \overline{Y})}{N-1}}{\frac{\sum_{i=1}^{N}(X_i - \overline{X})^2}{N-1}} = \frac{COV_{xy}}{S_x^2}$$

$$a = \overline{Y} - b\overline{X}$$

其中，Cross-Product 為交乘積。

7. $X'$(prime)：有 3 種意義：

(1) 在微積分、微分方程式中，$X'$ 代表「常微分一次」。例如：假設 $Y = X^2 + 3$，則 $Y' = \dfrac{dy}{dx} = 2X$。

(2) 在多變量統計學中，$X'$ 代表矩陣 $X$ 的轉置，例如：$X = \begin{bmatrix} 0.2 & 0.1 & 0.4 \\ 0.5 & 0.2 & 0.4 \\ 0.3 & 0.7 & 0.2 \end{bmatrix}$，則

$X' = \begin{bmatrix} 0.2 & 0.5 & 0.3 \\ 0.1 & 0.2 & 0.7 \\ 0.4 & 0.4 & 0.2 \end{bmatrix}$，$X^2 = X'X = \begin{bmatrix} 0.2 & 0.5 & 0.3 \\ 0.1 & 0.2 & 0.7 \\ 0.4 & 0.4 & 0.2 \end{bmatrix} \times \begin{bmatrix} 0.2 & 0.1 & 0.4 \\ 0.5 & 0.2 & 0.4 \\ 0.3 & 0.7 & 0.2 \end{bmatrix}$。

(3) 在變數變換時，常用新變數 $X'$ 來代表原先 $X$ 變數經轉變後之值。日常中常見的變數變換，包括尺度變換 ( 正規化/標準化、常態化)、空間變換 ( 例如：

X-Y 二維平面空間的各種轉軸變化 ) 2 種。

8. $X^t$(transpose)：代表矩陣 $X$ 的 90° 轉置。

9. $X^{-1}$(inverse)：若 $X$ 為變數，則 $X^{-1}$ 為倒數，例如：$4^{-1} = 0.25$，即 $4 \times 4^{-1} =$ 1。若 $X$ 為 m×n 矩陣，則 $X^{-1}$ 為逆矩陣，即 $XX^{-1} = I$( 單位矩陣 )。例如：

$$X = \begin{bmatrix} 0.2 & 0.1 & 0.4 \\ 0.5 & 0.2 & 0.4 \\ 0.3 & 0.7 & 0.2 \end{bmatrix}，則 X^{-1} = \begin{bmatrix} 1 & 0 & 0 \\ 0 & 1 & 0 \\ 0 & 0 & 1 \end{bmatrix} / \begin{bmatrix} 0.2 & 0.1 & 0.4 \\ 0.5 & 0.2 & 0.4 \\ 0.3 & 0.7 & 0.2 \end{bmatrix}$$

要如何求反矩陣呢？方法有二：(1) 例如 A 矩陣，求 A 的反矩陣，令 [A|I]，經由高斯消去法，得 [I|B]，其中，B 為 A 的反矩陣。(2) 例如 A 矩陣，求 A 的反矩陣，公式為：反矩陣 = [adjA]/|A|。A 的反矩陣 =A 的伴隨矩陣 /A 的行列式值。由此可見，反矩陣不一定存在，因為 |A| 有時會為 0。

10. $X_{m \times n} = [x_{ij}]$：$[x_{ij}]$ 為矩陣 $X_{m \times n}$ 中第 i 列，第 j 直行的元素。小寫 x, y, z 代表變數；大寫 X, Y, Z 代表矩陣。小寫 $\varepsilon, \beta, \gamma, \tau, \omega$ 等希臘字代表迴歸模型之係數；大寫 $\Gamma$, $\Omega, \Pi, \Phi, \Psi$ 等希臘字代表迴歸模型之係數矩陣。

11. 函數 (function)：以 f, g, h 符號表示。例如：f(x) = 2x + 3、g(x,y) = 3x − 2y。一個函數表示每個輸入值對應唯一輸出值。函數 f 中對應輸入值 x 的輸出值的標準符號為 f(x)。包含某個函數所有的輸入值的集合被稱作這個函數的定義域，包含所有的輸出值的集合被稱作值域 (range)。函數常見衍生型式，有 3 種：

(1) y = f(t) 是一般常見的函式，代表給定一個 t 值，丟到 f 函式中會回傳一個值給 y。

(2) y = max f(t) 代表：y 是 f(t) 函式所有的值中最大的輸出 (output)。

(3) y = arg max f(t) 代表：y 是 f(t) 函式中，會產生最大輸出 (output) 的那個參數 t。

12. $\sum X$ 或 $\sum\limits_{i=1}^{n} X_i$ (summation)：將數列 $X_1, X_2, X_3, ..., X_N$ 全部加總。即 $\sum\limits_{i=1}^{n} X_i = X_1 + X_1$

$+ ... + X_N$。算術平均數 M $= \dfrac{\sum\limits_{i=1}^{n} X_i}{n}$，它常當作統計學、財經學之平均數。

13. $\Pi X$ 或 $\prod\limits_{i=1}^{n} X_i$ (multiplication)：求 n 個數列元素連乘，

$\prod\limits_{i=1}^{n} X_i = X_1 \times X_2 \times X_3 \times ... \times X_n$。幾何平均數 M $= \sqrt[n]{\prod\limits_{i=1}^{n} X_i}$，它常當作模糊數之平

均數。

14. $\frac{dx}{dt}$ (differential) 或 $\dot{X}$ (dot)：在物理學中，位移距離 x 對時間 t 的常微分，所得的值叫速度 v，牛頓以 $\dot{X}$ 代表速度 v。在電子學中，$\frac{dI}{dt}$，電流 I 對時間 t 微分一次，就是電容器對電壓的反應。在機械學中，避震器伸縮距離 x 對時間 t 微分一次，就是機車後輪之彈簧型避震器的伸縮特性，即避震器因震動而產生「伸縮 X 距離」之速度 ($\frac{dx}{dt}$) 大小，係與外力大小成正比。

15. $\frac{d^2x}{dt^2}$ 或 $\ddot{X}$ (double dot)：在物理學中，矩離 X 對時間 t 微分二次，所得的值謂之加速度 a，牛頓以 $\ddot{X}$ 代表加速度 a。在電子學中，$\frac{d^2I}{dt^2}$，電流 I 對時間 t 微分二次，就是電感 ( 感應電圈 ) 對電壓的反應。在機械學中，避震器伸縮距離 x 對時間 t 微分二次，就是野狼 125 機車前輪之液壓型避震器的伸縮特性，即避震器因震動而產生「伸縮 x 距離」之加速度 ($\frac{d^2x}{dt^2}$) 大小，係與外力大小成正比。

表 1-1　微分方程式之背後意義

| 符號　學科 | y | $\frac{dy}{dx}$ | $\frac{d^2y}{dx^2}$ |
|---|---|---|---|
| 電子學 | 電阻 R 定態時，電流 I 與電壓 V 成正比 ($I = \frac{V}{R}$)，即常數比。<br><br>電阻符號 | $\frac{dI}{dt}$<br>電容器<br><br>電容器符號 | $\frac{d^2I}{dt^2}$<br>感應電圈<br><br>電感符號 |

| 符號　學科 | y | $\dfrac{dy}{dx}$ | $\dfrac{d^2y}{dx^2}$ |
|---|---|---|---|
| 機械學 /<br>波動學 | 施力 F 定態時，物體移動距離 x 與重量 M 成反比 (F=xM)；作用力 F 與被移動體的重量 y 成正比。 | $\dfrac{dx}{dt}$<br>彈簧型避震器<br><br>螺旋彈簧符號<br>作用力 F 與螺旋彈簧的速度 $\dfrac{dx}{dt}$ 成正比。 | $\dfrac{d^2x}{dt^2}$<br>液壓型避震器<br><br>支承軸承<br>緩衝塊<br>防塵套<br>懸架彈簧<br>復原限位塊<br>支架<br><br>液壓避震符號<br>作用力 F 與液壓型避震器的加速度 $\dfrac{d^2x}{dt^2}$ 成正比。 |
| 物理學 | x 代表距離<br>$\longleftarrow$ X $\longrightarrow$ | $\dot{X}$ 代表速度 v | $\ddot{X}$ 代表加速度 |

微分方程式、工程數學：$a\dfrac{d^2y}{dx^2} + b\dfrac{dy}{dx} + cy = 0$，對應的學域如下：

機械學之微分方程式的示意圖：

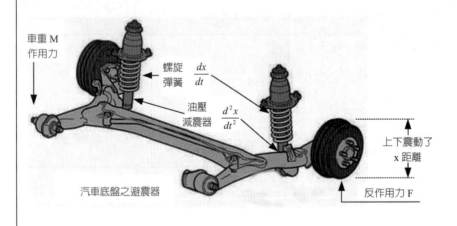

車重 M<br>作用力

螺旋彈簧 $\dfrac{dx}{dt}$

油壓減震器 $\dfrac{d^2x}{dt^2}$

上下震動了 x 距離

汽車底盤之避震器

反作用力 F

土木建築學、經濟學波動之微分方程式的示意圖：

| | 波動加速度 | $\dfrac{d^2y}{dx^2}$ |
|---|---|---|
| — Y(nT) | | |
| — X(nT)*<br>最終值 | 波動速度 | $\dfrac{dy}{dx}$ |

電子學之微分方程式的示意圖：

| 電阻之電壓 V<br>與電流 I 成正比 | $V = I \times R$ | 電容之電壓 V 與<br>電流速度成正比 | $V = \dfrac{dI}{dt}$ | 電感之電壓 V<br>與電流加速度成正比 | $V = \dfrac{d^2I}{dt^2}$ |

電阻 + 電容 + 電感，形成「微分方程式」= ay + by' + cy" 基本型

16. $\int f(x)dx$ (integration)：求 f(x) 積分在 X 軸之積分，即求「X 軸與 Y 軸」之間的曲線面積。假設 Y = f(x) = 2x + 3，則 $\int_0^4 (2x+3)dx = (x^2 + 3x)\Big|_0^4 = (16+12) - (0)$ = 28，其對應的幾何圖形之面積如下：

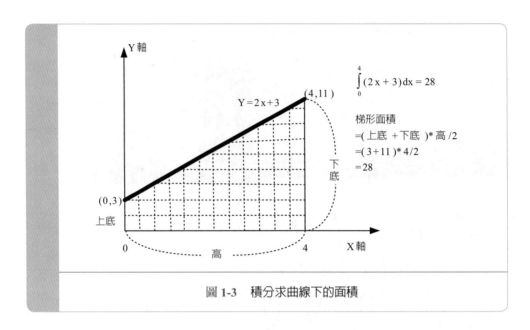

圖 1-3 積分求曲線下的面積

17. $\Delta X$(Delta)：對數列 X 差分一次。$\Delta X_t = X_t - X_{t-1}$，例如：X 代表台積電 N 期的股價，假設數列 X = (50, 51, 51, 50, 48, 53, 54, 52)，則 $\Delta X$ = (., 1, 0, −1, −2, 5, 1, −2)。在時間數列中，若遇到非定態的數列，在求其波動特性 ( 如 auto-regression 、ARIMA 等 ) 前，常常須將它差分一次後，再代入向量自我迴歸 (VAR) 或 VECM 求出因果關係。

18. $\dfrac{\partial f}{\partial x}$ (partial differential)：「$\partial$」偏微分符號，舉個簡單例子，$f$ 對 $t$ 微分。

假設 $f = f(x, y, z)$，$x = x(t)$、$y = y(t)$、$z = z(t)$

$$\frac{df}{dt} = \frac{\partial f}{\partial x} \times \frac{dx}{at} + \frac{\partial f}{\partial y} \times \frac{dy}{at} + \frac{\partial f}{\partial z} \times \frac{dz}{at}$$

等號左邊 $\dfrac{df}{dt}$ 為全微分量。

等號右邊 $\dfrac{\partial f}{\partial x} \times \dfrac{dx}{dt} + \dfrac{\partial f}{\partial y} \times \dfrac{dy}{dt} + \dfrac{\partial f}{\partial z} \times \dfrac{dz}{dt}$ 為偏微分量。

例如：$f(x_1, x_2) = x_1 \times x_2^2$

則 $f(x_1, x_2)$ 對 $x_1$ 偏微分的結果為何？將 $x_2$ 當常數，$\dfrac{\partial f}{\partial x_1} = x_2^2$

$f(x_1, x_2)$ 對 $x_2$ 偏微分的結果為何？將 $x_1$ 當常數，$\dfrac{\partial f}{\partial x_2} = 2x_1 x_2$

## 1-1-2 希臘字符號

在傳統之統計學裡，樣本的參數 ( 平均數 M 、標準差 S……) 慣用大寫英文字；母群體樣本的參數 ( 平均數 μ 、標準差 σ……) 慣用小寫希臘字。習慣上，大小寫 a,b,c 代表常數 (constant) 或係數 (coefficient)；f, g, h 代表函數；i, j, k 代表整數；小寫 x, y, z 代表變數；大寫 X, Y, Z 代表矩陣。倘若這些英文字「符號」仍不夠用，統計學家會納入希臘字符號。

在多變量統計、計量經濟之時間序列裡，由於它包含多個迴歸式，這多個迴歸「恆等式」同時求解，就叫聯立方程式，又稱向量迴歸。人們爲了簡化這種波動性「向量迴歸」的預測或共整合關係式，就改用「矩陣形式」恆等式來求該係數矩陣的特徵值 (eigen value)、特徵向量 (eigen vector)，進而求出「聯立迴歸式」的解。爲了統合這些代表矩陣的符號，於是，數學家就以「小寫英文字」代表變數 ( 序列 )。「大寫希臘字」代表係數向量 / 係數矩陣 (coefficient matrix)，它是 $(m \times n)$ 矩陣。「小寫希臘字」代表單一係數 (coefficient)。

### 表 1-2　希臘字母大小寫之意義

| 大寫 | 對應小寫 | 發音 | 大寫 | 對應小寫 | 發音 |
|---|---|---|---|---|---|
| A( 係數矩陣 ) | α( 係數、係數向量 ) | Alpha | N( 樣本數 ) | ν( 常數項 ) | Nu |
| B( 係數矩陣 ) | β( 係數、係數向量 ) | Beta | Ξ( 係數矩陣 ) | ξ( 殘差項 ) | Xi |
| Γ( 係數矩陣 ) | γ( 係數 ) | Gamma | O( 演算法時間複雜度 ) | o | Omicron |
| Δ 或 ∇( 差分運算子 ) | δ( 誤差 ) | Delta | Π ( 連乘運算子、係數矩陣 ) | π( 係數 ) | Pi |
| E( 期望值 ) | ε( 誤差 ) | Epsilon | P | ρ( 相關係數 ) | Pho |
| Z( 內生矩陣 ) | ζ( 誤差 ) | Zeta | Σ( 連加、共變數矩陣 ) | σ( 標準差 ) | Sigma |
| H | η( 係數 ) | Eta | T ( 時間總期數 ) | τ( 無母數統計量 ) | Tau |

| 大寫 | 對應小寫 | 發音 | 大寫 | 對應小寫 | 發音 |
|---|---|---|---|---|---|
| Θ( 誤差矩陣 ) | θ( 參數、誤差 ) | Theta | Υ( 內生變數矩陣 ) | υ( 殘差項 ) | Upsilon |
| Ι( 整合階數 ) | ι | Iota | Φ( 係數矩陣 ) | φ( 相關係數 ) | Phi |
| Κ( 共整合個數 ) | κ( 無母數統計量 ) | Kappa | Χ( 外生變數矩陣 ) | χ( 統計量 ) | Chi |
| Λ( 共變數矩陣或 MANOVA 統計量 ) | λ( 特徵值 ) | Lambda | Ψ( 殘差矩陣 ) | ψ( 殘差項 ) | Psi |
| Μ( 樣本平均數 ) | μ( 平均數 ) | Mu | Ω( 係數矩陣 ) | ω | Omega |

# 1-2 統計技術之分類

## 1-2-1 統計分析技術之分類

統計分析技術分類的應用從簡單到複雜，包含相當多種的分析技術，大致區分為敘述統計 (descriptive statistics)、推論統計 (statistical inference) 與多變量分析 (multivariate analysis) 等三大類技術。

### ( 一 ) 敘述統計

敘述統計技術主要是利用位置變量與離散變量來描述樣本資料的特性，以協助研究人員瞭解樣本特性。位置變量描述的是資料的集中性，亦即利用資料的集中位置來作為特徵值，包括平均數、中位數、眾數等統計量。離散變量則是用來描述資料的分布情形，像是全距、變異數、標準差、變異係數等統計量。

### ( 二 ) 推論統計

推論統計技術主要是根據所蒐集的樣本資料，對母群體作區間估計或假設檢定。在程序上，首先提出虛無與對立假設，其次選擇合適的檢定統計量，並且設定顯著水準，然後依據顯著水準決定拒絕法則，最後利用樣本資料計算後達成結

論。推論統計技術主要有以下 6 種應用：(1) 利用 Z 檢定或 t 檢定來從事母群體平均數 $\mu$ 的估計或檢定；(2) 利用 Z 檢定或 t 檢定來從事兩母群體平均數 $\mu_1 = \mu_2$ 的估計或檢定；(3) 利用 $\chi^2$ 檢定來從事母群體變異數 $\sigma^2$ 的估計或檢定；(4) 利用 F 檢定來從事兩母群體變異數 $\sigma_1^2 = \sigma_2^2$ 的估計或檢定；(5) 利用 F 檢定或 Z 檢定來從事母群體比例 p 的估計或檢定；(6) 利用 Z 檢定來從事兩母群體比例差 $p_1 = p_2$ 的估計或檢定。

### (三) 多變量分析

多變量分析技術是用來分析多變量資料的統計方法，它包含有複迴歸 (multiple regression)、多變量變異數分析 (MANOVA) ／多變量共變數分析 (MANCOVA)、聯合分析 (conjoint analysis)、線性判別分析 (discriminant analysis)、典型相關分析 (canonical correlation analysis) 等相依方法，以及因素分析 (factor analysis)、集群分析 (cluster analysis)、多維尺度分析 (multidimensional scaling analysis) 等互依方法。Hair 等人 (1998) 依據研究的目的、變數的關係與變數的型態，界定出合適多變量分析技術的選擇法則 ( 如圖 1-4 所示 )。

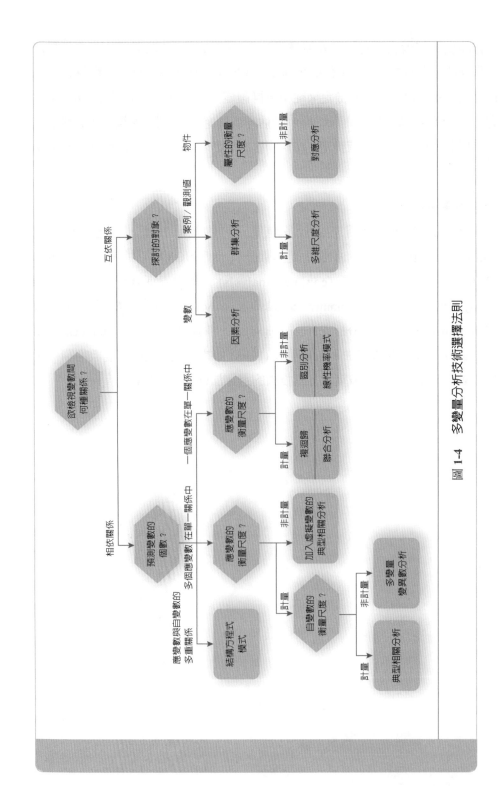

圖 1-4　多變量分析技術選擇法則

## ※ 使用統計分析技術分類時易犯的錯誤

統計分析技術之分類可以應用的範圍相當廣泛，然而在使用時需要相當小心。研究設計的目的、變數衡量的尺度、自變數與應變數的個數、樣本數目的多寡，以及資料分布的情形等，皆會影響統計分析方法的選用。以多變量分析技術來說，雖然它可以應用來解決許多複雜的問題，但一旦方法使用錯誤或在使用過程中稍有疏忽，都可能導致整個研究結果的錯誤。Hair 等人 (1998) 提出 6 個階段的多變量分析應用步驟，以確保研究結果的正確性。這 6 個階段分別為：(1) 定義研究問題、目的，與要使用的多變量分析技術；(2) 發展分析計畫；(3) 評估多變量分析技術的基本假設；(4) 計算並評估多變量分析模式；(5) 解釋變異與結果；(6) 驗證多變量分析模式。表 1-3 中整理出常用多變量分析技術的用途、基本假定、樣本數限制、變數衡量尺度，以及其他應注意事項。此外，統計檢定力 (statistical power) 也是經常被忽略的問題。所謂統計檢定力是指避免接受錯誤的虛無假設的機率。統計檢定力對於研究結果的影響相當大，如果檢定力太低，研究發現容易有不一致的現象產生。因此，要使研究更具價值，則研究者必須在使用統計分析方法時，特別注意統計檢定力的提升。一般來說，要增加檢定力，可由樣本大小、顯著水準，以及效果規模 (effect size) 等三方面來考量。Cohen(1977) 建議在 值為 0.05 的顯著水準下，檢定力至少要達到 0.8 較為合理。

表 1-3　各種多變量分析技術的用途與限制

| 多變量<br>分析技術 | 用途 | 基本限定 | 樣本數限制 | 變數<br>衡量尺度 | 其他 |
|---|---|---|---|---|---|
| 因素分析 | 找出變數間的結構關係：從大量的變數中定義出一些具有代表性的變數。 | 1. 變數符合常態性。<br>2. 變數間存在有一些潛在結構 underlying structure。 | 1. 不得低於 50，最好有 100 以上。<br>2. 至少為變數個數的 5 倍，最好為 10 倍。 | 量化 | 因素負載大於正負 0.3 符合最小的限制；大於正負 0.5 才視為比較重要。 |
| 複迴歸 | 檢測單一應變數與多重自變數之間的關係。 | 1. 應變數與自變數間具線性關係。<br>2. 變異數同質性。<br>3. 誤差項獨立。<br>4. 應變數與自變數符合常態性。 | 至少須為變數個數的 5 倍，一般要求為 15～20，50 倍最好。 | 應變數：量化<br>自變數：量化 | 1. 質化自變數須以虛擬變數 (dummy variables) 處理。<br>2. 當自變數間產生共線性的問題時，迴歸分析結果的可信度與穩定性會大大降低。 |
| 線性判別分析 | 利用一群能夠說明不同群體間差異的自變數建立區別函數，而據此來將觀測值分群。 | 1. 自變數符合常態性。<br>2. 應變數與自變數間具線性關係。<br>3. 自變數不能有共線性存在。<br>4. 變異數同質性。 | 至少須為自變數個數的 5 倍，一般要求為 15～20，50 倍最好。 | 應變數：質化<br>自變數：量化 | 1. 對離群值 (outliers) 很敏感。<br>2. 應變數的群組分類必須滿足互斥性 mutually exclusive 與 exhaustive 的特性。 |
| MANOVA/<br>ANOVA | 瞭解多個質化自變數對於一個或多個量化應變數的影響。 | 1. 觀測值獨立性。<br>2. 變異數同質性。<br>3. 變數符合常態性。<br>4. 應變數與自變數間具線性關係。 | 每個實驗方格的觀測值須大於應變數個數，建議應有 20 個以上。 | 應變數：量化<br>自變數：質化 | 1. 應變數間不存在共線性。<br>2. 對離群值很敏感。<br>3. 量化自變數可使用 MANCOVA / ANCOVA 來加入分析。 |

| 多變量分析技術 | 用途 | 基本假定 | 樣本數限制 | 變數衡量尺度 | 其他 |
|---|---|---|---|---|---|
| 典型相關分析 | 測定兩組變數之間是否相互相關聯或測定兩組變數間相關性的大小；找出一組變數與另一組變數中變數的權重，這組權重可以將兩組變數的相關性最大化。 | 1. 變數間為為線性關係。<br>2. 變異數同質性。<br>3. 變數間不能有共線性存在。 | 至少應維持每個變數有 10 個以上的觀測值。 | 量化 | |
| 集群分析 | 辨認某些特性相似的事物，並按照這些特性劃分成幾個群集，使在同一個群集內的個體具有同質性。 | 1. 樣本員有母群體代表性。<br>2. 變數間不能有共線性存在。 | | 量化 | 對離群值很敏感 |
| SEM | 估計多組自變數與應變數之間相互交錯的相依關係；找出存在於這些關係間的不可直接觀察的構面，並且將衡量誤差列入考量。 | 1. 變數與變數間為因果關係。<br>2. 變數與變數間之關係為線性。 | 為估計參數總數 10 倍比較合適；如果資料不為為多元常態則須提高至 15 倍；又若採用最大概似法來估計參數，則最小樣本需要 100-150。 | 應變數：量化<br>自變數：量化 | 避免違犯估計 offending estimates 的錯誤，包括：(1) 對於任一構面，出現負的或不顯著的誤差變異；(2) 標準化係數超過或非常接近 1.0；(3) 估計參數的估計標準誤差非常大。 |

## 1-2-2 單變量 vs. 多變量統計

1. 單變量分布 (univariate)：若我們只關心母群體的某項特性，如產品之抗拉強度、個人滿意度……，則此母群體分布稱為單變量分布。
2. 雙變量分布 (bivariate)：若我們關心母群體的兩項特性，如產品的抗拉強度與重量的關係、個人滿意度與離職意願的因果關係……，則此母群體分布稱為雙變量分布。
3. 多變量分布 (multivariate)：若我們關心母群體兩項以上的特性，如「產品的抗拉強度、重量與抗壓強度」、「個人滿意度、組織承諾與離職意願的因果關係」，則此母群體分布稱為多變量分布。

### 一、醫學統計經常混淆的名詞

在應用統計分析作為學術研究的各個領域中，醫學領域可說是其中的大宗。據統計目前全世界約有 3 萬種的醫學期刊，約占了科技期刊的四分之一之多。而在這塊這麼大的市場中，我觀察到在醫學領域所使用的統計名詞，經常與統計教科書有相當多的出入，本篇文章擬將這些常見的混淆之處作個釐清。

#### 1. 單變量或多變數迴歸分析

假使現在要進行依變數 (dependent variable) 預測，如果自變數 (independent variable) 只有一個，那麼這種迴歸模式稱為簡單迴歸 (simple regression)，不過在醫學期刊常見以單變量迴歸 (univariate regression) 來表達。倘若自變數是 2 個以上，那麼稱為多元迴歸 (multiple regression)，但在醫學期刊則部分稱為多變數迴歸 (multivariable regression) 或多變量迴歸 (multivariate regression)。

特別值得說明的是，「多變量」(multivariate) 在一般統計教科書是專門指同時有 2 個以上的依變數的統計方法，例如：主成分分析、因素分析、集群分析、結構方程模式、典型相關等；但在醫學領域中，不管依變數有多少個，只要自變數 2 個以上，就會稱為多變量分析 ( 較正確說法應該是多變數分析 )，這是蠻特別的一點。

### 2. 自變數、依變數或控制變數

統計教科書皆把依變數定義爲 dependent variable，不過實際醫學期刊比較常見以結果變數 (outcome) 來稱呼；如果我們的模式有許多個 (2 個以上 ) 自變數，而所關注的是其中一個變數，那麼此時其他變數便稱爲控制變數 (control variable)。但在醫學期刊的習慣來說，並非主要研究變數的控制變數都叫做共變量 (covariate)。

### 3. 迴歸分析的細節

在多變數迴歸 (2 個以上的自變數 ) 中，每一個自變數的迴歸係數皆是已經考慮其他變數的效果，一般我們會說控制或考慮其他變數效果之下 (Controlling or considering other variables)，不過醫學期刊特別偏好使用「調整」(adjust) 這個字。「adjusted」，例如 adjusted OR 或 adjusted HR 以標明此爲多變數分析之下的結果；相較之下，如果是單變數的模式 ( 只有 1 個自變數 )，醫學期刊也偶爾會看到用 naïve 或 crude 這兩個字來表示這是一個單變數分析，例如：crude OR 或 naïve analysis。

常見的醫學統計容易造成混淆的名詞，並且以下將以迴歸分析相關的名詞爲主，將醫學統計容易造成混淆的名詞整理如下表，希望幫助大家未來在閱讀醫學期刊時有所幫助。

| 名詞或情境 | 醫學領域 | 其他領域 |
|---|---|---|
| 單變量的迴歸分析 | univariate regression | simple regression |
| 多變量的迴歸分析 | multivariate regression or multivariable regression | multiple regression |
| 控制變數 ( 共變量 ) | covariate | control variable |
| 依變數 ( 結果變數 ) | outcome (variable) | dependent variable |
| 考慮其他變數之下的效果 ( 通常是迴歸分析 ) | adjusting for other covariates | controlling or considering other variables |
| 迴歸係數 ( 多變量的迴歸分析之下 ) | "adjusted" coefficient (e.g. adjusted OR or HR) | regression coefficient |

## 二、單變量及多變量邏輯迴歸

在各種計量方法中，只針對單一變數進行分析的方法稱爲「單變量分析」(univariate analysis，比如用直方圖去分析某班學生英語的期末考成績的分布)；同時分析 2 個變數的方法稱爲「雙變量分析」(bivariate analysis)，這類的分析方法很多，比如用關聯性 (association) 分析去探討中學生的身高與體重的關係；用簡單迴歸 (simple regression) 或 t-test 去比較小學生的身高有沒有因爲性別 ( 男女兩組 ) 不同而不一樣；用變異數分析 analysis of variance (ANOVA) 去分析不同屬性醫院 ( 營利、非營利與公立共 3 組 ) 的經營績效是否有所不同……。

多變量分析 (multivariate analysis) 是泛指同時分析 2 個以上變數的計量分析方法。在實際的情況中，我們所關心的某種現象通常不只跟另一個變數有關係，比如會影響醫院績效的變數不只是醫院的屬性而已，可能還與醫院本身的經營策略、醫院所在的地區、健保給付方式等有密切關係，因此多變量分析應該對實際的研究工作較有幫助。不過多變量分析的數統推論與運算過程比較複雜，如果要靠人去進行相當費時費工，但是在電腦時代，這些繁複運算便不成問題，因此多變量分析漸漸被廣泛運用。

最常見的多變量分析是複迴歸分析 (multiple regression)，除此之外，社會科學的研究還用到許多其他的多變量分析法。以下簡單介紹幾種較常見的方法，以及這些方法在醫務管理可能的應用。

### 1. 多變量變異數分析 (multivariate analysis of variance, MANOVA)

MANOVA 也是 ANOVA 的延伸與拓展。MANOVA 與 ANOVA 最大的不同在於 ANOVA 一次只能分析一種應變數，而 MANOVA 能夠同時比較 2 個或以上的應變數。比如我們想比較前面 3 組肝癌病人的 3 年存活率與治療後的生活品質。如果用 ANOVA 的話，必須做 2 次 ANOVA 分析，一次針對病人的 3 年存活率，另一次比較病人的生活品質差異。如果是用 MANOVA 的話，只要一次就可以同時分析這兩個我們所關切的預後指標。

事實上，在這種情況下 MANOVA 不僅在分析手續上比較省事，也比較準確。因爲如果肝癌病人治療後 3 年存活率與生活品質這 2 個指標之間有某種相關性的話 ( 比如生活品質較高對存活率有所幫助 )，則分開單獨分析 (ANOVA) 所得到的結果會有偏差。而用 MANOVA 可以考慮這 2 個指標之間的關聯性，提供我們較準確的結果。

### 2. 多變量共變異數分析 (multivariate analysis of covariance, MANCOVA)

這其實就是 MANOVA 與 ANCOVA 的結合，不僅可以同時比較多個應變數，還可考慮或控制多個會影響應變數的變數。因此，可以使用 MANCOVA，在考量病人的病情並將這些變數的影響消除後，去同時比較這 3 組肝癌病人治療後的 3 年存活率與生活品質。

### 3. GLM

General linear mode (GLM)，旨在發展出一種廣泛通用的線性計量模型。GLM 可以用來處理許多種計量方法所要處理的問題，包括複迴歸、ANOVA、ANCOVA、MANOVA、MANCOVA、線性判別分析、因素分析、邏輯迴歸等。看來，未來計量方法的「廣義化」是指日可待的。不過，從理論上來講，越是一般化與通用的計量模式，背後一定牽涉到更多的數統假定 (assumption) 才能夠成立。這些假定之先決條件應該也會對適用的情況產生某種程度的限制，這也是我們在瞭解與使用某種計量方法時，必須隨時保持警覺的。

# 1-3 單變量：統計學回顧

## 1-3-1 統計分析法

常見的資料分析統計方法，包括 t 檢定、變異數 F 檢定、相關 / 迴歸 r 等統計量，歸納如表 1-4。

表 1-4　資料分析方法之參考表

| 自變數<br><br>依變數 | 單一類別變數<br>單因子 | 一個類別變數<br>兩因子關係 | 二個連續變數<br>兩因子線性<br>關係 | 多個類別變數<br>多因子關係<br>(有依變數) | 多因子<br>關係<br>(無依變數) |
|---|---|---|---|---|---|
| 連續變數<br>(平均數為比較基準) | 1. Z-test(e.g.常態分布之偏態 / 峰度檢定)<br>2. t-test<br>3. ANOVA<br>4. 無母數統計 (Wilcoxon rank test 等) | ANOVA、ANCOVA | 相關分析、線性模型、時間序列(ARIMA) | 迴歸分析、時間序列(自身相關、向量自我迴歸、VECM)、複迴歸之交互項 | 多變量分析，如因素分析、集群分析、MDS 等 |

| 自變數 ＼ 依變數 | 單一類別變數 單因子 | 一個類別變數 兩因子關係 | 二個連續變數 兩因子線性 關係 | 多個類別變數 多因子關係 (有依變數) | 多因子 關係 (無依變數) |
|---|---|---|---|---|---|
| 類別變數 (% 為比較基準) | 1. z-test 2. 卡方檢定 (e.g. 樣本代表性或隨機性檢定、樣本 non-responded bias、適合度檢定) 3. 勝出比 (odds ratio)，如 logistic 迴歸 4. risk ratio 5. tetrachoric 相關 | 類別資料分析：卡方檢定 (獨立性、% 同質性、對稱性檢定)、Conjoint 分析等 | 廣義估計 (GEE) 分析法進行重複性資料的比較 | 對數線性 (loglinear) 模型、線性判別分析、Probit 模型、survival 模型、multinomial Logit 等 multilevel mixed-effects 迴歸 | |

註：若分析資料結合橫斷面及縱貫面，則採 panel data 迴歸或 multilevel and longitudinal 模型、treatment effects 模型 (虛擬變數)。

1. 因子：類別自變數。例如：性別、教學法、實驗處理效果 vs. 對照組。
2. 單因子：一個類別自變數；二因子：二個類別自變數。
3. 實驗處理或實驗水準：因子的類別或水準。
   例如：實驗組 vs. 控制組；或高 vs. 中 vs. 低分組。
4. 獨立樣本：每一組受試者僅接受一種實驗處理。
5. 相依樣本：受試者需接受所有的實驗處理，例如：教學法。

**表 1-5　常見之統計模型**

| | | 自變數 (independent variables) | |
|---|---|---|---|
| | | 全是類別變數 | 至少有一個整數或連續變數 |
| 依變數 dependent variable | 二分 binary | 2×c×… 行列表分析；機率單元 (probit) 模型、勝算對數 (logit) 模型 | 機率單元模型、成長曲線 (logistic) 迴歸 |
| | 無次序 nominal | r×c×… 行列表分析；多項 (multinomial) 之機率單元模型、勝算對數模型 | 多項之機率單元模型、勝算對數模型 (成長曲線迴歸) |
| | 有次序 ordinal | r×c×… 行列表分析；有序多分類之機率單元模型、依序之勝算對數模型 | 有序多分類之機率單元模型、依序之勝算對數模型 |

| | 整數 integer | * 對數線型 (loglinear) 模型；卜瓦松 (Poisson) 迴歸及其延伸 | 卜瓦松迴歸及其延伸 |
| | 連續 continuous | 變異數分析 (ANOVA)；線型或非線型迴歸 | 共變數分析 (ANCOVA)；線型或非線型迴歸 |

* 註：嚴格說來，對數線型模型並不區分自變數與依變數，而是以行列表細格內之聯合次數分布為解釋對象，並以組成行列表的所有變數及其互動作為解釋變數。

## 一、推論統計主要工作

推論統計指用概率形式來決斷數據之間是否存在某種關係以及用樣本統計值來推測總體特徵的一種重要的統計方法。推論統計包括總體參數估計和假設檢定，最常用的方法有 Z 檢定、t 檢定、卡方檢定等。推論統計主要工作如下：

1. **估計 (estimation)**：利用一組由母群體所取之隨機樣本資料的資訊，來推估母群體之未知參數。常見有 (1)「點估計量」：由樣本資料計算的統計量，使用來估計母群體參數。(2)「區間估計」：某區間會涵蓋母群體參數的可能性。(3)「信賴區間 (confidence interval)」：在特定機率下，估計母群體參數可能落在的數值範圍。此特定的機率值，可稱為信賴水準。

2. **假設檢定 (testing of hypothesis)**：研究者對現象 ( 參數 ) 提出主觀的研究假設，再利用樣本特徵的資訊 ( 抽樣數據 ) 來對研究假設進行檢定，作為管理的正確決策。通盤來說，假設檢定可分解成下列 5 個步驟：

(1) 設定虛無假定 $H_0$：針對母群體設定之基本假設。對立假設 $H_1$：針對題意欲測試方向設定之假設。

(2) 利用樣本數據來算出檢定統計量 (test statistics)：例如卡方值、t 值、F 值、r 值、z 值……。

(3) 給定顯著水準 α( 通常 Type I error 設為 0.05)。α 係指檢定顯著 ( 差異 / 關聯 ) 性之機率值。

(4) 找出「拒絕區」或計算 P 值 ( 本書 STaTa, CMA, RevMan 軟體會自動算出 p)。所謂「p 值」是指在「虛無假設 $H_0$ 為真」的情況下，得到「≥ 此一觀察結果之統計檢定的機率」。例如：假定檢定結果 Z = 2.08，電腦報表顯示 p = 0.0367，表示得到 Z 值 ≥ 2.08 的機率只有 0.0367，故拒絕 $H_0$，或是說此項檢定達到 0.05 顯著水準。

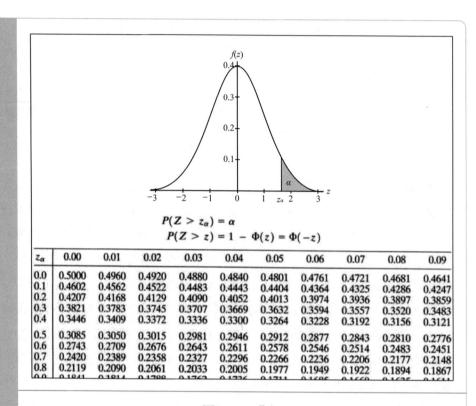

$$P(Z > z_\alpha) = \alpha$$
$$P(Z > z) = 1 - \Phi(z) = \Phi(-z)$$

| $z_\alpha$ | 0.00 | 0.01 | 0.02 | 0.03 | 0.04 | 0.05 | 0.06 | 0.07 | 0.08 | 0.09 |
|---|---|---|---|---|---|---|---|---|---|---|
| 0.0 | 0.5000 | 0.4960 | 0.4920 | 0.4880 | 0.4840 | 0.4801 | 0.4761 | 0.4721 | 0.4681 | 0.4641 |
| 0.1 | 0.4602 | 0.4562 | 0.4522 | 0.4483 | 0.4443 | 0.4404 | 0.4364 | 0.4325 | 0.4286 | 0.4247 |
| 0.2 | 0.4207 | 0.4168 | 0.4129 | 0.4090 | 0.4052 | 0.4013 | 0.3974 | 0.3936 | 0.3897 | 0.3859 |
| 0.3 | 0.3821 | 0.3783 | 0.3745 | 0.3707 | 0.3669 | 0.3632 | 0.3594 | 0.3557 | 0.3520 | 0.3483 |
| 0.4 | 0.3446 | 0.3409 | 0.3372 | 0.3336 | 0.3300 | 0.3264 | 0.3228 | 0.3192 | 0.3156 | 0.3121 |
| 0.5 | 0.3085 | 0.3050 | 0.3015 | 0.2981 | 0.2946 | 0.2912 | 0.2877 | 0.2843 | 0.2810 | 0.2776 |
| 0.6 | 0.2743 | 0.2709 | 0.2676 | 0.2643 | 0.2611 | 0.2578 | 0.2546 | 0.2514 | 0.2483 | 0.2451 |
| 0.7 | 0.2420 | 0.2389 | 0.2358 | 0.2327 | 0.2296 | 0.2266 | 0.2236 | 0.2206 | 0.2177 | 0.2148 |
| 0.8 | 0.2119 | 0.2090 | 0.2061 | 0.2033 | 0.2005 | 0.1977 | 0.1949 | 0.1922 | 0.1894 | 0.1867 |
| 0.9 | 0.1841 | 0.1814 | 0.1788 | 0.1762 | 0.1736 | 0.1711 | 0.1685 | 0.1660 | 0.1635 | 0.1611 |

圖 1-5　Z 分布

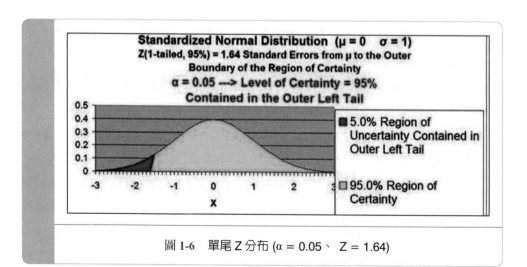

圖 1-6　單尾 Z 分布 (α = 0.05、 Z = 1.64)

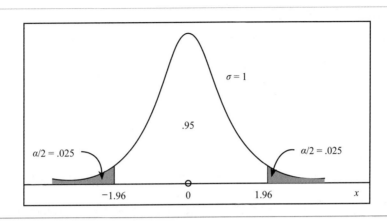

圖 1-7　雙尾 z 檢定 (α/2 = 0.025、 Z = 1.96)

註：一般電腦統計之迴歸分析報表，迴歸係數 β 顯著性 t 檢定 (Z 檢定 ) 是以此「Z = 1.96」為假設
　　檢定之臨界點。

(5) 作決策：通常，檢定統計量大於查表 ( 如卡方表、t 表、F 表……) 或 P-value <
α，則表示「達顯著」，反之亦反。

(6) 根據題意下結論。

---

補充說明：

1. 檢定值 (test value)：只在平均值相等時之 95% 信賴區間之臨界值 (critical
value)。

2. 臨界值 (critical value)：在常態母體群時，指標準常態分布下小於、等於 ( ≤ )
或大於、等於 ( ≥ )1−α 範圍之 Z 值。在樣本族群時，指依不同自由度下，小
於、等於 ( ≤ ) 或大於、等於 ( ≥ )1−α 範圍之 t 值。

3. 自由度 (df) 是指當以樣本統計量來估計母群體參數時，樣本中能夠獨立或自
由變動的個數 (Glenn & Littler, 1984)。例如：在估計變異數時，是利用離均
差平方和 (sum of squares of deviations from mean) 除以其相對應的自由度後
( 此即樣本的變異數 )，再剔除掉樣本個數的影響 ( 除以總樣本數 )。

4. 統計學裡所教導的，不論是估計或是推論，都是建立於「簡單隨機抽樣法—
抽出放回」設計的前提條件下，亦即是服從所謂「彼此相互獨立且具有相同
的分布」(independent and identically distributed，簡稱 i.i.d.) 的原理。

### 3. 樣本平均數的標準誤

樣本平均數抽樣分布的標準差，稱為「標準誤」(standard error)。

$\sigma_{\overline{X}} = \dfrac{\sigma}{\sqrt{n}}$，其中，$\sigma_{\overline{X}}$ 為樣本平均數的標準誤的符號。

$\sigma$ 為母群體標準差。

n 為樣本大小。

### 4. 95% 信賴區間 (CI) 與標準誤 $\sigma_{\overline{X}}$

(1) 若母群體標準差 $\sigma$ 已知，且樣本個數大於 30，則使用 Z 分布。

$\overline{X} \pm Z_{\alpha/2} \times \dfrac{\sigma}{\sqrt{n}}$，$Z = 1.96$ 時為 95%$CI$。即 $95\%CI = \overline{X} \pm 1.96\sigma_{\overline{X}}$。

(2) 若母群體近似常態分布而母群體標準差未知，且樣本個數小於 30，則使用 t 分布。在給定信賴係數下，t 分布的值依賴自由度而定。

$\overline{X} \pm t_{(\alpha/2,\, n\text{-}1)} \times \dfrac{s}{\sqrt{n}}$，查表得 $t_{(n-1)}$ 值時，為 95%$CI$。

(3) 母群體比例 p 的 95% 信賴區間的估計公式為：

$p \pm 1.96\sqrt{\dfrac{p(1-p)}{n}}$，p 成功率；(1 – p) 失敗率。

檢定結果，若 95%$CI$ 未含「0」，則表示該檢定達 0.05 顯著水準。

### 5. 假設檢定的意義

事先對母群體參數 ( 如平均數、標準差、比例值等 ) 建立合理的假設，再由樣本資料來測驗此假設是否成立，作為決策之依據的方法，稱為統計假設檢定或假設檢定 (hypothesis testing)。在實際的生物試驗中，往往是針對欲瞭解或改進的方法進行檢測，比對原有或已知的方式 ( 對照組 )，用以確知其差異性，此時即可利用統計假設檢定方式進行。假設之成立與否，全視特定樣本統計量與母群體參數之間，是否有顯著差異 (significant difference) 而定，所以假設檢定又稱顯著性檢定 (test of significance)。

進行假設檢定時，同時有 2 種互斥假設存在：

### 1. 虛無假設 (null hypothesis) $H_0$

通常為我們所欲否定的敘述，一般定為 $\theta = \theta_0$ ( 或 $\theta \leq \theta_0$、$\theta \geq \theta_0$ )，$\theta$ 為母群體參數，$\theta_0$ 為母群體參數假設值。

2. 對立假設 (alternative hypothesis) $H_1$

通常為我們所欲支持的敘述，有以下 3 種：

(1) 母群體參數可能改變，定為 $\theta \neq \theta_0$。

(2) 母群體參數可能變大，定為 $\theta > \theta_0$。

(3) 母群體參數可能變小，定為 $\theta < \theta_0$。

## 二、統計公式回顧

傳統統計學常用公式，整理如下：

1. Pearson 積差相關 $r_{xy} = \dfrac{\sum\limits_{i=1}^{n}(x_i - \bar{x})(y_i - \bar{y})}{\sqrt{(x_i - \bar{x})^2}\sqrt{(y_i - \bar{y})^2}}$

2. Z 檢定值：$Z = \dfrac{\bar{x} - \mu}{\sigma/\sqrt{n}}$，符合 N(0,1) 分布。

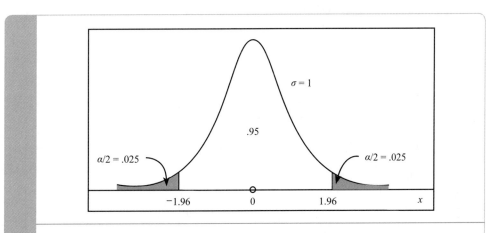

圖 1-8　Z 分布 (α/2=0.025，　雙尾 Z=1.96)

3. 單一樣本 t 檢定值：$t = \dfrac{\bar{x} - \mu}{S_{\bar{x}}} = \dfrac{\bar{x} - \mu}{\dfrac{S}{\sqrt{n}}}$，符合 $t_{(n-1)}$ 分布。

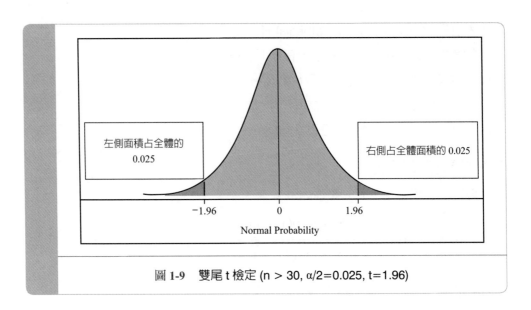

**圖 1-9　雙尾 t 檢定 (n > 30, α/2=0.025, t=1.96)**

4. 卡方檢定值：$\chi^2 = \sum_{i=1}^{n} \sum_{j=1}^{m} \frac{(o_{ij} - e_{ij})^2}{e_{ij}} = (\frac{\overline{x} - \mu}{\sigma / \sqrt{n}})^2 = Z_1^2 + Z_2^2 + \cdots + Z_n^2$，符合 $\chi^2_{(n-1)}$

分布。

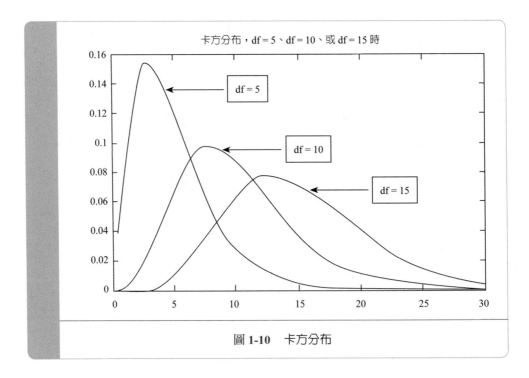

**圖 1-10　卡方分布**

5. F 檢定值：$F = \dfrac{SS_B/(K-1)}{SS_W/(N-K)} = \dfrac{\sum\limits_{i=1}^{k}\sum\limits_{j=1}^{n_i}\left(\overline{Y}_i - \overline{\overline{Y}}\right)^2/(K-1)}{\sum\limits_{i=1}^{k}\sum\limits_{j=1}^{n_i}\left(Y_{ij} - \overline{Y}_i\right)^2/(N-K)} = \dfrac{\chi^2(V_1)/V_1}{\chi^2(V_2)/V_2}$

$F\sim$ 符合 $F_{(K-1, N-K)}$ 分布

K 為處理水準 (level)

6. 95% 信賴區間 (Type I error, $\alpha = 0.05$)：

(1) 當 $\sigma$ 已知時，母群體平均數的區間估計為：

$\overline{X} - z_{\frac{\alpha}{2}}\sigma_{\overline{X}} < \mu < \overline{X} + z_{\frac{\alpha}{2}}\sigma_{\overline{X}}$，即

$\overline{X} - 1.96\sigma_{\overline{X}} < \mu < \overline{X} + 1.96\sigma_{\overline{X}}$

(2) 當 $\sigma$ 未知時，母群體平均數的區間估計為：

$\overline{X} - t_{\frac{\alpha}{2}, (N-1)} S_{\overline{X}} < \mu < \overline{X} + t_{(1-\frac{\alpha}{2}), (N-1)} S_{\overline{X}}$，即

$\overline{X} - 2.262 S_{\overline{X}} < \mu < \overline{X} + 2.262 S_{\overline{X}}$ 或

$\overline{X} - 2.262\dfrac{S}{\sqrt{N}} < \mu < \overline{X} + 2.262\dfrac{S}{\sqrt{N}}$

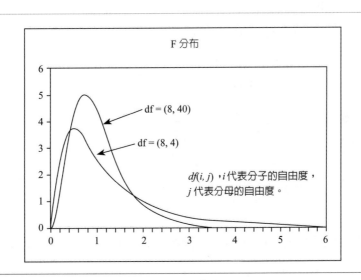

圖 1-11　F 分布

## 1-3-2 統計公式之重點整理

常見的高等統計技術，如下表。

|  | 類別變數 | 連續變數 |
|---|---|---|
| 無因果關係 | 敘述性統計<br>複選題分析<br>（多重）交叉分析<br>卡方（同質、獨立、適合度）檢定 | 主成分分析<br>因素分析<br>集群分析<br>(偏)相關分析 |
| 有因果關係 | 二元羅吉斯迴歸<br>線性判別分析 | 偏相關分析<br>迴歸（路徑）分析<br>（多變量）變異數分析<br>偏最小平方迴歸 |

## 1-3-2a t 統計公式

1. 單一樣本平均數之 t 檢定

資料：隨機變數 (R.V.)$X_1, X_2, X_3, \cdots, X_n \overset{i.i.d}{\approx} N(\mu, \sigma^2)$

檢定：(1)$H_0: \mu \geq \mu_0$ vs. $H_1: \mu < \mu_0$

(2)$H_0: \mu \leq \mu_0$ vs. $H_1: \mu > \mu_0$

(3)$H_0: \mu = \mu_0$ vs. $H_1: \mu \neq \mu_0$

檢定量為：(1) $\sigma^2$ 已知時，$Z = \dfrac{\overline{X} - \mu_0}{\sqrt{\dfrac{\sigma^2}{n}}} \sim N(0,1)$

(2) $\sigma^2$ 未知時，$t = \dfrac{\overline{X} - \mu_0}{\sqrt{\dfrac{\sigma^2}{n}}} \sim t_{(n-1)}$

決策：以「檢定 (a)」為例，拒絕區 $= \{t_0 < -t_{\alpha(n-1)}\}$、P 值 $= P_r(T < t_0)$

## 2. 兩個獨立樣本 t 檢定

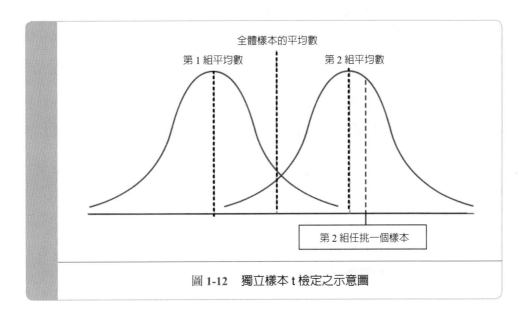

全體樣本的平均數

第 1 組平均數    第 2 組平均數

第 2 組任挑一個樣本

圖 1-12　獨立樣本 t 檢定之示意圖

統計資料分析時，常必須比較不同兩群體的某種特性是否一致，或對某問題的觀點是否一致。獨立樣本的 t 檢定是用以檢定兩群體特性的期望值是否相等之一種常用的統計方法。

假設兩組連續型獨立數據如下：

資料：隨機變數 (R.V.)$X_1, X_2, X_3, \cdots, X_{n_1} \overset{i.i.d}{\approx} N(\mu_1, \sigma_1^2)$，樣本平均數$\overline{X} = \dfrac{\sum\limits_{i=1}^{n_1} X_i}{n_1}$

隨機變數 (R.V.)$Y_1, Y_2, Y_3, \cdots, Y_{n_2} \overset{i.i.d}{\approx} N(\mu_2, \sigma_2^2)$，樣本平均數$\overline{Y} = \dfrac{\sum\limits_{i=1}^{n_2} Y_i}{n_2}$

樣本變異數：$S_X^2 = \dfrac{\sum\limits_{i=1}^{n_1}(X_i - \overline{X})^2}{n_1 - 1}$，$S_Y^2 = \dfrac{\sum\limits_{i=1}^{n_2}(Y_i - \overline{Y})^2}{n_2 - 1}$

標準誤 ( 平均數的標準差 )：$\dfrac{S_X}{\sqrt{n_1}}, \dfrac{S_Y}{\sqrt{n_2}}$

$D \sim N(\mu_D, \sigma_D^2)$

其中 $\mu_D = \mu_1 - \mu_2$，$\sigma_D^2 = \dfrac{\sigma_1^2}{n_1} + \dfrac{\sigma_2^2}{n_2}$

檢定：$H_0: \mu_1 = \mu_2$ vs. $H_1: \mu_1 \neq \mu_2$ (即 $\mu_1 - \mu_2 \neq 0$)

先檢定「變異數同質性」：$H_0: \sigma_1^2 = \sigma_2^2$ vs. $H_1: \sigma_1^2 \neq \sigma_2^2$

檢定統計量為 $F = \max(S_1^2, S_2^2)/\min(S_1^2, S_2^2) \sim F(n_1 - 1, n_2 - 1)$ 或 $F(n_2 - 1, n_1 - 1)$

決策：拒絕區 $= \dfrac{S_1^2}{S_2^2} \geq F_{\frac{\alpha}{2}}(n_1 - 1, n_2 - 1)$ 或 $\dfrac{S_1^2}{S_2^2} \geq F_{\frac{\alpha}{2}}(n_2 - 1, n_1 - 1)$

P 值 $= 2 \min\{P_r(F > f_0), P_r(F < f_0)\}$

情況 1「變異數異質性」：若不可假定 $\sigma_1^2 = \sigma_2^2$ (Behrens-Fisher 問題)

檢定量為 $T = (\overline{X} - \overline{Y})/\text{s.e.}(\overline{X} - \overline{Y}) = (\overline{X} - \overline{Y})/\sqrt{\dfrac{S_1^2}{n_1} + \dfrac{S_2^2}{n_2}} \sim$ 近似 t 分布

$\text{d.f.} = (\dfrac{S_1^2}{n_1} + \dfrac{S_2^2}{n_2})^2 / \left[ \dfrac{S_1^4}{n_1^2(n_1 - 1)} + \dfrac{S_2^4}{n_2^2(n_2 - 1)} \right]$ : $Welch's$ test 的自由度

註：此自由度 (d.f.) 可能非整數

情況 2「變異數同質性」：若可假定 $\sigma_1^2 = \sigma_2^2 = \sigma^2$

$\hat{\sigma}^2 \cong \sigma_P^2 = [\sum_1^{n_1}(X_i - \overline{X})^2 + \sum_1^{n_2}(Y_i - \overline{Y})^2]/(n_1 + n_2 + 2)$

檢定量為 $T = (\overline{X} - \overline{Y})/\text{s.e.}(\overline{X} - \overline{Y}) = (\overline{X} - \overline{Y})/\sqrt{(\dfrac{1}{n_1} + \dfrac{1}{n_2})S_p^2} \sim T(n_1 + n_2 - 2)$

若從觀測值所計算出來的 T 值為 t，顯著水準為 $\alpha$ 時，若 $P(|T| > |t|) = p < \alpha$，則拒絕虛無假設 $H_0: \mu_1 = \mu_2$；亦即接受對立假設 $H_1: \mu_1 \neq \mu_2$。

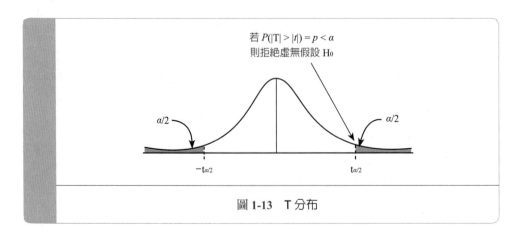

**圖 1-13　T 分布**

觀點：當檢定 $\mu_1 > \mu_2$ 時，基本上看 $(\overline{X} - \overline{Y})$ 差距是否夠大。大到某程度，才

可說顯著具有 $\mu_1 > \mu_2$ 的性質。

決策 1：(1) $H_1: \mu_1 > \mu_2$ 拒絕域為 $(\overline{X} - \overline{Y}) > \sqrt{(\frac{1}{n_1} + \frac{1}{n_2})S_p^2} \times t_\alpha(n_1 + n_2 - 2)$

(2) $H_1: \mu_1 < \mu_2$ 拒絕域為 $(\overline{X} - \overline{Y}) < -\sqrt{(\frac{1}{n_1} + \frac{1}{n_2})S_p^2} \times t_\alpha(n_1 + n_2 - 2)$

(3) $H_1: \mu_1 \neq \mu_2$ 拒絕域為 $|\overline{X} - \overline{Y}| > \sqrt{(\frac{1}{n_1} + \frac{1}{n_2})S_p^2} \times t_{\alpha/2}(n_1 + n_2 - 2)$

決策 2：以檢定 (3) 為例，若從觀測值所計算出來的 T 值為 t，顯著水準為 $\alpha$
時，其 P 值 $= 2 P_r(T > |t_0|)$，若 $p$ 值 $< \alpha$ 則拒絕虛無假設 $H_0$。

3. 相依樣本 t 檢定

假設存在二組具有常態分布之隨機變數 X 及 Y，分別為：

X：$X_1, X_2, X_3, \cdots, X_n \sim N(\mu_1, \sigma_1^2)$

Y：$Y_1, Y_2, Y_3, \cdots, Y_n \sim N(\mu_2, \sigma_2^2)$

當這二組隨機變數是成對出現時，亦即

$(X_1, Y_1), (X_2, Y_2), \cdots, (X_n, Y_n)$

令新變數 D ＝ X － Y，則

$D_1 = (X_1 - Y_1)$

$D_2 = (X_2 - Y_2)$

………

$D_n = (X_n - Y_n)$

由於 X 與 Y 變數都是常態隨機變數，故兩者的差 D 亦是常態分布，期望值
是 $\mu_D$，變異數是 $\sigma_D^2$。即

D：$D_1, D_2, D_3, \cdots, D_n \sim N(\mu_D, \sigma_D^2)$

其中，$\mu_D = \mu_1 - \mu_2$

$\sigma_D^2 = \sigma_1^2 + \sigma_2^2 - 2COV(X, Y)$

期望值是 $\mu_D$，可用樣本平均數 $\overline{D}$ 來估計。變異數是 $\sigma_D^2$，可用樣本變異數 $S_D^2$
來估計：

$$\overline{D} = \frac{\sum_{i=1}^{n} D_i}{n} \sim 符合 N(\mu_D, \sigma_D^2/n)$$

$$S_D^2 = \frac{\sum_{i=1}^{n}(D_i - \overline{D})^2}{n-1}$$

$\overline{D}$ 的標準差 $\frac{\sigma_D}{\sqrt{n}}$，可用 $\frac{D_D}{\sqrt{n}}$ 來估計

檢定：虛無假設 $H_0$: $\mu_1 = \mu_2$ ( 即 $\mu_D = \mu_1 - \mu_2 = 0$) vs. $H_1$: $\mu_1 \neq \mu_2$( 即 $\mu_1 - \mu_2 \neq 0$)

檢定統計量 T：$T = \dfrac{\overline{D} - \mu_D}{\dfrac{S_D}{\sqrt{n}}} \sim t_{(n-1)}$ 分布

決策：若從觀測值所計算出來的 T 值為 t，顯著水準為 $\alpha$ 時，若 $P(|T| > |t|)$ $= p < \alpha$，則拒絕虛無假設 $H_0$：$\mu_1 = \mu_2$；亦即接受對立假設 $H_1$：$\mu_1 \neq \mu_2$。反之，則反。

## 1-3-2b ANOVA 統計公式

變異數分析 (ANOVA) 是一種特殊形式的統計假設檢定，廣泛應用於實驗數據的分析中。統計假設檢定是一種根據數據進行決策的方法。測試結果 ( 通過零假設進行計算 ) 如果不僅僅是因為運氣，則在統計學上稱為顯著。統計顯著的結果 ( 當可能性的 p 值小於臨界的「顯著值」)，則可以推翻 null 假設 ($H_0$)。

在變異數分析的經典應用中，原假定是假設所有數據組都是整體測試對象的完全隨機抽樣。這說明所有方法都有相同效果 ( 或無效果 )。推翻原假設說明不同的方法，會得到不同的效果。在操作中，假設測試限定 I 型錯誤 ($\alpha$ 為假陽性導致的假科學論斷 ) 達到某一具體的值。實驗者也希望 II 型錯誤 ($\beta$ 為假陰性導致的缺乏科學發現 ) 有限。II 型錯誤受到多重因素作用，例如：取樣範圍 ( 很可能與試驗成本有關 )、相關度 ( 當實驗標準高的時候，忽視發現的可能性也大 ) 和效果範圍 ( 當對一般觀察者來說效果明顯，II 型錯誤發生率就低 )。

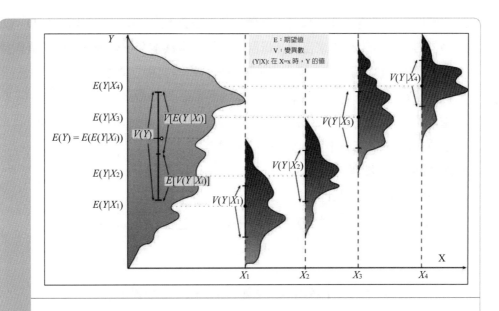

**圖 1-14　ANOVA 之示意圖 (4 個類組的分布形狀看起來不一樣，疑似變異數異質性)**

## (一) ANOVA 重點整理

### 1. 實驗樣本資料

| 類別 / 水準 | 總樣本數 | 邊際平均數 (margin) |
|---|---|---|
| 1 | $X_{11}, X_{12}, \ldots\ldots\ldots X_{1n_1}$ | $X_{1\cdot}$ |
| 2 | $X_{21}, X_{22}, \ldots\ldots\ldots X_{2n_2}$ | $X_{2\cdot}\cdot$ |
| … | ……………… | … |
| K | $X_{K1}, X_{K2}, \ldots\ldots\ldots X_{Kn_K}$ | $X_{k\cdot}\cdot$ |

其中，總樣本數 $n = \sum_{i=1}^{k} n_i$

### 2.「事先」假定條件

$$X_{ij} = \mu + \alpha_i + \varepsilon_{ij} \text{、} i = 1, 2, \cdots, k \text{、} j = 1, 2, \cdots, n_i$$

$\mu$：所有母群體平均、$\alpha_i$：第 $i$ 個 level 之處理效果、$\varepsilon_{ij}$：即實驗誤差，一般假設 $\varepsilon_{ij} \underset{i.i.d}{\sim} N(0, \sigma^2)$，由此可知 Random Variable $X_{ij} \underset{i.i.d}{\sim} N(\mu + \alpha_i, \sigma^2)$。

$\varepsilon_{ij}$ 假定條件：(1) 常態：樣本來自母群體，在依變數上的機率分布呈常態分布。(2) 變異數同質性：各組樣本來自同一母群體，故各組樣本在依變數得分的變異數應該具有同質性。(3) 獨立性：樣本之抽取須符合均等與獨立原則。

### 3. 假設檢定

虛無假設 $H_0$：k 個 level 之平均值均相等，即 $H_0 = \alpha_1 = \alpha_2 = \cdots = \alpha_k = 0$。

對立假設 $H_1$：有一不等。即 $H_1$：不全相等。

### 4. ANOVA 計算步驟

Step1：尋找檢定統計量

因為：$$\sum_i \sum_j (X_{ij} - \overline{X}..)^2 = \sum_i \sum_j (X_{ij} - \overline{X}i.)^2 + \sum_i \sum_j (X_{i.} - \overline{X}..)^2$$
$$\| \qquad\qquad\qquad \| \qquad\qquad\qquad \|$$
$$SS_T \qquad\qquad\quad SS_E \qquad\qquad\quad SS_B$$

( 所有資料之變異 ) ( 各組內部之變異 ) (k 組之間變異 )

檢定統計量：$F_0 = \dfrac{SS_B / k - 1}{SS_E / n - k} = \dfrac{MS_B}{MS_E} \sim F(k-1, n-k)$ 分布

Step2：決策：1. 拒絕：$\{F_0 > f_a(k-1, n-k)\}$

2. p 值：$P_r(F > f_0)$，其中 F $\sim$ F(k − 1, n − k) 分布。

Step3：ANOVA 摘要表之格式

| Source | Sum of Square | d.f | M.S | F | p 值 |
|--------|--------------|-----|-----|---|------|
| 組間 Between | $SS_B$ | k − 1 | $MS_B$ | $MS_B/MS_E$ | |
| 組內 Error | $SS_E$ | n − k | $MS_E$ | | |
| 全體 Total | $SS_T$ | n − 1 | | | |

### ( 二 ) ANOVA 3 種假定 (assumption) 條件的檢定法

#### 1. 常態性檢定

可用 (1) 繪圖法：Normal probability plot(p-p plot)、Normal quantile-quantile(q-q plot)。(2) 檢定法：卡方檢定、Kolmogorov-Smirnov 法、Shapiro-Wilks 法 ( 一般僅用在樣本數 n < 50 的情況 )。

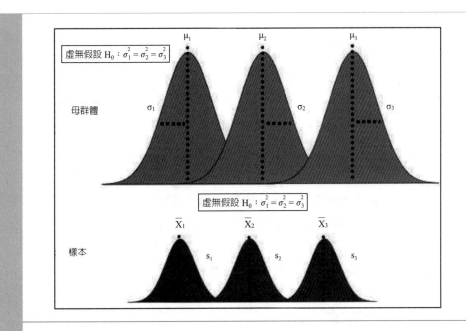

圖 1-15　變異數同質之示意圖

## 2. 各處理水準 (level) 之間的變異數都須同質

即 $H_0$: $\sigma_1^2 = \sigma_2^2 = \sigma_3^2 = \cdots = \sigma_k^2 = \sigma^2$

方法一 ：Bartlett 檢定 (Levene 檢定 )，較適合各組的樣本人數相同時。

檢定統計量：$b = \dfrac{(S_1^2)^{n_1-1}(S_2^2)^{n_2-1}...(S_k^2)^{n_k-1}}{(S_p^2)^{n-k}} \sim$ Bartlett 分布

其中，$S_p^2 = \dfrac{\sum\limits_{i}^{k}(n_i-1)S_i^2}{n-k}$

拒絕區：$\{b < b_k(a; n_1, n_2, n_3, \cdots, n_k)\}$

其中，$b_k(\alpha; n_1, n_2, \cdots, n_k) = \dfrac{\sum\limits_{i}^{k} n_i b_k(\alpha, n_i)}{n}$

修正檢定：$b = 2.303(g/c)$

其中，$g = (n-k)\log_{10} S_p^2 - \sum\limits_{i=1}^{k}(n_i-1)\log_{10} S_i^2$

$c = 1 + \dfrac{1}{3(k-1)}(\sum\limits_{i=1}^{k}\dfrac{1}{n_i-1} - \dfrac{1}{n-k}) \rightarrow$ 拒絕區：$\{b > \chi_\alpha^2(k-1)\}$

方法二：Cochran's 檢定：

檢定統計量 $G = \dfrac{Max(S_i^2)}{\sum\limits_{i=1}^{k} S_i^2} > g_\alpha$，則拒絕 $H_0$。

3. 獨立性

(1) STaTa 計量經濟「第 4 章 STaTa 各種迴歸之模型」，「殘差自我相關」有 3 種校正法：

① Prais-Winsten 迴歸：prais 指令。

② Cochrane-Orcutt 迴歸：prais 指令，corc 選項。

③ 殘留 Newey-West 標準誤之迴歸：newey 指令。

## 1-3-2c 簡單迴歸分析

### 一、簡單迴歸的由來

1886 年，英國遺傳學家高爾頓爵士 (Sir Francis Galton) 進行了一項親子身高的研究，發現親子的身高雖然具有相關性 ( 父母的身高會遺傳給子女 )，但子女的身高卻有逐漸「迴歸到平均值」(regression to ward the mean) 的現象，以下簡稱為「迴歸均值」。直白地說，高父母生出高子女，但其子女往往比父母矮小；或者打個誇張的比喻，偉人的後代子孫多半平庸。高爾頓提出的「迴歸均值」不僅是一個機率統計學的概念，還表明從分布的邊緣往中心移動是一個無可避免、持續不斷的動態過程，致使常態分布成為與此過程一致的結果。英國統計學家皮爾生 (Karl Pearson) 也是高爾頓傳記的作者，說道：「高爾頓對我們的科學觀念發動一場革命，修正了我們的科學哲學，甚至也校訂了人生。」

1885 年，高爾頓被選為不列顛科學協進會 (British Association for the Advancement of Science，後更名為 British Science Association) 主席，並獲得了一筆經費從事親子身高變化的研究。他蒐集 205 對父母，及其 928 名成年子女的身高數據。高爾頓先校正男女的身高差異，他將每一位女性身高乘以 1.08，並以父母身高的平均數，稱為父母平均高 (height of mid-parent) ，作為分析的變數。同時，高爾頓也確認了數據資料不存在高男人娶高女人，或矮女人嫁矮男人的系統化傾向。次年，高爾頓發表了他的研究結果，親子身高的統計資料整理如下表 ( 單位吋 )。

| | Total | < | 62.2 | 63.2 | 64.2 | 65.2 | 66.2 | 67.2 | 68.2 | 69.2 | 70.2 | 71.2 | 72.2 | 73.2 | > | Total | Median |
|---|---|---|---|---|---|---|---|---|---|---|---|---|---|---|---|---|---|
| > | 5 | - | - | - | - | - | - | - | - | - | - | - | 1 | 3 | - | 4 | - |
| 72.5 | 6 | - | - | - | - | - | - | - | 1 | 2 | 1 | 2 | 7 | 2 | 4 | 19 | 72.2 |
| 71.5 | 11 | - | - | - | - | 1 | 3 | 4 | 3 | 5 | 10 | 4 | 9 | 2 | 2 | 43 | 69.9 |
| 70.5 | 22 | 1 | - | 1 | - | 1 | 1 | 3 | 12 | 18 | 14 | 7 | 4 | 3 | 3 | 68 | 69.5 |
| 69.5 | 41 | - | - | 1 | 16 | 4 | 17 | 27 | 20 | 33 | 25 | 20 | 11 | 4 | 5 | 183 | 68.9 |
| 68.5 | 49 | 1 | - | 7 | 11 | 16 | 25 | 31 | 34 | 48 | 21 | 18 | 4 | 3 | | 219 | 68.2 |
| 67.5 | 33 | - | 3 | 5 | 14 | 15 | 36 | 38 | 28 | 38 | 19 | 11 | 4 | - | - | 211 | 67.6 |
| 66.5 | 20 | - | 3 | 3 | 5 | 2 | 17 | 17 | 14 | 13 | 4 | - | - | - | - | 78 | 67.2 |
| 65.5 | 12 | 1 | - | 9 | 5 | 7 | 11 | 11 | 7 | 7 | 5 | 2 | 1 | - | - | 66 | 66.7 |
| 64.5 | 5 | 1 | 1 | 4 | 4 | 1 | 5 | 5 | - | 2 | - | - | - | - | - | 23 | 65.8 |
| < | 1 | 1 | - | 2 | 4 | 1 | 2 | 2 | 1 | - | - | - | - | - | - | 14 | - |
| Total | 205 | 5 | 7 | 32 | 59 | 48 | 117 | 138 | 120 | 167 | 99 | 64 | 41 | 17 | 14 | 928 | - |
| Median | - | - | - | 66.3 | 67.8 | 67.9 | 67.7 | 67.9 | 68.3 | 68.5 | 69.0 | 69.0 | 70.0 | - | - | - | |

1. 最左欄爲父母平均身高級距，左起第二欄「Total」爲該組包含多少對父母。譬如，有22對父母的平均身高爲70.5吋。資料顯示，父母平均身高呈常態分布。

2. 最上列爲成年子女身高級距，右起第二欄「Total」表示各組父母共有多少名成年子女，最右欄「Median」是這些子女的身高中位數。譬如，平均身高爲70.5吋的父母共有68名成年子女，他們的身高中位數是69.5吋，其中7人的身高是71.2吋。底起第二列「Total」顯示子女身高呈常態分布，而且每組父母生育的子女身高亦爲常態分布。

3. 資料從左下角至右上角呈對角線分布，父母與成年子女的身高具有正相關性，即高父母的子女身高也超過同儕。

4. 比較最右欄 (Median) 與最左欄，證實「迴歸均值」現象的確存在。當父母平均身高大於親系平均身高68.5吋時，子女的身高中位數都小於父母平均身高；當父母平均身高小於68.5吋時，子女的身高中位數皆大於父母平均身高。譬如，父母平均身高爲70.5吋 ( 比68.5吋高2吋 ) 的子女平均身高爲69.2吋，與父母平均身高的差距 (1.3吋 ) 僅及父母平均身高偏移親系平均身高的三分之二。

從因果論來看，如果沒有「迴歸均值」，那麼高父母的後代會一代比一代高，矮父母的後代則一代比一代矮，最後世上只見巨人和侏儒。高爾頓對於觀察出的迴歸現象如此解釋：「孩子的遺傳一部分得自父母，一部分得自祖先。一般而言，族譜向上追溯越久遠，祖先人數就越多，也更加多樣化，最後就跟採自任何種族，人數一樣多的任意樣本，沒有什麼差別。」高爾頓的理論並不正確，因為子女僅從父母身上得到基因，所有祖先的基因物質都透過父母遺傳給子女。

撇開遺傳學，可以從機率模型來解釋「迴歸均值」。令 $x$ 表示父母平均身高，$y$ 表示成年子女的身高。如果父母平均身高和子女身高服從二變量常態分布，則給定 $x$，條件密度函數 $p(y|x)$ 亦為常態分布，且條件期望值 $E[y|x]$ 滿足：

$$\frac{E[y|x] - E[y]}{\sigma_y} = \rho \frac{x - E[x]}{\sigma_x}$$

條件變異數則為

$$\text{var}[y|x] = \sigma_y^2(1 - \rho^2)$$

其中 $\rho$ 是 $x$ 與 $y$ 的相關係數 (correlation coefficient)，$E[x]$ 和 $E[y]$ 分別是 $x$ 和 $y$ 的期望值，$\sigma_x$ 和 $\sigma_y$ 分別是 $x$ 和 $y$ 的標準差。如果 $\sigma_x = \sigma_y$ 且 $-1 < \rho < 1$，則

$$|E[y|x] - E[y]| < |x - E[x]|$$

換句話說，子女身高 $y$ 的條件期望值偏離子系平均身高 $E[y]$，不會大於父母平均身高 $x$ 偏離親系平均身高 $E[x]$。

## 二、簡單迴歸之重點整理

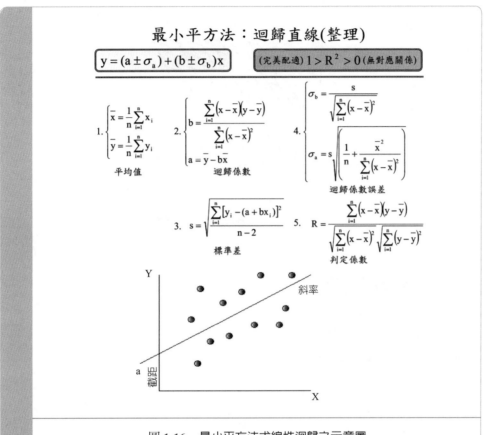

圖 1-16　最小平方法求線性迴歸之示意圖

### (一) 迴歸公式

1. 簡單線性迴歸 (simple regression)

$y_i = \beta_0 + \beta_1 x_i + \varepsilon_i$，$i = 1, 2, 3, \cdots, n$; $\varepsilon_i$：誤差。

2. 多重 ( 複合 ) 迴歸

$y_i = \beta_0 + \beta_1 x_{i1} + \beta_2 x_{i2} + \cdots + \beta_k x_{ik} + \varepsilon_i$

迴歸分析之基本假定：$(1)\{\varepsilon_1, \varepsilon_2, \cdots, \varepsilon_n\}$ 相互獨立；$(2)E(\varepsilon_i) = 0$ $(3)Var(\varepsilon_i) = \sigma^2$。

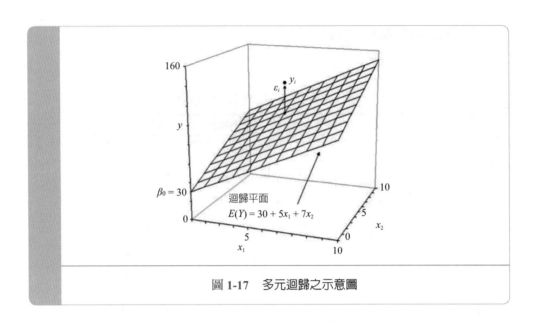

圖 1-17　多元迴歸之示意圖

## (二) 簡單迴歸之建模步驟

Step 1：尋找迴歸係數 ( 即估計 $\hat{\beta}_0, \hat{\beta}_1$ )

Step 2：判斷此模型之適切性

1. 檢定 $H_0：\beta_1 = 0$ vs. $H_0：\beta_1 \neq 0$。

　　方法一：利用 t- 檢定。

　　方法二：利用 ANOVA 分析法：$F = \dfrac{MS_R}{MS_E}$。

2. 判定係數 $R^2$ 越靠近 1，表示適配佳 ( 此時自變數 X 可以解釋大部分之依變數 Y 的變動 )。

Step 3：假設條件之驗證—殘差值 $e_i$ 之檢定

　　先決條件：$\varepsilon_1, \varepsilon_2, \cdots, \beta_n \overset{iid}{\sim} N(0, \sigma^2)$

1. 繪圖法：(1) $e_i$ 對 X 之圖形：可看出是同質性變異 $Var(\varepsilon_i) = \sigma^2$。

　　　　　　(2) $e_i$ 對 $\hat{y}$ 之圖形：應表示出 $e_i$ 與 $\hat{y}$ 無相關。

　　　　　　(3) 繪製殘差 $e_i$ 之常態機率圖 (normal probability plot)。

2. 殘差之獨立性檢定：(STaTa 有外掛指令可處理 )

　　檢定：$H_0：\rho_s = 0$ vs. $H_0：\rho_s = \rho^s$ ( 其中令 $e_i = pe_{i-1} + z_i$ )

方法：Durbin-Watson test：$DW = \dfrac{\sum\limits_{i=2}^{n}(e_i - e_{i-1})^2}{\sum\limits_{i=1}^{n} e_i^2}$

一般 $1.5 \le DW \le 2.5$，表示無自我相關現象。

註：若本身資料沒有自然之次序關係，即可不用檢定。

Step 4：極端值之檢查 ( 有極端值應予以刪除 )

注意事項：當違反基本條件假定時，建議：(1) 重新建立模型，採加權最小平均法估計；(2) 將變數轉換，例如取 log(x)。

## ( 三 ) 迴歸之估計與假設檢定──以簡單線性迴歸為例

### 1. 迴歸估計

估計之方式採最小平方估計量 (least squared estimators, LSE)。

令 $f(\beta_0, \beta_1) = \sum\limits_{i=1}^{n}(y_i - \beta_0 - \beta_1 x_i)^2$

則迴歸係數之估計，係對這 2 個迴歸係數取偏微分：

$$\frac{\partial f}{\partial \beta_0} = -2\sum_{i=1}^{n}(y_i - \beta_0 - \beta_1 x_i) = 0$$

$$\frac{\partial f}{\partial \beta_1} = -2\sum_{i=1}^{n} x_i(y_i - \beta_0 - \beta_1 x_i) = 0$$

其解為 $\begin{cases} \hat{\beta}_1 = \dfrac{S_{xy}}{S_{xx}} = \dfrac{\sum\limits_{i=1}^{n}(x_i - \bar{x})(x_i - \bar{x})}{\sum\limits_{i=1}^{n}(x_i - \bar{x})^2} \\[3mm] \hat{\beta}_0 = \bar{y} - \hat{\beta}_1 \bar{x} \end{cases}$

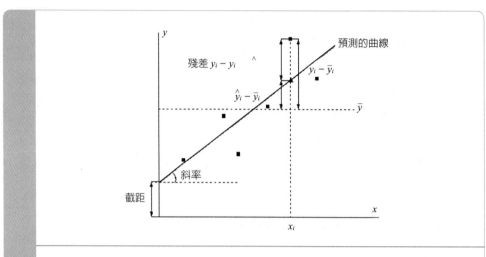

圖 **1-18** 最小平方法之示意圖

殘差 $e_i = y_i - \hat{y} = y_i - (\hat{\beta}_0 + \hat{\beta}_1 x_i)$，必滿足 $\sum\limits_{i=1}^{n} e_i = 0$ 且 $\sum\limits_{i=1}^{n} x_i e_i = 0$

殘差和：$SS_E = \sum\limits_{i=1}^{n} e_i^2 = \sum\limits_{i=1}^{n} [y_i - (\hat{\beta}_0 + \hat{\beta}_1 x_i)]^2 = S_{yy} - \hat{\beta}_1 S_{xx}$

殘差和的用處：利用 $\dfrac{SS_E}{n-2}$ 估計 $\sigma^2$，即取 $s^2 = \dfrac{SS_E}{n-2}$ 估計 $\sigma^2$

## 2. 迴歸係數顯著性之假設

(1) 檢定 $H_0 : \beta_1 = b_1$ vs. $H_0 : \beta_1 \neq b_1$

迴歸係數 $\beta_1$ 係數之 t 檢定 $= \dfrac{\hat{\beta}_1 - b_1}{s / \sqrt{S_{xx}}} \sim$ 符合 $t_{(n-2)}$ 分配

$\beta_1$ 之 $(1 - \alpha)$ 信賴區間為 $\hat{\beta}_1 \pm \dfrac{s}{\sqrt{S_{xx}}} \times t_{(\alpha/2,\, n-2)}$

(2) 檢定 $H_0 : \beta_0 = b_0$ vs. $H_1 : \beta_0 \neq b_0$

迴歸係數 $\beta_0$ 之 t 檢定 $= \dfrac{\hat{\beta}_0 - b_0}{s\sqrt{\dfrac{1}{n} + \dfrac{\bar{x}^2}{S_{xx}}}} \sim$ 符合 $t_{(n-2)}$ 分配

$\beta_0$ 之 $(1 - \alpha)$ 信賴區間為 $\hat{\beta}_0 \pm \sqrt{\dfrac{1}{n} + \dfrac{\bar{x}^2}{S_{xx}}} \times t_{(\alpha/2,\, n-2)}$

3. 迴歸之變異數解釋量 $R^2$

決定 ( 判定 ) 係數 (coefficient of determination)：$R^2$

令 $SS_E = \sum_{i=1}^{n} e_i^2 = \sum_{i=1}^{n} [y_i - (\hat{\beta}_0 + \hat{\beta}_1 x_i)]^2 = S_{yy} - \hat{\beta}_1 S_{xx}$

$\sum_{i=1}^{n} [y_i - \hat{\beta}_0 - \hat{\beta}_1 x_i]^2 = S_{yy} - \hat{\beta}_1^2 S_{xx}$，得 $S_{yy} = \hat{\beta}_1^2 S_{xx} + SS_E$，即 $SS_T = SS_R + SS_E$

$R^2 = 1 - \dfrac{SS_E}{S_{yy}} = \dfrac{\hat{\beta}_1^2 \times S_{xx}}{S_{yy}} = \dfrac{SS_R}{SS_T}$

當 $R^2$ 靠近 1，表示迴歸式適配佳。

4. 迴歸性質

(1) $\hat{\beta}_0$ 及 $\hat{\beta}_1$ 均為數據 $\{y_1, y_2, \cdots, y_n\}$ 之線性加權估計量。

(2) $E(\beta_0) = \hat{\beta}_0$，$E(\beta_1) = \hat{\beta}_1$

(3) $Var(\hat{\beta}_0) = \sigma^2 \left( \dfrac{1}{n} + \dfrac{\overline{x}^2}{S_{xx}} \right)$, $Var(\hat{\beta}_1) = \dfrac{\sigma^2}{S_{xx}}$

**( 四 ) 迴歸係數之 Meta 法：單位轉換**

詳見張紹勳著：《Meta 分析實作：使用 Excel 與 CMA 程式》之「2.1.2 迴歸模型之效果量換算程序」。

**( 五 ) 迴歸係數之假定**

進行迴歸分析必須先符合 4 種假定 (assumption) 檢定：直線性 (linearity of the phenomenon)、變異數同質性 (constant variance of the error term)、誤差項獨立 (independence of the error term)、常態性 (normality of the error term distribution)。線性部分由自變數與依變數的相關係數來判斷。變異數同質性部分使用 Box's M 方法檢查變異數同質性 (homoscedasticity) 之假定。誤差項獨立部分以 Durbin-Watson 來判斷，其值介於 1.5 至 2.5 之間是合適的。常態分布部分可以利用其分布的偏態 (skewness) 和峰態 (kurtosis) 的 Z 值，來與研究所需的顯著水準臨界值比較，以判斷是否符合常態分布。

常態性的檢查可以利用偏態 (skewness) 和峰度 (kurtosis) 的 Z 值來與研究所需的顯著水準臨界值比較，以判斷是否符合常態性。要達 $\alpha = 0.05$ 顯著水準，所計算雙尾 Z 值不能超過 95% 信賴區間之臨界值 (+1.96 ~ -1.96)。其計算公式如下 (Hair et al., 1998)：

$$Z_{skewness} = \frac{skewness}{\sqrt{6/N}}, (N : 樣本數)$$

$$Z_{kurtosis} = \frac{kurtosis}{\sqrt{24/N}}, (N : 樣本數)$$

常態分布時，其偏態峰度為 0，但做研究時，觀察各變數偏態峰度值雖然不為 0，但須接近 0，不可超過 Z 值的臨界值 (+1.96 ~ -1.96)。

## 三、從線性變換解釋最小平方法之近似

在整個線性代數領域，移動向量空間的線性變換以不同面貌貫穿許多重要的主題。線性代數初學者經常將線性變換局限於單純的幾何變換，例如：旋轉、拉伸、鏡射等，實際情況是線性變換幾乎無所不在，線性變換就隱藏在矩陣向量的乘法運算。直白地說，矩陣向量乘法是線性變換的具體實現，而線性變換則是矩陣向量乘法的情境描述。以下將我從線性變換觀點解釋最小平方近似問題的解決過程與意義，透過線性變換觀點不但可使原本抽象的內容變成容易理解的敘事情境，線性變換的映射機制也為線性代數理論與其應用搭建一座橋梁。

令 $A$ 為一個 $m \times n$ 階實矩陣且 $b \in R^m$。線性方程 $Ax = b$ 是一致的 ( 有解 ) 充要條件，可以從兩個觀點表述。寫出 $A = [a_1 \cdots a_n]$，其中 $a_j \in R^m$ 是 $A$ 的行向量 (column vector)。第一個觀點是線性組合：常數向量 $b$ 可表示為 $a_1, \cdots, a_n$ 的線性組合：

$$b = x_1 a_1 + \cdots + x_n a_n = [a_1 \cdots a_n] \begin{bmatrix} x_1 \\ \vdots \\ x_n \end{bmatrix} = Ax$$

上面使用了 $x_i a_i = a_i x_i$。第二個觀點是線性變換：$b$ 屬於線性變換 $A$ 的值域 (range)，即行空間 (column space) $C(A) = \{Ax | x \in R^n\}$，$b = Ax$ 稱為 $x$ 經映射 $A$ 的像 (image)。如果線性方程 $Ax = b$ 無解，這時只能求其最佳近似解，也就是找出 $\hat{x}$ 使得誤差向量 $e = b - A\hat{x}$ 有最小的長度平方，即

$$\underset{\hat{x}}{\text{minimize}} \ \|b - A\hat{x}\|^2$$

假設 $\hat{x} \in R^n$ 經線性變換 $A$ 映射至 $p = A\hat{x} \in C(A)$，或表示為 $\hat{x} \overset{A}{\rightarrow} p$。反過來問，我們想知道行空間 $C(A)$ 中哪個 $p$ 會產生最小的誤差 $\|e\|$？從三維幾何空間直觀，最

小誤差發生於 e = b − p 與 p 正交 ( 請你自己畫一個圖確認 )；也就是說，p 是向量 b 至行空間 $C(A)$ 的正交投影。

令 $P$ 代表正交投影至行空間 $C(A)$ 的變換矩陣，使得 p = $P$b，記為 b$\xrightarrow{P}$p。因為 $C(A)$ 是 R$^m$ 的一個子空間，正交投影矩陣 $P$ 是 $m \times m$ 階並滿足 $P^2 = P = P^T$。欲求出正交投影矩陣 $P$，投影矩陣性質 $P^2b = Pb = P$，說明投影一次與投影兩次的結果相同。因此，$P$p $= P(P$b$) = P^2$b = p，於是有

$$P(b - p) = p - p = 0$$

上式說明 b − p 屬於 $P$ 的零空間 $N(P)$，幾何意義是 b − p 與行空間 $C(A)$ 正交致使投影向量為 0。我們可以證明 $C(P) = C(A)$[1] 且 $N(P) = N(A^T)$[2]。因此，e = b − p = b − $A\hat{x}$ 屬於 $C(A)$ 的正交補餘 (orthogonal complement)$C(A)^{\perp} = N(A^T)$，或稱 $A$ 的左零空間：

$$A^T e = A^T (b - A\hat{x}) = 0$$

改寫成

$$A^T A \hat{x} = A^T b$$

上式稱為正規方程 (normal equation)，這裡 normal 表示垂直，意思是殘差 e = b − $A\hat{x}$正交於 $C(A)$。正規方程的解即為 $A$x = b 的最小平方近似解。當 $A$ 的行向量是線性獨立時，rank $A = n$，$A$ 稱為滿行秩。在此情況下，零空間退化為 $N(A) = \{0\}$，列空間 $C(A^T)$ 充滿整個 R$^n$。因為 rank $A = \text{rank}(A^T A)$，可知 $n \times n$ 階交互乘積 $A^T A$ 是可逆的，故存在唯一的最小平方近似解：

$$\hat{x} = (A^T A)^{-1} A^T b$$

由此立刻推論出最小誤差平方的投影向量

$$p = A\hat{x} = A(A^T A)^{-1} A^T b$$

正交投影矩陣即為

$$P = A(A^T A)^{-1} A^T$$

底下補充說明常數向量 b 與誤差向量 e 的關係。因為

$$(I - P)^2 = I - 2P + P^2 = I - 2P + P = I - P$$

$I - P$ 也是一個投影矩陣，且

$$(I - P)\mathbf{b} = \mathbf{b} - P\mathbf{b} = \mathbf{b} - \mathbf{p} = \mathbf{e}$$

因此，向量 b 經 $I - P$ 正交投影至 $\mathbf{e} \in N(A^T)$。

最後，將最小平方近似問題涉及的幾個線性變換整理於下 ( 見圖 1-19)：

1. 常數向量 $\mathbf{b} \in \mathbb{R}^m$ 經正交投影矩陣 $P = A(A^T A)^{-1} A^T$ 映至行空間 $C(A)$ 的投影向量 p：

$$\mathbf{b} \xrightarrow{P} \mathbf{p}$$

2. 常數向量 $\mathbf{b} \in \mathbb{R}^m$ 經正交投影矩陣 $I - P$ 映至左零空間 $N(A^T)$ 的最小誤差向量 e：

$$\mathbf{b} \xrightarrow{I - P} \mathbf{e}$$

3. 常數向量 $\mathbf{b} \in \mathbb{R}^m$ 經變換矩陣 $(A^T A)^{-1} A^T$ 映至列空間 $C(A^T)$ 的最小平方近似解 $\hat{\mathbf{x}}$：

$$\mathbf{b} \xrightarrow{(A^T A)^{-1} A^T} \hat{\mathbf{x}}$$

4. 最小平方解 $\hat{\mathbf{x}}$ 經矩陣 $A$ 映至行空間 $C(A)$ 的投影向量 p：

$$\hat{\mathbf{x}} \xrightarrow{A} \mathbf{p}$$

因此，將常數向量 b 映射至投影向量 p 的正交投影矩陣 $P$，可以理解為 2 個線性變換的複合：

$$\mathbf{b} \xrightarrow{(A^T A)^{-1} A^T} \hat{\mathbf{x}} \xrightarrow{A} \mathbf{p}$$

但如果 $A$ 有線性相關的行向量，則 $A^T A$ 是一個不可逆矩陣，這時便不存在唯一的最小平方近似解。

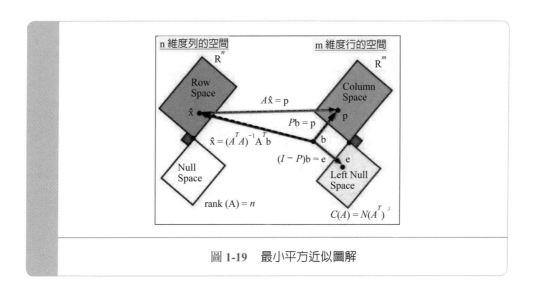

圖 1-19　最小平方近似圖解

## 1-3-2d 卡方檢定

### 一、卡方分布 (Chi-square distribution)

　　檢定的時候，當資料是屬於名目 (nominal) 時，若要檢驗一個自變數對應變數的效果為何，就需要使用到卡方分布 ($\chi^2$)。卡方分布大約是在 1990 年首先由 Pearson 提出，由常態分布中所變化出來的，卡方值就是標準常態分布變數 Z 的平方所得到，其公式如下：

$$Z^2 = \frac{(x-\mu)^2}{\sigma^2} \text{ 或 } Z^2 = \frac{n(\bar{x}-\mu)^2}{\sigma^2}$$

上述公式中，樣本的均值為 $\bar{x}$，母群體的平均值為 $\mu$，母群體的變異數為 $\sigma^2$，假若由常態分布母群體裡面抽出 n 個樣本，並把每一個樣本 $x_i$ 帶入上述公式，並求其總和，可得到：

$$\sum_{i=1}^{n} Z_i^2 = \sum_{i=1}^{n} \frac{(x-\mu)^2}{\sigma^2} = \frac{\sum (x_i-\mu)^2}{\sigma^2}$$

上式 Pearson 稱自由度，為 df = n 的卡方值，其卡方值的公式表示如下：

$$\chi^2_{(n)} = \frac{\sum(x_i - \mu)^2}{\sigma^2}$$

若是由 n 個樣本資料，可以得到自由度為 (n–1) 的卡方值，其公式如下：

$$\chi^2_{(n-1)} = \sum Z_i^2 = \frac{\sum(x_i - \overline{x})^2}{\sigma^2}$$

因此可以說，卡方值為 Z 分數的平方和。

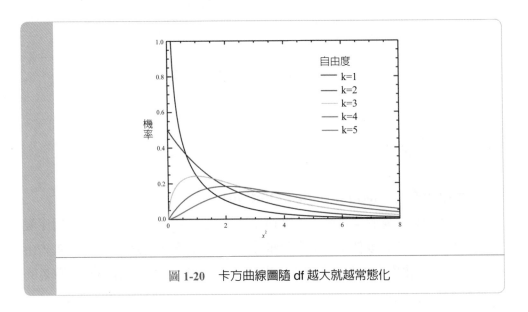

圖 1-20　卡方曲線圖隨 df 越大就越常態化

## 二、卡方檢定的多種用途

卡方檢定主要是用於等距變數或是比例變數的資料。

### 1. 適配度檢定 (goodness of fit test)

卡方檢定可用於檢定對某件事物的機率分布是否是眞還是不眞，這個檢定就稱作適配度檢定。例如：新開發的農藥殺蟲效果，是不是與藥商所說的符合。

$$\chi^2 = \sum_{i=1}^{k} \frac{(O_i - E_i)^2}{E_i}$$

其中，$O_i$ = 樣本的觀察值

　　　$E_i$ = 理論推算的期望值

## 2. 獨立性檢定 (test of independence)

卡方檢定可用於檢定同一個母群體中的兩個變數之間，彼此是不是無關、是否獨立，這就稱作獨立性檢定。例如：男女性別的差異，與看事物看法的觀點是否獨立。

在進行獨立性檢定時，I×J 交叉表的兩個變數均為設計變數，且為 2×2 交叉表，則其 $\chi^2$ 公式可改寫成：

$$\chi^2 = \frac{N(AD-BC)^2}{(A+B)(C+D)(A+C)(B+D)}$$

| A | B | (A+B) |
|---|---|-------|
| C | D | (C+D) |

(A+C)　(B+D)

其中 A、B、C 和 D 代表 2×2 交叉表內各細格人數。

## 3. 同質性檢定 (test of homogeneity)

卡方檢定可用於檢定不同的樣本資料是不是都來自同一個母群體，此種卡方檢定，就稱作同質性檢定。例如：3 種不同廠牌的維骨力，對於治療退化性關節炎的效果是否相同。

同質性檢定的統計量 $\chi^2_{(R-1)(C-1)} = \sum_{i=1}^{R}\sum_{j=1}^{C}\frac{(O_{ij}-E_{ij})^2}{E_{ij}}$

其中，$O$ 為觀察次數，$E$ 為期望次數。

若 $\chi^2 > \chi^2_{(R-1)(C-1),\alpha}$，則拒絕虛無假設 $H_0$。

## 4. Meta 之異質性 Cochrane Q 檢定 (Chi-square test of Cochran Q statistic)

$Q = \sum_{i=1}^{K} w_i \times (ES_i - \overline{ES})^2 \sim$ 符合 $\chi^2_{(K-1)}$ 分配

若 $Q > \chi^2_{(K-1),0.05}$ 分布的臨界值，則表示每篇研究間具有異質性。

## 5. 改變的顯著性檢定 (test of significance of change)

當二樣本資料取得時彼此具有連帶關係，並不是獨立取得，假如要比較檢定此二樣本資料是否有差異，就稱為改變的顯著性檢定。

### 1-3-3 檢定與信賴區間之關係

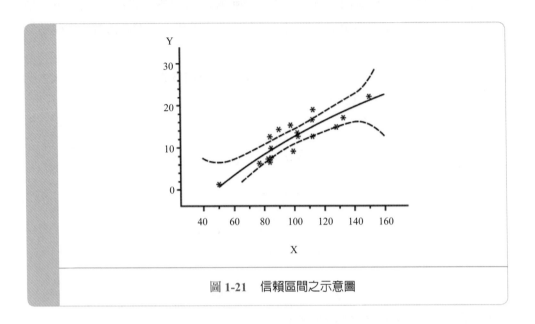

圖 1-21　信賴區間之示意圖

　　樣本統計是點估計，是我們的猜測。區間估計則是母群體參數有可能落在其中的眾多點估計。要正確估計母群體參數是不可能的，但是可以假設母群體參數應該落在一定的區間，稱爲信賴區間 (confidence interval)。點估計加減誤差，便是區間估計。

　　信賴區間的定義：由樣本資料定義一段數值區間，宣稱有多少信心可以估計母群體的參數包含於此區間內 (The level of uncertainty in the estimate of treatment effect)。該數值區間上、下限，稱爲信賴界限 (confidence limit)。用以估計信心程度者，稱爲信賴 ( 心 ) 水準 (confidence level)。因此，信賴區間估計常表示爲：

$$[p - Z_{(1-\alpha/2)} \times (s.e), p + Z_{(1-\alpha/2)} \times (s.e.)]$$

　　當母群體爲連續變數時，使用樣本平均值推論母群體平均值。$\overline{X}$ 的標準誤 (s.e) 爲 $\dfrac{S_x}{\sqrt{n}}$。

　　一般常以 95% 或 99% 爲信賴水準指標；相對應的 Z 分數 ( 相差幾個標準差 ) 分別爲 1.96 與 2.58。即 CI 可表示爲：

1. 95% 信心估計母群體平均數，在樣本平均數 ± 1.96 ×( 母群體標準差 / 樣本數 n 的平方根 ) 的範圍內。當我們抽樣夠多次，則其中約有 95% 左右個 (100 個之中有 95 個 ) 信賴區間會包含 μ。

2. 99% 信心估計母群體平均數，在樣本平均數 ± 2.58 ×( 母群體標準差 / 樣本數 n 的平方根 ) 的範圍內。

CI 科學符號表示，有 2 種方式：

$$\mu \text{ 之 } 95\% \text{ CI} = \overline{X} \pm 1.96 \times \frac{\sigma}{\sqrt{n}}$$

$$\mu \text{ 之 } 99\% \text{ CI} = \overline{X} \pm 2.58 \times \frac{\sigma}{\sqrt{n}}$$

由上式可看出，在相同的樣本變異數 $\sigma^2$ 下，抽樣樣本 n 越大，樣本平均值的標準誤越小，則信賴區間也越小，也就是不確定程度越小。

例如：平均值標準誤 (standard error of the mean) 是藉著手邊的樣本 (sample) 資料，對母群體 (population) 平均值做估計時，對這個估計結果誤差程度的表示方法；也可以把標準誤轉換成信賴區間的方式，來表示對所估計母群體平均值的把握程度。因此，若樣本數 (sample size) 越大，所得的標準誤越小，即信賴區間越小，表示對所獲得的數據 ( 平均值 ) 越有把握。例如：當電腦報表上印出 10 位病人的血壓平均為 120.4mmHg、標準差為 13.2mmHg 和標準誤為 4.18mmHg 時，意味著這種情況的病人血壓大約為以 120.4mmHg 為中心，呈現標準差為 13.2mmHg 之分散程度的分布。由於這個資料乃根據 10 位病人的血壓值來估計，以樣本平均血壓 120.4mmHg 來估計母群體平均血壓的誤差程度為標準誤 4.18mmHg，並可計算由此樣本所得母群體平均值的 95% 信賴區間 (95% confidence interval) 為 111.0mmHg 至 129.8mmHg。簡言之，在此區間 (111.0 mmHg～129.8mmHg) 內有 95% 的機率會包括真實的母群體平均血壓值。

標準差 (S) 及標準誤 (s.e.)，這 2 種表示法傳遞不同的訊息。當以「平均值 ± 標準差」來描述資料時，即表示這個資料的中央趨勢 ( 用平均值來描述 ) 和分散程度 ( 用標準差來描述 ) 兩樣性質。而若以「平均值 ± 標準誤」時，則僅描述了這個資料的中央趨勢 ( 用平均值來描述 )，以及對母群體平均值估計的可能誤差程度。

在同樣 Type I 誤差 (α 值 ) 的情形下，信賴區間可以用來判定樣本平均值與假定母群體平均值是否有顯著差異，結論會跟雙尾檢定相同。若以樣本平均值推論出 μ 的信賴區間，包含了原本假定的母群體平均值，則表示樣本平均數與母群體平均值沒有顯著差異。若以樣本平均值推論出 μ 的信賴區間，不包含原本假定的母群體平均值，則表示樣本平均數與母群體平均值有顯著差異。

常態母群體，$\sigma$ 未知時。假設 type I 誤差 = α，自由度 = n − 1，平均數的信賴區間為：$\overline{Y} \pm t_{\alpha/2, n-1} \times (s.e.)$，其中 $s.e. = \dfrac{S}{\sqrt{n}}$。

例如：從一常態母群體中隨機抽出 n = 25 的樣本，並得到樣本平均數 $\overline{Y}$ = 50，樣本標準差 s = 8，則母群體平均數的 95% 信賴區間為：

$$\overline{Y} \pm t_{\alpha/2, n-1} \times \frac{S}{\sqrt{n}} = 50 \pm 2.0639 \times \frac{8}{\sqrt{25}}$$

如果 n >= 30，t 值亦會趨近於 Z 分數。當樣本標準差 S 已知，且樣本個數大於 30，改用 Z 分布求 95% CI：

$$95\% \text{ CI} = \overline{X} \pm Z_{\alpha/2} \times \frac{S}{\sqrt{n}} = \overline{X} \pm 1.96 \times \frac{S}{\sqrt{n}}$$

## 1-4 多變量常態分布、樣本平均數、變異數和共變異數：統計基礎

### 1-4-1 多變量假定：常態分布之統計基礎

STaTa 常態分布之指令，常見的包括 swilk 、 sktest 、 qnorm 、 pnorm 、 qqplot 、 mvtest normality 指令。

在數學、統計學、物理和工程等領域，常態分布 (normal distribution 、 Gaussian distribution) 是一個非常重要的連續型機率 ( 概率 ) 分布模型。本文將回答下列問題：

1. 如何推導多變量常態分布的機率密度函數 (probability density function) ？
2. 如何證明服從常態分布的隨機向量的線性變換為常態分布 ？

3. 如何證明服從常態分布的多隨機變數的子集合，亦為常態分布？

4. 如何判別二組 ( 常態分布 ) 隨機變數集的獨立性？

5. 具有常態分布的條件機率密度函數為何？

6. 給定條件機率密度函數 $p(y|x)$，如何計算 $p(x|y)$？

　　為了避免繁瑣的積分運算，則以動差生成函數 (moment generating function) 推演，這個方法的理論基礎在於動差生成函數唯一決定機率密度函數。下面先介紹標準多變量常態分布，隨後通過仿射變換 (affine transformation) 推廣至一般多變量常態分布。

## 一、標準多變量常態分布

　　令 $z$ 為一個連續型隨機變數，其值域為實數係 R。機率學經常以 $Z$ 表示隨機變數，$z$ 表示其值。為簡化符號，在不造成混淆的情況下，本文以 $z$ 代表隨機變數或其值。變數 $z$ 服從標準常態分布 (standard normal distribution)，若機率密度函數為：

$$p_z(z) = \frac{1}{\sqrt{2\pi}} \exp\left\{-\frac{z^2}{2}\right\}$$

密度函數 $p_z(\cdot)$ 的下標 $z$ 表示隨機變數，引數 $z$ 表示其值。我們可以證明 $p_z(z)$ 是一個合法的機率密度函數，因其回傳值不為負並滿足歸一性：

$$\int_{-\infty}^{\infty} p_z(z)dz = 1$$

期望值為 $E[z] = 0$，且變異數為 $var[z] = 1$。以下用 $z \sim N(0, 1)$ 來表示連續型隨機變數 $z$ 服從標準常態分布。單變量標準常態分布可推廣至多變量標準常態分布。令 $z = (z_1, \cdots, z_p)^T$ 為隨機向量，其中 $z_1, \cdots, z_p$ 是連續型隨機變數。我們說隨機向量 $z$ 服從標準多變量常態分布，若聯合 (joint) 機率密度函數為：

$$p_z(z) = \frac{1}{(2\pi)^{p/2}} \exp\left\{-\frac{z^T z}{2}\right\}$$

### 1. 多變量機率密度函數與單變量密度函數的關係

　　將標準常態分布的聯合機率密度函數改寫如下：

$$p_z(z) = \underbrace{\frac{1}{\sqrt{2\pi}} \frac{1}{\sqrt{2\pi}} \cdots \frac{1}{\sqrt{2\pi}}}_{p \text{ times}} \exp\left\{ -\frac{z_1^2}{2} - \frac{z_2^2}{2} - \cdots - \frac{z_p^2}{2} \right\}$$

$$= \frac{1}{\sqrt{2\pi}} \exp\left\{ -\frac{z_1^2}{2} \right\} \cdot \frac{1}{\sqrt{2\pi}} \exp\left\{ -\frac{z_2^2}{2} \right\} \cdots \frac{1}{\sqrt{2\pi}} \exp\left\{ -\frac{z_p^2}{2} \right\}$$

$$= f(z_1) \cdot f(z_2) \cdots f(z_p)$$

上面定義了

$$f(z_i) = \frac{1}{\sqrt{2\pi}} \exp\left\{ -\frac{z_i^2}{2} \right\}$$

接著證明 $f(z_i)$ 是變數 $z_i$ 的邊際 (marginal) 密度函數。使用標準常態分布的密度函數的歸一性：

$$p_{z_i}(z_i) = \int_{-\infty}^{\infty} \cdots \int_{-\infty}^{\infty} p_z(z_1, \cdots, z_{i-1}, z_i, z_{i+1}, \cdots, z_p) dz_1 \cdots dz_{i-1} dz_{i+1} \cdots dz_p$$

$$= \int_{-\infty}^{\infty} \cdots \int_{-\infty}^{\infty} f(z_1) \cdots f(z_{i-1}) f(z_i) f(z_{i+1}) \cdots f(z_p) dz_1 \cdots dz_{i-1} dz_{i+1} \cdots dz_p$$

$$= f(z_i) \int_{-\infty}^{\infty} f(z_1) dz_1 \cdots \int_{-\infty}^{\infty} f(z_{i-1}) dz_{i-1} \int_{-\infty}^{\infty} f(z_{i+1}) dz_{i+1} \cdots \int_{-\infty}^{\infty} f(z_p) dz_p$$

$$= f(z_i)$$

所以，$z_i \sim N(0, 1)$，$i = 1, \cdots, p$，且彼此獨立。

### 2. 期望值

標準常態分布的隨機向量 z 的期望值為

$$E[z] = \begin{bmatrix} E[z_1] \\ \vdots \\ E[z_p] \end{bmatrix} = \begin{bmatrix} 0 \\ \vdots \\ 0 \end{bmatrix} = 0$$

因為每一 $z_i \sim N(0, 1)$ 的期望值等於 0。

### 3. 共變異數矩陣

隨機向量 z 的共變異數矩陣定義為

$$\text{cov}[z] = E[(z - E[z])(z - E[z])^T]$$

$$= \begin{bmatrix} \text{var}[z_1] & \text{cov}[z_1, z_2] & ... & \text{cov}[z_1, z_p] \\ \text{cov}[z_2, z_1] & \text{var}[z_2] & ... & \text{cov}[z_2, z_p] \\ \vdots & \vdots & \ddots & \vdots \\ \text{cov}[z_p, z_1] & \text{cov}[z_p, z_2] & ... & \text{var}[z_p] \end{bmatrix}$$

因為 $z_1, \cdots, z_p$ 是彼此獨立並為標準常態分布的隨機變數，$\text{var}[z_i] = 1$，$i = 1, \cdots, p$，且 $\text{cov}[z_i, z_j] = 0$，$i \neq j$，故 $\text{cov}[z] = I$。我們用 $z \sim N(0, I)$ 表示隨機向量 $z$ 服從多變量標準常態分布。

4. 聯合動差生成函數

連續型隨機變數 $z$ 的動差生成函數定義為：

$$m_z(t) = E[\exp(tz)]$$

類似地，隨機向量 $z$ 的聯合 (joint) 動差生成函數定義為：

$$m_z(\mathbf{t}) = E[\exp(\mathbf{t}^T z)] = E[\exp(t_1 z_1 + \cdots + t_p z_p)]$$

其中 $t = (t_1, \cdots, t_p)^T$。使用 $z_1, \cdots, z_p$ 的獨立性：

$$m_z(\mathbf{t}) = E[\exp(t_1 z_1 + \cdots + t_p z_p)]$$

$$= E\left[\prod_{i=1}^{p} \exp(t_i z_i)\right]$$

$$= \prod_{i=1}^{p} E[\exp(t_i z_i)]$$

$$= \prod_{i=1}^{p} m_{z_i}(t_i)$$

標準常態分布的隨機變數 $z_i$ 的動差生成函數為：

$$m_{z_i}(t_i) = \exp\left(\frac{t_i^2}{2}\right)$$

因此，標準常態分布的隨機向量 $z$ 的動差生成函數如下：

$$m_z(t) = \prod_{i=1}^{p} m_{z_i}(t_i)$$

$$= \prod_{i=1}^{p} \exp\left(\frac{t_i^2}{2}\right)$$

$$= \exp\left(\frac{1}{2}\sum_{i=1}^{p} t_i^2\right)$$

$$= \exp\left(\frac{t^T t}{2}\right)$$

## 二、一般多變量常態分布

令 $z$ 為 $p$ 維標準常態分布的隨機向量，$\mu$ 為 $p$ 維常數向量，且 $B$ 是 $p \times p$ 階可逆矩陣。據此，$\sum = BB^T$ 為對稱正定矩陣。考慮下列仿射變換 ( 即線性變換加上平移 )：

$$x = G(z) = Bz + \mu$$

其中 $G : R^p \to R^p$ 是一對一可導函數 ( 因為 $B$ 可逆 )。如何由隨機向量 $z$ 的機率密度函數 $p_z(z)$ 得到 $x$ 的機率密度函數 $p_x(x)$？考慮隨機向量 $z$ 出現在一個微小長方體 $R = [z_1, z_1 + dz_1] \times \cdots \times [z_p, z_p + dz_p]$ 的機率值，下列二個算式相等：

$$p_x(x)dV = P_z(z)dz_1 \cdots dz_p$$

其中 $dV$ 是 $G(R) = \{G(z)|z \in R\}$ 在 $R^p$ 的體積，可表示為：

$$dV = |\det J(z)|dz_1 \cdots dz_p$$

這裡 $J(z)$ 是 $G(z)$ 的 Jacobian 矩陣，即

$$J(z) = \begin{bmatrix} \dfrac{\partial x_1}{\partial z_1} & \dfrac{\partial x_1}{\partial z_2} & \cdots & \dfrac{\partial x_1}{\partial z_p} \\ \dfrac{\partial x_2}{\partial z_1} & \dfrac{\partial x_2}{\partial z_2} & \cdots & \dfrac{\partial x_2}{\partial z_p} \\ \vdots & \vdots & \ddots & \vdots \\ \dfrac{\partial x_p}{\partial z_1} & \dfrac{\partial x_p}{\partial z_2} & \cdots & \dfrac{\partial x_p}{\partial z_p} \end{bmatrix} = B$$

合併上面結果，經過仿射變換後的機率密度函數為：

$$p_x(x) = \frac{1}{|\det J(z)|} p_z(z) = \frac{1}{|\det B|} p_z(z)$$

代入 $z = B^{-1}(x - \mu)$，使用標準常態分布的密度函數，可得 ( 非退化 ) 多變量常態分布的密度函數：

$$
\begin{aligned}
p_x(x) &= \frac{1}{|\det B|} p_z (B^{-1}(x - \mu)) \\
&= \frac{1}{|\det B|} \frac{1}{(2\pi)^{p/2}} \exp\left\{ -\frac{1}{2} (B^{-1}(x - \mu))^T (B^{-1}(x - \mu)) \right\} \\
&= \frac{1}{|\det B|^{1/2}} \frac{1}{|\det B|^{1/2}} \frac{1}{(2\pi)^{p/2}} \exp\left\{ -\frac{1}{2} (x - \mu)^T (B^{-1})^T B^{-1}(x - \mu) \right\} \\
&= \frac{1}{|\det B|^{1/2}} \frac{1}{|\det B^T|^{1/2}} \frac{1}{(2\pi)^{p/2}} \exp\left\{ -\frac{1}{2} (x - \mu)^T (B^T)^{-1} B^{-1}(x - \mu) \right\} \\
&= \frac{1}{|\det (BB^T)|^{1/2}} \frac{1}{(2\pi)^{p/2}} \exp\left\{ -\frac{1}{2} (x - \mu)^T (BB^T)^{-1}(x - \mu) \right\} \\
&= \frac{1}{(2\pi)^{p/2} (\det \Sigma)^{1/2}} \exp\left\{ -\frac{1}{2} (x - \mu)^T \Sigma^{-1}(x - \mu) \right\}
\end{aligned}
$$

最後一個步驟移除了絕對值符號，乃因 $\Sigma$ 是正定矩陣，其行列式大於 0。

### 1. 期望值

沿用前述記號，由期望值算子的線性性質可知：

$$E[x] = E[Bz + \mu] = BE[z] + \mu = B0 + \mu = \mu$$

### 2. 共變異數矩陣

使用共變異數矩陣的仿射變換性質：

$$\text{cov}[x] = \text{cov}[Bz + \mu] = B \text{cov}[z] B^T = BIB^T = BB^T = \Sigma$$

具有多變量常態分布的隨機向量 x 的密度函數完全由 $\mu$ 和 $\Sigma$ 決定，記為 $x \sim N(\mu, \Sigma)$，其中 $\mu = (\mu_1, \cdots, \mu_p)^T$ 為平均數向量，$\Sigma = [\sigma_{ij}]$ 為共變異數矩陣。

### 3. 相關係數

給定共變異數矩陣 $\Sigma = [\sigma_{ij}]$，定義變數 $x_i$ 和 $x_j$ 的相關係數 (correlation coefficient) 為：

$$\rho_{ij} = \frac{\sigma_{ij}}{\sqrt{\sigma_{ii}}\sqrt{\sigma_{jj}}} = \frac{\sigma_{ij}}{\sigma_i\sigma_j}$$

其中 $\sigma_i = \sqrt{\mathrm{var}[x_i]}$ 和 $\sigma_j = \sqrt{\mathrm{var}[x_j]}$ 分別是變數 $x_i$ 和 $x_j$ 的標準差 (standard deviation)。因為 $\sigma_{ij} = \sigma_{ji}$，相關係數具有對稱性：$\rho_{ij} = \rho_{ji}$。正定矩陣的任一主子陣都是正定的，故

$$\begin{bmatrix} \sigma_{ii} & \sigma_{ij} \\ \sigma_{ji} & \sigma_{jj} \end{bmatrix} = \begin{bmatrix} \sigma_i^2 & \sigma_i\sigma_j\rho_{ij} \\ \sigma_i\sigma_j\rho_{ij} & \sigma_j^2 \end{bmatrix}$$

是正定矩陣，即知

$$\begin{vmatrix} \sigma_i^2 & \sigma_i\sigma_j\rho_{ij} \\ \sigma_i\sigma_j\rho_{ij} & \sigma_j^2 \end{vmatrix} = \sigma_i^2\sigma_j^2(1 - \rho_{ij}^2) > 0$$

因此，$-1 < \rho_{ij} < 1$。

若隨機向量 $\mathbf{x} = (x_1, \cdots, x_p)^T$ 服從常態分布，則密度函數的設定參數包含平均數 $\mu_i$，$i = 1, \cdots, p$，變異數 $\sigma_i^2$，$i = 1, \cdots, p$，以及相關係數 $\rho_{ij}$，$i, j = 1, \cdots, p$，$i \neq j$。以二變數常態分布 ($p = 2$) 為例，對於隨機向量 $\mathbf{x} = (x_1, x_2)^T$，平均數向量為：

$$E[\mathbf{x}] = E\begin{bmatrix} x_1 \\ x_2 \end{bmatrix} = \begin{bmatrix} E[x_1] \\ E[x_2] \end{bmatrix} = \begin{bmatrix} \mu_1 \\ \mu_2 \end{bmatrix}$$

共變異數矩陣為：

$$\Sigma = E[(\mathbf{x} - \mu)(\mathbf{x} - \mu)^T] = E\left(\begin{bmatrix} x_1 - \mu_1 \\ x_2 - \mu_2 \end{bmatrix}[x_1 - \mu_1 \quad x_2 - \mu_2]\right)$$

$$= E\begin{bmatrix} (x_1 - \mu_1)^2 & (x_1 - \mu_1)(x_2 - \mu_2) \\ (x_2 - \mu_2)(x_1 - \mu_1)^2 & (x_2 - \mu_2)^2 \end{bmatrix}$$

$$= \begin{bmatrix} E[(x_1 - \mu_1)^2] & E[(x_1 - \mu_1)(x_2 - \mu_2)] \\ E[(x_1 - \mu_1)(x_2 - \mu_2)^2] & E[(x_2 - \mu_2)^2] \end{bmatrix}$$

$$= \begin{bmatrix} \sigma_{11} & \sigma_{12} \\ \sigma_{21} & \sigma_{22} \end{bmatrix} = \begin{bmatrix} \sigma_1^2 & \sigma_1\sigma_2\rho \\ \sigma_1\sigma_2\rho & \sigma_2^2 \end{bmatrix}$$

其中 $\rho$ 是 $x_1$ 和 $x_2$ 的相關係數。共變異數矩陣的逆矩陣為：

$$\Sigma^{-1} = \frac{1}{\sigma_1^2\sigma_2^2(1-\rho^2)}\begin{bmatrix} \sigma_2^2 & -\sigma_1\sigma_2\rho \\ -\sigma_1\sigma_2\rho & \sigma_1^2 \end{bmatrix} = \frac{1}{1-\rho^2}\begin{bmatrix} \dfrac{1}{\sigma_1^2} & -\dfrac{\rho}{\sigma_1\sigma_2} \\ -\dfrac{\rho}{\sigma_1\sigma_2} & \dfrac{1}{\sigma_2^2} \end{bmatrix}$$

因此，$x_1$ 和 $x_2$ 的聯合機率密度函數如下：

$$p_{x_1, x_2}(x_1, x_2) = \frac{1}{2\pi\sigma_1\sigma_2\sqrt{1-\rho^2}} \times$$

$$\exp\left\{-\frac{1}{2(1-\rho^2)}\left[\frac{(x_1-\mu_1)^2}{\sigma_1^2} - 2\rho\frac{(x_1-\mu_1)(x_2-\mu_2)}{\sigma_1\sigma_2} + \frac{(x_2-\mu_2)^2}{\sigma_2^2}\right]\right\}$$

4. 聯合動差生成函數

根據定義，使用 $x = Bz + \mu$ 及標準常態分布的聯合動差生成函數，可得：

$$\begin{aligned} m_x(t) &= E[\exp(t^T x)] \\ &= E[\exp(t^T(Bz+\mu))] \\ &= \exp(t^T\mu)\, E[\exp((B^T t)^T z)] \\ &= \exp(t^T\mu)m_z(B^T t) \\ &= \exp(t^T\mu)\exp\left(\frac{1}{2}t^T BB^T t\right) \\ &= \exp\left(t^T\mu + \frac{1}{2}t^T\Sigma t\right) \end{aligned}$$

5. 仿射變換

令 x 為 $p$ 維隨機向量，且 $x \sim N(\mu, \Sigma)$。考慮仿射變換 $y = Ax + b$，其中 y 是 $n$ 維隨機向量，$A$ 是 $n \times p$ 階常數矩陣，b 是 $n$ 維常數向量。運用聯合動差生成函數可證明：

$$E[y] = A\mu + b, \quad \operatorname{cov}[y] = A\Sigma A^T$$

且 y 是常態分布的隨機向量，即 $y \sim N(A\mu + b, A\Sigma A^T)$，推導過程如下：

$$
\begin{aligned}
m_y(\mathrm{t}) &= \mathrm{E}[\exp(\mathrm{t}^T \mathrm{y})] \\
&= \mathrm{E}[\exp(\mathrm{t}^T (A\mathrm{x} + \mathrm{b}))] \\
&= \exp(\mathrm{t}^T\mathrm{b})\mathrm{E}[\exp((A^T\mathrm{t})^T\mathrm{x})] \\
&= \exp(\mathrm{t}^T\mathrm{b})m_x(A^T\mathrm{t}) \\
&= \exp(\mathrm{t}^T\mathrm{b}) \exp\left((A^T\mathrm{t})^T\mu + \frac{1}{2}(A^T\mathrm{t})^T\Sigma(A^T\mathrm{t})\right) \\
&= \exp\left(\mathrm{t}^T(A\mu + \mathrm{b}) + \frac{1}{2}\mathrm{t}^T(A\Sigma A^T)\mathrm{t}\right)
\end{aligned}
$$

將上式與常態分布的聯合動差生成函數 ( 見第 4 點 ) 相比較，即證得所求。隨機向量 y 為非退化常態分布的條件是 $\mathrm{cov}[\mathrm{y}] = A\Sigma A^T$ 可逆；也就是說，$\mathrm{rank}\, A = n \leq \mathrm{p}$。下面介紹分塊隨機向量分析法。對於一個 $p$ 維隨機向量 $\mathrm{x} \sim N(\mu, \Sigma)$，將 x 分解成：

$$
\mathrm{x} = \begin{bmatrix} \mathrm{x}_a \\ \mathrm{x}_b \end{bmatrix}
$$

其中 $\mathrm{x}_a$ 是 $q$ 維隨機向量，$\mathrm{x}_b$ 是 $p - q$ 維隨機向量。爲便利說明，令 $\mu_a = \mathrm{E}[\mathrm{x}_a]$，$\mu_b = \mathrm{E}[\mathrm{x}_b]$，$\Sigma_a = \mathrm{cov}[\mathrm{x}_a]$，$\Sigma_b = \mathrm{cov}[\mathrm{x}_b]$，並定義 $\mathrm{x}_a$ 和 $\mathrm{x}_b$ 的交互 (cross) 共變異數矩陣爲下列 $q \times (p - q)$ 階矩陣：

$$
\Sigma_{ab} = \mathrm{cov}[\mathrm{x}_a, \mathrm{x}_b] = \mathrm{E}[(\mathrm{x}_a - \mathrm{E}[\mathrm{x}_a])(\mathrm{x}_b - \mathrm{E}[\mathrm{x}_b])^T]
$$

因此，

$$
\mu = \begin{bmatrix} \mu_a \\ \mu_a \end{bmatrix}, \ \Sigma = \begin{bmatrix} \Sigma_a & \Sigma_{ab} \\ \Sigma_{ab}^T & \Sigma_b \end{bmatrix}
$$

### 6. 隨機變數的子集合

隨機變數 $x_1, \cdots, x_p$ 的任何子集合所構成的隨機向量爲常態分布，即常態分布的邊際分布也服從常態分布。具體而說，$\mathrm{x}_a \sim N(\mu_a, \Sigma_a)$ 且 $\mathrm{x}_b \sim N(\mu_b, \Sigma_b)$，見圖 1-22。

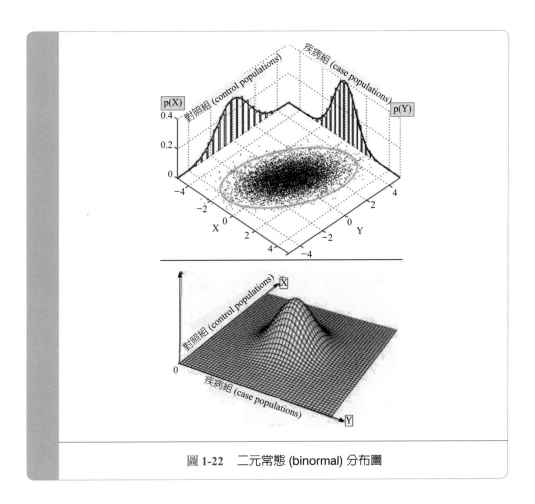

圖 1-22　二元常態 (binormal) 分布圖

寫出 $x_a = Ax$，其中 $A = [I_q \quad 0]$ 是 $q \times p$ 階矩陣。根據常態分布的隨機向量 $x$ 的仿射變換性質 ( 見第 5 點 )，可知 $x_a$ 為常態分布的隨機向量，且

$$E[x_a] = A\mu = [I \quad 0] \begin{bmatrix} \mu_a \\ \mu_b \end{bmatrix} = \mu_a$$

$$\text{cov}[x_a] = A\Sigma A^T = [I \quad 0] \begin{bmatrix} \Sigma_a & \Sigma_{ab} \\ \Sigma_{ab}^T & \Sigma_b \end{bmatrix} \begin{bmatrix} I \\ 0 \end{bmatrix} = \Sigma_a$$

使用相同的方法亦可證明 $x_b$ 是常態分布的隨機向量，$E[x_b] = \mu_b$ 且 $\text{cov}[x_b] = \Sigma_b$。

### 7. 獨立的隨機向量

若 $\Sigma_{ab} = 0$，則 $x_a$ 和 $x_b$ 是獨立的隨機向量，反之亦然。欲證明 $x_a$ 和 $x_b$ 是獨立的隨機向量，只要證明 $x$ 的聯合動差生成函數等於 $x_a$ 和 $x_b$ 的聯合動差生成函

數之積。第 6 點說 $x_a \sim N(\mu_a, \Sigma_a)$ 且 $x_b \sim N(\mu_b, \Sigma_b)$，可知聯合動差生成函數爲：

$$m_{x_a}(t_a) = \exp\left(t_a^T\mu_a + \frac{1}{2}t_a^T\Sigma_a t_a\right)$$

$$m_{x_b}(t_b) = \exp\left(t_b^T\mu_b + \frac{1}{2}t_b^T\Sigma_b t_b\right)$$

令 $t = \begin{bmatrix} t_a \\ t_b \end{bmatrix}$，推演過程如下：

$$
\begin{aligned}
m_x(t) &= \exp\left(t^T\mu + \frac{1}{2}t^T\Sigma t\right) \\
&= \exp\left([t_a^T \quad t_b^T]\begin{bmatrix}\mu_a \\ \mu_b\end{bmatrix} + \frac{1}{2}[t_a^T \quad t_b^T]\begin{bmatrix}\Sigma_a & \Sigma_{ab} \\ \Sigma_{ab}^T & \Sigma_b\end{bmatrix}\begin{bmatrix}t_a \\ t_b\end{bmatrix}\right) \\
&= \exp\left(t_a^T\mu_a + t_b^T\mu_b + \frac{1}{2}t_a^T\Sigma_a t_a + \frac{1}{2}t_a^T\Sigma_{ab}t_b + \frac{1}{2}t_b^T\Sigma_{ab}^T t_a + \frac{1}{2}t_b^T\Sigma_b t_b\right) \\
&= \exp\left(t_a^T\mu_a + \frac{1}{2}t_a^T\Sigma_a t_a + t_b^T\mu_b + \frac{1}{2}t_b^T\Sigma_b t_b\right) \\
&= \exp\left(t_a^T\mu_a + \frac{1}{2}t_a^T\Sigma_a t_a\right)\exp\left(t_b^T\mu_b + \frac{1}{2}t_b^T\Sigma_b t_b\right) \\
&= m_{x_a}(t_a)m_{x_b}(t_b)
\end{aligned}
$$

### 8. 條件機率密度函數

給定 $x_b$，若 $\det\Sigma_b > 0$，則 $x_a$ 的條件分布爲常態分布，且

$$E[x_a \mid x_b] = \mu_a + \Sigma_{ab}\Sigma_b^{-1}(x_b - \mu_b)$$

$$\text{cov}[x_a \mid x_b] = \Sigma_a - \Sigma_{ab}\Sigma_b^{-1}\Sigma_{ab}^T$$

直接計算條件機率函數相當麻煩，這裡介紹一個運用矩陣代數的間接證法。寫出 $p \times p$ 階矩陣

$$A = \begin{bmatrix} I_q & -\Sigma_{ab}\Sigma_b^{-1} \\ 0 & I_{p-q} \end{bmatrix}$$

考慮 $x - \mu$ 的線性變換

$$A(\mathrm{x} - \mu) = \begin{bmatrix} I & -\Sigma_{ab}\Sigma_b^{-1} \\ 0 & I \end{bmatrix} \begin{bmatrix} \mathrm{x}_a - \mu_a \\ \mathrm{x}_b - \mu_b \end{bmatrix} = \begin{bmatrix} \mathrm{x}_a - \mu_a - \Sigma_{ab}\Sigma_b^{-1}(\mathrm{x}_b - \mu_b) \\ \mathrm{x}_b - \mu_b \end{bmatrix}$$

其共變異數矩陣爲

$$\mathrm{cov}\,[A(\mathrm{x} - \mu)] = A\Sigma A^T$$

$$= \begin{bmatrix} I & -\Sigma_{ab}\Sigma_b^{-1} \\ 0 & I \end{bmatrix} \begin{bmatrix} \Sigma_a & \Sigma_{ab} \\ \Sigma_{ab}^T & \Sigma_b \end{bmatrix} \begin{bmatrix} I & 0 \\ -\Sigma_b^{-1}\Sigma_{ab}^T & I \end{bmatrix}$$

$$= \begin{bmatrix} \Sigma_a - \Sigma_{ab}\Sigma_b^{-1}\Sigma_{ab}^T & 0 \\ 0 & \Sigma_b \end{bmatrix}$$

由第 7 點可知 $\mathrm{x}_a - \mu_a - \Sigma_{ab}\Sigma_b^{-1}(\mathrm{x}_b - \mu_b)$ 和 $\mathrm{x}_b - \mu_b$ 是獨立的隨機向量。又因 $\mathrm{E}\,[A(\mathrm{x} - \mu)] = A(\mathrm{E}[\mathrm{x}] - \mu) = 0$，由第 5 點和第 6 點推得：

$$\mathrm{x}_a - \mu_a - \Sigma_{ab}\Sigma_b^{-1}(\mathrm{x}_b - \mu_b) \sim N(0, \Sigma_a - \Sigma_{ab}\Sigma_b^{-1}\Sigma_{ab}^T)$$

當 $\mathrm{x}_b$ 給定時，$\mu_a + \Sigma_{ab}\Sigma_b^{-1}(\mathrm{x}_b - \mu_b)$ 爲常數向量，故上式中，$\mathrm{E}[\mathrm{x}_a - \mu_a - \Sigma_{ab}\Sigma_b^{-1}(\mathrm{x}_b - \mu_b)] = 0$ 等價於：

$$\mathrm{E}[\mathrm{x}_a] = \mu_a + \Sigma_{ab}\Sigma_b^{-1}(\mathrm{x}_b - \mu_b)$$

且

$$\mathrm{cov}[\mathrm{x}_a] = \mathrm{cov}[\mathrm{x}_a - \mu_a - \Sigma_{ab}\Sigma_b^{-1}(\mathrm{x}_b - \mu_b)] = \Sigma_a - \Sigma_{ab}\Sigma_b^{-1}\Sigma_{ab}^T$$

利用條件密度函數的一般表達式，很容易推演出所給定的常態分布變數 $x$、常態分布變數 $y$ 的條件密度函數 $p_{y|x}(y\,|\,x)$。將 $\mathrm{x}_a$ 和 $\mathrm{x}_b$ 分別以 $y$ 和 $x$ 取代，可得

$$\mathrm{E}\,[y|x] = \mu_y + \frac{\sigma_{xy}}{\sigma_x^2}(x - \mu_x) = \mu_y + \rho\,\frac{\sigma_y}{\sigma_x}\,(x - \mu_x)$$

以及

$$\mathrm{cov}\,[y|x] = \sigma_y^2 - \frac{\sigma_{xy}^2}{\sigma_x^2} = \sigma_y^2(1 - \rho^2)$$

其中 $\mu_x = \mathrm{E}\,[x]$，$\mu_y = \mathrm{E}\,[y]$，$\sigma_x = \sqrt{\mathrm{var}[x]}$，$\sigma_y = \sqrt{\mathrm{var}[y]}$，$\sigma_{xy} = \mathrm{cov}[x, y]$，$\rho$ 是 $x$ 和 $y$ 的相關係數。所以

$$y|x \sim N\left(\mu_y + \rho \frac{\sigma_y}{\sigma_x}(x - \mu_x), \sigma_y^2(1 - \rho^2)\right)$$

### 9. 變數置換的條件密度函數

令 x 為 $p$ 維隨機向量，y 為 $n$ 維隨機向量。假設

$$x \sim N(\mu, \Sigma), \quad y|x \sim N(Ax + b, \Psi)$$

其中 $A$ 是 $n \times p$ 階常數矩陣，b 是 $n$ 維常數向量。我們的目標是求得 y 的密度函數與 x|y 的條件機率密度函數。先計算 x 與 y 的聯合密度函數，在不造成混淆的情況下，省略密度函數的下標。令

$$z = \begin{bmatrix} x \\ y \end{bmatrix}$$

利用聯合動差生成函數可以證明 z 服從常態分布。以下計算 z 的平均數向量與共變異數矩陣，考慮聯合密度函數的對數：

$$\log p(z) = -\frac{1}{2}(z - E[z])^T \text{cov}[z]^{-1}(z - E[z])$$

$$= -\frac{1}{2}z^T \text{cov}[z]^{-1}z + z^T \text{cov}[z]^{-1}E[z] + c_1$$

使用定義：

$$\log p(z) = \log p(x, y) = \log(p(x)p(y|x)) = \log p(x) + \log p(y|x)$$

$$= -\frac{1}{2}(x - \mu)^T \Sigma^{-1}(x - \mu) - \frac{1}{2}(y - Ax - b)^T \Psi^{-1}(y - Ax - b) + c_2$$

其中 $c_1, c_2$ 代表所有與 x, y 和 z 無關的常數之和。整理上式中涉及 x 和 y 的二次項，如下：

$$-\frac{1}{2}x^T(\Sigma^{-1} + A^T\Psi^{-1}A)x - \frac{1}{2}y^T\Psi^{-1}y + \frac{1}{2}x^TA^T\Psi^{-1}y + \frac{1}{2}y^T\Psi^{-1}Ax$$

$$= -\frac{1}{2}\begin{bmatrix} x \\ y \end{bmatrix}^T \begin{bmatrix} \Sigma^{-1} + A^T\Psi^{-1}A & -A^T\Psi^{-1} \\ -\Psi^{-1}A & \Psi^{-1} \end{bmatrix} \begin{bmatrix} x \\ y \end{bmatrix}$$

$$= -\frac{1}{2}z^T \text{cov}[z]^{-1}z$$

可得

$$\text{cov}[z] = \begin{bmatrix} \Sigma^{-1} + A^T \Psi^{-1} A & -A^T \Psi^{-1} \\ -\Psi^{-1} A & \Psi^{-1} \end{bmatrix}^{-1} = \begin{bmatrix} \Sigma & \Sigma A^T \\ A\Sigma & \Psi + A\Sigma A^T \end{bmatrix}$$

上面使用了二階分塊方陣的逆矩陣公式。接著提出 $\log p(z)$ 中涉及 x 和 y 的一次項：

$$x^T \Sigma^{-1} \mu - x^T A^T \Psi^{-1} b + y^T \Psi^{-1} b = \begin{bmatrix} x \\ y \end{bmatrix}^T \begin{bmatrix} \Sigma^{-1} \mu - A^T \Psi^{-1} b \\ \Psi^{-1} b \end{bmatrix}$$

$$= z^T \text{cov}[z]^{-1} E[z]$$

即可得到

$$E[z] = \text{cov}[z] \begin{bmatrix} \Sigma^{-1} \mu - A^T \Psi^{-1} b \\ \Psi^{-1} b \end{bmatrix}$$

$$= \begin{bmatrix} \Sigma & \Sigma A^T \\ A\Sigma & \Psi + A\Sigma A^T \end{bmatrix} \begin{bmatrix} \Sigma^{-1} \mu - A^T \Psi^{-1} b \\ \Psi^{-1} b \end{bmatrix}$$

$$= \begin{bmatrix} \Sigma(\Sigma^{-1} \mu - A^T \Psi^{-1} b) + \Sigma A^T \Psi^{-1} b \\ A\Sigma(\Sigma^{-1} \mu - A^T \Psi^{-1} b) + (\Psi + A\Sigma A^T)\Psi^{-1} b \end{bmatrix}$$

$$= \begin{bmatrix} \mu \\ A\mu + b \end{bmatrix}$$

從 $E[z]$ 與 $\text{cov}[z]$ 的表達式立刻讀出

$$E[y] = A\mu + b, \quad \text{cov}[y] = \Psi + A\Sigma A^T$$

使用第 8 點，$x|y$ 的平均數向量與共變異數矩陣分別為

$$E[x|y] = \mu + \Sigma A^T (\Psi + A\Sigma A^T)^{-1} (y - A\mu - b)$$

$$\text{cov}[x|y] = \Sigma - \Sigma A^T (\Psi + A\Sigma A^T)^{-1} A\Sigma$$

套用 Woodbury 矩陣公式：

$$(\Sigma^{-1} + A^T \Psi^{-1} A)^{-1} = \Sigma - \Sigma A^T (\Psi + A\Sigma A^T)^{-1} A\Sigma$$

經過複雜的分解重組步驟，可得

$$E[x|y] = (\Sigma^{-1} + A^T\Psi^{-1}A)^{-1} \, (A^T\Psi^{-1}(y-b) + \Sigma^{-1}\mu)$$

$$\text{cov}[x|y] = (\Sigma^{-1} + A^T\Psi^{-1}A)^{-1}$$

常態分布在統計學的多變量分析和機器學習極具重要性，例如：線性判別分析。日後將討論多變量常態分布的最大概似估計，並介紹它在線性迴歸分析的應用。

## 1-4-2 數據矩陣的列 (row) 與行 (column)：多變量統計基礎

數據分析始於對所採集到的樣本求取敘述統計量。假設我們有一筆包含 $p$ 個變數，樣本大小 ( 量測總量 ) 為 $n$ 筆資料。沿用統計學的慣例，我們以粗體大寫英文字母表示 $n \times p$ 階數據矩陣，如下：

$$\mathbf{X} = \begin{bmatrix} x_{11} & x_{12} & \cdots & x_{1p} \\ x_{21} & x_{22} & \cdots & x_{2p} \\ \vdots & \vdots & \ddots & \vdots \\ x_{n1} & x_{n2} & \cdots & x_{np} \end{bmatrix}$$

其中 $x_{kj}$ 代表第 $j$ 個變數的第 $k$ 個量測值。在多數的應用中，量測值為實數。數據矩陣的每一行 (column) 對應一個變數，每一列 (row) 對應一組多變量觀測。矩陣的行列提示了兩種解釋數據樣本幾何意義的觀點。如果採用列觀點 (row major)，數據矩陣 X 記錄 $R^p$ 空間中 $n$ 個數據點，寫出

$$\mathbf{X} = \begin{bmatrix} x_{11} & x_{12} & \cdots & x_{1p} \\ x_{21} & x_{22} & \cdots & x_{2p} \\ \vdots & \vdots & \ddots & \vdots \\ x_{n1} & x_{n2} & \cdots & x_{np} \end{bmatrix} = \begin{bmatrix} \mathbf{p}_1^T \\ \mathbf{p}_2^T \\ \vdots \\ \mathbf{p}_n^T \end{bmatrix}$$

其中，列 (row) 向量座標 $\mathbf{p}_k^T = (x_{k1}, x_{k2}, \cdots, x_{kp})$ 代表第 $k$ 個數據點的 $p$ 個量測值。倘若採用行觀點 (column major)，X 包含對應 $p$ 個變數 $n$ 維向量，如下：

$$X = \begin{bmatrix} x_{11} & x_{12} & \cdots & x_{1p} \\ x_{21} & x_{22} & \cdots & x_{2p} \\ \vdots & \vdots & \ddots & \vdots \\ x_{n1} & x_{n2} & \cdots & x_{np} \end{bmatrix} = [\mathrm{x}_1 \quad \mathrm{x}_2 \quad \cdots \quad x_p]$$

其中，行 (column) 向量 $\mathrm{x}_j = (x_{1j}, x_{2j}, \cdots, x_{nj})^T$ 記錄第 $j$ 個變數的 $n$ 次量測值。在不造成混淆的情況下，以 $x_j$ 表示第 $j$ 個變數。

在列 (row) 下，將 X 的列向量 $\mathrm{p}_i$ 視爲 $\mathrm{R}^p$ 空間中數據點的座標；在行觀點下，將 X 的行向量 $\mathrm{x}_j$ 看成 $n$ 維變數向量。列觀點與行觀點有不同的應用場合，大致上說，如果我們在乎數據點的散布，那麼應採列觀點；如果我們考慮的是變數之間的關係，即應採行觀點。下面以樣本平均數爲例，說明它在列觀點與行觀點下的幾何意義。

列 (row) 觀點視樣本包含數據點 $\mathrm{p}_1, \cdots \mathrm{p}_n \in \mathrm{R}^p$。如果要以單一向量 $\mathrm{a} \in \mathrm{R}^p$ 來代表整組數據，可用平方誤差作爲目標函數 ( 或稱成本函數 )：

$$E(\mathrm{a}) = \sum_{k=1}^{n} \| \mathrm{p}_k - \mathrm{a} \|^2$$

最佳的代表向量 a 必須具有最小的平方誤差，滿足此條件的向量是

$$\mathrm{m} = \frac{1}{n} \sum_{k=1}^{n} \mathrm{p}_k$$

稱爲樣本平均數向量，或記作 $\overline{\mathrm{p}}$。證明於下：

$$E(\mathrm{a}) = \sum_{k=1}^{n} \| (\mathrm{p}_k - \mathrm{m}) + (\mathrm{m} - \mathrm{a}) \|^2$$

$$= \sum_{k=1}^{n} \| \mathrm{p}_k - \mathrm{m} \|^2 + \sum_{k=1}^{n} \| \mathrm{m} - \mathrm{a} \|^2 + 2 \sum_{k=1}^{n} (\mathrm{p}_k - \mathrm{m})^T (\mathrm{m} - \mathrm{a})$$

$$= \sum_{k=1}^{n} \| \mathrm{p}_k - \mathrm{m} \|^2 + n \| \mathrm{m} - \mathrm{a} \|^2 + 2 \left( \sum_{k=1}^{n} \mathrm{p}_k - n\mathrm{m} \right)^T (\mathrm{m} - \mathrm{a})$$

根據樣本平均數向量 m 的定義，上式最後一項等於 0。因爲 $\| \mathrm{m} - \mathrm{a} \|^2 \geq 0$，可知 $E(\mathrm{a}) \geq \sum_{k=1}^{n} \| \mathrm{p}_k - \mathrm{m} \|^2$，等號於 $\mathrm{a} = \mathrm{m}$ 時成立。

考慮 $3 \times 2$ 階數據矩陣：

$$X = \begin{bmatrix} -1 & 3 \\ 4 & 1 \\ 3 & 5 \end{bmatrix}$$

圖 1-23 顯示 $R^2$ 平面上 3 個數據點 $p_1^T = (-1, 3)$、$p_2^T = (4, 1)$、$p_3^T = (3, 5)$ 的散布圖，並標記樣本平均數向量座標：

$$m = \bar{p} = \frac{1}{3}\sum_{i=1}^{3} p_i = \frac{1}{3}\begin{bmatrix} -1+4+3 \\ 3+1+5 \end{bmatrix} = \begin{bmatrix} 2 \\ 3 \end{bmatrix}$$

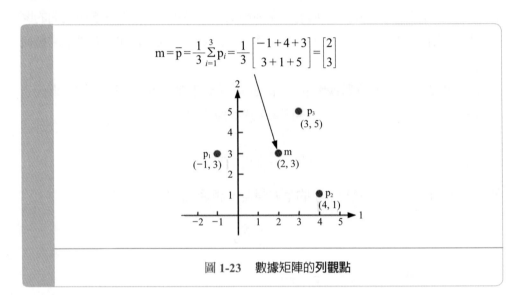

圖 1-23　數據矩陣的**列觀點**

資料散布圖僅適用於 $p = 2$ 或 $p = 3$ 的情況。對於高維度資料 ($p > 2$)，可以繪出配對散布圖，即任兩個相異變數 $x_i$ 和 $x_j$ 的對應數據點 $(x_{ki}, x_{kj})$，$1 \le k \le n$，的平面散布圖如圖 1-24。

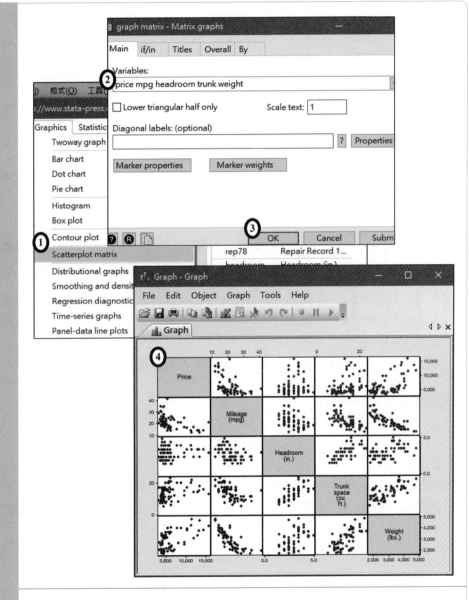

圖 1-24　「graph matrix price mpg headroom trunk weight」 繪配對散布圖

註：Graphics > Scatter plot matrix

```
*開啟資料檔
. use auto.dta, clear
(1978 Automobile Data)

. graph matrix price mpg headroom trunk weight
```

在**行觀點**下，如何計算並解釋樣本平均數呢？若以 $a_j$ 取代變數 $x_j$ 的所有量測值，可設目標函數爲誤差平方和：

$$E(a_j) = \sum_{k=1}^{n} (x_{kj} - a_j)^2 = (x_j - a_j 1)^T (x_j - a_j 1) = \| x_j - a_j 1 \|^2$$

其中 $1 = (1, 1, \cdots, 1)^T$ 是 $n$ 維常數向量。從幾何面來說，我們的目標是在穿越原點且指向爲 1 的直線上找出一向量，使其端點與 $x_j$ 的端點有最小的距離。根據正交原則，此向量爲 $x_j$ 至直線 $L = \{t1 | t \in R\}$ 的正交投影，等價的說法是投影殘差 $x_j - a_j 1$ 必須正交於 1，即

$$(x_j - a_j 1)^T 1 = x_j^T 1 - a_j 1^T 1 = \sum_{k=1}^{n} x_{kj} - na_j = 0$$

上式的解即爲樣本平均數

$$m_j = \bar{x}_j = \frac{1}{n} x_j^T 1 = \frac{1}{n} \sum_{k=1}^{n} x_{kj}$$

也就是樣本平均數向量 m 的第 $j$ 元。正交投影的殘餘量 $x_j - m_j 1$ 的第 $k$ 元，$x_{kj} - m_j$，表示 $x_{kj}$ 相對樣本平均數 $m_j$ 的偏離量，稱爲離差 (deviation)。令離差向量爲

$$d_j = x_j - m_j 1 = \begin{bmatrix} x_{1j} - m_j \\ x_{2j} - m_j \\ \vdots \\ x_{nj} - m_j \end{bmatrix}$$

因此，數據矩陣 X 所含的變數向量可表示爲 $x_j = m_j 1 + d_j$，$j = 1, \cdots, p$。上例中，$m_1 = 2$ 且 $m_2 = 3$，則有

$$\mathbf{x}_1 = \begin{bmatrix} -1 \\ 4 \\ 3 \end{bmatrix} = \begin{bmatrix} 2 \\ 2 \\ 2 \end{bmatrix} + \begin{bmatrix} -3 \\ 2 \\ 1 \end{bmatrix}$$

$$\mathbf{x}_2 = \begin{bmatrix} 3 \\ 1 \\ 5 \end{bmatrix} = \begin{bmatrix} 3 \\ 3 \\ 3 \end{bmatrix} + \begin{bmatrix} 0 \\ -2 \\ 2 \end{bmatrix}$$

圖 1-25 是 2 個三維變數向量 $\mathbf{x}_1$ 和 $\mathbf{x}_2$，以及離差向量 $\mathbf{d}_1$ 和 $\mathbf{d}_2$ 的示意圖

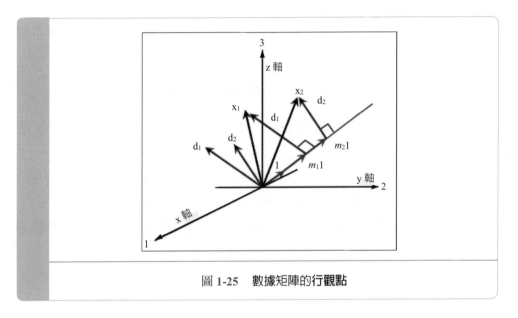

圖 1-25　數據矩陣的**行觀點**

　　若以行觀點解釋，常見的基本敘述統計量有簡明的幾何直覺。將離差向量 $\mathbf{d}_j$，$j = 1, \cdots, p$，平移至原點，這樣做並不會改變向量長度與方向。變數 $x_j$ 的樣本變異數正比於離差向量的長度平方，如下：

$$s_j^2 = \frac{1}{n-1} \sum_{i=1}^{n} (x_{ij} - m_j)^2 = \frac{1}{n-1} \mathbf{d}_j^T \mathbf{d}_j = \frac{1}{n-1} \| \mathbf{d}_j \|^2$$

變數 $x_i$ 和 $x_j$ 的樣本共變異數可由離差向量的內積求得：

$$s_{ij} = \frac{1}{n-1} \sum_{k=1}^{n} (x_{ki} - m_i)(x_{kj} - m_j)$$

$$= \frac{1}{n-1} \mathbf{d}_i^T \mathbf{d}_j = \frac{1}{n-1} \| \mathbf{d}_i \| \| \mathbf{d}_j \| \cos\theta_{ij}$$

其中 $\theta_{ij}$ 為 $\mathbf{d}_i$ 和 $\mathbf{d}_j$ 的夾角。變數 $x_i$ 和 $x_j$ 的樣本相關係數定義為 $\theta_{ij}$ 的餘弦

$$r_{ij} = \cos\theta_{ij} = \frac{s_{ij}}{s_i s_j}$$

此外，採用 行觀點 很容易解釋線性迴歸 (linear regression) 和偏相關係數 (partial correlation coefficient) 的涵義。

## 1-4-3 共變異數矩陣的性質：多變量統計基礎

令 $\mathbf{x} = (x_1, \cdots, x_p)^T$ 為一個隨機向量，其中 $x_1, \cdots, x_p$ 是隨機變數。共變異數矩陣 (covariance matrix) 定義如下：

$$\text{cov}[\mathbf{x}] = E[(\mathbf{x} - E[\mathbf{x}])(\mathbf{x} - E[\mathbf{x}])^T]$$

其中 $E[\cdot]$ 是期望值算子，$E[\mathbf{x}] = (E[x_1], \cdots, E[x_p])^T$。根據定義，$\text{cov}[\mathbf{x}]$ 為 $p \times p$ 階矩陣，具有下列形式：

共變異數矩陣 $\text{cov}[\mathbf{x}]$ 的 $(i, j)$ 元素是 $x_i$ 和 $x_j$ 的共變異數 (covariance，或稱協方差) $\text{cov}[x_i, x_j] = E[(x_i - E[x_i])(x_j - E[x_j])]$。因為 $\text{cov}[x_i, x_i] = \text{var}[x_i]$，共變異數矩陣的主對角元素為隨機變數 $x_i$ 的變異數 (variance)。本文介紹共變異數矩陣的一些 基本性質。

## 一、計算公式

對於隨機向量 $\mathbf{x}$，共變異數矩陣可由下列公式算得：

$$\text{cov}[\mathbf{x}] = E[\mathbf{x}\mathbf{x}^T] - E[\mathbf{x}]E[\mathbf{x}]^T$$

使用定義，$E[\mathbf{x}^T] = E[\mathbf{x}]^T$，以及 $E[\cdot]$ 為線性算子，可得：

$$\begin{aligned}
\text{cov}[\mathbf{x}] &= E[(\mathbf{x} - E[\mathbf{x}])(\mathbf{x} - E[\mathbf{x}])^T] \\
&= E[\mathbf{x}\mathbf{x}^T - \mathbf{x}E[\mathbf{x}]^T - E[\mathbf{x}]\mathbf{x}^T + E[\mathbf{x}]E[\mathbf{x}]^T] \\
&= E[\mathbf{x}\mathbf{x}^T] - E[\mathbf{x}]E[\mathbf{x}]^T - E[\mathbf{x}]E[\mathbf{x}]^T + E[\mathbf{x}]E[\mathbf{x}]^T \\
&= E[\mathbf{x}\mathbf{x}^T] - E[\mathbf{x}]E[\mathbf{x}]^T \, 。
\end{aligned}$$

若隨機向量 $\mathbf{x}$ 退化為隨機變數 $x$，則 $\text{cov}[x] = E[x^2] - (E[x])^2 = \text{var}[x]$，此即我們

熟悉的變異數公式。

## 二、常數向量加法

對於 $p$ 維隨機向量 x 和常數向量 $\mathbf{b} \in \mathbf{R}^p$

$$\mathrm{cov}[\mathbf{x} + \mathbf{b}] = \mathrm{cov}[\mathbf{x}]$$

使用期望算子性質 $E[\mathbf{x} + \mathbf{b}] = E[\mathbf{x}] + \mathbf{b}$

$$
\begin{aligned}
\mathrm{cov}[\mathbf{x} + \mathbf{b}] &= E[(\mathbf{x} + \mathbf{b} - E[\mathbf{x} + \mathbf{b}])(\mathbf{x} + \mathbf{b} - E[\mathbf{x} + \mathbf{b}])^T] \\
&= \mathrm{E}[(\mathbf{x} + \mathbf{b} - E[\mathbf{x}] - \mathbf{b})(\mathbf{x} + \mathbf{b} - E[\mathbf{x}] - \mathbf{b})^T] \\
&= E[(\mathbf{x} - E[\mathbf{x}])(\mathbf{x} - E[\mathbf{x}])^T] \\
&= \mathrm{cov}[\mathbf{x}]
\end{aligned}
$$

## 三、常數矩陣乘法

對於 $p$ 維隨機向量 x 和 $q \times p$ 階常數矩陣 $A$：

$$\mathrm{cov}[A\mathbf{x}] = A \, \mathrm{cov}[\mathbf{x}] \, A^T$$

使用期望算子性質 $E[A\mathbf{x}] = AE[\mathbf{x}]$

$$
\begin{aligned}
\mathrm{cov}[A\mathbf{x}] &= E[(A\mathbf{x} - E[A\mathbf{x}])(A\mathbf{x} - E[A\mathbf{x}])^T] \\
&= E[(A\mathbf{x} - AE[\mathbf{x}])(A\mathbf{x} - AE[\mathbf{x}])^T] \\
&= E[A(\mathbf{x} - E[\mathbf{x}])(\mathbf{x} - E[\mathbf{x}])^T A^T] \\
&= AE[(\mathbf{x} - E[\mathbf{x}])(\mathbf{x} - E[\mathbf{x}])^T] \, A^T \\
&= A \, \mathrm{cov}[\mathbf{x}] A^T
\end{aligned}
$$

## 四、仿射變換

對於 $p$ 維隨機向量 x，常數向量 $\mathbf{b} \in \mathbf{R}^q$ 和 $q \times p$ 階常數矩陣 $A$，合併前面兩個性質，可得仿射變換 $A\mathbf{x} + \mathbf{b}$ 的共變異數矩陣：

$$\mathrm{cov}[A\mathbf{x} + \mathbf{b}] = \mathrm{cov}[A\mathbf{x}] = A \, \mathrm{cov}[\mathbf{x}] A^T$$

## 五、對稱 (symmary)

共變異數矩陣 cov[x] 是一個對稱矩陣，證明於下：

$$\text{cov}[\text{x}]^T = E[(\text{x} - E[\text{x}])(\text{x} - E[\text{x}])^T]^T$$
$$= E[((\text{x} - E[\text{x}])(\text{x} - E[\text{x}])^T)^T]$$
$$= E[(\text{x} - E[\text{x}])(\text{x} - E[\text{x}])^T]$$
$$= \text{cov}[\text{x}]$$

## 六、半正定 (semi-positive definite)

共變異數矩陣 cov[x] 是半正定的，也就是說，對於任一 $\text{w} = (w_1, \cdots, w_p)^T$

$$\text{w}^T \text{cov}[\text{x}]\text{w} \geq 0$$

將 w 視爲 $p \times 1$ 階矩陣，套用常數矩陣乘法性質：

$$\text{w}^T \text{cov}[\text{x}]\text{w} = \text{cov}[\text{w}^T\text{x}] = \text{var}[w_1 x_1 + \cdots + w_p x_p] \geq 0$$

不等式成立係因任何隨機變數 ( 或隨機變數的組合 ) 的變異數，必不爲負值。

這裡補充說明 $x_1 + \cdots + x_p$ 的變異數計算方式。若 $\text{w} = (1, \cdots, 1)^T$，則：

$$\text{var}[x_1 + \cdots + x_p] = [1 \quad \cdots \quad 1]\begin{bmatrix} \text{var}[x_1] & \cdots & \text{cov}[x_1, x_p] \\ \vdots & \ddots & \vdots \\ \text{cov}[x_p, x_1] & \cdots & \text{var}[x_p] \end{bmatrix}\begin{bmatrix} 1 \\ \vdots \\ 1 \end{bmatrix}$$

$$= \sum_{i=1}^{n} \text{var}[x_i] + \sum_{i \neq j} \text{cov}[x_i, x_j]$$

所以，$\text{var}[x_1 + \cdots + x_p] = \text{var}[x_1] + \cdots + \text{var}[x_p]$ 等價於 $\sum_{i \neq j} \text{cov}[x_i, x_j] = 0$。若任意 $i \neq j$ 滿足 $\text{cov}[x_i, x_j] = 0$，則 $\sum_{i \neq j} \text{cov}[x_i, x_j] = 0$。但請特別注意反向推論不成立，譬如：

$$\text{cov}[\text{x}] = \begin{bmatrix} 1 & a & 0 \\ a & 1 & -a \\ 0 & -a & 1 \end{bmatrix}$$

其中 $|a| < 1/\sqrt{2}$。

---

**定義：正定 (positive definite)、半正定 (semi-positive definite)**

令 $A$ 為一個 $n \times n$ 階實對稱矩陣。若任一非 0 向量 $x \in R^n$ 使得二次型 $x^T A x > 0$，稱 $A$ 是正定 (positive definite) 矩陣。若任一 $x \in R^n$ 皆滿足 $x^T A x \geq 0$，則 $A$ 稱為半正定 (semi-positive definite) 矩陣。

1. 特徵值：$A$ 的所有特徵值皆為正數。

2. 軸元 (pivot)：$A$ 的所有軸元皆為正數。

3. Cholesky 分解：存在一 $n \times n$ 階可逆矩陣 $B$。

4. 領先主子陣 (leading principal submatrix) 之行列式：$A$ 的所有領先主子陣之行列式皆為正數。

舉例來說：

$$A = \begin{bmatrix} 3 & -1 \\ -1 & 3 \end{bmatrix}$$

的特徵值是 2 和 4。矩陣 $A$ 的 LDU 分解為

$$A = \begin{bmatrix} 1 & 0 \\ -\dfrac{1}{3} & 1 \end{bmatrix} \begin{bmatrix} 3 & 0 \\ 0 & \dfrac{8}{3} \end{bmatrix} \begin{bmatrix} 1 & -\dfrac{1}{3} \\ 0 & 1 \end{bmatrix}$$

可知 $A$ 有軸元 3 和 8/3。矩陣 $A$ 的 Cholesky 分解為

$$A = \begin{bmatrix} \sqrt{3} & 0 \\ -\dfrac{1}{\sqrt{3}} & \dfrac{\sqrt{8}}{\sqrt{3}} \end{bmatrix} \begin{bmatrix} \sqrt{3} & -\dfrac{1}{\sqrt{3}} \\ 0 & \dfrac{\sqrt{8}}{\sqrt{3}} \end{bmatrix} = B^T B$$

其中 $B$ 是可逆矩陣。最後，$A$ 的領先主子陣的行列式如下：

$$\det A_1 = |3| = 3, \ \det A_2 = \begin{vmatrix} 3 & -1 \\ -1 & 3 \end{vmatrix} = 8$$

上述結果都指出 $A$ 是一個正定矩陣。

如果不仔細考量，或許認為直接將正定矩陣判別方法中的「正數」改為「非負數」即可套用至半正定矩陣，但事實並非完全如此。若 $A$ 不可逆，則 $A$ 不存在 LU 分解，而且縱使 $A$ 的領先主子陣行列式皆非負值，也不能保證 $A$ 是半正定。

## 七、相關係數

我們定義隨機變數 $x_i$ 和 $x_j$ 的相關係數 (correlation coefficient) 為：

$$\rho_{ij} = \frac{\text{cov}[x_i, x_j]}{\sqrt{\text{var}[x_i]}\sqrt{\text{var}[x_j]}}$$

其中 $\sqrt{\text{var}[x_i]}$ 和 $\sqrt{\text{var}[x_j]}$ 分別是 $x_i$ 和 $x_j$ 的標準差 (standard deviation)。因為 cov $[x_i, x_j] = \text{cov}[x_j, x_i]$，相關係數具有對稱性：$\rho_{ij} = \rho_{ji}$。半正定矩陣的任一主子陣都是半正定，即知：

$$\begin{bmatrix} \text{var}[x_i] & \text{cov}[x_i, x_j] \\ \text{cov}[x_j, x_i] & \text{var}[x_j] \end{bmatrix}$$

是一個半正定矩陣。因此，

$$\begin{vmatrix} \text{var}[x_i] & \text{cov}[x_i, x_j] \\ \text{cov}[x_j, x_i] & \text{var}[x_j] \end{vmatrix} = \text{var}[x_i]\text{var}[x_j](1 - \rho_{ij}^2) \geq 0$$

其中，限定 $-1 \leq \rho_{ij} \leq 1$。

## 八、線性組合的共變異數

考慮隨機變數 $x_1, \cdots, x_p$ 的兩個線性組合 $w^T x = w_1 x_1 + \cdots + w_p x_p$ 和 $u^T x = u_1 x_1 + \cdots + u_p x_p$，隨機變數 $w^T x$ 和 $u^T x$ 的共變異數可表示為雙線性形式 (bilinear form)：

$$\text{cov}[w^T x, u^T x] = w^T \text{cov}[x] u$$

證明於下：使用恆等式 $a^T b = b^T a$

$$\begin{aligned}
\text{cov}[w^T x, u^T x] &= E[(w^T x - E[w^T x])(u^T x - E[u^T x])] \\
&= E[w^T(x - E[x])u^T(x - E[x])] \\
&= E[w^T(x - E[x])(x - E[x])^T u] \\
&= w^T E[(x - E[x])(x - E[x])^T] u \\
&= w^T \text{cov}[x] u
\end{aligned}$$

考題：說明共變異數矩陣的應用：某次數學測驗，總分 100 分，其中選擇題占 60 分，計算題占 40 分。甲班學生選擇題的平均分數為 52 分、標準差為 8 分，計算題的平均分數為 18 分、標準差為 15 分。若該班選擇題成績與計算題成績的相關係數為 0.6，則甲班學生數學測驗成績的標準差是多少？

答：令 $y = x_1 + x_2$ 為數學測驗成績，其中 $x_1$ 代表選擇題成績，$x_2$ 代表計算題成績。從給定條件可知 $\text{cov}[x_1, x_2] = \rho_{12}\sqrt{\text{var}[x_1]}\sqrt{\text{var}[x_2]} = 0.6 \cdot 8 \cdot 15 = 72$，隨機向量 $x = (x_1, x_2)^T$ 的共變異數矩陣則為

$$\text{cov}[x] = \begin{bmatrix} 8^2 & 72 \\ 72 & 15^2 \end{bmatrix}$$

套用線性組合的共變異數公式

$$\text{var}[y] = \text{cov}[x_1 + x_2, x_1 + x_2] = \begin{bmatrix} 1 & 1 \end{bmatrix}\begin{bmatrix} 8^2 & 72 \\ 72 & 15^2 \end{bmatrix}\begin{bmatrix} 1 \\ 1 \end{bmatrix} = 433$$

故數學測驗成績的標準差為 $\sqrt{\text{var}[y]} = \sqrt{433}$。另外，我們還可以回答：選擇題成績還是計算題成績與數學測驗成績的相關性較高？數學成績與選擇題成績的共變異數為：

$$\text{cov}[y, x_1] = \text{cov}[x_1 + x_2, x_1] = \begin{bmatrix} 1 & 1 \end{bmatrix}\begin{bmatrix} 8^2 & 72 \\ 72 & 15^2 \end{bmatrix}\begin{bmatrix} 1 \\ 0 \end{bmatrix} = 136$$

相關係數為：

$$\rho_{y, x_1} = \frac{\text{cov}[y, x_1]}{\sqrt{\text{var}[y]}\sqrt{\text{var}[x_1]}} = \frac{136}{\sqrt{433} \cdot 8} \approx 0.817$$

數學成績與計算題成績的共變異數爲

$$\text{cov}[y, x_2] = \text{cov}[x_1 + x_2, x_2] = [1 \quad 1] \begin{bmatrix} 8^2 & 72 \\ 72 & 15^2 \end{bmatrix} \begin{bmatrix} 1 \\ 0 \end{bmatrix} = 297$$

相關係數爲

$$\rho_{y, x_2} = \frac{\text{cov}[y, x_2]}{\sqrt{\text{var}[y]} \sqrt{\text{var}[x_2]}} = \frac{297}{\sqrt{433} \cdot 15} \approx 0.952$$

結論：計算題雖然僅占 40 分，但因其標準差 15 分遠大於選擇題成績的標準差 8 分，使得數學測驗成績與計算題成績比選擇題成績有較高的相關性。

## 1-4-4 樣本平均數、變異數和共變異數：統計基礎

在統計學中，我們感興趣的全部個體或項目所成的集合稱爲母群體 (population)，譬如，某農場的牛群、某國家的選民。母群體的一個未知或已知數值稱爲參數 (parameter)，通常用來定義統計模型，譬如，某國家流行感冒的發病率、某國家人均所得變異數。爲了估計母群體的參數，我們從母群體選出一組個體或項目稱爲樣本 (sample)。只要不含未知參數，任何一個由樣本數據構成的函數都稱爲統計量 (statistics)。所以參數用於母群體，統計量則用於樣本。本文介紹線性代數觀點下的三個統計量：樣本平均數 (sample mean)、樣本變異數 (sample variance) 和樣本共變異數 (sample covariance)。

假設從調查或實驗中獲得一組樣本數據 $\{x_1, \cdots, x_n\}$，一般人最先想到的統計量是集中趨勢測度，也就是這組數據的中心值或典型值，設爲 $a$。用一個誤差函數來測量單一數值 $a$，代表整組數據 $\{x_1, \cdots, x_n\}$ 的適合性。在統計學和工程應用中，均方誤差 (mean squared error) 是最常使用的誤差函數，如下：

$$E(a) = \frac{1}{n-1} \sum_{i=1}^{n} (x_i - a)^2 = \frac{1}{n-1} [x_1 - a \quad \cdots \quad x_n - a] \begin{bmatrix} x_1 - a \\ \vdots \\ x_n - a \end{bmatrix}$$

$$= \frac{1}{n-1} (x - a1)^T (x - a1) = \frac{1}{n-1} \| x - a1 \|^2$$

其中 $\mathrm{x} = (x_1, \cdots, x_n)^T$ 是樣本數據構成的實向量，$1 = (1, \cdots, 1)^T$。樣本數據 $\{x_1, \cdots, x_n\}$ 是從母群體抽取的 $n$ 個觀測值，或視為 $\mathrm{R}^n$ 空間的一個點，從這個幾何觀點得以切進線性代數。理想的中心值 $a$ 應該具有最小的均方誤差，而此最小均方誤差值可用來表示樣本的離散 ( 偏離中心值 ) 趨勢。稍後本文會解釋為何均方誤差不除以樣本數 $n$，而是除以 $n-1$，但不論除以何 ( 非 0) 常數都不改變使誤差函數最小化的中心值。至少有 3 個方法可解出使 $E(a)$ 最小化的 $a$ 值。根據基礎微分學，最小均方誤差發生於 $\dfrac{dE}{da} = 0$ [1]。從幾何直覺下手，正交原則給出最小均方誤差的一個充要條件。在幾何座標空間 $\mathrm{R}^n$ 中，當 $a1$ 等於 $\mathrm{x}$ 在直線 $L = \{t1 \mid t \in \mathrm{R}\}$ 的正交投影時，$\| \mathrm{x} - a1 \|^2$ 有最小值 ( 見圖 1-26)。

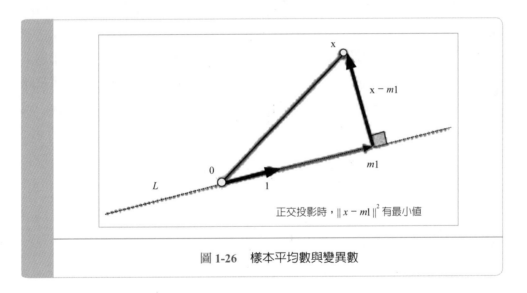

正交投影時，$\| x - m1 \|^2$ 有最小值

圖 1-26　樣本平均數與變異數

令 $m$ 表示滿足最小均方誤差的 $a$ 值。投影後的殘餘量 $\mathrm{x} - m1$ 與直線 $L$ 的指向向量 1 正交，即

$$(\mathrm{x} - m1)^T 1 = \sum_{i=1}^{n}(x_i - m) = 0$$

因此可得

$$m = \frac{1}{n}\sum_{i=1}^{n} x_i$$

稱為樣本平均數。另外，僅使用代數亦可證明 $m$ 最小化 $E(a)$。投影殘餘量 x $- m1$ 的第 $i$ 元為 $x_i - m$，表示數據點 $x_i$ 相對平均數 $m$ 的偏離量，稱為離差 (deviation)。最小均方誤差即為均方離差，可用來測量整組數據相對平均數的離散程度，稱為樣本變異數，表示如下：

$$s^2 = \frac{1}{n-1} \sum_{i=1}^{n} (x_i - m)^2 = \frac{1}{n-1} \| x - m1 \|^2$$

離差向量 x $- m1$ 屬於子空間 span$\{1\}$ 的正交補餘 (orthogonal complement)，標記為 span$\{1\}^\perp$，即所有與 1 正交的向量所形成的集合。因為span$\{1\}^\perp$ 是 R$^n$ 的一個超平面 (hyperplane)，dim span$\{1\}^\perp = n - 1$，可知 x $- m1$ 只能在 $n - 1$ 維的子空間內「活動」。統計學的說法是離差集合 $\{x_1 - m, \cdots, x_n - m\}$ 有 $n - 1$ 個自由度 (degrees of freedom)。

為什麼樣本變異數要除以自由度 $n - 1$，而非樣本數 $n$？令 $\{v_1, \cdots, v_{n-1}\}$ 為子空間 span$\{1\}^\perp$ 的一組單範正交基底 (orthonormal basis)，意思是每一 $v_i$ 是單位向量，且任意 $v_i$ 和 $v_j$，$i \neq j$，彼此垂直 ( 正交 )。離差向量 x $- m1$ 可唯一表示成 $v_1, \cdots,$ $v_{n-1}$ 的線性組合：

$$x - m1 = c_1 v_1 + \cdots + c_{n-1} v_{n-1}$$

因為 $v_i^T v_j = 1$ 若 $i = j$，且 $v_i^T v_j = 0$ 若 $i \neq j$，就有

$$\| x - m1 \|^2 = (c_1 v_1 + \cdots + c_{n-1} v_{n-1})^T (c_1 v_1 + \cdots + c_{n-1} v_{n-1})$$
$$= c_1^2 v_1^T v_1 + \cdots + c_{n-1}^2 v_{n-1}^T v_{n-1}$$
$$= c_1^2 \| v_1 \|^2 + \cdots + c_{n-1}^2 \| v_{n-1} \|^2$$
$$= c_1^2 + \cdots + c_{n-1}^2$$

樣本變異數可改寫為

$$s^2 = \frac{1}{n-1} \sum_{i=1}^{n-1} c_i^2$$

其中 $c_1, \cdots, c_{n-1}$ 是任意的 $n - 1$ 個數，由此可知均方離差 ( 即樣本變異數 ) 除以自由度 $n - 1$ 不僅合理而且公允。

　　接下來討論包含兩個變數的樣本數據 $\{(x_1, y_1), \cdots, (x_n, y_n)\}$。針對變數 $x$ 和 $y$，樣本平均數為：

$$m_x = \frac{1}{n} \sum_{i=1}^{n} x_i, \ m_y = \frac{1}{n} \sum_{i=1}^{n} y_i$$

樣本變異數為：

$$s_x^2 = \frac{1}{n-1} \sum_{i=1}^{n} (x_i - m_x)^2, \ s_y^2 = \frac{1}{n-1} \sum_{i=1}^{n} (y_i - m_y)^2$$

為了測量變數 $x$ 和 $y$ 的關聯性，可以仿造樣本變異數的形式定義樣本共變異數，如下：

$$s_{xy} = \frac{1}{n-1} \sum_{i=1}^{n} (x_i - m_x)(y_i - m_y)$$

上式中 $(x_i - m_x)(y_i - m_y)$ 等於平面上兩對角端點 $(x_i, y_i)$ 和 $(m_x, m_y)$ 構成的長方形面積：若 $(x_i - m_x, y_i - m_y)$ 在第一或第三象限，面積為正；若 $(x_i - m_x, y_i - m_y)$ 在第二或第四象限，面積為負。圖 1-27 座標原點為 $(m_x, m_y)$，第一及第三象限長方形面積為正，第二及第四象限長方形面積為負，所有面積的平均數 ( 除以 $n - 1$) 即為樣本共變異數。

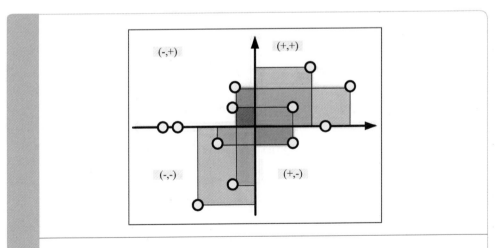

圖 1-27　散布圖與共變異數

共變異數和變異數同樣除以自由度 $n - 1$，而非樣本數 $n$，理由如下：令 $\mathbf{x} = (x_1, \cdots, x_n)^T$ 和 $\mathbf{y} = (y_1, \cdots, y_n)^T$。樣本共變異數可表示為：

$$s_{xy} = \frac{1}{n-1}(\mathbf{x} - m_x\mathbf{1})^T(\mathbf{y} - m_y\mathbf{1})$$

將 $\mathbf{x} - m_x\mathbf{1}$ 和 $\mathbf{y} - m_y\mathbf{1}$ 寫成 $\{\mathbf{v}_1, \cdots, \mathbf{v}_{n-1}\}$ 的線性組合：

$$\mathbf{x} - m_x\mathbf{1} = c_1\mathbf{v}_1 + \cdots + c_{n-1}\mathbf{v}_{n-1}$$
$$\mathbf{y} - m_y\mathbf{1} = d_1\mathbf{v}_1 + \cdots + d_{n-1}\mathbf{v}_{n-1}$$

計算內積可得

$$(\mathbf{x} - m_x\mathbf{1})^T(\mathbf{y} - m_y\mathbf{1}) = (c_1\mathbf{v}_1 + \cdots + c_{n-1}\mathbf{v}_{n-1})^T(d_1\mathbf{v}_1 + \cdots + d_{n-1}\mathbf{v}_{n-1})$$
$$= c_1d_1 + \cdots + c_{n-1}d_{n-1}$$

可知共變異數即為 $c_1d_1, \cdots, c_{n-1}d_{n-1}$ 的平均數，因此除以自由度 $n-1$ 至為明顯。從定義上看，共變異數 $s_{xy}$ 是離差乘積 $(x_i - m_x)(y_i - m_y)$ 的均值，這代表什麼意義？類似平均數的推演過程，考慮以直線 $a + bx$ 近似 $y$，則有下列均方誤差：

$$E(a, b) = \frac{1}{n-1}\sum_{i=1}^{n}(y_i - a - bx_i)^2$$

使 $E$ 最小化的係數 $a, b$ 必須滿足正規方程，即

$$\begin{bmatrix} n & \sum_{i=1}^{n} x_i \\ \sum_{i=1}^{n} x_i & \sum_{i=1}^{n} x_i^2 \end{bmatrix}\begin{bmatrix} a \\ b \end{bmatrix} = \begin{bmatrix} \sum_{i=1}^{n} y_i \\ \sum_{i=1}^{n} x_iy_i \end{bmatrix}$$

運用代數技巧化簡係數矩陣，設 $\tilde{a} = a - m_y + bm_x$，並將誤差函數改為：

$$E(\tilde{a}, b) = \frac{1}{n-1}\sum_{i=1}^{n}((y_i - m_y) - \tilde{a} - b(x_i - m_x))^2$$

其正規方程如下：

$$\begin{bmatrix} n & \sum_{i=1}^{n}(x_i - m_x) \\ \sum_{i=1}^{n}(x_i - m_x) & \sum_{i=1}^{n}(x_i - m_x)^2 \end{bmatrix}\begin{bmatrix} \tilde{a} \\ b \end{bmatrix} = \begin{bmatrix} \sum_{i=1}^{n}(y_i - m_y) \\ \sum_{i=1}^{n}(x_i - m_x)(y_i - m_y) \end{bmatrix}$$

上式等號兩邊同除以 $n - 1$，並代入已知關係，就有：

$$\begin{bmatrix} \dfrac{n}{n-1} & 0 \\ 0 & s_x^2 \end{bmatrix} \begin{bmatrix} \tilde{a} \\ b \end{bmatrix} = \begin{bmatrix} 0 \\ s_{xy} \end{bmatrix}$$

解出 $\tilde{a}=0$, $b=s_{xy}/s_x^2$，即得 $a=m_y-(s_{xy}/s_x^2)m_x$，最佳配適直線爲

$$y=m_y+\frac{s_{xy}}{s_x^2}(x-m_x)$$

接著算出對應的最小均方誤差：

$$\begin{aligned}
E\left(0,\frac{s_{xy}}{s_x^2}\right) &= \frac{1}{n-1}\sum_{i=1}^{n}\left((y_i-m_y)-\frac{s_{xy}}{s_x^2}(x_i-m_x)\right)^2 \\
&= \frac{1}{n-1}\sum_{i=1}^{n}\left((y_i-m_y)^2-2\frac{s_{xy}}{s_x^2}(y_i-m_y)(x_i-m_x)+\frac{s_{xy}^2}{s_x^4}(x_i-m_x)^2\right) \\
&= \frac{1}{n-1}\sum_{i=1}^{n}(y_i-m_y)^2-2\frac{s_{xy}}{s_x^2}\frac{1}{n-1}\sum_{i=1}^{n}(y_i-m_y)(x_i-m_x)+\frac{s_{xy}^2}{s_x^4}\frac{1}{n-1}\sum_{i=1}^{n}(x_i-m_x)^2 \\
&= s_y^2-\frac{s_{xy}^2}{s_x^2} \\
&= s_y^2(1-r_{xy}^2)
\end{aligned}$$

其中

$$r_{xy}=\frac{s_{xy}}{s_x s_y}$$

稱爲相關係數 (correlation coefficient)。因此，最佳配適直線亦可表示爲：

$$\frac{y-m_y}{s_y}=r_{xy}\left(\frac{x-m_x}{s_x}\right)$$

不難驗證相關係數 $r_{xy}$ 即爲 $\mathrm{x}-m_x1$ 和 $\mathrm{y}-m_y1$ 夾角 $\theta$ 的餘弦：

$$\cos\theta=\frac{(\mathrm{x}-m_x1)^T(\mathrm{y}-m_y1)}{\|\mathrm{x}-m_x1\|\cdot\|\mathrm{y}-m_y1\|}$$

因此 $-1\le r_{xy}\le 1$。若 $r_{xy}=0$，我們說 $x$ 和 $y$ 無相關，變數 $x$ 不具備預測 $y$ 的能力，這時 $y$ 的均方誤差等於其樣本變異數 $s_y^2$。若 $r_{xy}\ne 0$，藉由最佳配適直線 $y=a+bx$，$y$ 的均方誤差減少了 $s_y^2 r_{xy}^2$。由於 $x$ 的加入，$r_{xy}^2$ 決定 $y$ 的均方誤差減少的比例，

故 $r_{xy}^2$ 也稱為決定係數 (coefficient of determination)。

本文從線性代數觀點推導樣本平均數、變異數與共變異數。從統計學觀點，由多變量常態分布的最大概似估計 (maximum likelihood estimation) 亦可推得同樣結果 ( 樣本變異數與共變異數的最大概似估計可調整為無偏估計 )。

# 1-5 單層次：各類型 ANOVA 練習題

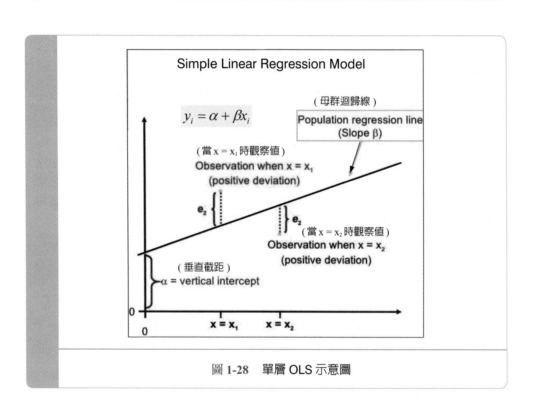

圖 1-28　單層 OLS 示意圖

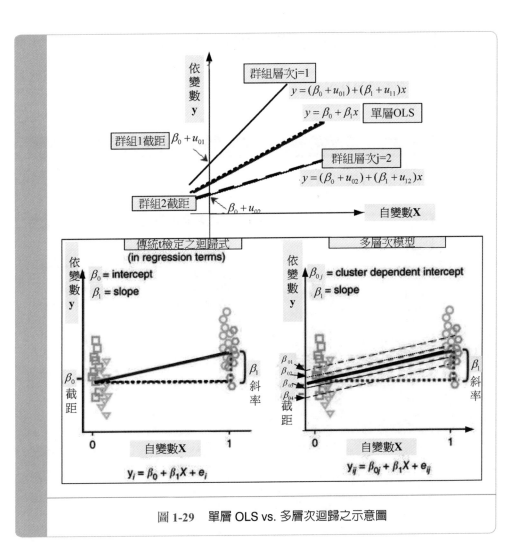

圖 1-29　單層 OLS vs. 多層次迴歸之示意圖

## 1-5-1 單層次：各類型 ANOVA 練習題 (anova 指令)

練習題 1：One way ANOVA

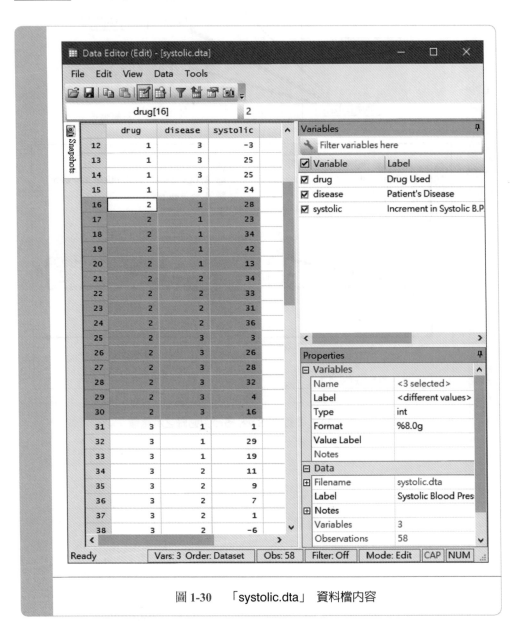

圖 1-30 「systolic.dta」 資料檔內容

```
*One way ANOVA
. webuse systolic
(Systolic Blood Pressure Data)

. anova systolic drug disease

                        Number of obs =      58    R-squared     =  0.3803
                        Root MSE      = 10.5503    Adj R-squared =  0.3207

        Source |  Partial SS    df       MS          F      Prob > F
    -----------+----------------------------------------------------------
         Model |  3552.07225     5   710.414449      6.38    0.0001
               |
          drug |  3063.43286     3   1021.14429      9.17    0.0001
       disease |  418.833741     2    209.41687      1.88    0.1626
               |
      Residual |  5788.08293    52   111.309287
    -----------+----------------------------------------------------------
         Total |  9340.15517    57   163.862371
```

註：此練習題存在「One way ANOVA.do」指令檔。

## 練習題 2：Two way factorial ANOVA( 交互作用項 )

```
*Two way factorial ANOVA
. webuse systolic
. anova systolic drug disease drug#disease

*or 簡寫成
. anova systolic drug##disease

                        Number of obs =      58    R-squared     =  0.4560
                        Root MSE      = 10.5096    Adj R-squared =  0.3259

        Source |  Partial SS    df       MS          F      Prob > F
    -----------+----------------------------------------------------------
         Model |  4259.33851    11   387.212591      3.51    0.0013
               |
          drug |  2997.47186     3   999.157287      9.05    0.0001
```

```
    disease |   415.873046      2   207.936523    1.88    0.1637
drug#disease |   707.266259      6   117.87771     1.07    0.3958
             |
    Residual |   5080.81667     46   110.452536
-------------+--------------------------------------------------
       Total |   9340.15517     57   163.862371
```

註：此練習題存在「Two way factorial ANOVA.do」指令檔。

練習題 3 ：Three-way factorial ANOVA( 交互作用項 )

```
*Three-way factorial ANOVA
. webuse manuf, clear
(manufacturing process data)

. anova yield temp chem temp#chem meth temp#meth chem#meth temp#chem#meth

*or 簡寫成
. anova yield temp##chem##meth


                     Number of obs =      36    R-squared     = 0.5474
                     Root MSE      = 2.62996    Adj R-squared = 0.3399

             Source |  Partial SS    df      MS         F      Prob > F
--------------------+--------------------------------------------------
              Model |   200.75       11    18.25       2.64    0.0227
                    |
        temperature |    30.5         2    15.25       2.20    0.1321
           chemical |    12.25        1    12.25       1.77    0.1958
temperature#chemical |    24.5        2    12.25       1.77    0.1917
             method |    42.25        1    42.25       6.11    0.0209
 temperature#method |    87.5         2    43.75       6.33    0.0062
    chemical#method |     .25         1     .25        0.04    0.8508
temperature#chemical# |
             method |     3.5         2    1.75        0.25    0.7785
                    |
           Residual |    166         24   6.91666667
--------------------+--------------------------------------------------
              Total |   366.75       35   10.4785714
```

註：此練習題存在「Three-way factorial ANOVA.do」指令檔。

練習題 **4**：ANCOVA( 交互作用項 )

```
*ANCOVA
. webuse census2
(1980 Census data by state)


. summarize age
* 總平減
. generate mage = age - r(mean)
*「c.」宣告 mage 為共變數
. anova drate region c.mage region#c.mage


                        Number of obs =      50    R-squared     =  0.7365
                        Root MSE      = 7.24852   Adj R-squared =  0.6926


              Source |  Partial SS    df      MS           F     Prob > F
         ------------+----------------------------------------------------
               Model | 6167.7737      7   881.110529      16.77   0.0000
                     |
              region | 1166.14735     3   388.715783       7.40   0.0004
                mage | 873.425599     1   873.425599      16.62   0.0002
         region#mage | 135.691162     3   45.2303874       0.86   0.4689
                     |
            Residual | 2206.7263     42   52.5411023
         ------------+----------------------------------------------------
               Total | 8374.5        49   170.908163
```

註：此練習題存在「ANCOVA.do」指令檔。

練習題 **5**：Nested ANOVA

```
*Nested ANOVA
. webuse machine, clear
(machine data)


* 每一臺工具機 (machine) 都有好幾個操作員 (operator) 輪班
. anova output machine / operator|machine /, dropemptycells


                        Number of obs =      57    R-squared     =  0.8661
```

| Source | Partial SS | df | MS | F | Prob > F |
|---|---|---|---|---|---|
| | Root MSE = 1.47089 | | | Adj R-squared = 0.8077 | |
| Model | 545.822288 | 17 | 32.1071934 | 14.84 | 0.0000 |
| machine | 430.980792 | 4 | 107.745198 | 13.82 | 0.0001 |
| operator\|machine | 101.353804 | 13 | 7.79644648 | | |
| operator\|machine | 101.353804 | 13 | 7.79644648 | 3.60 | 0.0009 |
| Residual | 84.3766582 | 39 | 2.16350406 | | |
| Total | 630.198947 | 56 | 11.2535526 | | |

註：此練習題存在「Nested ANOVA.do」指令檔。

**練習題 6**：混合設計 ANOVA：Split-plot ANOVA（交互作用項）

```
*Split-plot ANOVA
. webuse reading
(Reading experiment data)

. anova score prog / class|prog skill prog#skill / class#skill|prog /
group|class#skill|prog /, dropemptycells
```

| Source | Partial SS | df | MS | F | Prob > F |
|---|---|---|---|---|---|
| | Number of obs = 300 | | | R-squared = 0.3738 | |
| | Root MSE = 14.6268 | | | Adj R-squared = 0.2199 | |
| Model | 30656.5167 | 59 | 519.601977 | 2.43 | 0.0000 |
| program | 4493.07 | 1 | 4493.07 | 8.73 | 0.0183 |
| class\|program | 4116.61333 | 8 | 514.576667 | | |
| skill | 1122.64667 | 2 | 561.323333 | 1.54 | 0.2450 |
| program#skill | 5694.62 | 2 | 2847.31 | 7.80 | 0.0043 |

| | | | | | |
|---|---|---|---|---|---|
| class#skill\|program | 5841.46667 | 16 | 365.091667 | | |
| class#skill\|program | 5841.46667 | 16 | 365.091667 | 1.17 | 0.3463 |
| group\|class#skill\|program | 9388.1 | 30 | 312.936667 | | |
| group\|class#skill\|program | 9388.1 | 30 | 312.936667 | 1.46 | 0.0636 |
| Residual | 51346.4 | 240 | 213.943333 | | |
| Total | 82002.9167 | 299 | 274.257246 | | |

註：此練習題存在「Split-plot ANOVA.do」指令檔。

練習題 7 ：Repeated-measures ANOVA( 無交互作用項 )

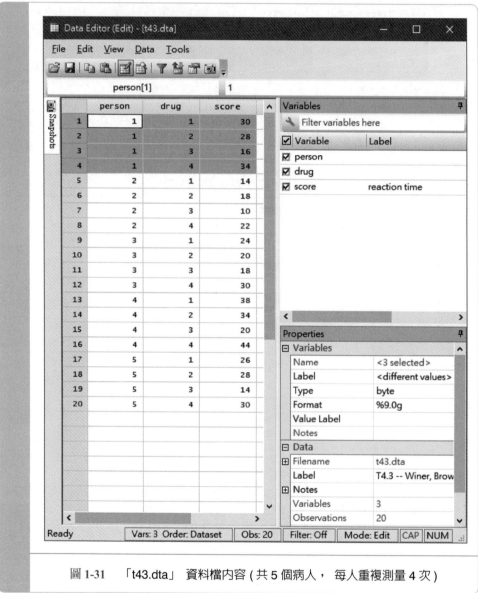

圖 1-31 「t43.dta」 資料檔內容 ( 共 5 個病人， 每人重複測量 4 次 )

```
*Repeated-measures ANOVA
. webuse t43
(T4.3 -- Winer, Brown, Michels)
```

* 繪病人之成長曲線圖，如下圖
. `sort` person drug
. `graph` `twoway` (line score drug, `connect(ascending)`), `xtitle`(drug in times)
  `ytitle`( 生化指數 ) `title`(Growth Curves For 病人 )

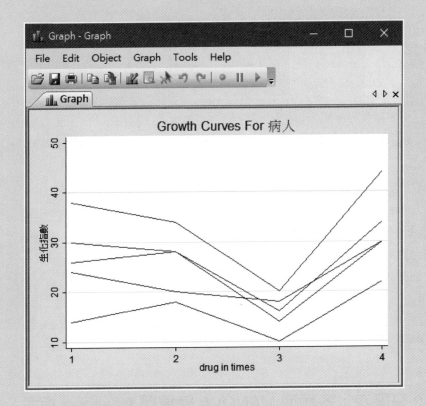

. `anova` score person drug, repeated(drug)

Number of obs =      20    R-squared     =  0.9244
Root MSE     = 3.06594   Adj R-squared =  0.8803

| Source | Partial SS | df | MS | F | Prob > F |
|--------|-----------|-----|------|-----|----------|
| Model | 1379 | 7 | 197 | 20.96 | 0.0000 |
| | | | | | |
| person | 680.8 | 4 | 170.2 | 18.11 | 0.0001 |
| drug | 698.2 | 3 | 232.733333 | 24.76 | 0.0000 |
| | | | | | |

```
              Residual |     112.8       12            9.4
         ----------+-----------------------------------------------
                 Total |     1491.8      19      78.5157895


Between-subjects error term:  person
                    Levels:  5          (4 df)
       Lowest b.s.e. variable:  person


Repeated variable: drug
                                    Huynh-Feldt epsilon      =   1.0789
                                   *Huynh-Feldt epsilon reset to  1.0000
                                    Greenhouse-Geisser epsilon =  0.6049
                                    Box's conservative epsilon =  0.3333


                                           ------------ Prob > F ------------
              Source |   df     F    Regular    H-F      G-G      Box
         ----------+-----------------------------------------------
                drug |    3   24.76   0.0000   0.0000   0.0006   0.0076
              Residual |   12
         ----------------------------------------------------------
```

註：此練習題存在「Repeated-measures ANOVA 3.do」指令檔。


## 1-5-2 單層次：各類型 MANOVA 練習題 (manova 指令 )

練習題 1 ： One way MANOVA( 獨立樣本 )

```
* 開啟資料檔
. webuse metabolic

*One way MANOVA
. manova y1 y2 = group


                        Number of obs =        21


                W = Wilks' lambda      L = Lawley-Hotelling trace
```

```
                    P = Pillai's trace     R = Roy's largest root

         Source |  Statistic    df   F(df1,    df2) =    F   Prob>F
       ----------+----------------------------------------------------
          group | W   0.1596     3    6.0      32.0    8.02 0.0000 e
                | P   1.2004          6.0      34.0    8.51 0.0000 a
                | L   3.0096          6.0      30.0    7.52 0.0001 a
                | R   1.5986          3.0      17.0    9.06 0.0008 u
                |--------------------------------------------------
       Residual |               17
       ----------+----------------------------------------------------
          Total |               20
       ------------------------------------------------------------
                    e = exact, a = approximate, u = upper bound on F
*View the underlying multivariate regression model

. mvreg
Equation        Obs  Parms      RMSE     "R-sq"         F        P
--------------------------------------------------------------------
y1              21     4     8.753754   0.5867    8.045716    0.0015
y2              21     4     .6314183   0.6108    8.891362    0.0009


--------------------------------------------------------------------
             |    Coef.    Std. Err.     t     P>|t|   [95% Conf. Interval]
-------------+------------------------------------------------------
y1           |
       group |
           2 | -9.771429   4.679078   -2.09   0.052   -19.64342   .1005633
           3 |  15.25143   5.125673    2.98   0.008    4.437203   26.06565
           4 | -3.028571   7.018617   -0.43   0.672   -17.83656   11.77942
             |
        _cons|  18.52857   3.308608    5.60   0.000    11.54802   25.50912
-------------+------------------------------------------------------
y2           |
       group |
           2 | -1.371429   .3375073   -4.06   0.001   -2.083507  -.6593504
           3 | -1.654286   .3697207   -4.47   0.000   -2.434328  -.8742432
           4 | -1.514286   .5062609   -2.99   0.008   -2.582403  -.4461685
```

```
           |
     _cons |   4.014286    .2386537    16.82   0.000     3.51077    4.517801
----------------------------------------------------------------------------

*View the underlying multivariate regression model with 90% confidence inter-
vals and displaying the base categories
. mvreg, level(90) base
```

註：此練習題存在「One way MANOVA.do」指令檔。

## 練習題 2：細格人數不相等之 MANOVA

```
* Setup
. webuse jaw
(Table 4.6 Two way Unbalanced Data for Fractures of the Jaw -- Rencher (1998))

*Two way MANOVA
. manova y1 y2 y3 = gender fracture gender#fracture

*The same model, but less typing
. manova y* = gender##fracture
                          Number of obs =       27


                 W = Wilks' lambda      L = Lawley-Hotelling trace
                 P = Pillai's trace     R = Roy's largest root


        Source | Statistic     df   F(df1,    df2) =    F   Prob>F
    -----------+----------------------------------------------------
         Model | W   0.2419      5    15.0     52.9     2.37 0.0109 a
               | P   1.1018             15.0     63.0     2.44 0.0072 a
               | L   1.8853             15.0     53.0     2.22 0.0170 a
               | R   0.9248              5.0     21.0     3.88 0.0119 u
               |----------------------------------------------------
      Residual |                21
    -----------+----------------------------------------------------
        gender | W   0.7151      1     3.0     19.0     2.52 0.0885 e
               | P   0.2849              3.0     19.0     2.52 0.0885 e
               | L   0.3983              3.0     19.0     2.52 0.0885 e
```

```
            | R   0.3983            3.0   19.0    2.52 0.0885 e
            |-----------------------------------------------------
 fracture   | W   0.4492      2     6.0   38.0    3.12 0.0139 e
            | P   0.6406            6.0   40.0    3.14 0.0128 a
            | L   1.0260            6.0   36.0    3.08 0.0155 a
            | R   0.7642            3.0   20.0    5.09 0.0088 u
            |-----------------------------------------------------
gender#fracture | W 0.5126   2     6.0   38.0    2.51 0.0380 e
            | P   0.5245            6.0   40.0    2.37 0.0472 a
            | L   0.8784            6.0   36.0    2.64 0.0319 a
            | R   0.7864            3.0   20.0    5.24 0.0078 u
            |-----------------------------------------------------
 Residual   |               21
------------+-----------------------------------------------------
   Total    |               26
-----------------------------------------------------------------
        e = exact, a = approximate, u = upper bound on F
```

註：此練習題存在「jaw.do」指令檔。

練習題 3：巢狀設計 MANOVA
    詳請介紹，請見第 3 章。

```
* 開啟資料檔
. webuse videotrainer
(video training)

*Manova with nested data
. manova primary extra = video / store|video / associate|store|video /, dropemptycells

                    Number of obs =      42

                    W = Wilks' lambda      L = Lawley-Hotelling trace
                    P = Pillai's trace     R = Roy's largest root

       Source | Statistic     df  F(df1,   df2) =   F   Prob>F
--------------+--------------------------------------------------
```

| | | | | | | | |
|---|---|---|---|---|---|---|---|
| Model | W | 0.2455 | 11 | 22.0 | 58.0 | 2.68 | 0.0014 e |
| | P | 0.9320 | | 22.0 | 60.0 | 2.38 | 0.0042 a |
| | L | 2.3507 | | 22.0 | 56.0 | 2.99 | 0.0005 a |
| | R | 1.9867 | | 11.0 | 30.0 | 5.42 | 0.0001 u |
| Residual | | | 30 | | | | |
| video | W | 0.1610 | 1 | 2.0 | 3.0 | 7.82 | 0.0646 e |
| | P | 0.8390 | | 2.0 | 3.0 | 7.82 | 0.0646 e |
| | L | 5.2119 | | 2.0 | 3.0 | 7.82 | 0.0646 e |
| | R | 5.2119 | | 2.0 | 3.0 | 7.82 | 0.0646 e |
| store|video | | | 4 | | | | |
| store|video | W | 0.3515 | 4 | 8.0 | 10.0 | 0.86 | 0.5775 e |
| | P | 0.7853 | | 8.0 | 12.0 | 0.97 | 0.5011 a |
| | L | 1.4558 | | 8.0 | 8.0 | 0.73 | 0.6680 a |
| | R | 1.1029 | | 4.0 | 6.0 | 1.65 | 0.2767 u |
| associate|store|video | | | 6 | | | | |
| associate|store|video | W | 0.5164 | 6 | 12.0 | 58.0 | 1.89 | 0.0543 e |
| | P | 0.5316 | | 12.0 | 60.0 | 1.81 | 0.0668 a |
| | L | 0.8433 | | 12.0 | 56.0 | 1.97 | 0.0451 a |
| | R | 0.7129 | | 6.0 | 30.0 | 3.56 | 0.0087 u |
| Residual | | | 30 | | | | |
| Total | | | 41 | | | | |

e = exact, a = approximate, u = upper bound on F

註：此練習題存在「videotrainer.do」指令檔。

練習題 4 ： Split-plot MANOVA ：混合設計 (mixed design)MANOVA

```
* * 開啟資料檔
. webuse reading2

*Split-plot MANOVA
. manova score comp = pr / cl|pr sk pr#sk / cl#sk|pr / gr|cl#sk|pr /, dropemptycells

                    Number of obs =      300

                    W = Wilks' lambda     L = Lawley-Hotelling trace
                    P = Pillai's trace    R = Roy's largest root


        Source | Statistic    df   F(df1,    df2) =    F   Prob>F
   ------------+----------------------------------------------------
         Model | W   0.5234    59  118.0    478.0     1.55  0.0008 e
               | P   0.5249        118.0    480.0     1.45  0.0039 a
               | L   0.8181        118.0    476.0     1.65  0.0001 a
               | R   0.6830         59.0    240.0     2.78  0.0000 u
               |----------------------------------------------------
      Residual |               240
   ------------+----------------------------------------------------
       program | W   0.4543     1    2.0      7.0     4.20  0.0632 e
               | P   0.5457         2.0      7.0     4.20  0.0632 e
               | L   1.2010         2.0      7.0     4.20  0.0632 e
               | R   1.2010         2.0      7.0     4.20  0.0632 e
               |----------------------------------------------------
 class|program |                 8
   ------------+----------------------------------------------------
         skill | W   0.6754     2    4.0     30.0     1.63  0.1935 e
               | P   0.3317         4.0     32.0     1.59  0.2008 a
               | L   0.4701         4.0     28.0     1.65  0.1908 a
               | R   0.4466         2.0     16.0     3.57  0.0522 u
               |----------------------------------------------------
 program#skill | W   0.3955     2    4.0     30.0     4.43  0.0063 e
               | P   0.6117         4.0     32.0     3.53  0.0171 a
               | L   1.5100         4.0     28.0     5.29  0.0027 a
               | R   1.4978         2.0     16.0    11.98  0.0007 u
               |----------------------------------------------------
```

```
 class#skill|program |               16
--------------------+----------------------------------------------
 class#skill|program | W  0.4010     16    32.0    58.0     1.05 0.4265 e
                     | P  0.7324           32.0    60.0     1.08 0.3860 a
                     | L  1.1609           32.0    56.0     1.02 0.4688 a
                     | R  0.6453           16.0    30.0     1.21 0.3160 u
                     |----------------------------------------------
   group|class#skill| |               30
          program    |
--------------------+----------------------------------------------
   group|class#skill| | W  0.7713     30    60.0   478.0     1.10 0.2844 e
          program    | P  0.2363           60.0   480.0     1.07 0.3405 a
                     | L  0.2867           60.0   476.0     1.14 0.2344 a
                     | R  0.2469           30.0   240.0     1.98 0.0028 u
                     |----------------------------------------------
          Residual   |              240
--------------------+----------------------------------------------
            Total    |              299
--------------------------------------------------------------------
             e = exact, a = approximate, u = upper bound on F
```

註：此練習題存在「reading2.do」指令檔。

### 練習題 5：重複測量之多變量變異數分析 (MANOVA with repeated measures data)

```
* 開啟資料檔
. webuse nobetween
. gen mycons = 1

*MANOVA with repeated measures data
. manova test1 test2 test3 = mycons, noconstant

                      Number of obs =        5

                      W = Wilks' lambda      L = Lawley-Hotelling trace
                      P = Pillai's trace     R = Roy's largest root

          Source |  Statistic     df    F(df1,    df2) =    F    Prob>F
```

```
---------+------------------------------------------------
 mycons | W   0.0076      1      3.0     2.0    86.91 0.0114 e
        | P   0.9924             3.0     2.0    86.91 0.0114 e
        | L 130.3722             3.0     2.0    86.91 0.0114 e
        | R 130.3722             3.0     2.0    86.91 0.0114 e
        |-----------------------------------------------
 Residual |            4
---------+------------------------------------------------
  Total |            5
---------------------------------------------------------
              e = exact, a = approximate, u = upper bound on F
```

```
. mat c = (1,0,-1 \ 0,1,-1)
. manova test mycons, ytransform(c)
```

Transformations of the dependent variables

(1)    test1 - test3
(2)    test2 - test3

```
                    W = Wilks' lambda     L = Lawley-Hotelling trace
                    P = Pillai's trace    R = Roy's largest root

   Source | Statistic    df   F(df1,   df2) =   F   Prob>F
 ---------+------------------------------------------------
   mycons | W   0.2352     1    2.0      3.0     4.88 0.1141 e
          | P   0.7648          2.0      3.0     4.88 0.1141 e
          | L   3.2509          2.0      3.0     4.88 0.1141 e
          | R   3.2509          2.0      3.0     4.88 0.1141 e
          |-----------------------------------------------
 Residual |            4
 ----------------------------------------------------------
               e = exact, a = approximate, u = upper bound on F
```

註：此練習題存在「nobetween.do」指令檔。

### 1-5-3 重複測量 MANOVA 之練習題 (manova, manovatest, ytransform() 指令 )

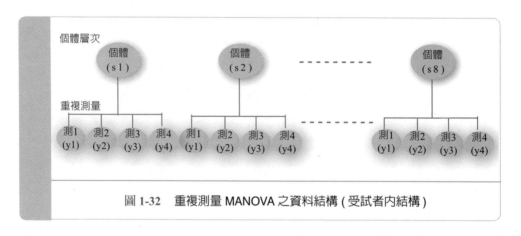

個體層次

重複測量

圖 1-32　重複測量 MANOVA 之資料結構 ( 受試者內結構 )

練習題 1 ：受試者內設計 (within-subjects design)MANOVA：單因子重複測量

```
* The first example is a within-subjects design, also known as a randomized block
design. There are four observations for each subject, labeled y1, y2, y3 and y4.
. clear
. input s y1 y2 y3 y4
        1  3  4  4  3
        2  2  4  4  5
        3  2  3  3  6
        4  3  3  3  5
        5  1  2  4  7
        6  3  3  6  6
        7  4  4  5 10
        8  6  5  5  8
. end
* 以上資料檔存在「within-subjects design MANOVA.dta」

*We need to create a variable to use as a constant and then run the manova with
the noconstant option.

. generate con = 1
. manova y1 y2 y3 y4 = con, noconstant
```

```
              Number of obs =       8

                  W = Wilks' lambda      L = Lawley-Hotelling trace
                  P = Pillai's trace     R = Roy's largest root

      Source |  Statistic     df  F(df1,    df2) =    F   Prob>F
      ---------+------------------------------------------------------
         con | W   0.0196      1    4.0      4.0    49.92 0.0011 e
             | P   0.9804           4.0      4.0    49.92 0.0011 e
             | L   49.9217          4.0      4.0    49.92 0.0011 e
             | R   49.9217          4.0      4.0    49.92 0.0011 e
             |------------------------------------------------------
     Residual |                7
      ---------+------------------------------------------------------
       Total |                8
      --------------------------------------------------------------
              e = exact, a = approximate, u = upper bound on F

. mat ycomp = (1,0,0,-1,1,0,-1,0,1,-1)
. mat list ycomp

ycomp[3,4]
     c1  c2  c3  c4
r1   1   0   0  -1
r2   0   1   0  -1
r3   0   0   1  -1

. manovatest con, ytrans(ycomp)

Transformations of the dependent variables
(1)     y1 - y4
(2)     y2 - y4
(3)     y3 - y4

                  W = Wilks' lambda      L = Lawley-Hotelling trace
                  P = Pillai's trace     R = Roy's largest root
```

```
          Source |  Statistic     df   F(df1,   df2) =    F   Prob>F
        ---------+------------------------------------------------------
             con | W   0.2458      1    3.0     5.0     5.11 0.0554 e
                 | P   0.7542           3.0     5.0     5.11 0.0554 e
                 | L   3.0682           3.0     5.0     5.11 0.0554 e
                 | R   3.0682           3.0     5.0     5.11 0.0554 e
                 |------------------------------------------------------
        Residual |                7
        ------------------------------------------------------------------
```

註：此練習題存在「within-subjects design MANOVA.do」指令檔。

**練習題 2**：受試者間 (between-subjects) MANOVA：混合設計二因子 ANOVA

```
* This example will include one between-subjects factor with two levels. The design
could be classified as a split-plot factorial.
. clear
. input s a y1 y2 y3 y4
        1 1 3  4  7  7
        2 1 6  5  8  8
        3 1 3  4  7  9
        4 1 3  3  6  8
        5 2 1  2  5  10
        6 2 2  3  6  10
        7 2 2  4  5  9
        8 2 2  3  6  11
. end

*The first manova is a test of the between-subjects factor.
. manova y1 y2 y3 y4 = a

                    Number of obs =        8


                    W = Wilks' lambda     L = Lawley-Hotelling trace
                    P = Pillai's trace    R = Roy's largest root


          Source |  Statistic     df   F(df1,   df2) =    F   Prob>F
        ---------+------------------------------------------------------
```

```
            a | W   0.1374      1    4.0    3.0    4.71 0.1169 e
              | P   0.8626           4.0    3.0    4.71 0.1169 e
              | L   6.2764           4.0    3.0    4.71 0.1169 e
              | R   6.2764           4.0    3.0    4.71 0.1169 e
              |-------------------------------------------------
    Residual  |                6
 -------------+---------------------------------------------------
       Total  |                7
 -------------------------------------------------------------------
              e = exact, a = approximate, u = upper bound on
```

The between-subjects factor is not significant. Next, we code the contrasts among the dependent variables and test for the a*y interaction (between-subject*within-subjects) interaction.

```
. mat ymat = (1,0,0,-1,1,0,-1,0,1,-1)
. mat list ymat

. ymat[3,4]
    c1  c2  c3  c4
r1   1   0   0  -1
r2   0   1   0  -1
r3   0   0   1  -1

/* test of the a*y interaction */

. manovatest a, ytransform(ymat)
```

Transformations of the dependent variables

(1)    y1 - y4
(2)    y2 - y4
(3)    y3 - y4

```
              W = Wilks' lambda      L = Lawley-Hotelling trace
              P = Pillai's trace     R = Roy's largest root

    Source | Statistic    df  F(df1,   df2) =    F    Prob>F
 ----------+-------------------------------------------------------
         a | W   0.1443     1   3.0    4.0    7.91 0.0371 e
```

```
                          | P   0.8557          3.0   4.0   7.91 0.0371 e
                          | L   5.9296          3.0   4.0   7.91 0.0371 e
                          | R   5.9296          3.0   4.0   7.91 0.0371 e
                          |-------------------------------------------------
              Residual |               6
          ------------------------------------------------------------------
                          e = exact, a = approximate, u = upper bound on F
```

*Even though the interaction is significant, we will go ahead and test the effect of the within-subjects variable. To do this we will create a contrast for the predictor variables, such that, the levels of each variable sums to one.

```
/* test of y */
 mat xmat = (1, .5, .5)
. mat list xmat

. xmat[1,3]
     c1   c2   c3
r1    1   .5   .5


. manovatest, test(xmat) ytransform(ymat)


Transformations of the dependent variables
(1)     y1 - y4
(2)     y2 - y4
(3)     y3 - y4


Test constraint
(1)     _cons + .5 a[1] + .5 a[2] = 0


                        W = Wilks' lambda      L = Lawley-Hotelling trace
                        P = Pillai's trace     R = Roy's largest root


           Source | Statistic      df   F(df1,   df2) =   F   Prob>F
          -----------+---------------------------------------------------
          manovatest | W   0.0275      1    3.0   4.0   47.19 0.0014 e
                     | P   0.9725           3.0   4.0   47.19 0.0014 e
                     | L   35.3944          3.0   4.0   47.19 0.0014 e
```

```
        | R  35.3944              3.0    4.0    47.19 0.0014 e
        |--------------------------------------------------------
Residual |              6
        --------------------------------------------------------
*The test of the within-subjects factor is also significant, although care must
be taken in interpreting this result due to the significant interaction effect.
```

註：此練習題存在「between-subjects MANOVA.do」指令檔。

# 1-6 評比敵對模型，適配指標有 7 種

常見迴歸模型有單層 vs. 多層、單模型 vs. 混合模型、多元迴歸 vs. SEM、VAR、VECM、單階段 vs. 多階段、連續 vs. 離散結果變數……，其「模型適配度」檢定法有下列 7 種：

1. 專家之配對比較量表 (scale of paired comparison)：AHP 法 ( 層級分析法 ) 之 C.I. 及 R.I. < 0.1，不同評審給分才有一致性。

2. SEM 適配度的準則 (criteria for goodness-of-fit)，如下表：

| (1) 整體模型適配 (overall model fit) |
| --- |
| – chi-square test( 建議值 p-value > 0.05) |
| (2) 增量適配指標 (incremental fit indices) |
| – comparative fit index( 建議值 CFI >= 0.90) |
| – non-normed fit index( 建議值 NNFI >=0.90) |
| (3) 殘差為主的指標 (residual-based indices) |
| – root mean square error of approximation( 建議值 RMSEA ,<0.05) |
| – standardized root mean square residual( 建議值 SRMR <= 0.05) |
| – root mean square residual( 建議值 RMR <= 0.05) |
| – goodness of fit index( 建議值 GFI >= 0.95) |
| – adjusted goodness of fit index( 建議值 AGFI >= 0.90) |
| (4) 比較兩個模型之指標 (model comparison indices) |
| – chi-square difference test |
| – akaike 資訊準則 ( 兩個競爭模型之 AIC 較小者，適配越佳 ) |
| – Bayesian information criteria( 兩個競爭模型之 BIC 較小者，適配越佳 ) |

SEM 進一步詳情，請見作者《STaTa 在結構方程模型及試題反應理論》一書。

3. 資訊準則 (information criteria, IC)：STaTa 提供「estat ic」事後指令。

資訊準則 (information criteria)：可用來說明模型的解釋能力，較常用來作為模型選取的準則，而非單純描述模型的解釋能力。

(1) AIC(Akaike information criteria)

$$AIC = \ln\left(\frac{ESS}{T}\right) + \frac{2k}{T}$$

(2) BIC(Bayes information criteria) 或 SIC(Schwartz) 或 SBC

$$BIC = \ln\left(\frac{ESS}{T}\right) + \frac{k\ln(T)}{T}$$

(3) AIC 與 BIC 越小，代表模型的解釋能力越好（用的變數越少，或是誤差平方和越小）。

其中：K 是參數的數量，L 是概似函數。

假設條件是模型的誤差服從獨立常態分布。

讓 n 為觀察數，RSS 為殘差平方和，那麼 AIC 變為：

AIC=2k+n ln(RSS/n)

增加自由參數的數目，提高了模型適配性，AIC 鼓勵數據適配的優良性，但是儘量避免出現過度適配 (overfitting) 的情況。

所以，優先考慮的模型應是 AIC 值最小的那一個。赤池信息量準則的方法是尋找可以最好地解釋數據，但包含最少自由參數的模型。

4. 誤差越小者越佳。例如：樣本外預測。

通常，執行樣本外預測的程序為：

Step 1. 以樣本內 $\{y_1, y_2, \cdots, y_N\}$ 來估計時間序列模型。

Step 2. 建構預測：$\hat{y}_{(N+1)\leftarrow N}, \hat{y}_{(N+2)\leftarrow(N+1)}, \cdots, \hat{y}_{(T)\leftarrow(T-1)}$

Step 3. 以「$e = \hat{y} - y$」公式來建構預測誤差：$\hat{e}_{(N+1)\leftarrow N}, \hat{e}_{(N+2)\leftarrow(N+1)}, \cdots, \hat{e}_{(T)\leftarrow(T-1)}$

Step 4. 計算 MSE 的估計式

$$\widehat{MSE} = \frac{1}{P} \sum_{j=T-P}^{T-1} \hat{e}_{j+1,j}^2$$

Step 5. 如果有兩個時間數列模型 A 與 B，則可以分別求得：誤差均方 $MSE_A$ 與 $MSE_B$。若 $MSE_A < MSE_B$，則稱模型 A 之預測表現比 B 佳。

5. 概似檢定 (LR) 法：迴歸模型之適配度比較法

> **概似比 (likelihood ratio, LR) 檢定**
>
> 　　例如：假設我們要檢定自我迴歸 AR(2) 模型是否比 AR(1) 模型來的好，此時可以算出兩個模型的最大概似值分別為 $L_u$ 與 $L_R$，則 $L_R$ 統計量為：
>
> $LR = -2(L_R - L_u) \sim$ 符合 $\chi^2_{(m)}$ 分布
>
> 　　假如，$p < 0.05$ 表示達顯著的話，則 AR(2) 模型優於 AR(1) 模型。
>
> 以 logistic 迴歸來說，假設，$LR_{(df)} = 188$，$p < 0.05$，表示我們界定的預測變數對依變數之模型，比「null model」顯著的好，即顯示目前這個 logistic 迴歸模型適配得很好。
>
> **概似比特性：**
>
> 1. 不受盛行率影響。
> 2. 將敏感度 (sensitivity)、特異度 (specificity) 結合成單一數字。
> 3. 可以量化檢驗結果之實務 ( 臨床 ) 意義。
> 4. 可以結合一連串檢驗換算成檢驗後事件發生率。
> 5. 但是，LR 依然受 cut off 值影響。

　　概似檢定 (LR) 法常用在 ARIMA(p,d,q)、VAR、SVAR( 結構式向量自我迴歸 )、兩階段迴歸模型、似不相關迴歸、多層混合模型、logistic 迴歸、次序迴歸、多項 logistic 迴歸……。

　　有關介紹概似檢定 (LR) 法的實例，請見作者《Panel-data 迴歸模型：STaTa 在廣義時間序列的應用》一書。多層次模型請見作者《多層次模型 (HLM)：使用 STaTa》一書，以及《邏輯斯迴歸及離散選擇模型：應用 STaTa 統計》等書。

6. 判定係數 $R^2$：連續依變數之多元迴歸，其 $R^2$ 值越大表示模型適配越佳；相對地，離散依變數之多元迴歸 (e.g. 機率迴歸、xtprobit、zero-truncated negative binomial、Poisson 等迴歸 ) 之 pseudo $R^2$ 值越大，亦表示模型適配越佳。

> **定義：pseudo-$R^2 = 1 - L_1/L_0$**
> 其中，$L_0$ 和 $L_1$ 分別是 constant-only、full model log-likelihoods。

**1. 定義：判定係數 (coefficient of determination)：$R^2$**

假定個體樣本觀察值與樣本平均值的差距為 $Y_t - \overline{Y}$，則

$$Y_t - \overline{Y} = Y_t(-\hat{Y}_t + \hat{Y}_t) - \overline{Y} = (Y_t - \hat{Y}_t) + (\hat{Y}_t - \overline{Y})$$

將上式左右兩式開平方，可得下式：

$$(Y_t - \overline{Y})^2 = (Y_t - \hat{Y}_t)^2 + (\hat{Y}_t - \overline{Y})^2 + 2(Y_t - \hat{Y}_t)(\hat{Y}_t - \overline{Y})$$

將上式所有樣本變異加總，得到：

$$\sum_{t=1}^{T}(Y_t - \overline{Y})^2 = \sum_{t=1}^{T}(Y_t - \hat{Y}_t)^2 + \sum_{t=1}^{T}(\hat{Y}_t - \overline{Y})^2 + 2\sum_{t=1}^{T}(Y_t - \hat{Y}_t)(\hat{Y}_t - \overline{Y})$$

總變異 $SS_T$ = 總誤差變異 $SS_E$ + 迴歸模型可解釋總變異 $SS_R$ + 0

定義：

總變異 $SS_T = \sum_{t=1}^{T}(Y_t - \overline{Y})^2$

總誤差變異 $SS_E = \sum_{t=1}^{T}(Y_t - \hat{Y}_t)^2$

迴歸模型可解釋總變異 $SS_R = \sum_{t=1}^{T}(\hat{Y}_t - \overline{Y})^2$

$2\sum_{t=1}^{T}(Y_t - \hat{Y}_t)(\hat{Y}_t - \overline{Y}) = 0$，證明如下：

$$\sum_{t=1}^{T}2(Y_t - \hat{Y}_t)(\hat{Y}_t - \overline{Y}) = \sum_{t=1}^{T}2\hat{\varepsilon}_t(\hat{\beta}_1 - \hat{\beta}_2 X_t - \overline{Y})$$

$$= \sum_{t=1}^{T}2\hat{\varepsilon}_t\hat{\beta}_1 + \sum_{t=1}^{T}2\hat{\varepsilon}_t\hat{\beta}_2 X_t - \sum_{t=1}^{T}2\hat{\varepsilon}_t\overline{Y}$$

$$= 2\hat{\beta}_1\sum_{t=1}^{T}\hat{\varepsilon}_t + 2\hat{\beta}_2\sum_{t=1}^{T}\hat{\varepsilon}_t X_t - 2\overline{Y}\sum_{t=1}^{T}\hat{\varepsilon}_t$$

根據正規方程式 $\sum_{t=1}^{T}\hat{\varepsilon}_t = 0$ 和 $\sum_{t=1}^{T}\hat{\varepsilon}_t X_t = 0$，上式為 0

因此，可以定義下式關係：

總變異 $SS_T$ = 總誤差變異 $SS_E$ + 迴歸模型可解釋總變異 $SS_R$

再定義之判定係數如下：

$$R^2 = \frac{SS_R}{SS_T} = 1 - \frac{SS_E}{SS_T}$$

**2. 判定係數 $R^2$ 的一些特性**

(1) $R^2$ 並不是衡量迴歸模型的品質 (quality)，而是適配度的指標之一。

(2) $R^2$ 介於 0 和 1 之間 ( 無截距項的迴歸模型則例外 )。

(3) $R^2$ = 0.35 代表迴歸模型解釋依變數平均值變異的 35%。

(4) $R^2$ 偏低，不代表迴歸係數的估計值就沒有意義。

進一步詳情，請見作者《STaTa 與高等統計分析》一書。

7. 繪 logistic 迴歸式之 ROC 曲線

```
* 繪出 ROC 曲線下的面積 (area under ROC curve)
. lroc

Logistic model for admit

number of observations =      400
area under ROC curve   =   0.6928
```

AUC 數值一般的判別準則如下，若模型 AUC = 0.692 ≈ 0.7，落入「可接受的區別力 (acceptable discrimination)」區。

| AUC = 0.5 | 幾乎沒有區別力 (no discrimination) |
|---|---|
| 0.5 ≦ AUC < 0.7 | 較低區別力 ( 準確性 ) |
| 0.7 ≦ AUC < 0.8 | 可接受的區別力 (acceptable discrimination) |
| 0.8 ≦ AUC < 0.9 | 好的區別力 (excellent discrimination) |
| AUC ≧ 0.9 | 非常好的區別力 (outstanding discrimination) |

Logistic 迴歸分析請見作者：《邏輯斯迴歸及離散選擇模型：應用 STaTa 統計》、

8. 迴歸之預測績效

通常可用預測誤差作為評估預測品質的方法，假定 $Y_t$ 為實際值，$Y_t^f$ 為預測值，常用的模型預測績效指標，包括：

· mean squared error (MSE) $= \dfrac{\Sigma(Y_t^f - Y_t)^2}{T}$

· root mean squared error (RMSE) $= \sqrt{\dfrac{\Sigma(Y_t^f - Y_t)^2}{T}} = \sqrt{MSE}$

- mean absolute error (MAE) $= \dfrac{1}{T}\Sigma \lvert Y_t - Y_t^f \rvert$

- mean absolute percent error (MAPE) $= \dfrac{1}{T}\Sigma 100 \dfrac{\lvert Y_t - Y_t^f \rvert}{Y_t}$

- mean squared percent error (MSPE) $= \dfrac{1}{T}\Sigma \left( 100 \dfrac{Y_t - Y_t^f}{Y_t} \right)^2$

- root mean squared percent error (RMSPE) $= \sqrt{\dfrac{1}{T}\Sigma \left( 100 \dfrac{Y_t - Y_t^f}{Y_t} \right)^2} = \sqrt{MSPE}$

統計基礎：
一個和二個母群體平均
數之Hotelling's T$^2$檢定

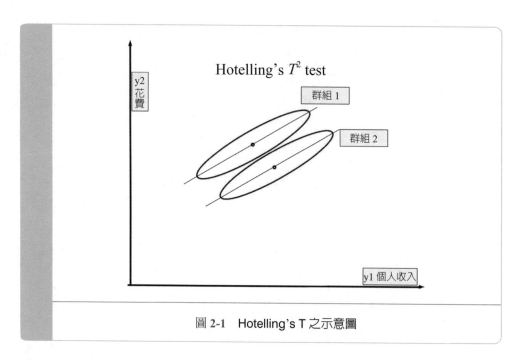

圖 2-1　Hotelling's T 之示意圖

**單變數：Student's t 檢定**

　　首先要談的是 Student's t 檢定。t 檢定主要是檢定兩組之間是否有均值的差異 ( 當然也有單樣本 t 檢定，不過較少使用 )，所以條件是只能有兩組。

　　組別是類別變數 (categorical variable)，像是新舊教學法、實驗組 vs. 控制組、case-control( 介入案例組－安慰劑控制組 )、性別、種族、國籍。如果是連續變數，可設一個標準，例如：多少以上是好的、多少以下是差的，以此來產生類別變數。

　　如果超過兩組，必須用 ANOVA 來分析。

# 2-1 幾種常用的多變量分析方法

　　有關單變量：t 檢定、ANOVA 的範例解說，請見作者《STaTa 與高等統計分析》一書，該書內容包括描述性統計、樣本數的評估、變異數分析、相關分析、迴歸建模及診斷、重複測量……。

## 一、常用統計技術

　　在各種計量方法中，只針對單一變數進行分析的方法稱為「單變量分析」

(univariate analysis)，比如用直方圖去分析某班學生數學的期末考成績的分布 ) ；同時分析兩個變數的方法稱為「雙變量分析」(bivariate analysis) ，這類的分析方法很多，比如用相關性分析 (correlation) 去探討中學生的身高與體重的關係。用簡單迴歸 (simple regression) 或 t 檢定去比較小學生的體重有沒有因為性別 ( 男、女兩組 ) 不同而異。用變異數分析 analysis of variance (ANOVA) 去分析不同屬性組織 ( 營利、非營利與公立共 3 組 ) 的組織績效是否有所不同⋯⋯。

多變量分析 (multivariate analysis) 是泛指同時分析兩個以上變數的計量分析方法。在實際的情況中，我們所關心的某種現象通常不只跟另一個變數有關係，比如會影響醫院績效的變數不只是醫院的屬性而已，可能還與醫院本身的經營策略、醫院所在地區、健保給付方式等有密切關係，因此多變量分析應該對實際的研究工作較有幫助。不過多變量分析的數統推論與運算過程比較複雜，如果要靠人去進行相當費時費工，但在電腦時代這些繁複運算已不成問題，因此多變量分析漸漸被廣泛運用。

線性判別分析旨在運用於計算一組預測變數 ( 自變數 ) ，包括知識、價值、態度、環保行為的線性組合，對依變數 ( 間斷變數 ) 接受有機農產品更高售價之意願加以分類，並檢定其再分組的正確率。

| 統計技術 | 自變數 ( 解釋變數 )$X_i$ | 依變數 ( 應變數 )Y |
|---|---|---|
| 1. 線性判別分析 (discriminant analysis) (discrim 指令 ) | 自變數 [ 預測變數 (predictor variable)] 數量不限 interval scale or ratio scale( 連續變數 ) nominal scale or ordinal scale( 轉化為虛擬變數 ) | 單一個依變數 ( 分組變數 ) 三項式以上 ( 三類以上 ) 名目變數或次序變數 |
| 2. 簡單迴歸分析 (reg 指令 ) | 1. 單一個自變數 [ 預測變數 (predictor variable)] 2. interval scale or ratio scale( 連續變數 ) 3. nominal scale or ordinal scale( 轉化為虛擬變數 ) | 單一個依變數 [ 效標變數 (Criteria variable)] interval scale or ratio scale( 連續變數 ) |

| 統計技術 | 自變數 ( 解釋變數 )$X_i$ | 依變數 ( 應變數 )Y |
|---|---|---|
| 3. 複迴歸分析<br>( 含 logistic regression)<br>(reg 指令 ) | 1. 兩個 ( 含 ) 以上自變數 [ 預測變數 (predictor variable)]<br>2. interval scale or ratio scale( 連續變數 )<br>3. nominal scale or ordinal scale( 轉化為虛擬變數 ) | 單一個依變數 [ 效標變數 (Criteria variable)]<br>interval scale or ratio scale( 連續變數 ) |
| 4. 邏輯斯迴歸分析<br>(logistic 指令 ) | 1. 自變數 [ 預測變數 (predictor variable)] 數量不限<br>2. interval scale or ratio scale( 連續變數 )<br>3. nominal scale or ordinal scale( 轉化為虛擬變數 ) | 單一個依變數<br>兩項式 ( 二分 )Nominal scale |

## 二、MANOVA 與判別分析 discriminant analysis 的差異

MANOVA 旨在瞭解各集群 ( 組 ) 樣本在哪幾個依變數的平均值達到顯著水準。線性判別分析透過得到自變數之線性組合方成函數，瞭解自變數 ( 觀測值 ) 在依變數 ( 集群、組數 ) 上分類的正確性，進而獲悉哪些自變數 ( 預測變數 ) 可以有效區分類別。

最常見的多變量分析是複迴歸分析 (multiple regression) ，除此之外，社會科學的研究還用到許多其他的多變量分析法。以下簡單介紹幾種較常見的方法，以及這些方法在醫務管理的應用例子。

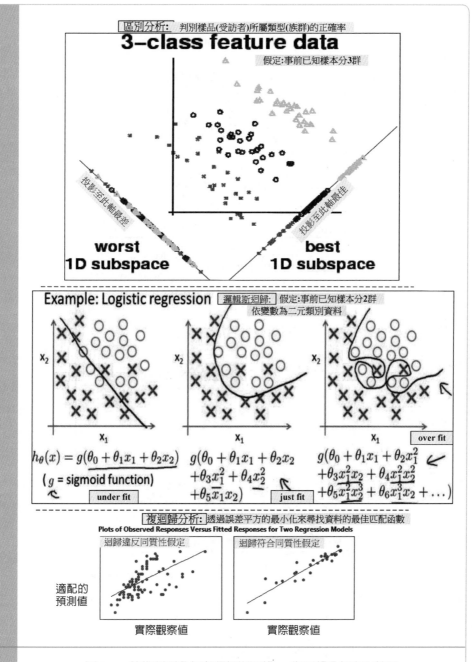

圖 2-2　線性判別分析與邏輯斯迴歸、 複迴歸分析之比較圖

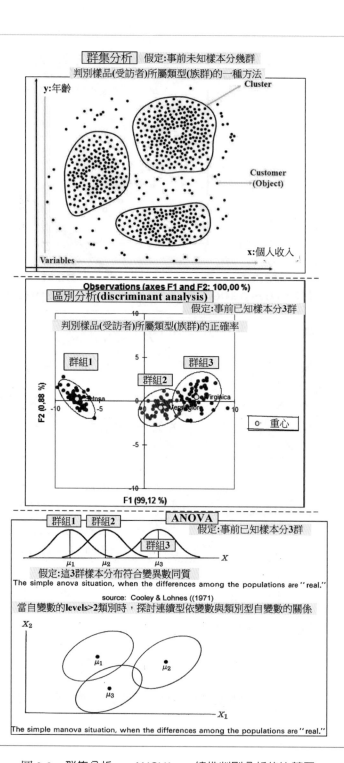

圖 2-3　群集分析 vs. ANOVA vs. 線性判別分析的比較圖

### 1.多變量變異數分析 (multivariate analysis of variance, MANOVA)

MANOVA 是 ANOVA 的延伸與拓展。MANOVA 與 ANOVA 最大的不同，在於 ANOVA 一次只能分析一種依變數 ( 應變數 )，而 MANOVA 能夠同時比較兩個或以上的依變數。比如想比較前面 3 組骨癌病人的二年存活率與治療後的生活品質。如果用 ANOVA 的話，必須做兩次 ANOVA 分析，一次針對病人的三年存活率，另一次比較病人的生活品質差異。如果是用 MANOVA 的話，只要一次就可以同時分析這兩個我們所關切的預後指標。

事實上，在這種情況下 MANOVA 不僅在分析手續上比較省事，也比較準確，因為如果肝癌病人治療後三年存活率與生活品質這兩個指標之間有某種相關性的話 ( 比如生活品質較高對存活率有所幫助 )，則分開單獨分析 (ANOVA) 所得到的結果會有偏差。而使用 MANOVA 可以考慮這兩個指標之間的關聯性，提供較準確的結果。

### 2.多變量共變異數分析 (multivariate analysis of covariance, MANCOVA)

這其實就是 MANOVA 與 ANCOVA 的結合，不僅可同時比較多個依變數，還可考慮或控制多個會影響依變數的變數。因此，我們可以使用 MANCOVA，在考量病人的病情並將這些變數的影響消除後，去同時比較這 3 組肝癌病人治療後的三年存活率與生活品質。

### 3.因素分析 (factor analysis)

因素分析的主要目的，是要將一群互有關聯的變數，加以簡化成幾個有意義的面向或因素。在這裡，一個因素可以用來代表或取代這一群變數中某些性質相近的變數，因此透過因素分析，希望能用少數幾個主要因素去涵蓋一群眾多的變數。

因素分析在調查研究的資料精簡上很有幫助。在問卷或訪談調查中，研究人員經常會用好幾個問題去瞭解某一件事情，這也就是說研究人員用好幾個變數去衡量同一個概念。不過當變數越多時，會加重分析工作的負荷，甚至降低分析的準確度。這時研究人員就可以考慮採用因素分析，看看這些相同概念的變數是否可以進一步加以統整或簡化。

例如：「調查研究法」，有哪些原因可用來解釋在美國的拉丁美洲裔人士 (Latinos in the U.S.) 受到歧視情況的輕重。在一份由 Pew Research Center 於 2002 年對將近兩千多位在美國居住的拉丁美洲裔人士所進行的調查資料中，用 7 個問

題去問受訪的拉丁美洲裔人士被歧視的情形，分別是 (1) 他們覺得在學校中歧視的情況嚴不嚴重？(2) 他們覺得在工作場合中歧視的情況嚴不嚴重？(3) 他們覺得歧視對阻礙他們在美國出人頭地的情況嚴不嚴重？(4) 他們覺得拉丁美洲裔人士之間彼此歧視的情況嚴不嚴重？(5) 他們遇到被不禮貌對待的情況有多頻繁？(6) 他們得到拙劣服務的情況有多頻繁？(7) 他們遇到被侮辱的情況有多頻繁？

每一個問題都代表一個與歧視相關的變數，因此這份資料中有 7 個衡量歧視的變數，如果不去簡化這些變數，那便有 7 個依變數，必須做七次迴歸分析，才能回答作業的問題。為了讓所作分析更簡潔，可用因素分析去統整這 7 個變數，結果得到 2 個因素，第一個因素是由前面 4 個變數所構成的，第二個因素是由後面 3 個變數所構成的。這樣的歸類很有意思，構成第一個因素的 4 個變數所衡量的都是拉丁美洲裔人士感覺受到歧視的程度，而構成第二個因素的變數都與他們所經歷受到歧視行為的頻繁程度有關。因此可將第一個因素命名為「受到歧視的感受程度」(felt discrimination)，另一個因素為「經歷歧視的程度」(experienced discrimination)。這也就是說，這 7 個與歧視有關的變數其實可以用這 2 個歧視的面向加以涵蓋。於是便將原本 7 個變數簡化成 2 個因素或新變數，作為進行迴歸分析的對象。

因素分析完全是根據我們所提供的變數資料，透過統計方法去進行，它無法瞭解每一個變數本身所代表的意義，所得到的結果 (因素的組成或歸類) 有沒有意義必須由研究人員自己判斷。因素分析還提供一些方法讓研究人員對資料做進一步的調整或設定分析角度，以便產生最有意義的因素歸類。

因素分析在簡化問卷設計也很有用。比如要設計一份新進員工的品格調查問卷，我們原來可能會用 50 個問題，以期全面去瞭解員工的品格。當想要簡化這份問卷的內容或長度，但又不想失去其周延性時，因素分析可以發揮作用。首先可以先用完整版的問卷，去蒐集足夠數量的資料 (比如 100 位新進員工的品格問卷)，然後根據這 100 份問卷的資料去進行因素分析，看能不能找出幾個有意義的重要品格面向 (因素)，來涵蓋整份問卷。

### 4. 共變異數分析 (analysis of covariance, ANCOVA)

ANCOVA 其實可以看作是 ANOVA 與迴歸分析的結合。傳統的 ANOVA 主要是用來比較兩組以上的樣本平均值是否有差別，比如醫師要研究不同的治療組合對肝癌患者的預後是否有不同的效果，因此去比較 (1) 單純手術切除腫瘤、(2) 單純進行化療、(3) 以上兩種治療方式結合的病患三年存活率。ANOVA 能用來比較這 3 組病患的三年存活率的平均值是否有明顯不同，讓研究人員瞭解這 3 種治療組合的效果。

不過，ANOVA 通常必須搭配隨機控制實驗來進行會比較好，因為隨機分布比較能夠提供研究人員相同的比較基準 ( 比如使這 3 組病人的病情分布情況大致上是相近的，不致於有某一組都是病情偏重的病人，其他組病人病情卻都較輕 )，這樣才能客觀地比較治療方式的效果差異。可是在這個例子中，這 3 組病人並不是透過隨機分布的方式去決定採用哪一種治療組合，醫師是依照每一位病人的病情 ( 肝腫瘤的大小、期數、病人的健康情況等 )，建議採取的治療方式，而這些病情變數都會對肝癌病人的存活率造成影響，因此在此情況下直接用 ANOVA 並不恰當。最理想的方式是 ANCOVA，因為 ANCOVA 在比較這 3 組病人的存活率時，可以同時考慮或控制其他對病人存活率有影響的病情變數，使我們在相同的背景或基礎上去比較這 3 組治療方式的效果。而控制其他變數對依變數的影響也是迴歸分析的基本功能，因此 ANCOVA 可說是結合了 ANOVA 與迴歸分析的功能。

話雖如此，事實上用複迴歸分析就可以達到 ANCOVA 的目的。只要在迴歸分析模式中加入組別的虛擬變數 (dummy variables)，就可以看到不同組別的平均值是否有明顯差別。以前面的例子來說，我們必須建立 2 個虛擬變數，分別代表第一組與第二組的病人 ( 研究組 )，作為分析模式中的自變數，而以第三組為對照組，這樣就可以比較第一組和第二組的病人分別與第三組病人的三年存活率有沒有差別。

### 5. 區別 ( 判別 ) 分析 (discriminant analysis)

區別 ( 判別 ) 分析主要是用來找出一群個體分屬於不同群組的決定變數是哪些，並以此作為預測其他個體群組歸屬的依據。線性判別分析在醫療上應該有很廣的用途，特別是在高危險群的醫療處置方面可以發揮功能。比如我們可以拿一年來所有 ICU 病人的資料做線性判別分析。先將 ICU 病人分為 2 組，一組病

人在 ICU 中死亡，另一組病人順利轉入一般病房，而我們最關切的是哪些因素會決定 ICU 病人能夠順利轉入一般病房，或在 ICU 死亡。因此，可以用線性判別分析找出重要的影響變數。假如分析的結果告訴我們病人的年齡、診斷、手術與否、感染等變數是重要的決定因子，那就可以根據這些危險因子以及其影響程度，對每一位新進 ICU 病人預測其預後 ( 是可能屬於順利轉出一般病房或死亡的對象 )，然後針對有較高死亡可能性的病人進行重點風險管理或加強照護。

其實用邏輯斯迴歸 (logistic regression) 與多項邏輯斯迴歸 (multinomial logit model) 也可以進行與線性判別分析相同的功能。前者用於處理 2 個組別，後者用於 2 個組別以上的情況。詳情請見作者《邏輯斯迴歸及離散選擇模型：應用 STaTa 統計》一書，該書內容包括邏輯斯迴歸 vs. 多元邏輯斯迴歸、配對資料的條件 logistic 迴歸分析、multinomial logistic regression 、特定方案 rank-ordered logistic 迴歸、零膨脹 ordered probit regression 迴歸、配對資料的條件邏輯斯迴歸、特定方案 conditional logit model 、離散選擇模型、多層次邏輯斯迴歸……。

例如：線性判別分析在健保開始實施 DRGs 之後，醫院在病人照護與費用管理上面可以派得上用場。在 DRGs 給付制度之下，醫院照護某一種 case 的病人的費用必須設法控制在健保署對該種 case 的給付定額之下，才不會虧損。因此醫院會很關心哪些情況的病人很有可能超過給付定額，哪些情況比較容易控制在給付額之內。因此可以用線性判別分析法去找出這些重要的決定因素，然後根據這些因素去預測每一位病人的照護費用超過給付額的可能性。對於很有可能落入高額費用的高風險病人，醫院及醫師可以預作管理或因應，以避免超額情況的發生。

### 6. 集群分析 (cluster analysis)

集群分析與線性判別分析有點類似，它們都希望根據個體的變數或特性，為一群個體進行分類。不過在集群分析中，我們事先並不知道這些個體的組別，完全是根據它們的變數資料去將相似特性的個體進行歸類。而在線性判別分析中，我們已經知道某些個體的所屬組別，用這些個體去進行線性判別分析，得知影響因子後再來對其他個體做分類。

集群分析在分類方面很有用，能夠幫助研究人員從一大群個體資料中釐出一些頭緒來，讓我們從中劃分出幾個有意義的群組。我們系上的 Dr. Gloria Bazzoli 與其他四位研究人員曾用集群分析，根據幾個組織特性變數 ( 其所屬醫院所提供

的服務類別、有否經營健保方案以及與其醫師之間維持何種關係)，將美國眾多的醫院體系區分為 5 種主要類別。

理論上，我們應該可以透過集群分析來規劃 DRGs，根據每位病人住院的總成本(醫療費用)、主診斷、次診斷、年齡等資料，將所有住院案例分成許多組別，每一組裡面的案例在醫療費用、診斷與病人年齡有其相似性。

集群分析應該也可以運用到醫院藥品或醫材管理上面，比如可以根據每種藥品或醫材的成本、使用數量、使用科別、訂貨所需時間等變數，將院內所使用的所有藥品或醫材分為幾個重點類別，根據每類藥品或醫材的特性規劃管理方針。

不過，集群分析跟因素分析一樣，是根據我們所提供的資料做數統運算所得到的結果，結果是否有任何實質或理論上的意義必須由我們去判斷，以及最後要採用幾個群組，可由線性判別分析分群正確率來判定。

## 三、統計技術的世代演進

第一代：函數關係模式

| | 統計技術 | 英文名稱 | 依變數 y | 依變數個數 | 自變數 x | 自變數個數 |
|---|---|---|---|---|---|---|
| 分析性反應變量 | 簡單迴歸 | simple regresssion | 分析性 | 1 | 分析性 | 1 |
| | 複迴歸 | multiple regression | 分析性 | 1 | 分析性 | K>1 |
| | 多變量迴歸分析 | multivariate multiple regression | 分析性 | p | 分析性 | K>=1 |
| | 單因子變異數分析 | 1-Way ANOVA | 分析性 | 1 | 分類性 | I 組 |
| | 雙因子變異數分析 | 2-Way ANOVA | 分析性 | 1 | 分類性 | I,J 組 |
| | 單因子共變數分析 | 1-Way ANCOVA | 分析性 | 1 | 混合性 | 1 或 K |
| | 單因子多變量變異數分析 | 1-Way MANOVA | 分析性 | P | 分類性 | 1 |
| | 一般線性模式 (多變量共變數分析) | general linear model (MANCOVA) | 分析性 | P | 混合性 | K |
| 分類性反應變數 | 線性判別分析 | discriminate analysis | 分類性 | I 組 | 分析性 | K |
| | 類別資料分析 | categorical data Analysis | 分類性 | >=1 | 分類性 | >=1 |
| | 對數線性模式 | log linear model | 分類性 | >=1 | 混合性 | >1 |

第二代：相依關係模式

| | 統計技術 | 英文名稱 | 說明 |
|---|---|---|---|
| 變數相依 | 主成分分析 | principle component analysis | 僅建構一個總指標 |
| | 正典相關分析 | canonical correlation analysis | M<=K,P |
| | 因素分析 | factor analysis | 可萃取出 J 個潛伏因素 |
| 個案相依 | 集群分析 | cluster analysis | |
| | 多元尺度分析 | multi dimensional scaling analysis | 群內同質、群間異質，運用 N 個主體，根據 P 個準則，對 M 個客體進行評估之統計模式。 |

第三代：系統關係模式

| | | | |
|---|---|---|---|
| 系統關係模式 | 路徑分析 | path analysis | 探討分析性變數間之單向關係。<br>變數間之影響具有線性，即可加性。 |
| | 線性結構關係模式 | linear structure relation model | 潛伏變數存在雙向影響。<br>潛伏變數與顯現變數之間，則存在變數縮減關係。 |

# 2-2 單變量：Student's t 分布及 t-test 統計基礎

## 2-2-1 單變量：Student's t-distribution

在概率和統計學中，Student's 的 t 分布 ( 或者簡單的 t 分布 ) 是連續概率分布族中的任何成員。在樣本量小和人口標準偏差的情況下，估計常態分布的人口平均值是未知的。它由 William Sealy Gosset 以 Student's 的名字發表。

t 分布在許多廣泛使用的統計分析中產生作用，包括用於評估兩個樣本平均值之間差異的統計學顯著性 Student's t 檢定、兩個總體平均值之間差異的信賴區間的構建以及線性迴歸分析。Student's 的 t 分布也出現在來自常態家庭的數據的貝葉斯 (Bayesian normal family) 分析中。

　　如果從<mark>常態</mark>分布中取 n 個觀測值的樣本，那麼 $v = n - 1$ 個自由度的 t 分布，可以定義爲樣本平均值相對於眞實平均值的位置分布除以樣本標準差，乘以<mark>標準差</mark>$\sqrt{n}$。用這種方式，t 分布可表示你有多少自信，任何給定的範圍都將包含眞正的<mark>平均值</mark>。

　　<mark>t 分布是</mark><mark>對稱的、鐘形的</mark>，就像常態分布一樣，但尾巴更重，這意味著它更容易產生遠離其平均值的值。其中分母的變化被放大，並且當分母的比率接近於 0 時可能產生偏離值。學生的 t 分布是廣義雙曲分布的特例。

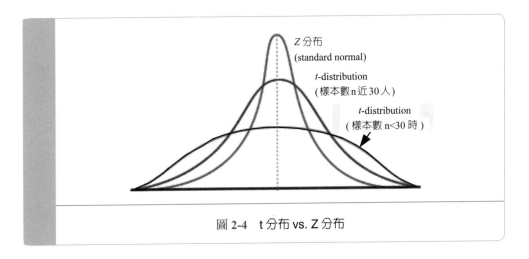

圖 2-4　t 分布 vs. Z 分布

Student's t 分布之機率密度函數 (probability density function, pdf)

$$f(t) = \frac{\Gamma\left(\dfrac{v+1}{2}\right)}{\sqrt{v\pi}\,\Gamma\left(\dfrac{v}{2}\right)}\left(1 + \frac{t^2}{v}\right)^{-\frac{v+1}{2}}$$

其中 $v$ ( 讀作 nu) 是自由度的數量，$\Gamma$ ( 讀作 Gamma) 是伽馬函數。這也可以寫成：

$$f(t) = \frac{1}{2\sqrt{v}\,\mathrm{B}\left(\dfrac{1}{2}, \dfrac{v}{2}\right)}\left(1 + \frac{t^2}{v}\right)^{-\frac{v+1}{2}}$$

其中，B 是 Beta 函數。特別地，當整數值自由度 $v$ ( 讀作 nu) 時：

1. 對 $v > 1$ 之偶數 (even)

$$\frac{\Gamma\left(\frac{v+1}{2}\right)}{\sqrt{v\pi}\,\Gamma\left(\frac{v}{2}\right)} = \frac{(v-1)(v-3)\cdots 5\cdot 3}{2\sqrt{v}(v-2)(v-4)\cdots 4\cdot 2}$$

2. 對 $v > 1$ 之奇數 (odd)

$$\frac{\Gamma\left(\frac{v+1}{2}\right)}{\sqrt{v\pi}\,\Gamma\left(\frac{v}{2}\right)} = \frac{(v-1)(v-3)\cdots 4\cdot 2}{\pi\sqrt{v}(v-2)(v-4)\cdots 5\cdot 3}$$

機率密度函數是對稱的，它的整體形狀類似於平均值為 0 和變異數為 1 的常態分布變數的鐘形，除了它稍微更低和更寬。隨著自由度的增長，t 分布以平均值 0 和變異數 1 接近常態分布。由於這個原因，$v$ 也被稱為常態分布參數

## 一、t 統計公式

1. 單一樣本平均數之 t 檢定

資料：隨機變數 (R.V.)$X_1, X_2, X_3, \cdots, X_n \overset{i.i.d}{\approx} N(\mu, \sigma^2)$

檢定：(1) $H_0: \mu \geq \mu_0$ vs. $H_1: \mu < \mu_0$

(2) $H_0: \mu \leq \mu_0$ vs. $H_1: \mu > \mu_0$

(3) $H_0: \mu = \mu_0$ vs. $H_1: \mu \neq \mu_0$

檢定量為：(1) $\sigma^2$ 已知時，$Z = \dfrac{\overline{X} - \mu_0}{\sqrt{\dfrac{\sigma^2}{n}}} \sim N(0,1)$

(2) $\sigma^2$ 未知時，$t = \dfrac{\overline{X} - \mu_0}{\sqrt{\dfrac{\sigma^2}{n}}} \sim t_{(n-1)}$

決策：以「檢定 (1)」為例，拒絕區 $= \{t_0 < -t_{\alpha(n-1)}\}$、p-value $= P_r(T < t_0)$。

### 2. 兩個獨立樣本 t 檢定

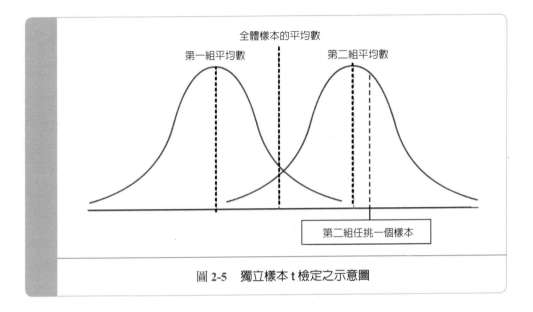

圖 2-5　獨立樣本 t 檢定之示意圖

　　統計資料分析時，常必須比較不同兩群體的某種特性是否一致，或對某問題的觀點是否一致。獨立樣本 t 檢定是用以檢定兩群體特性的期望值是否相等之一種常用的統計方法。

　　假設 2 組連續型獨立數據如下：

資料：隨機變數 (R.V.)$X_1, X_2, X_3, \cdots, X_{n_1} \overset{i.i.d}{\approx} N(\mu_1, \sigma_1^2)$，樣本平均數$\overline{X} = \dfrac{\sum\limits_{i=1}^{n_1} X_i}{n_1}$

　　隨機變數 (R.V.)$Y_1, Y_2, Y_3, \cdots, Y_{n_2} \overset{i.i.d}{\approx} N(\mu_2, \sigma_2^2)$，樣本平均數$\overline{Y} = \dfrac{\sum\limits_{i=1}^{n_2} Y_i}{n_2}$

　　樣本變異數：$S_X^2 = \dfrac{\sum\limits_{i=1}^{n_1}(X_i - \overline{X})^2}{n_1 - 1}$，$S_Y^2 = \dfrac{\sum\limits_{i=1}^{n_2}(Y_i - \overline{Y})^2}{n_2 - 1}$

　　標準誤（平均數的標準差）：$\dfrac{S_X}{\sqrt{n_1}}, \dfrac{S_Y}{\sqrt{n_2}}$

　　$D \sim N(\mu_D, \sigma_D^2)$

　　其中 $\mu_D = \mu_1 - \mu_2$，$\sigma_D^2 = \dfrac{\sigma_1^2}{n_1} + \dfrac{\sigma_2^2}{n_2}$

檢定：$H_0: \mu_1 = \mu_2$ vs. $H_1: \mu_1 \neq \mu_2$ ( 即 $\mu_1 - \mu_2 \neq 0$ )

先檢定「變異數同質性」：$H_0: \sigma_1^2 = \sigma_2^2$ vs. $H_1: \sigma_1^2 \neq \sigma_2^2$

檢定統計量 為 $F = \max(S_1^2, S_2^2)/\min(S_1^2, S_2^2) \sim F(n_1-1, n_2-1)$ 或 $F(n_2-1, n_1-1)$

決策：拒絕區 $= \dfrac{S_1^2}{S_2^2} \geq F_{\frac{\alpha}{2}}(n_1-1, n_2-1)$ 或 $\dfrac{S_1^2}{S_2^2} \geq F_{\frac{\alpha}{2}}(n_2-1, n_1-1)$

p-value $= 2 \min\{P_r(F > f_0), P_r(F < f_0)\}$

情況 1「變異數異質性」：若不可假定 $\sigma_1^2 = \sigma_2^2$ (Behrens-Fisher 問題 )

檢定量 為 $T = (\overline{X} - \overline{Y})/ \text{s.e.}(\overline{X} - \overline{Y}) = (\overline{X} - \overline{Y})/\sqrt{\dfrac{S_1^2}{n_1} + \dfrac{S_2^2}{n_2}} \sim$ 近似 t 分布

$\text{d.f.} = (\dfrac{S_1^2}{n_1} + \dfrac{S_2^2}{n_2})^2 / \left[ \dfrac{S_1^4}{n_1^2(n_1-1)} + \dfrac{S_2^4}{n_2^2(n_2-1)} \right]$：*Welch's* test 的自由度。

註：此自由度 (d.f.) 可能非整數。

情況 2「變異數同質性」：若可假定 $\sigma_1^2 = \sigma_2^2 = \sigma^2$

$\hat{\sigma}^2 \cong \sigma_P^2 = [\sum\limits_{1}^{n_1}(X_i - \overline{X})^2 + \sum\limits_{1}^{n_2}(Y_i - \overline{Y})^2]/(n_1 + n_2 + 2)$

檢定量 為 $T = (\overline{X} - \overline{Y})/ \text{s.e.}(\overline{X} - \overline{Y}) = (\overline{X} - \overline{Y})/\sqrt{(\dfrac{1}{n_1} + \dfrac{1}{n_2})S_P^2} \sim T(n_1 + n_2 - 2)$

若從觀測值所計算出來的 T 值為 t，顯著水準為 $\alpha$ 時。若 $P(|T| > |t|) = p < \alpha$，則拒絕虛無假設 $H_0: \mu_1 = \mu_2$；亦即接受對立假設 $H_1: \mu_1 \neq \mu_2$。

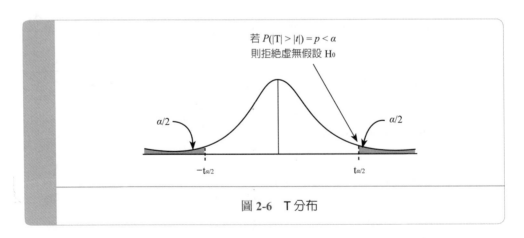

圖 2-6　T 分布

觀點：當檢定 $\mu_1 > \mu_2$ 時，基本上看 $(\overline{X} - \overline{Y})$ 差距是否夠大，大到某程度，才可說顯著具有 $\mu_1 > \mu_2$ 的性質。

決策 1：(1) $H_1: \mu_1 > \mu_2$ 拒絕域為 $(\overline{X} - \overline{Y}) > \sqrt{(\frac{1}{n_1} + \frac{1}{n_2})S_p^2} \times t_\alpha(n_1 + n_2 - 2)$

(2) $H_1: \mu_1 < \mu_2$ 拒絕域為 $(\overline{X} - \overline{Y}) < -\sqrt{(\frac{1}{n_1} + \frac{1}{n_2})S_p^2} \times t_\alpha(n_1 + n_2 - 2)$

(3) $H_1: \mu_1 \neq \mu_2$ 拒絕域為 $|\overline{X} - \overline{Y}| > \sqrt{(\frac{1}{n_1} + \frac{1}{n_2})S_p^2} \times t_{\alpha/2}(n_1 + n_2 - 2)$

決策 2：以檢定 (3) 為例，若從觀測值所計算出來的 T 值為 t，顯著水準為 $\alpha$ 時，其 p 值 $= 2\,P_r(T > |t_0|)$；若 $p$ 值 $< \alpha$，則拒絕虛無假設 $H_0$。

3. 相依樣本 t 檢定

假設存在 2 組具有常態分布之隨機變數 X 及 Y，分別為：

X：$X_1, X_2, X_3, \cdots, X_n \sim N(\mu_1, \sigma_1^2)$

Y：$Y_1, Y_2, Y_3, \cdots, Y_n \sim N(\mu_2, \sigma_2^2)$

當這 2 組隨機變數是成對出現時，亦即

$(X_1, Y_1), (X_2, Y_2), \cdots, (X_n, Y_n)$

令新變數 D=X−Y，則

$D_1 = (X_1 - Y_1)$

$D_2 = (X_2 - Y_2)$

………

$D_n = (X_n - Y_n)$

由於 X 與 Y 變數都是常態隨機變數，故兩者的差 D 亦是常態分布，期望值是 $\mu_D$，變異數是 $\sigma_D^2$。即

D：$D_1, D_2, D_3, \cdots, D_n \sim N(\mu_D, \sigma_D^2)$

其中，$\mu_D = \mu_1 - \mu_2$

$\sigma_D^2 = \sigma_1^2 + \sigma_2^2 - 2COV(X, Y)$

期望值是 $\mu_D$，可用樣本平均數 $\overline{D}$ 來估計。變異數是 $\sigma_D^2$，可用樣本變異數 $S_D^2$ 來估計：

$$\overline{D} = \frac{\sum_{i=1}^{n} D_i}{n} \sim 符合 N(\mu_D, \sigma_D^2/n)$$

$$S_D^2 = \frac{\sum\limits_{i=1}^{n}(D_i - \overline{D})^2}{n-1}$$

$\overline{D}$ 的標準差 $\frac{\sigma_D}{\sqrt{n}}$ 可用 $\frac{D_D}{\sqrt{n}}$ 來估計。

檢定：虛無假設 $H_0: \mu_1 = \mu_2$ ( 即 $\mu_D = \mu_1 - \mu_2 = 0$) vs. $H_1: \mu_1 \neq \mu_2$( 即 $\mu_1 - \mu_2 \neq 0$)

檢定統計量 T：$T = \dfrac{\overline{D} - \mu_D}{\dfrac{S_D}{\sqrt{n}}} \sim t_{(n-1)}$ 分布

決策：當從觀測值所計算出來的 T 值爲 t ，顯著水準爲 $\alpha$ 時，若 $P(|T| > |t|)$ $= p < \alpha$，則拒絕虛無假設 $H_0 : \mu_1 = \mu_2$；亦即接受對立假設 $H_1 : \mu_1 \neq \mu_2$。反之，則反。

## 2-2-2 單變量：Student's t 檢定 (t-test)

t 檢定是用來檢定 2 個獨立樣本的平均數差異，是否達到顯著水準。

這 2 個獨立樣本可以透過分組來達成，計算 t 檢定時，會需要 2 個變數，即依變數 (y) 爲觀察值、自變數 x 爲分組之組別，其資料的排序如下：

檢定 2 個獨立樣本的平均數是否有差異 ( 達顯著水準 )，得考慮從 2 個母群體隨機抽樣本後，其平均數 u 和變異數 $\sigma$ 的各種情形，分別有平均數 u 相同而變異數平方相同或不同的情形，或平均數 u 不同而變異數平方相同或不同的情形。

在計算 2 個母群體的平均數有無差異時，若是母群體的變異數爲已知，則使用 z 檢定。在一般情形下，母群體的變異數爲未知時，會使用獨立樣本 t 檢定。若是樣本小，母群體不是常態分布，則會使用無母數分析。整理 t 檢定於 2 個獨立母群體平均數的比較及使用時機，如下表：

| |
|---|
| 1. 大樣本 (n ≥ 30)<br>　變異數 $\sigma$ 已知——使用 z 檢定<br>　變異數 $\sigma$ 未知——使用 t 檢定 |
| 2. 小樣本 (n< 30)，母群體常態分布<br>　變異數 $\sigma$ 已知——使用 z 檢定<br>　變異數 $\sigma$ 未知——使用 t 檢定 |

> 3. 小樣本 (n< 30)，母群體非常態分布
>     無論變異數已知或未知——使用無母數分析

## 一、t 檢定的程序

　　進行 t 檢定的目的，是要用來拒絕或無法拒絕先前建立的虛無假設 (null hypothesis)，我們整理 t 檢定的程序如下：

**Step-1**：計算 t 值

　　t 值＝$u_1$ ( 平均數 ) − $u_2$ ( 平均數 ) / 組的平均數標準差

　　$u_1$ 是第一組的平均數

　　$u_2$ 是第二組的平均數

**Step-2**：查 t 臨界值 (critical)

　　研究者指定可接受 t 分布型 I(type I) 誤差機率 $\alpha$(0.05 或 0.01)。

　　樣本 1 和樣本 2 的自由度 (degree of freedom) = (N1+N2) − 2

　　可以透過查表，得到 t 臨界值 (critical)。

**Step-3**：比較 t 值和 t 臨界值標準值

　　當 t 值＞ t 臨界值時，會拒絕虛無假設 (null hypothesis)($H_0$：$u_1 = u_2$)，也就是 $u_1 \neq u_2$，兩群有顯著差異。接著，可以檢定平均數的大小或高低，來解釋管理上的意義。

　　當 t 值＜ t 臨界值時，不會拒絕 ( 有些研究者視為接受 ) 虛無假設；也就是接受「$H_0$：$u_1 = u_2$」，表示兩群無顯著差異，可以解釋管理上的意義。

## 二、單變量 ANOVA：F 檢定

　　t 檢定是 ANOVA 特例之一。除了 t 檢定外，也常用 F 值來檢定單變量多組平均數是否有顯著差異。

### ( 一 ) ANOVA 三種假定 (assumption) 條件的檢定法

1. 常態性檢定：可用 (1) 繪圖法：Normal probability plot(p-p plot)、Normal quantile-quantile(q-q plot)。(2) 檢定法：卡方檢定、Kolmogorov-Smirnov 法、Shapiro-Wilks 法 ( 一般僅用在樣本數 n < 50 的情況 )。

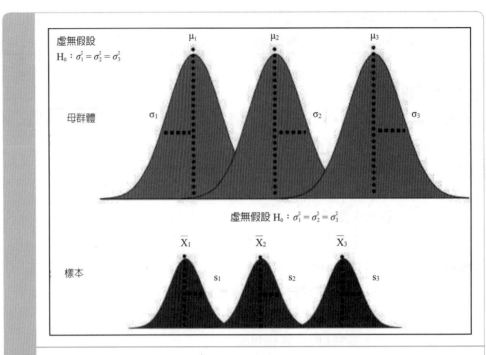

圖 2-7　變異數同質之示意圖

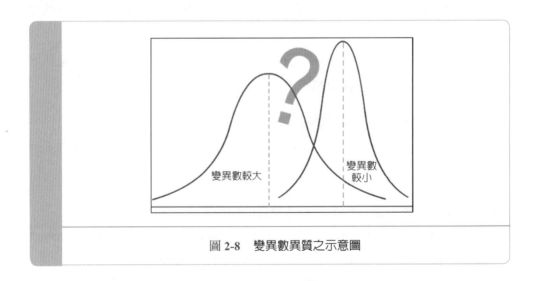

圖 2-8　變異數異質之示意圖

MANOVA 中，多變量常態性：係對每一個依變數，做單變量常態性檢定。

## 2.各處理水準 (level) 之間的變異數都須同質

MANOVA 中，(1) 共變數矩陣的同質性 (Homogeneity of covariance matrices)：Box's M 檢定，若 p 值 (Sig.) 大於型 I 誤差 $\alpha(= 0.05)$ 值，則接受虛無假設：共變數矩陣是同質 ( 相等的 )。即 $H_0: \sigma_1^2 = \sigma_2^2 = \sigma_3^2 = \cdots = \sigma_k^2 = \sigma^2$。(2) 變異數同質性：每個組群應該有相同的誤差變異數。SPSS 變異數同質性有二種檢定法：

(1) Levene's 檢定 (homogeneity of variance)，若 p 值 (Sig.) 大於型 I 誤差 $\alpha(= 0.05)$ 值，則接受虛無假設：跨組的依變數之誤差是同質 ( 相等的 )。

(2) Mauchly's Test of Sphericity：共變數矩陣的球形：確保 F 比率與 F 分布的適配性。若 p 值 (Sig.) 大於型 I 誤差 $\alpha(= 0.05)$ 值，則拒絕虛無假設：covariances are unequal，且你能 "assume sphericity"。

方法一：Bartlett 檢定 (Levene 檢定 )，較適合各組的樣本人數相同時。

檢定統計量：$b = \dfrac{(S_1^2)^{n_1-1}(S_2^2)^{n_2-1}...(S_k^2)^{n_k-1}}{(S_p^2)^{n-k}} \sim$ Bartlett 分布

其中，$S_p^2 = \dfrac{\sum\limits_{i}^{k}(n_i-1)S_i^2}{n-k}$

拒絕區：$\{b < b_k(a; n_1, n_2, n_3, \cdots, n_k)\}$

其中，$b_k(\alpha; n_1, n_2, \cdots, n_k) = \dfrac{\sum\limits_{i}^{k} n_i b_k(\alpha, n_i)}{n}$

修正檢定：$b = 2.303(g/c)$，

其中，$g = (n-k)\log_{10} S_p^2 - \sum\limits_{i=1}^{k}(n_i - 1)\log_{10} S_i^2$

$c = 1 + \dfrac{1}{3(k-1)}(\sum\limits_{i=1}^{k}\dfrac{1}{n_i - 1} - \dfrac{1}{n-k})$。→ 拒絕區：$\{b > \chi_\alpha^2(k-1)\}$

方法二：Cochran's 檢定：

檢定統計量 $G = \dfrac{Max(S_i^2)}{\sum\limits_{i=1}^{k} S_i^2} > g_\alpha$，則拒絕 $H_0$。

## 3.獨立性：

獨立性：參與者所組成自變數的 levels 之間必須是相互獨立的。

(1) 見作者《STaTa 與高等統計分析》一書「線性迴歸的診斷」。

(2) 此書「第 4 章 STaTa 各種迴歸之模型」，「殘差自我相關」有三種校正法：

　(I) Prais-Winsten 迴歸： prais 指令。

　(II) Cochrane-Orcutt 迴歸： prais 指令， corc 選項。

　(III) 殘留 Newey-West 標準誤之迴歸： newey 指令。

## 三、Wilks's Λ 分布 (Wilks's lambda distribution)

在統計學上，Wilks 的 lambda 分布 ( 以 Samuel S. Wilks 命名 ) 是用於多變量假設檢定 (hypothesis testing) 的概率分布，特別是關於概似比檢定和多變量變異數分析 (MANOVA)。

### ( 一 ) 定義

Wilks's lambda 分布係由 2 個獨立的 Wishart 分布變量，定義為其決定因素的比例分布 (the ratio distribution of their determinants)(Mardia, Kent and Bibby, 1979)。已知

$$A \sim W_p(\Sigma, m) \quad B \sim W_p(\Sigma, n)$$

兩者獨立，且 m ≥ p

$$\lambda = \frac{\det(A)}{\det(A+B)} = \frac{1}{\det(I+A^{-1}B)} \sim \Lambda\,(p, m, n)$$

其中，p 是維數。在概似比檢定的情況下，m 通常是誤差自由度，n 是假設自由度，所以總自由度是 n + m。

---

定義： Wishart 分布

威沙特分布 (1928) 是統計學上的一種半正定矩陣隨機分布，這個分布在多變數分析的共變異矩陣估計上相當重要。

Wishart 分布是多維度的廣義卡方 (chi-squared) 分布，或者非整數自由度的 gamma 分布。

Wishart 機率分布，是對稱、非負數的半正定矩陣 (symmetric, nonnegative-definite matrix-valued random variables ("random matrices"))。

---

這些分布在多元統計量的共變數矩陣估計中是非常重要的。在 Bayesian 統計中，描述 Wishart 分布是多變數常態隨機向量的事前機率之共軛矩陣 (conjugate prior of the inverse covariance-matrix of a multivariate-normal random-vector)。

定義

假設 X 為一 n×p 矩陣，其各行 (row) 來自同一均值向量為 0 的 p 維多變數常態分布且彼此獨立。

$$X_{(i)} = (x_i^1, ..., x_i^p) \sim N_p(0, v)$$

Wishart 分布是 p×p 隨機矩陣的概率分布。

| Wishart | |
|---|---|
| 符號 | $X \sim W_p(V, n)$ |
| 參數 | $n > p - 1$ degrees of freedom (real)<br>$V > 0$ scale matrix ($p \times p$ pos. def) |
| 支持 | $X(p \times p)$ positive definite matrix |
| PDF | $\dfrac{|X|^{(n-p-1)/2} e^{-tr(V^{-1}X)/2}}{2^{\frac{np}{2}}|V|^{n/2}\Gamma_p\left(\frac{n}{2}\right)}$<br>· $\Gamma_p$ is the multivariate gamma function<br>· tr is the trace function |
| 平均數 | $E[X] = nV$ |
| 眾數 | $(n - p - 1)V$ for $n \geq p + 1$ |
| 變異數 | $Var(X_{ij}) = n(v_{ij}^2 + v_{ii}v_{jj})$ |
| Entropy | see below |
| CF | $\Theta \mapsto |I - 2i\Theta V|^{-\frac{n}{2}}$ |

## (二) 性質

Wilks 分布參數之間，存在對稱性。

$$\Lambda(p, m, n) \sim \Lambda(n, m + n - p, p)$$

# 2-3 單一獨立樣本平均數之 Hotelling's T² 檢定

一個和兩個母群體的多變量平均數假設檢定，只是將單變量的統計分析方法擴展成依變數有 2 個或 2 個以上，檢定自多變量常態分布中所得到的樣本平均數向量是否顯著不同於樣本所來自的母群體之平均數向量。

多變量平均數檢定的統計方法有：

1. Hotelling's T² 統計：

$$T^2 = N(\overline{y} - \mu_0) \cdot S^{-1}(\overline{y} - \mu_0)$$

2. Wilks' Λ 統計：

$$\Lambda = \frac{|Q_e|}{|Q_h + Q_e|}$$

Λ 值成 U 分布，故又稱 U 統計量。在 STaTa/SPSS 的輸出結果中，常列出 Λ 轉換成 F 值。

$$F = \frac{1 - \Lambda}{\Lambda} \cdot \frac{N - P}{P}$$

3. 同時信賴區間 (simultaneous confidence intervals)

一般來說，如果 T² 的值達顯著水準 ( 拒絕虛無假設 $H_0 : \mu = \mu_0$ )，則 P 個依變數之中可能有一個或一個以上依變數的信賴區間不包括 $\mu_0$ 在內。若某依變數的同時信賴區間不包括 $\mu_0$ 在內，即此依變數對 T² 是否達顯著水準有影響。

## 2-3-1 多變量：Hotelling's T² 檢定之概念

霍特林 (Hotelling's) T 分布是一個單變量分布，在多變量假設檢定 (multivariate Hypothesis testing) 中有重要作用。

1. 定義：一個隨機變數 D 服從自由度為 (p, m) 的霍特林 T 平方分布等價於

$$D = X'\left(\frac{S}{m}\right)X$$

$X \sim N_p(0, \Sigma)$、$S \sim Wishart_m(\Sigma)$，且 X 和 S 相互獨立。

2. 解釋

(1) 定義中的 $X = (x_1, x_2, \cdots, x_n)$，其中 $x_i$ 是 $p \times 1$ 的向量，每個 $x_i$ 相互獨立且服從 p 多元常態分布。

平均數：$\mu = 0$

共變數矩陣為 $\Sigma$

(2) 定義中的 S 服從自由度為 m 的威沙特分布 (Wishart distribution)，共變數矩陣為 $\Sigma$。

3. 與 F 分布的關係

$$\frac{m-p+1}{mp} T_{p,m}^2 \sim F_{p, m-p+1}$$

4. 假設檢定

(1) 檢定 1 個多元常態分布的平均數：信賴區間

首先計算出樣本平均數：

$$\bar{x} = \frac{1}{n} \sum_{i=1}^{n} x_i$$

① 如果已知 $\Sigma$

$$\{\mu : n(\bar{x} - \mu)' \Sigma^{-1} (\bar{x} - \mu) \leq \chi_p^2 (1 - \alpha)\}$$

② 如果未知 $\Sigma$

$$S = \frac{1}{n-1} \sum_{i=1}^{n} (x_i - \bar{x})(x_i - \bar{x})'$$

$$\{\mu \in \mathbb{R}^p : n(\bar{x} - \mu)' S^{-1} (\bar{x} - \mu) \leq \frac{(n-1)p}{n-p} F_{p, n-p}(1 - \alpha)\}$$

(2) 檢定 2 個多元常態分布的平均數：

隨機變數 $x_1, x_2, \cdots, x_{n_1}$ 服從 $N_p(\mu_1, \Sigma_1)$。

隨機變數 $y_1, y_2, \cdots, y_{n_2}$ 服從 $N_p(\mu_2, \Sigma_2)$。

$$\bar{x} = \frac{1}{n_1} \sum_{i=1}^{n_1} x_i$$

$$\bar{y} = \frac{1}{n_2} \sum_{i=1}^{n_2} y_i$$

$$S_1 = \frac{1}{n_1 - 1} \sum_{i=1}^{n_1} (x_i - \bar{x})(x_i - \bar{x})'$$

$$S_2 = \frac{1}{n_2 - 1} \sum_{i=1}^{n_2} (y_i - \bar{y})(y_i - \bar{y})'$$

情況一：如果 2 個樣本的共變數矩陣相同，$\Sigma_1 = \Sigma_2$。

定義

$$S_p = \frac{(n_1 - 1)S_1 + (n_2 - 1)S_2}{n_1 + n_2 - 2}$$

$H_0 : \mu_1 = \mu_2$

統計量：

$$T^2 = (\bar{x} - \bar{y})\left[\left(\frac{1}{n_1} + \frac{1}{n_2}\right)S_p\right]^{-1}(\bar{x} - \bar{y}) \sim \frac{(n_1 + n_2 - 2)p}{n_1 + n_2 - p - 1} F_{p, n_1 + n_2 - p - 1}$$

情況二：如果 2 個樣本的共變數矩陣不同，$\Sigma_1 \neq \Sigma_2$，隨著 $n_1, n_2$ 的增長，統計量服從卡方分布。

$H_0 : \mu_1 = \mu_2$

統計量：

$$T^2 = (\bar{x} - \bar{y})'\left(\frac{S_1}{n_1} + \frac{S_2}{n_2}\right)^{-1}(\bar{x} - \bar{y}) \sim \chi_p^2$$

(3) 檢定 K 個多元常態分布的平均數：

需要多變量變異數分析 MANOVA: multivariate analysis of variance，這個檢定叫做 Wilks' lambda 檢定。

5. 爲何單變量假設檢定會不足呢？

(1) 當第 1 型誤差的發生率高於實際的 $\alpha$。

(2) 多變量假設檢定有更強的能力檢測出樣本間的區別，尤其是在某些情況下，當單變量假設檢定無法拒絕虛無 (null) 假設時，多變量假設檢定可以拒絕虛無假設。

6. Hotelling's T-Square 檢定

Hotelling's $T^2$ 檢定是很好的檢定統計。爲了瞭解 Hotelling $T^2$ 檢定，可先瞭解單變量 t 檢定的平方。t 的虛無假設 $H_0$，具有 $n-1$ 自由度。

$$t^2 = \frac{(\bar{x} - \mu_0)^2}{s^2/n} = n(\bar{x} - \mu_0)\left(\frac{1}{s^2}\right)(\bar{x} - \mu_0) \sim F_{1, n-1}$$

當使用 $n-1$ 自由度對一個 t 分布的隨機變數進行平方運算時，結果就是一個 F

分布的隨機變數，其自由度為 1 和 $n-1$。如果 $t^2$ 大於來自 $F$-table 的臨界值 (1 和 $n-1$ 自由度 )，那麼在誤差 $\alpha$ 水準下拒絕 $H_0$。

$$t^2 > F_{1, n-1, \alpha}$$

將上式 $t^2$ 公式，延伸成多個依變數，就變成 Hotelling T² 檢定公式為：

$$T^2 = n(\overline{X} - \mu_0)'S^{-1}(\overline{X} - \mu_0)$$

其中，$\overline{X}$ 為樣本平均數、$\mu_0$ 為假設的平均數向量。若將樣本變異數 S 變換成樣本「變異數—共變數」矩陣 $\Sigma$，公式就改為：

$$T^2 = n(\overline{X} - \mu_0)'\Sigma^{-1}(\overline{X} - \mu_0)$$

Hotelling's T² 檢定與 $F$ 分布的關係為：

$$F = \frac{n-p}{p(n-1)}T^2 \sim F_{p, n-p}$$

$F$ 分布其對應的查表臨界值是：

$$F > F_{p, n-p, \alpha}$$

## 2-3-2 多變量：Hotelling's T² 檢定範例

範例：單一獨立樣本平均數之 **Hotelling's T² 檢定 (hotelling 指令 )**

本例另一解法，請見「4-1-3b 單層次：重複測量 MANOVA(a 因子 )(manova、manovatest, ytransform 指令 )」。

例 2-1　( 參考林清山，《多變項分析統計法》，民 79，第 5 版，p.135)

利用魏氏成人智力量表 (WAIS) 測量 10 名成人的結果，得每人在語文量表和作業量表上的得分如下表所示：

| 學生 | 語文 (V1) | 作業 (V2) |
|------|-----------|-----------|
| A | 54 | 60 |
| B | 70 | 35 |
| C | 69 | 54 |
| D | 52 | 38 |
| E | 58 | 42 |
| F | 73 | 48 |
| G | 38 | 25 |
| H | 32 | 21 |
| I | 43 | 24 |
| J | 46 | 31 |

試問這些成人是否來自語文量表 $\mu_{01} = 60$ 和作業量表 $\mu_{02} = 50$ 的母群體？($\alpha = 0.05$)？

虛無假設 $H_0 : \begin{bmatrix} \mu_1 = 60 \\ \mu_2 = 50 \end{bmatrix}$

對立假設 $H_1 : \begin{bmatrix} \mu_1 \neq 60 \\ \mu_2 \neq 50 \end{bmatrix}$

## 一、資料檔之內容

資料檔「例 2-1(P135).dta」，如圖 2-9 所示，共有 2 個變數，變數 V1 代表語文得分、變數 V2 代表作業量表得分。

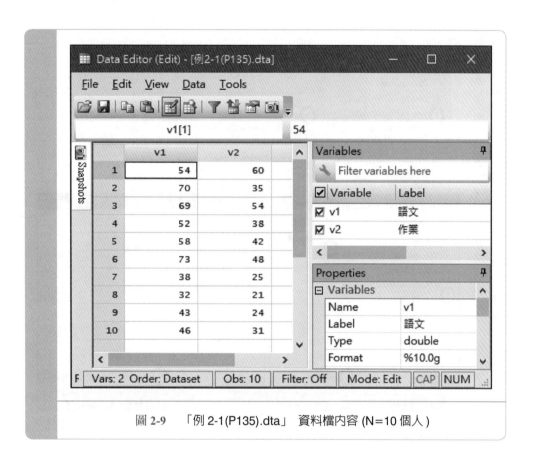

圖 2-9　「例 2-1(P135).dta」　資料檔內容 (N=10 個人 )

## 二、分析結果與討論

Step 1.　變數變換

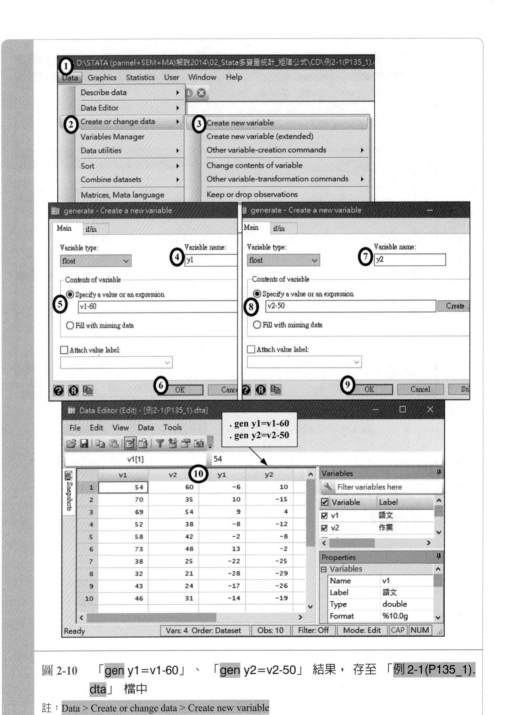

圖 2-10 「gen y1=v1-60」、「gen y2=v2-50」結果，存至「例2-1(P135_1). dta」檔中

註：Data > Create or change data > Create new variable

```
* 開啟資料檔
. use 例 2-1(P135).dta, clear
* 魏氏成人語文分量表的母群體平均數，界定為 60。故我們須做變數變換，令
. gen y1=v1-60
* 魏氏成人作業分量表的母群體平均數，界定為 50，故我們檢定須做變數變換，令
. gen y2=v2-50

. save "D:\CD\ 例 2-1(P135_1).dta", replace
```

**Step 2.** Hotelling's T-squared 廣義平均數 (generalized means test)

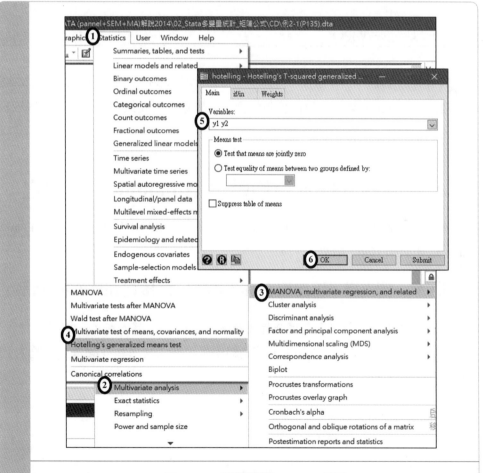

圖 2-11 「hotelling y1 y2」 畫面

註：Statistics > Multivariate analysis > MANOVA, multivariate regression, and related > Hotelling's
generalized means test

```
* 先進行資料的轉換
. hotelling y1 y2


Variable |   ObsMeanStd. Dev.   MinMax
-------------+----------------------------------------------------
   y1  |10-6.514.08111-28 13
   y2  |10    -12.213.19764-29 10


1-group Hotelling's T-squared = 9.3183658
F test statistic: ((10-2)/(10-1)(2)) x 9.3183658 = 4.1414959


H₀: Vector of means is equal to a vector of zeros
  F(2,8) =4.1415
   Prob > F(2,8) = 0.0583
```

$F_{(2,8)} = 4.14$ 值 (p 值為 0.058 > 0.05 顯著水準)，大於查表 $T_\alpha^2(p, N-1)$ $= T_{.05}^2(2, 9) = 10.033$ ( 其中 p 為依變數個數 )，故應拒絕虛無假設，顯示這些成人的智力與一般成人的智力並無不同。

# 2-4 兩個獨立樣本平均數之 Hotelling's $T^2$ 檢定

本例另一解法，請見「4-1-3b 單層次：重複測量 MANOVA(a 因子 )(manova、manovatest, ytransform 指令 )」。

範例：單一獨立樣本平均數之 Hotelling's $T^2$ 檢定 (hotelling 指令 )

例 2-2 ( 參考林清山，《多變項分析統計法》，民 79，第 5 版，p.149)

下表是 10 名實驗組學生和 8 名控制組學生，在「文法」、「閱讀」、「聽力」3 種測驗方面的成績：

| 實驗組 | | | | 控制組 | | | |
|---|---|---|---|---|---|---|---|
| 學生 | 文法 | 閱讀 | 聽力 | 學生 | 文法 | 閱讀 | 聽力 |
| A | 64 | 29 | 22 | K | 74 | 44 | 20 |
| B | 52 | 37 | 19 | L | 27 | 45 | 16 |
| C | 58 | 14 | 42 | M | 91 | 6 | 6 |
| D | 24 | 7 | 22 | N | 56 | 46 | 11 |
| E | 47 | 59 | 30 | O | 64 | 25 | 14 |
| F | 66 | 74 | 62 | P | 86 | 43 | 23 |
| G | 49 | 70 | 55 | Q | 61 | 32 | 8 |
| H | 60 | 33 | 50 | R | 94 | 14 | 36 |
| I | 55 | 9 | 56 | | | | |
| J | 62 | 18 | 67 | | | | |

試問 2 組的平均數之間，有無顯著差異存在？($\alpha = .05$)

$$虛無假設 H_0 : \begin{bmatrix} \mu_{11} \\ \mu_{12} \\ \mu_{13} \end{bmatrix} = \begin{bmatrix} \mu_{21} \\ \mu_{22} \\ \mu_{23} \end{bmatrix}$$

$$對立假設 H_1 : \begin{bmatrix} \mu_{11} \\ \mu_{12} \\ \mu_{13} \end{bmatrix} \neq \begin{bmatrix} \mu_{21} \\ \mu_{22} \\ \mu_{23} \end{bmatrix} 、 H_1 : \mu_1 \neq \mu_2$$

## 一、資料檔之內容

「例 2-2(P149).dta」資料檔的內容，如圖 2-12 所示。共有 4 個變數：變數 a 代表組別 (1 為實驗組；2 為控制組 )、變數 y1 代表「文法」成績、變數 y2 代表「閱讀」成績、變數 y3 代表學生的「聽力」成績。

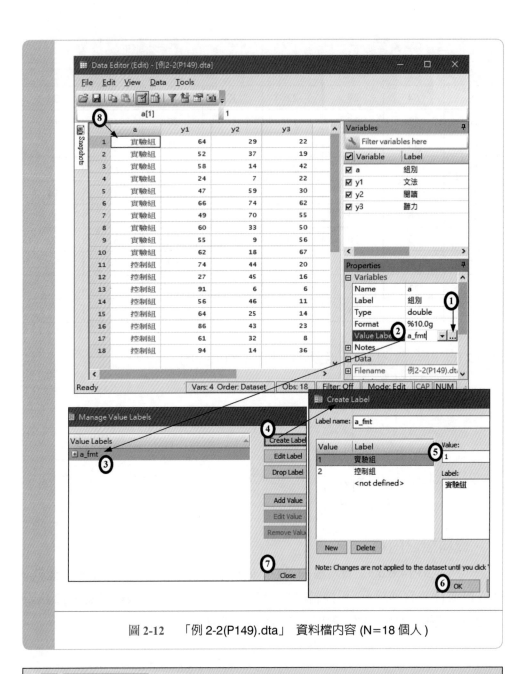

圖 **2-12** 「例 2-2(P149).dta」 資料檔內容 (N＝18 個人 )

```
. use 例2-2(P149).dta, clear
* 或use "D:\CD\ 例2-2(P149).dta", clear
. label variable y1 "文法"
. label variable y2 "閱讀"
```

```
. label variable y3 "聽力"
. label variable a " 組別 "

. label define a_fmt 1 " 實驗組 " 2 " 控制組 "
. label values y3 a_fmt
```

## 二、分析結果與討論

| Step 1. | （實驗組、控制組）合併資料在各個依變數是否符合 常態性假定 (assumption)？

```
* 開啟資料檔
. use 例 2-2(P149).dta, clear
. tabstat y1 y2 y3, by(a)

Summary statistics: mean
  by categories of: a（組別）


      a  |     y1          y2          y3
 ---------+------------------------------------
      1  |    53.7        35          42.5
      2  |    69.125      31.875      16.75
 ---------+------------------------------------
   Total |    60.55556    33.61111    31.05556
 ------------------------------------------------


. mvtest normality  y1 y2 y3


Test for multivariate normality

Doornik-Hansen    chi2(6) =7.384    Prob>chi2 =  0.2868


* 三個依變數共變數，是否符合球形（常態分布）？
. mvtest covariances y1 y2 y3, spherical


Test that covariance matrix is spherical
```

```
Adjusted LR chi2(5) =   1.01
Prob > chi2 =0.9621
```

1. 多變量常態性假定 (assumption) 檢定結果，Doornik-Hansen $\chi^2_{(6)}$ = 7.384 (p > 0.05)，故接受虛無假設 $H_0$：符合常態性。因此，可放心進行 Hotelling's T 檢定。

2. 另外 LR $\chi^2_{(5)}$ =1.01(p > 0.05)，依變數共變數亦符合球形 ( 常態分布 )。

**Step 2.** Hotelling's T 檢定

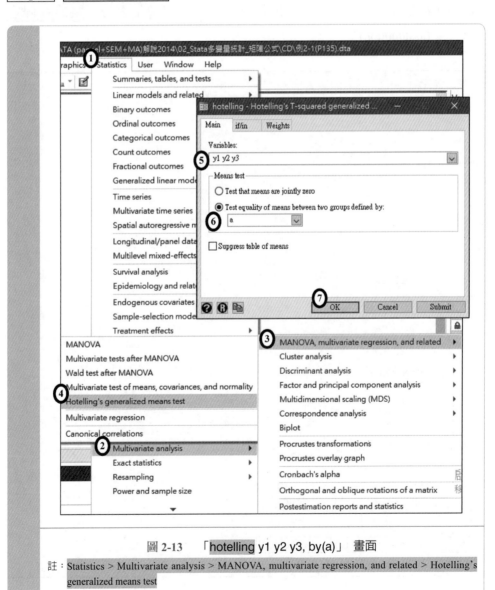

圖 2-13　「hotelling y1 y2 y3, by(a)」畫面

註：Statistics > Multivariate analysis > MANOVA, multivariate regression, and related > Hotelling's generalized means test

```
* 開啟資料檔
. use 例2-1(P135).dta, clear

* Hotelling's T檢定
. hotelling y1 y2 y3, by(a)


------------------------------------------------------------------------
-> a = 實驗組

Variable |   Obs    Mean    Std. Dev.   Min    Max
---------+--------------------------------------------------------------
    y1   |   10    53.7    12.19335    24     66
    y2   |   10     35     24.84619     7     74
    y3   |   10    42.5    18.02622    19     67


------------------------------------------------------------------------
-> a = 控制組

Variable |   Obs    Mean    Std. Dev.   Min    Max
---------+--------------------------------------------------------------
    y1   |    8   69.125   22.18389    27     94
    y2   |    8   31.875   15.48675     6     46
    y3   |    8   16.75     9.66215     6     36


2-group Hotelling's T-squared = 26.134461
F test statistic: ((18-3-1)/(18-2)(3)) x 26.134461  = 7.6225511

H₀: Vectors of means are equal for the two groups
  F(3,14) =7.6226
   Prob > F(3,14) =0.0029
```

1. 2-group Hotelling's T-squared = 26.13，其顯著性檢定求得 $F(3,14) = 7.62(p<0.05)$

達顯著差異，故拒絕虛無假設 $H_0 : \begin{bmatrix} \mu_{11} \\ \mu_{12} \\ \mu_{13} \end{bmatrix} = \begin{bmatrix} \mu_{21} \\ \mu_{22} \\ \mu_{23} \end{bmatrix}$ 。

就整體依變數而言，實驗組與控制組的平均數之間有顯著的差異存在，其差異達 0.05 顯著水準。

2. 整體來看，實驗組 (M = 42.5) 成績有遠勝控制組 (M = 16.75) 之趨勢 (F(3,14) = 7.62(p < 0.05)。

$\boxed{\text{Step 3.}}$ 細部比較實驗組 vs. 控制組在 3 個依變數之平均數

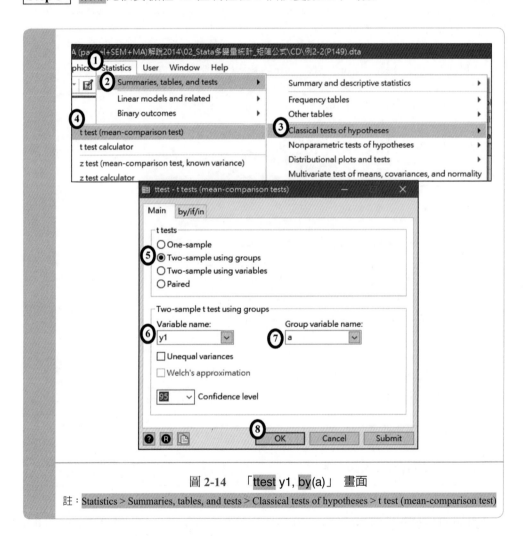

圖 2-14　「ttest y1, by(a)」畫面

註：Statistics > Summaries, tables, and tests > Classical tests of hypotheses > t test (mean-comparison test)

```
. ttest y1, by(a)

Two-sample t test with equal variances
------------------------------------------------------------------------------
   Group |   Obs   Mean  Std. Err.   Std. Dev.   [95% Conf. Interval]
---------+--------------------------------------------------------------------
   實驗組 |    10  53.735  5876  12.19335  44.9774  62.4226
   控制組 |     8  69.125  7.843192  22.18389  50.5788  87.6712
---------+--------------------------------------------------------------------
combined |    18  60.5555  5  64.368801  18.53525  51.33819  69.77292
---------+--------------------------------------------------------------------
    diff |   -15.4258.201255  -32.81088  1.960884
------------------------------------------------------------------------------
diff = mean( 實驗組 ) - mean( 控制組 )            t =  -1.8808
H₀: diff = 0                  degrees of freedom =    16

Ha: diff < 0              Ha: diff != 0              Ha: diff > 0
 Pr(T < t) = 0.0392   Pr(|T| > |t|) = 0.0783   Pr(T > t) = 0.9608


.
. ttest y2, by(a)

Two-sample t test with equal variances
------------------------------------------------------------------------------
   Group |   Obs   Mean  Std. Err.   Std. Dev.   [95% Conf. Interval]
---------+--------------------------------------------------------------------
   實驗組 |    10  357.857  056  24.84619  17.2261  52.7739
   控制組 |     8  31.8755.475391  15.48675  18.92776  44.82224
---------+--------------------------------------------------------------------
combined |    18  33.6111  14.877009  20.69142  3.32152  43.9007
---------+--------------------------------------------------------------------
    diff |    3.12510.08665  -18.25773  24.50773
------------------------------------------------------------------------------
diff = mean( 實驗組 ) - mean( 控制組 )            t =   0.3098
H₀: diff = 0                  degrees of freedom =    16

Ha: diff < 0              Ha: diff != 0              Ha: diff > 0
```

```
Pr(T < t) = 0.6197  Pr(|T| > |t|) = 0.7607   Pr(T > t) = 0.3803


.

. ttest y3, by(a)


Two-sample t test with equal variances
-------------------------------------------------------------------------
    Group |   Obs     Mean    Std. Err.    Std. Dev.   [95% Conf.   Interval]
----------+--------------------------------------------------------------
   實驗組 |    10     42.5    5.700391     8.02622     29.60482    55.39518
   控制組 |     8    16.75    3.416086     9.66215      8.67224    24.82776
----------+--------------------------------------------------------------
 combined |   1831.055564.61772119.5913321.31302 40.7981
----------+--------------------------------------------------------------
     diff |    25.757.09335110.7127740.78723
-------------------------------------------------------------------------
 diff = mean( 實驗組 ) - mean( 控制組 )        t =     3.6302
 H₀: diff = 0                      degrees of freedom =     16

 Ha: diff < 0         Ha: diff != 0        Ha: diff > 0
  Pr(T < t) = 0.9989  Pr(|T| > |t|) = 0.0023   Pr(T > t) = 0.0011
```

1. 實驗組在文法 (y1) 平均成績，略低於控制組 ($t = -1.88$, $p > 0.05$)，但未達顯著差異。

2. 實驗組在閱讀 (y2) 平均成績，略高於控制組 ($t = 0.31$, $p > 0.05$)，但未達顯著差異。

3. 實驗組在聽力 (y3) 平均成績，顯著優於控制組 ($t = 3.63$, $p < 0.05$)，且達顯著差異。

**Step 4.** 實驗組 vs. 控制組在各依變數平均數是否相等？

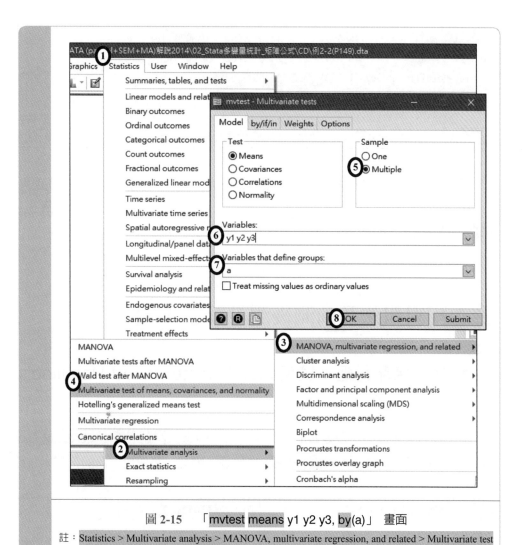

**圖 2-15** 「mvtest means y1 y2 y3, by(a)」 畫面

註：Statistics > Multivariate analysis > MANOVA, multivariate regression, and related > Multivariate test of means, covariances, and normality

```
* Test that the means are equal for the groups, assuming equality of covariance ma-
trices
. mvtest means y1 y2 y3, by(a)


Test for equality of 2 group means, assuming homogeneity


| Statistic   F(df1, df2)   =  F  Prob>F
 ----------------------+---------------------------------------------------
```

```
Wilks' lambda          |0.3797   3.0   14.0   7.62   0.0029 e
Pillai's trace         |0.6203   3.0   14.0   7.62   0.0029 e
Lawley-Hotelling trace |1.6334   3.0   14.0   7.62   0.0029 e
Roy's largest root     |1.6334   3.0   14.0   7.62   0.0029 e
------------------------------------------------------------------
e = exact, a = approximate, u = upper bound on F
```

實驗組與控制組在文法 (y1)、閱讀 (y2)、聽力 (y3) 平均成績，達顯著差異

(Wilks' $\Lambda = 0.3797$, p < 0.05)，達顯著差異，故拒絕虛無假設$H_0$：$\begin{bmatrix} \mu_{11} \\ \mu_{12} \\ \mu_{13} \end{bmatrix} = \begin{bmatrix} \mu_{21} \\ \mu_{22} \\ \mu_{23} \end{bmatrix}$。

# 2-5 配對組法及前測後測設計之 T 檢定

## 2-5-1 多變量配對組 T 檢定 (multivariate paired Hotelling's T-square)

現在我們來考慮一下多變量的情況。所有的純量觀測值 (scalar observations) 都用觀測值向量 (vectors of observations) 來代替。因此，將使用下面的符號。

| 第一次觀測值向量 ( 丈夫 )： | 第二次觀測值向量 ( 妻子 )： |
|---|---|
| $X_{1i} = \begin{pmatrix} X_{1i1} \\ X_{1i2} \\ \vdots \\ X_{1ip} \end{pmatrix}$ | $X_{2i} = \begin{pmatrix} X_{2i1} \\ X_{2i2} \\ \vdots \\ X_{2ip} \end{pmatrix}$ |
| $X_{1i1}$ 將表示第一個丈夫對第一個問題的回答。$X_{1i2}$ 將表示第 i 個丈夫對第二個問題的回答，如此類推……。 | $X_{2i1}$ 將表示第一個妻子對第一個問題的回答。$X_{2i2}$ 將表示第 i 個妻子對第二個問題的回答，如此類推……。 |

純量總體平均值用子群體平均值向量代替，使 $\mu_1$= 丈夫的子群體平均值向

量，$\mu_2$ = 妻子的子群體平均值向量。

在這裡，我們感興趣的是檢定盧無假設 $H_0$：「母群體平均數向量都相等 the population mean vectors are equal」against the general alternative that these mean vectors are not equal。即

$$H_0 : \mu_1 = \mu_2 \quad \text{vs.} \quad H_a : \mu_1 \neq \mu_2$$

在盧無假設 $H_0$ 下，兩個平均向量是相同的元素。與單樣本單變量情況一樣，將觀察這些之間的差異。我們定義第 i 對夫婦的向量 $Y_i$ 等於第 i 個丈夫的向量 $X_{1i}$ 減去第 i 個妻子的向量 $X_{2i}$。那麼我們同樣也會將向量 $\mu Y$，定義爲向量 $\mu_1$ 和向量 $\mu_2$ 之間的差值。

$$Y_i = X_{1i} - X_{2i}，且 \mu Y = \mu_1 - \mu_2$$

檢定上述盧無假設將相當於檢定總體平均值向量 $\mu Y$ 等於 0 的盧無假設。也就是說，它的所有元素都等於 0。這是針對替代方案進行檢定，即向量 $\mu Y$ 不等於 0，即至少有一個元素不等於 0。

$$H_0 : \mu Y = 0，vs. \ H_a : \mu Y \neq 0$$

這個假設使用配對的 Hotelling $T^2$ 檢定進行檢定。

如前所述，我們將定義 y-bar 來表示向量 $Y_i$ 的樣本平均值向量。

$$\bar{y} = \frac{\sum\limits_{i=1}^{n} Y_i}{n}$$

而且，我們將定義 $S_Y$ 來表示向量 $Y_i$ 的樣本變異數—共變數 (variance-covariance) 矩陣。

$$S_Y = \frac{\sum\limits_{i=1}^{n} (Y_i - \bar{y})(Y_i - \bar{y})'}{n-1}$$

以下假定 (assumptions) 與單樣本 Hotelling's T 檢定的假定相似：

1. 向量 $Y_i$ 具有常見的總體平均值向量 $\mu Y$，這意味著不存在具有平均值向量的子群體。

2. 向量 $Y_i$ 具有共同的變異數—共變數矩陣 $\Sigma_Y$。

3. 獨立性 (Independence)：$Y_i$'s 是獨立抽樣的。在這種情況下，這項研究中夫妻之間是獨立性。

4. 常態性 (Normality)：Yi 的多元常態分布。

配對 Hotelling 的 T-Square 檢定統計，其表達式如下：

$$T^2 = n\bar{y}' S_Y^{-1} \bar{y}$$

它是樣本數 n、樣本平均值向量，y-bar 和變異數—共變數 $\Sigma_Y$ 的倒數函數。

然後，我們再定義一個 F 統計量，如下所示：

$$F = \frac{n-p}{p(n-1)} T^2 \sim F_{p,n-p}$$

在虛無假設下，$H_0 : \mu Y = 0$，這將具有 p 和 n–p 自由度的 F 分布。如果 F 值 > 查表 $F_{p,n-p}$ 值，則在型 I 誤差 $\alpha$，將拒絕 $H_0$。

## 2-5-2 多變量配對組 T 檢定 (hotelling 指令)

若想提高研究設計之外部效度，概括來說，可用下列方法來「控制」外生 (extraneous) 變數：

1. 排除法：選擇相同外在變數之標準。例如：害怕「年齡」這個外生變數會影響自變數，所以隨機找同年齡 ( 如 18 歲 ) 的人當樣本。此種做法，雖提升了內部效度，但卻損及外部效度。

2. 隨機法：採用控制組 ( 對照組 ) 及實驗組，將樣本隨機分派至二組，以抵銷外生變數。

3. 共變數分析法 (analysis of covariance, ANCOVA)：一起記錄外生變數，將它納入研究設計中，以共變數分析來分析。例如：教師想瞭解，在排除學生「學習態度 (aptitude)」影響之後，不同的教學方法 (general vs. specific) 是否對學生的學習成就 (achieve) 有影響？可見 ANCOVA 是在調整「基本態度」之後，才比較 2 種教學方法的效果。

4. 配對法：即以外生變數來配對。在實務上，可能較難找到這樣的配對再分組至實驗組及控制組中。例如：因爲產婦年齡越高，就越會早產。可惜醫生無法「開個處方箋」叫產婦年齡不要增長。故爲了「控制」產婦年齡這個外生變數的

干擾，可找產婦年齡相同者「精準配對」(體重過輕之早產兒 vs. 非早產兒)，如此可排除產婦年齡對早產兒的影響，進而有效發現「導至早產兒的其他因素」。

流行病學中控制干擾因子的方式之一爲配對 (matching)，將會影響疾病發生與否的干擾因子作爲配對條件，例如：年齡、性別、是否吸菸等，讓這些因子在病例組與對照組間的分布是一致的，則不致干擾觀察的結果。若病例組爲罕見疾病，爲達統計上的檢定效力，病例組與對照組的比例可能要 1：n，一般的研究是 1：3。有的研究，由於對照組的母群體不夠大，配對比例上則爲 m：n。

5. 重複實驗：同組的人先作實驗組，也作控制組。一組當二組用，其缺點除了會受到前測影響外，亦受到施測順序 (實驗 - 控制、控制 - 實驗) 的影響。

# 一、配對的條件邏輯斯迴歸 (McFadden's choice 模型) 之概念

## 1. 病例 - 對照 (case-control) 研究的基本概念

在管理工作中，也經常展開對照調查。例如：爲什麼有的人罹患了大腸癌，有的人卻不會？如果在同一居住地選取同性別、年齡相差僅 ±2 歲的健康組作對照調查，調查他們與罹患大腸癌有關的各種影響因素，這就是醫學上很常用的所謂「1:1 病例 - 對照研究」。生物醫學之病例 - 對照研究，等同社會科學實驗法「實驗組 - 對照組」。

病例 - 對照研究資料常用條件邏輯斯迴歸 (conditional logistic regression model, CLRM)，以下稱 CLRM 模型。

## 2. 條件邏輯斯迴歸模型的實例

某地在腫瘤防治健康教育、社區預防工作中做了一項調查，內容是 3 種生活因素與大腸癌發病的關係。調查的三種生活因素取值見表 2-1。

請適配條件邏輯斯迴歸模型，說明大腸癌發病的主要危險因素。

表 2-1 **3 種生活因素與腸癌發病關係的取值**

| 變數名稱 | 變數值範圍 |
|---|---|
| X1( 不良生活習慣 ) | 0、1、2、3、4 表示程度 (0 表示無，4 表示很多 ) |
| X2( 愛吃油炸和鹽醃食物 ) | 0、1、2、3、4 表示程度 (0 表示不吃，4 表示喜歡吃很多 ) |
| X3( 精神狀況 ) | 0 表示差，1 表示好 |

表 2-2　50 對腸癌病例組 (G=1) 與對照組 (G=0) 三種生活習慣調查結果

| | 病例組 (case) | | | | 對照組 (control) | | | |
|---|---|---|---|---|---|---|---|---|
| No | pair | X1 | X2 | X3 | No | pair | X1 | X2 | X3 |
| 1 | 1 | 2 | 4 | 0 | 1 | 0 | 3 | 1 | 0 |
| 2 | 1 | 3 | 2 | 1 | 2 | 0 | 0 | 1 | 0 |
| 3 | 1 | 3 | 0 | 0 | 3 | 0 | 2 | 0 | 1 |
| 4 | 1 | 3 | 0 | 0 | 4 | 0 | 2 | 0 | 1 |
| 5 | 1 | 3 | 0 | 1 | 5 | 0 | 0 | 0 | 0 |
| 6 | 1 | 2 | 2 | 0 | 6 | 0 | 0 | 1 | 0 |
| 7 | 1 | 3 | 1 | 0 | 7 | 0 | 2 | 1 | 0 |
| 8 | 1 | 3 | 0 | 0 | 8 | 0 | 2 | 0 | 0 |
| 9 | 1 | 2 | 2 | 0 | 9 | 0 | 1 | 0 | 1 |
| 10 | 1 | 1 | 0 | 0 | 10 | 0 | 2 | 0 | 0 |
| 11 | 1 | 3 | 0 | 0 | 11 | 0 | 0 | 1 | 1 |
| 12 | 1 | 3 | 4 | 0 | 12 | 0 | 3 | 2 | 0 |
| 13 | 1 | 1 | 1 | 1 | 13 | 0 | 2 | 0 | 0 |
| 14 | 1 | 2 | 2 | 1 | 14 | 0 | 0 | 2 | 1 |
| 15 | 1 | 2 | 3 | 0 | 15 | 0 | 2 | 0 | 0 |
| 16 | 1 | 2 | 4 | 1 | 16 | 0 | 0 | 0 | 1 |
| 17 | 1 | 1 | 1 | 0 | 17 | 0 | 0 | 1 | 1 |
| 18 | 1 | 1 | 3 | 1 | 18 | 0 | 0 | 0 | 1 |
| 19 | 1 | 3 | 4 | 1 | 19 | 0 | 2 | 0 | 0 |
| 20 | 1 | 0 | 2 | 0 | 20 | 0 | 0 | 0 | 0 |
| 21 | 1 | 3 | 2 | 1 | 21 | 0 | 3 | 1 | 0 |
| 22 | 1 | 1 | 0 | 0 | 22 | 0 | 2 | 0 | 1 |
| 23 | 1 | 3 | 0 | 0 | 23 | 0 | 2 | 2 | 0 |
| 24 | 1 | 1 | 1 | 1 | 24 | 0 | 0 | 1 | 1 |
| 25 | 1 | 1 | 2 | 0 | 25 | 0 | 2 | 0 | 0 |
| 26 | 1 | 2 | 2 | 0 | 26 | 0 | 1 | 1 | 0 |
| 27 | 1 | 2 | 0 | 1 | 27 | 0 | 0 | 2 | 1 |

| No | pair | 病例組 (case) | | | No | pair | 對照組 (control) | | |
|----|------|------|------|------|----|------|------|------|------|
| | | X1 | X2 | X3 | | | X1 | X2 | X3 |
| 28 | 1 | 1 | 1 | 1 | 28 | 0 | 3 | 0 | 1 |
| 29 | 1 | 2 | 0 | 1 | 29 | 0 | 4 | 0 | 0 |
| 30 | 1 | 3 | 1 | 0 | 30 | 0 | 0 | 2 | 1 |
| 31 | 1 | 1 | 0 | 1 | 31 | 0 | 0 | 0 | 0 |
| 32 | 1 | 4 | 2 | 0 | 32 | 0 | 1 | 0 | 1 |
| 33 | 1 | 4 | 0 | 1 | 33 | 0 | 2 | 0 | 1 |
| 34 | 1 | 2 | 0 | 1 | 34 | 0 | 0 | 0 | 1 |
| 35 | 1 | 1 | 2 | 0 | 35 | 0 | 2 | 0 | 1 |
| 36 | 1 | 2 | 0 | 0 | 36 | 0 | 2 | 0 | 1 |
| 37 | 1 | 0 | 1 | 1 | 37 | 0 | 1 | 1 | 0 |
| 38 | 1 | 0 | 0 | 1 | 38 | 0 | 4 | 0 | 0 |
| 39 | 1 | 3 | 0 | 1 | 39 | 0 | 0 | 1 | 0 |
| 40 | 1 | 2 | 0 | 1 | 40 | 0 | 3 | 0 | 1 |
| 41 | 1 | 2 | 0 | 0 | 41 | 0 | 1 | 0 | 1 |
| 42 | 1 | 3 | 0 | 1 | 42 | 0 | 0 | 0 | 1 |
| 43 | 1 | 2 | 1 | 1 | 43 | 0 | 0 | 0 | 0 |
| 44 | 1 | 2 | 0 | 1 | 44 | 0 | 1 | 0 | 0 |
| 45 | 1 | 1 | 1 | 1 | 45 | 0 | 0 | 0 | 1 |
| 46 | 1 | 0 | 1 | 1 | 46 | 0 | 0 | 0 | 0 |
| 47 | 1 | 2 | 1 | 0 | 47 | 0 | 0 | 0 | 0 |
| 48 | 1 | 2 | 0 | 1 | 48 | 0 | 1 | 1 | 0 |
| 49 | 1 | 1 | 2 | 1 | 49 | 0 | 0 | 0 | 1 |
| 50 | 1 | 2 | 0 | 1 | 50 | 0 | 0 | 3 | 1 |

　　以上範例「案例 - 控制研究 (clogit 指令 )」，詳情請見作者「《邏輯斯迴歸及離散選擇模型：應用 STaTa 統計》一書「第 7 章配對資料的條件 Logistic 迴歸分析」。

## 二、配對組法及前測、後測設計之 $T^2$ 檢定

在比較 2 種實驗處理的差異時，為了控制外來無關變數的調節（干擾，moderated），我們常就這些可調節變數，而將受試者加以配對 (matched-pair)，使同一配對的二人在這些特性上都完全相同。這就是「配對組法」。

配對設計旨在比較 2 個處理方式，把 2 個處理方式隨機分布給一對類似的受試對象，或是一前一後分布給同一受試對象。例如：某研究機構隨機抽樣了 400 對結婚 20 年以上的夫妻，分別隔離詢問他們對興建核能發電廠的態度是贊成還是反對，然後檢定夫妻看法是否一致。

配對設計又分成 2 種方式：

1. 頻率配對 (frequency matching, or group matching)：通常在病例組全部選好以後，用於決定對照組的某特徵比例。例如：找好的病例組有 20% 已婚，頻率配對要找的對照組也要是 20% 已婚。

2. 個人配對 (individual matching, or matched pairs)：常用在醫院收案，每收一個病例組的人，就要根據想配對的特徵找到另一個或多個對照。

範例：配對組法及前測、後測設計之 $T^2$ 檢定 (hotelling 指令 )

例 2-3　（ 參考林清山，多變項分析統計法，民 79，第 5 版，p169)

有 11 對 (N=11) 國中一年級學生參與一項數學科教學方法的實驗。每一配對組內的兩個學生，在年齡、智力、學習動機、社經水準和國小算術測驗成績方面可說完全相同。以隨機分派方法使配對組內每位學生各參加一種教學方法的實驗。1 年後，每位學生均接受「計算能力」、「數學概念」和「應用能力」等 3 項測驗。其成績如表 2-3 所示。試以 α = .05 檢定，啟發式教學法與編序教學法的教學效果有無不同？

表 2-3　**11 對受試者 2 種教學方法下的 3 種測驗成績**

| 配對組 | 啟發式教學 | | | 編序式教學 | | |
|---|---|---|---|---|---|---|
| | 計算 ($Y_1$) | 概念 ($Y_2$) | 應用 ($Y_3$) | 計算 ($Z_1$) | 概念 ($Z_2$) | 應用 ($Z_3$) |
| 1 | 29 | 53 | 96 | 22 | 43 | 85 |
| 2 | 36 | 61 | 96 | 26 | 50 | 75 |

| 配對組 | 啓發式教學 | | | 編序式教學 | | |
|---|---|---|---|---|---|---|
| | 計算 $(Y_1)$ | 概念 $(Y_2)$ | 應用 $(Y_3)$ | 計算 $(Z_1)$ | 概念 $(Z_2)$ | 應用 $(Z_3)$ |
| 3 | 38 | 59 | 97 | 40 | 62 | 98 |
| 4 | 26 | 43 | 81 | 32 | 43 | 84 |
| 5 | 35 | 56 | 89 | 26 | 46 | 68 |
| 6 | 34 | 58 | 90 | 31 | 51 | 85 |
| 7 | 26 | 45 | 66 | 26 | 48 | 67 |
| 8 | 33 | 44 | 92 | 31 | 36 | 78 |
| 9 | 23 | 34 | 71 | 22 | 37 | 44 |
| 10 | 30 | 43 | 62 | 21 | 31 | 54 |
| 11 | 27 | 38 | 82 | 23 | 37 | 77 |
| 平均 | 30.6363 | 48.5454 | 83.8181 | 27.2727 | 44.0000 | 74.0909 |

研究假設：

虛無假設 $H_0 : \begin{bmatrix} \mu_{11} & - & \mu_{21} \\ \mu_{12} & - & \mu_{22} \\ \mu_{13} & - & \mu_{23} \end{bmatrix} = \begin{bmatrix} 0 \\ 0 \\ 0 \end{bmatrix}$

對立假設 $H_1 : \begin{bmatrix} \mu_{11} & - & \mu_{21} \\ \mu_{12} & - & \mu_{22} \\ \mu_{13} & - & \mu_{23} \end{bmatrix} \neq \begin{bmatrix} 0 \\ 0 \\ 0 \end{bmatrix}$

　　例 2-3 為一配對組法 $T^2$ 檢定的例子，它有 11 對在各方面配對好的受試者，每對的兩個人各被隨機分派去接受一種教學方法的實驗。不管參加啓發式教學或編序式教學，每人均有 3 種依變數分數 (P = 3)。

## (一) 資料檔之內容

　　例 2-3 的資料檔「例 2-3(P169).dta」，如圖 2-16 所示，共有 6 個變數。變數 y1 到 y3 分別代表接受啓發式教學的受試者，其「計算」、「概念」及「應用」成績。變數 z1 到 z3 分別代表接受編序式教學的受試者，其「計算」、「概念」與「應用」的成績。

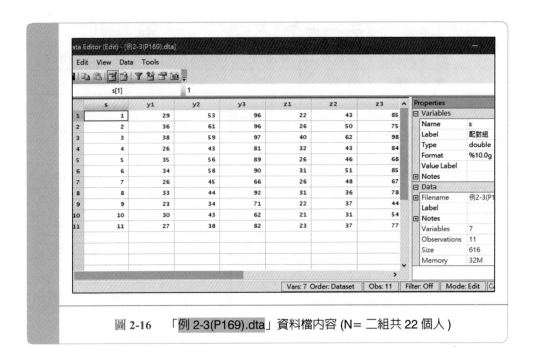

圖 2-16 「例 2-3(P169).dta」資料檔內容 (N= 二組共 22 個人 )

## (二) 分析結果與討論

**Step 1.** 變數變換

由於本例為配對組 $T^2$ 檢定，2 組原始資料須先相減之後，才能交給電腦處理。如何做呢？見下述：

```
. use 例 2-3(P169).dta, clear
* 或 use "D:\CD\ 例 2-3(P169).dta", clear
. gen d1= y1- z1
. gen d2= y2- z2
. gen d3= y3- z3
. save "D:\CD\ 例 2-3(P169_1).dta", replace
```

設新變數「d1 = y1 – z1」之後，再按「ok」按鈕，產生 d1 變數，代表不同教學法在「計算」方面成績之差。如同以上操作，設新變數「gen d2 = y2 – z2」、gen d3 = y3 – z3」。最後資料檔內容如圖 2-17 所示。

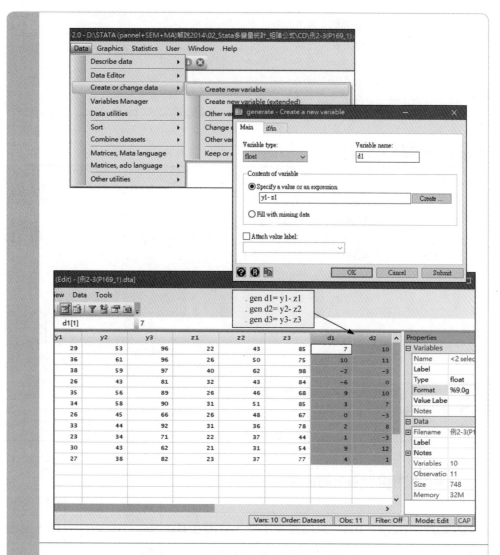

圖 2-17　「例 2-3(P169_1).dta」 資料檔內容

註：Data > Create or change data > Create new variable

```
* 開啟資料檔
. use 例 2-3(P169).dta, clear
* 或
. use "D:\CD\ 例 2-3(P169).dta", clear
. label variable y1 " 啟發組 - 計算 "
. label variable y2 " 啟發組 - 概念 "
```

```
. label variable y3 " 啟發組 - 應用 "
. label variable z1 " 編序組 - 計算 "
. label variable z2 " 編序組 - 概念 "
. label variable z3 " 編序組 - 應用 "
. save "D:\CD\ 例 2-3(P169).dta", replace
```

**Step 2.** 配對組 $T^2$ 檢定

```
. hotelling d1 d2 d3

Variable |   Obs     Mean    Std. Dev.   Min    Max
---------+-----------------------------------------------------------------------
      d1 |    11   3.363636   5.065032    -6    10
      d2 |    11   4.545455   6.154082    -3    12
      d3 |    11   9.727273   10.06072    -3    27

1-group Hotelling's T-squared = 13.092353
F test statistic: ((11-3)/(11-1)(3)) x 13.092353 = 3.4912942

H₀: Vector of means is equal to a vector of zeros
   F(3,8) =3.4913
   Prob > F(3,8) =0.0699
```

1. 本例執行配對組 $T^2$ 檢定的結果，求得：

$F(3, 8)=3.4913$(p > .05)，未達顯著水準，故接受 $H_0 : \begin{bmatrix} \mu_{11} & - & \mu_{21} \\ \mu_{12} & - & \mu_{22} \\ \mu_{13} & - & \mu_{23} \end{bmatrix} = \begin{bmatrix} 0 \\ 0 \\ 0 \end{bmatrix}$，拒絕

$H_1 : \begin{bmatrix} \mu_{11} & - & \mu_{21} \\ \mu_{12} & - & \mu_{22} \\ \mu_{13} & - & \mu_{23} \end{bmatrix} \neq \begin{bmatrix} 0 \\ 0 \\ 0 \end{bmatrix}$。

結果顯示 11 對國中一年級學生，就他們年齡、智力、學習動機、社經水準和國小算術成績加以配對後，採啟發式教學和編序式教學對他們學習數學的效果並無不同。

Step 3. T 檢定之事後比較

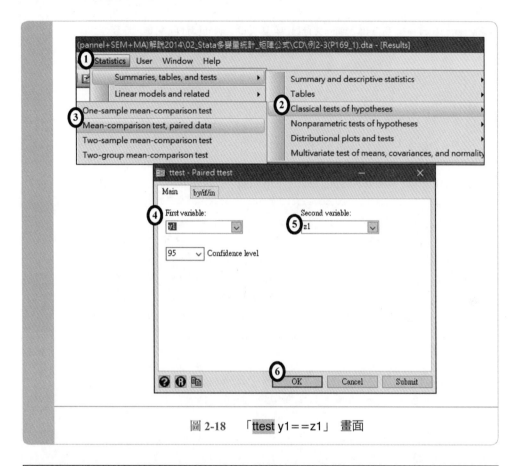

圖 2-18　「ttest y1==z1」　畫面

```
. ttest y1==z1


Paired t test
-------------------------------------------------------------------------------
Variable |  Obs     Mean     Std. Err.    Std. Dev.    [95% Conf.    Interval]
---------+---------------------------------------------------------------------
    y1   |   11   30.63636   1.466429     4.863594     27.36896      33.90377
    z1   |   11   27.27273   1.732528     5.746145     23.41241      31.13304
---------+---------------------------------------------------------------------
  diff   |   11  3.363636  1.527164  5.065032     -.039098    6.766371
-------------------------------------------------------------------------------
mean(diff) = mean(y1 - z1)       t =  2.2025
```

```
H₀: mean(diff) = 0  degrees of freedom =    10


Ha: mean(diff) < 0    Ha: mean(diff) != 0   Ha: mean(diff) > 0
Pr(T < t) = 0.9739 Pr(|T| > |t|) = 0.0522  Pr(T > t) = 0.0261



.
. ttest y2==z2


Paired t test

--------------------------------------------------------------------------
Variable |  Obs    Mean   Std. Err.   Std. Dev.   [95% Conf.   Interval]
---------+----------------------------------------------------------------
     y2  |  11   48.54545  2.77444   19.201778    42.36362    54.72729
     z2  |  11  442.63197    1        8.729261     38.1356     49.8644
---------+----------------------------------------------------------------
   diff  |  11    4.54545  51.85552  66.15408     2.411085    98.679823
--------------------------------------------------------------------------
mean(diff) = mean(y2 - z2)                     t = 2.4497
H₀: mean(diff) = 0  degrees of freedom =    10


Ha: mean(diff) < 0    Ha: mean(diff) != 0   Ha: mean(diff) > 0
Pr(T < t) = 0.9829 Pr(|T| > |t|) = 0.0343  Pr(T > t) = 0.0171



.
. ttest y3==z3

Paired t test

--------------------------------------------------------------------------
Variable |  Obs    Mean   Std. Err.    Std. Dev.   [95% Conf.   Interval]
---------+----------------------------------------------------------------
     y3  |  11   83.81818  3.779895    12.53649    75.39605    92.24031
     z3  |  11   74.09091  4.601293    15.26076    63.83859    84.34323
---------+----------------------------------------------------------------
   diff  |  11   9.7272733.03342310.060722.96838616.48616
--------------------------------------------------------------------------
mean(diff) = mean(y3 - z3)            t = 3.2067
H₀: mean(diff) = 0  degrees of freedom =    10
```

| Ha: mean(diff) < 0 | Ha: mean(diff) != 0 | Ha: mean(diff) > 0 |
| --- | --- | --- |
| Pr(T < t) = 0.9953 | Pr(|T| > |t|) = 0.0094 | Pr(T > t) = 0.0047 |

二種教學法在「計算」成績的事後比較，t=2.203(p > .05)，未達顯著差異。「ttest y2==z2」印出二種教學法在「概念」成績的事後比較，達顯著差異，t=2.45，p<.05。「ttest y3==z3」印出這二種教學法在「應用」成績的事後比較，亦達顯著差異，t=3.207，p < 0.05。結果顯示啓發式教學組學習效果，在「數學概念」及「應用能力」方面，均優於編序式教學法。

## 2-6 單一組重複量數統計分析

多變量統計分析除配對法外，亦適用於同一組受試者前後接受兩次觀察之前後測設計。例如：三高慢性病患，第一次就診處理後，就有第二、第三⋯⋯第 N 次就診處理，此種資料謂之重複測量 (repeated measurement)。如果受試者在不同時間點，連續觀察其 p 個反應情況，就可用本節所討論之方法。它等同於高等統計裡的「重複測量單因子變異數分析」或「隨機區組設計」統計法。

### 2-6-1 單一組重複測量 (hotelling 指令) ≒ 混合設計二因子 ANOVA(anova 指令)

**一、重複測量**

在單變量分析，人們常犯的錯就是把「前測－後測」是否有顯著差異用獨立樣本 t 檢定 two-sample t-test 來檢定。故我們不能「假裝」把前測當一組、後測當一組，拿來做 two-sample t 檢定，而是應該用相依數 ( 配對 )t 檢定或重複測量來檢定是否有差異。

重複量數或稱重複測量 (repeated measures) 設計，用於瞭解同一組受試者在接受多次測量後，這些測量分數彼此間的差異。重點並不是在比較受試者間的差異，而是受試者「自己」於不同時間點的分數差異。

在臨床實驗或介入型研究，經常需要對同一個受試個體 (subject) 在不同的

時間點觀察其反應。當觀察的時間點只有兩個時，可以用來分析的統計方法為 paired t-test；如果觀察的個體數目太少，則會建議使用相依樣本的無母數檢定方法，如 Wilcoxon signed-rank test。若反應變數為類別型資料，且資料為相依樣本的情況下，其統計檢定方法為 McNemar Test。

如果觀察的時間點有兩個以上時，上述的方法則不再適用，此時，就必須使用重複測量的方法，如：

1. Hotelling $T^2$：反應變數為連續型資料，且符合常態分布假設之下，可分析單一樣本或兩樣本的重複測量，是 T 檢定的延伸。

2. Friedman's 檢定：反應變數為連續型資料，且為小樣本的情況下使用，為單一樣本重複測量。由於是無母數檢定方法，原始值必須先轉為 rank 型態。

3. Cochran's Q 檢定：反應變數為類別型資料 ( 二元型態，binomial) 的情況下可使用，為單一樣本重複測量，且為無母數檢定方法。基本假設為不同時間點，感興趣的事件發生的機率相等。

4. 重複測量型變異數分析 (repeated measures ANOVA)：

其中兩個重要的基本假定 (assumption) 為：

(1) 不同個體 (subject) 之間無關聯性。

(2) 同一個個體 (subject) 在不同時間 (visit) 的測量有相關。

在共變異數矩陣 (covariance matrix) 的分析中有一個基本的假定，同一個個體 (subject) 在不同時間 (visit) 的測量之相關都一樣。事實上，距離越前期的測量結果越遠，測量的相關會越來越弱，與臨床上許多的實際狀況不符，這樣的相關矩陣稱為 compound symmetry(CS)。檢定這項基本假定的方法為 Mauchly's test of sphericity( 球面性假定 )。若不符基本假定，應採取更適合的方法。

Repeated measures ANOVA 可分析單一樣本與多組樣本的重複測量，反應變數為連續型資料，且須符合常態分布的基本假設。資料為橫向資料，若有任一次的資料中有缺失值，將整個 subject 被刪除，因此分析的資料特性必須是完整資料 (complete case)。對於會隨時間改變的解釋變數 ( 例如：每次所測量的除反應變數以外之生化值 )，無法一一對應至每一個時間點的反應變數，因此僅能分析不隨時間改變的解釋變數 ( 例如：性別 )。

## 二、變異數分析 (ANOVA)

下文資料來源：https://zh.wikipedia.org/wiki/%E6%96%B9%E5%B7%AE%E5
%88%86%E6%9E%90

變異數分析 (analysis of variance，簡稱 ANOVA) 為資料分析中常見的統計模型，主要為探討連續型 (continuous) 資料型態之依變量 (dependent variable) 與類別型資料型態之自變數 (independent variable) 的關係。當自變數的因子中包含等於或超過 3 個類別情況下，檢定其各類別間平均數是否相等的統計模式。廣義上可將 Student's t 檢定中變異數同質 (equality of variance) 的合併 t 檢定 (Pooled t-test) 視為是變異數分析的一種，基於 t 檢定為分析兩組平均數是否相等，並且採用相同的計算概念，而實際上當變異數分析套用在合併 t 檢定的分析上時，產生的 F 值會等於 t 值的平方。

變異數分析依靠 F 分布為機率分布的依據，利用平方和 (sum of square, SS) 與自由度 (degree of freedom) 所計算的組間與組內均方 (mean of square, MS) 估計出 F 值。若有顯著差異則考量進行事後比較或稱多重比較 (multiple comparison)，較常見的為 Scheffé's 法、Tukey-Kramer 法與 Bonferroni correction，用於探討其各組之間的差異為何。

在變異數分析的基本運算概念下，依照所感興趣的因子個數而可分為單因子 (one way) 變異數分析、雙因子 (two way) 變異數分析、多因子 (factorial) 變異數分析三大類；依照因子的特性不同而有 3 種型態，即固定效果變異數分析 (fixed-effect analysis of variance)、隨機效果變異數分析 (random-effect analysis of variance) 與混合效果變異數分析 (mixed-effect analysis of variance)，然而第三種型態在後期發展上被認為是 mixed model 的分支，關於更進一步的探討，可參考作者《多層次模型 (HLM) 及重複測量：使用 STaTa》、《有限混合模型 (FMM)：STaTa 分析 ( 以 EM algorithm 做潛在分類再迴歸分析 )》二書。

變異數分析優於 2 組比較的 t 檢定之處，在於後者會導致多重比較 (multiple comparisons) 的問題而致使第一型誤差 (Type one error, $\alpha$) 的機會增高，因此比較多組平均數是否有差異，則要選變異數分析。

在統計學中，變異數分析 (ANOVA) 是一系列統計模型及其相關的過程總稱，其中某一變數的變異數可以分解為歸屬於不同變量來源的部分。其中最簡單的方

式中，變異數分析的統計檢定能夠說明幾組數據的平均值是否相等，因此得到 2 組的 t 檢定。在做多組雙變量 t 檢定的時候，誤差的機率會愈來愈大，特別是第一型誤差 ($\alpha$)，因此變異數分析只在 2-4 組平均值的時候比較有效。

## 三、範例：單一組重複量數統計分析 (hotelling 指令)

例 2-4　(參考林清山，多變項分析統計法，民 79，第 5 版，p178)

　　12 名兒童，每人均重複接受對 5 種色光的反應時間實驗。表 2-4 是各人在每一實驗條件下的平均反應時間，亦即從燈光出現至按下反應鍵的時間。試用 $\alpha$ = .05 檢定受試者對這 5 種不同色光之平均反應時間，是否有顯著差異存在？

表 2-4 **12 名兒童對 5 種色光的反應時間**

| 兒童 | 紅 | 綠 | 橙 | 藍 | 黃 |
|---|---|---|---|---|---|
| 1 | 31 | 20 | 25 | 36 | 29 |
| 2 | 39 | 24 | 28 | 28 | 29 |
| 3 | 44 | 23 | 37 | 26 | 39 |
| 4 | 30 | 19 | 34 | 15 | 30 |
| 5 | 40 | 23 | 42 | 38 | 31 |
| 6 | 54 | 37 | 51 | 36 | 43 |
| 7 | 30 | 35 | 45 | 19 | 34 |
| 8 | 31 | 21 | 27 | 18 | 29 |
| 9 | 45 | 37 | 33 | 35 | 28 |
| 10 | 46 | 32 | 44 | 36 | 41 |
| 11 | 40 | 24 | 32 | 19 | 17 |
| 12 | 29 | 32 | 31 | 34 | 37 |
| 平均 | 38.25 | 27.25 | 35.75 | 27.50 | 32.25 |

　　研究假設：根據題意可知本研究之虛無假設為：

$$H_0 : \mu_1 = \mu_2 = \mu_3 = \mu_4 = \mu_5$$

$$或 H_0 : \begin{bmatrix} \mu_1 & - & \mu_5 \\ \mu_2 & - & \mu_5 \\ \mu_3 & - & \mu_5 \\ \mu_4 & - & \mu_5 \end{bmatrix} = \begin{bmatrix} 0 \\ 0 \\ 0 \\ 0 \end{bmatrix}$$

## (一) 資料檔之內容

例 2-4 問題所建資料檔存於「例 2-4(P178).dta」，其內容如圖 2-19 所示，共有 5 個變數：v1 代表對紅光的反應時間、v2 代表對綠光的反應時間、v3 代表對橙光的反應時間、v4 代表對藍光的反應時間、v5 代表對黃光的反應時間。

圖 2-19 「例 2-4(P178).dta」 資料檔內容 (N=12 個人 )

```
. use 例 2-4(P178).dta, clear
. label variable v1 " 對紅光的反應時間 "
. label variable v2 " 對綠光的反應時間 "
. label variable v3 " 對橙光的反應時間 "
. label variable v4 " 對藍光的反應時間 "
. label variable v5 " 對黃光的反應時間 "
. save "D:\CD\ 例 2-4(P178).dta", replace
```

## (二) 分析結果與討論

Step 1. 變數變換

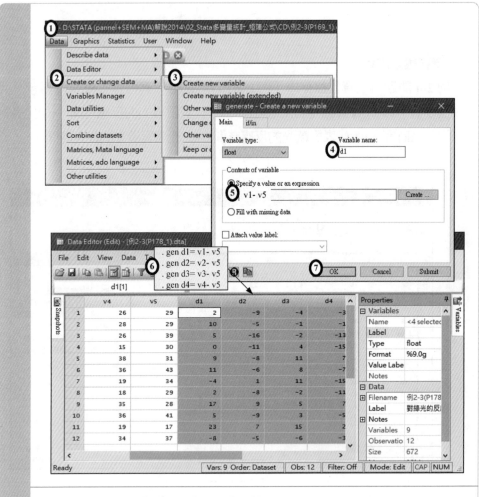

圖 2-20 　「例 2-4(P178_1).dta」 資料檔內容

註：Data > Create or change data > Create new variable

```
* 開啟資料檔
. use 例2-3(P178).dta, clear
. gen d1= v1- v5
. gen d2= v2- v5
. gen d3= v3- v5
. gen d4= v4- v5
```

**Step 2.** 重複測量 T 檢定

```
. use 例 2-3(P178).dta, clear

. hotelling d1 d2 d3 d4

Variable |  Obs   Mean   Std. Dev.   Min   Max
---------+------------------------------------------------
   d1    |   12    68    .665501     -8    23
   d2    |   12   -57    .286351    -16     9
   d3    |   12   3.56   .708204     -6    15
   d4    |   12  -4.75  7.770866    -15     7

1-group Hotelling's T-squared = 37.021797
F test statistic: ((12-4)/(12-1)(4)) x 37.021797 = 6.7312358

H₀: Vector of means is equal to a vector of zeros
  F(4,8) =6.7312
   Prob > F(4,8) =0.0112
```

多變量顯著性檢定，求得 $F(4,8) = 6.73$(p < .05) 達顯著差異，故拒絕

$$H_0 : \begin{bmatrix} \mu_1 & - & \mu_5 \\ \mu_2 & - & \mu_5 \\ \mu_3 & - & \mu_5 \\ \mu_4 & - & \mu_5 \end{bmatrix} = \begin{bmatrix} 0 \\ 0 \\ 0 \\ 0 \end{bmatrix}$$

整體來說，受試者對 5 種色光的反應時間並不相同。

**Step 3.** 重複測量 T 檢定之事後檢定

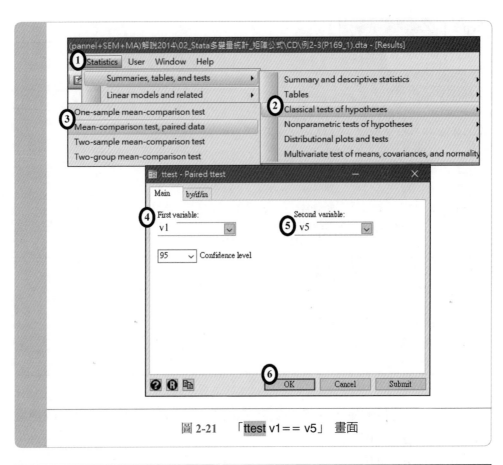

圖 2-21 「ttest v1 == v5」畫面

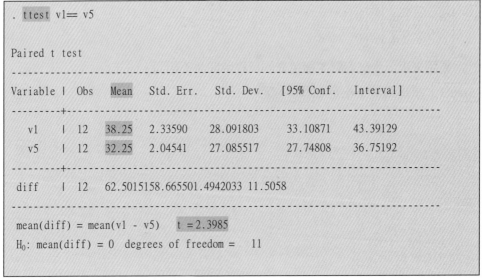

```
. ttest v1== v5


Paired t test
--------------------------------------------------------------------------
Variable |  Obs    Mean    Std. Err.   Std. Dev.   [95% Conf.   Interval]
---------+----------------------------------------------------------------
   v1    |  12    38.25    2.33590     28.091803    33.10871    43.39129
   v5    |  12    32.25    2.04541     27.085517    27.74808    36.75192
---------+----------------------------------------------------------------
  diff   |  12    62.5015158.665501.4942033  11.5058
--------------------------------------------------------------------------
mean(diff) = mean(v1 - v5)     t = 2.3985
H₀: mean(diff) = 0  degrees of freedom =    11
```

```
Ha: mean(diff) < 0   Ha: mean(diff) != 0   Ha: mean(diff) > 0
Pr(T < t) = 0.9823  Pr(|T| > |t|) = 0.0353  Pr(T > t) = 0.0177


. ttest v2 == v5

Paired t test
------------------------------------------------------------------------------
Variable |  Obs    Mean    Std. Err.   Std. Dev.   [95% Conf.   Interval]
---------+--------------------------------------------------------------------
   v2    |  12    27.25   1.969945   6.824088    22.91418    31.58582
   v5    |  12    32.25   2.045412   7.085517    27.74808    36.75192
---------+--------------------------------------------------------------------
  diff   |  12   -52.1033887.286351    -9.629526   -.3704735
------------------------------------------------------------------------------
mean(diff) = mean(v2 - v5)    t = -2.3771
H0: mean(diff) = 0  degrees of freedom =    11


Ha: mean(diff) < 0   Ha: mean(diff) != 0   Ha: mean(diff) > 0
Pr(T < t) = 0.0183  Pr(|T| > |t|) = 0.0367  Pr(T > t) = 0.9817


. ttest v3== v5

Paired t test
------------------------------------------------------------------------------
Variable |  Obs    Mean    Std. Err.   Std. Dev.   [95% Conf.   Interval]
---------+--------------------------------------------------------------------
   v3    |  12    35.75   2.34561    28.125437   30.58734    40.91266
   v5    |  12    32.25   2.04541    27.085517   27.74808    36.75192
---------+--------------------------------------------------------------------
  diff   |  12   3.51.9364926.708204    -.76218947.762189
------------------------------------------------------------------------------
mean(diff) = mean(v3 - v5)    t = 1.8074
H0: mean(diff) = 0  degrees of freedom =    11


Ha: mean(diff) < 0   Ha: mean(diff) != 0   Ha: mean(diff) > 0
Pr(T < t) = 0.9510  Pr(|T| > |t|) = 0.0981  Pr(T > t) = 0.0490
```

```
. ttest v4 == v5

Paired t test
----------------------------------------------------------------------
Variable |  Obs    Mean    Std. Err.    Std. Dev.    [95% Conf.   Interval]
---------+------------------------------------------------------------
     v4  |  12     27.5    2.382067    8.251722     22.25711     32.74289
     v5  |  12     32.25   2.045412    7.085517     27.74808     36.75192
---------+------------------------------------------------------------
   diff  |  12    -4.75   2.243256   7.770866     -9.687373    .1873729
----------------------------------------------------------------------
mean(diff) = mean(v4 - v5)                        t = -2.1175
H0: mean(diff) = 0    degrees of freedom =     11

Ha: mean(diff) < 0    Ha: mean(diff) != 0    Ha: mean(diff) > 0
Pr(T < t) = 0.0289   Pr(|T| > |t|) = 0.0578   Pr(T > t) = 0.9711
```

1. 「紅對黃」「d1 ＝ v1－v5」反應時間差的比較達顯著水準 (t=2.399，p<.05)，表示受試者對紅光與黃光的反應時間有差異存在。

2. 「綠對黃」「d2 ＝ v2－v5」反應時間差的比較達顯著差異 (t=-2.377，p<.05)。

3. 「橙對黃」「d3 ＝ v3－v5」反應時間差的比較為 t=1.807(p>0.05)，無顯著差異。

4. 「藍對黃」「d4 ＝ v4－v5」反應時間差的比較為 t=-2.118(p>0.05)，無顯著差異。

5. 如果願意的話，可再進行其他 2 種色光之間的比較，例如：比較紅光與綠光的反應時間差異時，可設新變數 d5：

```
. gen d5 = v1－v2
```

進行以上的統計分析，即可發現 t=4.832(p<.05)，表示 2 種色光反應時間有顯著差異，再看二者的平均數即可知哪一種色光的反應時間要長於另一色光。

## 2-6-2 單變量：重複量數分析 (anova 指令 )

承上例 2-4，只是 hotelling 指令改成 anova 指令來重做一次統計。

同例 2-4 （參考林清山，多變項分析統計法，民 79，第 5 版，p178）

12 名兒童每人均重複接受對 5 種色光的反應時間實驗。表 2-4 是各人在每一實驗條件下的平均反應時間，亦即從燈光出現至按下反應鍵的時間。試用 $\alpha = .05$ 檢定受試者對這 5 種不同色光之平均反應時間，是否有顯著差異存在？

**表 2-4** 十二名兒童對五種色光的反應時間

| 兒童 | 紅 | 綠 | 橙 | 藍 | 黃 |
|------|------|------|------|------|------|
| 1 | 31 | 20 | 25 | 36 | 29 |
| 2 | 39 | 24 | 28 | 28 | 29 |
| 3 | 44 | 23 | 37 | 26 | 39 |
| 4 | 30 | 19 | 34 | 15 | 30 |
| 5 | 40 | 23 | 42 | 38 | 31 |
| 6 | 54 | 37 | 51 | 36 | 43 |
| 7 | 30 | 35 | 45 | 19 | 34 |
| 8 | 31 | 21 | 27 | 18 | 29 |
| 9 | 45 | 37 | 33 | 35 | 28 |
| 10 | 46 | 32 | 44 | 36 | 41 |
| 11 | 40 | 24 | 32 | 19 | 17 |
| 12 | 29 | 32 | 31 | 34 | 37 |
| 平均 | 38.25 | 27.25 | 35.75 | 27.50 | 32.25 |

研究假設：根據題意可知本研究之虛無假設為：

$$H_0 : \mu_1 = \mu_2 = \mu_3 = \mu_4 = \mu_5$$

$$\text{或 } H_0 : \begin{bmatrix} \mu_1 & - & \mu_5 \\ \mu_2 & - & \mu_5 \\ \mu_3 & - & \mu_5 \\ \mu_4 & - & \mu_5 \end{bmatrix} = \begin{bmatrix} 0 \\ 0 \\ 0 \\ 0 \end{bmatrix}$$

## (一) 資料檔之內容

資料檔「例 2-4(P178)-wide.dta」，如圖 2-22 所示，共有 6 個變數，變數 y1、y2、y3、y4、y5 共重複測量 5 次。

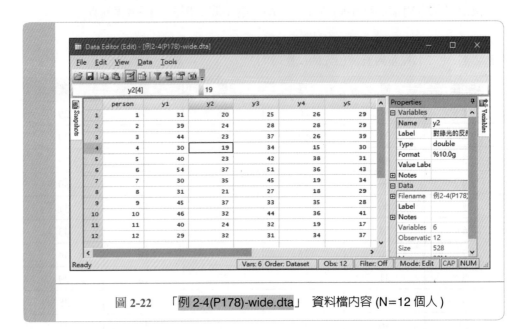

圖 2-22 「例 2-4(P178)-wide.dta」 資料檔內容 (N=12 個人 )

## (二) 分析結果與討論

**Step 1.** 資料檔變換：wide 格式轉成 long 格式

reshape 指令之語法如下：

```
 longwide
 +---------------+   +-------------------+
 | i   j   a   b |   | i   a1 a2  b1 b2  |
 |---------------|  <--- reshape --->  |-------------------|
 | 1   1   1   2 |   | 1   1   3   2  4 |
 | 1   2   3   4 |   | 2   5   7   6  8 |
 | 2   1   5   6 |   +-------------------+
 | 2   2   7   8 |
 +---------------+


 long to wide: reshape wide a b, i(i) j(j)(j existing variable)
 wide to long: reshape long a b, i(i) j(j)(jnew    variable)
```

```
* 開啟資料檔
. use 例2-4(P178)-wide.dta, clear

. reshape long y, i(person) j(light)
 (note: j = 1 2 3 4 5)


Data    wide   ->   long
-----------------------------------------------------------------------
Number of obs.   12   ->  60
Number of variables   6   ->   3
j variable (5 values) ->   light
xij variables:
   y1 y2 ... y5   ->   y

. tabdisp person light, cellvar(y)
-------------------------------------------
  |light
  person |   1    2    3    4    5
----------+--------------------------------
      1 |  31   20   25   26   29
      2 |  39   24   28   28   29
      3 |  44   23   37   26   39
      4 |  30   19   34   15   30
      5 |  40   23   42   38   31
      6 |  54   37   51   36   43
      7 |  30   35   45   19   34
      8 |  31   21   27   18   29
      9 |  45   37   33   35   28
     10 |  46   32   44   36   41
     11 |  40   24   32   19   17
     12 |  29   32   31   34   37
-------------------------------------------

*轉換後，long型資料檔，如下圖
. save "D:\例2-4(P178)-long.dta", replace

. list, sepby(person)
```

```
+---------------------+
| person  lighty |
|---------------------|
 1. |  1    1    31 |
 2. |  1    2    20 |
 3. |  1    3    25 |
 4. |  1    4    26 |
 5. |  1    5    29 |
|---------------------|
 6. |  2    1    39 |
 7. |  2    2    24 |
 8. |  2    3    28 |
 9. |  2    4    28 |
10. |  2    5    29 |
|---------------------|
...
```

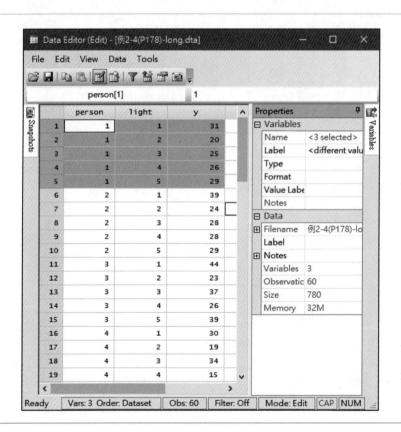

圖 2-23　「例 2-4(P178)-long.dta」　資料檔內容 (N=12 個人 )

**Step 2.** 繪線形圖：repeated-measures anova

```
. sort  person  light
. graph twoway (line y light, connect(ascending)), xtitle(light in times) ytitle( 對
光的反應 ) title( 受試者 Growth Curves)
```

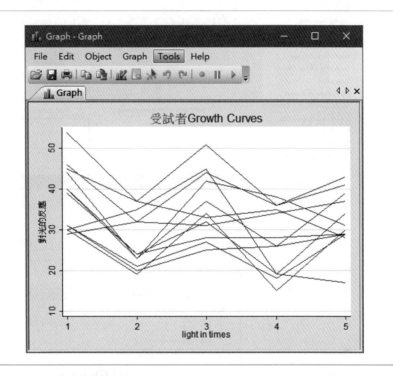

圖 2-24 「graph twoway (line y light, connect(ascending)), xtitle(light in times) ytitle( 對光的反應 ) title( 受試者 Growth Curves)」 繪線形圖

Step 3. repeated-measures anova

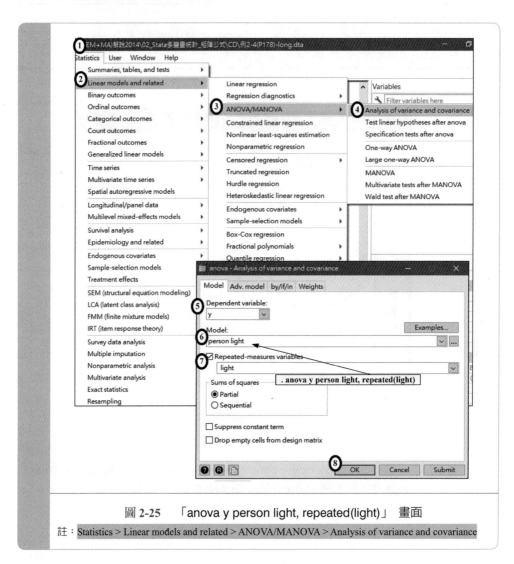

圖 2-25 「anova y person light, repeated(light)」 畫面

註：Statistics > Linear models and related > ANOVA/MANOVA > Analysis of variance and covariance

```
. use 例2-4(P178)-long.dta, clear

. anova y person light, repeated(light)

  Number of obs =  60 R-squared =  0.7051
  Root MSE  = 5.43641 Adj R-squared =  0.6046


Source |  Partial SSdf   MS    F Prob > F
```

```
    -------+----------------------------------------------
    Model |  3109.21  5    20   7.28      7.0  1 0.000  0
          |
   person |  1959.61  1    17   8.145455  6.0  3 0.000  0
    light |  1149.6   4    28   7.4       9.7  2 0.000  0
          |
 Residual |  1300.44  4     2   9.5545455
    -----------+-------------------------------------------
    Total |  4409.65  9     7   4.7389831


Between-subjects error term:  person
 Levels:  12(11 df)
 Lowest b.s.e. variable:  person


Repeated variable: light
  Huynh-Feldt epsilon=  1.3063
  *Huynh-Feldt epsilon reset to 1.0000
  Greenhouse-Geisser epsilon =  0.8632
  Box's conservative epsilon =  0.2500


------------ Prob > F ------------
 Source |  df  F     Regular   H-F      G-G      Box
 -------+----------------------------------------------
  light |   4  9.72   0.0000   0.0000   0.0000   0.0098
 Residual | 44
 ----------------------------------------------------------
```

---

**Step 4.** 重複測量 ANOVA repeated-measures anova

```
. anova y person light, repeated(light)
could not determine between-subject error term; use bse() option
r(421);
```

在這個例子中，若你執行 anova 時，可能會出現上列誤差訊息，則請改用 wsanova 指令：

* wsanova performs a within subjects (repeated measures) analysis of variance for the response variable *yvar* classified by the within subjects factor *wfact*. The subjects are identified by the variable *svar*, and may be classified by one or more between subjects factors. Within subjects F tests can be adjusted for lack of sphericity using the Greenhouse-Geisser or Huynh-Feldt correction factor.

. wsanova y light, id(person) epsilon

```
  Number of obs =  60 R-squared =  0.7051
  Root MSE  = 5.43641 Adj R-squared =  0.6046


  Source | Partial SSdf   MS   F Prob > F
-----------+-----------------------------------------------
  person | 1959.611   178.145455
   light | 1149.614   287.4   9.72 0.0000
Residual | 1300.444   29.5545455
-----------+-----------------------------------------------
   Total | 4409.659   74.7389831


  Note: Within subjects F-test(s) above assume sphericity of residuals;
p-values corrected for lack of sphericity appear below.

Greenhouse-Geisser (G-G) epsilon: 0.8632
Huynh-Feldt (H-F) epsilon: 1.0000
  Sphericity  G-GH-F
  Source | df   F   Prob > F   Prob > F   Prob > F
-------+-----------------------------------------------
   light | 4   9.72  0.0000     0.0000     0.0000
```

## 小結：**wsanova** 指令範例

　　**wsanova** 指令語法如下：

```
. wsanova yvar wfact [weight] [if exp] [in range] , id(svar)
[between(beffects) wonly(weffects) epsilon nomatr ]
```

```
* wsanova 指令範例：

. wsanova lhist time, id(dog)
. predict resid, res
*(One way repeated measures ANOVA; save residuals in resid)

. wsanova rtime trial, id(subj) between(age) epsilon
* (Split-plot ANOVA, with subjects grouped by levels of age; adjust trial and
age*trial F-tests for lack of sphericity)

. wsanova rtime trial, id(subj) bet(age sex age*sex)
* (Traditional analysis of a "two between, one within" design:  age, sex, and
age*sex as between effects; trial, trial*age, trial*sex, trial*age*sex as  within
effects; assume sphericity)

. wsanova rtime trial, id(subj) bet(age sex) wonly(trial) eps nomatr
* (Main effects only version of the last example; adjust the trial F-test for
lack of sphericity, and discard the matrices used)
```

# 2-7 單變量：混合設計二因子 ANOVA

## 2-7-1 單變量：混合設計 Two way ANOVA(交互作用)(anova 指令)

### 一、STaTa 的 Nested ANOVA 語法

例如：臺北市有12個行政區(district)，每行政區各抽樣3所學校(school)為樣本。

```
+-----------------------------------------------------------+
| Model    | Description |
|-------------------------+---------------------------------|
```

```
| a      | one factor  |
| a b | two factors  |
| a b a#b | two factors plus interaction|
| a##b| two factors plus interaction|
| a b c | three factors |
| a b c a#b a#c b#c | three factors plus two way interactions |
| a b c a#b a#c b#c a#b#c | three factors plus all interactions |
| a##b##c | three factors plus all interactions |
+-----------------------------------------------------------------+
```

　　常見的 ANOVA 分析法可分為：單因子變異數分析與二因子變異數分析；二因子變異數分析是利用變異數分析法來處理 2 個自變數的統計方法，主要是想瞭解這 2 個自變數 ( 因子 ) 之間是否有交互作用效果存在。相較於單因子變異數分析，二因子變異數分析有以下的優點：

1. 同時研究兩個因子比個別研究單一因子要來得有效率。

2. 藉著在模型中引進的第二個對反應變數有影響的變數，可以降低殘差部分的差異。

3. 若因子間具有交互作用時，可研究因子間的交互作用所造成的影響。

　　二因子變異數分析有下列 3 種實驗設計：(1) 受試者間設計——獨立樣本；(2) 受試者內設計——相依樣本；(3) 混合設計——有一個自變數採受試者間設計，另一個自變數採受試者內設計。

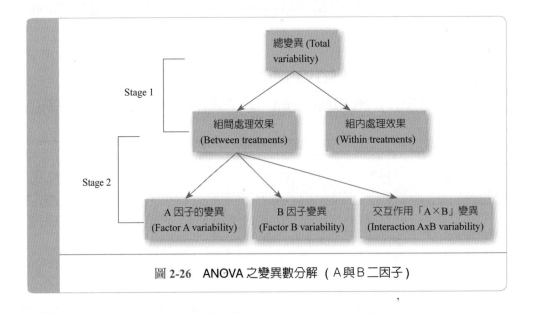

圖 2-26　ANOVA 之變異數分解 （Ａ與Ｂ二因子）

　　二因子變異數分析主要是想瞭解這兩個因子之間是否有交互作用存在，即 A 因子的不同水準是否隨著 B 因子水準不同而有不同的效果。若交互作用達顯著，則進一步分析其單純主要效果。即 A 因子在 B 因子的哪一個水準有顯著效果，以及 B 因子在 A 因子的哪一個水準有顯著效果。若單純主要效果顯著，則可比較水準間的差異。分析的流程見下圖。

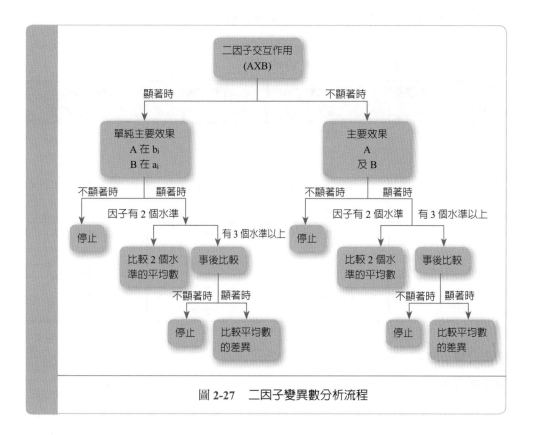

圖 2-27　二因子變異數分析流程

## 二、範例：二因子獨立樣本 ANOVA

### (一) 問題說明：虛無假設

例 2-5　(考林清山，民 81，P371)

　　某研究者想瞭解不同教室氣氛 (A 因子 ) 和不同教學方法 (B 因子 ) 對學生學習成就 ( 依變數 Y) 的影響，研究結果如表 2-5。試問：(1) 2 種教室氣氛對學生

學是否有不同的影響？(2) 3 種教學方法對學生學習是否有不同的影響？(3) 教室氣氛與教學方法之間是否有交互作用存在？N=30

二因子 ANOVA 有 3 個虛無假設：

$H_0$：$A$ 因子所有 $p$ 個水準的 $\alpha_i = 0$（或 $\sigma_\alpha^2 = 0$）

$H_0$：$B$ 因子所有 $q$ 個水準的 $\beta_j = 0$（或 $\sigma_\beta^2 = 0$）

$H_0$：所有 $p \times q$ 個細格的 $\alpha\beta_{ij} = 0$（或 $\alpha\beta_{ij} = 0$）

表 2-5　二因子在學習成就 ( 依變數 Y) 的資料

| A 因子 ＼ B 因子 | 演　講 $b_1$ | 自　學 $b_2$ | 啓　發 $b_3$ |
|---|---|---|---|
| 嚴肅 $a_1$ | 4<br>9<br>8<br>9<br>6 | 1<br>3<br>4<br>5<br>3 | 3<br>9<br>6<br>5<br>9 |
| 輕鬆 $a_2$ | 3<br>8<br>5<br>6<br>3 | 7<br>3<br>4<br>2<br>5 | 11<br>8<br>10<br>12<br>9 |

實際計算步驟：

[AB 摘要表 ]

|  | $b_1$ | $b_2$ | $b_3$ |  |
|---|---|---|---|---|
| $a_1$ | 36 | 16 | 32 | 84 |
| $a_2$ | 25 | 21 | 50 | 96 |
|  | 61 | 37 | 82 | 180 |

[ 計算代號 ]

$$(1) = \frac{G^2}{npq} = \frac{(180)^2}{5(2)(3)} = 1080$$

$(2) = \Sigma\Sigma X^2 = 4^2 + 9^2 + 8^2 + \cdots\cdots + 10^2 + 12^2 + 9^2 = 1326$

$(3) = \dfrac{\Sigma A^2}{nq} = \dfrac{(84)^2 + (96)^2}{5 \times 3} = 1084.8$

$(4) = \dfrac{\Sigma B^2}{np} = \dfrac{(61)^2 + (37)^2 + (82)^2}{5 \times 2} = 1181.4$

$(5) = \dfrac{\Sigma(AB)^2}{n} = \dfrac{(36)^2 + (16)^2 + (32)^2 + (25)^2 + (21)^2 + (50)^2}{5} = 1228.4$

[ 計算方式 ]

| 公式 | SS | df |
|---|---|---|
| $SS_t = (2) - (1)$ | $= 246.0$ | $npq - 1$ |
| $SS_{b.cell} = (5) - (1)$ | $= 148.4$ | $pq - 1$ |
| $SS_A = (3) - (1)$ | $= 4.8$ | $p - 1$ |
| $SS_B = (4) - (1)$ ① | $= 101.4$ | $q - 1$ |
| $SS_{A \times B} = (5) - (3) - (4) + (1)$ | $= 42.2$ | $(p-1)(q-1)$ |
| Residual $= SS_{w.cell} = (2) - (5)$ | $= 97.6$ | $pq(n-1)$ |

1. 先假定有 6 個小組，每個細格中的 5 個人 (n=5) 為一小組。然後求這 6 個小組的總離均差平方和 ($SS_t$)、組間離均差平方和 ($SS_{b.cell}$)、和組內離均差平方和 ($SS_{w.cell}$)。因為表 2-5 30 個分數的總和為 $\sum\limits_{i}^{2}\sum\limits_{j}^{3}\sum\limits_{m}^{5} X = 180$，平方和為 $\sum\limits_{i}^{2}\sum\limits_{j}^{4}\sum\limits_{m}^{5} X^2 = 1326$，故：

$SS_t = 1326 - \dfrac{(180)^2}{30} = 1326 - 1080 = 246.0$

$SS_{b.cell} = \dfrac{(36)^2 + (16)^2 + (32)^2 + (25)^2 + (21)^2 + (50)^2}{5} - \dfrac{(180)^2}{30} = 1228.4 - 1080 = 148.4$

$SS_{w.cell} = 246.0 - 148.4 = 97.6$

2. 其次，要假定全體只根據 A 因子分為 $\alpha_1$ 及 $\alpha_2$ 兩組，每組有 nq=5×3=15 個人。然後，求 A 因子的組間離均差平方和。亦即：

$SS_A = \dfrac{(84)^2 + (96)^2}{15} - \dfrac{(180)^2}{30} = 1084.8 - 1080 = 4.8$

3. 再假定全體受試者只根據 B 因子分為 $b_1$、$b_2$ 和 $b_3$ 等 3 組，每組有 np=5×2=10

個人，然後求 B 因子的組間離均差平方和：

$$SS_B = \frac{(61)^2 + (37)^2 + (82)^2}{10} - \frac{(180)^2}{30} = 1181.4 - 1080 = 101.4$$

4. 其次求 A 因子和 B 因子交互作用的離均差平方和 $SS_{AB}$。因為 $SS_{b.cell} = SS_A + SS_B + SS_{AB}$，所以：

表 2-6　變異數分析摘要表

| 變界來源 | SS | df | MS | F |
|---|---|---|---|---|
| A( 教室氣氛 ) | 4.8 | 1 | 4.80 | 1.18 |
| B( 教學方法 ) | 101.4 | 2 | 50.70 | 12.46* |
| A×B( 交互作用 ) | 42.2 | 2 | 21.10 | 5.18* |
| w.cell( 誤差 ) | 97.6 | 24 | 4.07 | |
| total( 全體 ) | 246.0 | 29 | | |

$F_{.95(1,24)} = 4.26$　　　$*F_{.95(2,24)} = 3.40$

5. 列出上面變異數分析摘要表：由上表之變異數分析的結果可以看出，A 與 B 兩因子之交互作用達顯著水準，F=5.18，大於 $F_{.95(2,24)}$=3.40，故虛無假設 $H_0$：所有 2×3=6 個細格的 $\alpha\beta_{ij} = 0$ 應予以拒絕。換言之，教室氣氛之不同是否影響學生的學習效果，必須視所採用的教學方法是哪一種而定。由於交互作用達顯著差異，要記得進行單純 (simple) 主要效果檢定。

**(二) 資料檔之內容**

　　「2_way_ANOVA_P371.dta」資料檔，自變數 a 為教室氣氛 ( 有 2 levels)、自變數 b 為教學方法 ( 有 2 levels)，依變數 y 為學習成就。內容如圖 2-28。

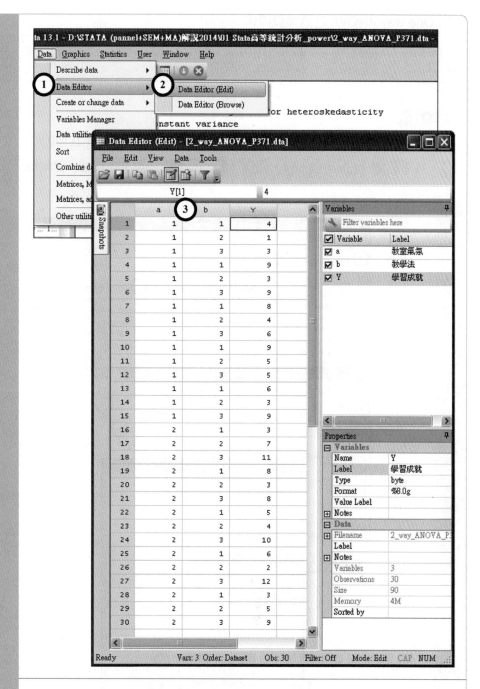

圖 2-28　「2_way_ANOVA_P371.dta」　資料檔 (N= 30, 3 variables)

### (三) One way ANOVA 之選擇表操作

Statistics > Linear models and related > ANOVA/MANOVA > Analysis of variance and covariance

### 讀入資料檔

先設定工作目錄，「File > Chang working directory」，指定 CD 所附資料夾之路徑，接著再選「File > Open」，開啓「2_way_ANOVA_P371.dta」資料檔。

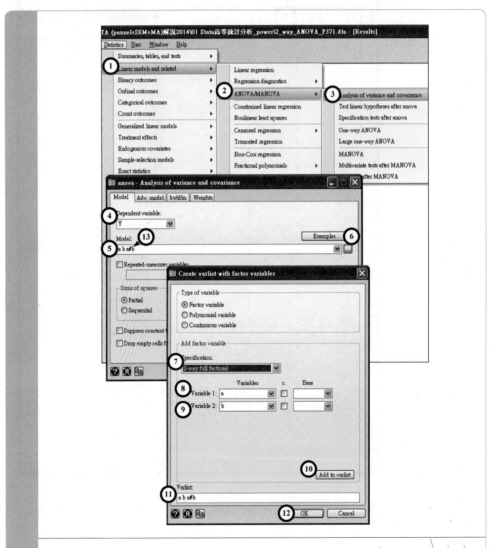

圖 2-29　界定 「二因子效果為 a b a#b」， 完全因子效果模型

註：anova 依變數 自變數們 分母 1/ 分子 1 分母 2/ 分子 2 …, repeated( 因子們 )

## (四) 分析結果與討論

```
. use 2_way_ANOVA_P371.dta

* 執行完全 (fulle) 二因子 ANOVA 分析
. tabstat y, by(a)
Summary for variables: y
 by categories of: a


   a |  mean
---------+----------
   1 |   5.6
   2 |   6.4
---------+----------
 Total | 6
--------------------


. tabstat y, by(b)
Summary for variables: y
 by categories of: b


   b |  mean
---------+----------
   1 |   6.1
   2 |   3.7
   3 |   8.2
---------+----------
 Total | 6
--------------------


. anova Y a b a#b


  Number of obs =  30 R-squared =  0.6033
  Root MSE  =  2.0166 Adj R-squared =  0.5206


Source | Partial  SS  df    MS     F   Prob > F
-------+-----------------------------------------------------------
 Model |  148.4    5   2   9.68   7.30  0.0003
```

```
    a |           4.8    1    4.8    1.18   0.2881
    b |     10    1.4    2    0.7   12.47   0.0002
  a#b |    42.2    2    2    1.1    5.19   0.0134
      |
Residual |197.624 4.06666667
----------+-------------------------------------------------
  Total | 24629  8.48275862
```

上表所示之二因子 ANOVA 摘要表，顯示 A 因子與 B 因子有交互作用效果，F=5.19(p<0.05)，拒絕「$H_0$：所有 $p \times q$ 個細格的 $\alpha\beta_{ij} = 0$」，故交互作用達顯著性。因此先暫時不要急著看「B 因子對依變數的主要效果」，而是做事後之單純主要效果 (simple main effect) 檢定，即「A 因子在 b1、b2、b3 的效果」及「B 因子在 a1、a2 的效果」。

### (五) B 因子單純主要效果 (simple main effect) 之事後比較的語法

由於 B 因子單純主要效果的檢定結果，$F_{0.95(2,24)} = 12.47$，p<0.05，故可再做 B 因子 3 個 levels 之間的事後比較，指令語法如下表。

```
. use 2_way_ANOVA_P371.dta
. anova Y a b a#b
* 以下三個 contrast，做 B 因子 3 個 levels 之間的事後比較 (≈ ~scheffe 事後比較 )
* b1 b3 平均數的事後比較 (t-test)
. contrast {b 1 0 -1}, effects
* b1 b2 平均數的事後比較 (t-test)
. contrast {b 1 -1 0}, effects
* b2 b3 平均數的事後比較 (t-test)
. contrast {b 0 1 -1}, effects
```

B 因子 3 個 levels 之間的事後比較，分析結果如下表。

```
. margins b

Predictive margins Number of obs    = 30

Expression    : Linear prediction, predict()

------------------------------------------------------------------------
             |Delta-method
             | Margin   Std. Err.    t    P>|t|    [95% Conf. Interval]
-------------+----------------------------------------------------------
          b |
          1 |6.1     .6377042   9.57    0.000    4.783843    7.416157
          2 |3.7     .6377042   5.80    0.000    2.383843    5.016157
          3 |8.2     .6377042  12.86    0.000    6.883843    9.516157
------------------------------------------------------------------------


. contrast {b 1 0 -1}, effects

Contrasts of marginal linear predictions

Margins  : asbalanced


------------------------------------------------
             | df    F  P>F
-------------+----------------------------------
          b |   1  5.42 0.0286
             |
Denominator |  24
------------------------------------------------


------------------------------------------------------------------------
             |  Contrast   Std. Err.    t  P>|t| [95% Conf. Interval]
-------------+----------------------------------------------------------
          b |
(1)         |     -2.1   .90185 -2.33  0.029 -3.961327    -.2386732
------------------------------------------------------------------------


. contrast {b 1 -1 0}, effects
```

```
Contrasts of marginal linear predictions

Margins  : asbalanced

-----------------------------------------------
          | df   FP>F
----------+------------------------------------
        b |   17.08 0.0137
          |
Denominator | 24
-----------------------------------------------


-----------------------------------------------------------------------------
          | Contrast   Std. Err.  t    P>|t|  [95% Conf. Interval]
-----+-----------------------------------------------------------------------
        b |
(1)     |     2.4         .90185  2.66  0.014  .53867324  .261327
-----------------------------------------------------------------------------

. contrast {b 0 1 -1}, effects

Contrasts of marginal linear predictions

Margins  : asbalanced

-----------------------------------------------
          | df   FP>F
----------+------------------------------------
        b | 1   24.90 0.0000
          |
Denominator | 24
-----------------------------------------------


-----------------------------------------------------------------------------
          |  Contrast  Std. Err.  t     P>|t|   [95% Conf.  Interval]
-----+-----------------------------------------------------------------------
        b |
(1)     |    -4.5       .90185  -4.99   0.000   -6.361327  -2.638673
-----------------------------------------------------------------------------
```

1.「margins b」指令，得 $\overline{b_1} = 6.1$、$\overline{b_2} = 3.7$、$\overline{b_3} = 8.2$。

2. 連續三個「 contrast 」指令，得 $\overline{b_1} - \overline{b_3} = -2.1$ (t=−2.33, p<0.05)；$\overline{b_1} - \overline{b_2} = 2.4$ (t=2.66, p<0.05)；$\overline{b_2} - \overline{b_3} = -4.5$ (t = −4.99, p<0.05)。故 B 因子之事後比較，可整理成表 2-7。

表 2-7　B因子主要效果之事後比較結果

| | | b₂ 自學法 | b₁ 演講法 | b₃ 啓發法 |
|---|---|---|---|---|
| | 平均數 | 3.7 | 6.1 | 8.2 |
| b₂ 自學法 | 3.7 | — | 2.4* | 4.5* |
| b₁ 演講法 | 6.1 | | — | 2.1 |
| b₃ 啓發法 | 8.2 | | | — |

\* p < 0.05

## ( 六 ) 事後之單純主要效果 (simple main effect) 檢定的語法

```
* 再以下二個 contrast 指令，完成「單純主要效果之摘要表」
* 先求 A 在 b1 b2 b3 的單純主要效果之 F 值，及 (a2-a1) 依序在 b1 b2 b3 的 t 檢定
. contrast a@b,effects

* 再求 B 在 a1 a2 的單純主要效果之 F 值，及「(b2-b1)、(b3-b1)」依序在 a1 a2 的 t 檢定
. contrast b@a,effects
. contrast a@b,effects
* A 在 b1 b2 b3 單純主要效果

Contrasts of marginal linear predictions

Margins  : asbalanced

------------------------------------------------
  |   df       F     P>F
-------------+----------------------------------
a@b  |
  1  |    12.98  0.0974
  2  |    10.61  0.4407
  3  |    17.97  0.0094
```

```
 Joint  |  33.85  0.0221
 |
Denominator | 24
------------------------------------------------
```

```
------------------------------------------------------------------
             |  Contrast   Std. Err.    t    P>|t|   [95% Conf.   Interval]
-------------+----------------------------------------------------------------
     a@b     |
(2 vs base) 1 |   -2.2    1.275408   -1.72   0.097   -4.83231    4.4323136
(2 vs base) 2 |     1     1.275408    0.78   0.441   -1.632314   3.632314
(2 vs base) 3 |    3.6    1.275408    2.82   0.009    .9676864   6.232314
------------------------------------------------------------------
```

*B 在 a1 a2 單純主要效果
. contrast b@a,effects

Contrasts of marginal linear predictions

Margins  : asbalanced

```
------------------------------------------------
         |  df    F      P>F
---------+--------------------------------------
   b@a   |
    1    |  2    5.51    0.0107
    2    |  2   12.15    0.0002
 Joint   |      48.83    0.0002
 |
Denominator | 24
------------------------------------------------
```

```
------------------------------------------------------------------
             |  Contrast   Std. Err.    t    P>|t|   [95% Conf. Interval]
-------------+----------------------------------------------------------------
     b@a     |
(2 vs base) 1 |    -4     1.275408   -3.14   0.004   -6.632314   -1.367686
```

```
(2 vs base) 2  |   -.8      1.275408  -0.63   0.536   -3.432314   1.832314
(3 vs base) 1  |   -.8      1.275408  -0.63   0.536   -3.432314   1.832314
(3 vs base) 2  |    5       1.275408   3.92   0.001    2.367686   7.632314
------------------------------------------------------------------------
```

　　上述 2 個「contrast」指令，求出單純主要效果，整理成表 2-8。

表 2-8　單純主要效果之變異數摘要表

| 變異來源 | df | F |
|---|---|---|
| A因子 ( 教學氣氛 ) | | |
| 　在 $b_1$ ( 演講 ) | 1 | 2.98 |
| 　在 $b_2$ ( 自學 ) | 1 | 0.61 |
| 　在 $b_3$ ( 啓發 ) | 1 | 7.97* |
| B因子 ( 教學方法 ) | | |
| 　在 $a_1$ ( 嚴肅 ) | 2 | 5.51* |
| 　在 $a_2$ ( 輕鬆 ) | 2 | 12.15* |
| Residual(w.cell) | 24 | |

\* p<0.05

　　上述「單純主要效果之變異數摘要表」，可看出：

1. A 因子在 $b_3$ 的單純主要效果達顯著水準 (F=7.96, p<0.05)，故須再看，其事後比較。因 A 因子只有 2 個 levels，故從 A 因子在 $b_3$ 的平均數：$\overline{a_1} = 6.4$，$\overline{a_2} = 10.0$，則 $(\overline{a_1} - \overline{a_2}) = -3.6$(t = 2.82, p < 0.05)，表示在「$b_3$ 啓發法」之環境下學習，嚴肅法 ($a_1$) 效果顯著低於輕鬆法 ($a_2$)。

2. B 因子在 $a_1$ 及 $a_2$ 的單純主要效果均達顯著水準，故須再進行這方面的事後比較。因 B 因子有 3 個 levels，故：

(1) 從 B 因子在 $a_1$ 的平均數：$\overline{b_1} = 7.2$，$\overline{b_2} = 3.2$，$\overline{b_3} = 6.4$。$(\overline{b_2} - \overline{b_1}) = -4.0$(t = -3.4, p < 0.05)，表示在「$a_1$ 嚴肅」之環境下學習，自學法 ($b_2$) 效果顯著低於演講法 ($b_1$)。此外，$(\overline{b_3} - \overline{b_1}) = -0.8$(t = -0.63, p > 0.05)，表示在「$a_1$ 嚴肅」之環境下學習，啓發法 ($b_3$) 效果並未顯著低於演講法 ($b_1$)。

(2) 從 B 因子在 $a_2$ 的事後比較，求得：$\overline{b_1} = 5.0$，$\overline{b_2} = 4.2$，$\overline{b_3} = 10.0$。故 $(\overline{b_2} - \overline{b_1})$

= -0.8(t = -0.63, p > 0.05)，表示在「$a_2$ 輕鬆」之環境下學習，自學法 ($b_2$) 效果無顯著低於演講法 ($b_1$)。此外，$(\overline{b_3} - \overline{b_1}) = 5.0$(t = 3.92, p < 0.05)，表示在「$a_2$ 輕鬆」之環境下學習，啓發法 ($b_3$) 效果顯著優於演講法 ($b_1$)。

## (七) AB 交叉表各細格平均數之語法

```
* 先求 B 因子 3 個 levels 的平均數
. margins b
* 先求 a 因子 2 個 levels 的平均數
. margins a
. margins a#b
```

表 2-8　AB 交叉表各細格平均數之分析結果

```
. margins b

Predictive marginsNumber of obs    = 30

Expression   : Linear prediction, predict()

-----------------------------------------------------------------
            |Delta-method
            | Margin   Std. Err.   t     P>|t|   [95% Conf.   Interval]
------------+----------------------------------------------------
         b  |
         1  |6.1    .6377042   9.57   0.000    4.7838437   .416157
         2  |3.7    .6377042   5.80   0.000    2.3838435   .016157
         3  |8.2    .6377042  12.86   0.000    6.8838439   .516157
-----------------------------------------------------------------
. margins a

Predictive margins Number of obs    = 30

Expression   : Linear prediction, predict()

-----------------------------------------------------------------
            |Delta-method
```

```
        | Margin   Std. Err.    t     P>|t|    [95% Conf.   Interval]
  ------+---------------------------------------------------------------
    a |
    1 |   5.6     .5206833   10.76   0.000    4.525362    6.674638
    2 |   6.4     .5206833   12.29   0.000    5.325362    7.474638
  ---------------------------------------------------------------------


. margins a#b


Adjusted predictions  Number of obs   = 30


Expression   : Linear prediction, predict()


  ---------------------------------------------------------------------
  |Delta-method
        | Margin   Std. Err.    t     P>|t|    [95% Conf.   Interval]
  ------+---------------------------------------------------------------
  a#b |
  1 1 |   7.2     .90185     7.98    0.000    5.338673    9.061327
  1 2 |   3.2     .90185     3.55    0.002    1.338673    5.061327
  1 3 |   6.4     .90185     7.10    0.000    4.538673    8.261327
  2 1 |   5       .90185     5.54    0.000    3.138673    6.861327
  2 2 |   4.2     .90185     4.66    0.000    2.338673    6.061327
  2 3 |  10       .90185    11.09    0.000    8.138673   11.86133
  ---------------------------------------------------------------------
```

綜合上述分析，所整理 [AB 摘要表 ]，如下：

| 平均數 | 演講 $b_1$ | 自學 $b_2$ | 啓發 $b_3$ | |
|---|---|---|---|---|
| 嚴肅 $a_1$ | 7.2 | 3.2 | 6.4 | 5.6 |
| 輕鬆 $a_2$ | 5.0 | 4.2 | 10.0 | 6.4 |
| | 6.1 | 3.7 | 8.2 | 6.0 |

### (八) A×B 之交叉細格的效果檢定語法

```
* means of b @ a1 , 求 a1 在 b1 b2 b3 三個平均數
. margins b, at(a=1)

* 求 (b1-b2) 在 a1 之平均數
. contrast {b 1 -1 0}@1.a, effects

* means of b @ a2 , 求 a2 在 b1 b2 b3 三個平均數
. margins b, at(a=2)

* 求 (b1-b2) 在 a2 之平均數
. contrast {b 1 -1 0}@2.a, effects
```

B 因子在 $a_1$ 及 $a_2$ 之事後比較，分析結果如下表。

```
. margins b, at(a=1)

Adjusted predictions    Number of obs    = 30

Expression    : Linear prediction, predict()
at    : a=          1

-------------------------------------------------------------------
           |Delta-method
           | Margin    Std. Err.    t      P>|t|    [95% Conf.    Interval]
-----------+-------------------------------------------------------
       b |
       1 |    7.2     .90185     7.98    0.000    5.3386739    .061327
       2 |    3.2     .90185     3.55    0.002    1.3386735    .061327
       3 |    6.4     .90185     7.10    0.000    4.5386738    .261327
-------------------------------------------------------------------

. contrast {b 1 -1 0}@1.a, effects

Contrasts of marginal linear predictions
```

```
Margins  : asbalanced

-----------------------------------------------
 | df    FP>F
-------------+---------------------------------
 b@a |
  (1) 1  |  19.84 0.0045
 |
 Denominator | 24
-----------------------------------------------


                                                      --------------------------------------------
      |  Contrast  Std. Err.   t   P>|t|  [95% Conf.   Interval]
 -----+--------------------------------------------
 b@a |
  (1) 1  | 4       1.275408   3.14  0.004   1.3676866    .632314
                                                      --------------------------------------------


. margins b, at(a=2)

Adjusted predictions  Number of obs   = 30

Expression  : Linear prediction, predict()
at  : a  =    2

                                                      --------------------------------------------
 |Delta-method
      | Margin  Std. Err.    t    P>|t|   [95% Conf.   Interval]
 -----+--------------------------------------------
  b |
  1  |    5     .90185    5.54   0.000    3.1386736   .861327
  2  | 4.2     .90185    4.66   0.000    2.3386736   .061327
  3  |  10     .90185   11.09   0.000    8.13867311  .86133
                                                      --------------------------------------------

. contrast {b 1 -1 0}@2.a, effects
```

```
Contrasts of marginal linear predictions

Margins  : asbalanced


------------------------------------------------
 | df   FP>F
-------------+----------------------------------
 b@a |
  (1) 2  |  10.39 0.5364
     |
 Denominator | 24
------------------------------------------------


----------------------------------------------------------------------------
     |  Contrast   Std. Err.   t    P>|t|   [95% Conf.   Interval]
-----+----------------------------------------------------------------------
 b@a |
  (1) 2  |  .8       1.275408  0.63   0.536   -1.8323143   .432314
```

# 03

多變量變異數分析：
獨立樣本(manova指令)

## 一、為何需使用 MANOVA？

1. 單一依變數鮮少能夠捕捉完整的研究現象。

2. MANOVA 比 ANOVA 更能控制：對整體 alpha 誤差 (type I error, $\alpha$)。

3. MANOVA( 比 ANOVA) 才能考慮依變數的相互關係 (intercorrelations)。SPSS 有供 Bartlett's 球形檢定，若 p < 0.05, 表示眾多依變數之間存在顯著相關。表示採用多變量 MANOVA 優於單變量 ANOVA。

4. MANOVA 可幫你認定 (indentify) 最多組別分隔或區別 (separation or distinction) 的依變數。

## 二、何時不需使用 MANOVA？

1. 如果依變數不相關。

2. 如果依變數高度相關，它會產生多重共線性 (multicollinearity) 的風險：

   (1) 你可使用分量表和量表總分作爲依變數。

   (2) 依變數可從其他一個 ( 或多個 ) 變數來計算。

   (3) 若使用基線和後測分數 (baseline and posttest scores) 會產生線性依賴。

# 3-1 t- 檢定、ANOVA、判別分析、迴歸的隸屬關係 (ttest、oneway、reg、manova、discrim 指令)

## 一、常見統計的比較

線性判別分析旨在運用於計算一組預測變數 ( 自變數 )，包括知識、價值、態度、環保行爲的線性組合，對依變數 ( 間斷變數 ) 接受有機農產品更高售價之意願加以分類，並檢定其再分組的正確率。

下表有 4 種功能相當的統計技術。

| 統計技術 | 自變數 ( 解釋變數 )$X_i$ | 依變數 ( 應變數 )$Y$ |
|---|---|---|
| 1. 判別／線性判別分析 (discriminant analysis) (discrim 指令 ) | 自變數 ( 預測變數 (predictor variable)) 數量不限<br>Interval scale or ratio scale ( 連續變數 )<br>Nominal scale or ordinal scale ( 轉化為虛擬變數 ) | 單一個依變數 ( 分組變數 )。<br>三項式以上 ( 三類以上 )<br>Nominalscale or ordinal scale。 |
| 2. 簡單迴歸分析 (reg 指令 ) | 1. 單一個自變數 ( 預測變數 (predictor variable))。<br>2. Interval scale or ratio scale ( 連續變數 )。<br>3. Nominal scale or ordinal scale ( 轉化為虛擬變數 )。 | 單一個依變數 ( 效標變數 (Criteria variable))。<br>Interval scale or ratio scale ( 連續變數 )。 |
| 3. 複迴歸分析 ( 含 logistic regression) (reg 指令 ) | 1. 兩個 ( 含 ) 以上自變數 ( 預測變數 (predictor variable))。<br>2. Interval scale or ratio scale ( 連續變數 )。<br>3. Nominal scale or ordinal scale ( 轉化為虛擬變數 )。 | 單一個依變數 ( 效標變數 (Criteria variable))。<br>Interval scale or ratio scale ( 連續變數 )。 |
| 4. 邏輯斯迴歸分析 (logistic 指令 ) | 1. 自變數 ( 預測變數 (predictor variable)) 數量不限。<br>2. Interval scale or ratio scale ( 連續變數 )。<br>3. Nominal scale or ordinal scale ( 轉化為虛擬變數 )。 | 單一個依變數。<br>兩項式 ( 二分 ) Nominal scale |

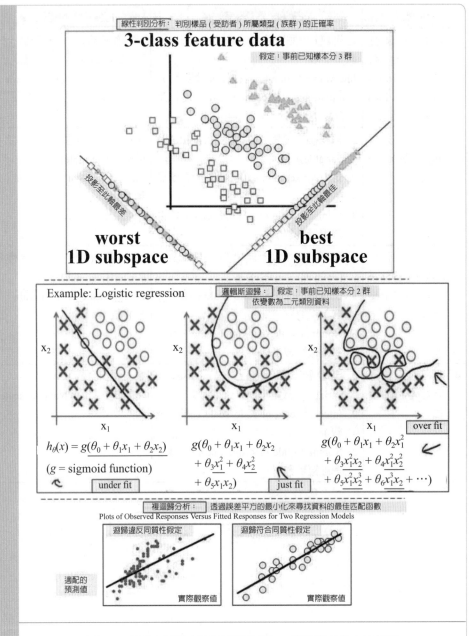

圖 3-1　線性判別分析與邏輯斯迴歸、複迴歸分析之比較圖

## 二、MANOVA 與 discriminant analysis 的差異

MANOVA 旨在瞭解各集群 ( 組 ) 樣本在哪幾個依變數的平均值達到顯著水準。線性判別分析透過得到自變數之線性組合方成函數，瞭解自變數 ( 觀測值 ) 在依變數 ( 集群、組數 ) 上分類的正確性，進而獲悉哪些自變數 ( 預測變數 ) 可以有效區分類別。

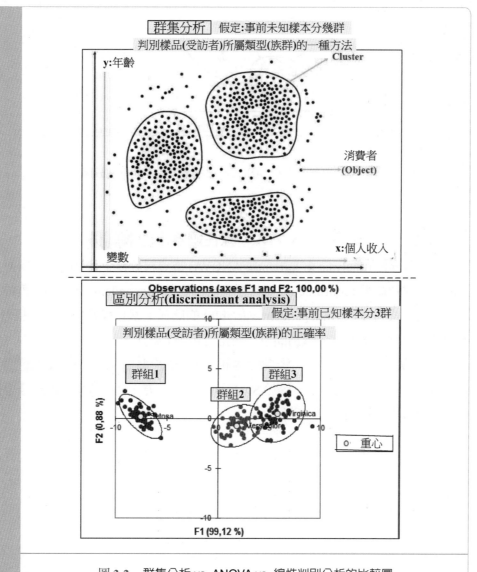

圖 3-2　群集分析 vs. ANOVA vs. 線性判別分析的比較圖

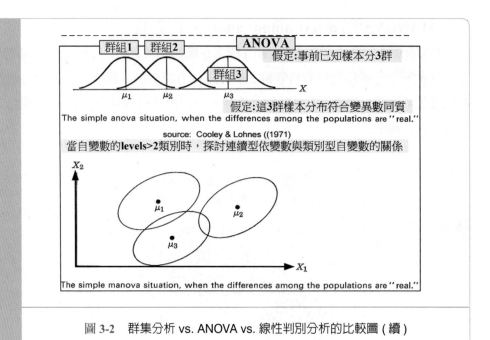

圖 3-2 群集分析 vs. ANOVA vs. 線性判別分析的比較圖 ( 續 )

### 三、單變量：t 檢定、ANOVA 、線性迴歸之隸屬關係

變異數分析 (analysis of variance, ANOVA) 為資料分析中常見的統計模型，主要為探討連續型 (continuous) 資料型態之依變數 (dependent variable) 與類別型資料型態之自變數 (independent variable) 的關係。當自變數的 levels 超過 2 個類別情況下，檢定其各類別間平均數是否相等 ( 虛無假設「$H_0$: $\mu_1 = \mu_2$」)。Student's t 檢定旨在分析 2 組平均數是否相等，t 檢定可視為是 ANOVA 的特例，即 ANOVA 檢定求出的 F 值會等於 Student's t 值的平方，而且 ANOVA 亦是線性迴歸分析的特例。如圖 3-3 所示。

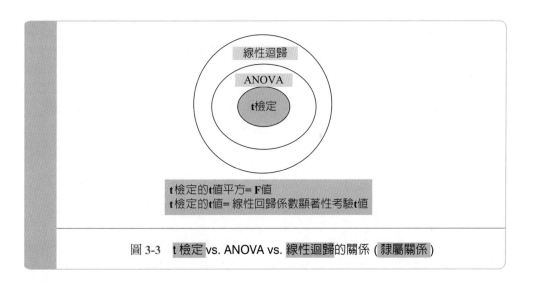

t檢定的t值平方= **F**值
t檢定的t值= 線性回歸係數顯著性考驗t值

圖 3-3　t 檢定 vs. ANOVA vs. 線性迴歸的關係 ( 隸屬關係 )

## 範例：t 檢定 vs. ANOVA vs. 線性迴歸的分析

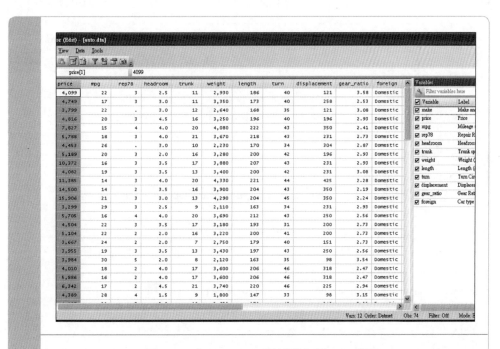

圖 3-4　「auto.dta」 資料檔內容 (N= 汽車 )

```
. use auto.dta, clear
* 依變數為車價 (price)、自變數為進口車嗎 (foreign)。試檢定：進口車比國產車貴嗎？
* 方法一 : t-test
. ttest price, by(foreign)
*註: Statistics > Summaries, tables, and tests > Classical tests of hypotheses >
Two-group mean-comparison test

Two-sample t test with equal variances
------------------------------------------------------------------------------
   Group |     Obs        Mean    Std. Err.    Std. Dev.   [95% Conf. Interval]
---------+--------------------------------------------------------------------
Domestic |      52    6072.423    429.4911     3097.104    5210.184    6934.662
 Foreign |      22    6384.682    558.9942     2621.915     5222.19    7547.174
---------+--------------------------------------------------------------------
combined |      74    6165.257    342.8719     2949.496    5481.914      6848.6
---------+--------------------------------------------------------------------
    diff |            -312.2587    754.4488                -1816.225    1191.708
------------------------------------------------------------------------------
    diff = mean(Domestic) - mean(Foreign)                      t =  -0.4139
H0: diff = 0                                     degrees of freedom =       72

   Ha: diff < 0                  Ha: diff != 0                  Ha: diff > 0
Pr(T < t) = 0.3401       Pr(|T| > |t|) = 0.6802          Pr(T > t) = 0.6599


* 方法二 : ANOVA
. oneway price foreign
*註: Statistics > Linear models and related > ANOVA/MANOVA > One way ANOVA


                        Analysis of Variance
   Source              SS          df      MS            F      Prob > F
------------------------------------------------------------------------------
Between groups     1507382.66       1    1507382.66     0.17     0.6802
Within groups       633558013      72    8799416.85
------------------------------------------------------------------------------
   Total            635065396      73    8699525.97

Bartlett's test for equal variances:  chi2(1) =   0.7719  Prob>chi2 = 0.380
```

```
*方法三：線性迴歸
. regress price foreign
*註：Statistics > Linear models and related > Linear regression

      Source |       SS       df       MS              Number of obs =      74
-------------+------------------------------              F(  1,    72) =     0.17
       Model |  1507382.66       1   1507382.66          Prob > F      =  0.6802
    Residual |   633558013      72   8799416.85          R-squared     =  0.0024
-------------+------------------------------              Adj R-squared = -0.0115
       Total |   635065396      73   8699525.97          Root MSE      =  2966.4


-------------+----------------------------------------------------------------
       price |      Coef.   Std. Err.       t     P>|t|     [95% Conf. Interval]
-------------+----------------------------------------------------------------
     foreign |   312.2587   754.4488      0.41    0.680    -1191.708    1816.225
       _cons |   6072.423    411.363     14.76    0.000     5252.386     6892.46
-------------+----------------------------------------------------------------
```

1. t 檢定的 t 值平方 $((-0.4139)^2)$ = F 值 ( 0.17 )。

2. t 檢定的 t 值 ( **−0.4139** )= 線性迴歸係數顯著性考驗 t 值 ( 0.41 )。

3. Meta 分析遇迴歸分析時，個別研究效果量 (effect size) 可挑：迴歸係數 ( Coef. ) 或線性迴歸係數顯著性考驗 t 值 ( 0.41 )。

## 變異數分析 (ANOVA) vs. t 檢定

變異數分析依靠 F 分布為機率分布的依據，利用平方和 (sum of square) 與自由度 (degree of freedom) 所計算的組間與組內均方 (mean of square) 估計出 F 值。若有顯著差異則考量進行事後比較或稱多重比較 (multiple comparison)，較常見的為 Scheffé's 法、Tukey-Kramer 法與 Bonferroni 校正 correction，用於探討其各組之間的差異為何。

> **定義：自由度 (df)**
>
> 在統計學中，自由度 (degree of freedom, df) 是指當以樣本的統計量來估計母群體的參數 ( 平均數，變異數 ) 時，樣本中獨立或能自由變化的數據的個數，稱為該統計量的自由度。一般來說，自由度等於自變數減掉其衍生量數；舉例來說，變異數的定義是樣本減平均值 ( 一個由樣本決定的衍生量 ) ，因此對 N 個隨機樣本而言，其自由度爲 N-1。

## 四、第一型誤差 (Type I error, $\alpha$) vs. 第二型誤差 (Type I error, $\beta$)

ANOVA 優於 2 組比較的 Student's t 檢定之處，在於後者會導致多重比較 (multiple comparisons) 的問題，而致使第二型誤差 (Type I error, $\beta$) 的機會增高。因此比較多組平均數是否有差異，則是 ANOVA 天下。

## 五、多變量：變異數分析 (MANOVA)

在統計學中，多變量變異數分析 (MANOVA) 是比較多元樣本平均值的一個程序。當有 2 個 ( 以上 ) 依變數時才會使用多變量程序 (multivariate procedure) ，並且常伴隨著個別依變數的顯著性檢定 (significance tests) 。

自變數的變化是否對依變數有顯著效果 (significant effects) ？背後意味著二件事：

1. 什麼是依變數之間的關係？
2. 什麼是自變數之間的關係？

所謂單變量分析 (univariate analysis) 是只分析一個依變數的統計法，如 t 檢定、變異數分析等，重視的是變數各自的變異數和平均數。但在行爲科學研究中所探討的問題，往往必須同時使用到 2 個或 2 個以上的依變數，這時就必須使用多變量分析。

多變數分析或稱多變量分析統計法 (multivariate statistical analysis) ，可用來同時分析 2 個或 2 個以上依變數的觀察資料，這些資料可能是觀察來自一個或來自幾個母群體的個體而得到的行爲樣本。多變量分析將這些依變數視爲彼此有關的融合體，同時加以考慮，而不將他們視爲彼此無關，可以分離出來單獨分析的變數。故此法重視各變數的共變數，更甚於重視各自的平均數和變異數。

當研究資料中，依變數不再只有一個而是有多個依變數，此時便需要使用多變量變異數分析。ANOVA 程序雖然可以個別計算每個依變數之變異數，但這樣做忽略了依變數之間的相關。

單因子 多變量 變異數分析 (multivariate analysis of variance, MANOVA)，適用於一個因子 ( 自變數 )、二個以上的變量 ( 依變數 ) 的情況，其中，自變數為間斷變數 [ 名義 (normal)/ 類別、次序 (ordinal) 變數 ] 型態，而依變數為連續變數 [ 等距 (interval)、比率 (ratio) 變數 ] 型態。

### (一) 因子與變量的專有名詞

| 因子 (factor) | 指 自變數 / 解釋變數 (independent variables) | 一個因子 ( 類別變數 )x，稱為單因子 (One way)<br>二個因子 ( 類別變數 )，稱為二因子 (two way) |
|---|---|---|
| 變量 (variate) | 指 依變數 (dependent variables) | 一個依變數 y，稱為單變量 (univariate)<br>多個依變數 Y，稱為多變量 (multivariate) |

為何不能分別進行多次的「單變量變異數分析」，來取代複雜的「單因子多變量變異數分析」？那是因為，多次「單變量變異數分析」的作法，會忽略多個變量之間的關聯性。若多個變量之間具有關聯性，則多次「單變量變異數分析」的作法也會造成第一型誤差 $\alpha$ 的犯錯累積。

### (二) 自變數與依變量本質的數量組合

| 依變數 (DV) 個數 | 自變數 (IV) 個數 | 依變數本質 (nature) | 檢定 / 考驗 (tests) |
|---|---|---|---|
| 1 個 | 0 自變數 (1 population) | 等距 & 名義 | one-sample t-test |
| | | 次序 or 等距 | one-sample median |
| | | 類別 (2 categories) | binomial test |
| | | 類別 | Chi-square goodness-of-fit |
| 1 個 | 一個自變數 ( 有二個 levels) (independent groups) | 等距 & 名義 | 2 independent sample t-test |
| | | 次序 or 等距 | Wilcoxon-Mann Whitney test |
| | | 類別 | Chi- square test<br>Fisher's exact test |

| 依變數 (DV) 個數 | 自變數 (IV) 個數 | 依變數本質 (nature) | 檢定 / 考驗 (tests) |
|---|---|---|---|
| 1 個 | 一個自變數 (2 個 levels 以上 ) 1 IV with 2 or more levels (independent groups) | 等距 & 名義 | One way ANOVA |
| | | 次序 or 等距 | Kruskal Wallis |
| | | 類別 | Chi- square test |
| 1 個 | 二個 ( 以上 ) 自變數 2 or more IVs (independent groups) | 等距 & 名義 | paired t-test |
| | | 次序 or 等距 | Wilcoxon signed ranks test |
| | | 類別 | McNemar |
| 1 個 | 1 interval IV 一個 interval ( 自變數 ) | 等距 & 名義 | correlation simple linear regression |
| | | 次序 or 等距 | non-parametric correlation |
| | | 類別 | simple logistic regression |
| 1 個 | 1 or more 等距 IVs and/or 1 or more 類別 IVs | 等距 & 名義 | multiple regression analysis of covariance |
| | | 類別 | multiple logistic regression discriminant analysis |
| 2 個以上 | 1 IV with 2 or more levels (independent groups) | 等距 & 名義 | One way MANOVA |
| 2 個以上 | 2 個以上 | 等距 & 名義 | multivariate multiple linear regression |
| 二組以上變數門 | 0 | 等距 & 名義 | canonical correlation |
| 2 or more | 0 | 等距 & 名義 | factor analysis |

## ( 三 ) ANOVA, ANCOVA, MANOVA 三者比較

人們比較常接觸的是 ANOVA，但偶爾會與 ANCOVA 與 MANOVA 搞混。以下將說明這三個統計的概念。

### 1. ANOVA (anlysis of variance)

變異數分析，當研究問題為比較多組 ( 通常 2 組以上 ) 平均值的差異時適用。舉例有 3 組病人，研究者想比較 3 組病人在身高 ( 連續變數 ) 上是否有差異，就

是採用 ANOVA。初學者有時會被 ANOVA 中的 variance 所誤導，明明是比較平均值，爲什麼要在名稱裡面擺個 variance 呢？其實 ANOVA 的計算過程，就是利用變異數來進行比較的動作，該精髓就是在總體變異的分割 partitioned total variance。

### 2. ANCOVA(analysis of covariance)

共變數分析係以 ANOVA 爲基底，再加迴歸概念，討論額外納入的變數是否能減少誤差項平方和 Error sum of square(Error SS, $SS_E$)，而這個「額外納入的變數」是連續型變數之共變數 covariate。簡言之，是看控制這個 covariate 之後各組間的結果是否有差異。

例如：想討論這群學生數學能力的差別，而這群學生被隨機選派使用 2 種不同學程，再測驗該學生數學成績。假設有這些學生的 IQ 值，當然會考慮到 IQ 影響學生數學能力的差異，所以在比較這 2 組學生能力高低時，如果將 IQ 放入控制，想必提高測驗的敏感度。除了 IQ 之外，能不能再放入其他可能會影響數學能力的變數呢？當然可以，模型就變成多重共變數 (multiple covariates)，它亦是一般化迴歸分析之特例。

### 3. MANOVA(multivariate analysis of variance)

上述 ANOVA, ANCOVA 都在討論一個依變數 (depedent variable, outcome, y)，但眞實世界有時會考慮多個 y，因此就有 MANOVA 的出現。

> **小結**
>
> ANOVA 與其延伸應用不只這些，甚至針對細格人數不平衡 (unbalanced) 的資料模式有不同的處理方式。此外，亦要小心判定 ANOVA 假定 (assumption) 等前提條件是否符合。有關 ANOVA 假定的診斷及補救法，請見作者《STaTa 高等統計分析》、《多層次模型 (HLM) 及重複測量：使用 STaTa》二本專書。

### (四) ( 單因子 ) 單變量 / 多變量之變異數分析的統計法

| ( 單因子 ) 單變量變異數分析 | F 檢定 |
|---|---|
| ( 單因子 ) 多變量變異數分析 | Wilks ∧ (Wilks Lambda) |

多變量變異數分析 (multivariate analysis of variance, MANOVA) 在概念上屬於單變量變異數分析 (univariate analysis of variance, UNIANOVA) 的延伸。在 ANOVA 中檢定單一個依變數在各組平均值的差異，虛無假設是各組平均值皆相等，利用 F 值進行統計驗證。在 MANOVA 中，同時檢定各組間在 2 個以上依變數之形心 (centroid) 的差異。

進行 MANOVA 時，主要是希望同時瞭解數個依變數的平均值是否有差異性，而非單獨對一個依變數之平均值的差異性。

| | 自變數<br>解釋變數：X1 | 因變數 ( 依變數 )<br>反應變數：Y1 |
|---|---|---|
| One way ANOVA<br>單因子變異數分析 | 單一個自變數 [ 預測變數 (predictor variable)]<br>nominal scale or ordinal scale | 單一個依變數 [ 效標變數 (Criteria variable)]<br>interval scale or ratio scale[ 連續變數 ( 項 )] |
| Multi-way ANOVA<br>多因子變異數分析 | 兩個 ( 含 ) 自變數以上 [ 預測變數 (predictor variable)]<br>nominal scale or ordinal scale | 單一個依變數 [ 效標變數 (Criteria variable)]<br>interval scale or ratio scale[ 連續變數 ( 項 )] |
| 多變量變異數分析<br>(multivariate analysis of variance) | 名目變數或次序變數<br>nominal scale or ordinal scale | 同時 2 個 ( 含 ) 依變數以上 [ 效標變數 (Criteria variable)]<br>interval scale or ratio scale[ 連續變數 ( 項 )] |
| 單因子多變量變異數分析<br>(One way multivariate analysis of variance) | 單一個自變數 [ 預測變數 (predictor variable)]<br>nominal scale or ordinal scale | 同時 2 個 ( 含 ) 依變數以上 [ 效標變數 (Criteria variable)]<br>interval scale or ratio scale[ 連續變數 ( 項 )] |
| 多因子多變量變異數分析 (multi-way multivariate analysis of variance) | 2 個 ( 含 ) 自變數以上 [ 預測變數 (predictor variable)]<br>nominal scale or ordinal scale | 同時 2 個 ( 含 ) 依變數以上 [ 效標變數 (Criteria variable)]<br>interval scale or ratio scale[ 連續變數 ( 項 )] |

## 六、MANOVA 與 ANOVA 的關係

MANOVA 是廣義的變異數分析 (ANOVA)，儘管與單變數變異數分析不同，MANOVA 使用結果變數之間的共變數 (covariance) 來檢定平均值差異的顯著性。

在單變數 ANOVA 中 sums of squares(SS)，延伸到 MANOVA，就變成正定矩陣 (positive-definite)，其對角線元素為單變數 ANOVA 中平方和 sums of squares (SS)；非對角線元素為交乘積 cross-products(CP)。MANOVA 的常態性係指誤差分布的常態性假定 (assumption)，此誤差 ($SS_E$) 符合 Wishart 分布 ( 定義如下 )。

---

定義： 正定矩陣 (positive-definite)

在線性代數裡，正定矩陣是埃爾米特矩陣 (Hermitian matrix) 的一種。在雙線性代數中，正定矩陣的性質類似複數中的正實數。與正定矩陣相對應的線性算子，是對稱正定雙線性形式 ( 複數中則對應埃爾米特正定雙線性形式 )。

埃爾米特矩陣也稱自伴隨矩陣，是共軛對稱的方陣。埃爾米特矩陣中每一個第 i 行第 j 列的元素，都與第 j 行第 i 列的元素複共軛。

對於

$$A = \{a_{i,j}\} \in C^{m \times n}$$

有：

$$a_{i,j} = \overline{a_{j,i}}，其中 \overline{(\cdot)} 為共軛算子$$

記做：

$$A = A^H$$

例如：

$$\begin{bmatrix} 3 & 2+i \\ 2-i & 1 \end{bmatrix}$$

就是一個埃爾米特矩陣。

顯然，埃爾米特矩陣主對角線上的元素都是實數的，其特徵值也是實數。對於只包含實數元素的矩陣 ( 實矩陣 )，如果它是對稱陣，即所有元素關於主對角線對稱，那麼它也是埃爾米特矩陣。也就是說，實對稱矩陣是埃爾米特矩陣的特例。

**定義：** 正定矩陣

一個 $n \times n$ 的實對稱矩陣 $M$ 是正定的，若且唯若對於所有的非 0 實係數向量 $z$，都有 $z^T M z > 0$。其中 $z^T$ 表示 $z$ 的轉置。

對於複數的情況，定義則為：一個 $n \times n$ 的埃爾米特矩陣 ( 或厄米矩陣 )$M$ 是正定的，若且唯若對於每個非 0 的複向量 $z$，都有 $z*Mz > 0$。其中 $z*$ 表示 $z$ 的共軛轉置。由於 $M$ 是埃爾米特矩陣，經計算可知，對於任意的複向量 $z$，$z*Mz$ 必然是實數，從而可以與 0 比較大小。

如何判別正定矩陣 ：

對 $n \times n$ 的埃爾米特矩陣 $M$，下列性質與「$M$ 為正定矩陣」等價：

1. 矩陣 $M$ 的所有特徵值 $\lambda_i$ 都是正的。根據譜定理，$M$ 必然與一個實對角矩陣 $D$ 相似（也就是說 $M = P^{-1}DP$，其中 $P$ 是么正矩陣或者說 $M$ 在某個正交基可以表示為一個實對角矩陣）。因此，$M$ 是正定矩陣，若且唯若相應的 $D$ 的對角線上元素都是正的。

2. 半雙線性形式

$$<x, y> = x*My$$

定義了一個 $c^n$ 上的內積。實際上，所有 $c^n$ 上的內積都可看做由某個正定矩陣通過此種方式得到。

3. $M$ 是 $n$ 個線性無關的 $k$ 維向量 $x_1, \cdots, x_n \in C^k$ 的 Gram 矩陣，其中的 $k$ 為某個正整數。更精確地說，$M$ 定義為：

$$M_{ij} = <x_i, x_j> = x_i^* x_j$$

換句話說，$M$ 具有 $A*A$ 的形式，其中 $A$ 不一定是方陣，但需要是單射的。

4. $M$ 的所有順序主子式，也就是順序主子陣的行列式都是正的 ( 西爾維斯特準則 )。明確來說，就是考察下列矩陣的行列式：

· $M$ 左上角 1×1 的矩陣

· $M$ 左上角 2×2 的矩陣

· …

· $M$ 自身

對於半正定矩陣來說，相應的條件應改為所有的主子式非負。順序主子式非負，並不能推出矩陣是半正定的，比如以下例子：

$$\begin{bmatrix} 1 & 1 & 1 \\ 1 & 1 & 1 \\ 1 & 1 & 0 \end{bmatrix}$$

5. 存在唯一的下三角矩陣 $L$，其主對角線上的元素全是正的，使得：

$$M = LL*$$

其中 $L*$ 是 $L$ 的共軛轉置，T 這一分解被稱為 Cholesky 分解。

對於實對稱矩陣，只須將上述性質中的 $C''$ 改為 $R''$，將「共軛轉置」改為「轉置」就可以了。

## 七、依變數之間的關係 (correlation of dependent variables)

單變量：變異數分析 (analysis of variance，ANOVA) 為資料分析中常見的統計模型，主要為探討連續型 (continuous) 資料型態之依變數 (dependent variable) 與類別型資料型態之自變數 (independent variable) 的關係。當自變數的因子中包含等於或超過 3 個類別情況下，檢定其各類別間平均數是否相等的統計模式。廣義上可將 student's t 檢定中變異數相等 (equality of variance) 的合併 t 檢定 (pooled t-test) 視為是變異數分析的一種，基於 T 檢定為分析兩組平均數是否相等，並且採用相同的計算概念，而實際上當變異數分析套用在合併 t 檢定的分析上時，產生的 F 值則會等於 t 檢定的平方項。

單變數：變異數分析依靠 F 分布為機率分布的依據，利用平方和 (sum of square) 與自由度 (degree of freedom) 所計算的組間與組內均方 (mean of square) 估計出 F 值，若有顯著差異則考量進行事後比較或稱多重比較 (multiple comparison)，較常見的為 Scheffé's method、Tukey-Kramer method 與 Bonferroni correction，用於探討其各組之間的差異為何。

多變量：變異數分析 (multivariate analysis of variance and covariance, MANOVA) 是 ANOVA 的延伸。Wilks(1932)、Pillai(1955)、Lawley(1938)、

Hotelling(1951)、Roy(1939) 等人都是多變數的先進。

MANOVA 常見的多變數統計量有 4 個，即 Wilks' lambda(Λ)、Pillai's trace、Lawley–Hotelling trace、Roy's largest root。為什麼只有這 4 個統計量呢？ Arnold (1981)、Rencher (1998)、Rencher and Christensen (2012)、Morrison (1998)、Pillai (1985) 及 Seber (1984) 認證：這 4 項檢定都是可接受的，無偏誤 (unbiased) 及不變的 (invariant)。漸近地，Wilks's lambda、Pillai's trace、Lawley–Hotelling trace、Roy's largest root 都趨近相同，但是當樣本違反盧無 (null) 假設和小樣本時，這 4 個統計量在行為上會不同，Roy's largest root 與其他 3 個不同，甚至是漸近的。

例如：當樣本違反「平均值向量相等」null 假定時，Roy 的最大根是最有效的，這樣平均值向量在 p 維空間內傾向在一條線上。但在多數其他情況，Roy's largest root 比其他 3 個統計數字更差。Pillai's trace 比其他三者更適合違反常態性 (nonnormality)、或異質性 (heteroskedasticity) 資料。故你的樣本資料非常態或誤差異質時，可捨棄 Wilks's lambda 改採用 Pillai's trace。

MANOVA 基於 model 變異矩陣的乘積$\Sigma_{model}$，誤差變異的反矩陣$\Sigma_{res}^{-1}$。$A = \Sigma_{model} \times \Sigma_{res}^{-1}$。虛無假設：$\Sigma_{model} = \Sigma_{residual}^{-1}$，這意味著此乘積項 A～I( 單位矩陣 )。

不變性考慮，意味著 MANOVA 統計量應該是該矩陣乘積的奇異值分解 (singular value decomposition) 的量度 (magnitude)，但由於對立假設 (alternative hypothesis) 的多維度性質，故沒有唯一的選擇。

最常見 MANOVA 統計量是基於 A 矩陣的根 (roots)/ 特徵值 (eigenvalues) $\lambda_p$。

1. Samuel Stanley Wilks'

$$\Lambda_{Wilks} = \prod_{1\cdots p} (1/(1+\lambda_p)) = \det(I+A)^{-1} = \det(\Sigma_{res})/\det(\Sigma_{res}+\Sigma_{model})$$

2. Pillai-M. S. Bartlett trace

$$\Lambda_{Pillai} = \sum_{1\cdots p} (\lambda_p/(1+\lambda_p)) = \mathrm{tr}((I+A)^{-1})$$

3. Lawley-Hotelling trace

$$\Lambda_{LH} = \sum_{1\cdots p} (\lambda_p) = \mathrm{tr}(A)$$

4. Roy's greatest root ( 又稱 Roy's largest root)

$$\Lambda_{Roy} = max_p(\lambda_p) = \| A \|_{\infty}$$

繼續討論每一個優點，儘管 greatest root 只能導致 significance 上，但實際利

益有限。更進一步的討論複雜性時，除了 Roy's greatest root ，這些統計在虛無假設下的分布不是直接的，只能在一些低維度情況下來逼近。最為人知的 Wilks' lambda 近似值是由 C. R. Rao 推導出來。

在 特殊情況 ：自變數只有 2 組時，以上 4 種統計數據是相同的，且退化為 Hotelling 的 T-square 檢定。

## 八、依變數的相關性 (correlation of dependent variables)

MANOVA 優於 ANOVA 的地方，就是它會考慮「依變數的相關性及自變數的效果量 (effect sizes)」。

但是，當研究設計只有 2 組及 2 個依變數時，若「相關性 = 較小標準化效果量與較大標準化效果量的比率」時，MANOVA 的統計檢定力 (power) 會最低。

$$\text{correlation} = \frac{\text{the smaller standardized effect size}}{\text{the larger standardized effect size}}$$

## 九、ANOVA 之假定 (assumptions)

運行變異數分析 (ANOVA) 分析數據集時，樣本數據應符合以下標準：

1. 常態性：每個條件的分數應該從正態分布的人群中抽樣。
2. 變異數同質性：每個母群體應該有相同的誤差變異數。同質性檢定就是分析組內變異數是否相同，如果不同質，沒有繼續分析的意義。
3. 共變數矩陣的球形：確保 F 比率與 F 分布的適配性。

## 十、MANOVA 之假定 (assumptions)

1. 獨立性：參與者所組成自變數的 levels 之間必須是相互獨立的。
2. 共變數矩陣的同質性 (Homogeneity of covariance matrices)：Box's M 檢定，若 p 值 (Sig.) 大於型 I 誤差 $\alpha(= 0.05)$ 值，則接受虛無假設：共變數矩陣是同質 ( 相等的 )。
3. 變異數同質性：每個組群應該有相同的誤差變異數。
   (1) Levene's 檢定 (homogeneity of variance)，若 p 值 (Sig.) 大於型 I 誤差 $\alpha(= 0.05)$ 值，則接受虛無假設：跨組的依變數之誤差是同質 ( 相等的 )。

(2) Mauchly's Test of Sphericity：共變數矩陣的球形：確保 F 比率與 F 分布的適配性。若 p 值 (Sig.) 大於型 I 誤差 $\alpha(= 0.05)$ 值，則拒絕虛無假設：covariances are unequal，因此你能確定 "assume sphericity"。

4. 多變量常態性：你對每一個依變數，都做單變量常態性檢定。

# 3-2 多變量：One way 變異數分析 (manova 指令 )

manova 分析之 STaTa 事後指令，如下表：

| manova 事後指令 | 說明 |
|---|---|
| manovatest | multivariate tests after manova |
| screeplot | plot eigenvalues |
| contrast | contrasts and ANOVA-style joint tests of estimates |
| estat summarize | summary statistics for the estimation sample |
| estat vce | variance-covariance matrix of the estimators (VCE) |
| estimates | cataloging estimation results |
| lincom | point estimates, standard errors, testing, and inference for linear combinations of coefficients |
| margins | marginal means, predictive margins, marginal effects, and average marginal effects |
| marginsplot | graph the results from margins (profile plots, interaction plots, etc.) |
| nlcom | point estimates, standard errors, testing, and inference for nonlinear combinations of coefficients |
| predict | predictions, residuals, and standard errors |
| predictnl | point estimates, standard errors, testing, and inference for generalized predictions |
| pwcompare | pairwise comparisons of estimates |
| test | Wald tests of simple and composite linear hypotheses |
| testnl | Wald tests of nonlinear hypotheses |

## 3-2-1 One way 多變量變異數分析之概念

### 一、單變量：ANOVA

#### (一) 單因子變異數分析 (One way ANOVA)

One way ANOVA( 單因子變異數分析 ) 是只有一個類別變數當作自變數，檢驗此類別變數與其他連續變數 (continuous variable) 之間的關係。具體而言，One way ANOVA ( 單因子變異數分析 )，就是在查看組間是否存在平均值的差異。

例如：當研究問題為比較多組 ( 通常 2 組以上 ) 平均值的差異，大家有印象的話，當想要比較 2 組的平均值是採用 t 檢定。舉例有 3 組病人，研究者想比較 3 組病人在血壓 ( 連續變數 ) 上是否有差異，就是採用 ANOVA。又如，你想看父母社經地位 (SES) 對子女學業成績的影響，SES 就是類別變數，學業成績是結果變數 (outcome variable)/ 依變數。

表 3-2　單因子實驗之資料結構

| 處理 (treatment level) | 觀察值 (observations) | | | | 橫列加總 (totals) | 列平均 (averages) |
|---|---|---|---|---|---|---|
| 1 | $y_{11}$ | $y_{12}$ | $\cdots$ | $y_{1n}$ | $y_{1.}$ | $\bar{y}_{1.}$ |
| 2 | $y_{21}$ | $y_{22}$ | $\cdots$ | $y_{2n}$ | $y_{2.}$ | $\bar{y}_{2.}$ |
| $\vdots$ | $\vdots$ | $\vdots$ | $\cdots$ $\cdots$ | $\vdots$ | $\vdots$ | $\vdots$ |
| $a$ | $y_{a1}$ | $y_{a2}$ | $\cdots$ | $y_{an}$ | $\dfrac{y_{a.}}{y_{..}}$ | $\dfrac{\bar{y}_{a.}}{\bar{y}_{..}}$ |

其中：$y_{i.} = \sum\limits_{j=1}^{n} y_{ij}$　　$\bar{y}_{i.} = y_{i.}/n$　　$i = 1, 2, \cdots, a$

$\quad\quad\ y_{..} = \sum\limits_{i=1}^{a} \sum\limits_{j=1}^{n} y_{ij}$　　$\bar{y}_{..} = y_{..}/N$

假設檢定 (fixed effects model)

$\quad H_0 : \mu_1 = \mu_2 = \cdots = \mu_a$

$\quad H_1 : \mu_i \neq \mu_j$　for at least one pair $(i, j)$

也就是說：

$H_0 : \tau_1 = \tau_2 = \cdots = \tau_a$

$H_1 : \tau_i \neq 0 \quad$ for at least one $i$

若拒絕 $H_0$，表示不同之因子水準對反應變數有影響。

反之，若接受 $H_0$，則表示不同之因子水準對反應變數無影響。

變異數分析摘要表

表 3-3　單因子變異數分析摘要表

| 變異來源 (source of variation) | 平方和 (sum of squares) | 自由度 (degrees of freedom) | 均方 (mean square) | $F$ 值 $F_0$ |
|---|---|---|---|---|
| 組間 (between factor levels) | $SS_{Factor}$ | $a-1$ | $MS_{Factor}$ | $F_0 = \dfrac{MS_{Factor}}{MS_E}$ |
| 組內 (error (within factor levels)) | $SS_E$ | $a(n-1)$ | $MS_E$ | |
| 全體 (total) | $SS_T$ | $an-1$ | | |

其中，$SS_{Total} = SS_{Factor} + SS_{error}$

公式如下：

$SS_T = SS_{Treatment} + SS_E$

$SS_T = \sum\limits_{i=1}^{a} \sum\limits_{j=1}^{n} y_{ij}^2 - \dfrac{y_{..}^2}{an}$

$SS_{Treatment} = \sum\limits_{i=1}^{a} \dfrac{y_{i.}^2}{n} - \dfrac{y_{..}^2}{an}$

$\sum\limits_{i=1}^{a} \sum\limits_{j=1}^{n} (y_{ij} - \bar{y}_{..})^2 = \sum\limits_{i=1}^{a} \sum\limits_{j=1}^{n} [(\bar{y}_{i.} - \bar{y}_{..})^2 + (y_{ij} - \bar{y}_{i.})^2]$

$= n\sum\limits_{i=1}^{a} (\bar{y}_{i.} - \bar{y}_{..})^2 + \sum\limits_{i=1}^{a} \sum\limits_{j=1}^{n} (y_{ij} - \bar{y}_{i.})^2$

$+ 2\sum\limits_{i=1}^{a} \sum\limits_{j=1}^{n} [(\bar{y}_{i.} - \bar{y}_{..})(y_{ij} - \bar{y}_{i.})] = 0$

又 $MS_{Treatment} = \dfrac{SS_{Treatment}}{a-1}$

$MS_E = \dfrac{SS_E}{a(n-1)}$

所以 $SS_E = SS_T - SS_{Treatment}$

且 $F_0 = \dfrac{MS_{Treatment}}{MS_E}$

決策

　　$SS_T = SS_E + SS_{Treatment}$，且 $SS_T$ 有 $an-1$ 個 d.f.，則 $SS_E/s^2$ 及 $SS_{Treatment}/s^2$ 皆為 Chi-square 隨機變數，其 d.f. 分別為 $a(n-1)$ 及 $a-1$。(Cochran's Theorem)

1. 若 $F_0 > F_{a-1,a(n-1)}$，表示不同之因子水準對反應變數有影響。

2. 反之，若 $F_0 \leq F_{a-1,a(n-1)}$ 則表示不同之因子水準對反應變數無影響。

### 資料轉換 (data transformation)

從橫斷面或時間序列來看，相同樣本所取得的資料在不同時點可能變異性相當大，或是所取得的資料並未細分，以致出現變異數很大的現象。例如：探討消費能力對儲蓄的影響，若區分出高所得與低所得兩群，則會發現低所得幾乎無儲蓄能力，故其標準差很小；但高所得儲蓄能力的變異性由小到大，故就發生了變異數為異質的現象。

若「residual vs. estimates 圖」或「estat hettest」、rvpplot 指令，顯示殘差變異數異質時，應考慮做資料轉換。常用之資料轉換公式，如下：

1. Poisson 資料 => 開根方 (Square Root) 轉換
2. Lognormal 資料 => 對數函數 (Logarithmic) 轉換
3. Binomial 資料 => $Sin^{-1}(x)$(arcsin) 轉換 => 開方根 (Square Root) 轉換

$$H_0 : \sigma_1^2 = \sigma_2^2 = \cdots = \sigma_a^2$$
$$H_1 : 至少一個不是等號 \text{ above not true for at least one } \sigma_i^2$$

## (二) 雙因子變異數分析 (Two way ANOVA)

Two way ANOVA( 雙因子變異數分析 ) 是有 2 個以上的類別變數，作為自變數 (independent variables)。例如：性別、父母 SES 對數學成績的影響，性別和父母 SES 就是類別變數。

### 表 3-4　雙因子變異數分析摘要表

| 變異來源 | SS | df | MS | F |
|---|---|---|---|---|
| 組間 | | | | |
| A | $SS_A$ | $k-1$ | $SS_A/df_A$ | $MS_A/MS_W$ |
| B | $SS_B$ | $l-1$ | $SS_B/df_B$ | $MS_B/MS_W$ |
| AB 交互作用 | $SS_{AB}$ | $(k-1)(l-1)$ | $SS_{AB}/df_{AB}$ | $MS_{AB}/MS_W$ |
| 組內 ( 誤差 ) | $SS_{W.cell}$ | $N-kl$ | $SS_W/df_W$ | |
| 全體 | $SS_t$ | $N-1$ | | |

$$總離均差平方和 (SS_t) = 組間離均差平方和 (SS_b) + 組內離均差平方和 (SS_w)$$

$$SS_A + SS_B + SS_{AB} + SS_W$$

$$總自由度 (df_t) = df_A + df_B + df_{AA} + df_W$$
$$N - 1 = (k - 1) + (l - 1) + (k - 1)(l - 1) + (N - kl)$$

## 二、單變量：共變數分析 (ANCOVA)

共變數分析以 ANOVA 為基礎，討論多丟的變數是否能減少誤差的平方和 $(SS_E)$，而這個「多丟的變數」是連續型變數，即是共變數 (covariate)。簡言之，看控制共變數後的反應結果在各群組間是否有所差異。

例如：討論一群學生英文能力的差別，而這群學生被隨機選派使用 3 種不同教學法，再測驗這 3 種教學法下學生英文成績是否有差異。假設怕學生 IQ 值也會影響英文能力，在比較這二組學生能力高低時，如果將 IQ 放入控制，想必提高測驗的敏感度。除了 IQ 之外，若再放入其他可能會影響英文能力的變數，就變成多共變數 (multiple covariates)。

## 三、多變量變異數分析 (MANOVA)

manova 指令可以指定 2 個或 2 個以上依變數的變異數和共數數分析 ( 若針對單一依變數的變異數分析，請用 anova 指令 )，MANOVA 可以分別對每個依變數進行檢定(如同 ANOVA)，問題是分開的個別檢定無法處理依變數間的複(多個) 共線性 (multi colli nearity) 問題，必須使用 MANOVA 才能處理。

MANOVA 除了使用於多個依變數的情形外，更重要地是，MANOVA 有把多元共線性 (multicollinearity) 考慮進來單變量無法查覺的線性結合上的差異，MANOVA 也可以計算出來。在控制實驗的錯誤率上，以 3 個依變數為例，若是將多變量變異數分析拆成多個單變量來執行時，在 $\alpha = 0.05$ 的錯誤率下，多個單變量分析的錯誤率最小會發生在 3 個依變數都相關為 0.05，最大則會發生在 3 個依變數都是獨立的、不相關的情形下：

$$(1 - 0.95^3) = (1 - 0.857) = 0.143$$

代表著 Type I 的錯誤率會介於 0.05 ~ 0.143 之間，會大幅提高 Type I 的錯誤

率。因此，我們不可以把多變量變異數分析拆成多個單變量變異數分析來執行，
會影響檢定的效力。

　　多變量變異數的檢定是要檢定多個變量的平均數向量是否相等，也就是計算
組間 (between group) 和組內 (within group) 的對比。MANOVA 和 ANOVA 的計算
差異是：ANOVA 使用的是均方和 (mean square)，而 MANOVA 使用的是將均方
和換成平方和與交叉乘積矩陣 (SSCP 矩陣)，SSCP 矩陣的全名是 matrix of sum
of square and cross-products。

　　多變量變異數的檢定方式有許多種，最常用的有 4 種，分別是：Wilks
Lambda、Roy's Greatert Root、Hotelling-Lawley 與 Trace Pillai's Trace。

## 3-2-2 One way 多變量變異數分析 (manova 、 oneway, scheffe 、 mat list() 指令 )

　　變異數分析重點，包括：同質性檢定、差異的假設檢定、ANOVA 的報告方
法、顯著水準是什麼意思、多重事後比較 (Multiple post hoc comparison)。

範例：**One way 多變量變異數分析 (manova 指令 )**

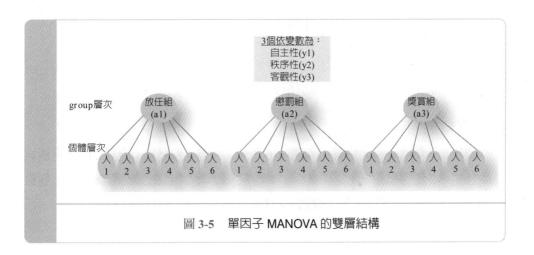

圖 3-5　單因子 MANOVA 的雙層結構

例 3-1 （參考林清山，《多變數分析統計法》，民 79，第 5 版，p407）

　　將 17 名學生隨機分為 3 組，隨機分派到「放任組」、「懲罰組」和「獎賞組」去接受實驗。在獎賞組裡，學生一有好的行為表現，教師立刻予以獎賞；在懲罰組裡，學生一有不良的行為表現，教師立刻予以懲罰；在放任組裡，學生的行為不受到獎賞、也不受到懲罰。下表是實驗一年後，就「自主性」、「秩序性」和「客觀性」3 項人格特質加以測驗的結果。試以 $\alpha = .05$ 檢定 3 組受試者在這些人格特質方面，是否有顯著的差異存在。

| 組別 | 放任組 (a1) | | | 懲罰組 (a2) | | | 獎賞組 (a3) | | |
|---|---|---|---|---|---|---|---|---|---|
| 依變數 | 自主 | 秩序 | 客觀 | 自主 | 秩序 | 客觀 | 自主 | 秩序 | 客觀 |
| 分數 | 6 | 5 | 4 | 5 | 3 | 4 | 10 | 9 | 8 |
| | 3 | 2 | 3 | 6 | 4 | 7 | 9 | 8 | 7 |
| | 5 | 4 | 3 | 8 | 6 | 5 | 11 | 7 | 8 |
| | 4 | 6 | 7 | 6 | 6 | 8 | 10 | 12 | 11 |
| | 4 | 5 | 5 | 9 | 8 | 9 | 13 | 10 | 9 |
| | 2 | 2 | 5 | 5 | 9 | 6 | | | |

$$\text{虛無假設 } H_0 : \begin{bmatrix} \alpha_{11} \\ \alpha_{12} \\ \alpha_{13} \end{bmatrix} = \begin{bmatrix} \alpha_{21} \\ \alpha_{22} \\ \alpha_{23} \end{bmatrix} = \begin{bmatrix} \alpha_{31} \\ \alpha_{32} \\ \alpha_{33} \end{bmatrix}$$

對立假設 $H_1$：有任一個矩陣不相等。

## 一、資料檔內容

　　資料檔「例 3-1(P407).dta」，如圖 3-6 所示。共有 4 個變數：變數 a 代表組別 (1 是放任組、2 是懲罰組、3 是獎賞組 )，變數 y1 代表「自主」的測驗得分，變數 y2 代表「秩序」的測驗得分，變數 y3 代表「客觀」的測驗得分。

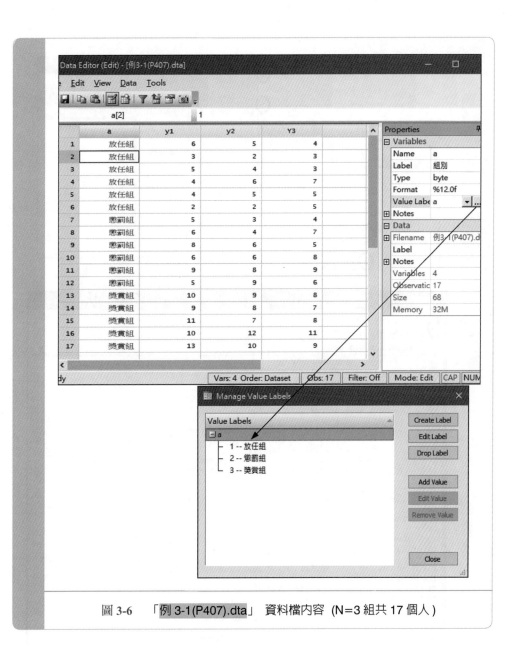

圖 3-6 「例 3-1(P407).dta」 資料檔內容 (N=3 組共 17 個人)

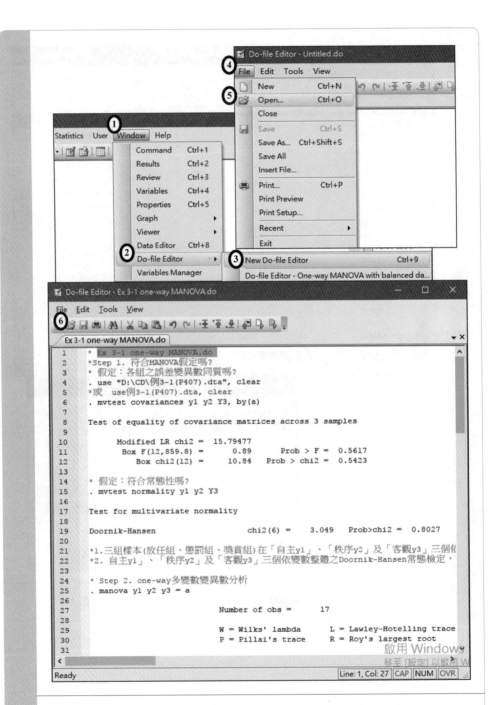

圖 3-7　「Ex 3-1 One way MANOVA.do」　指令檔內容

## 二、分析結果與討論

**Step 1.** 符合 MANOVA 假定 嗎？

```
* 假定：各組之誤差變異數同質嗎？
. use "D:\CD\ 例 3-1(P407).dta", clear
* 或 use 例 3-1(P407).dta, clear

. mvtest covariances y1 y2 y3, by(a)

Test of equality of covariance matrices across 3 samples

        Modified LR chi2 =  15.79477
        Box F(12,859.8) =       0.89      Prob > F =  0.5617
            Box chi2(12) =     10.84    Prob > chi2 =  0.5423


* 假定：符合常態性嗎？
. mvtest normality y1 y2 y3

Test for multivariate normality

Doornik-Hansen                    chi2(6) =     3.049    Prob>chi2 =  0.8027
```

1. 同質性檢定就是分析組內變異數是否相同，如果不同質，沒有繼續分析的意義。3 組樣本 ( 放任組、懲罰組、獎賞組 ) 在「自主 y1」、「秩序 y2」及「客觀 y3」3 個依變數之變異數同質性檢定，Box $F_{(12,859.8)} = 0.89(p > .05)$ 未達顯著差異，故接受「$H_0$：變異數同質性」，表示本研究資料符合「變異數同質性」假定 (assumption)。整體來說，例 3-1 研究資料符合「多變量變異數同質性」的假定，故可進一步看下面的變異數分析。

2. 「自主 y1」、「秩序 y2」及「客觀 y3」3 個依變數整體之 Doornik-Hansen 常態檢定，求得 Box $F_{(12,859.8)} = 0.89(p > .05)$ 未達顯著差異，故接受「$H_0$：常態性」，表示本研究資料符合「常態性」假定 (assumption)。

**Step 2**. One way 多變量變異數分析

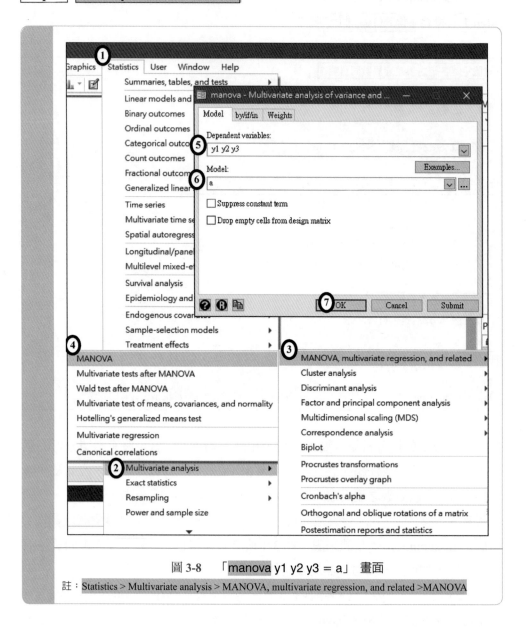

圖 3-8 「manova y1 y2 y3 = a」 畫面

註：Statistics > Multivariate analysis > MANOVA, multivariate regression, and related > MANOVA

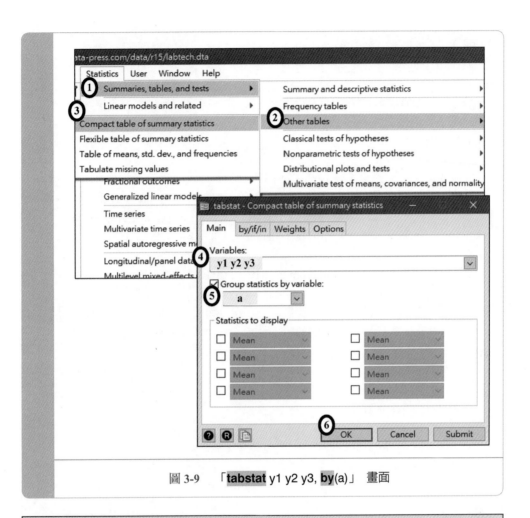

圖 3-9　「**tabstat** y1 y2 y3, **by**(a)」 畫面

```
* 開啟資料檔
. use 例 3-1(P407).dta, clear
* 或 use "D:\CD\ 例 3-1(P407).dta", clear
* 印出 A 因子 3 個 levels 在「y1 y2 y3」平均數
. tabstat y1 y2 y3, by(a)

Summary statistics: mean
  by categories of: a ( 組別 )


    a  |       y1         y2        y3
-------+-----------------------------
放任組 |        4          4       4.5
```

```
懲罰組 |      6.5        6       6.5
獎賞組 |     10.6      9.2      8.6
-------+-----------------------------
 Total |  6.823529  6.235294  6.411765
----------------------------------------
. manova y1 y2 y3 = a


                    Number of obs =      17


                    W = Wilks' lambda     L = Lawley-Hotelling trace
                    P = Pillai's trace    R = Roy's largest root


          Source | Statistic    df   F(df1,   df2) =    F   Prob>F
        ---------+-------------------------------------------------
             a | W   0.1888     2    6.0    24.0    5.21 0.0015 e
               | P   0.8328          6.0    26.0    3.09 0.0202 a
               | L   4.1815          6.0    22.0    7.67 0.0002 a
               | R   4.1540          3.0    13.0   18.00 0.0001 u
               |-------------------------------------------------
        Residual |               14
        ---------+-------------------------------------------------
          Total |               16
        ---------------------------------------------------------
                    e = exact, a = approximate, u = upper bound on F
```

* 印出誤差 $Q_E$ 之 SSCP 矩陣
. mat list e(E)

```
symmetric e(E)[3,3]
      y1    y2    y3
y1  32.7
y2  15.4  54.8
y3   7.7  27.4  38.2
```

* 印出 $Q_H$ 之 SSCP 矩陣
. mat list e(H_m)

```
symmetric e(H_m)[3,3]
            y1          y2          y3
y1   119.77059
y2   94.305882   74.258824
y3   73.535294   57.952941   45.917647
```

多變量變異數，A 因子顯著性的檢定，得 Wilks $\Lambda$ = 0.189 (p < .05)，達顯著差異。整體而言，放任、懲罰和獎賞這 3 組在自主 (y1)、秩序 (y2) 與客觀 (y3)3 種人格特質上，都有顯著差異存在。

Step 3-1. a因子在 y1 平均數之事後比較 (oneway、anova、margins、contrast 指令)

由於本例，a 因子有 3 個 levels，故應捨 t 檢定，改用「oneway y1 a, scheffe」來求 a 因子 3 組別，在依變數平均數之 scheffe 事後比較。

```
. oneway y1 a, scheffe


                        Analysis of Variance
        Source          SS        df        MS          F        Prob > F
-------------------------------------------------------------------------
Between groups     119.770588      2    59.8852941     25.64      0.0000
 Within groups         32.7       14     2.33571429
-------------------------------------------------------------------------
     Total         152.470588     16     9.52941176


Bartlett's test for equal variances:   chi2(2) =    0.4379   Prob>chi2 = 0.803


                    Comparison of 自主 by 組別
                            (Scheffe)

Row Mean-|
Col Mean |     放任組       懲罰組
---------+----------------------------
    懲罰組 |        3
         |      0.042
         |
    獎賞組 |        7            4
         |      0.000        0.002
```

1. Bartlett 變異數同質性檢定，求得 $\chi^2_{(2)} = $ 0.438$(p > .05)$，故接受 $H_0$：變異數同質性之假定。

2. a 因子在依變數 y1( 自主 ) 之平均數，達到顯著差異 $(F = 25.64, p < .05)$。

3. y1 在各組平均數之差異方面：「懲罰組 - 放任組 =3」、「獎賞組 - 放任組 =7」、「獎賞組 - 懲罰組 =4」。故可看出，在 y1 之平均數，獎賞組 > 放任組 > 懲罰組。

除了上述「oneway y1 a, scheffe」外，本例亦可改用 anova 指令及「margins、contrast 事後指令」來求 a 因子 3 組別，在依變數之平均數事後比較。

```
* 另一做法：anova 指令
. use 例 3-1(P407).dta, clear

. anova y1 a

* 各組在各個依變數的細格平均數
. margins a

Adjusted predictions                          Number of obs   =        17

Expression   : Linear prediction, predict()

--------------------------------------------------------------------------
             |            Delta-method
             |    Margin   Std. Err.      z    P>|z|     [95% Conf. Interval]
-------------+------------------------------------------------------------
          a  |
          1  |         4   .6239277     6.41   0.000     2.777124    5.222876
          2  |       6.5   .6239277    10.42   0.000     5.277124    7.722876
          3  |      10.6   .6834785    15.51   0.000     9.260407    11.93959
--------------------------------------------------------------------------

* 以下三個 contrast，做 a 因子 3 個 levels 之間的事後比較 ( ~scheffe 事後比較 )

* a1 a3 平均數的事後比較 (t-test)
. contrast {a 1 0 -1}, effects
```

```
Contrasts of marginal linear predictions

Margins      : asbalanced
-----------------------------------------------
             |      df         F        P>F
-------------+---------------------------------
          a  |       1       50.86     0.0000
             |
    Residual |      14
-----------------------------------------------


-----------------------------------------------------------------------
             |  Contrast   Std. Err.     t     P>|t|   [95% Conf. Interval]
-------------+---------------------------------------------------------------
          a  |
         (1) |     -6.6    .9254343    -7.13   0.000   -8.584859   -4.615141
-----------------------------------------------------------------------
```

* a1 a2 平均數的事後比較 (t-test)
. contrast {a 1 -1 0}, effects

```
Contrasts of marginal linear predictions

Margins      : asbalanced

-----------------------------------------------
             |      df         F        P>F
-------------+---------------------------------
          a  |       1        8.03     0.0133
             |
    Residual |      14
-----------------------------------------------


-----------------------------------------------------------------------
             |  Contrast   Std. Err.     t     P>|t|   [95% Conf. Interval]
-------------+---------------------------------------------------------------
          a  |
```

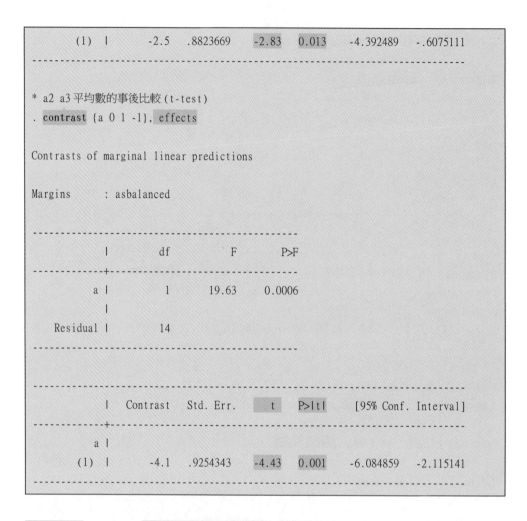

```
         (1)  |      -2.5    .8823669    -2.83    0.013    -4.392489    -.6075111
--------------------------------------------------------------------------------

* a2 a3 平均數的事後比較 (t-test)
. contrast {a 0 1 -1}, effects

Contrasts of marginal linear predictions

Margins        : asbalanced

------------------------------------------------
             |       df         F       P>F
-------------+----------------------------------
           a |        1      19.63     0.0006
             |
    Residual |       14
------------------------------------------------


--------------------------------------------------------------------------------
             | Contrast   Std. Err.      t     P>|t|     [95% Conf. Interval]
-------------+------------------------------------------------------------------
           a |
         (1) |      -4.1    .9254343    -4.43    0.001    -6.084859    -2.115141
--------------------------------------------------------------------------------
```

**Step 3-2.** a 因子在 y2 平均數之事後比較 (oneway 指令)

由於本例，a 因子有 3 個 levels，故應捨 t 檢定，改用「oneway y2 a, scheffe」來求 a 因子 3 組別，在依變數平均數之 scheffe 事後比較。

```
* 開啟資料檔
. use 例3-1(P407).dta, clear

. oneway y2 a, scheffe

                       Analysis of Variance
```

```
    Source              SS          df      MS            F       Prob > F
-------------------------------------------------------------------------
Between groups      74.2588235      2    37.1294118     9.49      0.0025
Within groups           54.8       14    3.91428571
-------------------------------------------------------------------------
    Total          129.058824      16    8.06617647

Bartlett's test for equal variances:  chi2(2) =   0.4379  Prob>chi2 = 0.803


                    Comparison of 秩序 by 組別
                            (Scheffe)
Row Mean-|
Col Mean |     放任組        懲罰組
---------+----------------------------
  懲罰組 |       2
         |     0.250
         |
  獎賞組 |       5            3
         |     0.003        0.056
```

1. Bartlett 變異數同質性檢定，求得 $\chi^2_{(2)}$ = 0.438 (p>.05)，故接受 $H_0$：變異數同質性之假定。

2. a 因子在依變數 y2( 秩序 ) 之平均數，達到顯著差異 (F = 9.49, p < .05)。

3. y2 在各組平均數之差異方面：「懲罰組 - 放任組 =2」、「獎賞組 - 放任組 =5」、「獎賞組 - 懲罰組 =3」。故可看出，在 y2 之平均數，獎賞組 > 放任組 > 懲罰組。

Step 3-3. a 因子在 y3 平均數之事後比較 (anova、margins、contrast 指令 )

　　由於本例，a 因子有 3 個 levels，為免增加第 I 型誤差 ($\alpha$)，故應捨 t 檢定，改用 anova 指令，及「margins、contrast 事後指令」來求 a 因子 3 組別，在依變數之平均數事後比較。

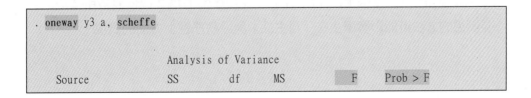

```
. oneway y3 a, scheffe


                        Analysis of Variance
    Source              SS          df      MS            F       Prob > F
```

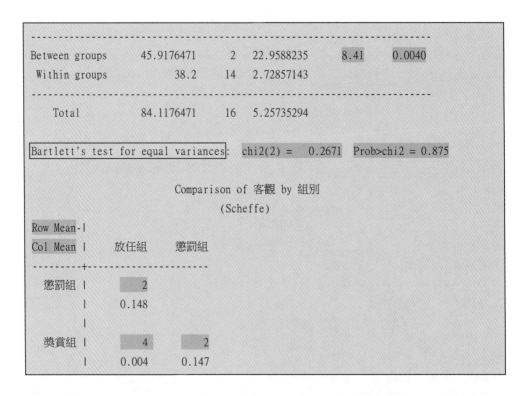

```
------------------------------------------------------
Between groups    45.9176471    2    22.9588235    8.41    0.0040
 Within groups                  38.2   14    2.72857143
------------------------------------------------------
     Total         84.1176471   16    5.25735294
```

Bartlett's test for equal variances:  chi2(2) =   0.2671  Prob>chi2 = 0.875

Comparison of 客觀 by 組別
(Scheffe)

```
Row Mean-|
Col Mean |     放任組      懲罰組
---------+---------------------------
  懲罰組  |       2
         |     0.148
         |
  獎賞組  |       4          2
         |     0.004      0.147
```

1. Bartlett 變異數同質性檢定，求得 $\chi^2_{(2)} = 0.267(p > .05)$，故接受 $H_0$：變異數同質性之假定。

2. a 因子在依變數 y3( 客觀 ) 之平均數，達到顯著差異 (F = 8.41, p < .05)。

3. y3 在各組平均數之差異方面：「懲罰組 - 放任組 =2」、「獎賞組 - 放任組 =4」、「獎賞組 - 懲罰組 = 2」。故可看出，在 y3 之平均數，獎賞組 > 懲罰組 > 放任組。

4. 單變異數變異數分析，顯示放任、秩序和獎賞這 3 組：(1) 在「自主」人格特質上，有顯著差異 (F = 25.64, p < .05)；(2) 在「秩序」人格特質上，亦有顯著差異 (F = 9.49, p < .05)；(3) 在「客觀」人格特質上，亦有顯著差異 (F = 8.41, p < .05)。

5. 一般而言，放任組、懲罰組和獎賞組 3 組之間，在人格特質方面有顯著差異存在。此種差異，主要係由「自主性」及「秩序性」這 2 個依變數所造成。可見獎懲的方法可能影響學生在「自主性」與「秩序性」方面的表現。

### 3-2-3a 如何處理 MANOVA ≠ ANOVA 顯著性結果不一致呢？1 實驗組 vs. 2 對照組 (manova 、 tabstat, by() 、 manovatest, test() 、 margins 、 anova 指令 )

MANOVA 旨在：2 個 ( 以上 ) 依變數、1 個 ( 以上 ) 類別預測變數的建模。

本例教你如何使用各種數據分析命令，但不涵蓋研究人員所期望的研究過程的所有方面。特別是，不包括數據清理和檢查、假定驗證 (verification of assumptions)、模型診斷 (model diagnostics) 或潛在的追蹤分析。

範例 ： **One way MANOVA**

研究 33 個受試者隨機分布至 3 小組。第 1 組透過線上網站互動來接收技術飲食資訊。第 2 組從同一個護士來獲得資訊。第 3 組從同一個護士之錄影帶來接收資訊。研究者想探討 3 種不同教學法的表現 (three different ratings of the presentation)：難度 (difficulty) 、實用性 (useful) 和重要性 (importance)，並想瞭解這 3 種表達方式是否有差異。尤其研究者焦點在交互式網站是否較優越，因為它是交付資訊的最具成本效益的方法。

本例資料檔「manova.dta」，共 3 組 33 個受試者，採平衡樣本設計 ( 每組人數都一樣 )，共 3 個連續型依變數 (useful 、difficulty 、importance)。本例只有 1 個自變數 group，它有 3 個水準 (levels)：

1. level 1 實驗組 (treatment group)。
2. level 2 是控制組一 (control group 1)。
3. level 3 是控制組二 (control group 2)。

# 一、資料檔內容

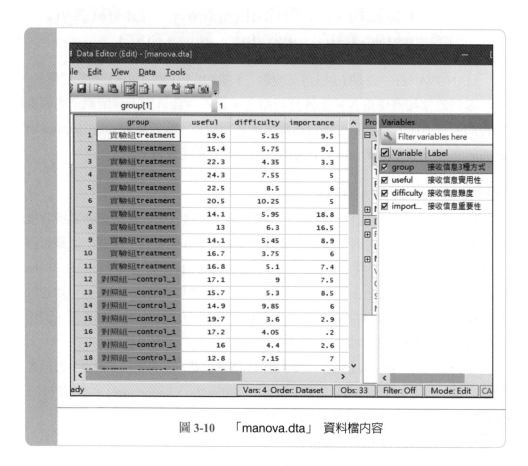

圖 3-10 　「manova.dta」 資料檔內容

# 二、統計分析

### Step 1. 描述性統計：瞭解樣本資料特徵

```
* 練習題 One way MANOVA
. use manova, clear
* 或
. use http://stats.idre.ucla.edu/stat/stata/dae/manova, clear
. label variable difficulty "接收資訊難度"
. label variable useful "接收資訊實用性"
```

```
. label variable importance " 接收資訊重要性 "

. summarize difficulty useful importance

    Variable |       Obs        Mean    Std. Dev.       Min        Max
-------------+---------------------------------------------------------
  difficulty |        33    5.715152    2.017598        2.4      10.25
      useful |        33     16.3303    3.292461       11.9       24.3
  importance |        33    6.475758    3.985131         .2       18.8

. tabulate group


接收資訊 3 種方式 |      Freq.     Percent        Cum.
-----------------+-----------------------------------
實驗組 treatment |         11       33.33       33.33
對照組一 control_1 |         11       33.33       66.67
對照組二 control_2 |         11       33.33      100.00
-----------------+-----------------------------------
           Total |         33      100.00

* 印出單因子三個 levels 在「difficulty useful importance」平均數
. tabstat difficulty useful importance, by(group)

Summary statistics: mean
  by categories of: group ( 接收資訊 3 種方式 )

          group | difficulty     useful  importance
-----------------+------------------------------------
實驗組 treatment |   6.190909    18.11818    8.681818
對照組一 control_1 |   5.581818    15.52727    5.109091
對照組二 control_2 |   5.372727    15.34545    5.636364
-----------------+------------------------------------
          Total |   5.715152     16.3303    6.475758
------------------------------------------------------

*MANOVA 比 ANOVA 多考慮依變數之間的相關性：印出三個依變數之相關矩陣
. correlate useful difficulty importance
```

```
(obs=33)

              |  useful difficulty importance
------------+-------------------------------
     useful |  1.0000
 difficulty |  0.0978   1.0000
 importance | -0.3411   0.1978   1.0000
```

**Step 2.** 4 種統計法：都可交替使用

　　實驗設計分 3 群組 ( 訊息接受方式 )，想瞭解這 3 種訊息接受方式之 3 種效果是否有差異。故本例可用下列 3 種統計法來分析，它們各有其優點及限制：

1. **MANOVA**：如果有 2 個 ( 以上 ) 的連續依變數和 1 個分類預測變數，這是一個很好的選擇。本例採用此統計方法。

2. **線性判別分析** (discriminant function)：這也是合理的選項，它相當於 One way MANOVA。

3. reshaped 指令，將樣本資料由 wide 格式轉成 long 格式，再採用**多層次模型** (multilevel model) 分析。詳細內容，請見作者《多層次模型(HLM) 及重複測量：使用 STaTa》一書

4. 分別對 3 個依變數進行三次的**單變數 ANOVA(separate univariate ANOVAs)**：單變數 ANOVA 分析，它不像 **MANOVA** 同時考慮所有變數資訊來產生多變數結果。另外，單獨的單變數檢定通常不那麼強大，因為它們沒有考慮依變數之間的相關性。

```
. manova difficulty useful importance = group

                    Number of obs =        33


                    W = Wilks' lambda      L = Lawley-Hotelling trace
                    P = Pillai's trace     R = Roy's largest root


            Source | Statistic     df   F(df1,   df2) =   F   Prob>F
          ---------+------------------------------------------------
```

```
           group | W   0.5258      2      6.0     56.0     3.54 0.0049 e
                 | P   0.4767             6.0     58.0     3.02 0.0122 a
                 | L   0.8972             6.0     54.0     4.04 0.0021 a
                 | R   0.8920             3.0     29.0     8.62 0.0003 u
                 |-----------------------------------------------------------
       Residual  |                30
         --------+-----------------------------------------------------------
          Total  |                32
           -------------------------------------------------------------------
                  e = exact, a = approximate, u = upper bound on F
```

由於本例整體檢定，Wilks' lambda = 0.5258 (p < .05)，故拒絕「虛無假定 $H_0$：3 小組在 3 個依變數的平均數無差異」，須再進行主要效果 (main effect) 之事後比較。

Step 3. 4 種主要效果 (main effect) 之事後比較

STaTa 內定的 4 種事後比較統計法，都是重要的。

為了找出差異在哪裡，會跟進幾個事後 (post-hoc) 檢定。我們將從「group 1 versus the average of groups 2 and 3」的平均值作比較。首先，將使用 manova 、showorder 命令來確定設計矩陣中元素的順序。瞭解設計矩陣中元素的順序 (showorder)，是事後檢定所必備條件。

```
. manovatest, showorder

Order of columns in the design matrix
     1: (group==1)
     2: (group==2)
     3: (group==3)
     4: _cons
```

首先比較「treatment group (group 1) 與 2 個 control groups (groups 2 and 3)」的平均數。其研究假定是：對照組等於治療組的平均數之虛無假定。上面的輸出說明矩陣中的第四個元素是常數 (_cons)，所以在下面的矩陣命令中，將它設置

為 0。一旦創建了一個矩陣 ( 稱之為 c1)，將可以使用 **manovatest** 命令來檢定 c1 之比較係數。

```
*設定：比較「treatment group (group 1) 與二個 control groups (groups 2 and 3)」的平均數
. matrix c1=(2,-1,-1,0)
. manovatest, test(c1)


Test constraint
(1)    2*1.group - 2.group - 3.group = 0


                          W = Wilks' lambda      L = Lawley-Hotelling trace
                          P = Pillai's trace     R = Roy's largest root


          Source |  Statistic     df   F(df1,    df2) =    F   Prob>F
     ------------+------------------------------------------------------
       manovatest | W    0.5290      1   3.0     28.0     8.31  0.0004 e
                  | P    0.4710          3.0     28.0     8.31  0.0004 e
                  | L    0.8904          3.0     28.0     8.31  0.0004 e
                  | R    0.8904          3.0     28.0     8.31  0.0004 e
                  |------------------------------------------------------
         Residual |                  30
     -------------------------------------------------------------------
                          e = exact, a = approximate, u = upper bound on F


* 印出單因子三個 levels 在「difficulty useful importance」平均數
. tabstat useful difficulty importance, by(group)


Summary statistics: mean
  by categories of: group ( 接收資訊 3 種方式 )


            group |    useful  difficulty  importance
    --------------+--------------------------------
   實驗組 treatment |  18.11818  6.190909   8.681818
   對照組一 control_1 |  15.52727  5.581818   5.109091
   對照組二 control_2 |  15.34545  5.372727   5.636364
    --------------+--------------------------------
            Total |  16.3303   5.715152   6.475758
    -------------------------------------------------
```

1. W = Wilks' lambda 為 **0.5290** (p < .05)，故實驗組在 3 個依變數的平均數，顯著
   優於 (2 組 ) 控制組。

2. 以上結果，表示 groups 1 與 groups 2 的平均值有統計學差異。再看「**tabstat,
   by**()」求得各組平均數，即可看實驗組效果優於控制組。

接著再用 manovatestcommand 指令來比較「control group 1 (group 2) to
control group 2 (group 3)」，此時界定 c2 矩陣之比較係數如下：

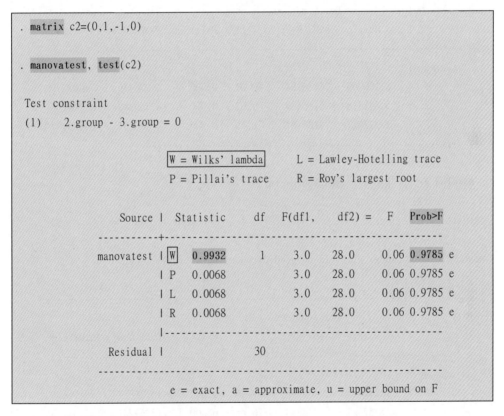

```
. matrix c2=(0,1,-1,0)

. manovatest, test(c2)

Test constraint
(1)     2.group - 3.group = 0


                              W = Wilks' lambda     L = Lawley-Hotelling trace
                              P = Pillai's trace    R = Roy's largest root


          Source | Statistic      df   F(df1,    df2) =    F    Prob>F
        ---------+----------------------------------------------------------
        manovatest | W   0.9932     1    3.0     28.0     0.06  0.9785 e
                 | P   0.0068           3.0     28.0     0.06  0.9785 e
                 | L   0.0068           3.0     28.0     0.06  0.9785 e
                 | R   0.0068           3.0     28.0     0.06  0.9785 e
                 |-------------------------------------------------------
        Residual |                 30
        -----------------------------------------------------------------
                     e = exact, a = approximate, u = upper bound on F
```

由以上結果，發現對照組 1 與對照組 2 沒有統計學顯著差異。

接著再使用 margin 指令，來求取每個組調整後的預測值。在下面的第一個
例子中，我們得到了依變數 (difficulty) 的預測方法。在接下來的 2 個例子中，得
到了依變數的預測方法是有用的和重要的。這些值可以幫助查看預測變數 levels
間的差異。

Step 4. 各組在 3 個依變數之邊際效果

```
. margins group, predict(equation(difficulty))

Adjusted predictions                          Number of obs  =        33

Expression   : Linear prediction, predict(equation(difficulty))

------------------------------------------------------------------------
             |            Delta-method
             |     Margin   Std. Err.      z    P>|z|    [95% Conf. Interval]
-------------+----------------------------------------------------------
       group |
          1  |   6.190909   .6186184    10.01   0.000    4.978439   7.403379
          2  |   5.581818   .6186184     9.02   0.000    4.369349   6.794288
          3  |   5.372727   .6186184     8.69   0.000    4.160257   6.585197
------------------------------------------------------------------------

. margins group, predict(equation(useful))

Adjusted predictions                          Number of obs  =        33

Expression   : Linear prediction, predict(equation(useful))

------------------------------------------------------------------------
             |            Delta-method
             |     Margin   Std. Err.      z    P>|z|    [95% Conf. Interval]
-------------+----------------------------------------------------------
       group |
          1  |   18.11818   .9438243    19.20   0.000    16.26832   19.96804
          2  |   15.52727   .9438243    16.45   0.000    13.67741   17.37713
          3  |   15.34545   .9438243    16.26   0.000    13.49559   17.19532
------------------------------------------------------------------------

. margins group, predict(equation(importance))

Adjusted predictions                          Number of obs  =        33
```

```
Expression    : Linear prediction, predict(equation(importance))

-----------------------------------------------------------------------
             |            Delta-method
             |   Margin   Std. Err.      z    P>|z|   [95% Conf. Interval]
-------------+---------------------------------------------------------
       group |
         1   |  8.681818   1.136676    7.64   0.000   6.453973   10.90966
         2   |  5.109091   1.136676    4.49   0.000   2.881246   7.336936
         3   |  5.636364   1.136676    4.96   0.000   3.408519   7.864208
-----------------------------------------------------------------------
```

由以上 3 個分析結果，看到第二組和第三組的平均數預測值非常相似，groups 1 的預測平均值高於 groups 2 和 groups 3。

本例接著用 margins 指令，來比較「實驗組 (groups 1) 與控制組 (groups 2 及 groups 3)」在 3 個依變數 (difficulty、useful、importance) 的邊際平均數。

```
. margins, dydx(group) predict(equation(difficulty))

Conditional marginal effects                  Number of obs   =         33

Expression    : Linear prediction, predict(equation(difficulty))
dy/dx w.r.t.  : 2.group 3.group

-----------------------------------------------------------------------
             |            Delta-method
             |    dy/dx   Std. Err.      z    P>|z|   [95% Conf. Interval]
-------------+---------------------------------------------------------
       group |
         2   | -.6090908   .8748585   -0.70   0.486   -2.323782    1.1056
         3   | -.8181818   .8748585   -0.94   0.350   -2.532873   .8965094
-----------------------------------------------------------------------
Note: dy/dx for factor levels is the discrete change from the base level.
```

\* 印出單因子三個 levels 在「difficulty」平均數

```
. tabstat difficulty, by(group)

Summary for variables: difficulty
    by categories of: group ( 接收資訊 3 種方式 )

        group |      mean
-----------------+----------
 實驗組 treatment |   6.190909
對照組一 control_1 |   5.581818
對照組二 control_2 |   5.372727
-----------------+----------
        Total |   5.715152
------------------------------
```

對於依變數 difficulty，對照組一與實驗組的平均值之差約爲 -0.61 (5.58-6.19)。對照組二與實驗組的平均值之差約爲 -0.82 (5.37-6.19)。

```
. margins, dydx(group) predict(equation(useful))

Conditional marginal effects                     Number of obs   =       33

Expression    : Linear prediction, predict(equation(useful))
dy/dx w.r.t.  : 2.group 3.group

------------------------------------------------------------------------------
             |            Delta-method
             |    dy/dx   Std. Err.      z    P>|z|    [95% Conf. Interval]
-------------+----------------------------------------------------------------
     group   |
         2   |  -2.590909   1.334769   -1.94   0.052   -5.207008    .0251907
         3   |  -2.772727   1.334769   -2.08   0.038   -5.388827   -.1566278
------------------------------------------------------------------------------
Note: dy/dx for factor levels is the discrete change from the base level.

* 印出單因子三個 levels 在「usefu」平均數
. tabstat useful, by(group)
```

```
Summary for variables: useful
     by categories of: group (接收資訊 3 種方式)

          group |        mean
-----------------+----------
 實驗組 treatment |    18.11818
對照組一 control_1 |    15.52727
對照組二 control_2 |    15.34545
-----------------+----------
          Total |     16.3303
-----------------------------
```

　　對於依變數 useful，對照組一與實驗組的平均值之差約為 -2.59 (15.52-18.11)。
對照組二與實驗組的平均值之差約為 -2.77 (15.34-18.11)。

```
. margins, dydx(group) predict(equation(importance))

Conditional marginal effects                    Number of obs    =         33

Expression    : Linear prediction, predict(equation(importance))
dy/dx w.r.t.  : 2.group 3.group

------------------------------------------------------------------------------
             |            Delta-method
             |     dy/dx   Std. Err.      z    P>|z|    [95% Conf. Interval]
-------------+----------------------------------------------------------------
       group |
           2 |  -3.572727   1.607503   -2.22   0.026   -6.723375   -.4220792
           3 |  -3.045454   1.607503   -1.89   0.058   -6.196103    .1051936
------------------------------------------------------------------------------
Note: dy/dx for factor levels is the discrete change from the base level.

* 印出單因子三個 levels 在「importance」平均數
. tabstat importance, by(group)

Summary for variables: importance
```

```
        by categories of: group ( 接收資訊 3 種方式 )

           group |      mean
 -----------------+----------
 實驗組 treatment |   8.681818
對照組一 control_1 |   5.109091
對照組二 control_2 |   5.636364
 -----------------+----------
           Total |   6.475758
 ----------------------------------------------------------
```

對於依變數 useful ，對照組一與實驗組的平均值之差約為 -3.572 (5.109-8.681)。對照組二與實驗組的平均值之差約為 -3.045 (5.636-8.681)。

**Step 5.** 分別進行三次單變數 ANOVA

用 foreach loop 來對每個單變數依變數進行 ANOVA 分析：

```
foreach vname in difficulty useful importance {
  2.
   anova `vname' group
  3.
}

* 以上迴圈，相當於下列三個指令：


            Number of obs =      33    R-squared     =  0.0305
            Root MSE      = 2.05173    Adj R-squared = -0.0341


   Source |  Partial SS    df      MS              F     Prob > F
 ---------+----------------------------------------------------
    Model |  3.97515121     2   1.9875756          0.47    0.6282
          |
    group |  3.97515121     2   1.9875756          0.47    0.6282
          |
 Residual |  126.287277    30   4.20957589
 ---------+----------------------------------------------------
```

```
        Total |  130.262428    32   4.07070087

              Number of obs =       33    R-squared     =  0.1526
              Root MSE      = 3.13031    Adj R-squared =  0.0961


   Source |  Partial SS    df       MS          F      Prob > F
----------+----------------------------------------------------------
    Model |  52.9242378     2   26.4621189      2.70     0.0835
          |
    group |  52.9242378     2   26.4621189      2.70     0.0835
          |
 Residual |  293.965442    30   9.79884808
----------+----------------------------------------------------------
    Total |   346.88968    32   10.8403025


              Number of obs =       33    R-squared     =  0.1610
              Root MSE      = 3.76993    Adj R-squared =  0.1051


   Source |  Partial SS    df       MS          F      Prob > F
----------+----------------------------------------------------------
    Model |  81.8296936     2   40.9148468      2.88     0.0718
          |
    group |  81.8296936     2   40.9148468      2.88     0.0718
          |
 Residual |  426.370896    30   14.2123632
----------+----------------------------------------------------------
    Total |   508.20059    32   15.8812684
```

```
. anova difficulty group
. anova useful group
. anova importance group
```

以上 3 個 anova 指令，可改用 foreach 迴圈來取代：

```
foreach vname in difficulty useful importance {
  anova `vname' group
}
```

1. 以上 3 個 anova 分析，在 α = .05 顯著水準之下，3 個 ANOVA 都未有顯著差異。
   此結果令人驚訝，因多變數 MANOVA( 考慮 3 個依變數相關 ) 在顯著性方面
   竟與單變數 ANOVA( 未考慮 3 個依變數相關 ) 結果相反。造成此結果的可能
   原因包括：

   (1) MANOVA 一個假定 (assumptions) 是：反應變數來自多元常態分布的群體。
       這意味著每個依變數通常在組內是常態分布，且依變數的任何線性組合也
       是常態分布，即變數的所有子集都必須是多元常態的。這個假定的部分檢
       定 (partial test)，可用 mvtest normality 指令獲得。例如：「mvtest normality
       difficult useful importance」。

   (2) 母群體共變數矩陣 (homogeneity of homogeneity of population covariance
       matrices) 是同質性 ( 也稱爲球形度 )。這意味著所有依變數的母群體「變
       異數 - 共變數 (variances and covariances)」矩陣，在所有小組中必須是相等
       的。這個假定的檢定指令爲：「. mvtest covariance difficult useful importance,
       by(group)」。

   (3) 小樣本導致較小的統計檢定力 (power = 1-β)。但是如果滿足多元常態假定，
       根據經驗法則，通常 MANOVA 會比單獨的單變數檢定更有效。

   (4) 至少有 5 類統計法可當作 significant 後 MANOVA 後續分析，包括：
       multiple univariate ANOVAs(anova 指令 )、stepdown 分析 (rwolf 外掛指令 )、
       discriminant 分析 (discrim 外掛指令 )、dependent variable contribution(fgt_ci
       外掛指令 )、multivariate contrasts。

---

**Step 6.** MANOVA 顯著時之追蹤分析：stepdown 分析 (rwolf 外掛指令 )

```
* 先安裝 rwolf 外掛指令
. findit rwolf

. rwolf useful difficulty importance , indepvar(group) reps(250)
```

For the variable useful: Original p-value is 0.0464. Romano Wolf p-value is 0.0876.
For the variable difficulty: Original p-value is 0.3497. Romano Wolf p-value is 0.3227.
For the variable importance: Original p-value is 0.0724. Romano Wolf p-value is 0.1315.

**Step 7.** MANOVA 顯著時之追蹤分析：dependent variable contribution (FGT_CI 外掛指令)

FGT_CI 外掛指令之語法如下：

```
FGT_CI depvar [indepvars] [if] [in] [weight], rankvar(varname) [options]
```

where *depvar* is the variable to calculate the Foster-Greer-Thorbecke (FGT) concentration index (CI) for with the observations ranked according to *rankvar*. The FGT-CI can be decomposed according to *indepvars* and *options* can set the FGT transformation to apply, regressions to use for the decomposition, and complex survey bootstrap. User-written commands **twopm**, **concindc**, and **bsweights** must be installed to use command **FGT_CI**.

| options | Description |
|---|---|
| **Main** | |
| method(*string*) | sets the type of CI to compute and decompose |
| cutoff(*real*) | sets the threshold or ceiling value for the FGT transformation |
| power(*real*) | indicates which FGT power to use |
| modpart1(*string*) | specifies the model used in the first part of the decomposition model |
| modpart2(*string*) | specifies the model used in the second part of the decomposition model |
| **Complex survey bootstrap** | |
| boot_reps(*integer*) | indicates the number of bootstrap repetitions |
| boot_seed(*integer*) | sets the seed number for the bootstrap |
| strata(*varname*) | indicates the strata variable |
| psu(*varname*) | indicates the primary sampling unit |
| bsw_average(*integer*) | pecifies the number of replications for the mean bootstrap |
| nosvy | performs a simple bootstrap instead of a complex survey bootstrap |
| **Display** | |
| noresults | suppresses the estimation results |
| table(*string*) | displays and saves an aggregate result table |
| table_opt(*string*) | sets options for option table |

```
* 先安裝 FGT_CI 外掛指令
* This command combines two of the most widely used measures in the inequality and
  poverty literatures: the concentration index (CI) and the Foster-Greer-Thor-
  becke (FGT) metric.
* http://fmwww.bc.edu/repec/bocode/f/fgt_ci.ado
. findit FGT_CI
*( 省略例子 )
```

## 3-2-3b MANOVA 顯著後之 5 類追蹤分析 (rwolf 外掛指令)

## MANOVA 顯著時之追蹤分析：stepdown 分析 (rwolf 外掛指令)

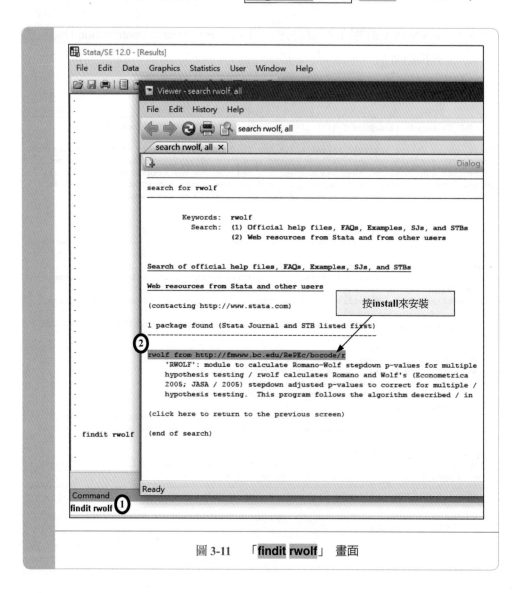

圖 3-11 「findit rwolf」畫面

```
* 先安裝 rwolf 外掛指令
. findit rwolf
* Use the auto dataset to run multiple regressions of various independent variables
on a single dependent variable of interest (weight) controlling for trunk and mpg.

. sysuse auto
(1978 Automobile Data)
. rwolf headroom turn price rep78, indepvar(weight) controls(trunk mpg) reps(250)

For the variable headroom: Original p-value is 0.6719. Romano Wolf p-value is 0.6056.
For the variable turn: Original p-value is 0.0000. Romano Wolf p-value is 0.0000.
For the variable price: Original p-value is 0.0075. Romano Wolf p-value is 0.0239.
For the variable rep78: Original p-value is 0.0998. Romano Wolf p-value is 0.1514.

* Run the same analysis, however using areg to absorb a series of fixed effects
. rwolf headroom turn price rep78, indepvar(weight) controls(trunk) reps(250)
method(areg) abs(mpg)

For the variable headroom: Original p-value is 0.5178. Romano Wolf p-value is 0.4422.
For the variable turn: Original p-value is 0.0000. Romano Wolf p-value is 0.0000.
For the variable price: Original p-value is 0.0174. Romano Wolf p-value is 0.0438.
For the variable rep78: Original p-value is 0.0443. Romano Wolf p-value is 0.0876.
```

### 3-2-4 練習題：One way 多變量變異數分析：6 棵樹砧木之 4 成長數據 (manova、lincom、test、mat list() 指令)

本樣本取自「Rencher and Christensen (2012, 183-186) 引述 Andrews and Herzberg (1985, 357-360)」，共 6 棵蘋果樹砧木。其中，分組變數為 rootstock。每個蘋果樹的成長過程，記錄在 4 個依變數：

y1：4 年的樹幹周長 (mm × 100)。

y2：4 年的延長生長 (m)。

y3：15 年的樹幹周長 (mm × 100)。

y4：15 年以上的樹木重量 (lb × 1000)。

本例另一解法，請見「7-2-3 練習題：典型線性判別分析：六棵樹砧木之 4 成長數據 (candisc 指令 )」。

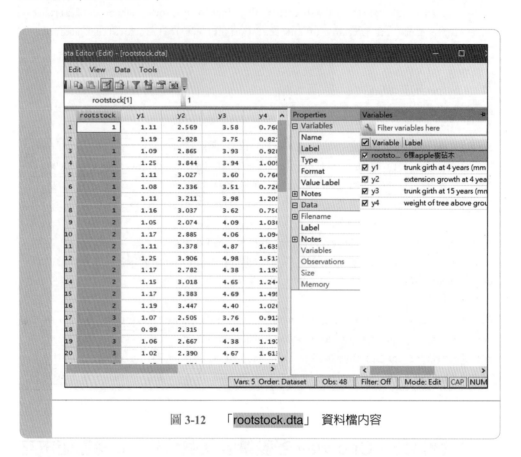

圖 3-12　「rootstock.dta」　資料檔內容

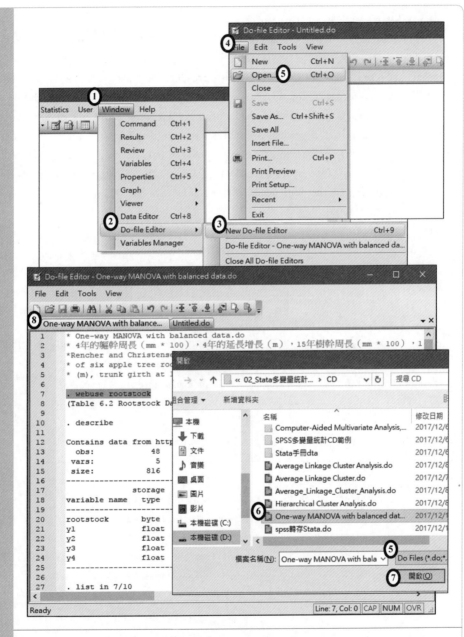

圖 3-13 「One way MANOVA with balanced data.do」 指令檔 ( 練習題 )

```
* One way MANOVA with balanced data.do
* 4 年的軀幹周長 (mm ＊ 100)，4 年的延長增長 (m)，15 年樹幹周長 (mm ＊ 100)，15 年樹木重量
(lb ＊ 1000)。分組變數是砧木，四個依變數是 y1，y2，y3 和 y4。
*Rencher and Christensen (2012, 183－186) presents an example of a balanced One
way MANOVA by using data from Andrews and Herzberg (1985, 357－360). The data from
eight trees from each of six apple tree rootstocks are from table 6.2 of Rencher and
Christensen (2012). Four dependent variables are recorded for each tree: trunk girth
at 4 years (mm ＊ 100), extension growth at 4 years ＊ (m), trunk girth at 15 years (mm
＊ 100), and weight of tree above ground at 15 years (lb ＊ 1000). The grouping vari-
able is rootstock, and the four dependent variables are y1, y2, y3, and y4.


. webuse rootstock
(Table 6.2 Rootstock Data -- Rencher (2002))


. describe


Contains data from http://www.stata-press.com/data/r12/rootstock.dta
  obs:           48                          Table 6.2 Rootstock Data -- Rencher (2002)
  vars:           5                          20 Apr 2011 20:03
  size:         816                          (_dta has notes)
-------------------------------------------------------------------------------
             storage  display    value
variable name  type   format     label      variable label
-------------------------------------------------------------------------------
rootstock      byte   %9.0g
y1             float  %4.2f                  trunk girth at 4 years (mm x 100)
y2             float  %5.3f                  extension growth at 4 years (m)
y3             float  %4.2f                  trunk girth at 15 years (mm x 100)
y4             float  %5.3f                  eight of tree above ground at 15 years (lb x 1000)
-------------------------------------------------------------------------------


. list in 7/10


     +---------------------------------------+
     | rootst~k     y1     y2     y3     y4 |
     |---------------------------------------|
  7. |        1   1.11  3.211   3.98  1.209 |
```

```
   8. |        1   1.16   3.037   3.62   0.750 |
   9. |        2   1.05   2.074   4.09   1.036 |
  10. |        2   1.17   2.885   4.06   1.094 |
      +-----------------------------------------+
```

* There are six rootstocks and four dependent variables. We test to see if the four-dimensional mean
* vectors of the six rootstocks are different. The null hypothesis is that the mean vectors are the same
* for the six rootstocks. To obtain One way MANOVA results, we type
. manova y1 y2 y3 y4 = rootstock

```
                        Number of obs =        48


                      W = Wilks' lambda      L = Lawley-Hotelling trace
                      P = Pillai's trace     R = Roy's largest root


          Source | Statistic     df   F(df1,   df2) =   F   Prob>F
        ----------+--------------------------------------------------
        rootstock | W   0.1540     5   20.0    130.3    4.94 0.0000 a
                  | P   1.3055         20.0    168.0    4.07 0.0000 a
                  | L   2.9214         20.0    150.0    5.48 0.0000 a
                  | R   1.8757          5.0     42.0   15.76 0.0000 u
                  |--------------------------------------------------
        Residual  |               42
        ----------+--------------------------------------------------
          Total   |               47
        ------------------------------------------------------------
                      e = exact, a = approximate, u = upper bound on F All
```

four multivariate tests reject the null hypothesis, indicating some kind of difference between the four-dimensional mean vectors of the six rootstocks.

* Let's examine the output of manova. Above the table, it lists the number of observations used in the estimation. It also gives a key indicating that W stands for Wilks' lambda, P stands for Pillai's trace, L stands for Lawley-Hotelling trace, and R indicates Roy's largest root.

* The first column of the table gives the source. Here we are testing the rootstock term (the only term in the model), and we are using residual error for the denominator of the test. Four lines of output are presented for rootstock, one line for each of the four multivariate tests, as indicated by the W, P, L, and R in the second column of the table.

* The next column gives the multivariate statistics. Here Wilks' lambda is 0.1540, Pillai's trace is 1.3055, the Lawley-Hotelling trace is 2.9214, and Roy's largest root is 1.8757. Some authors report λ1 and others (including Rencher and Christensen) report $\theta$ = λ1=(1 + λ1) for Roy's largest root.
* STaTa reports λ1.

* The column labeled "df" gives the hypothesis degrees of freedom, the residual degrees of freedom, and the total degrees of freedom. These are just as they would be for an ANOVA. Because there are six rootstocks, we have 5 degrees of freedom for the hypothesis. There are 42 residual degrees of freedom and 47 total degrees of freedom.

* The next three columns are labeled "F(df1, df2) = F", and for each of the four multivariate tests, the degrees of freedom and F statistic are listed. The following column gives the associated p-values for the F statistics. Wilks' lambda has an F statistic of 4.94 with 20 and 130.3 degrees of freedom.
* which produces a p-value small enough that 0.0000 is reported. The F statistics and p-values for the other three multivariate tests follow on the three lines after Wilks' lambda.

* The final column indicates whether the F statistic is exactly F distributed, is approximately F distributed, or is an upper bound. The letters e, a, and u indicate these three possibilities, as described in the footer at the bottom of the table. For this example, the F statistics (and corresponding p-values) for Wilks' lambda, Pillai's trace, and the Lawley-Hotelling trace are approximate. The F statistic for Roy's largest root is an upper bound, which means that the p-value is a lower bound.

* Examining some of the underlying matrices and values used in the calculation of the four multivariate statistics is easy. For example, you can list the sum of squares and cross products (SSCP) matrices for error and the hypothesis that are

found in the e(E) and e(H_m) returned matrices, the eigenvalues of (1/E)H obtained from the e(eigvals_m) returned matrix, and the three auxiliary values (s, m, and n) that are returned in the e(aux_m) matrix.

* 印出誤差 $Q_E$ 之 SSCP 矩陣
. mat list e(E)

symmetric e(E)[4,4]

|     | y1        | y2        | y3        | y4        |
| --- | --------- | --------- | --------- | --------- |
| y1  | .31998754 |           |           |           |
| y2  | 1.6965639 | 12.14279  |           |           |
| y3  | .55408744 | 4.3636123 | 4.2908128 |           |
| y4  | .21713994 | 2.1102135 | 2.4816563 | 1.7225248 |

* 印出 $Q_H$ 之 SSCP 矩陣
. mat list e(H_m)

symmetric e(H_m)[4,4]

|     | y1        | y2        | y3        | y4        |
| --- | --------- | --------- | --------- | --------- |
| y1  | .07356042 |           |           |           |
| y2  | .53738525 | 4.1996621 |           |           |
| y3  | .33226448 | 2.3553887 | 6.1139358 |           |
| y4  | .20846994 | 1.6371084 | 3.7810439 | 2.4930912 |

* The values s, m, and n are helpful when you do not want to rely on the approximate F tests but
* instead want to look up critical values for the multivariate tests. Tables of critical values can be found
* in many multivariate texts, including Rencher (1998) and Rencher and Christensen (2012).

*------ 事後檢定 --------test and lincom 事後指令
. use http://www.stata-press.com/data/r13/rootstock
. quietly manova y1 y2 y3 y4 = rootstock
* test provides Wald tests on expressions involving the underlying coefficients of the model, and
* lincom provides linear combinations along with standard errors and confidence intervals.

. test [y3]3.rootstock = ([y3]1.rootstock + [y3]2.rootstock)/2

```
( 1)   - .5*[y3]1b.rootstock - .5*[y3]2.rootstock + [y3]3.rootstock = 0


    F(  1,    42) =    5.62
         Prob > F =    0.0224


.
. lincom [y3]4.rootstock - [y1]4.rootstock

( 1)   - [y1]4.rootstock + [y3]4.rootstock = 0


------------------------------------------------------------------------
            |    Coef.   Std. Err.      t    P>|t|    [95% Conf. Interval]
------------+-----------------------------------------------------------
        (1) |  .2075001   .1443917    1.44   0.158   -.0838941    .4988943
------------------------------------------------------------------------
```

## 3-3 多變量：二因子變異數分析 ( 無交互作用 ) (manova、manovatest,test() 指令 )

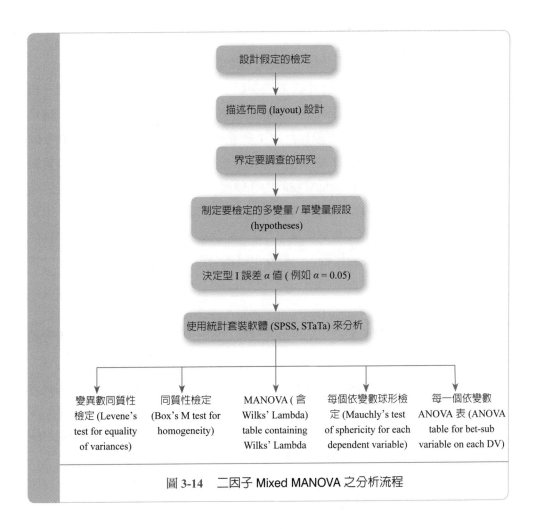

圖 3-14　二因子 Mixed MANOVA 之分析流程

### 3-3-1a 混合設計 Two way 變異數分析≒實驗組─控制組「前測─後測」設計

試驗設計(design of experiments)，又稱實驗設計，是數理統計學的一個分支，科學探究的一部分。涉及「用何方法可更好的設計一個實驗」，屬於方法論的範

疇。由於任何實驗都會受到外來環境影響，如何設計實驗，使外來環境的變化能夠對實驗造成最小的影響，就是實驗規劃的目的。實驗設計法廣泛用於自然科學及社會科學各學科的實驗設計裡。

## 一、單組設計與對比設計

根據是否設置控制組 ( 對照組 ) 而區分為 2 種基本設計類型：

1. 單組設計：樣本共一實驗組 ( 不設置控制組 )，其基本模式是前測－處理－後測，通過前後兩次測量的差異檢定實驗處理的效果。統計結果一般採用 t 檢定法。單獨使用這種類型的實驗設計已不多見。因為在前測與後測中有許多因素，如成熟、前測對後測的影響、測量工具的變形、情境的改變等，與實驗處理的效果相混淆，從而降低實驗的內在效度。

2. 對比設計：這是心理實驗最基本的設計之一。它把被試者分為 2 組，一組為實驗組，施以實驗處理 ( 也稱處理 )；另一組為控制組，不加實驗處理。為使 2 組受測儘量同質而便於比較，一般採用隨機分派法分組，通過測量 2 組的差異檢定。

實驗設計 (vs. 非實驗設計 ) 是「研究設計」的一種，其常用符號之代表意義如下：

1. X：代表社會科學「處理」(treatment) 、生物醫學「曝露」(exposure) 或是實驗法對自變數之「操控」(manipulation)。常見各種研究的「實驗組」類型有：

    (1)「綠色香蕉皮能治失戀」，實驗組的處理是給失戀者吃香蕉皮，觀察吃前與吃後之情緒緩和及抗憂鬱的效果。

    (2)「喝豆漿可減少罹患乳癌的機率」，實驗組的處理是「常喝豆漿者」，對照組則反之。

    (3)「甘蔗原素可降低膽固醇」，實驗組的處理是 3 個月連續吃甘蔗原素，觀察吃前與吃後的變化。

    (4)「教學故事 / 宣傳短片」前後，看學生行為態度的改變，其處理是看電影片。

    (5)「手機影響男人精子品質」，實驗組的處理是「手機常放口袋者」，對照組則「手機未放口袋者」，看 2 組受測者的精子活動力。

    (6)「秋葵水幫助控制血糖」，實驗組的處理就是 2 個月連續喝秋葵水，觀察時

前與喝後血糖的變化。控制組只吃安慰劑。

(7)「改善視力快吃鰻魚」，實驗組的處理是常吃鰻魚、控制組則不吃鰻魚者，觀察 2 組老花眼的平均歲數差異。

(8) 科學家發現，每天喝至少 3 杯咖啡，能使罹患阿茲海默症 ( 老人癡呆症 ) 的機率降低達 60% 之多。醫學專家比較 54 位同齡的阿茲海默症患者，以及 54 名未罹患該症的老人後發現，未罹患阿茲海默症的健康老人自 25 歲起平均每天飲用 200 毫克咖啡因，相當於 3 到 4 杯咖啡；而罹患阿茲海默症的老人平均每天僅飲用 74 毫克的咖啡因，相當於 1 杯咖啡或 2 至 3 杯茶。

2. O：觀察結果 (observation) 或依變數之測量，觀察又分事前 ($O_1$) 與事後 ($O_2$)。

3. R：隨機分派 (random assignment) 樣本。

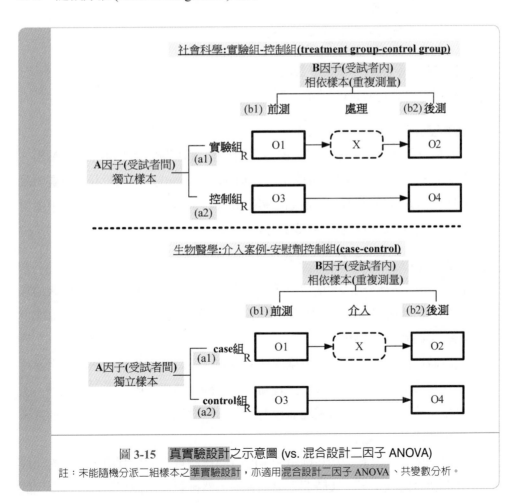

圖 3-15　真實驗設計之示意圖 (vs. 混合設計二因子 ANOVA)

註：未能隨機分派二組樣本之準實驗設計，亦適用混合設計二因子 ANOVA、共變數分析。

根據上述 3 種符號的排列組合，將實驗法之研究設計再依據其「控制」自變數與依變數之間的相互影響的關係來分類。可將實驗設計分為「真 (true) 實驗設計」、「準實驗 (quasi-experimental) 設計」、「前實驗 (pre-experimental) 設計」。其中，真實驗設計設有控制組，且樣本有進行隨機分派。準實驗設計僅設有控制組，樣本無隨機分派。前實驗設計沒有控制組，僅為前後測比較。另外，廣為介入 (intervention) 研究使用的對抗平衡設計 (counter-balanced designs)，被歸類為準實驗設計。其中，真實驗設計及準實驗設計兩者的主要差別，在於真實驗設計：(1) 分實驗組及控制組；(2) 隨機分派受測者；(3) 有控制 ( 外生 ) 干擾變數；而準實驗設計則未能完全具備上述三個條件。

## 二、實驗設計三大類

概括來說，實驗設計可分成三大類：

### ( 一 ) 前實驗 (pre-experimental) 設計

包括單組後測 (one shot) 設計、單組前後測設計、靜態組比較設計。

### ( 二 ) 真實驗 (true experimental) 設計

你能夠完全作隨機分派「實驗組 vs. 控制組」的實驗，包括等組 ( 實驗組、控制組 ) 前後測設計、等組後測設計、所羅門 (Solomon) 四群組設計。真實驗設計之延伸包括完全隨機設計、隨機化區組 (block) 設計、拉丁方格設計 ( 平衡對抗 )、多因子 (factorial) 設計、共變數分析。

### ( 三 ) 準實驗 (quasi-experimental) 設計

在不能貫徹隨機分派的策略下，利用系統觀察、客觀評量、統計調整來力求符合實驗原理，包括不相等控制組設計、不同樣本的前後測設計、時間序列設計。

1. 準實驗設計的主要類型

(1) 間歇時間序列設計：指在實施處理前後的一段時間裡，對一個受測組進行多次重複觀測，通過比較整個時間序列的觀測結果來確定處理的效果。所得結果的分析，需要對處理前後的一系列觀測值作出檢驗和比較，通常採用相關樣本 t 檢定法。

(2) 相等時間樣本設計：指在兩段相等的時間裡測量一個受測組，其中的一段時間給予處理，另一段時間不給予處理，然後對在兩段相等時間裡得到的

觀測值進行檢驗和比較實驗設計。

上述三類設計對應的 10 種實驗設計，如表 3-5。

表 3-5　常見 **10 種不同的實驗設計圖示**

| | 實驗設計名稱 | 實驗處理模型 | 實驗對照 | 前測控制 | 隨機分派 |
|---|---|---|---|---|---|
| 前實驗設計 | 1. 單組後測設計 (one-shot case study) | $X \rightarrow O_2$ | × | × | × |
| | 2. 單組前後測設計 (one-group pretest-posttest design) | $O_1 \rightarrow X \rightarrow O_2$ | × | √ | × |
| | 3. 靜態組間比較 (static-group comparison) | $E:\quad X \rightarrow O_2$<br>$C:\qquad \rightarrow O_2$ | √ | × | × |
| 真實驗設計 | 4. 隨機化實驗控制組前後測設計 (randomized control-group pretest-posttest design) | $E_r: O_1 \rightarrow X \rightarrow O_2$<br>$C_r: O_1 \rightarrow \qquad \rightarrow O_2$ | √ | √ | √ |
| | 5. 隨機化實驗控制組後測設計 (randomized control-group posttest design) | $E_r:\quad X \rightarrow O_2$<br>$C_r:\qquad \rightarrow O_2$ | √ | × | √ |
| | 6. 所羅門四組設計 (Solomon four-group design) | $E_r: O_1 \rightarrow X \rightarrow O_2$<br>$C_r: O_1 \rightarrow \quad \rightarrow O_2$<br>$E_r:\quad X \rightarrow O_2$<br>$C_r:\qquad \rightarrow O_2$ | √ | √ | √ |
| 準實驗設計 | 7. 非隨機實驗控制組前後測設計 (non-randomized control-group pretest-posttest design) | $E: O_1 \rightarrow X \rightarrow O_2$<br>$C: O_1 \rightarrow \quad \rightarrow O_2$ | √ | √ | × |
| | 8. 對抗平衡設計 ( 拉丁方格 ) (counter balanced design) | 1 A B C<br>2 B C A<br>3 C A B | √ | - | √ |
| | 9. 單組時間序列分析 (one-group time-series) | $O_1 O_2 O_3 O_4 \ X \ O_5 O_6 O_7 O_8$ | × | √ | × |
| | 10. 實驗控制組時間序列分析 (control-group time-series) | $O_1 O_2 O_3 O_4 \ X \ O_5 O_6 O_7 O_8$<br>$O_1 O_2 O_3 O_4 \quad O_5 O_6 O_7 O_8$ | √ | √ | - |

註：下標 r，代表 random 抽樣；E 代表實驗組；C 代表控制組；X 代表處理。

對現代醫學而言，較常採取「靜態組間比較」、「隨機化實驗控制組前後測設計」，旨在探討治療方法和藥劑 [ 實驗組的處理 (treatment)] 的療效，透過科學的對比試驗 ( 比如使用安慰劑來對照 ) 來確認效果 (odds ratio, risk ratio)。例如：「辛夷散治療過敏性鼻炎隨機雙盲臨床療效評估」，雙盲係病人、照顧者及研究者均不知道病人是屬於哪一組，在為期 2 年的雙盲實驗中，共蒐集 108 位病患，完成整體實驗共有 60 位，其中包括實驗組 40 位、對照組 20 位，並針對臨床症狀、鼻腔阻力、鼻腔截面積、塵蟎特異性免疫球蛋白、T 淋巴球細胞激素之分泌等各項指標進行統計分析。結果顯示，辛夷散對過敏性鼻炎患者有臨床療效，此療效之機轉包括 T 細胞的免疫調節及嗜中性白血球活化的影響。

總之，混合設計 Two way 變異數分析，等同於實驗組—控制組「前測—後測」設計、或準實驗設計「實驗組—控制組『前測—後測』設計」。

### 2. 準實驗研究的特點

準實驗研究 (quasi-experimental research) 是指在無須隨機地 (R) 安排受試時，運用原始群體，在較為自然的情況下進行實驗處理的研究方法。

(1) 降低控制程度，增強現實性：準實驗設計是將真實驗的方法用於解決實際問題的一種研究方法，它不能完全控制研究的條件，在某些方面降低了控制程度。雖然如此，它卻是在接近現實的條件下，盡可能地運用真實驗設計的原則和要求，最大限度地控制因素，進行實驗處理實施。因此，準實驗研究的實驗結果較容易與現實情況聯繫起來，即現實性較強。

相對而言，真實驗設計的控制水平很高，操縱和測定變數很精確，但是它對於實驗者和被試的要求較高，帶來操作上很大的困難，現實性比較低。

(2) 研究進行的環境不同：準實驗研究進行的環境是現實的和自然的，與現實的聯繫也就密切得多。而真實驗研究的環境與實際生活中的情況相差很大，完全是一個「人工製作」的環境，與現實的聯繫較難。

(3) 效度：準實驗設計利用原始組進行研究，缺少隨機組合，無法證明實驗組是否為較大群體的隨機樣本，同時任何因素都可能對原始群體產生作用，所以因被試挑選帶來的偏差將損害研究結果的可推廣性，從而影響了準實驗研究的內在效度，因此在內在效度上，真實驗優於準實驗設計。但由於準實驗的環境自然而現實，它在外部效度上能夠且應該優於真實驗設計。因此，在考慮準實驗研究的效度時應該對它的特點有清楚的認識，並注意

確定實驗組間的對等性，同時在邏輯上對可能有的代表性和可推廣性加以論證，避開其不足之處。

### 三、實驗控制法

良好的實驗設計主要表現在合理安排實驗程序，對無關變數進行有效的控制。心理學實驗中的無關變數，有些可以像理化實驗那樣通過一定的實驗儀器及技術予以排除，但大部分難以排除，因而必須依靠實驗設計平衡或抵消其影響。這種控制方法稱作實驗控制法，常用的有以下幾種：

1. 消除或保持恆定法：主要利用實驗室條件排除無關變數的干擾，對於不能排除的年齡、體重、實驗環境、被試水平等變數，則設法使其保持恆定。
2. 平衡法：即按隨機原則將被試分爲實驗組與控制組，使無關變數對 2 組的影響均等。
3. 抵消法：其目的在於控制由於實驗順序造成的影響，主要採用循環方式 ( 只有 2 個實驗處理時，採用 AB、BA 法 )。
4. 納入法：即把某種無關變數當作自變數處理，使實驗從單因素變爲多因素設計，然後對結果進行多元統計分析，從中找出每個自變數的單獨作用及交互作用。還有一些無關變數，雖然明知它對結果有影響，但限於實驗條件，不可能用實驗控制法加以平衡或抵消，而只能在實驗結束後用統計的方法分析出來，從結論中排除，這種控制方法叫做統計控制法。常用的統計控制法主要是協方差分析或稱共變數分析。當研究工作由於事實上的困難或行政上的理由不能以個人爲單位進行隨機抽樣，必須保持其團體的完整性 ( 如以班級爲單位 ) 時，常使用這種方法。

## 3-3-1b Two way 多變量變異數分析 (manova 指令、lincom 事後比較 )

假如有 A 及 B 二個實驗變數，分別稱爲 A 因子 ( 自變數 1) 及 B 因子 ( 自變數 2)。假如 A 因子有 r 個水準 (levels) 或類別 (classes)，B 因子有 c 個水準或類別，此時「A×B」交叉細格共有 rc 個。若採平衡設計，每個細格有 n 個受試者在 p 個依變數的分數，則全部樣本人數爲 n×r×c。一般線性模型爲：

$$\underset{N*p}{Y} = \underset{(N*q)}{X}\ \underset{(q*p)}{B} + \underset{(N*p)}{E}$$

### 範例：Two way MANOVA(manova、lincom 事後比較)

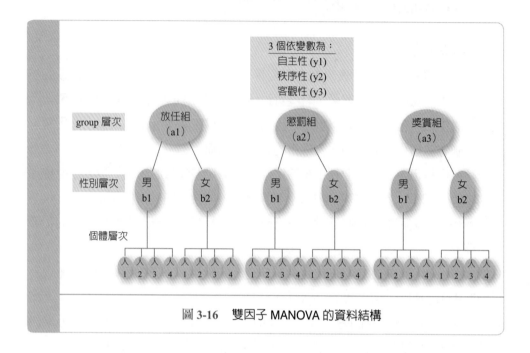

圖 3-16　雙因子 MANOVA 的資料結構

例 3-2　參考林清山，《多變數分析統計法》，民 79，第 5 版，p462

　　男女生，分別觀察「放任」、「懲罰」和「獎賞」3 種教師管教方式，對學生「自主」、「秩序」和「客觀」等人格測驗分數之影響。下表是測驗所得的資料，試用 $\alpha = .05$ 進行多變量變異數分析。

| | | 男 (b1) | | | 女 (b2) | | |
|---|---|---|---|---|---|---|---|
| | | 自主 $Y_1$ | 秩序 $Y_2$ | 客觀 $Y_3$ | 自主 $Y_1$ | 秩序 $Y_2$ | 客觀 $Y_3$ |
| 管教方式 | 放任 (a1) | 8 | 5 | 8 | 5 | 4 | 5 |
| | | 6 | 5 | 7 | 7 | 8 | 7 |
| | | 5 | 4 | 4 | 6 | 5 | 3 |
| | | 9 | 8 | 6 | 9 | 7 | 6 |
| | 懲罰 (a2) | 12 | 10 | 11 | 9 | 8 | 7 |
| | | 8 | 7 | 8 | 10 | 11 | 9 |
| | | 9 | 8 | 7 | 7 | 9 | 8 |
| | | 11 | 10 | 9 | 10 | 11 | 10 |

| | | 男 (b1) | | | 女 (b2) | | |
|---|---|---|---|---|---|---|---|
| | | 自主 $Y_1$ | 秩序 $Y_2$ | 客觀 $Y_3$ | 自主 $Y_1$ | 秩序 $Y_2$ | 客觀 $Y_3$ |
| 獎賞 (a3) | | 13 | 14 | 10 | 14 | 15 | 12 |
| | | 10 | 10 | 9 | 11 | 12 | 14 |
| | | 15 | 13 | 13 | 9 | 10 | 11 |
| | | 13 | 11 | 11 | 13 | 11 | 15 |

a 因子虛無假設 $H_0$：男女之間無差異

b 因子虛無假設 $H_0$：管理方式之間無差異

## 一、資料檔之內容

「例 3-2(P462).dta」資料檔，內容如圖 3-17 所示，共有 2 個因子變數 ( 即自變數 )：變數 A 代表管教方式 (1 ＝放任、2 ＝懲罰、3 ＝獎賞 )；變數 B 代表性別 (1 ＝男、2 ＝女 )、3 個依變數包括變數 y1 代表「自主性」的測驗分數、y2 代表「秩序性」的測驗分數、y3 代表客觀的測驗分數。

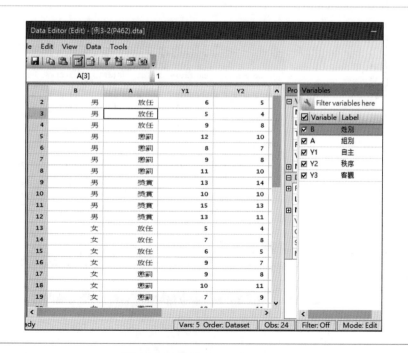

圖 3-17 「例 3-2(P462).dta」 資料檔內容 (N=24 個人 )

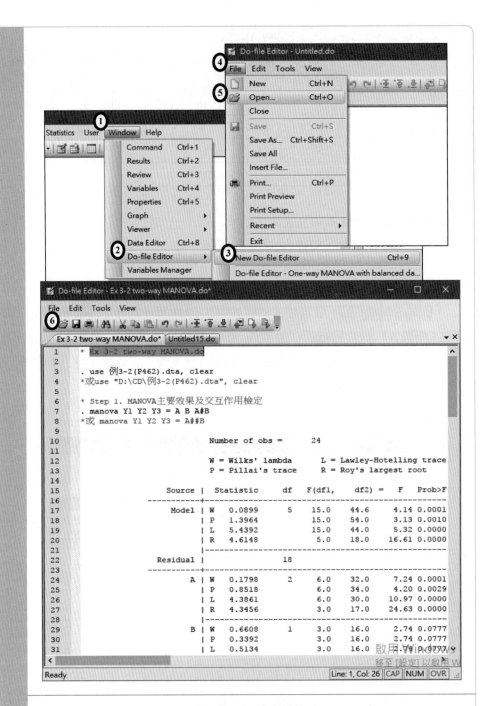

圖 3-18 「Ex 3-2 two way MANOVA.do」 指令檔內容

## 二、分析結果與討論

STaTa 符號「#」，表示交互作用項(interaction)。符號「a##b」表示完全因子，包括主要效果(a, b)及交互作用項(a×b)。符號「|」表示巢狀(nesting)(a|b 讀作「a is nested within b」)。符號「a/b」表示 b 是 a 的誤差項。

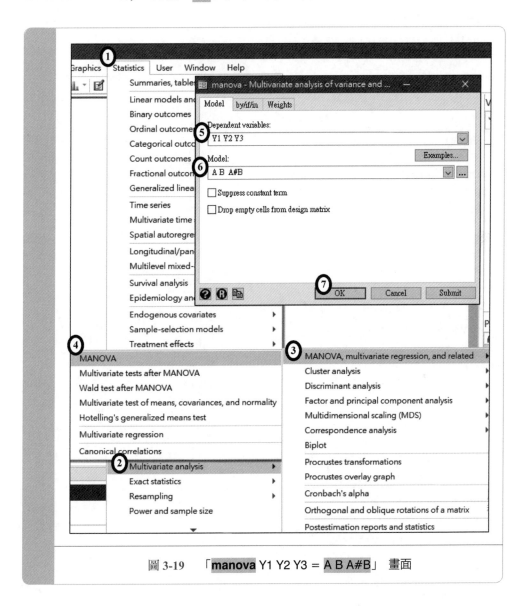

圖 3-19 「**manova** Y1 Y2 Y3 = A B A#B」畫面

### Step 1. MANOVA 主要效果及交互作用檢定

```
. use 例 3-2(P462).dta, clear
* 或 use "D:\CD\ 例 3-2(P462).dta", clear

* 印出 A 因子三個 levels 在「Y1 Y2 Y3」平均數
. tabstat Y1 Y2 Y3, by(A)

Summary statistics: mean
  by categories of: A ( 組別 )


      A |      Y1       Y2       Y3
-------+-----------------------------
   放任 |    6.875     5.75     5.75
   懲罰 |      9.5     9.25    8.625
   獎賞 |    12.25       12   11.875
-------+-----------------------------
  Total |  9.541667        9     8.75
--------------------------------------


* 印出 B 因子三個 levels 在「Y1 Y2 Y3」平均數
. tabstat Y1 Y2 Y3, by(B)

Summary statistics: mean
  by categories of: B ( 姓別 )


      B |      Y1       Y2       Y3
-------+-----------------------------
    男 | 9.916667     8.75 8.583333
    女 | 9.166667     9.25 8.916667
-------+-----------------------------
  Total | 9.541667        9     8.75
--------------------------------------


. manova Y1 Y2 Y3 = A B A#B
* 或 manova Y1 Y2 Y3 = A##B
```

```
                    Number of obs =        24

                    W = Wilks' lambda      L = Lawley-Hotelling trace
                    P = Pillai's trace     R = Roy's largest root


     Source | Statistic      df    F(df1,    df2) =     F   Prob>F
    ----------+-----------------------------------------------------
     Model | W   0.0899       5    15.0     44.6      4.14 0.0001 a
           | P   1.3964            15.0     54.0      3.13 0.0010 a
           | L   5.4392            15.0     44.0      5.32 0.0000 a
           | R   4.6148             5.0     18.0     16.61 0.0000 u
           |---------------------------------------------------------
    Residual |                18
    ----------+-----------------------------------------------------
        A  | W   0.1798        2     6.0     32.0      7.24 0.0001 e
           | P   0.8518              6.0     34.0      4.20 0.0029 a
           | L   4.3861              6.0     30.0     10.97 0.0000 a
           | R   4.3456              3.0     17.0     24.63 0.0000 u
           |---------------------------------------------------------
        B  | W   0.6608        1     3.0     16.0      2.74 0.0777 e
           | P   0.3392              3.0     16.0      2.74 0.0777 e
           | L   0.5134              3.0     16.0      2.74 0.0777 e
           | R   0.5134              3.0     16.0      2.74 0.0777 e
           |---------------------------------------------------------
      A#B  | W   0.6365        2     6.0     32.0      1.35 0.2638 e
           | P   0.3836              6.0     34.0      1.34 0.2648 a
           | L   0.5397              6.0     30.0      1.35 0.2669 a
           | R   0.4731              3.0     17.0      2.68 0.0797 u
           |---------------------------------------------------------
    Residual |                18
    ----------+-----------------------------------------------------
      Total |                23
    ---------------------------------------------------------------
        e = exact, a = approximate, u = upper bound on F
```

1. B 因子主要效果未達顯著差異 (Wilks' lambda=0.6608, p > .05)。結果顯示「性
   別」的主要效果未達顯著水準，所以應接受虛無假設，即男女之間沒有顯著

差異。

2. A 因子主要效果達顯著差異 (Wilks' lambda = 0.1798, p < .05)。結果顯示「放任」、「懲罰」、「獎賞」3 種管教方式之間，有顯著差異存在。A 因子在 3 個依變數之細格平均數如下：

```
-------+--------------------------------
   A  |      Y1         Y2        Y3
-------+--------------------------------
 放任  |    6.875       5.75      5.75
 懲罰  |     9.5        9.25      8.625
 獎賞  |    12.25        12       11.875
--------------------------------------------
```

3. A#B 交互作用效果未達顯著差異 (Wilks' lambda = 0.6365, p > .05)。表示管教方式對學生人格的影響，不會男女性別不同而有所不同。

Step 2. MANOVA 主要效果之事後比較

　　STaTa 符號「#」表示交互作用項 (interaction)。符號「a##b」表示完全因子，包括主要效果 (a, b) 及交互作用項 (a×b)。符號「|」表示巢狀 (nesting)(a|b 讀作「a is nested within b」)。符號「a/b」表示 b 是 a 的誤差項。

```
. *A 因子主要效果在 Y1 的事後比較
. quietly manova Y1 Y2 Y3 = A##B
. lincom [Y1]1.A - [Y1]2.A

 ( 1)   [Y1]1b.A - [Y1]2.A = 0

-------------------------------------------------------------------------
          |     Coef.   Std. Err.      t     P>|t|    [95% Conf. Interval]
----------+--------------------------------------------------------------
      (1) |       -3    1.314978    -2.28    0.035    -5.762666   -.2373341
-------------------------------------------------------------------------

. lincom [Y1]1.A - [Y1]3.A
```

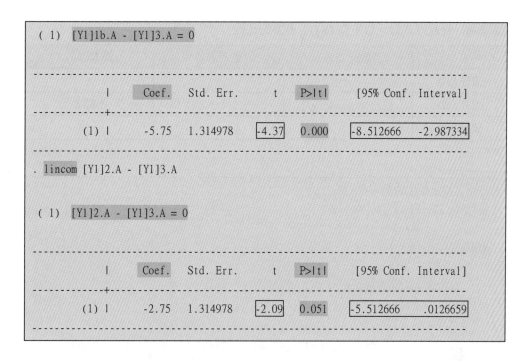

A 因子在自主性 (Y1) 的事後比較：

「[Y1]1.A - [Y1]3.A」表示第一組與最後一組的事後比較，「[Y1]2.A - [Y1]3.A = 0」為第二組與第三組比較。「Coef.」欄「[Y1]1.A - [Y1]3.A = 0」為放任組 (M = 4.0) 與獎賞組 (M = 10.6) 在「自主性 (Y1)」方面的比較，此「Coef.」再除以「標準誤 (Std. Err.)」即為 t 值＝ -4.37 ( 即「Coef. / Std. Err.)(p<.05)。t 值若為正值，表示界定的「[Y1]1b.A＞[Y1]3.A」；t 值若為負值，表示界定的「[Y1]1b.A＜[Y1]3.A」。這個 t 檢定比較的 95% 信賴區間為〔-8.512666，-2.987334〕，因未包含 0 值，亦可看出：放任組與懲罰組在自主性方面有顯著差異存在。

「自主 (Y1)」在「[Y1]2.A - [Y1]3.A = 0」、t= -2.09 (p>0.05)，為懲罰組與獎賞組在「自主性」方面的比較，其 95% 信賴區間為〔-5.513，.0127〕，因含 0 值，未達顯著差異，表示懲罰組與獎賞組的自主性人格特質無顯著差異，且放任組的自主性 (Y1) 低於獎賞組的自主性 (Y1) ( 因為 Coef. 負值 )。

將 A 因子在「自主性」方面事後比較，整理成下表：

表 3-6 管教方式對「自主性 (Y1)」影響的比較

|  | 放任 (a1) | 懲罰 (a2) | 獎賞 (a3) |
|---|---|---|---|
| 放任 (a1) | —— | * | * |
| 懲罰 (a2) |  | —— | 不顯著 |
| 獎賞 (a3) |  |  | —— |

*p < .05

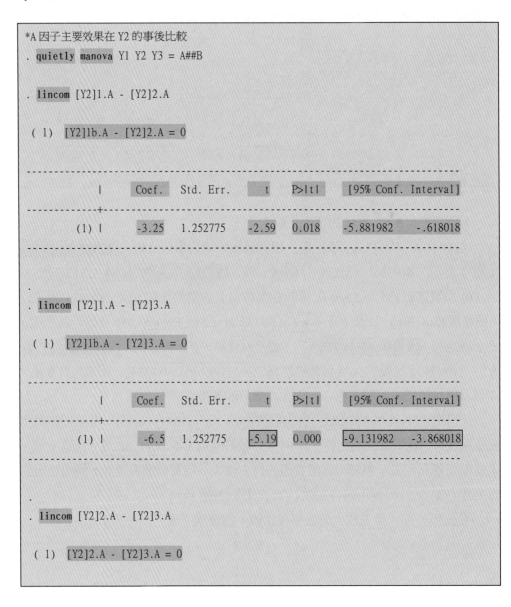

```
*A 因子主要效果在 Y2 的事後比較
. quietly manova Y1 Y2 Y3 = A##B

. lincom [Y2]1.A - [Y2]2.A

 ( 1)   [Y2]1b.A - [Y2]2.A = 0


------------------------------------------------------------------
           |    Coef.   Std. Err.     t    P>|t|   [95% Conf. Interval]
-----------+------------------------------------------------------
       (1) |    -3.25   1.252775    -2.59  0.018   -5.881982   -.618018
------------------------------------------------------------------


.
. lincom [Y2]1.A - [Y2]3.A

 ( 1)   [Y2]1b.A - [Y2]3.A = 0


------------------------------------------------------------------
           |    Coef.   Std. Err.     t    P>|t|   [95% Conf. Interval]
-----------+------------------------------------------------------
       (1) |    -6.5    1.252775    -5.19  0.000   -9.131982   -3.868018
------------------------------------------------------------------


.
. lincom [Y2]2.A - [Y2]3.A

 ( 1)   [Y2]2.A - [Y2]3.A = 0
```

```
  -----------------------------------------------------------------
             |   Coef.    Std. Err.      t     P>|t|    [95% Conf. Interval]
  -----------+-----------------------------------------------------
         (1) |   -3.25    1.252775     -2.59   0.018    -5.881982    -.618018
  -----------------------------------------------------------------
```

A 因子在秩序性 (Y2) 的事後比較：

「[Y2]1.A - [Y2]3.A」表示第一組與最後一組的事後比較。「[Y2]2.A - [Y2]3.A = 0」為第二組與第三組比較。「Coef.」欄「[Y2]1.A - [Y2]3.A = 0」為放任組與獎賞組在「秩序性 (Y2)」方面的比較，此「Coef.」再除以「標準誤 (Std. Err.)」即為 t 值 = -5.19 (即「Coef. / Std. Err.)(p<.05)。t 值若為正值，表示所界定「[Y2]1b.A > [Y2]3.A」；t 值若為負值，表示所界定「[Y2]1b.A < [Y2]3.A」。這個 t 檢定比較的 95% 信賴區間為〔-9.132，-3.868〕，因未包含 0 值，可看出放任組與獎賞組在秩序性 (Y2) 方面有顯著差異存在。

「秩序性 (Y2)」在「[Y2]2.A - [Y2]3.A = 0」，t = -2.59 (p>0.05)，為懲罰組與獎賞組在「秩序性 (Y2)」方面的比較，其 95% 信賴區間為〔-5.882，-.6180〕，因未含 0 值，故達顯著差異，表示懲罰組與獎賞組的秩序性 (Y2) 人格特質有顯著差異，且懲罰組的秩序性 (Y2) 低於獎賞組的秩序性 (Y2) ( 因為 Coef. 負值 )。

表 3-7　管教方式對「秩序性 (Y2)」影響的比較

|  | 放任 (a1) | 懲罰 (a2) | 獎賞 (a3) |
|---|---|---|---|
| 放任 (a1) | —— | * | * |
| 懲罰 (a2) |  | —— | * |
| 獎賞 (a3) |  |  | —— |

*p < .05

```
.  *A 因子主要效果在 Y3 的事後比較
.  quietly manova Y1 Y2 Y3 = A##B


.  lincom [Y3]1.A - [Y3]2.A


 ( 1)   [Y3]1b.A - [Y3]2.A = 0
```

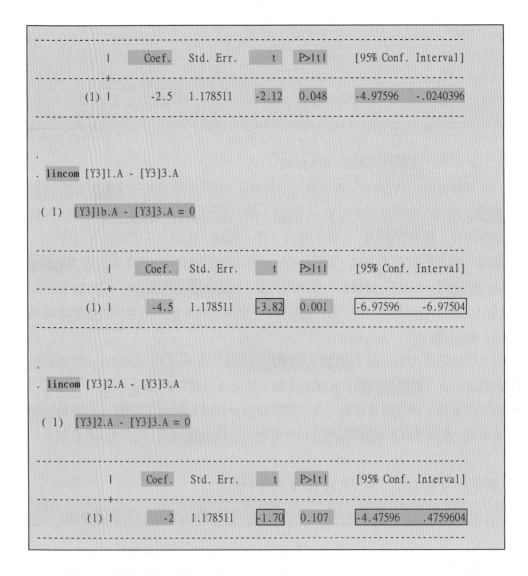

A 因子在客觀性 (Y3) 的事後比較：

「[Y3]1.A - [Y3]3.A」表示第一組與最後一組的事後比較。「[Y3]2.A - [Y3]3. A = 0」為第二組與第三組比較。「Coef.」欄「[Y3]1.A - [Y3]3.A = 0」為放任組與獎賞組在「客觀性 (Y3)」方面的比較，此「Coef.」再除以「標準誤 (Std. Err.)」即為 t 值＝ -3.82 (即「Coef. / Std. Err.)(p<.05)。t 值若為正值，表示所界定「[Y3]1b. A> [Y3]3.A」；t 值若為負值，表示所界定「[Y3]1b.A < [Y3]3.A」。這個 t 檢定比較的 95% 信賴區間為〔 -6.976 ， -6.975 〕，因未包含 0 值，可看出放任組與獎賞

組在客觀性 (Y3) 方面有顯著差異存在。

「秩序性 (Y3)」在「[Y3]2.A - [Y3]3.A = 0」，t= -1.70 (p>0.05)，為懲罰組與獎賞組在「客觀性 (Y3)」方面的比較，其 95% 信賴區間為〔-4.476，.47596〕，因含 0 值，故未達顯著差異，表示懲罰組與獎賞組的秩序性 (Y3) 人格特質無顯著差異，但懲罰組的客觀性 (Y3) 低於獎賞組的客觀性 (Y3) ( 因為 Coef. 負值 )。

表 3-8　管教方式對「客觀性 **(Y3)**」影響的比較表

|  | 放任 | 懲罰 | 獎賞 |
|---|---|---|---|
| 放任 (a1) | ——— | * | * |
| 懲罰 (a2) |  | ——— | 不顯著 |
| 獎賞 (a3) |  |  | ——— |

*p < .05

## 3-3-2　練習題：二因子 MANOVA( 交互作用 )( 先 manova：後 margins、contrasts、predict 指令 )

「contrast」指令之「兩兩對比」效果檢定類型如下表：

| 各效果項 (term) | 說明 |
|---|---|
| A#B | 聯合檢定 (joint testing)the two way interaction effects of A and B |
| 主要效果 (main effects) |  |
| A | 聯合檢定 (joint testing)the main effects of A |
| r.A | 兩兩對比 (individual contrasts): that decompose A using r. |
| 交互效果 (interaction effects) |  |
| A#B | 聯合檢定 (joint testing)the two way interaction effects of A and B |
| A#B#C | 聯合檢定 (joint testing)the three-way interaction effects of A, B, and C |
| r.A#g.B | 兩兩對比 (individual contrasts): for each interaction of A and B defined by **r.** and **g.** |
| 部分交互效果 (partial interaction effects) |  |
| r.A#B | 聯合檢定 (joint testing) interactions of A and B within each contrast defined by **r.A** |

| 各效果項 (term) | 說明 |
|---|---|
| A#r.B | 聯合檢定 (joint testing) interactions of A and B within each contrast defined by **r.B** |
| 單純效果 (simple effects) | |
| A@B | 聯合檢定 (joint testing) the effects of A within each level of B |
| A@B#C | 聯合檢定 (joint testing) the effects of A within each combination of the levels of B and C |
| r.A@B | 兩兩對比 (individual contrasts): of A that decompose A@B using **r.** |
| r.A@B#C | 兩兩對比 (individual contrasts): of A that decompose A@B#C using **r.** |
| 其他條件效果 (other conditional effects) | |
| A#B@C | 聯合檢定 (joint testing) the interaction effects of A and B within each level of C |
| A#B@C#D | 聯合檢定 (joint testing) the interaction effects of A and B within each combination of the levels of C and D |
| r.A#g.B@C | 兩兩對比 (individual contrasts): for each interaction of A and B that decompose A#B@C using r. and g. |
| 巢狀效果 (nested effects) | |
| A\|B | 聯合檢定 (joint testing) the effects of A nested in each level of B |
| A\|B#C | 聯合檢定 (joint testing) the effects of A nested in each combination of the levels of B and C |
| A#B\|C | 聯合檢定 (joint testing) the interaction effects of A and B nested in each level of C |
| A#B\|C#D | 聯合檢定 (joint testing) the interaction effects of A and B nested in each combination of the levels of C and D |
| r.A\|B | 兩兩對比 (individual contrasts): of A that decompose A\|B using r. |
| r.A\|B#C | 兩兩對比 (individual contrasts): of A that decompose A\|B#C using r. |
| r.A#g.B\|C | 兩兩對比 (individual contrasts): for each interaction of A and B defined by r. and g. nested in each level of C |
| 斜率效果 (slope effects) | |
| A#c.x | 聯合檢定 (joint testing)the effects of A on the slopes of x |
| A#c.x#c.y | 聯合檢定 (joint testing)the effects of A on the slopes of the product (interaction) of x and y |

| 各效果項 (term) | 說明 |
|---|---|
| A#B#c.x | 聯合檢定 (joint testing)the interaction effects of A and B on the slopes of x |
| A#B#c.x#c.y | 聯合檢定 (joint testing)the interaction effects of A and B on the slopes of the product (interaction) of x and y |
| r.A#c.x | 兩兩對比 (individual contrasts): of A's effects on the slopes of x using r. |

A, B, C, D：為任何因子變數 ( 自變數 / 解釋變數，factor variable)。

x 及 y：為任何連續變數 (continuous variable)。

r. 及 g.：為任何對比運算子 (contrast operator)。

c.：界定某一變數為連續型 (specifies that a variable be treated as continuous)，尤其 MANOVA 指令中共變數都要加註「c. 共變數名」。

範例：二因子 MANOVA( 交互作用 )( 先 manova；後 margins 、 contrasts 、 predict 指令 )

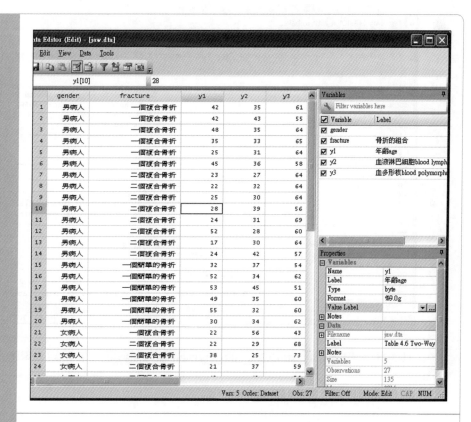

圖 3-20　「jaw.dta」 資料檔內容

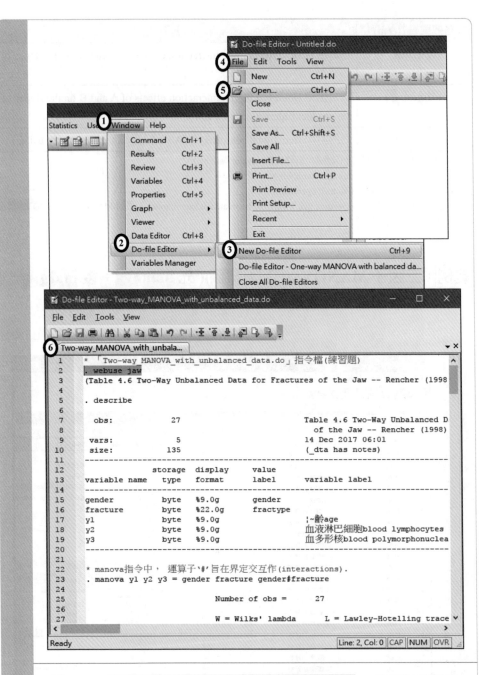

圖 3-21 「Two way_MANOVA_with_unbalanced_data.do」 指令檔 ( 練習題 )

```
* 「Two way_MANOVA_with_unbalanced_data.do」指令檔 ( 練習題 )
. webuse jaw
(Table 4.6 Two way Unbalanced Data for Fractures of the Jaw -- Rencher (1998))


. describe


   obs:           27              Table 4.6 Two way Unbalanced Data for Fractures
                                     of the Jaw -- Rencher (1998)
  vars:            5              14 Dec 2017 06:01
  size:          135              (_dta has notes)
--------------------------------------------------------------------------------
              storage  display   value
variable name  type    format    label    variable label
--------------------------------------------------------------------------------
gender         byte    %9.0g     gender
fracture       byte    %22.0g    fractype  骨折的組合
y1             byte    %9.0g               年齡 age
y2             byte    %9.0g               血液淋巴細胞 blood lymphocytes
y3             byte    %9.0g               血多形核 blood polymorphonuclears
--------------------------------------------------------------------------------


* 印出單因子三個 levels 在「y1 y2 y3」平均數
. tabstat y1 y2 y3, by(gender)

Summary statistics: mean
  by categories of: gender



gender |      y1         y2         y3
-------+------------------------------------
男病人  |    36.15      34.45       60.7
女病人  |  31.14286   36.42857   60.85714
-------+------------------------------------
 Total |  34.85185   34.96296   60.74074
--------------------------------------------------------------------------------


* 印出單因子 (fracture) 三個 levels 在「y1 y2 y3」平均數
```

```
. tabstat y1 y2 y3, by(fracture)
Summary statistics: mean
  by categories of: fracture ( 骨折的組合 )


       fracture |      y1        y2        y3
---------------+----------------------------------
     一個複合骨折 |      37    38.42857   58.57143
     二個複合骨折 |  28.16667  32.66667  62.83333
    一個簡單的骨折 |      43     35.375     59.5
---------------+----------------------------------
          Total |  34.85185  34.96296  60.74074
-------------------------------------------------

* manova 指令中，運算子 '#' 旨在界定交互作用 (interactions).
. manova y1 y2 y3 = gender fracture gender#fracture


                    Number of obs =       27


               W = Wilks' lambda      L = Lawley-Hotelling trace
               P = Pillai's trace     R = Roy's largest root


      Source | Statistic    df    F(df1,    df2) =   F    Prob>F
-------------+--------------------------------------------------
      Model | W   0.2419     5    15.0     52.9    2.37  0.0109 a
            | P   1.1018          15.0     63.0    2.44  0.0072 a
            | L   1.8853          15.0     53.0    2.22  0.0170 a
            | R   0.9248           5.0     21.0    3.88  0.0119 u
            |---------------------------------------------------
   Residual |                21
-------------+--------------------------------------------------
     gender | W   0.7151     1     3.0     19.0    2.52  0.0885 e
            | P   0.2849           3.0     19.0    2.52  0.0885 e
            | L   0.3983           3.0     19.0    2.52  0.0885 e
            | R   0.3983           3.0     19.0    2.52  0.0885 e
            |---------------------------------------------------
   fracture | W   0.4492     2     6.0     38.0    3.12  0.0139 e
```

```
                      | P    0.6406            6.0    40.0    3.14 0.0128 a
                      | L    1.0260            6.0    36.0    3.08 0.0155 a
                      | R    0.7642            3.0    20.0    5.09 0.0088 u
                      |-------------------------------------------------
   gender#fracture    | W    0.5126     2      6.0    38.0    2.51 0.0380 e
                      | P    0.5245            6.0    40.0    2.37 0.0472 a
                      | L    0.8784            6.0    36.0    2.64 0.0319 a
                      | R    0.7864            3.0    20.0    5.24 0.0078 u
                      |-------------------------------------------------
          Residual    |               21
   -----------------+-------------------------------------------------
             Total    |               26
   -----------------------------------------------------------------
```

e = exact, a = approximate, u = upper bound on F

The interaction term, gender#fracture, is significant at the 0.05 level. Wilks' lambda for the interaction has an exact F that produces a p-value of 0.0380.

```
*-------------------------------
* 事後比較：二個因子的交叉組合在「y1 vs. y2」的比較
. margins gender#fracture, predict(equation(y1))
```

Adjusted predictions                         Number of obs   =        27

Expression   : Linear prediction, predict(equation(y1))

| | Margin | Delta-method Std. Err. | z | P>|z| | [95% Conf. Interval] | |
|---|---|---|---|---|---|---|
| gender#fracture | | | | | | |
| 1 1 | 39.5 | 4.171386 | 9.47 | 0.000 | 31.32423 | 47.67577 |
| 1 2 | 26.875 | 3.612526 | 7.44 | 0.000 | 19.79458 | 33.95542 |
| 1 3 | 45.16667 | 4.171386 | 10.83 | 0.000 | 36.9909 | 53.34243 |
| 2 1 | 22 | 10.21777 | 2.15 | 0.031 | 1.973543 | 42.02646 |
| 2 2 | 30.75 | 5.108884 | 6.02 | 0.000 | 20.73677 | 40.76323 |
| 2 3 | 36.5 | 7.225053 | 5.05 | 0.000 | 22.33916 | 50.66084 |

```
. margins gender#fracture, predict(equation(y2))

Adjusted predictions                           Number of obs   =        27

Expression   : Linear prediction, predict(equation(y2))


------------------------------------------------------------------------------
                |            Delta-method
                |    Margin   Std. Err.      z    P>|z|    [95% Conf. Interval]
----------------+-------------------------------------------------------------
gender#fracture |
          1 1 |       35.5   2.150966    16.50   0.000    31.28418    39.71582
          1 2 |     32.375   1.862791    17.38   0.000      28.724      36.026
          1 3 |   36.16667   2.150966    16.81   0.000    31.95085    40.38248
          2 1 |         56   5.268768    10.63   0.000     45.6734     66.3266
          2 2 |      33.25   2.634384    12.62   0.000     28.0867     38.4133
          2 3 |         33   3.725582     8.86   0.000    25.69799    40.30201
------------------------------------------------------------------------------
```

* 第二個 margins 表印出：「gender×fracture」2*3 個組合的 predicted mean (marginal mean)、standard error、z statistic、p-value，及 confidence interval of y2（血液淋巴細胞）。

*------------------------------------------------------

* 下面，第三個 margins 表印出：「gender×fracture」2*3 個組合的 predicted mean (marginal mean)、standard error、z statistic、p-value，及 confidence interval of y3（血多形核 blood polymorphonuclears）。

```
. margins gender#fracture, predict(equation(y3))

Adjusted predictions                           Number of obs   =        27

Expression   : Linear prediction, predict(equation(y3))


------------------------------------------------------------------------------
                |            Delta-method
                |    Margin   Std. Err.      z    P>|z|    [95% Conf. Interval]
----------------+-------------------------------------------------------------
gender#fracture |
          1 1 |   61.16667   2.038648    30.00   0.000    57.17099    65.16234
```

```
 1 2 |      62.25    1.765521    35.26    0.000    58.78964    65.71036
 1 3 |   58.16667    2.038648    28.53    0.000    54.17099    62.16234
 2 1 |         43    4.993647     8.61    0.000    33.21263    52.78737
 2 2 |         64    2.496823    25.63    0.000    59.10632    68.89368
 2 3 |       63.5    3.531041    17.98    0.000    56.57929    70.42071
----------------------------------------------------------------------
```

* 具有一個複合骨折(one compound fracture)的女性，其 y2 預測值 (35.5) 大於 y3 預測值 (61.167)。但其他五種性別和骨折的組合 (genderxfracture)，這種關係是相反的。女性和復合骨折 (one compound fracture) 的組合只有 1 個觀察。

\*------------------------------------------------------------

* 事後比較：a 在 b(b1,b2,b3) 單純主要效果：即 gender*fracture 二因子 之單純主要效果
* 如果我們將 3 個骨折類型 (fracture type) 和 3 個依變數的女性與男性進行比較，則有 9 個 (fracture × eqns) 可能的對比。我們將使用 contrast 來估計所有的九個對比，並將 Scheffe 的調整應用於多重比較。如下所示：

. contrast gender@fracture#_eqns, mcompare(scheffe)

Contrasts of marginal linear predictions

Margins      : asbalanced

```
                     |                              Scheffe
                     |    df        F       P>F       P>F
---------------------+------------------------------------
gender@fracture#_eqns |
               1 1 |     1      2.51    0.1278    0.9733
               1 2 |     1     12.98    0.0017    0.2333
               1 3 |     1     11.34    0.0029    0.3137
               2 1 |     1      0.38    0.5424    1.0000
               2 2 |     1      0.07    0.7889    1.0000
               2 3 |     1      0.33    0.5732    1.0000
               3 1 |     1      1.08    0.3107    0.9987
               3 2 |     1      0.54    0.4698    0.9999
               3 3 |     1      1.71    0.2050    0.9929
             Joint |     9      2.57    0.0361
```

```
              |
    Residual  |      21
--------------------------------------------------------------
Note: Scheffe-adjusted p-values are reported for tests on individual
      contrasts only.


------------------------------------
              |   Number of
              |  Comparisons
----------------------+--------------
gender@fracture#_eqns |       9
------------------------------------


----------------------------------------------------------------
                                                  Scheffe
              |  Contrast   Std. Err.   [95% Conf. Interval]
----------------------+-----------------------------------------
gender@fracture#_eqns |
    (2 vs base) 1 1  |     -17.5    11.03645    -68.42869    33.42869
    (2 vs base) 1 2  |      20.5     5.69092     -5.76126    46.76126
    (2 vs base) 1 3  | -18.16667    5.393755    -43.05663    6.723297
    (2 vs base) 2 1  |     3.875    6.257079    -24.99885    32.74885
    (2 vs base) 2 2  |      .875    3.226449    -14.01373    15.76373
    (2 vs base) 2 3  |      1.75    3.057972    -12.36128    15.86128
    (2 vs base) 3 1  | -8.666667    8.342772    -47.16513     29.8318
    (2 vs base) 3 2  | -3.166667    4.301931    -23.01831    16.68498
    (2 vs base) 3 3  |  5.333333    4.077296    -13.48171    24.14838
----------------------------------------------------------------


* Let's examine the residuals with the predict command:
. predict y1res, residual equation(y1)

. predict y2res, residual equation(y2)

. predict y3res, residual equation(y3)

. list gender fracture y1res y2res y3res
```

```
     +--------------------------------------------------------------+
     | gender              fracture      y1res       y2res      y3res |
     |--------------------------------------------------------------|
  1. |   male    one compound fracture     2.5         -.5   -.1666667 |
  2. |   male    one compound fracture     2.5         7.5   -6.166667 |
  3. |   male    one compound fracture     8.5         -.5    2.833333 |
  4. |   male    one compound fracture    -4.5        -2.5    3.833333 |
  5. |   male    one compound fracture   -14.5        -4.5    2.833333 |
     |--------------------------------------------------------------|
  6. |   male    one compound fracture     5.5          .5   -3.166667 |
  7. |   male   two compound fractures   -3.875      -5.375       1.75 |
  8. |   male   two compound fractures   -4.875       -.375       1.75 |
  9. |   male   two compound fractures   -1.875      -2.375       1.75 |
 10. |   male   two compound fractures    1.125       6.625      -6.25 |
     |--------------------------------------------------------------|
 11. |   male   two compound fractures   -2.875      -1.375       6.75 |
 12. |   male   two compound fractures   25.125      -4.375      -2.25 |
 13. |   male   two compound fractures   -9.875      -2.375       1.75 |
 14. |   male   two compound fractures   -2.875       9.625      -5.25 |
 15. |   male      one simple fracture -13.16667    .8333333  -4.166667 |
     |--------------------------------------------------------------|
 16. |   male      one simple fracture  6.833333   -2.166667   3.833333 |
 17. |   male      one simple fracture  7.833333    8.833333  -7.166667 |
 18. |   male      one simple fracture  3.833333   -1.166667   1.833333 |
 19. |   male      one simple fracture  9.833333   -4.166667   1.833333 |
 20. |   male      one simple fracture -15.16667   -2.166667   3.833333 |
     |--------------------------------------------------------------|
 21. | female    one compound fracture      0           0   -2.84e-14 |
 22. | female   two compound fractures    -8.75       -4.25          4 |
 23. | female   two compound fractures     7.25       -8.25          9 |
 24. | female   two compound fractures    -9.75        3.75         -5 |
 25. | female   two compound fractures    11.25        8.75         -8 |
     |--------------------------------------------------------------|
 26. | female      one simple fracture      6.5          -3        3.5 |
 27. | female      one simple fracture     -6.5           3       -3.5 |
     +--------------------------------------------------------------+
```

* The single observation for a female with one compound fracture has residuals that

are within roundoff of zero. With only 1 observation for that cell of the design, this MANOVA model is forced to fit to that point. The largest residual (in absolute value) appears for observation 12, which has an age 25.125 higher than the model prediction for a male with two compound fractures.

1. 以上 a 在 b(b1, b2, b3) 單純主要效果：(gender*fracture 單純主要效果)，只要 95% 信賴區間不含 0 值，則表示該對比 (Contrast) 達到顯著差異。
   相反地，b 在 a(a1, a2) 單純主要效果之指令為：

```
. contrast fracture@gender #_eqns, mcompare(scheffe)
```

2.「 _eqns」每三個 row 分別代表在依變數：(y1, y2, y3)」三者的對比。
3. Contrast 的 base，內定為該因子的「level 1」。

### 3-3-3 二因子混合設計 ANOVA：廣義估計方程式 (GEE) 分析 Panel-data：雌激素貼片治療產後憂鬱症的療效 (xtgee 指令)

#### 一、混合線性模型 (linear mixed model, LMM)

對於檢定實驗介入成效的方法，坊間已有非常多種方式，其中又以 GEE (generalized estimating equations, xtgee 指令) 及現在即將要介紹的 LMM(anova 指令、manova 指令、xtmixed 指令、mixed 指令、xtreg 指令) 蔚為主流。不過有趣的是，這 2 種方法皆克服了傳統統計方法 (例如：t 檢定、ANCOVA、ANOVA) 的某些假定 (assumption) 限制，因此才會廣受研究者的歡迎，但這 2 種當代主流方法卻在「看待及處理」同一個個體的重複測量資料時，採用完全不同的角度。

LMM 全名為混合線性模型 (linear mixed model) 或稱為 mixed effect model，不過它在各個領域有不同的名稱。在生物統計領域習慣稱作 LMM，在應用統計領域則稱為多層次模型或多層次迴歸 (multilevel model / multilevel regression)，但在教育或心理領域則以階層線性模型 (hierarchical linear modeling, HLM) 稱呼，而在經濟或財金領域最可能稱為隨機效果模型 (random effect model)。無論如何

稱呼，其背後的原理大致是差不多的。

為了簡化，我們仍然以 2×2 的設計來討論，也就是組別為實驗組與對照組，測驗的時間點只有前測與後測。此時 LMM 若以迴歸方程式來表示，則如以所示：

Level 1( 第一層方程式 )

$$Y_{ij} = \beta_{0i} + \beta_{1i}x_2 + r_{ij}$$

Level 2( 第二層方程式 )

$$\beta_{0i} = \gamma_{00} + \gamma_{01}x_1 + \mu_{0i}$$

$$\beta_{1i} = \gamma_{10} + \gamma_{11}x_1 + \mu_{1i}$$

其中

$y_{ij}$：第 $i$ 個個體的第 $j$ 個群組之依變數得分，$j = 1$　或　2

$x_1 = 1$：代表實驗組。$x_1 = 0$：代表對照組

$x_2 = 1$：代表後測。$x_2 = 0$：代表前測

下標 i：某一位研究對象

以圖 3-22 為例，LMM 在看待同一位個體的多次資料點，是以「嵌套或巢狀」(nested) 的方式來看待，此時重複測量資料點是嵌套在個人之下。此時再回到第一層方程式，「$\beta_1$」代表的是時間的效果 ( 因為 $x_2$ 是時間 )，可以說時間每增加一個單位則 Y 增加多少個單位，不過由於目前的例子只有 2 個時間點，因此就是後測 (1) 減前測 (0) 的差值。

但是眼尖的你是否有看到迴歸係數為「$\beta_{1i}$」而非「$\beta_1$」，很重要的是，這個「i」事關重大，可以說是 LMM 的核心概念，「i」代表的是第 k 位個體。若 k 等於 100，則 i 就介於 1 到 100，$\beta_{1i}$ 代表的是「每一位個體都有自己的一條線」，統計術語是每一位個體的時間趨勢 ( 線性效果 ) 被允許可以不同。但你可能會納悶，每一個個體都有自己的成長趨勢，這不是很合理嗎？是的，確實是非常合理，但問題是傳統統計方法只能假設 / 強迫每一位個體的成長趨勢是相同的，而 LMM 是可以突破這個假設，此為 LMM 受歡迎的主要原因之一。

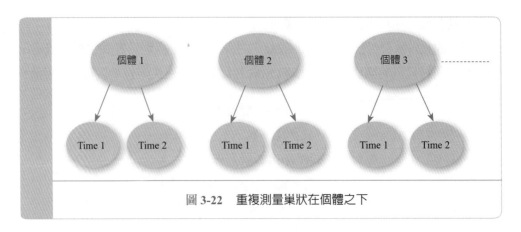

圖 3-22　重複測量巢狀在個體之下

　　然而除了時間**趨勢**(線性效果)可以隨個體而改變之外，大家可以注意到連截距項(intercept)也有下標 i，因此「$\beta_{0i}$」代表的是當 $x_2$ 為 0 的時候(注意我們的編碼方式，$x_2 = 0$ 代表是前測)，此時 Y 等於多少，也就是說「$\beta_{0i}$」就是第 i 位個體的前測分數，而下標 i 表示 LMM 可以允許每一位個體的前測分數是不一樣的，相同的傳統統計方法只能假設/強迫每一位個體的截距項是相同的。

## 二、xtgee 範例

```
* 存在「xtgee_example.do」指令檔
*Generalized estimating equations: xtgee 指令
*The use of panel-data models has exploded in the past ten years as analysts more
  often need to analyze richer data structures. Some examples of panel data are
  nested datasets that contain observations of smaller units nested within larger
  units. An example might be counties (the replication) in various states (the panel
  identifier). Other examples of panel data are longitudinal, having multiple ob-
  servations (the replication) on the same experimental unit (the panel identifier)
  over time. xtgee allows either type of panel data.

*STaTa estimates extensions to generalized linear models in which you can model the
  structure of the within-panel correlation. This extension allows users to fit GLM-
  type models to panel data.
* xtgee 主畫面如下：
```

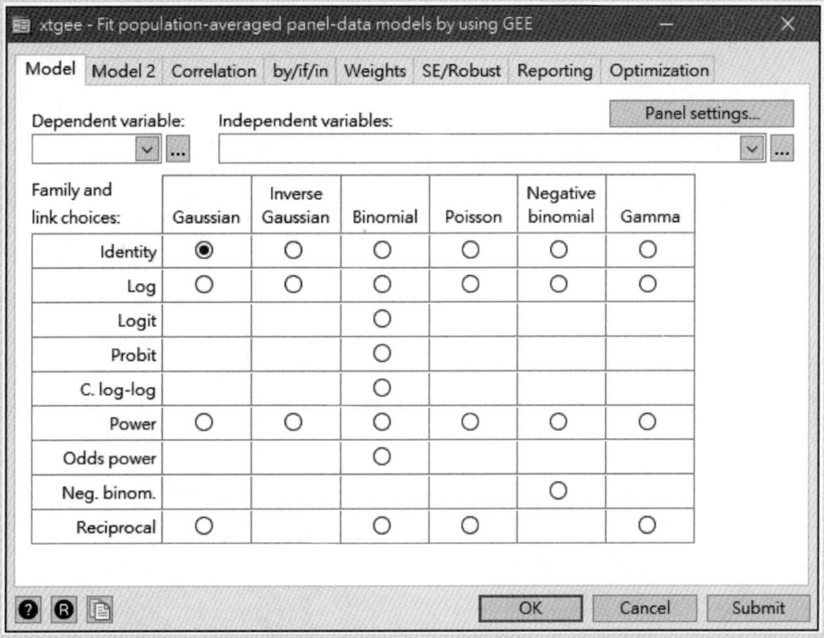

圖 3-23　xtgee 主畫面

*What makes xtgee useful is the number of statistical models that it generalizes for use with panel data, the richer correlation structure with models available in other commands, and the availability of robust standard errors, which do not always exist in the equivalent command.

*In this example, we consider a probit model in which we wish to model whether a worker belongs to the union based on the person's age and whether they are living outside of an SMSA. The people in the study appear multiple times in the dataset (this type of panel dataset is commonly referred to as a longitudinal dataset), and we assume that the observations on a given person are more correlated than those between different persons.

. webuse nlswork

(National Longitudinal Survey. Young Women 14-26 years of age in 1968)

```
. xtset idcode
. xtgee union age not_smsa, family(binomial) link(probit) corr(exchangeable)


GEE population-averaged model          Number of obs      =     19,226
Group variable:              idcode    Number of groups   =      4,150
Link:                        probit    Obs per group:
Family:                    binomial                  min =          1
Correlation:          exchangeable                  avg =        4.6
                                                    max =         12
                                       Wald chi2(2)       =      30.23
Scale parameter:                  1    Prob > chi2        =     0.0000


------------------------------------------------------------------------------
       union |      Coef.   Std. Err.      z    P>|z|     [95% Conf. Interval]
-------------+----------------------------------------------------------------
         age |   .0045624   .0013959     3.27   0.001     .0018264    .0072984
    not_smsa |  -.1440246   .0318838    -4.52   0.000    -.2065156   -.0815336
       _cons |  -.8770284   .0479603   -18.29   0.000    -.9710288   -.7830279
------------------------------------------------------------------------------
```

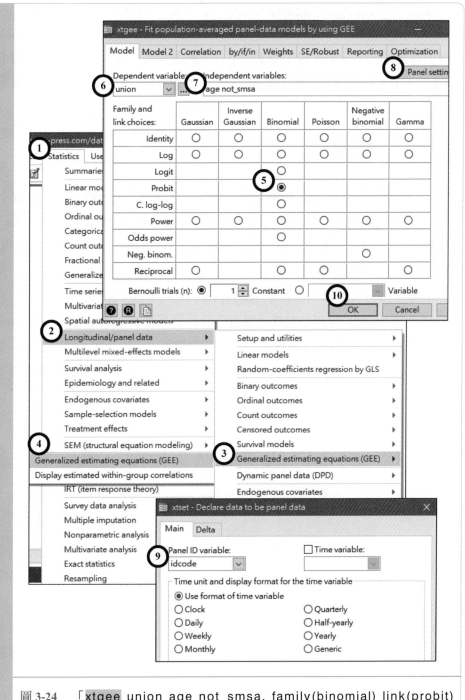

圖 3-24 「xtgee union age not_smsa, family(binomial) link(probit) corr(exchangeable)」 畫面

　　廣義估計方程式是一般線性模型的延展，應用於追蹤性資料的分析，利用準概似估算法 (quai-likelihood estimation)，此方法為半母數法 (semi-parametric) 估算方程式的衍生，並未設定受測者 ($y_i$) 的聯合分布，而是設定 $y_{ij}$ 的邊際分布 (mariginal distribution) 的概似 (likelihood)，以及有關每個受試者重複測量向量的「實作」(working) 矩陣。

　　GEE 有個好的特性是即使相關結構錯誤的特定 (mis-specification)，它也有一致 (consistent) 和近似常態的解 (asymptotically normal solutions)。

## 範例：真實驗設計：雌激素貼片治療產後憂鬱症的療效 (efficacy of estrogen patches in treating postnatal depression)(xtgee 指令)

　　例如：以 1996 年 Gregoire, Kumar Everitt, Henderson & Studd 的研究設計來說，樣本中，婦女被隨機分派至 2 組：安慰劑對照組 (placebo control group)(group=0, n=27) 及雌激素貼片組 (estrogen patch group)(group=1, n=34)。第一次治療之前 (pre)，所有患者都接受愛丁堡產後憂鬱量表 (Edinburgh Postnatal Depression Scale, EPDS)。EPDS 資料在孕婦產後每月追蹤一次，連續追蹤 6 個月 (dep1~dep6)。採正向題計分方式，EPDS 分數愈高，表示孕婦憂鬱指數愈高。

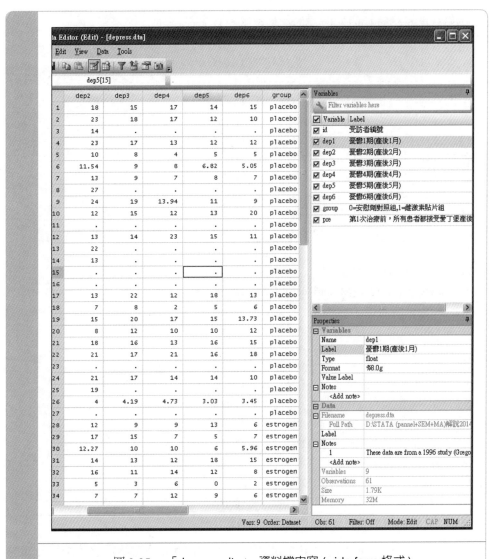

圖 3-25 「depress.dta」 資料檔內容 (wide form 格式)

Step 1. 先描述控制組及實驗組的平均數及標準差

```
. use http://www.ats.ucla.edu/stat/stata/library/depress, clear
或 use depress.dta

* 求控制組的平均數及標準差
```

```
. summarize pre dep1 dep2 dep3 dep4 dep5 dep6 if group ==0
```

| Variable | Obs | Mean | Std. Dev. | Min | Max |
|---|---|---|---|---|---|
| pre | 27 | 20.77778 | 3.954874 | 15 | 28 |
| dep1 | 27 | 16.48148 | 5.279644 | 7 | 26 |
| dep2 | 22 | 15.88818 | 6.124177 | 4 | 27 |
| dep3 | 17 | 14.12882 | 4.974648 | 4.19 | 22 |
| dep4 | 17 | 12.27471 | 5.848791 | 2 | 23 |
| dep5 | 17 | 11.40294 | 4.438702 | 3.03 | 18 |
| dep6 | 17 | 10.89588 | 4.68157 | 3.45 | 20 |

＊求實驗組的平均數及標準差

```
. summarize pre dep1 dep2 dep3 dep4 dep5 dep6 if group ==1
```

| Variable | Obs | Mean | Std. Dev. | Min | Max |
|---|---|---|---|---|---|
| pre | 34 | 21.24882 | 3.574432 | 15 | 28 |
| dep1 | 34 | 13.36794 | 5.556373 | 1 | 27 |
| dep2 | 31 | 11.73677 | 6.575079 | 1 | 27 |
| dep3 | 29 | 9.134138 | 5.475564 | 1 | 24 |
| dep4 | 28 | 8.827857 | 4.666653 | 0 | 22 |
| dep5 | 28 | 7.309286 | 5.740988 | 0 | 24 |
| dep6 | 28 | 6.590714 | 4.730158 | 1 | 23 |

　　第一次治療前 (pre) 及連續 6 期追蹤，可看出隨機分派孕婦之控制組及實驗組之愛丁堡產後憂鬱指數 (EPDS) 都非常相似。

**Step 2.** 繪第一次治療前 (pre) 及連續 6 期追蹤之憂鬱指數的分布圖

```
. use depress.dta
. graph matrix dep1 dep2 dep3 dep4 dep5 dep6, half
```

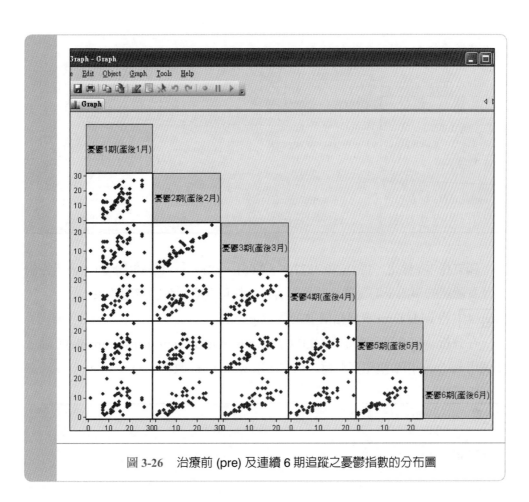

圖 3-26　治療前 (pre) 及連續 6 期追蹤之憂鬱指數的分布圖

**Step 3.** 檢定控制組及實驗組的平均數差異性

```
.  use depress.dta

.  ttest pre, by(group)

Two-sample t test with equal variances
-------------------------------------------------------------------------------
   Group |    Obs       Mean    Std. Err.   Std. Dev.   [95% Conf. Interval]
---------+---------------------------------------------------------------------
 placebo |     27   20.77778    .7611158    3.954874    19.21328     22.34227
estrogen |     34   21.24882     .61301    3.574432    20.00165       22.496
```

```
---------+--------------------------------------------------------
combined |     61    21.04033    .476678   3.722975    20.08683    21.99383
---------+--------------------------------------------------------
    diff |          -.4710457   .9658499               -2.403707    1.461615
-----------------------------------------------------------------
    diff = mean(placebo) - mean(estrogen)                    t =   -0.4877
H₀: diff = 0                                      degrees of freedom =       59

    Ha: diff < 0                  Ha: diff != 0                  Ha: diff > 0
 Pr(T < t) = 0.3138        Pr(|T| > |t|) = 0.6276          Pr(T > t) = 0.6862
```

　　獨立樣本 t 檢定，得 t = -0.4877(p > 0.05)，故接受「$H_0$: diff = 0」，表示控制組及實驗組的事前平均憂鬱，並無顯著性，故可安心做實驗處理效果。

Step 4. 將 wide form 資料結構重組為 long form

　　在分析「連續型反應變數 GEE(GEE with continuous response variable)」前，須使用 reshape 指令重組資料檔之格式，由 wide form 改為 long form。

```
. use depress.dta

. reshape long dep, i(id) j(visit)
(note: j = 1 2 3 4 5 6)

Data                                wide   ->   long
-----------------------------------------------------------------
Number of obs.                        61   ->      366
Number of variables                    9   ->        5
j variable(6 values)                         ->   visit
xij variables:
                    dep1 dep2 ... dep6   ->   dep
-----------------------------------------------------------------
* 轉檔形式之後，存到 depress_long_form.dta 檔
. save "D:\STaTa\depress_long_form.dta"
```

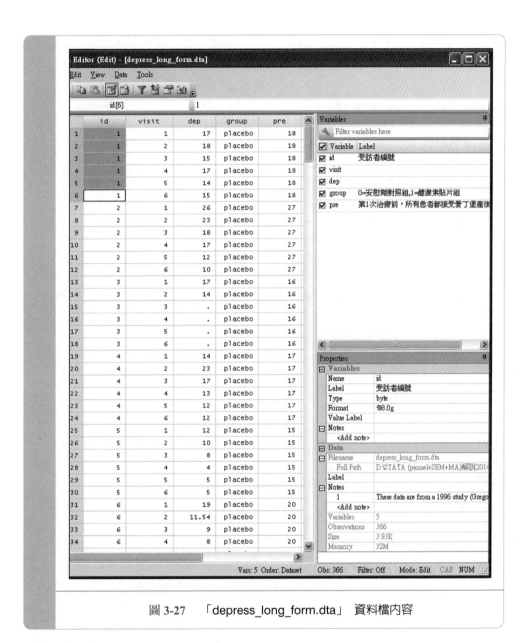

圖 3-27 「depress_long_form.dta」 資料檔內容

**Step 5.** 二因子混合設計 ANOVA(repeated measures analysis of variance)

```
. use depress_long_form.dta

. anova dep group / id|group visit group#visit /, repeated(visit)
```

```
                      Number of obs =      295    R-squared     =  0.7699
                      Root MSE      = 3.39594     Adj R-squared =  0.6980

          Source |  Partial SS    df       MS           F       Prob > F
     ------------+------------------------------------------------------
           Model |  8643.81572    70   123.483082     10.71      0.0000
                 |
           group |  548.494938     1   548.494938      5.60      0.0212
         id|group |  5775.54143    59   97.8905328
     ------------+------------------------------------------------------
           visit |  1050.05444     5   210.010889     18.21      0.0000
      group#visit |  19.3028953     5   3.86057906     0.33      0.8916
                 |
        Residual |  2583.26536   224   11.5324346
     ------------+------------------------------------------------------
           Total |  11227.0811   294   38.1873506
```

```
Between-subjects error term:  id|group
               Levels:   61       (59 df)
  Lowest b.s.e. variable:  id
  Covariance pooled over:  group    (for repeated variable)
```

```
Repeated variable: visit

                                  Huynh-Feldt epsilon        =  0.5930
                                  Greenhouse-Geisser epsilon =  0.5532
                                  Box's conservative epsilon =  0.2000
```

```
                                 ------------- Prob > F -------------
          Source |    df     F     Regular    H-F      G-G      Box
     ------------+-------------------------------------------------------
           visit |     5   18.21   0.0000   0.0000   0.0000   0.0001
      group#visit |     5    0.33   0.8916   0.7979   0.7840   0.5658
        Residual |   224
     -------------------------------------------------------------------
```

1. ANOVA 分析摘要表中，group 的 F 值 =5.6(p < 0.05)，表示實驗組效果顯著

優於控制組。而且連續 6 期的追蹤 (visit) 之憂鬱指數亦有顯著變化趨勢 (F = 18.21, p < 0.05)。但交互作用項「group#visit」則未達顯著性，故可忽單純主要效果 (simple main effect) 之 F 檢定。

2. 在孕婦產後連續 6 期的追蹤，發現這 6 期的憂鬱指數亦有顯著下降趨勢 (F = 18.21, p < 0.05)。

3. 二因子混合設計係固定效果會受到重複因子 (repeated factor) 的調整。此外，此重複測量分析假定共變數矩陣是複合對稱 (compound symmetry)。由於以下範例，可能不近完美，但接下來的幾種分析 (reg 、gls 、xtgee) 目的，並不是要來回答研究問題是否嚴謹，而是彰顯 STaTa「reg 、gls 、xtgee」幾個不同的命令對等關係 ( 分析結果的相似性 )。

**Step 6.** 混合資料 OLS 迴歸 (reg 指令 )

```
. use depress_long_form.dta

. regress dep pre group visit

      Source |       SS       df       MS              Number of obs =     295
-------------+------------------------------           F(  3,   291) =   48.05
       Model |  3719.12931      3  1239.70977           Prob > F      =  0.0000
    Residual |  7507.95176    291  25.8005215           R-squared     =  0.3313
-------------+------------------------------           Adj R-squared =  0.3244
       Total |  11227.0811    294  38.1873506           Root MSE      =  5.0794


-------------------------------------------------------------------------------
         dep |      Coef.   Std. Err.      t    P>|t|     [95% Conf. Interval]
-------------+-----------------------------------------------------------------
         pre |   .4769071   .0798565     5.97   0.000     .3197376    .6340767
       group |  -4.290664   .6072954    -7.07   0.000    -5.485912   -3.095416
       visit |  -1.307841    .169842    -7.70   0.000    -1.642116   -.9735667
       _cons |   8.233577   1.803945     4.56   0.000     4.683143    11.78401
-------------------------------------------------------------------------------
```

求得 $dep_i = 8.23 + 0.477pre_i - 4.29group_i - 1.31visit_i + \varepsilon_i$

孕婦產後憂鬱指數 $_i$ = 8.23 + 0.477 治前憂鬱 $_i$ − 4.29 實驗組嗎 $_i$ − 1.31 後續 6 期追蹤 $_i$ + $\varepsilon_i$

**Step 7.** 改採用廣義最小平方法 (generalized least squares, GLS)

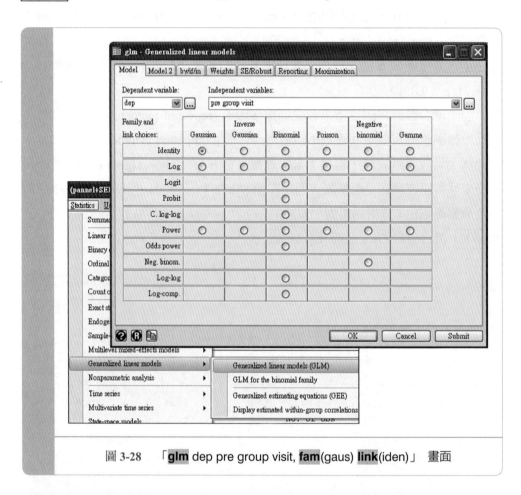

圖 3-28 「**glm** dep pre group visit, **fam**(gaus) **link**(iden)」 畫面

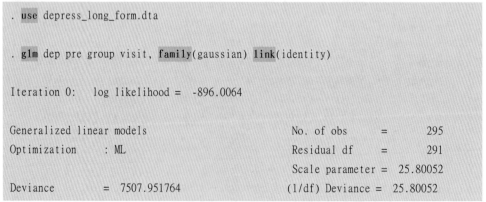

```
. use depress_long_form.dta

. glm dep pre group visit, family(gaussian) link(identity)

Iteration 0:   log likelihood =  -896.0064

Generalized linear models                    No. of obs    =      295
Optimization    : ML                         Residual df   =      291
                                             Scale parameter =  25.80052
Deviance        =  7507.951764               (1/df) Deviance =  25.80052
```

```
Pearson           =   7507.951764           (1/df) Pearson  =   25.80052


Variance function: V(u) = 1                  [Gaussian]
Link function    : g(u) = u                  [Identity]


                                             AIC            =   6.101738
Log likelihood   = -896.0064033              BIC            =   5853.042


------------------------------------------------------------------------
            |                 OIM
       dep  |    Coef.    Std. Err.     z    P>|z|    [95% Conf. Interval]
------------+-----------------------------------------------------------
        pre |  .4769071   .0798565    5.97   0.000    .3203913    .633423
      group | -4.290664   .6072954   -7.07   0.000   -5.480941  -3.100387
      visit | -1.307841   .169842    -7.70   0.000   -1.640725  -.9749569
       _cons|  8.233577   1.803945    4.56   0.000    4.697909   11.76924
------------------------------------------------------------------------
```

1. 求得 $dep_i = 8.23 + 0.477pre_i - 4.29group_i - 1.31visit_i + \varepsilon_i$

2. 分析結果與混合資料 OLS 相同，即：

   孕婦產後憂鬱指數 $_i$ = 8.23 + 0.477 治前憂鬱 $_i$ − 4.29 實驗組嗎 $_i$ − 1.31 後續 6 期追蹤 $_i$ + $\varepsilon_i$

**Step 8a.** 另一替代指令：xtgee 來分析追蹤資料 (panel-data)，假定受試者內相關矩陣是獨立的

我們終於使用 STaTa 最正式的 xtgee 指令，來分析追蹤資料 (panel-data)。xtgee 指令 corr 選項，可用來界定不同的共變數結構。首先，為了對比 OLS 及 GLS 迴歸的差別，並且簡化解說，先假定誤差之共變數結構是獨立的 (independence)，但不能相信它是對的，因為本例「同一人憂鬱連續追蹤 6 期」，前後期憂鬱指數應該會有相關，故誤差不大可能是獨立的。

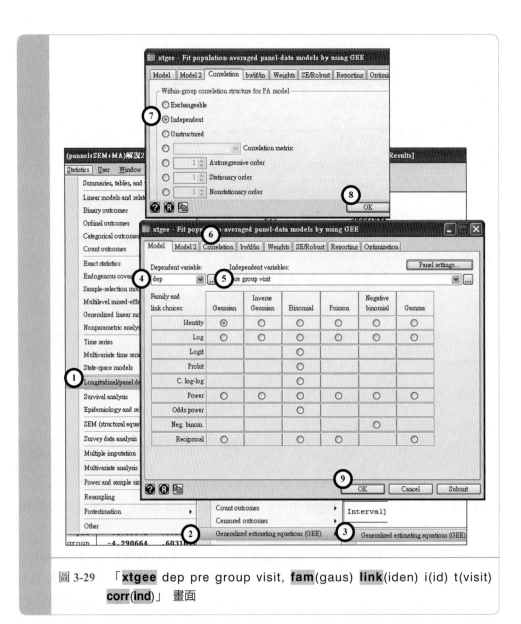

圖 3-29 「**xtgee** dep pre group visit, **fam**(gaus) **link**(iden) i(id) t(visit) **corr**(ind)」 畫面

```
. use depress_long_form.dta

. xtset id visit
     panel variable:  id(strongly balanced)
      time variable:  visit, 1 to 6
              delta:  1 unit
```

```
. xtgee dep pre group visit, family(gaussian) link(identity) corr(independent)


Iteration 1: tolerance = 1.174e-14


GEE population-averaged model                Number of obs      =      295
Group variable:                        id    Number of groups   =       61
Link:                            identity    Obs per group: min =        1
Family:                          Gaussian                   avg =      4.8
Correlation:                  independent                   max =        6
                                             Wald chi2(3)       =   146.13
Scale parameter:                 25.45068    Prob > chi2        =   0.0000


Pearson chi2(295):                7507.95    Deviance           =  7507.95
Dispersion(Pearson):             25.45068    Dispersion         = 25.45068


------------------------------------------------------------------------------
       dep |      Coef.   Std. Err.      z    P>|z|     [95% Conf. Interval]
-----------+------------------------------------------------------------------
       pre |   .4769071   .0793133     6.01   0.000     .321456    .6323582
     group |  -4.290664   .6031641    -7.11   0.000    -5.472844   -3.108484
     visit |  -1.307841   .1686866    -7.75   0.000    -1.638461   -.9772215
     _cons |   8.233577   1.791673     4.60   0.000     4.721962    11.74519
------------------------------------------------------------------------------

. estat wcorr


Estimated within-id correlation matrix R :


       |       c1        c2        c3        c4        c5        c6
-------+------------------------------------------------------------
    r1 |        1
    r2 |        0         1
    r3 |        0         0         1
    r4 |        0         0         0         1
    r5 |        0         0         0         0         1
    r6 |        0         0         0         0         0         1
```

1. xtgee 分析結果與 OLS 、GLS 相同，但是這 3 個指令語法有點錯誤。因為每個控制組及實驗組受訪者，都連續追蹤 6 期的憂抑指數，故這 6 期的憂鬱指數之組內誤差不可能是獨立的。

2. 因為連續追蹤 6 期憂鬱指數之組內誤差不可能是獨立的，所以接下來「**xtgee**, fam(gaus) link(iden) corr(**exc**)」分析，依序改用 exchange 、unstructured 、AR1( 誤差具有自我相關 lag=1 期 ) 來分析。

**Step 8b.** 用替代指令：xtgee 來分析追蹤資料 (panel-data)，假定受試者內相關矩陣是可交換的 (exchange)

```
. use depress_long_form.dta

. xtset id visit
       panel variable:  id(strongly balanced)
        time variable:  visit, 1 to 6
              delta:  1 unit

. xtgee dep pre group visit, fam(gaus) link(iden)  corr(exc)

GEE population-averaged model            Number of obs     =        295
Group variable:                      id  Number of groups  =         61
Link:                          identity  Obs per group: min =          1
Family:                        Gaussian                 avg =        4.8
Correlation:               exchangeable                 max =          6
                                         Wald chi2(3)      =     135.08
Scale parameter:             25.56569    Prob > chi2       =     0.0000


------------------------------------------------------------------------------
      dep |     Coef.    Std. Err.     z     P>|z|    [95% Conf. Interval]
----------+-------------------------------------------------------------------
      pre |   .4599018   .1441533    3.19    0.001    .1773666    .742437
    group |  -4.024676   1.081131   -3.72    0.000   -6.143654   -1.905698
    visit |  -1.226764   .1175009  -10.44    0.000   -1.457062   -.9964666
    _cons |   8.432806   3.120987    2.70    0.007    2.315783    14.54983
------------------------------------------------------------------------------
```

```
. estat wcorr

Estimated within-id correlation matrix R:

         |    c1          c2          c3          c4          c5          c6
---------+------------------------------------------------------------------
    r1 |         1
    r2 |  .5553761           1
    r3 |  .5553761    .5553761           1
    r4 |  .5553761    .5553761    .5553761           1
    r5 |  .5553761    .5553761    .5553761    .5553761           1
    r6 |  .5553761    .5553761    .5553761    .5553761    .5553761           1
```

1. 請注意，這次標準誤 (standard errors) 與前面 xtgee 分析結果不一樣。

2. 接下來，若我們沒有先入為主觀念的話，下個分析係假設誤差為非結構相關矩陣 (unstructured correlation matrix)，它等同 (equivalent) 多變數分析的假定，也是常用的選項。

Step 8c. 用替代指令：xtgee 來分析追蹤資料 (panel-data)，假定受試者內相關矩陣是非結構 (unstructured)

```
. use depress_long_form.dta

. xtset id visit
     panel variable:  id(strongly balanced)
      time variable:  visit, 1 to 6
              delta:  1 unit

. xtgee dep pre group visit, fam(gaus) link(iden) corr(unstr)

Iteration 1: tolerance = .24682401
Iteration 2: tolerance = .04160287
Iteration 10: tolerance = 2.901e-07


GEE population-averaged model              Number of obs      =       295
Group and time vars:              id visit  Number of groups   =        61
```

```
Link:                           identity    Obs per group: min =          1
Family:                         Gaussian                  avg =        4.8
Correlation:               unstructured                   max =          6
                                            Wald chi2(3)      =      94.13
Scale parameter:                25.87029    Prob > chi2       =     0.0000

--------------------------------------------------------------------------
        dep |      Coef.   Std. Err.       z    P>|z|     [95% Conf. Interval]
------------+-------------------------------------------------------------
        pre |   .3399185   .1326684      2.56   0.010     .0798932    .5999437
      group |  -4.134413   .9986306     -4.14   0.000    -6.091693   -2.177133
      visit |  -1.228327   .1492831     -8.23   0.000    -1.520916   -.9357372
       _cons |   11.13045   2.892903      3.85   0.000     5.460464    16.80044
--------------------------------------------------------------------------

. estat wcorr


Estimated within-id correlation matrix R:

        |        c1         c2         c3         c4         c5         c6
------+-------------------------------------------------------------------
    r1 |         1
    r2 |  .4955194          1
    r3 |  .3476859   .8622306          1
    r4 |  .3011759   .7358832   .6677424          1
    r5 |  .2327583   .7430794   .7393878   .7701057          1
    r6 |  .0943479   .5671077   .5625488   .6165816   .7179225          1
```

**Step 8d.**　用替代指令：xtgee 來分析追蹤資料 (panel-data)，假定誤差結構是前
　　　　　後 1 期彼此有相關 (AR1)

　　　　接著，再試不同的誤差結構為 lag=1 期的 AR( 自我相關 )。

```
. use depress_long_form.dta

. xtset id visit
```

```
        panel variable:  id(strongly balanced)
         time variable:  visit, 1 to 6
                 delta:  1 unit

. xtgee dep pre group visit, fam(gaus) link(iden) corr(ar1)
note:  some groups have fewer than 2 observations
       not possible to estimate correlations for those groups
       8 groups omitted from estimation



Iteration 1: tolerance = .10070858
Iteration 2: tolerance = .00136623
Iteration 3: tolerance = .00002736
Iteration 4: tolerance = 5.508e-07


GEE population-averaged model          Number of obs      =      287
Group and time vars:          id visit Number of groups   =       53
Link:                         identity Obs per group: min =        2
Family:                       Gaussian                avg =      5.4
Correlation:                    AR(1)                  max =        6
                                       Wald chi2(3)       =    64.55
Scale parameter:              25.82413 Prob > chi2        =   0.0000


------------------------------------------------------------------------
      dep |    Coef.   Std. Err.      z    P>|z|    [95% Conf. Interval]
----------+-------------------------------------------------------------
      pre |  .4268002  .1376156    3.10   0.002    .1570785   .6965219
    group | -4.218194  1.053504   -4.00   0.000   -6.283023  -2.153364
    visit | -1.181975  .1907298   -6.20   0.000   -1.555799  -.8081517
    _cons |  9.037864  3.036076    2.98   0.003    3.087264   14.98846
------------------------------------------------------------------------


. estat wcorr


Estimated within-id correlation matrix R:


     |      c1        c2        c3        c4        c5        c6
-----+------------------------------------------------------------------
```

| r1 | 1 | | | | | |
|---|---|---|---|---|---|---|
| r2 | .6812188 | 1 | | | | |
| r3 | .464059 | .6812188 | 1 | | | |
| r4 | .3161257 | .464059 | .6812188 | 1 | | |
| r5 | .2153508 | .3161257 | .464059 | .6812188 | 1 | |
| r6 | .146701 | .2153508 | .3161257 | .464059 | .6812188 | 1 |

跨時間的重複測量 (repeated measures over time)，ar1 是不錯的選項，也是最可能的正確解答。

**Step 9.** 重新考慮交互作用項「group # visit」，試試「誤差帶有 ar1」模型，適不適當

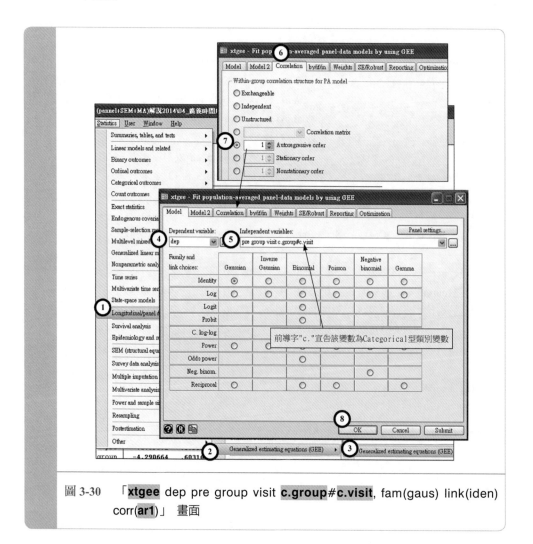

圖 3-30　「**xtgee** dep pre group visit **c.group#c.visit**, fam(gaus) link(iden) corr(**ar1**)」 畫面

```
. use depress_long_form.dta

. xtset id visit
        panel variable:  id(strongly balanced)
         time variable:  visit, 1 to 6
                 delta:  1 unit
```

* 前導字 "c." 宣告該變數為 Continuous 型連續變數
```
. xtgee dep pre group visit c.group#c.visit, fam(gaus) link(iden) corr(ar1)
note:   some groups have fewer than 2 observations
        not possible to estimate correlations for those groups
        8 groups omitted from estimation

Iteration 1: tolerance = .08642572
Iteration 4: tolerance = 5.433e-07
```

| GEE population-averaged model | | Number of obs | = | 287 |
|---|---|---|---|---|
| Group and time vars: | id visit | Number of groups | = | 53 |
| Link: | identity | Obs per group: min = | | 2 |
| Family: | Gaussian | avg = | | 5.4 |
| Correlation: | AR(1) | max = | | 6 |
| | | Wald chi2(4) | = | 64.83 |
| Scale parameter: | 25.81682 | Prob > chi2 | = | 0.0000 |

```
--------------------------------------------------------------------------
           dep |    Coef.   Std. Err.      z    P>|z|    [95% Conf. Interval]
---------------+----------------------------------------------------------
           pre |  .4284649   .1377094    3.11   0.002     .1585595    .6983703
         group |  -3.55197   1.654127   -2.15   0.032       -6.794   -.3099395
         visit | -1.057824   .3044115   -3.47   0.001    -1.654459   -.4611881
               |
 c.group#c.visit| -.2040059   .3905217   -0.52   0.601    -.9694144    .5614026
               |
         _cons |  8.606923   3.147897    2.73   0.006     2.437158    14.77669
--------------------------------------------------------------------------
```

1. 前導字 "c." 宣告該變數為 Continuous 型類別變數。"#" 宣告為交互作用項。

2. 「c.group#c.visit」交互作用項，z = -0.52(p > 0.05)，做未達 0.05 顯著水準。因此只要看組間 group 及組內 visit 的單純主要效果 (simple main effect) 即可。

3. group 變數的係數為 -3.55(p < 0.05)，表示實驗組的憂鬱指數顯著低於控組制，即雌激素貼片治療產後憂鬱症的療效。

4. visit 變數的係數為憂鬱 -1.058(p < 0.05)，表示治療後 6 期的追蹤期，愈後期的憂鬱指數顯著低於前一期，顯示實驗處理係有治療效果。

**Step 10.** 時間軸 visit，換當作連續型因素 (factory) 變數，用前導字 "i." 來宣告該變數為 Continuous 型因素變數

```
. use depress_long_form.dta

. xtset id visit
       panel variable:  id(strongly balanced)
        time variable:  visit, 1 to 6
               delta:  1 unit

* 前導字 "i." 宣告 visit 變數為 Continuous 型連續變數
. xtgee dep pre group i.visit, fam(gaus) link(iden) corr(ar1)
note:  some groups have fewer than 2 observations
       not possible to estimate correlations for those groups
       8 groups omitted from estimation




Iteration 1: tolerance = .12083034
Iteration 2: tolerance = .00138846
Iteration 3: tolerance = .00002034
Iteration 4: tolerance = 2.990e-07


GEE population-averaged model           Number of obs     =        287
Group and time vars:        id visit    Number of groups  =         53
Link:                       identity    Obs per group: min =          2
Family:                     Gaussian                   avg =        5.4
Correlation:                   AR(1)                   max =          6
                                        Wald chi2(7)      =      66.85
```

```
Scale parameter:                25.67071     Prob > chi2     =    0.0000

------------------------------------------------------------------------
       dep |     Coef.    Std. Err.      z    P>|z|     [95% Conf. Interval]
-----------+------------------------------------------------------------
       pre |   .4264589   .1372194     3.11   0.002     .1575137    .6954041
     group |  -4.197096   1.050645    -3.99   0.000    -6.256323   -2.137869
           |
     visit |
         2 |   -.964717   .5556079    -1.74   0.083    -2.053689    .1242546
         3 |  -2.790063   .7474989    -3.73   0.000    -4.255134   -1.324992
         4 |  -3.730425   .8528421    -4.37   0.000    -5.401964   -2.058885
         5 |  -5.127078   .9147959    -5.60   0.000    -6.920045   -3.334111
         6 |   -5.84916   .9534054    -6.14   0.000      -7.7178    -3.98052
           |
     _cons |   7.896145   2.998003     2.63   0.008     2.020168    13.77212
------------------------------------------------------------------------


. testparm i.visit

 ( 1)   2.visit = 0
 ( 2)   3.visit = 0
 ( 3)   4.visit = 0
 ( 4)   5.visit = 0
 ( 5)   6.visit = 0

           chi2(  5) =    40.56
         Prob > chi2 =     0.0000
```

1. 前導字 "i." 宣告 visit 變數為 Continuous 型因素變數，系統內定以「level=1」當比較基準。

2. visit 變數「level 1 vs. level 2」的 Z 為 -1.74($p>0.05$)，表示實驗治療後 2 個月憂鬱指數並未顯著下降，但自治療後 3 個月起 ($p$ 都 <0.05)，雌激素貼片治療產後憂鬱症，確實有明顯的療效。雌激素貼片治療，整體時間上亦明顯的下降 ( 卡方 =40.56, $p<0.05$)。

Step 11. 比較 Continuous 型 visit 是否比 Continuous 型更具變異性 (variability)

```
. use depress_long_form.dta

. xtset id visit
       panel variable:  id(strongly balanced)
        time variable:  visit, 1 to 6
               delta:  1 unit

*前導字 "c." 宣告該變數為 Continuous 型連續變數
*前導字 "i." 宣告該變數為 Indicators 型虛擬變數
. xtgee dep pre group c.visit i.visit, fam(gaus) link(iden) corr(ar1)
note: 6.visit omitted because of collinearity
note:  some groups have fewer than 2 observations
        not possible to estimate correlations for those groups
        8 groups omitted from estimation

Iteration 1: tolerance = .203814
Iteration 4: tolerance = 3.675e-07

GEE population-averaged model          Number of obs      =        287
Group and time vars:           id visit  Number of groups   =         53
Link:                          identity  Obs per group: min =          2
Family:                        Gaussian                 avg =        5.4
Correlation:                     AR(1)                   max =          6
                                         Wald chi2(7)     =      66.85
Scale parameter:               25.67071  Prob > chi2      =     0.0000

------------------------------------------------------------------------
     dep |     Coef.   Std. Err.      z    P>|z|    [95% Conf. Interval]
---------+--------------------------------------------------------------
     pre |  .4264589   .1372194    3.11   0.002    .1575137    .6954041
   group | -4.197096   1.050645   -3.99   0.000   -6.256323   -2.137869
   visit | -1.169832   .1906811   -6.14   0.000    -1.54356   -.7961039
         |
   visit |
       2 |   .205115   .5196299    0.39   0.693   -.8133408    1.223571
```

```
        3  |  -.4503992    .648481    -0.69   0.487   -1.721399    .8206003
        4  |  -.2209286   .6602134   -0.33   0.738   -1.514923    1.073066
        5  |  -.4477498   .5585628   -0.80   0.423   -1.542513    .6470131
        6  |          0  (omitted)
           |
     _cons |   9.065977   3.031614    2.99   0.003    3.124124    15.00783
-------------------------------------------------------------------------

. testparm i.visit

 ( 1)   2.visit = 0
 ( 2)   3.visit = 0
 ( 3)   4.visit = 0
 ( 4)   5.visit = 0

        chi2(  4) =      1.92
      Prob > chi2 =    0.7506
```

1. 結果顯示，Continuous 型 visit(z = -1.17, p < 0.05) 並未比 Continuous 型因素變數更具變異性 ( 卡方 = 1.92, p > 0.05)。

2. 接著，我想我比較偏好「xtgee dep pre group visit, fam(gaus) link(iden) corr(ar1)」。

**Step 12.** 重複「xtgee dep pre group visit, fam(gaus) link(iden) corr(ar1)」

```
. use depress_long_form.dta

. xtgee dep pre group visit, fam(gaus) link(iden) corr(ar1)
note:  some groups have fewer than 2 observations
       not possible to estimate correlations for those groups
       8 groups omitted from estimation



Iteration 1: tolerance = .10070858
Iteration 4: tolerance = 5.508e-07


GEE population-averaged model          Number of obs      =       287
```

```
Group and time vars:            id visit    Number of groups   =        53
Link:                           identity    Obs per group: min =         2
Family:                         Gaussian               avg =          5.4
Correlation:                    AR(1)                  max =            6
                                            Wald chi2(3)       =      64.55
Scale parameter:                25.82413    Prob > chi2        =     0.0000

------------------------------------------------------------------------------
     dep |      Coef.   Std. Err.      z    P>|z|     [95% Conf. Interval]
---------+--------------------------------------------------------------------
     pre |   .4268002   .1376156     3.10   0.002     .1570785    .6965219
   group |  -4.218194   1.053504    -4.00   0.000    -6.283023   -2.153364
   visit |  -1.181975   .1907298    -6.20   0.000    -1.555799   -.8081517
   _cons |   9.037864   3.036076     2.98   0.003     3.087264    14.98846
------------------------------------------------------------------------------
```

## 小結

以上例子係線性 panel-data 模型，使用 GEE 的解法；相對地，若想用 GEE 來解非線性 panel-data 模型 ( 如 logit 迴歸 )，請自行執行下列指令，即可舉一反三。

```
*GEE with Binary Response Variable
use http://www.ats.ucla.edu/stat/stata/library/depres01, clear

*set family to binary and link to logit. We will start with the correlation struc-
ture independent follow by exchangable(compound symmetry) and then unstructured.
. xtgee depressd group visit, i(subj) fam(bin) link(logit) corr(ind)
. estat wcorr

* 依序比較：誤差結構為 ind、exc、unstr、ar1
. xtgee depressd group visit, i(subj) fam(bin) link(logit) corr(exc)
. estat wcorr

. xtgee depressd group visit, i(subj) t(visit) fam(bin) link(logit) corr(unstr)
. estat wcorr
```

```
*just as with the continuous response variable, it might be more reasonable to hy-
pothesize that the correlation structure would be autoregressive
. xtgee depressd group visit, i(subj) t(visit) fam(bin) link(logit) corr(ar1)
. estat wcorr

* we can also obtain the results in the odds ratio metric using the eform option.
. xtgee, eform

* Let's add in the pretest and a group by visit interaction.
. xtgee depressd pre group visit c.group#c.visit, i(subj) t(visit) fam(bin)
link(logit) corr(ar1)

* let's try the categorical version of visit and the model that contains both the
categorical and continuous version of visit.
. xtgee depressd pre group i.visit, i(subj) fam(bin) link(logit) t(visit) corr(ar1)
. testparm i.visit

. xtgee depressd pre group c.visit i.visit, i(subj) fam(bin) link(logit) t(visit)
corr(ar1)
. testparm i.visit
```

## 3-4 多變量：細格人數不等的二因子變異數分析 (manova 指令、lincom 事後比較)

　　此節所提受試者人數不等 MANOVA 問題，傳統在計算時須將 A 因子和 B 因子的前後順序調換，觀察排除 A 因子後的效果和排除 B 因子後的效果。爲何要調換 A 因子和 B 因子的次序呢？

　　當所用 data 細格人數不等時，自變數之間成爲非正交。這種非正交設計不可採用傳統 ANOVA 的方法來計算。爲排除各 SS 非正交所引起的混淆，採用「古典實驗設計法」來進行──即自計算的 SS 中，排除 ANOVA 模式裡同等及較低階次之效果的方法。

1. 計算 $SS_A$ 時，把 $SS_B$ 的部分排除。

　　計算 $SS_B$ 時，則排除 $SS_A$ 的效果。

2. 基本假定：

SS$_A$ 和 SS$_B$ 彼此並非正交，但 SS$_A$ 或 SS$_B$ 與 SS$_{AB}$ 彼此正交。

3. 雖然這種古典實驗設計法很適合於 unequal n's 實驗資料的方法，及 A 因子與 B 因子沒有已知的因果關係順序 ( 研究興趣主要在效果本身，不在交互作用效果探討的時候 )，但本章將介紹比古典實驗設計法更新、更快的解法。

## 範例：Two way MANOVA (manova 、 lincom 事後比較 )

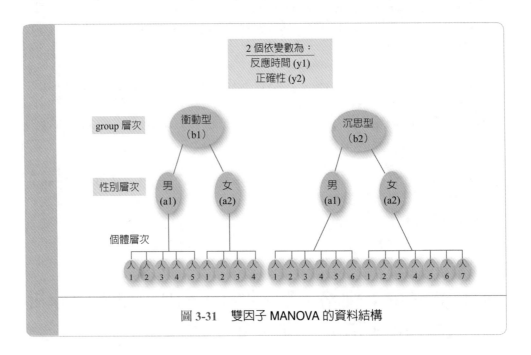

圖 3-31　雙因子 MANOVA 的資料結構

例 3-3-1　參考林清山，《多變數分析統計法》，民 79，第 5 版，p486

　　下表是 22 名學生，分為「衝動型」和「沉思型」2 類，參加某種實驗所得的 2 項分數。第一是圖形出現至開始回答的「反應時間」(y1)；第二是回答的「正確性」分數 (y2)。

| 性別＼成績＼性格 | | 衝動型 (b1) | | 沉思型 (b2) | |
|---|---|---|---|---|---|
| | | $y_1$ | $y_2$ | $y_1$ | $y_2$ |
| 性別 | 男 (a1) | 3 | 3 | 5 | 6 |
| | | 4 | 3 | 3 | 4 |
| | | 2 | 2 | 4 | 5 |
| | | 1 | 2 | 6 | 7 |
| | | 5 | 6 | 4 | 3 |
| | | | | 5 | 5 |
| | 女 (a2) | 1 | 1 | 3 | 5 |
| | | 2 | 3 | 6 | 7 |
| | | 0 | 1 | 4 | 5 |
| | | 2 | 2 | 6 | 7 |
| | | | | 6 | 6 |
| | | | | 3 | 4 |
| | | | | 7 | 8 |

試問：(1) 性別之間有無顯著差異存在？

(2) 概念動率類型 ( 個性 ) 之間，有無顯著差異存在？

(3) 交互作用有無顯著差異存在？ ($\alpha = 0.05$)

## 一、資料檔之內容

例 3-3-1 資料檔 "例 3-3-1(P486).dta" 的內容，如上表所示，共有 4 個變數：
變數 a 代表性別 (1 ＝男；2 ＝女 )；變數 b 代表個性 (1 ＝衝動型，2 ＝沉思型 )；
變數 y1 代表「反應時間」；變數 y2 代表「正確性」分數。

圖 3-32　　「例 3-3-1(P486).dta」　資料檔內容

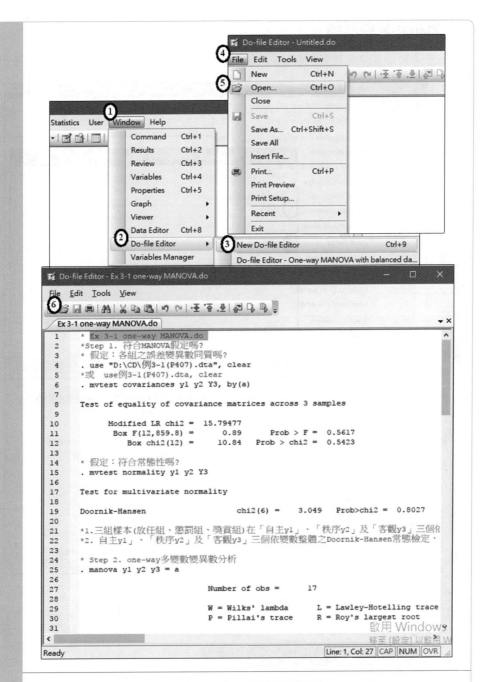

圖 3-33　「Ex 3-3-1 one way MANOVA.do」 指令檔內容

## 二、分析結果與討論

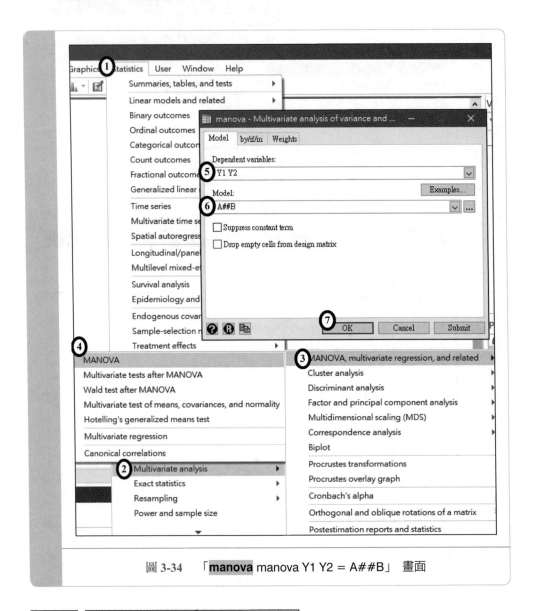

圖 3-34　「**manova** manova Y1 Y2 = A##B」 畫面

Step 1. MANOVA 主要效果及交互作用檢定

```
. use 例 3-3-1(P486).dta, clear
* 或use "D:\CD\ 例 3-3-1(P486).dta ", clear
```

```
* 印出單因子 (A) 三個 levels 在「Y1 Y2」平均數
. tabstat Y1 Y2, by(A)

Summary statistics: mean
  by categories of: A ( 性別 )

      A |        Y1         Y2
-------+--------------------
    男 |  3.818182   4.181818
    女 |  3.636364   4.454545
-------+--------------------
  Total |  3.727273   4.318182
--------------------------

* 印出單因子 (B) 三個 levels 在「Y1 Y2」平均數
. tabstat Y1 Y2, by(B)

Summary statistics: mean
  by categories of: B ( 類型 )

      B |        Y1         Y2
-------+--------------------
衝動型 |  2.222222   2.555556
沉思型 |  4.769231   5.538462
-------+--------------------
  Total |  3.727273   4.318182
--------------------------

. manova manova Y1 Y2 = A##B
* 或 manova Y1 Y2 = A B A#B


                    Number of obs =       22


                   W = Wilks' lambda    L = Lawley-Hotelling trace
                   P = Pillai's trace   R = Roy's largest root
```

```
         Source | Statistic   df  F(df1,   df2) =   F   Prob>F
  -----------+------------------------------------------------------
         Model | W  0.3510     3   6.0     34.0    3.90 0.0046 e
               | P  0.7119         6.0     36.0    3.32 0.0106 a
               | L  1.6698         6.0     32.0    4.45 0.0022 a
               | R  1.5544         3.0     18.0    9.33 0.0006 u
               |
      Residual |               18
  -----------+------------------------------------------------------
          A  | W  0.8898      1   2.0     17.0    1.05 0.3707 e
             | P  0.1102          2.0     17.0    1.05 0.3707 e
             | L  0.1238          2.0     17.0    1.05 0.3707 e
             | R  0.1238          2.0     17.0    1.05 0.3707 e
             |
          B  | W  0.4242      1   2.0     17.0   11.54 0.0007 e
             | P  0.5758          2.0     17.0   11.54 0.0007 e
             | L  1.3572          2.0     17.0   11.54 0.0007 e
             | R  1.3572          2.0     17.0   11.54 0.0007 e
             |
        A#B  | W  0.8153      1   2.0     17.0    1.93 0.1763 e
             | P  0.1847          2.0     17.0    1.93 0.1763 e
             | L  0.2265          2.0     17.0    1.93 0.1763 e
             | R  0.2265          2.0     17.0    1.93 0.1763 e
             |
      Residual |               18
  -----------+------------------------------------------------------
         Total |               21
  ------------------------------------------------------------------
           e = exact, a = approximate, u = upper bound on F
```

1. B 因子主要效果達顯著差異 (Wilks' lambda = **0.4242**, p > .05)。結果顯示「概念動率 (conceptual tempo)」的主要效果達顯著水準，所以拒絕虛無假設「$H_0$：概念動率 (conceptual tempo) 對 [圖形反應時間 (Y1)、答題正確性 (Y2)] 無差異」。就依變數 (反應時間與正確性) 整體而言，衝動型與沉思型 2 類個性的學生，有顯著差異存在。

2. A 因子主要效果達顯著差異 (Wilks' lambda = **0.8898**, p > .05)。結果顯示男女

　　兩性在 2 個依變數 [ 圖形反應時間 (Y1) 、答題正確性 (Y2)] 之間無顯著差異。
顯示男生與女生之間，就依變數整體而言，並無差異存在。

3. A#B 交互作用效果未達顯著差異 (Wilks' lambda = 0.6365, p > .05)。表示
「A×B」交互作用項，無顯著效果。顯示性別 (A 因子 ) 與個性 (B 因子 ) 之
交互作用效果未達顯著水準，故可以說「個性」對學生實驗成績的影響，不
因男女「性別」的不同而有所差異。

**Step 2.** MANOVA 主要效果之事後比較

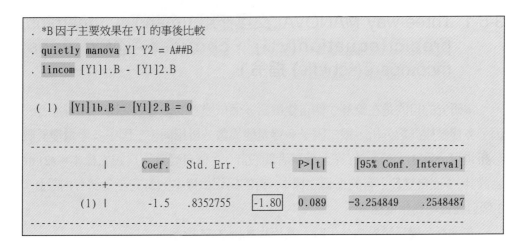

　　B 因子 lincom 分析，求得「圖形反應時間 (Y1)」，t = -1.80，p > .05，顯示 ( 衝
動型 vs. 沉思型 ) 受試者在「反應時間」無顯著差異存在。

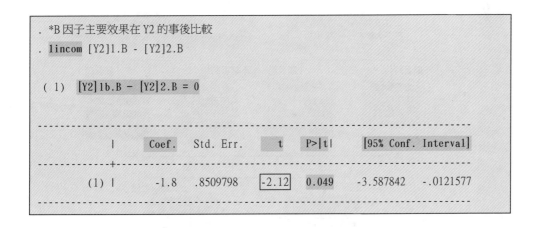

B 因子 `lincom` 分析，求得「圖形反應時間 (Y1)」，t = -2.12，p < .05 達顯著水準，顯示 ( 衝動型 vs. 沉思型 ) 受試者在「圖形反應時間 (Y1)」方面有顯著差異存在。因 t 值為負，故衝動型學生之反應時間低於沉思型。

# 3-5 三因子 MANOVA( 交互作用 )(manova、margins, predict(equation(y1))、contrast A@B#_eqns, mcompare(scheffe) 指令 )

## 3-5-1 Three-way MANOVA( 交互作用 )(manova、margins, predict(equation(y1))、contrast A@B#_eqns, mcompare(scheffe) 指令 )

當研究的目的是在瞭解 3 個自變數對多個依變數的影響效果時，即可進行三因子多變量變異數分析，跟二因子多變量變異數分析相同，三因子多變量變異數分析也可分為 3 大類：(1) 完全受試者間設計：3 個自變數均為獨立樣本。(2) 混合設計：3個自變數中有的為獨立樣本、有的為相依樣本。(3)完全受試者內設計：3 個自變數均為相依樣本。

在進行多變量變異數分析時，其流程如圖 3-35 所示。

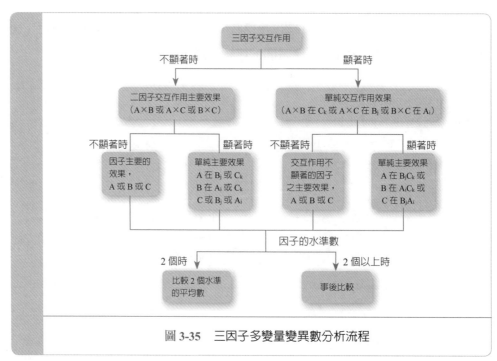

圖 3-35　三因子多變量變異數分析流程

範例：三因子 MANOVA(manova 、margins, predict(equation(y1)) 、 contrast A@B#_eqns, mcompare(scheffe) 指令 )

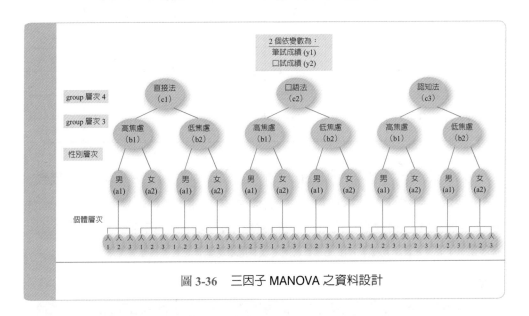

圖 3-36　三因子 MANOVA 之資料設計

例 3-4　參考林清山，《多變數分析統計法》，民 79，第 5 版，p494

　　下表是 36 名男女學生，分為高焦慮組和低焦慮組，每人參加 3 種教學實驗後，所得的筆試成績 (y1) 和口試成績 (y2) 的 2 項測驗分數。試以 $\alpha = .05$ 進行多變量變異數分析。

## 一、資料檔之內容

| | | 直接法 (c1) | | 口語法 (c2) | | 認知法 (c3) | |
|---|---|---|---|---|---|---|---|
| | | y1 | y2 | y1 | y2 | y1 | y2 |
| 男<br>(a1) | 高焦慮<br>(b1) | 2 | 3 | 4 | 4 | 7 | 5 |
| | | 4 | 5 | 8 | 7 | 9 | 7 |
| | | 3 | 4 | 6 | 4 | 5 | 6 |
| | 低焦慮<br>(b2) | 5 | 6 | 5 | 4 | 8 | 9 |
| | | 4 | 3 | 7 | 6 | 8 | 8 |
| | | 6 | 9 | 6 | 5 | 5 | 7 |

| | | 直接法 (c1) | | 口語法 (c2) | | 認知法 (c3) | |
|---|---|---|---|---|---|---|---|
| | | y1 | y2 | y1 | y2 | y1 | y2 |
| 女<br>(a2) | 高焦慮<br>(b1) | 1 | 3 | 2 | 2 | 3 | 4 |
| | | 0 | 1 | 4 | 3 | 4 | 4 |
| | | 2 | 2 | 3 | 4 | 5 | 7 |
| | 低焦慮<br>(b2) | 6 | 5 | 6 | 7 | 10 | 9 |
| | | 8 | 7 | 8 | 8 | 11 | 9 |
| | | 4 | 3 | 10 | 9 | 9 | 6 |

例 3-4 資料檔「例 3-4(P494).dta」的內容，如圖 3-37 所示。共有 3 個自變數，2 個依變數。自變數 A 代表性別 (1 ＝男，2 ＝女 )；自變數 B 代表組別 (1 ＝高焦慮，2 ＝低焦慮 )；自變數 C 代表教學實驗 (1 ＝直接法，2 ＝口語法，3 ＝認知法 )。依變數 y1 代表筆試成績；依變數 y2 代表口試成績。

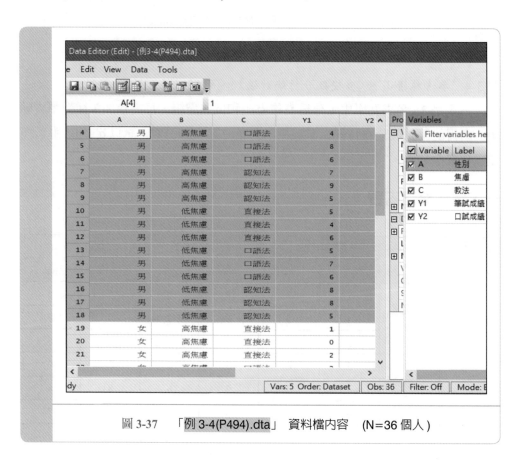

圖 3-37 「例 3-4(P494).dta」 資料檔內容 （N=36 個人 )

## 二、分析結果與討論

| Step 1 . | MANOVA 模型分析

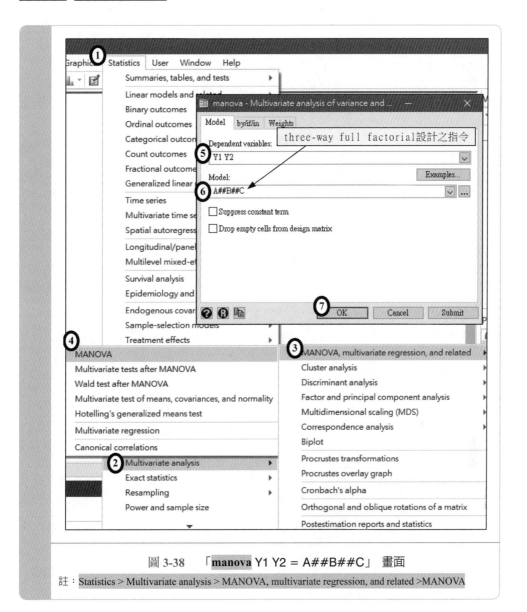

圖 3-38　　「**manova** Y1 Y2 = A##B##C」畫面

註：Statistics > Multivariate analysis > MANOVA, multivariate regression, and related >MANOVA

```
* MANOVA 模型分析
. use "D:\CD\ 例 3-4(P494).dta", clear
* 或 use 例 3-4(P494).dta, clear

* 印出單因子 (A) 三個 levels 在「Y1 Y2」平均數
. tabstat Y1 Y2, by(A)

Summary statistics: mean
  by categories of: A ( 性別 )

     A |       Y1        Y2
-------+--------------------
    男 |  5.666667  5.666667
    女 |  5.333333  5.166667
-------+--------------------
 Total |       5.5  5.416667
----------------------------


* 印出單因子 (B) 三個 levels 在「Y1 Y2」平均數
. tabstat Y1 Y2, by(B)

Summary statistics: mean
  by categories of: B ( 焦慮 )

     B |       Y1        Y2
-------+--------------------
高焦慮 |        4  4.166667
低焦慮 |        7  6.666667
-------+--------------------
 Total |       5.5  5.416667
----------------------------


* 印出單因子 (C) 三個 levels 在「Y1 Y2」平均數
. tabstat Y1 Y2, by(C)

Summary statistics: mean
  by categories of: C ( 教法 )
```

```
    C |      Y1      Y2
-------+--------------------
直接法 |    3.75    4.25
口語法 |    5.75    5.25
認知法 |     7      6.75
-------+--------------------


 Total |    5.5   5.416667
----------------------------
```

\* three-way full factorial 設計之指令
. manova Y1 Y2 = A##B##C

```
                       Number of obs =       36


                       W = Wilks' lambda      L = Lawley-Hotelling trace
                       P = Pillai's trace      R = Roy's largest root


        Source | Statistic    df  F(df1,   df2) =   F   Prob>F
     ----------+------------------------------------------------
        Model | W  0.1107    11   22.0    46.0    4.19 0.0000 e
              | P  1.2514          22.0    48.0    3.65 0.0001 a
              | L  4.7610          22.0    44.0    4.76 0.0000 a
              | R  3.9285          11.0    24.0    8.57 0.0000 u
              |-------------------------------------------------
     Residual |             24
     ----------+------------------------------------------------
          A | W  0.9625     1    2.0    23.0    0.45 0.6444 e
            | P  0.0375          2.0    23.0    0.45 0.6444 e
            | L  0.0390          2.0    23.0    0.45 0.6444 e
            | R  0.0390          2.0    23.0    0.45 0.6444 e
            |---------------------------------------------------
          B | W  0.3900     1    2.0    23.0   17.99 0.0000 e
            | P  0.6100          2.0    23.0   17.99 0.0000 e
            | L  1.5640          2.0    23.0   17.99 0.0000 e
            | R  1.5640          2.0    23.0   17.99 0.0000 e
            |---------------------------------------------------
```

```
        A#B | W   0.4759     1    2.0   23.0   12.66  0.0002  e
            | P   0.5241          2.0   23.0   12.66  0.0002  e
            | L   1.1011          2.0   23.0   12.66  0.0002  e
            | R   1.1011          2.0   23.0   12.66  0.0002  e
            |-----------------------------------------------------
          C | W   0.4091     2    4.0   46.0    6.48  0.0003  e
            | P   0.6359          4.0   48.0    5.59  0.0009  a
            | L   1.3341          4.0   44.0    7.34  0.0001  a
            | R   1.2457          2.0   24.0   14.95  0.0001  u
            |-----------------------------------------------------
        A#C | W   0.7951     2    4.0   46.0    1.40  0.2500  e
            | P   0.2067          4.0   48.0    1.38  0.2539  a
            | L   0.2554          4.0   44.0    1.40  0.2481  a
            | R   0.2463          2.0   24.0    2.96  0.0712  u
            |-----------------------------------------------------
        B#C | W   0.9388     2    4.0   46.0    0.37  0.8296  e
            | P   0.0612          4.0   48.0    0.38  0.8227  a
            | L   0.0652          4.0   44.0    0.36  0.8368  a
            | R   0.0652          2.0   24.0    0.78  0.4688  u
            |-----------------------------------------------------
      A#B#C | W   0.7030     2    4.0   46.0    2.22  0.0819  e
            | P   0.3112          4.0   48.0    2.21  0.0817  a
            | L   0.4022          4.0   44.0    2.21  0.0831  a
            | R   0.3433          2.0   24.0    4.12  0.0290  u
            |-----------------------------------------------------
   Residual |              24
------------+----------------------------------------------------
      Total |              35
-----------------------------------------------------------------
        e = exact, a = approximate, u = upper bound on F
```

1. A 因子 ( 性別 ) 主要效果檢定，其中 Wilk's $\Lambda$ 值 = 0.9625(p > .05)，顯著性 F 檢定之自由度 (df) 為「F(df1, df2)=(2.0, 23)」，未達 .05 顯著水準。

2. B 因子 ( 焦慮程度 ) 主要效果檢定，其中 Wilk's $\Lambda$ 值 = **0.3900**，p < .05，達顯著水準。所以我們繼續看「焦慮」程度不同，對「筆試」、「口試」成績的影響。

3. C 因子 ( 教學法 ) 主要效果檢定，其中 Wilk's $\Lambda$ 值 = **0.4091**，p < .05，達顯著

差異，故我們繼續看 3 種不同教學法對「筆試」、「口試」成績的影響為何？

4. A*B ( 性別 × 教學法 ) 交互作用項的效果檢定，其中 Wilk's $\Lambda$ = 0.4759，p < .05，有顯著差異。故繼續看 A*B 交互作用項分別在「筆試」及「口試」方面的顯著性檢定。

5. A*C 交互作用項的效果檢定，求得 Wilk's $\Lambda$ = 0.7951(p > .05)，未達顯著差異。

6. B*C 交互作用項的效果檢定，求得 Wilk's $\Lambda$ = 0.9388(p > .05)，未達顯著水準。

7. 「A*B*C」交互作用項的效果檢定，求得 Wilk's $\Lambda$ = 0.703(p > .05)，未達顯著水準。

Step 2. * 事後比較：A*B 的交叉組合在「y1 vs. y2」的比較

```
* 開啟資料檔
. use 例 3-4(P494).dta, clear
* 事後比較：二個因子的交叉組合在「y1 vs. y2」的比較
. quietly manova Y1 Y2 = A##B
. margins A#B, predict(equation(Y1))


Adjusted predictions                        Number of obs    =         36


Expression    : Linear prediction, predict(equation(Y1))


--------------------------------------------------------------------------
             |             Delta-method
             |    Margin   Std. Err.      z    P>|z|    [95% Conf. Interval]
-------------+------------------------------------------------------------
        A#B  |
        1 1  |  5.333333   .6508541     8.19   0.000    4.057683    6.608984
        1 2  |         6   .6508541     9.22   0.000    4.724349    7.275651
        2 1  |  2.666667   .6508541     4.10   0.000    1.391016    3.942317
        2 2  |         8   .6508541    12.29   0.000    6.724349    9.275651
--------------------------------------------------------------------------
* 第一個 margins 表印出：「AxB」2*2 個組合的 predicted mean (marginal mean)、standard
error、z statistic、p-value 及 confidence interval of Y1 ( 筆試成績 )。

. margins A#B, predict(equation(Y2))
```

```
Adjusted predictions                            Number of obs   =        36

Expression    : Linear prediction, predict(equation(Y2))

------------------------------------------------------------------------------
             |            Delta-method
             |    Margin   Std. Err.      z    P>|z|    [95% Conf. Interval]
-------------+----------------------------------------------------------------
        A#B  |
        1 1  |          5   .6180165     8.09   0.000     3.78871     6.21129
        1 2  |   6.333333   .6180165    10.25   0.000    5.122043    7.544623
        2 1  |   3.333333   .6180165     5.39   0.000    2.122043    4.544623
        2 2  |          7   .6180165    11.33   0.000     5.78871     8.21129
------------------------------------------------------------------------------
```
* 第二個 margins 表印出：「A×B」2*2 個組合的 predicted mean (marginal mean)、standard error、z statistic、p-value 及 confidence interval of Y2( 口試成績 )。

比較上述 2 個 margins 表「Margin」欄，可看出：

1. 「A=1, B=1」( 男高焦慮組 ) 及「A=2, B=2」( 女低焦慮組 ) 在 Y1( 筆試成績 ) 優於 Y2( 口試成績 )。

2. 相反地，「A=1, B=2」( 男低焦慮組 ) 及「A=2, B=1」( 女高焦慮組 ) 在 Y1( 筆試成績 ) 低於 Y2( 口試成績 )。

**Step 3.** 事後比較：A 因子在「B 因子 × (y1, y2)」的 4 個單純 (simple) 主要效果「contrast」指令之效果檢定類型，

| 各效果項 (term) | 說明 |
|---|---|
| A#B | 聯合檢定 (joint testing)the two way interaction effects of A and B |
| 主要效果 Main effects | |
| A | 聯合檢定 (joint testing)the main effects of A |
| r.A | 兩兩比較 (individual contrasts): that decompose A using r. |
| 交互效果 Interaction effects | |
| A#B | 聯合檢定 (joint testing)the two way interaction effects of A and B |

| 各效果項 (term) | 說明 |
|---|---|
| A#B#C | 聯合檢定 (joint testing)the three-way interaction effects of A, B, and C |
| r.A#g.B | 兩兩比較 (individual contrasts): for each interaction of A and B defined by **r.** and **g.** |
| 部份交互效果 Partial interaction effects | |
| r.A#B | 聯合檢定 (joint testing) interactions of A and B within each contrast defined by **r.A** |
| A#r.B | 聯合檢定 (joint testing) interactions of A and B within each contrast defined by **r.B** |
| 單純效果 Simple effects | |
| A@B | 聯合檢定 (joint testing) the effects of A within each level of B |
| A@B#C | 聯合檢定 (joint testing) the effects of A within each combination of the levels of B and C |
| r.A@B | 兩兩比較 (individual contrasts): of A that decompose A@B using **r.** |
| r.A@B#C | 兩兩比較 (individual contrasts): of A that decompose A@B#C using **r.** |
| 其它條件效果 Other conditional effects | |
| A#B@C | 聯合檢定 (joint testing) the interaction effects of A and B within each level of C |
| A#B@C#D | 聯合檢定 (joint testing) the interaction effects of A and B within each combination of the levels of C and D |
| r.A#g.B@C | 兩兩比較 (individual contrasts): for each interaction of A and B that decompose A#B@C using r. and g. |
| 巢狀效果 Nested effects | |
| A\|B | 聯合檢定 (joint testing) the effects of A nested in each level of B |
| A\|B#C | 聯合檢定 (joint testing) the effects of A nested in each combination of the levels of B and C |
| A#B\|C | 聯合檢定 (joint testing) the interaction effects of A and B nested in each level of C |

| 各效果項 (term) | 說明 |
|---|---|
| A#B\|C#D | 聯合檢定 (joint testing) the interaction effects of A and B nested in each combination of the levels of C and D |
| r.A\|B | 兩兩比較 (individual contrasts): of A that decompose A\|B using r. |
| r.A\|B#C | 兩兩比較 (individual contrasts): of A that decompose A\|B#C using r. |
| r.A#g.B\|C | 兩兩比較 (individual contrasts): for each interaction of A and B defined by r. and g. nested in each level of C |
| 斜率效果 Slope effects | |
| A#c.x | 聯合檢定 (joint testing)the effects of A on the slopes of x |
| A#c.x#c.y | 聯合檢定 (joint testing)the effects of A on the slopes of the product (interaction) of x and y |
| A#B#c.x | 聯合檢定 (joint testing)the interaction effects of A and B on the slopes of x |
| A#B#c.x#c.y | 聯合檢定 (joint testing)the interaction effects of A and B on the slopes of the product (interaction) of x and y |
| r.A#c.x | 兩兩比較 (individual contrasts): of A's effects on the slopes of x using r. |

A, B, C, D：為任何因子變數 (factor variable)。
x 及 y：為任何連續變數 (continuous variable)。
r. 及 g.：為任何比較運算子 (contrast operator)。
c.：界定某一變數為連續型 (specifies that a variable be treated as continuous)。

　　如果我們將 2 個焦慮組 (B) 和 2 個依變數的女性與男性進行比較，則有 4 個 (B×eqns) 可能的對比。以下將使用 **contrast** 來估計所有的 4 個對比，並將 Scheffe 的調整應用於多重比較。如下所示：

```
* 開啟資料檔
. use 例 3-4(P494).dta, clear
** 事後比較：A 因子在「B 因子 × (y1, y2)」的 4 個單純 (simple) 主要效果
. quietly manova Y1 Y2 = A##B
```

```
. contrast A@B#_eqns, mcompare(scheffe)

Contrasts of marginal linear predictions

Margins      : asbalanced

-----------------------------------------------------------
             |                            Scheffe
             |    df        F       P>F        P>F
-------------+---------------------------------------------
A@B#_eqns    |
        1 1  |     1      8.39    0.0067     0.1041
        1 2  |     1      3.64    0.0655     0.4704
        2 1  |     1      4.72    0.0373     0.3381
        2 2  |     1      0.58    0.4512     0.9637
       Joint |     4      3.89    0.0110
             |
    Residual |    32
-----------------------------------------------------------
Note: Scheffe-adjusted p-values are reported for tests on
      individual contrasts only.

-----------------------------------
             |  Number of
             |  Comparisons
-------------+---------------------
A@B#_eqns    |      4
-----------------------------------


-----------------------------------------------------------
             |                            Scheffe
             |  Contrast   Std. Err.    [95% Conf. Interval]
-------------+---------------------------------------------
A@B#_eqns    |
(2 vs base) 1 1  | -2.666667   .9204468   -5.673831    .3404975
(2 vs base) 1 2  | -1.666667   .8740074    -4.52211    1.188777
(2 vs base) 2 1  |        2    .9204468   -1.007164    5.007164
(2 vs base) 2 2  |  .6666667   .8740074   -2.188777    3.52211
-----------------------------------------------------------
```

　　「A=2, vs. base」（女 vs. 男）方面。_eqns=1 為筆試成績；_eqns=2 為口試成績，這 4 組 contrast 結果如下：

　　若「contrast」欄為正數，代表女性成績優於男性；相反地，若「contrast」欄為負數，代表女性成績低於男性。因此：

1. 女性成績優於男性是在：「B=2, _eqns =1」（低焦慮組之筆試成績）及「B=2, _eqns =2」（低焦慮組之口試成績）。

2. 女性成績低於男性是在：「B=1, _eqns =1」（高焦慮組之筆試成績）及「B=1, _eqns =2」（高焦慮組之口試成績）。

　　綜合這二個結果，可看出男生處理高焦慮時，筆試及口試較優。但女生處理低焦慮時，筆試及口試較優。

## 3-5-2　練習題：Three-way MANOVA( 交互作用 )：塗層織品的磨損數據 (manova 指令 )

圖 3-39　「fabric.dta」　資料檔內容

```
* 三因子 MANOVA 帶 interaction.do
* 塗層織品的磨損數據

. webuse fabric, clear
(Table 6.20 Wear of coated fabrics -- Rencher (2002))

* Data on the wear of coated fabrics is provided by Box (1950) and is presented in
table 6.20 of Rencher and Christensen (2012, 249). Variables y1, y2, and y3 are the
wear after successive 1,000 revolutions of an abrasive wheel. Three factors are
also recorded. Treatment is the surface treatment and has two levels. Filler is the
filler type, also with two levels. Proportion is the proportion of filler and has
three levels (25%, 50%, and 75%).

. describe
Contains data from http://www.stata-press.com/data/r12/fabric.dta
  obs:            24                   Table 6.20 Wear of coated fabrics -- Rencher
                                         (2002)
  vars:            6                   14 Dec 2017 12:01
  size:          216                   (_dta has notes)
-------------------------------------------------------------------------------
              storage   display    value
variable name   type    format     label      variable label
-------------------------------------------------------------------------------
treatment       byte    %9.0g                 表面處理嗎 Surface treatment
filler          byte    %9.0g                 填充類型 Filler type
proportion      byte    %9.0g      prop       填料的比例 Proportion of filler
y1              int     %9.0g                 前 1000 圈厚度 First 1000 revolutions
y2              int     %9.0g                 第二次 1000 圈厚度 Second 1000 revolutions
y3              int     %9.0g                 第 3 次 1000 圈厚度 Third 1000 revolutions
-------------------------------------------------------------------------------
* proportion 變數值 (1,2,3) 代表 (25%,50%,75%).
* treatment 變數值 (0,1)
* filler 變數值 (1,2)
* 變數變換為 a,b,c 因子：比較好記
. gen a=proportion
. gen b=treatment
. gen c=filler
```

```
* 重複測量 (repeated-measures): y1 y2 y3
* 符號 (##):binary 運算子界定 factorial interactions.
. manova y1 y2 y3 = a##b##c


                          Number of obs =        24


                          W = Wilks' lambda      L = Lawley-Hotelling trace
                          P = Pillai's trace     R = Roy's largest root


            Source |  Statistic      df   F(df1,    df2) =    F   Prob>F
          ---------+-------------------------------------------------------
             Model | W   0.0007      11   33.0     30.2    10.10 0.0000 a
                   | P   2.3030           33.0     36.0     3.60 0.0001 a
                   | L  74.4794           33.0     26.0    19.56 0.0000 a
                   | R  59.1959           11.0     12.0    64.58 0.0000 u
                   |-------------------------------------------------------
          Residual |                 12
          ---------+-------------------------------------------------------
                 a | W   0.1375       2    6.0     20.0     5.65 0.0014 e
                   | P   0.9766            6.0     22.0     3.50 0.0139 a
                   | L   5.4405            6.0     18.0     8.16 0.0002 a
                   | R   5.2834            3.0     11.0    19.37 0.0001 u
                   |-------------------------------------------------------
                 b | W   0.0800       1    3.0     10.0    38.34 0.0000 e
                   | P   0.9200            3.0     10.0    38.34 0.0000 e
                   | L  11.5032            3.0     10.0    38.34 0.0000 e
                   | R  11.5032            3.0     10.0    38.34 0.0000 e
                   |-------------------------------------------------------
               a#b | W   0.7115       2    6.0     20.0     0.62 0.7134 e
                   | P   0.2951            6.0     22.0     0.63 0.7013 a
                   | L   0.3962            6.0     18.0     0.59 0.7310 a
                   | R   0.3712            3.0     11.0     1.36 0.3055 u
                   |-------------------------------------------------------
                 c | W   0.0192       1    3.0     10.0   170.60 0.0000 e
                   | P   0.9808            3.0     10.0   170.60 0.0000 e
                   | L  51.1803            3.0     10.0   170.60 0.0000 e
                   | R  51.1803            3.0     10.0   170.60 0.0000 e
```

```
             |-------------------------------------------------
    a#c  | W    0.1785      2    6.0    20.0     4.56 0.0046 e
         | P    0.9583           6.0    22.0     3.37 0.0164 a
         | L    3.8350           6.0    18.0     5.75 0.0017 a
         | R    3.6235           3.0    11.0    13.29 0.0006 u
             |-------------------------------------------------
    b#c  | W    0.3552      1    3.0    10.0     6.05 0.0128 e
         | P    0.6448           3.0    10.0     6.05 0.0128 e
         | L    1.8150           3.0    10.0     6.05 0.0128 e
         | R    1.8150           3.0    10.0     6.05 0.0128 e
             |-------------------------------------------------
  a#b#c  | W    0.7518      2    6.0    20.0     0.51 0.7928 e
         | P    0.2640           6.0    22.0     0.56 0.7589 a
         | L    0.3092           6.0    18.0     0.46 0.8260 a
         | R    0.2080           3.0    11.0     0.76 0.5381 u
             |-------------------------------------------------
Residual |                 12
---------+-------------------------------------------------
   Total |                 23
-----------------------------------------------------------
         e = exact,  a = approximate,  u = upper bound on F
```

\* 除了「proportion#treatment」及「proportion#treatment#filler」項未達顯著外，其餘項都達顯著。

# 3-6 Nested(階層/巢狀)設計 MANOVA (manova、manovatest、margins,within() expression() 指令)

## 一、多層次模型 (multilevel model) ≒ 巢狀模型 (nested model)

在醫學研究的領域中，階層性的資料結構相當常見。例如：在醫院蒐集的病患資料，有一些是用來描述病患特徵的變數，如性別、年齡等；另外，有一些變數則在表現醫院的特性，如醫院層級別──醫學中心、區域醫院、地區醫院。此時，用傳統的迴歸模型來分析，會忽略團體層級的影響(組內相關)，而

造成誤差的變異被低估。所以，較爲適當的方法是使用多層次分析 (multilevel analysis)，也就是目前廣被使用的階層線性模型 (hierarchical linear model, HLM)。

近幾年來，採用多層次模型分析之醫藥公衛相關研究愈見普遍。在期刊文章中常見之 **multilevel model**、**mixed model** 或 **random effect model**，其實指的都是同一件事，目的爲處理有類聚／巢狀 **(clustered/nested)** 特性之資料結構 ( 例如：一群病患從屬於某特定醫師，某群醫師又從屬於某間醫療院所 )。

傳統的迴歸僅將依變數與所有可能之自變數放在同一條迴歸式，並未考慮自變數中是否有「非個人(病人)層級」之變數(例如：醫師年資、醫院的評鑑等級)。如此可以想像，一旦忽略了這樣的資料型式，其實迴歸模型中的每一個樣本，似乎不再那麼具獨立性。病人間有可能在很多變數上 ( 特別是非個人層級之變數 ) 是高度相關，甚至是相同的。於是，從統計檢定上來說，**當某些變數其資料的相關性變高了，則變異數 (variance) 以及迴歸係數的標準差 (standard error) 將變小，更提高「Type I error」的機會**。然而，這樣的迴歸係數若達顯著，結果可能有偏誤 (biased)。

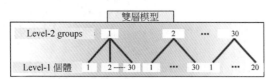

雙層模型

| Level-2 groups | | 1 | | 2 | ···· | 30 |

Level-1 個體　1　2 —— 30　1　···　30　1　···　20

單一自變數，其Level-1公式為： $Y_{ij} = \beta_{0j} + \beta_{1j}X_{ij} + e_{ij}$

$y_{ij}$ 表示the score on the dependent variable for an individual observation at Level 1 (subscript i refers to individual case, subscript j refers to the group).

$x_{ij}$ 表示the Level 1 predictor.

$\beta_{0j}$ 表示the intercept of the dependent variable in group j (Level 2).

$\beta_{1j}$ 表示the slope for the relationship in group j (Level 2) between the Level 1 predictor and the dependent variable.

$e_{ij}$ 表示the random errors of prediction for the Level 1 equation (it is also sometimes referred to as $r_{ij}$ ).

單一自變數，其Level-2公式是：

The dependent variables are the intercepts and the slopes for the independent variables at Level 1 in the groups of Level 2.

截距：$\beta_{0j} = \gamma_{00} + \gamma_{01}W_j + u_{0j}$

斜率：$\beta_{1j} = \gamma_{10} + u_{1j}$

其中

$\gamma_{00}$ 表示the overall intercept. This is the grand mean of the scores on the dependent variable across all the groups when all the predictors are equal to 0.

$W_j$ 表示the Level 2 predictor.

$\gamma_{01}$ 表示the overall regression coefficient, or the slope, between the dependent variable and the Level 2 predictor.

$u_{0j}$ 表示the random error component for the deviation of the intercept of a group from the overall intercept.

$\gamma_{10}$ 表示the overall regression coefficient, or the slope, between the dependent variable and the Level 1 predictor.

$u_{1j}$ 表示the error component for the slope (meaning the deviation of the group slopes from the overall slope)

圖 3-40 雙層模型之迴歸式公式

定義：**雙層模型**

Level I ("within") 是個體 (individuals). Level II ("between") 是群組 (group).

在實務中，所有 level 方程是同時估計。

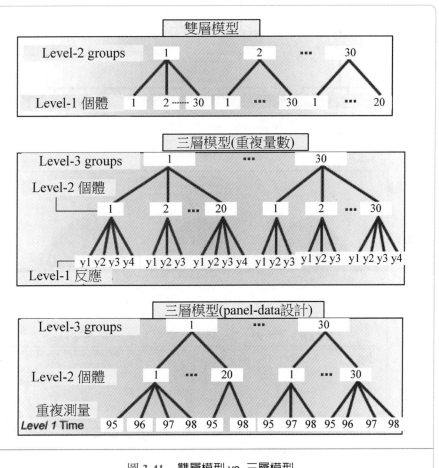

圖 3-41　雙層模型 vs. 三層模型

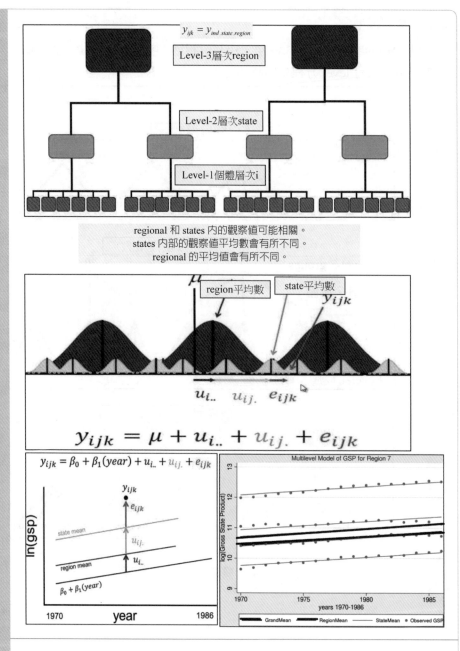

圖 3-42　三層迴歸式示意圖 1 (Y 軸 ： Gross State Productivity, GSP)

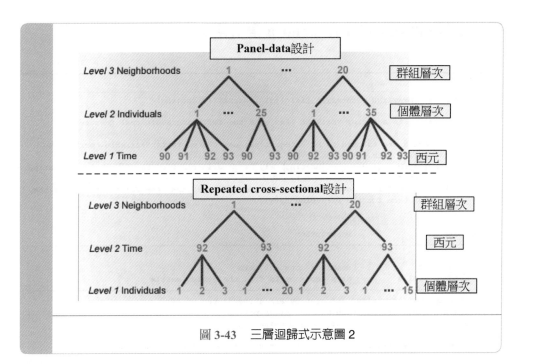

圖 3-43 三層迴歸式示意圖 2

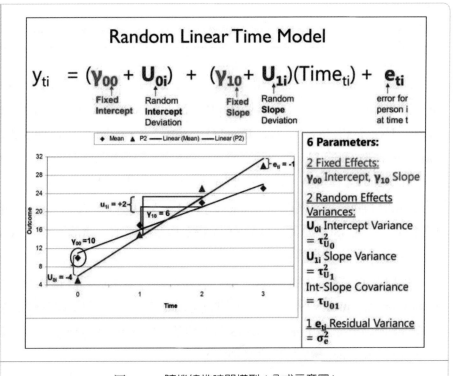

圖 3-44 隨機線性時間模型 ( 公式示意圖 )

## 二、巢狀 ( 嵌套 ) 設計的 manova 指令語法

語法：

```
manova depvarlist = termlist [if] [in] [weight] [, options]

where termlist is a factor-variable list with the following additional features:

    o Variables are assumed to be categorical; use the c. factor-variable operator to
      override this.
    o The | symbol (indicating nesting) may be used in place of the # symbol (indicating
      interaction).
    o The / symbol is allowed after a term and indicates that the following term is the
      error term for the preceding terms.
```

| options | Description |
|---|---|
| **Model** | |
| noconstant | suppress constant term |
| dropemptycells | drop empty cells from the design matrix |

```
bootstrap, by, jackknife, and statsby are allowed; see prefix.
Weights are not allowed with the bootstrap prefix.
aweights are not allowed with the jackknife prefix.
aweights and fweights are allowed; see weight.
See [MV] manova postestimation for features available after estimation.
```

Menu

```
Statistics > Multivariate analysis > MANOVA, multivariate regression, and related >
    MANOVA
```

巢狀 (Nested terms) 界定是用符號 "|" (vertical bar)。例如：A|B 表示 A nested within B。A|B|C 表示「A nested within B, which is nested within C」。A|B#C 表示「A nested within the interaction of B and C」. A#B|C 表示「the interaction of A and B, which is nested within C」。

在 MANOVA 模型中，允許用 slash「/」來界定不同類型的誤差項。「/」右側是「/」左側的誤差項。例如：「manova y1 y2 = A / B|A」，表示「A 因子檢定係使用 B|A 之誤差 SSCP 矩陣。MANOVA 指令內定誤差項，通常不適合 Nested 類型，須要用「/」來自定誤差項。

例如：「$T_1 / T_2 / T_3$」，其中，$T_1$、$T_2$ 及 $T_3$ 可以是任意複雜項 (arbitrarily complex terms)。manova 指令就進行「$T_1$ tested by $T_2$」及「$T_2$ tested by $T_3$」分析。

當 manova 指令使用 nested terms 時，建議選用 dropemptycells 選項、或設定 c(emptycells) to drop( 刪去空的交叉細格 )。

### 三、多層次模型的多樣本抽樣法

舉例來說，某偏差行為研究決定採用雙層巢狀模型 (two-level nested model)，則第一層抽樣為個體層 (observational level)。第二層則為個人所屬的學校 ( 或城鎮 )。

相對地，若此偏差行為研究決定改採用參層巢狀模型 (three -level nested model)，則第一層為受訪者個人的自評。第二層為個人所屬的學校層級。第三層為個人所屬的州 ( 省 ) 層級的樣本。

此外，常有一種巢狀模型 (nested models) 稱為交義模型 (crossed models)。例如：在同一地區 ( 或城鎮 ) 從事不同行業的工作者、同一行業在不同州 ( 或城鎮 ) 的工作者，這 2 種情形都會影響工人的生活品質。

### 四、 範例 ：巢狀 ( 嵌套 ) 設計的 MANOVA

連鎖零售店為銷售人員製作了 2 個培訓視頻 (video)。這些視頻講授如何增加商店的主要產品銷售。這些視頻還介紹了如何追蹤二手主要銷售產品的消費者，經常使用的配件。公司培訓人員 (sales associate) 不確定哪些視頻將提供最佳的培訓。為了決定將哪個視頻分發到所有商店以培訓銷售人員，他們選擇了 3 家商店 (store) 使用其中一個培訓視頻和另外 3 家商店使用另一個培訓視頻。從每家商店中選擇 2 名員工 ( 銷售人員 ) 接受培訓，記錄每名員工的每週基準銷售額，然後記錄 3 到 4 個不同週的基線銷售額的增長情況。錄影 (video) 數據如圖 3-47「videotrainer.dta」資料檔。

本例之資料結構是：「sales associate nested in store」、「store nested in video」，它即可探討潛在變數層次之「商店與商店之間的效果 (store-by-store effects)」。

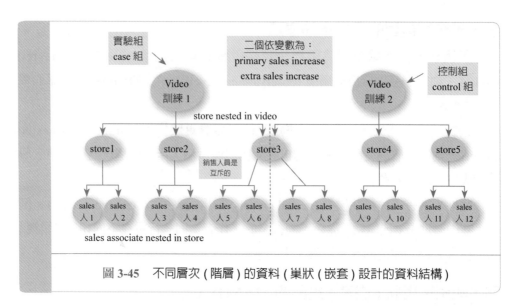

圖 3-45　不同層次 ( 階層 ) 的資料 ( 巢狀 ( 嵌套 ) 設計的資料結構 )

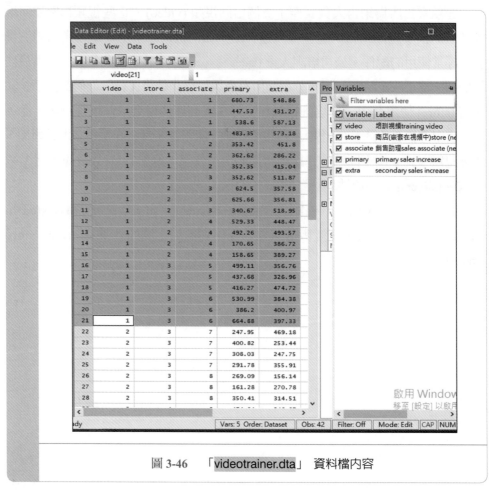

圖 3-46　「videotrainer.dta」 資料檔內容

```
. use videotrainer, clear
* 印出三個因子之細格平均數
* 印出單因子 (video) 三個 levels 在「primary extra」平均數
. tabstat primary extra, by(video)

Summary statistics: mean
   by categories of: video ( 培訓視頻 training video)

    video |   primary      extra
---------+--------------------
      1 |   449.9081   433.2314
      2 |    379.73    318.349
---------+--------------------
    Total |   414.819   375.7902
----------------------------

* 印出單因子 (store) 三個 levels 在「primary extra」平均數
. tabstat primary extra, by(store)

Summary statistics: mean
   by categories of: store ( 商店 ( 嵌套在視頻中 )store (nested in video))

    store |   primary      extra
---------+--------------------
      1 |    459.8      470.5
      2 |   411.7925   432.905
      3 |   381.8838   339.1408
      4 |   427.3588   322.7788
      5 |   421.0167   339.2317
---------+--------------------
    Total |   414.819   375.7902
----------------------------

* 印出單因子 (associate) 三個 levels 在「primary extra」平均數
. tabstat primary extra, by(associate)

Summary statistics: mean
```

```
by categories of: associate ( 銷售助理 sales associate (nested in store))

associate |   primary    extra
----------+--------------------
       1 |  537.5525    535.11
       2 |   356.13    384.3533
       3 |  485.8625   436.3025
       4 |  337.7225   429.5075
       5 |   451.02    386.1467
       6 |  527.3567   394.2267
       7 |  312.145     331.57
       8 |   260.26    247.1433
       9 |  422.6925   289.1325
      10 |  432.025     356.425
      11 |  318.6033   321.8467
      12 |   523.43    356.6167
----------+--------------------
   Total |  414.819    375.7902
----------------------------
```

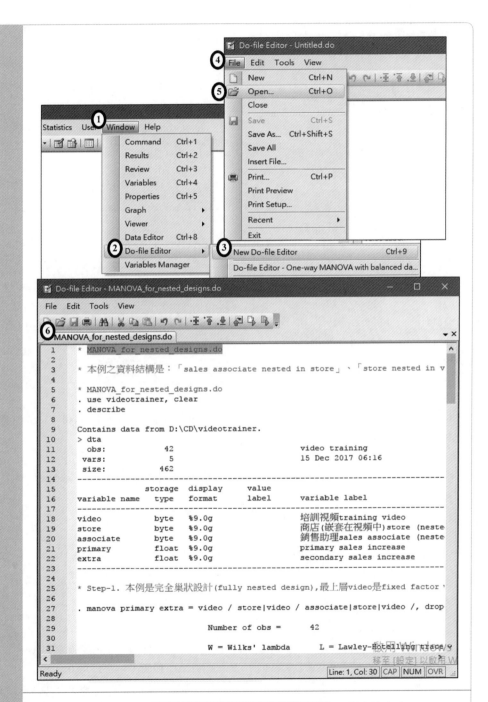

圖 3-47 「MANOVA_for_nested_designs.do」 指令檔內容

```
* MANOVA_for_nested_designs.do
. use videotrainer, clear
. describe


Contains data from D:\CD\videotrainer.
> dta
  obs:           42                        video training
  vars:           5                        15 Dec 2017 06:16
  size:         462
--------------------------------------------------------------------
              storage  display   value
variable name  type    format    label    variable label
--------------------------------------------------------------------
video          byte    %9.0g              培訓視頻 training video
store          byte    %9.0g              商店 ( 嵌套在視頻中 )store (nested in video)
associate      byte    %9.0g              銷售助理 sales associate (nested in store)
primary        float   %9.0g              primary sales increase
extra          float   %9.0g              secondary sales increase
--------------------------------------------------------------------
```

* Step-1 . 本例是完全巢狀設計 (fully nested design)，最上層 video 是 fixed factor，因此其他項都是 random factors.

```
. manova primary extra = video / store|video / associate|store|video /, dropemptycells


                          Number of obs =        42


                          W = Wilks' lambda       L = Lawley-Hotelling trace
                          P = Pillai's trace      R = Roy's largest root


          Source | Statistic    df   F(df1,    df2) =    F    Prob>F
        ---------+----------------------------------------------------
           Model | W   0.2455    11   22.0      58.0     2.68  0.0014 e
                 | P   0.9320         22.0      60.0     2.38  0.0042 a
                 | L   2.3507         22.0      56.0     2.99  0.0005 a
                 | R   1.9867         11.0      30.0     5.42  0.0001 u
                 |----------------------------------------------------
```

```
              Residual |           30
 -----------------------+-------------------------------------------------
              video | W   0.1610     1     2.0     3.0   7.82 0.0646 e
                    | P   0.8390           2.0     3.0   7.82 0.0646 e
                    | L   5.2119           2.0     3.0   7.82 0.0646 e
                    | R   5.2119           2.0     3.0   7.82 0.0646 e
                    |-------------------------------------------------
         store|video |            4
 -----------------------+-------------------------------------------------
         store|video | W   0.3515     4     8.0    10.0   0.86 0.5775 e
                    | P   0.7853           8.0    12.0   0.97 0.5011 a
                    | L   1.4558           8.0     8.0   0.73 0.6680 a
                    | R   1.1029           4.0     6.0   1.65 0.2767 u
                    |-------------------------------------------------
associate|store|video |            6
 -----------------------+-------------------------------------------------
associate|store|video | W   0.5164     6    12.0    58.0   1.89 0.0543 e
                    | P   0.5316          12.0    60.0   1.81 0.0668 a
                    | L   0.8433          12.0    56.0   1.97 0.0451 a
                    | R   0.7129           6.0    30.0   3.56 0.0087 u
                    |-------------------------------------------------
              Residual |           30
 -----------------------+-------------------------------------------------
                Total |           41
 -----------------------------------------------------------------------
           e = exact, a = approximate, u = upper bound on F
```

    視頻 (videos) 似乎有不同的訓練效果 ( 顯著水準略高於標準的 5%)，且尚有
銷售助理 (sales) 效果，但不是商店 (store) 效果。

```
* MANOVA_for_nested_designs.do
. use videotrainer, clear

* Step-2. 合併 (Pooling) store with associate helps increase the power for the test of video.
```

```
. manova primary extra=video / store|video / associate|store|video/, dropemptycells
( 略 output)
```

* 你可使用 manovatest 的 ytransform( ) 選項，來顯示你的一個依變數的單變數分析：

```
. mat primonly = (1, 0)

. manovatest video / store|video associate|store|video, ytransform(primonly)

Transformation of the dependent variables
(1)     primary
```

|  | W = Wilks' lambda | L = Lawley-Hotelling trace |
|  | P = Pillai's trace | R = Roy's largest root |

| Source | Statistic | df | F(df1, df2) = | F | Prob>F |
|---|---|---|---|---|---|
| video   W | 0.8449 | 1 | 1.0  10.0 | 1.84 | 0.2053 e |
|          P | 0.1551 |  | 1.0  10.0 | 1.84 | 0.2053 e |
|          L | 0.1835 |  | 1.0  10.0 | 1.84 | 0.2053 e |
|          R | 0.1835 |  | 1.0  10.0 | 1.84 | 0.2053 e |
| store|video associate| store|video |  | 10 |  |  |  |

```
                    e = exact, a = approximate, u = upper bound on F
```

* 為演示如何使用 manovatest postestimation 命令來檢定 pooled terms 對非殘餘誤差項。接著本例，商店 (sotre) 與原來完全指定的 MANOVA 的關聯者匯集在一起。 另一種 pooled 方式是改造模型，丟棄更高層次 terms。 這樣做要小心，以確保其餘的低層 terms 有一個 numbering scheme，不會錯誤地認為不同的主題是相同的。本例因 videotrainer dataset 具有唯一編號，故我們可以簡單地鍵入指令：

```
. manova primary extra = video / associate|video /, dropemptycells

                    Number of obs =      42

                    W = Wilks' lambda       L = Lawley-Hotelling trace
                    P = Pillai's trace      R = Roy's largest root
```

```
          Source |  Statistic     df    F(df1,    df2) =    F    Prob>F
 ----------------+-----------------------------------------------------------
          Model | W    0.2455     11    22.0      58.0     2.68  0.0014 e
                | P    0.9320             22.0     60.0     2.38  0.0042 a
                | L    2.3507             22.0     56.0     2.99  0.0005 a
                | R    1.9867             11.0     30.0     5.42  0.0001 u
                |------------------------------------------------------------
       Residual |                  30
 ----------------+-----------------------------------------------------------
          video | W    0.4079      1     2.0       9.0     6.53  0.0177 e
                | P    0.5921             2.0       9.0     6.53  0.0177 e
                | L    1.4516             2.0       9.0     6.53  0.0177 e
                | R    1.4516             2.0       9.0     6.53  0.0177 e
                |------------------------------------------------------------
 associate|video |                 10
 ----------------+-----------------------------------------------------------
 associate|video | W   0.3925      10    20.0      58.0     1.73  0.0546 e
                | P    0.7160             20.0     60.0     1.67  0.0647 a
                | L    1.2711             20.0     56.0     1.78  0.0469 a
                | R    0.9924             10.0     30.0     2.98  0.0100 u
                |------------------------------------------------------------
       Residual |                  30
 ----------------+-----------------------------------------------------------
          Total |                  41
 ----------------------------------------------------------------------------
           e = exact, a = approximate, u = upper bound on F
```

1. 上面，只是將中間層 store 刪除，結果發現：video 達到 5% 顯著水準。video 檢定的自由度從 4 增加到 10，它提供了更強的檢定。

2. margins 指令可預測這 2 個 videos 的銷售邊際平均增長。若要印出：邊際增加銷售額或增加銷售額的手段，則使用 expression() 選項來獲得 primary 及 extra 合併銷售增加 (combined primary and secondary sales) 的邊際。margins 指令內定值：預測平均值是考慮到每個交叉細格 (cell) 的觀測數量而建構的。

```
* MANOVA_for_nested_designs.do
. use videotrainer, clear

* Step-3 . margins 指令求邊際效果
. margins, within(video) expression(predict(eq(primary))+predict(eq(extra)))

Predictive margins                              Number of obs    =         42

Expression   : predict(eq(primary))+predict(eq(extra))
within       : video
Empty cells  : reweight


------------------------------------------------------------------------------
             |            Delta-method
             |     Margin   Std. Err.      z    P>|z|     [95% Conf. Interval]
-------------+----------------------------------------------------------------
       video |
          1  |   883.1395   30.01873    29.42   0.000     824.3039    941.9752
          2  |   698.0791   30.01873    23.25   0.000     639.2434    756.9147
------------------------------------------------------------------------------
```

* 此外，你可以通過使用 margin 命令的 asbalanced 選項，來檢查調整的銷售額的邊際平均增加量，讓每個單元格具有相同的權重（不管其樣本大小）。

```
. margins,within(video) expression(predict(eq(primary))+predict(eq(extra))) asbalanced

Adjusted predictions                            Number of obs    =         42

Expression   : predict(eq(primary))+predict(eq(extra))
within       : video
Empty cells  : reweight
at           : 1.video
                 associate       (asbalanced)
               2.video
                 associate       (asbalanced)
------------------------------------------------------------------------------
             |            Delta-method
             |     Margin   Std. Err.      z    P>|z|     [95% Conf. Interval]
```

```
--------------+--------------------------------------------------------------
   video |
       1 |    876.8818   30.32981    28.91   0.000    817.4365    936.3271
       2 |     695.315   30.32981    22.93   0.000    635.8697    754.7603
--------------+--------------------------------------------------------------
```

video 1 的平均訓練效果 (M=876.88) 高於 video 2 的平均訓練效果 (M=695.315)，意即使用 video 1 訓練比較可增加 primary 及 secondary 銷售。

# 3-7 階層 (hierarchical) 設計 MANOVA(manova 指令 )

Nested terms 界定是用 vertical bar。例如：A|B 表示 A nested within B。A|B|C 表示「A nested within B, which is nested within C」。A|B#C 表示「A nested within the interaction of B and C」. A#B|C 表示「the interaction of A and B, which is nested within C」。

在 MANOVA 模型中，允許用 slash「/」來界定不同類型的誤差項。「/」右側是「/」左側的誤差項。例如：「manova y1 y2 = A / B|A」表示「A 因子檢定係使用 B|A 之誤差 SSCP 矩陣。MANOVA 指令內定誤差項，通常不適合 Nested 類型，你須要用「/」來自定誤差項。

例如：「$T_1$ / $T_2$ / $T_3$」, 其中，$T_1$、$T_2$ 及 $T_3$ 可以是任意複雜項 (arbitrarily complex terms)。manova 指令就進行「$T_1$ tested by $T_2$」及「$T_2$ tested by $T_3$」分析。

當你 manova 指令使用 nested terms 時，建議你選用 dropemptycells 選項、或設定 c(emptycells) to drop( 刪去空的交叉細格 )。

## 一、多層次模型的多樣本抽樣法

舉例來說，某偏差行為研究決定採用 two-level nested model ，則第一層抽樣為 observational level。第二層則為個人所屬的學校 ( 或城鎮 )。

相對地，若此偏差行為研究，決定改採用 three -level nested model ，則第一層為受訪者個人的自評。第二層為個人所屬的學校層級。第三層為個人所屬的州 ( 省 ) 層級的樣本。

此外，常有一種 nested models 稱之 crossed models。例如：在同一地區 ( 或城鎮 ) 從事不同行業的工作者、同一行業在不同州 ( 或城鎮 ) 的工作者，這二種情形都會影響工人的生活品質。

## 二、範例：Hierarchical 設計的 MANOVA

本例之資料結構是：「學校別 (B) nested in 教材 (A)」，它旨在探討潛在變數層次之「舊教材與新教材之間的效果 (A -by- A effects)」。

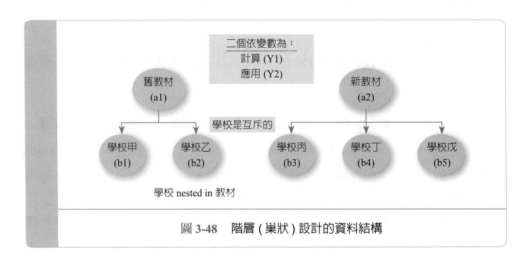

圖 3-48　階層 ( 巢狀 ) 設計的資料結構

本章前面幾節所探討的多變量變異數分析裡，B 因子的每一個水準，均在 A 因子的所有水準裡出現。然而，在實際研究工作中常因為某些原因，會碰到 B 因子的每一個水準只在 A 因子的某些水準裡出現的情形。如果在我們的實驗設計裡，B 因子的每一水準只在 A 因子的某些水準裡出現，就叫做「階層設計」(hierarchical design) 或「巢狀設計」(nested design)。

**例 3-5　參考林清山，《多變數分析統計法》，民 79，第 5 版，p501**

在一項國中數學的教學實驗裡，甲、乙兩所學校使用舊教材教學 ( 實驗組 / case 組 )，丙、丁、戊三所學校使用新教材教學 ( 控制組 / control 組 )。下表是各校接受「計算」(Y1)、「應用」(Y2) 等兩項測驗的結果。試以 $\alpha = 0.05$ 進行多變量變異數分析。

| | 甲校 (b1) | | 乙校 (b2) | | 丙校 (b3) | | 丁校 (b4) | | 戊校 (b5) | |
|---|---|---|---|---|---|---|---|---|---|---|
| | Y1 | Y2 | Y1 | Y2 | Y1 | Y2 | Y1 | Y2 | Y1 | Y2 |
| 舊教材 (a1) | 8 | 16 | 9 | 19 | | | | | | |
| | 9 | 17 | 10 | 17 | | | | | | |
| | 10 | 14 | 9 | 15 | | | | | | |
| | 8 | 13 | 12 | 18 | | | | | | |
| | 9 | 12 | 10 | 14 | | | | | | |
| | | | | | 13 | 22 | 15 | 25 | 8 | 20 |
| | | | | | 9 | 21 | 17 | 27 | 10 | 17 |
| 新教材 (a2) | | | | | 8 | 18 | 12 | 23 | 11 | 19 |
| | | | | | 11 | 24 | 13 | 26 | 7 | 16 |
| | | | | | 10 | 19 | 10 | 21 | 9 | 18 |

## (一) 資料檔之內容

圖 3-49    「例 3-5(P501).dta」 資料檔內容

　　例 3-5 資料檔 "例 3-5(P501).dta" 的內容，見圖 3-49。共有 2 個自變數 a、b 以及 2 個依變數 y1、y2。自變數 a 代表教材 (1 ＝舊教材，2 ＝新教材 )，自變數 b 代表學校別 (1 ＝甲校，2 ＝乙校，3 ＝丙校，4 ＝丁校，5 ＝戊校，)。依變數 y1 代表「計算成績」；y2 代表「應用成績」。

## (二) 分析結果與討論

**Step 1.** 階層設計 MANOVA 分析

```
. use "D:\CD\ 例 3-5(P501).dta", clear

* 本例是完全巢狀設計 (fully nested design)，最上層是 fixed factor，下層是 random fac-
tors.
* 印出單因子 (A) 三個 levels 在「Y1 Y2」平均數
. tabstat Y1 Y2, by(A)

Summary statistics: mean
  by categories of: A ( 教材 )


        A |       Y1        Y2
 -------+--------------------
 舊教材 |       9.4       15.5
 新教材 |  10.86667  21.06667
 -------+--------------------
  Total |     10.28     18.84
 ----------------------------


* 印出單因子 (B) 三個 levels 在「Y1 Y2」平均數
. tabstat Y1 Y2 , by(B)

Summary statistics: mean
  by categories of: B ( 學校 )

        B |       Y1        Y2
 -------+--------------------
   甲校 |       8.8       14.4
   乙校 |        10       16.6
```

```
丙校 |     10.2      20.8
丁校 |     13.4      24.4
戊校 |      9         18
-------+--------------------
Total |    10.28     18.84
----------------------------


. manova Y1 Y2 =  A / B|A, dropemptycells


                  Number of obs =       25


          W = Wilks' lambda     L = Lawley-Hotelling trace
          P = Pillai's trace    R = Roy's largest root


      Source |  Statistic    df   F(df1,    df2) =    F   Prob>F
    ----------+----------------------------------------------------
       Model | W   0.1753     4     8.0      38.0    6.60 0.0000 e
             | P   1.0100            8.0      40.0    5.10 0.0002 a
             | L   3.6487            8.0      36.0    8.21 0.0000 a
             | R   3.3314            4.0      20.0   16.66 0.0000 u
             |----------------------------------------------------
    Residual |              20
    ----------+----------------------------------------------------
         A   | W   0.0529     1     2.0       2.0   17.89 0.0529 e
             | P   0.9471            2.0       2.0   17.89 0.0529 e
             | L  17.8903            2.0       2.0   17.89 0.0529 e
             | R  17.8903            2.0       2.0   17.89 0.0529 e
             |----------------------------------------------------
        B|A  |               3
    ----------+----------------------------------------------------
    Residual |              20
    ----------+----------------------------------------------------
       Total |              24
    --------------------------------------------------------------
          e = exact, a = approximate, u = upper bound on F
```

1. B 因子 ( 學校別 ) 在 A 因子 ( 教材 ) 的 MANOVA 檢定，求得 Wilk's Λ = 0.0529(p=0.0529 ≒ 0.05)，幾乎達到顯著水準，表示新教材幾乎優於舊教材。

2. 易言之，新舊教材 (A) 對學生整個成績有顯著影響，不論在「計算」或「應用」上均有顯著差異存在。

# 3-8 Latin 方格的多變量變異數分析：交互作用項給予平衡 (manova 指令 )

## 一、適用時機

當研究的問題包含 3 個以上的因子，且每一個因子的水準數都一樣，而且這些因子之間彼此無交互作用存在時，則拉丁方格實驗設計可用來代替三因子變異數分析的設計。

## 二、使用目的

1. 可把因個別差異所造成的效果加以平衡。

2. 把由於實驗 ( 或測驗 ) 前後次序所造成的效果加以平衡，以看出實驗處理效果之間的差異。

## 三、基本原理

假使有 A、B、C 三個因子 ( 自變數 )：A 因子分為 k 個橫列區組 (blocks)，B 因子也分為 k 個縱行區組，則我們便可以將 C 因子的 k 個實驗處理按照拉丁方格的形式分派到適當的細格，使 k 個實驗處理之中的每一個處理都有機會在一個橫列和一個縱行中出現一次 ( 且只出現一次 )。例如：

$$
\begin{array}{c}
\begin{array}{ccccc} b_1 & b_2 & b_3 & b_4 & b_5 \end{array} \\
\begin{array}{c} a_1 \\ a_2 \\ a_3 \\ a_4 \\ a_5 \end{array}
\left(
\begin{array}{ccccc}
C_2 & C_5 & C_4 & C_3 & C_1 \\
C_3 & C_1 & C_2 & C_5 & C_4 \\
C_4 & C_2 & C_3 & C_1 & C_5 \\
C_5 & C_3 & C_1 & C_4 & C_2 \\
C_1 & C_4 & C_5 & C_2 & C_3
\end{array}
\right)_{5 \times 5}
\end{array}
$$

即是一個 5×5 拉丁矩陣，其中 $C_1$、$C_2$、$C_3$、$C_4$、$C_5$ 代表 5 種不同實驗處理，

每一種處理在這 5×5 拉丁矩陣中，在每一橫列 (row) 或每一直行 (column) 均只出現一次。這種實驗設計即可將 A 因子及 B 因子在各不同區組所造成的誤差，給予平衡消除。

## 3-8-1 拉丁方陣實驗設計之概念

拉丁方格設計指利用樣本刻意輪流來接受不同程度的刺激 / 機制 (e.g. 教學方法、機臺、車前後輪 )，以調節這些不同刺激對效果的干優，進而去除「交互作用項」來降低模型的複雜度。

拉丁方陣 (Latin square) 是一種 n × n 的方陣，在這種 n × n 的方陣裡，恰有 n 種不同的元素，每一種不同的元素在同一行或同一列裡只出現一次。以下是 2 個拉丁方陣舉例：

$$
\begin{bmatrix} 1 & 2 & 3 \\ 3 & 1 & 2 \\ 2 & 3 & 1 \end{bmatrix}_{3\times3}
\text{ 或 }
\begin{bmatrix} a & b & d & c \\ b & c & a & d \\ c & d & b & a \\ d & a & c & b \end{bmatrix}_{4\times4}
$$

### 一、拉丁方陣的標準型

當一個拉丁方陣的第一行與第一列的元素按順序排列時，此為這個拉丁方陣的標準型，英語稱為 " 縮減拉丁方格 (reduced Latin square, normalized Latin square) 或 Latin square in standard form"。

### 二、同型類別

許多拉丁方陣的運算，都會產生新的拉丁方陣。例如：交換拉丁方陣裡的行、交換拉丁方陣裡的列、或是交換拉丁方陣裡的元素符號，都會得到一個新的拉丁方陣。交換拉丁方陣裡的行、交換拉丁方陣裡的列、或是交換拉丁方陣裡的元素符號，所得的新的拉丁方陣與原來的拉丁方陣稱為同型 (isotopic)。同型 (isotopism) 是一個等價關係，因此所有的拉丁方陣所成的集合可以分成同型類別 (isotopic class) 的子集合。同型的拉丁方陣屬於同一個同型類別，而不屬於同一個同型類別的拉丁方陣則不同型。

## 三、拉丁方陣的正交

設有 2 個階數相同的拉丁方陣 $A_1 = (a_{i,j}^{(1)})_{n \times n}$、$A_2 = (a_{i,j}^{(2)})_{n \times n}$，其中將所有放置位置相同的元素組合成一個元組，組合成一個新的矩陣 $((a_{i,j}^{(1)}, a_{i,j}^{(2)}))_{n \times n}$。當這個新的矩陣 $((a_{i,j}^{(1)}, a_{i,j}^{(2)}))_{n/timesn}$ 中每一個元素互不相同時，拉丁方陣 $A_1$ 和 $A_2$ 是互相正交的。此時，$A_1$ 和 $A_2$ 即為一對正交 (orthogonal) 拉丁方陣。而在階數固定的情況下，所有兩兩正交的拉丁方陣所成的集合稱為正交拉丁方族。

## 四、希臘拉丁方陣

根據前面所得到關於正交的定義，2 個拉丁方陣正交所得到的方陣為希臘拉丁方陣 (Graeco-Latin square)。事實上，並不是任意階數的拉丁方格都存在一對正交拉丁方格；也就是說，並不是任意階數的拉丁方格均存在希臘拉丁方陣。

## 五、正交拉丁方格

### 1. 定理

若 n 階拉丁方格存在 r 個兩兩正交的拉丁方格，那麼 r ≤ n−1。

### 2. 應用

當該定理中的等號成立時，則該階正交拉丁方族被稱為完全的。可以分析得到，當 n 為 1 時，只存在一個拉丁方格；當 n 為 2 時，不存在正交拉丁方族。此外，當 n 為 6 時，也不存在正交拉丁方族，這個結論是通過對三十六軍官問題的嘗試得到的。三十六軍官問題指的是，是否有一個解決方案使得來自 6 個不同地區的 6 個不同軍階的軍官排成 6×6 的方陣，其中每一行、每一列的軍官都來自於不同的地區且具有不同的軍階。而該問題的方案即為 6 階正交拉丁方格的個數，該問題於 1901 年被 Gaston Tarry 證明為無解 (Tarry, 1900)。除了上述 3 種情況外，當階數小於等於 8 時，均存在有 n−1 個正交的拉丁方格。

如當 n = 3 時，存在 2 個正交的拉丁方格：$\begin{bmatrix} 1 & 2 & 3 \\ 2 & 3 & 1 \\ 3 & 1 & 2 \end{bmatrix} \begin{bmatrix} 1 & 2 & 3 \\ 3 & 1 & 2 \\ 2 & 3 & 1 \end{bmatrix}_{3 \times 3}$。當階數更多時 (n ≤ 8)，可以通過正交拉丁方表得到正交拉丁方族。

## 六、拉丁方格之統計模型

$$Y_{ij(k)} = \mu + \rho_i + k_j + \tau_k + \varepsilon_{ii(k)}$$

$\mu$：全體平均 (overall mean)

$\rho_i$：第 $i$ 列的主要效果

$k_j$：第 $j$ 行的主要效果

$\tau_k$：第 $k$ 個的主要效果

$\varepsilon_{ii(k)}$：$\sim i.i.d\ Normal(0, \sigma^2)$

$\sum \rho_i = \sum k_j = \sum \tau_k = 0$

## 七、拉丁方格之 ANOVA 摘要表

| 變異來源 (Source of Variation) | 自由度 (Degrees of Freedom) | 平方和 | 均方 | F 值 |
|---|---|---|---|---|
| 列 | r − 1 | SSR | MSR | $\dfrac{MSR}{MSE}$ |
| 行 | r − 1 | SSC | MSC | $\dfrac{MSC}{MSE}$ |
| 處理 | r − 1 | SST | MST | $\dfrac{MST}{MSE}$ |
| 誤差 | (r − 1)(r − 2) | SSE | MSE | |
| 全體 | $r^2 - 1$ | SS(Total) ◄——— | Corrected SS Total | |

或

| 變異來源 | 平方和 | 自由度 | 均方 | F 值 |
|---|---|---|---|---|
| 處理 | $SS_{\text{Treatments}} = \dfrac{1}{p}\sum\limits_{j=1}^{p} y_{.j.}^2 - \dfrac{y_{...}^2}{N}$ | p − 1 | $\dfrac{SS_{\text{Treatments}}}{p-1}$ | $F_0 = \dfrac{MS_{\text{Treatments}}}{MS_E}$ |
| 列 | $SS_{\text{Rows}} = \dfrac{1}{p}\sum\limits_{i=1}^{p} y_{i..}^2 - \dfrac{y_{...}^2}{N}$ | p − 1 | $\dfrac{SS_{\text{Rows}}}{p-1}$ | |
| 行 | $SS_{\text{Columns}} = \dfrac{1}{p}\sum\limits_{k=1}^{p} y_{..k}^2 - \dfrac{y_{...}^2}{N}$ | p − 1 | $\dfrac{SS_{\text{Columns}}}{p-1}$ | |
| 誤差 | $SS_E$ (by subtraction) | (p − 2)(p − 1) | $\dfrac{SS_E}{(p-2)(p-1)}$ | |
| 全體 | $SS_T = \sum\limits_{i}\sum\limits_{j}\sum\limits_{k} y_{ijk}^2 - \dfrac{y_{...}^2}{N}$ | $p^2 - 1$ | | |

## 3-8-2a 單變數：拉丁方格實驗設計 ANOVA(anova 指令)

當研究者採用受試者內設計，讓同一組受試者接受不同的實驗處理時，因爲只有一群受試者，因此不同的實驗狀況之間並不需要進行樣本隨機分派處理，但是受試者的反應卻有可能受到實驗順序的影響，造成實驗效果的混淆。這種實驗設計，即是以對抗平衡 (counterbalancing) 原理來進行處理實驗順序的問題，由於缺乏隨機化設計，因此也是屬於一種準實驗設計。

假設有 A、B、C、D 4 種實驗狀況，如果採用完全對抗平衡設計，總計可以產生 4！種 (24 種) 不同的實驗順序組合。研究者要重複操弄 A、B、C、D 4 種實驗處理 24 次，共計 96 次的實驗處理，相當耗費人力。若以表 3-9 的拉丁方格 (Latinsquare) 來處理，24 種實驗順序被大幅簡化成 4 組程序，每一個實驗狀況至少一次會出現在另 3 種實驗條件之後，且每一個實驗狀況與前一個實驗狀況是固定的。對於某一個特定的實驗狀況而言，4 組實驗設計代表 4 種痕跡效應 (carryover effect)。以 D 爲例，組合一是 A、B、C 3 種效果的痕跡效應，組合二是 B、C 2 種效果的痕跡效應，組合三是 C 效果的痕跡效應，組合三是無實驗痕跡效應。對於 D 而言，其他 3 種實驗狀況的痕跡效果都被考慮進去了，但是 3 個實驗狀況的相互順序則不考慮變化，以簡化實驗操弄程序。在這種情況下，每一個受試者僅需接受一套實驗順序即可，可以減少受試者的負擔。

拉丁方格的使用上，受試者人數除了等於實驗設計的數目，也就是每一組實驗設計安排一個受試者 ( 以本例子而言需要 4 位受試者 )，也可能是實驗設計數目的倍數 (4、8、12⋯⋯人 )，使每一組實驗設計有多個受試者，而每一個受試者仍然僅參與一組實驗設計。每一個實驗處理所累積的總人數愈多，統計學的一些假設 ( 例如：常態性假設 ) 就愈能夠達到，研究者即可以進行一些統計檢定來檢定拉丁方格的適切性 ( 見 Kirk, 1995)。

**表 3-9** 拉丁方格

| | | 實驗順序 | | | |
|---|---|---|---|---|---|
| | | **1** | **2** | **3** | **4** |
| 研 | 1 | D | A | B | C |
| 究 | 2 | A | B | C | D |

| | | 實驗順序 | | | |
|---|---|---|---|---|---|
| | | **1** | **2** | **3** | **4** |
| 設計 | 3 | B | C | D | A |
| | 4 | C | D | A | B |

當我們的研究問題包含有 3 個以上的因子，而每一個因子的水準數都一樣，而且這些因子之間彼此無「交互作用項」存在時，則拉丁方格實驗設計可用來代替三因子變異數分析的設計，以「控制」干擾變數。

**使用目的**

1. 可把因個別差異所造成的效果加以平衡。
2. 把由於實驗 ( 或測驗 ) 前後次序所造成的效果加以平衡，以看出實驗處理效果之間的差異。

## 範例 1 ：拉丁方格 ANOVA ( 來源：林清山，p.439)

### 一、問題說明：虛無假設

**舉例：**Latin square ANOVA( 參考林清山，民 81，p.439)

某臨床心理學家想研究 3 種心理治療方法對 3 種心理疾病患者的影響，他採用拉丁方格實驗設計，表 3-10 為實驗結果。試問：(1) 不同醫院之間；(2) 治療方法之間；(3) 不同類病患之間的治療效果有顯著差異嗎？

**表 3-10** 拉丁方格實驗設計研究資料

| | 方法 I<br>b1 | 方法 II<br>b2 | 方法 III<br>b3 |
|---|---|---|---|
| 甲病院<br>**a1** | 5, 4, 6, 4<br>( 第三類，C3) | 4, 6, 4, 5<br>( 第二類，C2) | 5, 4, 7, 5<br>( 第一類，C1) |
| 乙病院<br>**a2** | 6, 5, 8, 5<br>( 第二類，C2) | 5, 7, 9, 8<br>( 第一類，C1) | 4, 2, 2, 3<br>( 第三類，C3) |
| 丙病院<br>**a3** | 10, 8, 11, 6<br>( 第一類，C1) | 3, 2, 1, 4<br>( 第三類，C3) | 2, 4, 3, 5<br>( 第二類，C2) |

1. A 因子是「病院」，共有甲、乙、丙 3 個。

2. B 因子是「心理治療方法」，共有 3 種方法。不同療法的效果是否有差異，也是這研究者關心的事。

3. C 因子是「病患種類」，共有 3 類。

## 二、資料檔內容

　　「拉丁方格 ANOVA_P439.dta」變數之內容，如圖 3-50。

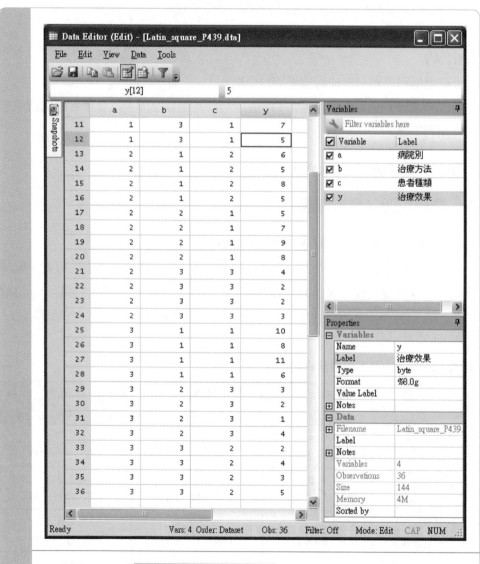

圖 3-50　「拉丁方格 ANOVA_P439.dta」　資料檔 (N=36 , 4 variables)

## 三、Latin square ANOVA 之指令

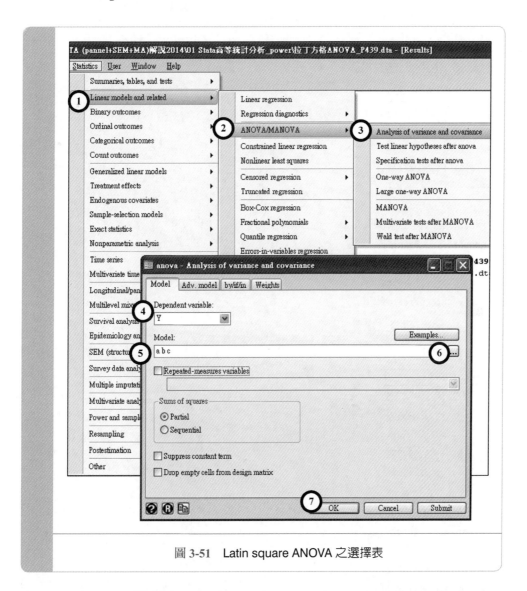

圖 3-51　Latin square ANOVA 之選擇表

```
. use 拉丁方格ANOVA_P439.dta, clear
* 或 use "D:\CD\ 拉丁方格ANOVA_P439.dta", clear

* 印出單因子 (A) 三個 levels 在「y」平均數
. tabstat y , by(a)
```

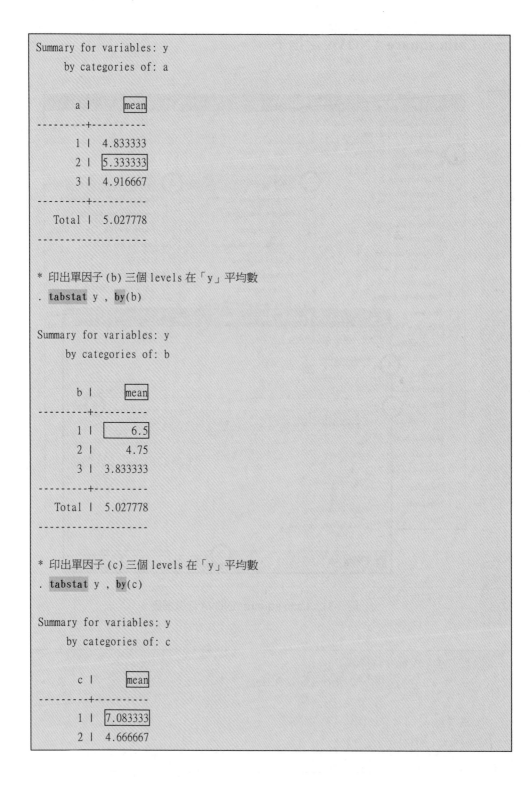

```
Summary for variables: y
     by categories of: a

        a |      mean
---------+----------
        1 |  4.833333
        2 |  5.333333
        3 |  4.916667
---------+----------
    Total |  5.027778
--------------------

* 印出單因子 (b) 三個 levels 在「y」平均數
. tabstat y , by(b)

Summary for variables: y
     by categories of: b

        b |      mean
---------+----------
        1 |       6.5
        2 |      4.75
        3 |  3.833333
---------+----------
    Total |  5.027778
--------------------

* 印出單因子 (c) 三個 levels 在「y」平均數
. tabstat y , by(c)

Summary for variables: y
     by categories of: c

        c |      mean
---------+----------
        1 |  7.083333
        2 |  4.666667
```

```
      3 |   3.333333
---------+----------
  Total |   5.027778
--------------------
```

## 四、分析結果與討論

```
. anova y a b c

                        Number of obs =      36    R-squared     =  0.6938
                        Root MSE      = 1.41996    Adj R-squared =  0.6305

          Source |  Partial SS    df       MS           F      Prob > F
        ---------+----------------------------------------------------------
           Model |      132.5      6   22.0833333      10.95     0.0000
                 |
               a |  1.72222222      2   .861111111       0.43     0.6564
               b |  44.0555556      2   22.0277778      10.92     0.0003
               c |  86.7222222      2   43.3611111      21.51     0.0000
                 |
        Residual |  58.4722222     29   2.01628352
        ---------+----------------------------------------------------------
           Total |  190.972222     35   5.45634921
```

3-11 變異數分析摘要表如下

| 變異 (variation) 來源 | 平方和 (SS) | 自由度 (df) | 均方 (MS) | F |
|---|---|---|---|---|
| 病院 (A) | 1.72 | 2 | 0.86 | 0.43 |
| 治療法 (B) | 44.05 | 2 | 22.03 | 10.92* |
| 病患類別 (C) | 86.72 | 2 | 43.36 | 21.51* |
| 細格之內 (w.cell) | 58.47 | 29 | 43.36 | |
| 全體 | 190.97 | 35 | | |

註：＊＝p＜.05

1. 結果顯示，橫列的病院 (A) 因子，F = 0.43，p > 0.05，效果未達顯著差異。

2. 治療法 (B) 因子，F = 10.92，p < 0.05，效果達顯著差異。

3. 隨機依序安排的病患類別 (C)，F = 21.51，p < 0.05，效果達顯著差異。

## 3-8-2b 單變數：拉丁方格實驗設計 ANOVA[anova 、 contrast, mcompare(scheffe) 指令 ]

拉丁方格（Latin square）是一種 n × n 的方陣，在這種 n × n 的方陣裡，恰有 n 種不同的元素，每一種不同的元素在同一行或同一列裡只出現一次。以下是 2 個拉丁方陣舉例：

$$\begin{bmatrix} 1 & 2 & 3 \\ 2 & 3 & 1 \\ 3 & 1 & 2 \end{bmatrix} \begin{bmatrix} a & b & d & c \\ b & c & a & d \\ c & d & b & a \\ d & a & c & b \end{bmatrix}$$

拉丁方格有此名稱，是因為瑞士數學家和物理學家歐拉使用拉丁字母來作為拉丁方陣裡的元素符號。

### 範例 2 ：拉丁方格 ANOVA

### 一、問題說明

資料來源：Snedecor & Cochran(1989).

5×5 拉丁方格之資料格式如下：

| 列 | 欄 1 | 欄 2 | 欄 3 | 欄 4 | 欄 5 |
|---|---|---|---|---|---|
| 1 | 257(B) | 230(E) | 279(A) | 287(C) | 202(D) |
| 2 | 245(D) | 283(A) | 245(E) | 280(B) | 260(C) |
| 3 | 182(E) | 252(B) | 280(C) | 246(D) | 250(A) |
| 4 | 203(A) | 204(C) | 227(D) | 193(E) | 259(B) |
| 5 | 231(C) | 271(D) | 266(B) | 334(A) | 338(E) |

## 二、資料檔之內容

「latin_square.dta」內容如圖 3-52。

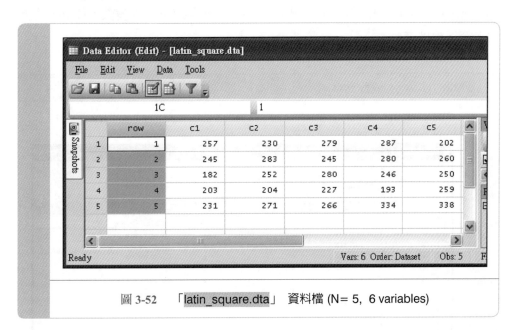

圖 3-52　「latin_square.dta」　資料檔 (N= 5，6 variables)

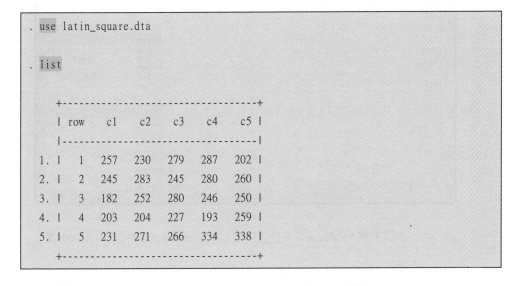

```
. use latin_square.dta

. list

     +------------------------------------+
     | row    c1     c2     c3     c4     c5 |
     |------------------------------------|
 1.  |  1    257    230    279    287    202 |
 2.  |  2    245    283    245    280    260 |
 3.  |  3    182    252    280    246    250 |
 4.  |  4    203    204    227    193    259 |
 5.  |  5    231    271    266    334    338 |
     +------------------------------------+
```

### 三、Latin square ANOVA 之指令

此 5×5 方格，在進行 ANOVA 指令前，需用「pkshape」套裝指令「reshape (pharmacokinetic)」，做欄位格式的轉換。即 row 變數及 c1~c5 變數，依 row 方向由上至下重排序。

```
. pkshape row row c1-c5, order(beacd daebc ebcda acdeb cdbae)
```

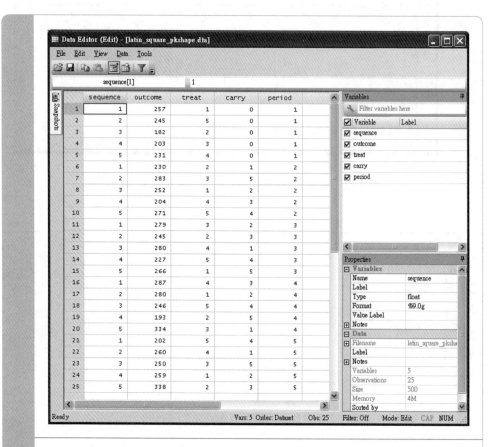

圖 3-53　拉丁方格 Pkshape 之後的資料檔 (存在 latin_square_pkshape.dta 檔)

```
. anova outcome sequence period treat
```

## 四、分析結果與討論

```
. anova outcome sequence period treat

                        Number of obs =        25    R-squared     =   0.6536
                        Root MSE      = 32.4901    Adj R-squared =   0.3073

         Source |  Partial SS    df       MS            F      Prob > F
    ------------+----------------------------------------------------------
          Model |   23904.08     12   1992.00667       1.89      0.1426
                |
       sequence |   13601.36      4    3400.34          3.22      0.0516
         period |    6146.16      4    1536.54          1.46      0.2758
          treat |    4156.56      4    1039.14          0.98      0.4523
                |
       Residual |   12667.28     12   1055.60667
    ------------+----------------------------------------------------------
          Total |   36571.36     24   1523.80667
```

1. 結果顯示，橫列的 sequence 因子，F = 3.22，p > 0.05，效果未達顯著差異。
2. 直行的 period 因子，F = 1.46，p > 0.05，效果亦未達顯著差異。
3. 隨機依序安排的 treat 因子，F = 0.98，p > 0.05，效果未達顯著差異。

## 3-8-3 多變數：拉丁方格設計 MANOVA：去除交互作用項 (manova 指令)

範例：Latin square 設計 MANOVA(manova 指令)

### 一、資料檔之內容

例 3-6　參考林清山，《多變數分析統計法》，民 79，第 5 版，p.509

　　某臨床心理學家想研究 3 種心理治療方法對 3 種心理疾病的治療效果，他自 3 個精神病院抽取 36 名患者，每病院 12 人、每類病人 4 名進行研究。下表是他研究的結果，表示治療效果好壞的 2 種依變數分數。問一般而言，不同病院 (A)

之間、不同類型病人 (B) 之間和不同治療方法 (C) 之間，是否有顯著差異存在。

| | | 第一類 (b1) | | | 第二類 (b2) | | | 第三類 (b3) | |
|---|---|---|---|---|---|---|---|---|---|
| | | y1 | y2 | | y1 | y2 | | y1 | y2 |
| 甲病院 (a1) | (C3) | 5 | 3 | (C2) | 3 | 2 | (C1) | 5 | 5 |
| | | 4 | 4 | | 6 | 6 | | 4 | 3 |
| | | 6 | 5 | | 4 | 2 | | 7 | 6 |
| | | 4 | 4 | | 5 | 4 | | 5 | 3 |
| 乙病院 (a2) | (C2) | 6 | 4 | (C1) | 5 | 4 | (C3) | 4 | 3 |
| | | 5 | 3 | | 7 | 6 | | 2 | 2 |
| | | 8 | 7 | | 9 | 8 | | 2 | 1 |
| | | 5 | 4 | | 8 | 6 | | 3 | 2 |
| 丙病院 (a3) | (C1) | 10 | 9 | (C3) | 3 | 2 | (C2) | 2 | 2 |
| | | 8 | 8 | | 2 | 2 | | 4 | 3 |
| | | 11 | 10 | | 1 | 0 | | 3 | 2 |
| | | 6 | 5 | | 4 | 3 | | 5 | 5 |

　　本例所建資料檔 "例 3-6(P509).dta" 的內容，見圖 3-54。共有 3 個自變數 A、B 與 C 以及 2 個依變數 $y_1$ 和 $y_2$。自變數 A 代表病院 (1 ＝甲病院，2 ＝乙病院，3 ＝丙病院)，B 代表不同類型病人 (1 ＝第一類，2 ＝第二類，3 ＝第三類)，C 代表不同治療方法。依變數 y1、y2 分別代表 2 個不同治療「效果一」和「效果二」。

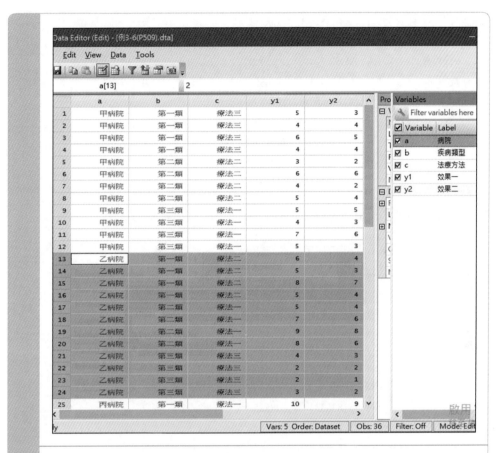

圖 3-54　「例 3-6(P509).dta」 資料檔內容 (N=36 個人 )

## 二、分析結果與討論

Step 1. 求細格平均數

```
. use "D:\CD\ 例 3-6(P509).dta", clear
* 或
. use 例 3-6(P509).dta, clear
. tabstat y1 y2 , by(a) stat(mean sd min max) nototal long col(stat)


a         variable |    mean         sd        min       max
------------------+-------------------------------------------
```

```
甲病院          y1 |   4.833333  1.114641        3        7
               y2 |   3.916667  1.378954        2        6
-----------------+-----------------------------------------
乙病院          y1 |   5.333333  2.348436        2        9
               y2 |   4.166667  2.167249        1        8
-----------------+-----------------------------------------
丙病院          y1 |   4.916667  3.232177        1       11
               y2 |       4.25  3.194455        0       10
-----------------+-----------------------------------------


. tabstat y1 y2 , by(b) stat(mean sd min max) nototal long col(stat)

b           variable |     mean        sd       min       max
-----------------+-----------------------------------------
第一類          y1 |      6.5  2.276361        4       11
               y2 |      5.5  2.393172        3       10
-----------------+-----------------------------------------
第二類          y1 |     4.75  2.416797        1        9
               y2 |     3.75  2.340357        0        8
-----------------+-----------------------------------------
第三類          y1 |  3.833333  1.527525        2        7
               y2 |  3.083333  1.505042        1        6
-----------------+-----------------------------------------


. tabstat y1 y2 , by(c) stat(mean sd min max) nototal long col(stat)

c           variable |     mean        sd       min       max
-----------------+-----------------------------------------
療法一          y1 |  7.083333  2.193309        4       11
               y2 |  6.083333  2.274696        3       10
-----------------+-----------------------------------------
療法二          y1 |  4.666667  1.61433         2        8
               y2 |  3.666667  1.669694        2        7
-----------------+-----------------------------------------
療法三          y1 |  3.333333  1.435481        1        6
               y2 |  2.583333  1.378954        0        5
-----------------+-----------------------------------------
```

平均數摘要表將 A、B、C 三個水準間治療效果的平均數，整理成表 3-11 平均數摘要表。

表 3-11 治療效果的平均數摘要表

| 自變數 \ 依變數 | | | 效果一 (y1) | 效果二 (y2) |
|---|---|---|---|---|
| A | (a1) | 甲病院 | 4.833 | 3.917 |
| | (a2) | 乙病院 | 5.333 | 4.167 |
| | (a3) | 丙病院 | 4.917 | 4.250 |
| B | (b1) | 第一類 | 6.500 | 5.500 |
| | (b2) | 第二類 | 4.750 | 3.750 |
| | (b3) | 第三類 | 3.833 | 3.083 |
| C | (c1) | 療法一 | 7.08 | 6.08 |
| | (c2) | 療法二 | 4.67 | 3.67 |
| | (c3) | 療法三 | 3.33 | 2.58 |

Step 2. 求 MANOVA

```
. use "D:\CD\ 例 3-6(P509).dta", clear
* 或
. use 例 3-6(P509).dta, clear

. manova y1 y2 = a b c


                      Number of obs =        36


                      W = Wilks' lambda       L = Lawley-Hotelling trace
                      P = Pillai's trace       R = Roy's largest root


          Source | Statistic     df   F(df1,    df2) =   F   Prob>F
        ---------+----------------------------------------------------
           Model | W   0.2638     6   12.0     56.0    4.42 0.0001 e
                 | P   0.8220         12.0     58.0    3.37 0.0009 a
```

```
            | L    2.4656           12.0    54.0      5.55 0.0000 a
            | R    2.3258            6.0    29.0     11.24 0.0000 u
            |-------------------------------------------------------
   Residual |               29
-----------+-------------------------------------------------------
      a | W    0.8675     2     4.0    56.0      1.03 0.3992 e
        | P    0.1337           4.0    58.0      1.04 0.3949 a
        | L    0.1513           4.0    54.0      1.02 0.4046 a
        | R    0.1412           2.0    29.0      2.05 0.1473 u
        |-------------------------------------------------------
      b | W    0.5539     2     4.0    56.0      4.81 0.0021 e
        | P    0.4532           4.0    58.0      4.25 0.0044 a
        | L    0.7926           4.0    54.0      5.35 0.0011 a
        | R    0.7761           2.0    29.0     11.25 0.0002 u
        |-------------------------------------------------------
      c | W    0.3928     2     4.0    56.0      8.34 0.0000 e
        | P    0.6169           4.0    58.0      6.47 0.0002 a
        | L    1.5216           4.0    54.0     10.27 0.0000 a
        | R    1.5054           2.0    29.0     21.83 0.0000 u
        |-------------------------------------------------------
   Residual |               29
-----------+-------------------------------------------------------
    Total |               35
-----------------------------------------------------------------
        e = exact, a = approximate, u = upper bound on F
```

1. 結果顯示，橫列的病院 (A) 因子，Wilks' lambda = **0.8675**，p > 0.05，效果未達顯著差異。
2. 直行的病人類型 (B) 因子，Wilks' lambda = **0.5539**，p < 0.05，效果達顯著差異。
3. 隨機依序安排的治療法 (C) Wilks' lambda = **0.3928**，p < 0.05，效果達顯著差異。

因為多變量變異數分析，顯示 3 種治療方法 (C) 有顯著差異存在 (Λ = 0.379, p < 0.01)。此外，3 種疾病類型 (B) 之間的治療效果也有顯著的不同 (Λ = 0.541, p < 0.01)。故我們進行 C 因子與 B 因子主要效果之事後比較。

Step 3a. B 因子主要效果之事後比較

*b 因子在 (y1 y2) 的事後比較
. quietly manova y1 y2 = b
. contrast b#_eqns, mcompare(scheffe)


Contrasts of marginal linear predictions


Margins       : asbalanced


------------------------------------------------
            |      df        F       P>F
------------+-----------------------------------
   b#_eqns  |       2      0.58     0.5661
            |
  Residual  |      33
------------------------------------------------
Note: Scheffe-adjusted p-values are reported for
      tests on individual contrasts only.


--------------------------
            |  Number of
            |  Comparisons
------------+-------------
  b#_eqns   |       2
--------------------------


-----------------------------------------------------------------------
                        |                         Scheffe
                        |  Contrast   Std. Err.   [95% Conf. Interval]
------------------------+----------------------------------------------
               b#_eqns  |
(2 vs base) (2 vs base) |      0    .2682717   -.6876257    .6876257
(3 vs base) (2 vs base) |    .25    .2682717   -.4376257    .9376257
-----------------------------------------------------------------------

1. 以上 b 因子 單純主要效果：只要 95% 信賴區間不含 0 值，則表示該對比 (Contrast) 達到顯著差異。

2. 「**_eqns**」2 個 row 分別代表在依變數：(y1, y2)」兩者的對比。

3. Contrast 的 base，內定為該因子的「level 1」。

4. 以上 Contrast 的結果，整理成表 3-12。

表 3-12　**B 因子 ( 疾病類型 ) 事後比較**

| 療效<br><br>疾病類 | 治療效果一 | | | 治療效果二 | | |
|---|---|---|---|---|---|---|
| | 第一類<br>(B1) | 第二類<br>(B2) | 第三類<br>(B3) | 第一類<br>(B1) | 第二類<br>(B2) | 第三類<br>(B3) |
| B1( 第一類 ) | —— | * | * | —— | * | * |
| B2( 第二類 ) | | —— | | | —— | |
| B3( 第三類 ) | | | —— | | | —— |

*p < .01

**Step 3b.** C 因子主要效果之事後比較

```
*c 因子在 (y1 y2) 的事後比較
. quietly manova y1 y2 = c
. contrast c#_eqns, mcompare(scheffe)


Contrasts of marginal linear predictions


Margins      : asbalanced


-------------------------------------------------
            |      df        F       P>F
------------+------------------------------------
   c#_eqns  |       2      0.58    0.5661
            |
   Residual |      33
-------------------------------------------------
Note: Scheffe-adjusted p-values are reported for
```

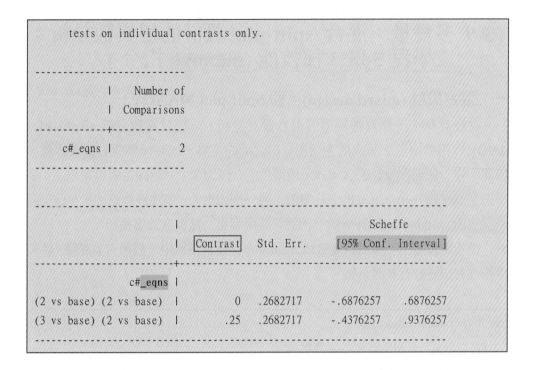

```
        tests on individual contrasts only.

        -------------------------
                |    Number of
                |  Comparisons
        ----------------+--------
          c#_eqns |           2
        -------------------------


        ---------------------------------------------------------------
                          |                              Scheffe
                          |  Contrast   Std. Err.   [95% Conf. Interval]
        ------------------+--------------------------------------------
                  c#_eqns |
    (2 vs base) (2 vs base) |      0    .2682717   -.6876257    .6876257
    (3 vs base) (2 vs base) |    .25    .2682717   -.4376257    .9376257
        ---------------------------------------------------------------
```

1. 以上 c 因子 單純主要效果：只要 95% 信賴區間不含 0 值，則表示該對比 (Contrast) 達到顯著差異。

2. 「_eqns」2 個 row 分別代表在依變數：(y1, y2)」兩者的對比。

3. Contrast 的 base，內定爲該因子的「level 1」。

4. 以上 Contrast 的結果，整理成表 3-13。

表 3-13  C 因子 ( 治療方法 ) 對「治療效果一」的事後比較

| 療　法 | 療法一 (C1) | 療法二 (C2) | 療法三 (C3) |
|---|---|---|---|
| (C1)　7.08 | ── | * | * |
| (C2)　4.67 | | ── | |
| (C3)　3.33 | | | ── |

*p < .01

　　表 3-13 結果顯示：治療方法一顯著優於治療方法二及方法三，但療法二與療法三之間則無差異存在。

## 3-9 多變量：混合/split-plot 設計的變異數分析：二學程 5 班 3 種技能 (**manova** 指令)

### 一、混合設計 (**mixed design**)：即 Split-plot MANOVA

在統計學上，變異數模型的混合設計分析 ( 分裂變異數分析，split-plot ANOVA) 用於檢定 2 個或更多個獨立組之間的差異，同時使參與者重複測量。因此，在一個混合設計的 ANOVA 模型中，一個因素 ( 一個固定的影響因子 ) 是一個受試者間 (between-subjects) 變數，另一個因素 ( 一個隨機效應因子 ) 是一個受試者內 (within-subjects) 變數。因此，該模型是一種混合效應模型。

重複測量是指：多個自變數或 measures 存在資料檔中，但所有 ( 實驗 ) 參與者都在每個變數有其測量值。

---

組間 (between-subjects)：

· $F_{Between\text{-}subjects} = MS_{between\text{-}subjects}/MS_{Error(between\text{-}subjects)}$

組內 (within-subjects)：

· $F_{Within\text{-}subjects} = MS_{within\text{-}subjects}/MS_{Error(within\text{-}subjects)}$

· $F_{BS \times WS} = MS_{between \times within}/MS_{Error(within\text{-}subjects)}$

表 3-14　變異數摘表

| 變異來源 (Source) | 平方和 (SS) | 自由度 (df) | 均方 (MS) | F 值 |
|---|---|---|---|---|
| 組間 (Between-subjects) | | | | |
| $Factor_{BS}$ | $SS_{BS}$ | $df_{BS}$ | $MS_{BS}$ | $F_{BS}$ |
| 誤差 (Error) | $SS_{BS/E}$ | $df_{BS/E}$ | $MS_{BS/E}$ | |
| 組內 (Within-subjects) | | | | |
| $Factor_{WS}$ | $SS_{WS}$ | $df_{WS}$ | $MS_{WS}$ | $F_{WS}$ |
| $Factor_{WS \times BS}$ | $SS_{BS \times WS}$ | $df_{BS \times WS}$ | $MS_{BS \times WS}$ | $F_{BS \times WS}$ |
| 誤差 (Error) | $SS_{WS/E}$ | $df_{WS/E}$ | $MS_{WS/E}$ | |
| 全體 (Total) | $SS_T$ | $df_T$ | | |

## 二、範例：混合設計 MANOVA(**manova** 指令 )

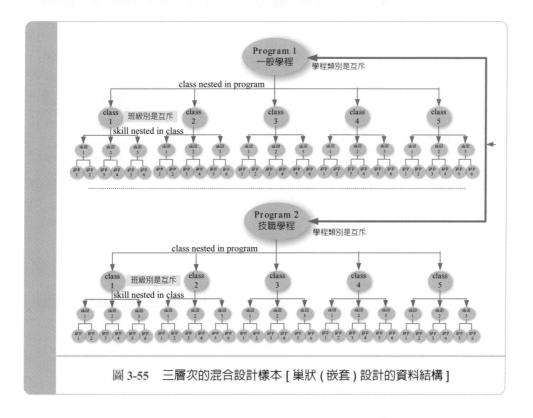

圖 3-55　三層次的混合設計樣本 [ 巢狀 ( 嵌套 ) 設計的資料結構 ]

　　本例 split-plot MANOVA，此最上層 whole-plot 是二個學程 (reading programs)，最下層 split-plot 是三個 skill-enhancement techniques.

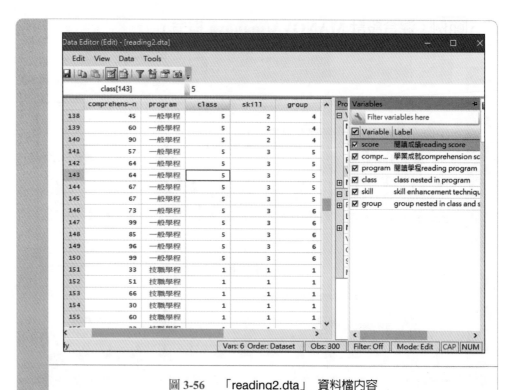

圖 3-56 「reading2.dta」資料檔內容

```
* MANOVA_for_mixed_designs.do
. webuse reading2, clear
(Reading experiment data)
. label variable comprehension "學業成就 comprehension score"
. label variable program "閱讀學程 reading program"
. label variable score "閱讀成績 reading score"
. label define prog_fmt 1 "一般學程" 2 "技職學程"
. label values program prog_fmt
```

* 本例 split-plot MANOVA，此最上層 whole-plot 是二個學程 (reading programs)，最下層 split-plot 是三個 skill-enhancement techniques。

* 本例 split-plot MANOVA，programs 的誤差項是「class nested within program」。skill 及 「program × skill」的誤差項是「class by skill interaction nested within program」。

```
. manova score comp = pr / cl|pr / sk pr#sk / cl#sk|pr / gr|cl#sk|pr /, dropemptycells
```

```
              Number of obs =      300


            W = Wilks' lambda      L = Lawley-Hotelling trace
            P = Pillai's trace     R = Roy's largest root


    Source | Statistic    df    F(df1,   df2) =   F   Prob>F
-----------+------------------------------------------------------
    Model | W   0.5234    59   118.0    478.0    1.55 0.0008 e
          | P   0.5249         118.0    480.0    1.45 0.0039 a
          | L   0.8181         118.0    476.0    1.65 0.0001 a
          | R   0.6830          59.0    240.0    2.78 0.0000 u
          |-------------------------------------------------------
 Residual |                240
-----------+------------------------------------------------------
  program | W   0.4543     1    2.0      7.0     4.20 0.0632 e
          | P   0.5457          2.0      7.0     4.20 0.0632 e
          | L   1.2010          2.0      7.0     4.20 0.0632 e
          | R   1.2010          2.0      7.0     4.20 0.0632 e
          |-------------------------------------------------------
class|program |                8
-----------+------------------------------------------------------
    skill | W   0.6754     2    4.0     30.0     1.63 0.1935 e
          | P   0.3317          4.0     32.0     1.59 0.2008 a
          | L   0.4701          4.0     28.0     1.65 0.1908 a
          | R   0.4466          2.0     16.0     3.57 0.0522 u
          |-------------------------------------------------------
program#skill | W   0.3955     2    4.0     30.0     4.43 0.0063 e
          | P   0.6117          4.0     32.0     3.53 0.0171 a
          | L   1.5100          4.0     28.0     5.29 0.0027 a
          | R   1.4978          2.0     16.0    11.98 0.0007 u
          |-------------------------------------------------------
class#skill|program |         16
-----------+------------------------------------------------------
class#skill|program | W   0.4010    16   32.0     58.0     1.05 0.4265 e
          | P   0.7324         32.0     60.0     1.08 0.3860 a
          | L   1.1609         32.0     56.0     1.02 0.4688 a
          | R   0.6453         16.0     30.0     1.21 0.3160 u
```

```
                        |-------------------------------------------
    group|class#skill|  |            30
            program   |
-----------------------+-----------------------------------------
    group|class#skill|  | W  0.7713    30    60.0   478.0   1.10 0.2844 e
            program   | P  0.2363          60.0   480.0   1.07 0.3405 a
                      | L  0.2867          60.0   476.0   1.14 0.2344 a
                      | R  0.2469          30.0   240.0   1.98 0.0028 u
                      |-------------------------------------------
    Residual  |                240
-----------------------+-----------------------------------------
    Total  |                  299
-------------------------------------------------------------------
            e = exact, a = approximate, u = upper bound on F
```

program#skill 交互作用項達顯著性 (Wilks' Λ = 0.3955, p < 0.05)。

# 3-10 重複測量之隨機區組設計 (randomized block) 設計：4 高粱品種種在 5 塊地 (manova、manovatest 指令)

本例是：具有重複測量之隨機區組設計 (randomized block design)：4 高粱品種 (variety) 種在 5 塊地 (block)。

故本例可視為，混合設計三因子多變量變異數分析。其中，a 因子 [ 品種 (variety)]、b 因子 ( 塊地 ) 構成 2 個獨立樣本 ( 受試者間 )。a 因子有 4 個 levels，每個 levels 都含蓋 b 因子 5 個 levels(b1, b2, b3, b4, b5)。每個受試者都重複測量 5 次的成長數據 ( 受試者內 )。

## 一、隨機區組設計之重複測量 (Randomized block design with repeated measures：MANOVA)

在實驗設計的統計理論中，block 是指組合 [block( 塊地 )] 中相似的實驗單元。

典型地，block 因子也是實驗者不感興趣的可變性 (variability) 的來源。例如：病人性別就是一個 block 因素，透過性別的 blocking，這種可變性來源受到控制之後，進而提高準確性。

Blocking( 區組 ) 旨在「消除」滋擾因素的影響 (Blocking to remove the effect of nuisance factors)：

對於隨機區組設計，有一個因素 ( 變數 ) 是主要的利益。但是，還有其他一些妨礙因素。

有些不正當因素可能會影響檢定結果，但不是主要的利益。例如：在應用治療時，干擾因素可能是：準備治療的特定手術、實驗進行間期以及室溫。所有的實驗都有令人討厭的因素。實驗者通常需要花一些時間來決定哪些妨礙因素足夠重要，以便在實驗過程中保持跟蹤或控制。

**表 3-15** **Randomized block designs(RBD)** 之表格

| 設計名稱 | Factors k 的個數 | Runs n 的個數 |
|---|---|---|
| 2-factor RBD | 2 | $L_1 \times L_2$ |
| 3-factor RBD | 3 | $L_1 \times L_2 \times L_3$ |
| 4-factor RBD | 4 | $L_1 \times L_2 \times L_3 \times L_4$ |
| ⋮ | ⋮ | ⋮ |
| $k$-factor RBD | $k$ | $L_1 \times L_2 \times \cdots \times L_k$ |

其中
$L_1$ = number of levels (settings) of factor 1
$L_2$ = number of levels (settings) of factor 2
$L_3$ = number of levels (settings) of factor 3
$L_4$ = number of levels (settings) of factor 4
$L_k$ = number of levels (settings) of factor k

## 二、隨機區組設計例子

假設半導體製造工廠的工程師想要檢定不同的晶圓植入材料劑量 (material dosages) 是否在擴散過程，發生在爐子中之後對電阻值 (resistivity) 測量具有顯著影響。他們有 4 種不同的劑量，想要嘗試和從同一批次的足夠的實驗晶圓運行三個晶圓在每個劑量。

他們所關心的討厭因素 (nuisance factor) 是「爐子運行 (furnace run)」，因為已知每次爐子運行都與上一次有差異，進而影響許多 process 參數。

進行這個實驗的理想方法，是在相同的爐子運行中運行所有的 4×3 = 12 晶圓。這將澈底消除這個令人討厭的爐子因素。然而，正常的生產晶圓具有爐子優先權，同時只有幾個實驗晶圓被允許進入任何爐子。

進行這個實驗的 non-blocked 的方法，是運行 12 個實驗晶片中的每一個，以隨機順序 (random order) 運行，每個爐子運行一個。此時，增加每個電阻率值的實驗誤差，是由運行的爐子變化造成的，並且使得研究不同劑量的影響更加困難。假設你可以說服製造商讓你把 4 個實驗晶片放入一個爐子裡，那麼運行這個實驗的方法就是在 3 個爐子的每個爐子裡放 4 個不同劑量的晶片。唯一的隨機選擇是選擇 3 個晶圓中的哪一個晶圓進入爐子 1，對於晶圓 2、3 和 4 也是如此。

### (一) 實驗描述

令 $X_1$ 是劑量 dosage "level"、$X_2$ 是 blocking factor furnace run。則此實驗設計為：

$k = 2$ factors (1 primary factor $X_1$ and 1 blocking factor $X_2$)

$L_1 = 4$ levels of factor $X_1$

$L_2 = 3$ levels of factor $X_2$

$n = 1$ replication per cell

$N = L_1 \times L_2 = 4 \times 3 = 12$ runs

在隨機化之前，此設計試驗看起如下：

| $X_1$ | $X_2$ |
|:---:|:---:|
| 1 | 1 |
| 1 | 2 |
| 1 | 3 |
| 2 | 1 |
| 2 | 2 |
| 2 | 3 |
| 3 | 1 |

| $X_1$ | $X_2$ |
|:-----:|:-----:|
| 3 | 2 |
| 3 | 3 |
| 4 | 1 |
| 4 | 2 |
| 4 | 3 |

## (二) 矩陣表示式 (matrix representation)：

上面之設計，可改用 4×3 矩陣，4 rows 是「X1 處理的 levels 數 (the levels of the treatment X1)」；直行 (columns) 是「區組變數 X2 的三個 levels (the 3 levels of the blocking variable X2)」。故「X1, X2」二者組合之交叉細格為：

| Treatment | Block 1 | Block 2 | Block 3 |
|:---------:|:-------:|:-------:|:-------:|
| 1 | 1 | 1 | 1 |
| 2 | 1 | 1 | 1 |
| 3 | 1 | 1 | 1 |
| 4 | 1 | 1 | 1 |

請注意，任何 K-factor 隨機區組設計的試驗，只是 k 維矩陣的細格 indices。

## 三、隨機區組設計 (Randomized Block Design) 之模型

$$Y_{ij} = \mu + T_i + B_j + \text{random error}$$

其中

Y$_{ij}$：任何 $X_1 = i$、$X_2 = j$ 之觀察值

$X_1$：主因子 (primary factor)

$X_2$：blocking factor

$\mu$：一般 location parameter (i.e., the mean)

$T_i$：處理 i 的效果 (of factor X1)

$B_j$：處理 j 的效果 (of factor X2)

## 四、隨機區組設計 (randomized block design) 之估計

$\mu$ 估計：$\overline{Y}$ = 所有資料的平均數

$T_i$ 估計：$\overline{Y}_{i.} - \overline{Y}$，$\overline{Y}_{i.}$ 是所有 $x_1 = i$ 資料的平均數。

$B_j$ 估計：$\overline{Y}_{.j} - \overline{Y}$，$\overline{Y}_{.j}$ 是所有 $x_2 = j$ 資料的平均數

## 五、範例 隨機區組設計之重複測量 (Randomized block design with repeated measures)

Milliken 和 Johnson (2009) 曾使用重複測量之隨機區組設計 (randomized block design)，來研究高粱品種差異。Milliken 和 Johnson(2009) 提供圖 3-57「sorghum.dta」樣本數據。4 高粱品種分別種植在 5 塊地。在出苗二週後，每五週記錄一次葉面積值，共重複測量 5 次。

本例的檢定包括：品種邊際平均值相等 (equal variety marginal means)、等時邊際均值 (equal time marginal means) 與「品種和時間的交互作用」3 個檢定。由於 manova 指令無法直接提供這些測試，但 manovatest 指令可分析這 3 個檢定。

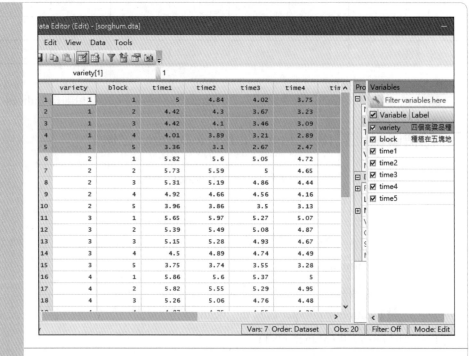

圖 3-57 「sorghum.dta」 重測五次之資料檔

```
* Randomized_block_design_with_repeated_measures.do
. webuse sorghum, clear
(Leaf area index on 4 sorghum varieties, Milliken & Johnson (2009))

. save "D:\CD\sorghum.dta"

* Step-1. 二因子之主要效果檢定
. manova time1 time2 time3 time4 time5 = variety block


                    Number of obs =       20

                    W = Wilks' lambda      L = Lawley-Hotelling trace
                    P = Pillai's trace     R = Roy's largest root


        Source |  Statistic     df   F(df1,    df2) =    F    Prob>F
    -----------+---------------------------------------------------------
         Model | W   0.0001      7    35.0     36.1      9.50 0.0000 a
               | P   3.3890            35.0     60.0      3.61 0.0000 a
               | L 126.2712            35.0     32.0     23.09 0.0000 a
               | R 109.7360             7.0     12.0    188.12 0.0000 u
               |---------------------------------------------------------
      Residual |               12
    -----------+---------------------------------------------------------
       variety | W   0.0011      3    15.0     22.5     16.11 0.0000 a
               | P   2.5031            15.0     30.0     10.08 0.0000 a
               | L  48.3550            15.0     20.0     21.49 0.0000 a
               | R  40.0068             5.0     10.0     80.01 0.0000 u
               |---------------------------------------------------------
         block | W   0.0047      4    20.0     27.5      5.55 0.0000 a
               | P   1.7518            20.0     44.0      1.71 0.0681 a
               | L  77.9162            20.0     26.0     25.32 0.0000 a
               | R  76.4899             5.0     11.0    168.28 0.0000 u
               |---------------------------------------------------------
      Residual |               12
    -----------+---------------------------------------------------------
         Total |               19
    -----------------------------------------------------------------------
           e = exact, a = approximate, u = upper bound on F
```

4個高粱品種 (variety) 及種植的5塊地 (block)，兩者都顯著高粱的成長速度。

**重複測量五次之 time#，須2個矩陣：**

1. 矩陣 m1：是列向量 (row vector containing five ones)。

2. 矩陣 m2：提供「contrasts for time#」。

　　「manovatest、showorder」指令，列出了用於建構2個設計矩陣之線性組合矩陣的基礎排序。

　　矩陣 c1：提供變異白對比「contrasts on variety」.

　　矩陣 c2：用於折疊 (collapse) 設計矩陣的整體邊際，以獲得時間邊際平均數。

```
* Step-2. 品種邊際平均值相等 (equal variety marginal means) 檢定
. webuse sorghum, clear
. matrix m1 = J(1,5,1)
. matrix m2 = (1,-1,0,0,0 \ 1,0,-1,0,0 \ 1,0,0,-1,0 \ 1,0,0,0,-1)


. manovatest, showorder
Order of columns in the design matrix
        1: (variety==1)
        2: (variety==2)
        3: (variety==3)
        4: (variety==4)
        5: (block==1)
        6: (block==2)
        7: (block==3)
        8: (block==4)
        9: (block==5)
       10: _cons

. matrix c1 = (1,-1,0,0,0,0,0,0,0,0\1,0,-1,0,0,0,0,0,0,0\1,0,0,-1,0,0,0,0,0,0)
. matrix c2 = (.25,.25,.25,.25,.2,.2,.2,.2,.2,1)

* Step-2.  H0: equal variety marginal means。使用矩陣 m1 獲得 time# 變數的總和。矩陣
c1 旨在提供 the contrasts on variety.
. manovatest, test(c1) ytransform(m1)
```

```
Transformation of the dependent variables
(1)     time1 + time2 + time3 + time4 + time5


Test constraints
(1)     1.variety - 2.variety = 0
(2)     1.variety - 3.variety = 0
(3)     1.variety - 4.variety = 0


                       W = Wilks' lambda      L = Lawley-Hotelling trace
                       P = Pillai's trace     R = Roy's largest root


        Source |  Statistic      df   F(df1,    df2) =    F    Prob>F
    -----------+--------------------------------------------------------
    manovatest | W   0.0435       3    3.0     12.0     88.05 0.0000 e
               | P   0.9565            3.0     12.0     88.05 0.0000 e
               | L  22.0133            3.0     12.0     88.05 0.0000 e
               | R  22.0133            3.0     12.0     88.05 0.0000 e
               |--------------------------------------------------------
      Residual |                 12
    -----------------------------------------------------------------
              e = exact, a = approximate, u = upper bound on F
```

1. Wilks' lambda=0.0435(p<.05)，故拒絕「$H_0$：變異相等 (equal variety marginal means)」，
   即拒絕下列 3 個限制式：

   (1) 1. 品種 −2. 品種 = 0

   (2) 1. 品種 −3. 品種 = 0

   (3) 1. 品種 −4. 品種 = 0

# 單層vs.雙層次ANOVA
# 模型：重複測量
# (repeated measures)

有關 ( 單變量 ) 變異數分析 (ANOVA) 的精闢講解，請見作者《STaTa 與高等統計分析》一書。

此外，作者《多層次模型 (HLM) 及重複測量：使用 STaTa》一書，專門介紹：線性多層次模型、離散型多層次模型、計數型多層次模型、存活分析之多層次模型、非線性多層次模型……。

ANOVA 是將依變數的總變異量，分解成自變數效果 (between group) 及誤差效果 (within group) 二部分，其變異量分解數學式爲：$SS_T = SS_B + SS_W$，並進行 F 檢。

ANOVA 的基本思想：通過分析研究中不同來源的變異對總變異的貢獻大小，從而確定可控因素對研究結果影響力的大小。

根據資料設計類型的不同，有以下 2 種 ANOVA 分析的方法：

1. 對成組設計的多個樣本均數比較，應採用完全隨機設計的 ANOVA 分析，即單因子 ANOVA 分析。

2. 對隨機區組設計的多個樣本均數比較，應採用兩因子 ANOVA 分析。

以上這 2 種 ANOVA 分析的基本步驟相同，只是變異的分解方式不同。對單因子設計的資料，總變異分解爲組內變異和組間變異 ( 隨機誤差 )，即：$SS_{total} = SS_{Bwtween} + SS_{Within}$，而雙因子設計的資料，總變異除了分解爲：$SS_{total} = SS_A + SS_B + SS_{Error}$。整個 ANOVA 分析的基本步驟如下：

Step 1. 建立檢定假設

H_0：多個樣本平均數相等。

H_1：多個樣本平均數不全等。

檢定水準爲 0.05。

Step 2. 計算檢定統計量 F 值

Step 3. 確定 p 值並作出推斷結果

表 4-1 獨立樣本單因子變異數分析摘要表

| 變異來源 (variation source) | 平方和 (SS) | 自由度 (df) | 均方 (MS) | F |
|---|---|---|---|---|
| 組間 (between group) | $SS_B$ | k−1 | $SS_B / k−1$ | $MS_B / MS_W$ |
| 組內 (within group) | $SS_W$ | N−k | $SS_W / N−k$ | |
| 全體 (total) | $SS_T$ | N−1 | | |

ANOVA 分析主要用於：

1. 平均數差別的顯著性檢定。

2. 分離各有關因子，並估計其對總變異的作用。

3. 分析因子間的交互作用。

4. 變異數同質性檢定。

## 4-1 單層 vs. 雙層：重複測量的混合效果模型 (mixed effect model for repeated measure)

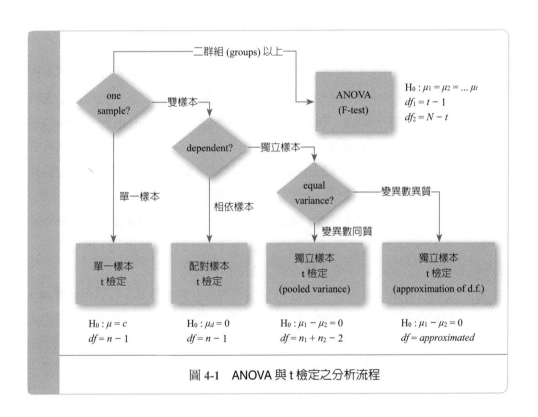

圖 4-1　ANOVA 與 t 檢定之分析流程

## 一、ANOVA 之重點整理

變異數分析 (analysis of variance，簡稱 ANOVA) 為資料分析中常見的統計模型，主要為探討連續型 (continuous) 資料型態之依變數 (dependent variable) 與類

別型資料型態之自變數 (independent variable) 的關係。當自變數的因子中包含等於或超過 3 個類別情況下，檢定其各類別間平均數是否相等的統計模型。廣義上可將 t 檢定中變異數相等 (equality of variance) 的合併 t 檢定 (pooled t-test) 視為是變異數分析的一種，基於 t 檢定為分析 2 組平均數是否相等，並且採用相同的計算概念，而實際上當變異數分析套用在合併 t 檢定的分析上時，產生的 F 值則會等於 t 檢定的平方項。

變異數分析依靠 F 分布為機率分布的依據，利用平方和 (sum of square) 與自由度 (degree of freedom) 所計算的組間與組內均方 (mean of square) 估計出 F 值。若有顯著差異則考量進行事後比較或稱多重比較 (multiple comparison)，較常見的為 Scheffé's method、Tukey-Kramer method 與 Bonferroni correction，用於探討其各組之間的差異為何。

在變異數分析的基本運算概念下，依照所感興趣的因子數量而可分為單因子變異數分析、雙因子變異數分析、多因子變異數分析三大類。依照因子的特性不同而有 3 種型態，即固定效果變異數分析 (fixed-effect analysis of variance)、隨機效果變異數分析 (random-effect analysis of variance) 與混合效應變異數分析 (mixed-effect analaysis of variance)，然而第三種型態在後期發展上被認為是 mixed model 的分支，關於更進一步的探討可參考本章節 mixed model 的部分。

變異數分析優於 2 組比較的 t 檢定之處，在於後者會導致多重比較 (multiple comparisons) 的問題而致使第一型誤差 (Type one error) 的機會增高，因此比較多組平均數是否有差異，則是變異數分析的主要命題。

在統計學中，變異數分析(ANOVA)是一系列統計模型及其相關的過程總稱，其中某一變數的變異數可以分解為歸屬於不同變數來源的部分。其中最簡單的方式中，變異數分析的統計測試能夠說明幾組數據的平均值是否相等，因此得到 2 組的 t 檢定。在做多組雙變數 t 檢定的時候，誤差的機率會愈來愈大，特別是第一型誤差，因此變異數分析只在 2-4 組平均值的時候比較有效。

變異數分析的目的，即在於探究反應值 ( 依變數 ) 之間的差異，是受到那些主要因子 ( 自變數 ) 的影響，以作為往後擬定決策時的參考情報。反應值 ( 依變數 ) 間之差異，統計學上稱為「變異」。

變異數分析法，乃將樣本之總變異 ( 平方和 ) 分解為各原因所引起之平方和及實驗變異所引起之平方和，然後將各平方和化為不偏變異數，使其比值為 F 統

計量後，即可根據 F 分布以檢定各原因所引起之變異是否顯著。

## 二、二因子 ANOVA 分析流程

二因子變異數分析是利用變異數分析法來處理兩個自變數的統計方法，主要是想了解這兩個自變數 ( 因子 ) 之間是否有交互作用效果存在。二因子變異數分析有下列三種實驗設計：(1) 受試者間設計：獨立樣本；(2) 受試者內設計：相依樣本；(3) 混合設計：有一個自變數採受試者間設計，另一個自變數採受試者內設計。

二因子變異數分析主要是想了解這兩個因子之間是否有交互作用存在，即 A 因子的不同水準是否隨著 B 因子水準不同而有不同的效果。若交互作用達顯著，則進一步分析其單純主要效果。即 A 因子在 B 因子的哪一個水準有顯著效果，以及 B 因子在 A 因子的哪一個水準有顯著效果。若單純主要效果顯著，則可比較水準間的差異。分析的流程見下圖。

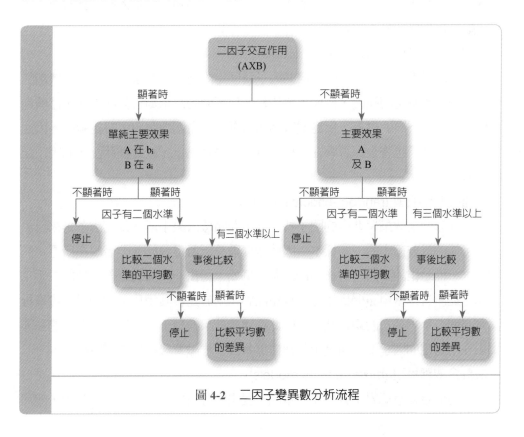

圖 4-2　二因子變異數分析流程

### 三、ANOVA 的模型型態

資料分析中常見的統計模型，主要爲探討連續型 (continuous) 資料型態之依變數 (dependent variable) 與類別型資料型態之自變數 (independent variable) 的關係，當自變數的因子中包含等於或超過三個類別情況下，檢定其各類別間平均數是否相等的統計模型，廣義上可將 t 檢定中變異數相等 (equality of variance) 的合併 t 檢定 (pooled t-test) 視爲是變異數分析的一種，基於 t 檢定爲分析兩組平均數是否相等，並且採用相同的計算概念，而實際上當變異數分析套用在合併 t 檢定的分析上時，產生的 F 值則會等於 t 檢定的平方項。

在統計學中，變異數分析 (ANOVA) 是一系列統計模型及其相關的過程總稱，其中某一變數的變異數 (Variance) 可以分解爲歸屬於不同變數來源的部分。其中最簡單的方式中，變異數分析的統計測試能夠說明幾組數據的平均值是否相等，因此得到兩組的 t 測試。在做多組雙變數 t 測試的時候，錯誤的幾率會越來越大，特別是第 I 型誤差 ($\alpha$)。因此，變異數分析只在二到四組平均值的時候比較有效。

變異數分析分爲 3 種型態：

#### 1. 固定效果模型 (fixed-effects models)

用於變異數分析模型中所考慮的因子爲固定的情況。換言之，其所感興趣的因子是來自於特定的範圍，例如：要比較 5 種不同的汽車銷售量的差異，感興趣的因子爲 5 種不同的汽車，反應變數爲銷售量，該命題即限定了特定範圍。因此模型的推論結果也將全部著眼在 5 種汽車的銷售差異上，故此種狀況下的因子便稱爲固定效果。

#### 2. 隨機效果模型 (random-effects models)

不同於固定效果模型中的因子特定性，在隨機效果中所考量的因子是來自於所有可能的母群體中的一組樣本。因此變異數分析所推論的並非著眼在所選定的因子上，而是推論到因子背後的母群體，例如：藉由一間擁有全部車種的二手車公司，從所有車廠中隨機挑選 5 種車廠品牌，用於比較其銷售量的差異，最後推論到這間二手車公司的銷售狀況。因此在隨機效果模型下，研究者所關心的並非侷限在所選定的因子上，而是希望藉由這些因子推論背後的母群體特徵。

#### 3. 混合效應模型 (mixed-effects models)

此種混合效應絕對不會出現在單因子變異數分析中，當雙因子或多因子變異

數分析同時存在固定效果與隨機效果時，此種模型便是典型的混合型模型。

## 四、重複測量 ANOVA 分析的特色

1. 重複測量 (repeated measure) 實驗是指受試者 (subject) 重複參與一因子 (factor) 內每一層次 (level)，即重複測量實驗的數據違反了一般變異數分析的個案數值獨立的要求。所以需要一些新的統計檢定方法，能解決個案數值非獨立的問題──重複測量變異數分析。

2. 重複測量變異數分析的優點：需要的受試者人數較少、殘差的變異數降低，使得 F 檢定值較大，所以統計檢定力 (power)「$1-\beta$」較大。

3. 重複測量變異數分析不適合有練習效應 (practice effect) 或持續效應 (carryover effect) 的情況

4. 分析前先列出資料的排列 (layout)，以便瞭解因子的屬性 ( 受試者內或受試者間因子 )。同一受試者重複參與一因子內每一層次的測量，此因子便稱爲受試者內因子 (within factor)。受試者內因子通常是研究者可操控的因子，如時間。受試者沒有參與因子內每一層次，此因子稱爲受試者間因子 (between factor)。受試者間因子通常是研究者不可操控的因子，如個案性別、年齡。

5. ANOVA 的假定：

   (1) 依變數 (dependent variable)

   ① 必須是連續變數 (continuous variable)。

   ② 必須爲隨機樣本 (random variable) →從母群體 (population) 中隨機抽樣得到。

   (2) 依變數的母群體：必須是常態分布 (normal distribution)。

   (3) 相依事件 (dependent event)：樣本須爲相依 (dependent) →每組樣本之間不獨立，即選擇一案例爲樣本時，會影響另一樣本是否被納入。

   例如：分析一群高血壓患者，平均服藥前、服藥後 5 分鐘、服藥後 30 分鐘以及服藥後 1 小時之血壓值是否有差異，須同時納入四次量測值，故爲相依事件。

6. 重複測量變異數分析的前提假定爲相同受試者內因子的不同層次間 Y 差異值的變異數相同，此前提假設稱爲球型假設 (assumption of sphericity)。例如：受試者內因子 A 有 3 個層次，分別爲 A1、A2、A3，則球型假設是指 A1-A2、A1-A3、A2-A3 的變異數相同。

7. 重複測量 ANOVA 的分析法有二：

  (1) 單層次：多變量方法 (multivariate approach) 或單變量方法 (univariate approach) 來執行重複測量變異數分析。

  (2) 多層次模型，詳情見本章節的實例介紹。

## 五、重複測量在生物醫學研究上的應用

在臨床實驗或介入型研究，經常需要對同一個受試個體 (Subject) 在不同的時間點觀察其反應，當觀察的時間點只有兩個時，可以用來分析的統計方法為 paired t-test；如果觀察的個體數目太少，則會建議使用相依樣本的無母數檢定方法，如：Wilcoxon signed-rank test，若反應變數為類別型資料，且資料為相依樣本的情況下，其統計檢定方法為 McNemar Test。

如果觀察的時間點有兩個以上時，上述的方法則不再適用，此時，就必須使用到一些重複測量的方法，包括：

1. Hotelling $T^2$：反應變數為連續型資料，且符合常態分布假設之下，可分析單一樣本或兩樣本的重覆測量，是單變量 t 檢定的延伸。

2. Friedman's test：反應變數為連續型資料，且為小樣本的情況下使用，為單一樣本重覆測量。由於是無母數檢定方法，原始值必需先轉為 rank 型態。

3. Cochran's Q test：反應變數為類別型資料 ( 二元型態，binomial) 的情況下可使用，為單一樣本重覆測量，且為無母數檢定方法。基本假定為不同時間點，感興趣的事件發生的機率相等。

4. 重覆測量型變異數分析 (Repeated Measures ANOVA)：

其中兩個重要的基本假定為：(1) 不同個體 (subject) 之間無關聯性、(2) 同一個個體 (subject) 在不同時間 (visit) 的測量有相關。

在共變異數矩陣 (Covariance matrix) 的分析中有一個基本的假設，同一個個體 (subject) 在不同時間 (visit) 的測量之相關都一樣。事實上，距離愈前期的測量結果愈遠，測量的相關會愈來愈弱，與臨床上許多的實際狀況不符，這樣的相關矩陣稱為 Compound Symmetry(CS)。檢定這項基本假定的方法為 Mauchly's test of Sphericity( 球面性假定 )，STaTa 有提供「mauchly.ado」外掛指令來檢定它，若不符基本假定，應採取更適合的方法。

Repeated Measures ANOVA 可分析單一樣本與多組樣本的重覆測量，反應變數

爲連續型資料，且需符合常態分布的基本假定。資料爲橫向資料，若有任一次的資料中有缺失值，將整個 subject 被刪除，因此分析的資料特性必須是完整資料 (Complete case)。對於會隨時間改變的解釋變數 ( 例如每次所測量的除反應變數以外之生化值 )，無法一一對應至每一個時間點的反應變數，因此僅能分析不隨時間改變的解釋變數 ( 例如性別 )。

1. 線性混合模型 (linear mixed model)(mixed、xtmixed 指令 )

線性混合模型使用時機必須爲反應變數爲連續型資料，且需符合常態分布的基本假定。由於不同測量時間的資料爲縱向資料，當有一個時間點的資料爲缺失值 (missing)，只會被刪除有缺失的特定時間點資料，其他資料會被保留下來，因此所使用的資料爲可用的資料 (available data)，在有缺失值的情況下，仍有很好的估計。由於資料是縱向的，因此會隨時間改變的解釋變數可以放在模型中分析。此外，線性混合模型最主要的特色是混合了 2 種效應 (effect)，包括固定效果 (fixed effect) 與隨機效果 (random effect)，其中固定效果爲研究者要用來作比較用的變數，如治療方法 (treatment)、不同測量時間 (visit) 等；隨機效果所放的變數主要作爲調整變數用，例如：將不同醫學中心 (center) 放在隨機效果，調整不同醫學中心間的差異。若是介入型研究，要將基期的資料特別挑出，且放在解釋變數中。

## 六、重複測量 (repeated measure) vs. 混合效果模型 (mixed effect model)

在生物醫學的長期研究中，重複測量 (repeated measure) 是常使用的資料蒐集方法之一，會對同一個實驗對象在不同時間點上做測量，以探討不同變數的影響。例如：將實驗對象依服用藥物劑量分成控制組、低劑量組、高劑量組，測量不同劑量組在不同時間點上的反應，以瞭解不同劑量對於治療效果、副作用或成長的影響。由於同一個實驗對象的測量值間可能會有相關，因此在資料分析時必須考慮此關係。而混合效果模型 (mixed effect model) 則是常被應用在分析此類資料的統計方法之一。

混合效果模型由兩部分組成，分別爲固定效果 (fixed effect) 與隨機效果 (random effect)。以線性混合效果模型 (linear mixed effect model) 爲例，依變數與獨立變數之間的關係可表示如下：

$$Y = X\beta + Z\gamma + \varepsilon$$

其中，$X$ 與 $Z$ 分別為獨立變數矩陣，$\beta$ 代表固定效果的常數向量，$\gamma$ 代表隨機效果的隨機向量，$\varepsilon$ 為誤差項；$\gamma$ 及 $\varepsilon$ 假設為常態分布平均值 0 以及殘差的共變異數矩陣分別為 G 和 R，且兩者互相獨立，即 $\gamma \sim N(0, G)$、$\varepsilon \sim N(0, R)$、$\text{cov}(\gamma, \varepsilon) = 0$。

當利用混合效果模型來分析重複測量資料時，可以宣告共變異數矩陣 R 或 G 的共變異數結構 (covariance structure) 型式，以解釋重複測量之間的關係。常用的混合效果模型殘差的共變異數矩陣，共有 5 種假設型態可供挑選：

1. 無結構 (unstructured)

$$\begin{bmatrix} \sigma_1^2 & \sigma_{12} & \cdots & \sigma_{1p} \\ \sigma_{12} & \sigma_2^2 & \cdots & \sigma_{2p} \\ \vdots & \vdots & \ddots & \vdots \\ \sigma_{1p} & \sigma_{2p} & \cdots & \sigma_p^2 \end{bmatrix}$$

2. 簡易式 (simple 或 variance components)：diagonal( 對角線矩陣 ) 僅適用在獨立樣本資料分析，其假設為不同測量時間點的相關為 0。此假設與重複測量的資料特性不符，在重複測量中不可挑選。

$$\begin{bmatrix} \sigma_1^2 & 0 & \cdots & 0 \\ 0 & \sigma_2^2 & \cdots & 0 \\ \vdots & \vdots & \ddots & \vdots \\ 0 & 0 & \cdots & \sigma_p^2 \end{bmatrix} \text{或} \begin{bmatrix} \sigma^2 & 0 & \cdots & 0 \\ 0 & \sigma^2 & \cdots & 0 \\ \vdots & \vdots & \ddots & \vdots \\ 0 & 0 & \cdots & \sigma^2 \end{bmatrix}$$

3. 複合對稱 (compound symmetry, CS)：同一個個體 (subject) 在不同時間 (visit) 所測量的相關都一樣。

$$\begin{bmatrix} \sigma_1^2 + \sigma^2 & \sigma_1^2 & \cdots & \sigma_1^2 \\ \sigma_1^2 & \sigma_1^2 + \sigma^2 & \cdots & \sigma_1^2 \\ \vdots & \vdots & \ddots & \vdots \\ \sigma_1^2 & \sigma_1^2 & \cdots & \sigma_1^2 + \sigma^2 \end{bmatrix}$$

4. 第一階自我迴歸 [first-order autoregressive, AR(1)]：當期的反應變數與距離前一期的結果之相關是最強的，相距的期數愈遠，相關愈小。此假設最符合長期追蹤資料的假設。

$$\sigma^2 \begin{bmatrix} 1 & \rho & \cdots & \rho^{p-1} \\ \rho & 1 & \cdots & \rho^{p-2} \\ \vdots & \vdots & \ddots & \vdots \\ \rho^{p-1} & \rho^{p-2} & \cdots & 1 \end{bmatrix}$$

5. Unstructure：不做任何假設，資料的特性是什麼，就是什麼。其優點爲最具彈性，但缺點爲需要估計的參數最多；追蹤的次數愈多，估計的參數就愈多。

STaTa 混合模型 (mixed model) 的殘差共變異數矩陣有 8 種，見圖 4-2。

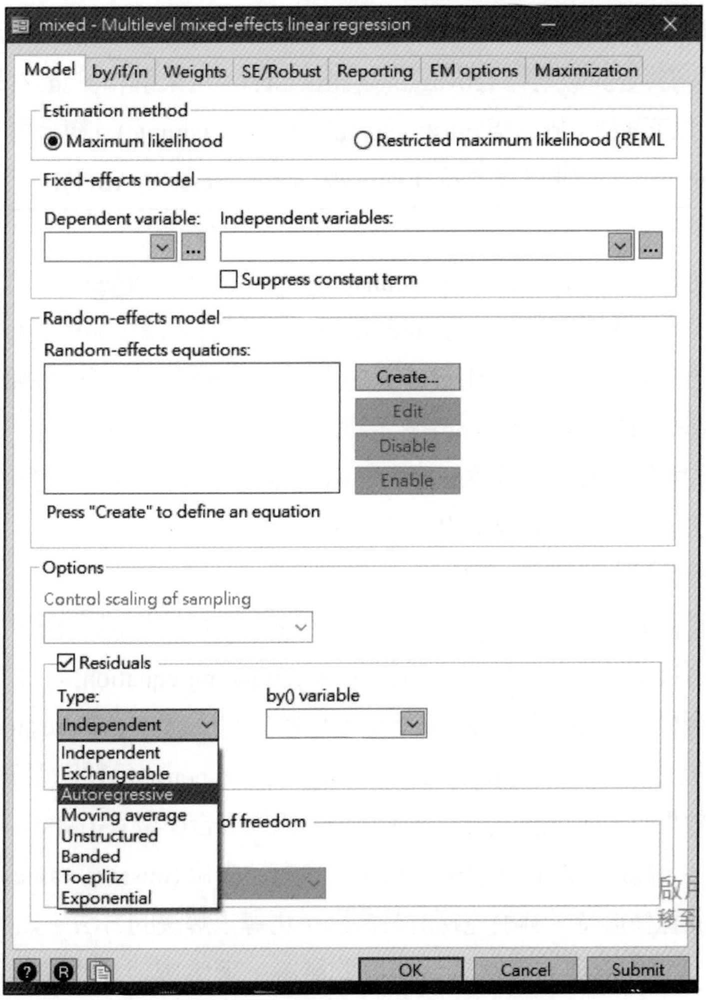

圖 4-3　STaTa 混合模型 (mixed model) 的共變異數矩陣有圖中 8 種

---

名詞定義與解釋：在 **ANOVA** 模型中

1. 固定效果 (fixed effects)：若別人要重複你的研究，則只能以同樣的分類標準來分類，例如：性別、年齡及教育程度，即推論是來自於目前的分類標準，通常就是研究中要探討的變數。

2. 隨機效果 (random effects)：允許別人有不同分類標準的變數，在重複測量中，通常個案即是隨機效果變數，代表允許每一位個案的初始值 (就是前測分數) 可以不同。

3. 混合線性模型 (mixed-effects model)：同時包含固定效果與隨機效果，就稱為線性混合模型。

4. 殘差的共變異數矩陣 (covariance structure)：用來解釋測量之間的關係，常見有以下 4 種：無結構 (unstructured)、簡易式 (simple)、複合對稱 (compound symmetry)、一階自我迴歸 [first-order autoregressive, AR(1)]。

---

6. 廣義估計方程式 (generalized estimating equation, GEE)(gee 指令)

GEE 為半母數方法 (semiparametric)，由於具有假設少與較具穩健性的特性，在近幾年的分析上為應用最廣泛的方法。可適用於類別或數值型態的資料。透過連結函數 (link function) 將各種類型的資料轉換成 GEE 可分析的型態，其殘差的共變異數矩陣基本假定與 mixed model 近似。資料型態亦為縱向資料，但無法放入隨機效果模型中。

7. 廣義線性混合模型 (GLMM)

在長期追蹤的資料分析上，目前常用的方法為線性混合模型 (linear mixed model) 及廣義估計方程式 (generalized estimating equation, GEE)。然而，傳統的混合模型 (Mixed model) 僅能處理連續型的反應 / 結果 (response，GEE) 無法考量隨機效果 (random effect)。所以，當 response 為類別型資料，又須考慮隨機效果時，所用的分析方法即為廣義線性混合模型 (GLMM)。

此外，臨床上的長期追蹤資料，常會有缺失值 (missing value) 的情形發生。當出現此種情形時，必須先探討其成因，再尋求解決的方法。如插補 imputation 等，不正確的處理方式將導致錯誤的結論。適當處理缺失值的問題後，再以 GLMM 來分析其結果，才可得到最為恰當的推論結果。

## 七、重複測量的混合效果模型

重複測量實驗是指受試者 (subject) 重複參與一因子 (factor) 內每一層次 (level)。即重複測量實驗的數據違反了一般變異數分析的個案數值獨立的要求，所以需要一些新的統計檢定方法，能解決個案數值非獨立的問題——重複測量變異數分析。

重複測量變異數分析的優點：需要的受試者人數較少；殘差的變異數降低，使得 F 檢定值較大，所以統計檢定力 (power) 較大，power = 1 − β。注意重複測量變異數分析不適合有練習效應 (practice effect) 或持續效應 (carryover effect) 的情況。

### 資料排列

建議先列出資料的排列 (layout)，以便瞭解因子的屬性 ( 受試者內或受試者間因子 )。同一受試者重複參與一因子內每一層次的測量，此因子便稱為受試者內因子 (within factor)。受試者內因子通常是研究者可操控的因子，如時間。受試者沒有參與因子內每一層次，此因子稱為受試者間因子 (between factor)。受試者間因子通常是研究者不可操控的因子，如個案的性別、年齡。

## 八、重複測量變異數分析的重點整理

### 1. 使用狀況

如果在不同時間點 (different times) 或同時間點不同狀況 (different conditions)，測量同一個事件或物體，且其對應值是連續 (continuous)，則採用重複測量變異數分析。因兩兩測量間具有非獨立事件 (dependent) 的特性，會相互影響，故不可以使用變異數分析 (ANOVA)。例如：練習一的不同方向前伸研究，對同一受試者而言，有 4 個不同前伸方向的最大前伸距離，若要分析 4 個方向的最大前伸距離是否具有差異，則採用重複測量變異數分析。

### 2. 檢測假說 (hypothesis testing)

重複測量變異數分析檢測假說在於比較受試者間差異與受試者內差異。

(1) 受試者間效應 (between-subject effects)：指的是對同一受試者而言不會改變的變數，如身高、性別等。

(2) 受試者內效果 (within-subject effects)：指同一受試者的不同測量時間或狀況

下所產生的差異，如不同前伸方向或治療前後時間。

(3) 有時候也會比較兩者間的交互作用 (within-subject by between-subject interaction effect)，如：「性別 × 時間」。

### 3. 前提假定 (assumption)

檢測受試者內效果 (within-subject effect) 的變數，須符合 H 型共變數 (Type, H covariance structure)：

(1) 球體檢定 (Sphericity test) ( 你可安裝外掛指令 ellipticity.ado)：測試數據資料是否符合 Type H covariance structure。若是受試者內效果只有二級，則不需要進行 Sphericity test。

(2) 若資料不符合 Type H covariance structure 的前提假定，則顯著水準的自由度 (degree of freedom) 須以 Box's 做調整 ( 你可安裝外掛指令 newspell.ado)。Greenhouse 與 Geisser 最早提出 Box's 的最大可能估計值是 Greenhouse-Geisser。

(3) 但 Huynh 與 Feldt (1976) 則認爲在小樣本數的研究時，Greenhouse-Geisser Epsilon ( 你可安裝外掛指令 mauchly.ado) 較易低估顯著水準，故提出 Huynh-Feldt( 你可安裝 mauchly.ado 外掛指令來分析 )。

### 4. 統計模型 (statistical model)

相依變數 = 常數 + ( 受試者間差異的變數 ) + ( 受試者內差異的變數 ) + 交互作用

### 5. 共變數結構 (covariance Structure)

由於不同時間或不同狀況下獲得的 2 個測量間具有相關性 (correlation)，重複測量變異數分析必須考量此相關性的影響。因此，受試者間的誤差 covariance structure 必須選擇正確，以確保其對平均值的影響是有效的。STaTa 常用的有上述 5 種，STaTa 則有 8 種選擇。

### 6. 兩個敵對之重複測量 ANOVA，哪個較適配呢？

可比較 2 個相同固定效果但不同共變數結構的統計模型之 Akaike's information criteria (AIC) 與 Schwarz's Bayesian criteria (SBC)，哪個模型具有較低的 IC 值，則爲較適當的統計模型 ( 使用 STaTa 事後指令「estat ic)」)。

補充說明：迴歸模型之適配度指標：IC

1. R square 代表的是一個迴歸模型的解釋能力，假設某一線性迴歸之決定係數 R square = 0.642，即 $R^2 = 0.642$，表示此模型的解釋能力高達 64.2%。

2. AIC (Akaike information criteria) 屬於一種判斷任何迴歸 (e.g 時間序列模型 ) 是否恰當的訊息準則，一般來說數值愈小，線性模型的適配較好。2 個敵對模型優劣比較，是看誰的 IC 指標小，那個模型就較優。

   $AIC = T \times Ln(SS_E) + 2k$

   $BIC = T \times Ln(SS_E) + k + Ln(T)$

3. BIC (Bayesian information Criteria)：屬於一種判斷任何迴歸是否恰當的訊息準則，一般來說數值愈小，線性模型的適配較好。但較少有研究者用它。

4. 判定係數 $R^2$、AIC 與 BIC，雖然是幾種常用的準則，但是卻沒有統計上所要求的「顯著性」。故 LR test( 概似比 ) 就出頭天，旨在比對 2 個模型 ( 如 HLM vs. 單層固定效果 OLS) 是否顯著的好。

7. 重複測量變異數分析 (repeated measures anova) 缺點

(1) 受試者內 (within subject) 不允許各組人數不相等。

(2) 必須確定每個效果的正確誤差項。

(3) 要事先假定：compound symmetry/exchangeable covariance structure。

(4) 重複測量可用 mixed model 來取代其缺點。

8. 重複測量混合模型 (repeated measures mixed model)

它具備 mixed models 的優缺點，但整體混合模型更為靈活、優點比缺點多，說明如下：

優點

(1) 自動校正每個效果之標準誤 (standard errors)。

(2) 容忍各群組人數不平衡、遺漏值存在。

(3) 允許不等時間間隔 (unequal time intervals)。

(4) 受試者內允許不同的共變數結構(various within-subject covariance structures)。

(5) 允許 time 被視為分類或連續變數 (time to be treated as categorical or continuous)。

缺點

xtmixed 印出報表 ( 如 chi-square 、the p-values) 適合大樣本分析，小樣本會有統計偏誤 (biased)。

## 九、樣本配對 (matched-pair) 後隨機分派到各組

1. 在組內受試者設計，也就是重複測量設計 (repeated measures design) 時，使用對抗平衡次序 (counterbalanced order) 給受試者施以自變數的處理，使研究的結果不會因處理的次序而引起偏差。

2. 給控制組 / 對照組使用安慰劑 (placebo)。控制組接受一個「假」的實驗處理，而實驗組接受「眞」的實驗處理 (treatment)。

3. 以單盲 (single-blind) 或雙盲 (double-blind) 的方式來實施實驗處理。單盲是指受試者對當次的處理，不知道是眞處理 ( 眞藥 ) 或假處理 ( 安慰劑 )；雙盲是指受試者和施測者均不知當次的處理是眞或是假，以免引起心理上或預期性的效果。

4. 艾維斯效果 (Avis effect)：控制內在效度威脅的一種方法，受試者可能會因為身在控制組而特別努力。

## 4-1-1 ANOVA 及無母數統計之分析流程圖

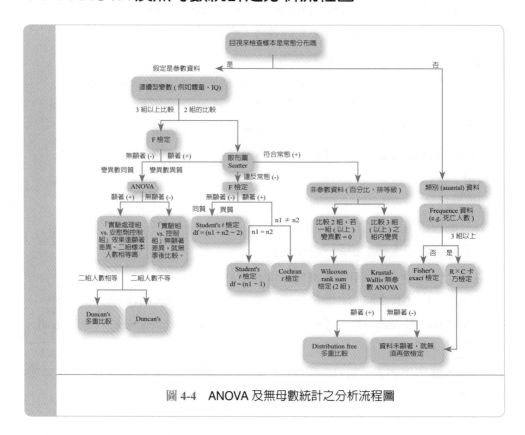

圖 4-4　ANOVA 及無母數統計之分析流程圖

## 4-1-2 重複測量 ANOVA 之 F 檢定公式

### 一、重複測量型變異數分析 (repeated measures ANOVA)

在臨床實驗或介入型研究，經常需要對同一個受試個體 (Subject) 在不同的時間點觀察其反應，謂之重複測量型變異數分析。

其中 2 個重要的基本假定為 (1)：不同個體 (subject) 之間無關聯性、(2) 同一個個體 (subject) 在不同時間 (visit) 的測量有相關。在共變異數矩陣 (covariance matrix) 的分析中有一個基本的假設，同一個個體 (subject) 在不同時間 (visit) 的測量之相關都一樣。事實上，距離愈前期的測量結果愈遠，測量的相關會愈來愈弱，與臨床上許多的實際狀況不符，這樣的相關矩陣稱為 compound symmetry(CS)。檢定這項基本假定的方法為 Mauchly's test of sphericity( 球面性假定 )，若不符基本假定，應採取更適合的方法。

重複測量型變異數分析可分析單一樣本與多組樣本的重複測量，反應變數為連續型資料，且須符合常態分布的基本假定。資料為橫向資料，若有任一次的資料中有缺失值，將整個 subject 被刪除，因此分析的資料特性必須是完整資料 (complete case)。對於會隨時間改變的解釋變數 ( 例如：每次所測量的除反應變數以外之生化值 )，無法一一對應至每一個時間點的反應變數，因此僅能分析不隨時間改變的解釋變數 ( 例如：性別 )。

### 二、線性混合模式 (Linear Mixed model)

Mixed model 的使用時機必需為反應變數為連續型資料，且需符合常態分布的基本假定。由於不同測量時間的資料為縱向資料，當有一個時間點的資料為缺失值 (missing)，只會被刪除有缺失的特定時間點資料，其他資料會被保留下來，因此所使用的資料為可用的資料 (Available data)，在有缺失值的情況下，仍有很好的估計。由於資料是縱向的，因此會隨時間改變的解釋變數可以放在模式中分析。此外，Mixed model 最主要的特色是混合了兩種效應 (effect)，包括 fixed effect( 固定效果 ) 與隨機效果 (random effect)，其中 fixed effect 為研究者要用來作比較用的變數，如治療方法 (treatment)、不同測量時間 (visit) 等；random effect 所放的變數主要作為調整變數用，例如將多中心研究中的不同醫學中心 (center) 放在 random effect，調整不同醫學中心間的差異。若是介入型研究，要

將基期的資料特別挑出，且放在解釋變數中。

　　Mixed model 誤差之共變異數矩陣，STaTa 有 8 種，常見的共有 4 種假設可供挑選：

1. Diagonal（對角線矩陣）：僅適用在獨立樣本資料分析，其假設為不同測量時間點的相關為0，此假設與重覆測量的資料特性不符，在重覆測量中不可挑選。

2. Compound Symmetry(CS)：同一個個體 (subject) 在不同時間 (visit) 的測量之相關都一樣。

3. AR(1)(The first-order autoregressive model)：當期的反應變數與距離前一期的結果之相關是最強的，相距的期數愈遠，相關愈小，此假設最符合長期追蹤資料的假設。

4. Unstructure：不做任何假設，資料的特性是什麼，就是什麼，其優點為最具彈性，但缺點為需要估計的參數最多，追蹤的次數愈多，估計的參數就愈多。

公式 ： 重複測量型變異數分析 (Repeated Measures ANOVA)

　　設 A 為受試者內的因子 (within factor)，即同一受試者會在 A1、A2、A3 重複測量 Y( 依變數 )。例如：6 名受試者之運動介入都有三次重複測量：「前測、3 個月後再測、6 個月後再測」。

| Exercise Intervention | | | |
|---|---|---|---|
| Subjects | Pre- | 3 Months | 6 Months | Subject Means: |
| 1 | 45 | 50 | 55 | 50 |
| 2 | 42 | 42 | 45 | 43 |
| 3 | 36 | 41 | 43 | 40 |
| 4 | 39 | 35 | 40 | 38 |
| 5 | 51 | 55 | 59 | 55 |
| 6 | 44 | 49 | 56 | 49.7 |
| Monthly Means: | 42.8 | 45.3 | 49.7 | |
| | | Grand Mean: | 45.9 | |

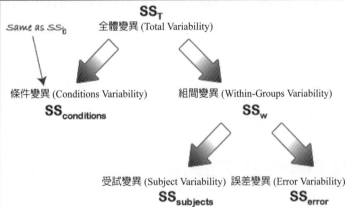

其中 $SS_{error} = SS_w - SS_{subjects}$

或 $SS_{error} = SS_T - SS_{conditions} - SS_{subjects}$

$$SS_{time} = SS_b = \sum_{i=1}^{k} n_i (\bar{x}_i - \bar{x})^2$$

$$= 6[(42.8 - 45.9)^2 + (45.3 - 45.9)^2 + (49.7 - 45.9)^2]$$

$$= 6[9.61 + 0.36 + 14.44]$$

$$= 143.44$$

$$SS_{subjects} = k \cdot \sum (\bar{x}_i - \bar{x})^2$$

$$= 3[(50 - 45.9)^2 + (43 - 45.9)^2 + (40 - 45.9)^2 + (38 - 45.9)^2 + (55 - 45.9)^2 + (49.7 - 45.9)^2]$$

$$= 658.3$$

$SS_w = SS_{subjects} + SS_{error}$

$SS_{error} = SS_w - SS_{subjects}$

$$= 715.5 - 658.3$$

$$= 57.2$$

$$F = \frac{MS_{time}}{MS_{error}} \quad or \quad F = \frac{MS_{conditions}}{MS_{error}}$$

$$MS_{time} = \frac{SS_{time}}{(k-1)}$$
$$= \frac{143.44}{2}$$
$$= 71.72$$

$$MS_{error} = \frac{SS_{error}}{(n-1)(k-1)}$$
$$= \frac{57.2}{(5)(2)}$$
$$= 5.72$$

$$F = \frac{MS_{time}}{MS_{error}}$$
$$= \frac{71.72}{5.72}$$
$$= 12.53$$

圖 4-5　運動介入有三次重複測量之 F 檢定公式

其 F 檢定公式為：

$$F = \frac{MS_{time}}{MS_{error}} \quad \text{or} \quad F = \frac{MS_{conditions}}{MS_{error}}$$

## 4-1-3a 單層次：重複測量 MANOVA( 無 a 因子 )(manova 、 manovatest 、ytransform 指令 )

範例 1 ：多變量：重複測量 (multivariate repeated measures analyses) (manova 指令 )

### 一、資料檔之內容

資料檔「MANOVA_ex1.dta」，如圖 4-6 所示，8 個受試者共四次連續重複測量：y1、y2、y3、y4。

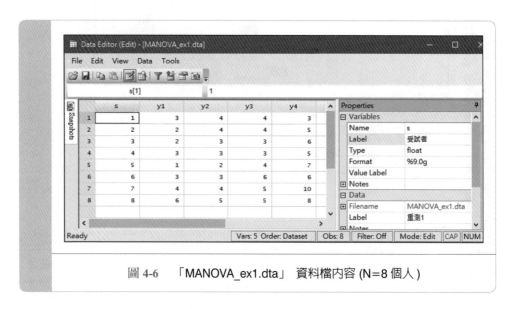

圖 4-6 「MANOVA_ex1.dta」 資料檔內容 (N=8 個人 )

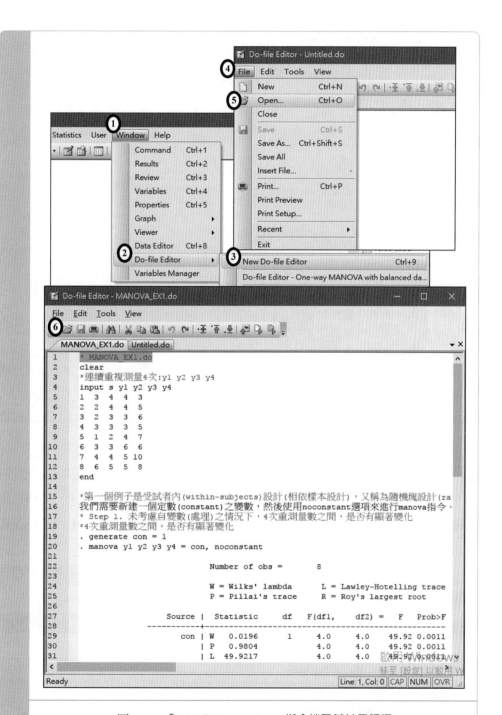

圖 4-7 「MANOVA_ex1.do」 指令檔及其結果解釋

```
Clear
* 連續重複測量四次 :y1 y2 y3 y4
input s y1 y2 y3 y4
1  3  4  4  3
2  2  4  4  5
3  2  3  3  6
4  3  3  3  5
5  1  2  4  7
6  3  3  6  6
7  4  4  5 10
8  6  5  5  8
end

. label variable s " 受試者 "
. label variable y1 " 重測 1"
. label variable y2 " 重測 2"
. label variable y3 " 重測 3"
. label variable y4 " 重測 4"

. save "D:\CD\MANOVA_ex1.dta"
```

## 二、分析結果與討論

　　第一個例子是受試者內 (within-subjects) 設計 ( 相依樣本設計 )，又稱為隨機塊設計 (randomized block design)。每個受試者有 4 個觀察值「y1、y2、y3 和 y4」。

　　我們需要新建一個定數 (constant) 之變數，然後使用 noconstant 選項來進行 manova 指令。

Step 1.　未考慮自變數 ( 處理 ) 之情況下，四次重測量數之間，是否有顯著變化

```
* 四次重測量數之間，是否有顯著變化
. generate con = 1
. manova y1 y2 y3 y4 = con, noconstant
```

```
                 Number of obs =        8

               ┌─────────────────┐
               │ W = Wilks' lambda│      L = Lawley-Hotelling trace
               └─────────────────┘
                 P = Pillai's trace      R = Roy's largest root


     Source │ Statistic      df   F(df1,    df2) =    F   Prob>F
    ────────┼──────────────────────────────────────────────────────
        con │┌─┐
            ││W│  0.0196       1    4.0      4.0    49.92 0.0011 e
            │└─┘
            │ P    0.9804            4.0      4.0    49.92 0.0011 e
            │ L   49.9217            4.0      4.0    49.92 0.0011 e
            │ R   49.9217            4.0      4.0    49.92 0.0011 e
            │
            │─────────────────────────────────────────────────────
   Residual │                7
    ────────┼──────────────────────────────────────────────────────
      Total │                8
    ──────────────────────────────────────────────────────────────
           e = exact, a = approximate, u = upper bound on F
```

　　未考慮自變數 ( 處理 ) 之情況下，Wilks' lambda = 0.0196 (p < .05)，表示受試者四次重測量數之間，有顯著變化。

　　接下來，需要在依變數之間創造對比 (contrasts)。如果重複測量有 k 個依變數，則須 k−1 個對比。這些對比類似於類別型預測變數 (categorical predictors) 的方式。接著將使用效果編碼 (effect coding) 來創建對比。

Step 2. 未考慮自變數 ( 處理 ) 之情況下，四次重複測量的兩兩對比

```
. use MANOVA_ex1.dta, clear
* 界定比較係數之矩陣 ycomp
. mat ycomp = (1,0,0,-1\0, 1,0,-1\ 0, 0,1,-1)

* 印出比較係數之矩陣 ycomp
. mat list ycomp


ycomp[3,4]
    c1  c2  c3  c4
r1   1   0   0  -1
```

```
r2   0   1   0   -1
r3   0   0   1   -1
```

* 搭配最近一次 manova 指令（未考慮自變數（處理）之情況下），再進行 manovatest

. manovatest con, ytrans(ycomp)

Transformations of the dependent variables
(1)   y1 - y4
(2)   y2 - y4
(3)   y3 - y4

```
                        W = Wilks' lambda      L = Lawley-Hotelling trace
                        P = Pillai's trace     R = Roy's largest root


         Source | Statistic      df   F(df1,   df2) =    F   Prob>F
        --------+---------------------------------------------------------
            con | W   0.2458      1    3.0      5.0      5.11 0.0554 e
                | P   0.7542           3.0      5.0      5.11 0.0554 e
                | L   3.0682           3.0      5.0      5.11 0.0554 e
                | R   3.0682           3.0      5.0      5.11 0.0554 e
                |--------------------------------------------------------
       Residual |                7
        -----------------------------------------------------------------
                  e = exact, a = approximate, u = upper bound on F
```

　　未考慮自變數（處理）之情況下，四次重複測量的兩兩對比，共三次對比，包括：「y1 - y4」、「y2 - y4」、「y3 - y4」。「manovatest con, ytrans(ycomp)」求得 F=5.11 (p>0.05)，顯示受試者內處理治療 (within-subjects treatment) 的多變量檢定，未達 0.05 顯著水準 (not significant at the .05 level)。

## 4-1-3b 單層次：重複測量 MANOVA(a 因子 )(manova 、 manovatest 、ytransform 指令 )

範例 2：裂區因子 (split-plot factorial) 之 MANOVA(manova 指令 )

本例 a 因子是 two levels 的獨立樣本 [ 受試者間 (between-subjects)]。此設計是裂區因子 (split-plot factorial)。

```
clear
* 二小組都連續重複測量四次 :y1 y2 y3 y4
input s a y1 y2 y3 y4
1 1 3 4 7  7
2 1 6 5 8  8
3 1 3 4 7  9
4 1 3 3 6  8
5 2 1 2 5 10
6 2 2 3 6 10
7 2 2 4 5  9
8 2 2 3 6 11
end

. label variable a "a 因子 "
. label variable s " 受試者 "
. label variable y1 " 重測 1"
. label variable y2 " 重測 2"
. label variable y3 " 重測 3"
. label variable y4 " 重測 4"
. label define a_fmt 1 " 實驗組 E" 2 " 對照組 C"
. label values a a_fmt

save "D:\CD\MANOVA_ex2.dta"
```

## 一、資料檔之內容

資料檔「MANOVA_ex2.dta」，如圖 4-7 至 4-8 所示，8 個受試者分實驗組及對照組，每人都做四次連續重複測量：y1、y2、y3、y4。

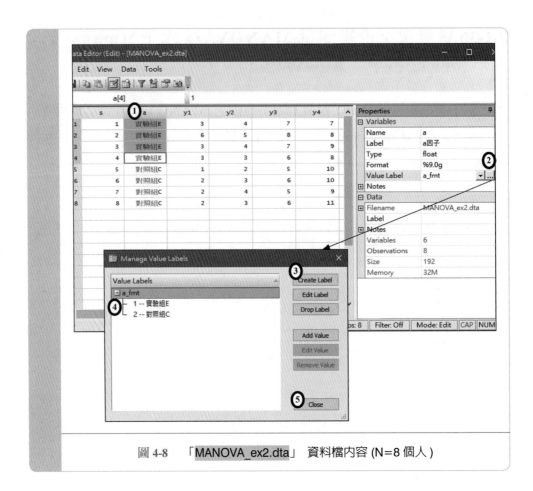

圖 4-8 「MANOVA_ex2.dta」 資料檔內容 (N=8 個人 )

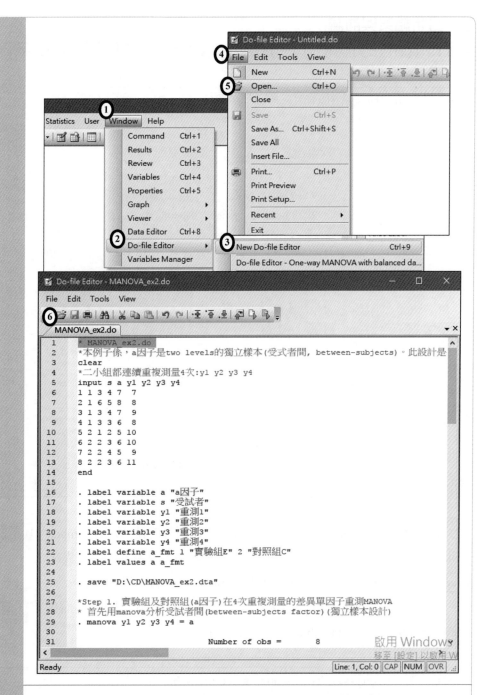

圖 4-9 「MANOVA_ex2.do」 指令檔及其結果解釋

## 二、分析結果與討論

Step 1. 實驗組及對照組 (a 因子 ) 在四次重複測量的差異 單因子重測 MANOVA

```
* 首先用 manova 分析受試者間 (between-subjects factor)( 獨立樣本設計 )
. manova y1 y2 y3 y4 = a

                    Number of obs =        8

                    W = Wilks' lambda      L = Lawley-Hotelling trace
                    P = Pillai's trace     R = Roy's largest root

       Source |  Statistic    df   F(df1,    df2) =    F    Prob>F
    ----------+-------------------------------------------------------
         a | W    0.1374     1    4.0      3.0    4.71 0.1169 e
           | P    0.8626          4.0      3.0    4.71 0.1169 e
           | L    6.2764          4.0      3.0    4.71 0.1169 e
           | R    6.2764          4.0      3.0    4.71 0.1169 e
           |------------------------------------------------------
    Residual |            6
    ----------+-------------------------------------------------------
      Total  |            7
    -------------------------------------------------------------------
             e = exact, a = approximate, u = upper bound on F
```

本例受試者間 (between-subjects factor) 未達顯著差異 (Wilks' lambda = 0.1374,
p > 0.05)，表示實驗組及對照組 (a 因子 ) 在四次重複測量無顯著差異。

Step 2. 檢定「a*y (between-subject * within-subjects)」交互作用

接著，用「. mat 比較係數」界定依變數的 3 個對比，進而檢定「a*y
(between-subject * within-subjects)」交互作用。

```
* 檢定「a*y (between-subject * within-subjects)」交互作用
. mat ymat = (1,0,0,-1\0, 1,0,-1\ 0, 0,1,-1)
. mat list ymat
```

```
ycomp[3,4]
     c1   c2   c3   c4
r1    1    0    0   -1
r2    0    1    0   -1
r3    0    0    1   -1

* test of the a*y interaction
. manovatest a, ytransform(ymat)


Transformations of the dependent variables
(1)     y1 - y4
(2)     y2 - y4
(3)     y3 - y4


                      W = Wilks' lambda       L = Lawley-Hotelling trace
                      P = Pillai's trace      R = Roy's largest root


          Source | Statistic     df   F(df1,    df2) =    F    Prob>F
          -----------+-------------------------------------------------
               a | W   0.1443     1    3.0      4.0      7.91 0.0371 e

                 | P   0.8557          3.0      4.0      7.91 0.0371 e

                 | L   5.9296          3.0      4.0      7.91 0.0371 e

                 | R   5.9296          3.0      4.0      7.91 0.0371 e

                 |-------------------------------------------------
          Residual |                  6
          -------------------------------------------------------
                      e = exact, a = approximate, u = upper bound on F
```

即使交互作用是顯著的 (F = **7.91**, p < 0.05)，我們也會繼續測試 within-subjects 變數的影響。要做到這一點，我們將創建一個預測變數的對比 (contrast for the predictor variables)，這樣，每個變數的 levels 總和為 1。

```
* y 的檢定 y
. mat xmat = (1, .5, .5)
. mat list xmat
```

```
xmat[1,3]
      c1   c2   c3
r1    1   .5   .5

. manovatest, test(xmat) ytransform(ymat)

Transformations of the dependent variables
(1)     y1 - y4
(2)     y2 - y4
(3)     y3 - y4

Test constraint
(1)     1.a + .5*2.a + .5*_cons = 0

                        W = Wilks' lambda      L = Lawley-Hotelling trace
                        P = Pillai's trace     R = Roy's largest root

        Source |  Statistic      df   F(df1,    df2) =    F   Prob>F
    -----------+--------------------------------------------------------
    manovatest | W    0.0392       1    3.0      4.0    32.66 0.0028 e
               | P    0.9608            3.0      4.0    32.66 0.0028 e
               | L   24.4930            3.0      4.0    32.66 0.0028 e
               | R   24.4930            3.0      4.0    32.66 0.0028 e
               |--------------------------------------------------------
      Residual |                        6
    ------------------------------------------------------------------
                        e = exact, a = approximate, u = upper bound on F
```

1. 受試者內因素 (within-subjects factor) 達顯著水準 (F = 32.66, p < .05)。
2. 加上，之前亦發現交互作用效果是顯著的，故必須小心解釋這個結果。

## 4-1-4 單層次：混合設計二因子 ANOVA ≒ 單因子重複測量 MANOVA(anova、contrast、margin、marginsplot 指令)

在生物醫學的長期研究中，重複測量 (repeated measure) 是常使用的資料收

集方法之一，會對同一個實驗對象在不同時間點上做測量，以探討不同變數的影響。例如將實驗對象依服用藥物劑量分成控制組、低劑量組、高劑量組，測量不同劑量組在不同時間點上的反應，以了解不同劑量對於治療效果、副作用或成長的影響。由於同一個實驗對象的測量值間可能會有相關，因此在資料分析時必須考慮此關係，而混合效果模型 (mixed effect model) 則是常被應用在分析此類資料的統計方法之一。

重複測量單因子 ANOVA 之線性模型如下：

$$X_{ij} = \mu + \beta_j + \pi_i + \varepsilon_{ij}$$

因此，$\varepsilon_{ij} = X_{ij} - \beta_j - \pi_i - \mu$

此種設計可以將「個別差異造成的誤差」($\pi_i$) 自組內變異數中扣除，使 F 公式的分母變小，其自由度 (df) 是 N−1。如果總受試人數一樣多，那要比獨立樣本設計易達顯著水準。

### 重複測量二因子變異數分析 (two way ANOVA, repeated measures)

1. 使用目的：瞭解兩個自變數 ( 或屬性變數、類別變數 ) 對於某個依變數 ( 觀察變數 ) 交互作用的影響。
2. 使用時機：若有 2 個因子皆為重複測量，想要瞭解其對某個觀察變數有何交互作用影響。
3. 例子：想要瞭解釘鞋的釘子長短和起跑架的角度對於 100 公尺短跑速度的影響，其中每個受試者均須穿長短不同的釘鞋，並使用不同角度的起跑架 ( 一種是 60°，另一種是 45°) 各跑一次 100 公尺。

### 範例：重複測量二因子變異數分析 (two way ANOVA, repeated measures)

重複測量變異數分析 (repeated measure ANOVA) 之範例，見圖 4-10「repeated_measures.do」指令檔。本例之研究架構如圖 4-10。

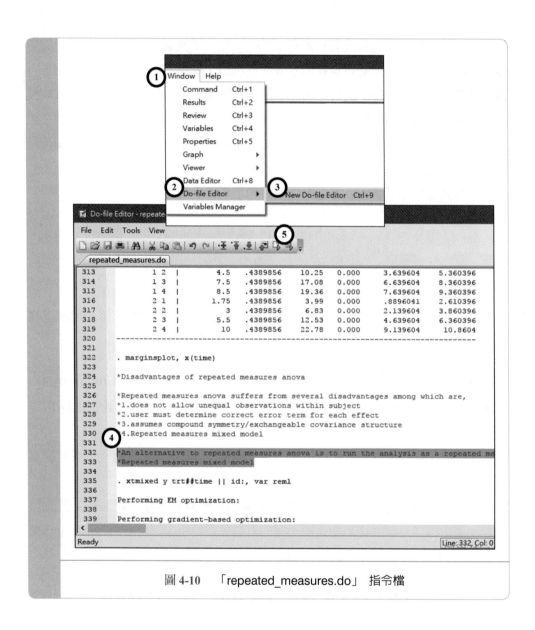

圖 4-10 　「repeated_measures.do」 指令檔

## 一、單層次：研究架構

　　混合模型是一個統計模型同時含有固定效果和隨機效果，這些模型在物理、生物和社會科學領域的各種學科都很有用。它們在對相同統計單位進行重複測量 ( 縱向研究 ) 或在相關統計單位的集群上進行測量的環境中特別有用。由於其處理缺失值的優勢，混合效應模型通常比傳統方法更爲優先，如重複測量變異數分析。

**範例：**

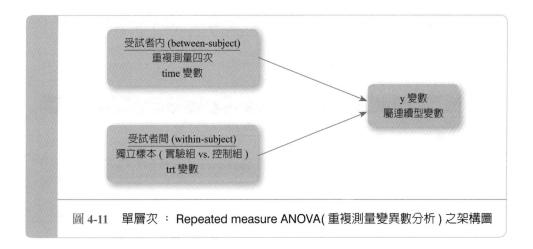

圖 4-11　單層次 ： Repeated measure ANOVA( 重複測量變異數分析 ) 之架構圖

## 二、資料檔之內容

　　「repeated_measures.dta」資料檔內容，如圖 4-12。

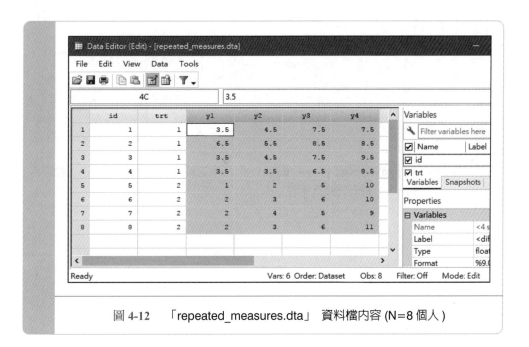

圖 4-12　「repeated_measures.dta」 資料檔內容 (N=8 個人 )

## 三、單層次：ANOVA 之分析步驟

單層次：二因子 ANOVA │Step 1.│ 資料檔之結構變更：由 wide versus long

│Step 1-1.│ 繪 4 個重複測量之趨勢線

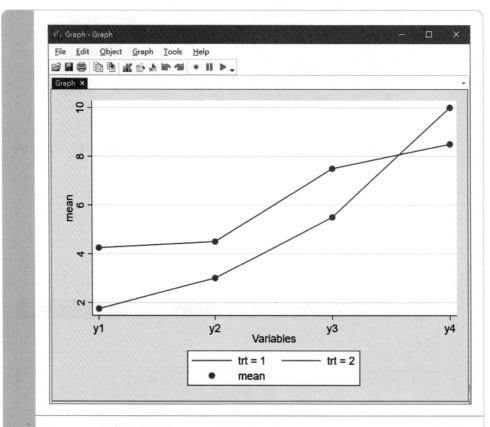

圖 4-13　「**profileplot** y1-y4, **by**(trt)」 指令之結果 ( 實驗組 trt=1， 對照組 trt=0， 兩者有交互作用 )

單層次：二因子 ANOVA Step 2. Reshape from wide to long

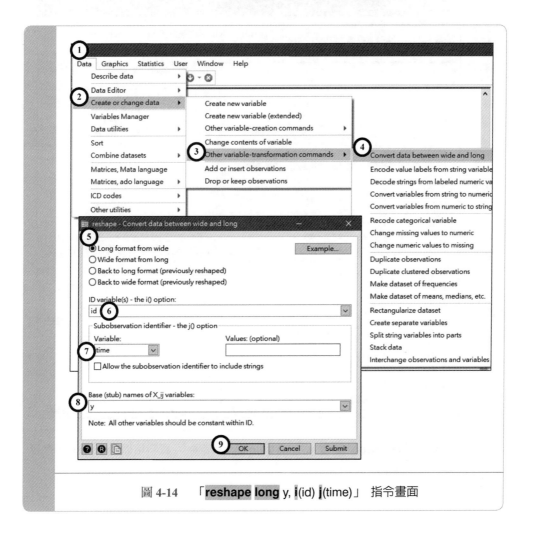

圖 4-14　　「**reshape long** y, **i**(id) **j**(time)」　指令畫面

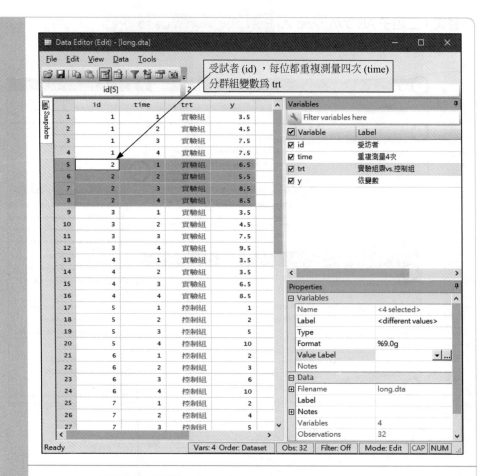

圖 4-15 「**reshape long** y, **i**(id) **j**(time)」 結果 ： 資料結構變 long 型 ( 存至 **long.dta** 檔 )

## 單層次：二因子 ANOVA Step 3.

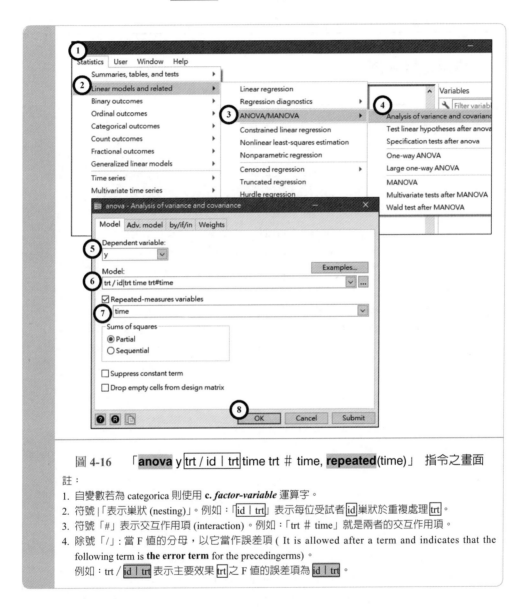

圖 4-16 「**anova** y trt / id | trt time trt # time, **repeated**(time)」 指令之畫面

註：

1. 自變數若為 categorica 則使用 **c. *factor-variable*** 運算字。
2. 符號「|」表示巢狀 (nesting)。例如：「id | trt」表示每位受試者 id 巢狀於重複處理 trt。
3. 符號「#」表示交互作用項 (interaction)。例如：「trt # time」就是兩者的交互作用項。
4. 除號「/」：當 F 值的分母，以它當作誤差項 ( It is allowed after a term and indicates that the following term is **the error term** for the precedingerms)。
   例如：trt / id | trt 表示主要效果 trt 之 F 值的誤差項為 id | trt。

---

STaTa 符號「**#**」表示交互作用項 (interaction)。

符號「**a##b**」表示完全因子，包括主要效果 (a,b) 及交互作用項 (a×b)。

> 符號「|」表示巢狀 (nesting)(a|b 讀作 "a is nested within b")。
>
> 符號「a/b」表示 b 是 a 的誤差項。

**ANOVA 指令範例如下：**

ANOVA 模型 examples（獨立樣本）

```
+---------------------------------------------------------+
| 模型                   | 說明                           |
|------------------------+--------------------------------|
| a                      | one factor                     |
| a b                    | two factors                    |
| a b a#b                | two factors plus interaction   |
| a##b                   | two factors plus interaction   |
| a b c                  | three factors                  |
| a b c a#b a#c b#c      | three factors plus two way interactions |
| a b c a#b a#c b#c a#b#c| three factors plus all interactions |
| a##b##c                | three factors plus all interactions |
+---------------------------------------------------------+
```

\* 巢狀 Nested ANOVA 模型 examples（巢狀之多層次）

模型： district / school|district /

```
+-------------------------------------------------------------+
| Term            | 意涵                     | 誤差項          |
|-----------------+--------------------------+-----------------|
| district        | district                 | school|district |
| school|district | school nested in district| residual error  |
+-------------------------------------------------------------+
```

模型： t / c|t / d|c|t / p|d|c|t /

```
+----------------------------------------------------------------+
| Term     | 意涵                                    | 誤差項      |
|----------+------------------------------------------+------------|
| t        | t                                       | c|t        |
| c|t      | c nested in t                           | d|c|t      |
| d|c|t    | d nested in c nested in t               | p|d|c|t    |
| p|d|c|t  | p nested in d nested in c nested in t   | resid. err. |
+----------------------------------------------------------------+
```

Split-plot ANOVA 模型 example

模型： p / c|p s p#s / c#s|p / g|c#s|p /

```
+----------------------------------------------------------------+
| Term     | 意涵                                         | 誤差項      |
|----------+-----------------------------------------------+------------|
| p        | p                                            | c|p        |
| c|p      | c nested in p                                |            |
| s        | s                                            | c#s|p      |
| p#s      | p by s interaction                           | c#s|p      |
| c#s|p    | c by s interaction nested in p               | g|c#s|p    |
| g|c#s|p  | g nested in c by s, which is nested in p      | resid. err. |
+----------------------------------------------------------------+
```

單層次：二因子 ANOVA Step 4. Tests of simple effects（單純主要效果檢定）

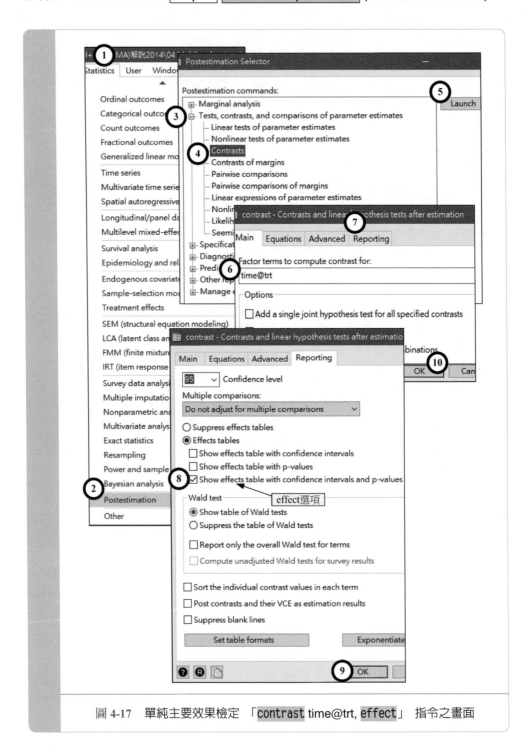

圖 4-17　單純主要效果檢定 「contrast time@trt, effect」 指令之畫面

　　事後檢定 (**contrast**) 旨在「比檢定或線性組合為 0 的檢定 (Contrasts and linear hypothesis tests after estimation)」。其語法為：

```
. contrast termlist [, options]
```

其中，為 *termlist*「是 **factor variables** 或 **interactions** 項」。

## 單層次：二因子 ANOVA Step 5. *Anova with pooled error term（具混合誤差項之 ANOVA)

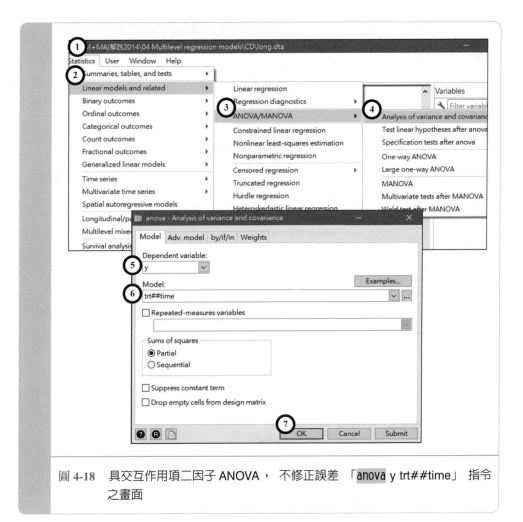

圖 4-18　具交互作用項二因子 ANOVA，　不修正誤差　「anova y trt##time」　指令之畫面

單層次：二因子 ANOVA Step 6. 混合誤差下 The effect of treatment at each time

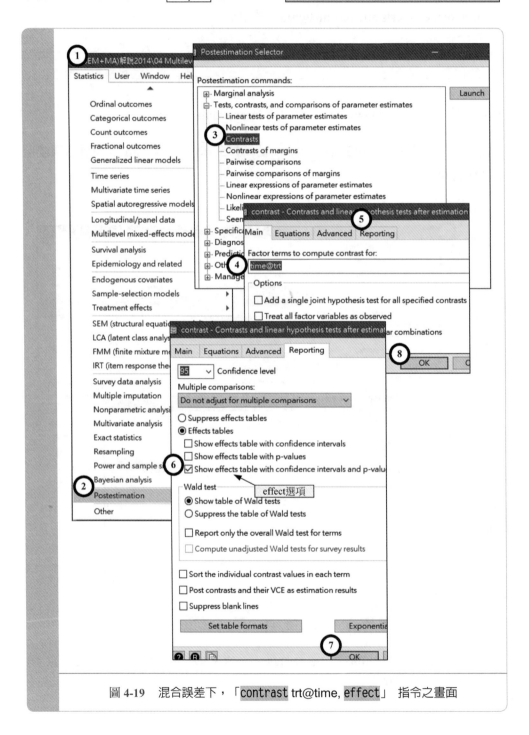

圖 4-19　混合誤差下，「contrast trt@time, effect」 指令之畫面

### 單層次：二因子 ANOVA Step 7. **Graph of interaction**( 繪交互作用線 )

要先用「margins trt#time」後，求出 (4×2) 交叉細平均數，才可用「**marginsplot**, x(time)」繪交互作用線形圖。

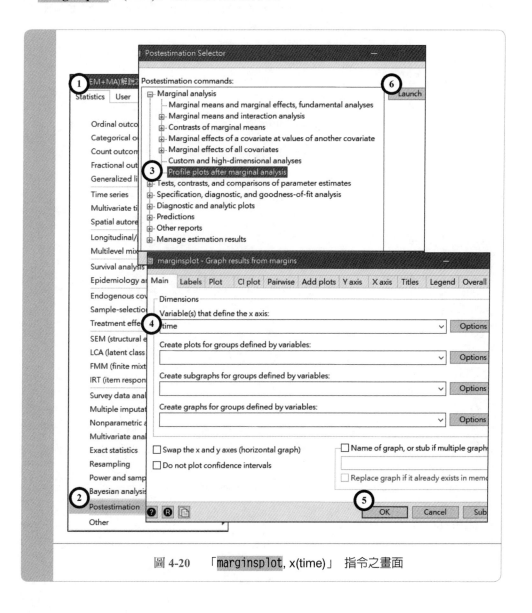

圖 4-20 「marginsplot, x(time)」 指令之畫面

---

*資料檔之結構變更：由 wide versus long

*Repeated measures 有二種資料格式：(1) wide、(2)long 格式。在 wide 的格式中，每個受試者出現一次，在同一觀察中重複測量。對於 long 格式的數據，每個受試者的每個時間段都有一個觀察值。以下是四種時間段 wide 格式數據的範例。

```
id    y1    y2    y3    y4
 1    3.5   4.5   7.5   7.5
 2    6.5   5.5   8.5   8.5
```

*In the above y1 is the response variable at time one. In long form the data look like this.

```
id    time    y
 1     1     3.5
 1     2     4.5
 1     3     7.5
 1     4     7.5
 2     1     6.5
 2     2     5.5
 2     3     8.5
 2     4     8.5
```

* 開啟資料檔
. use repeated_measures, clear

* 共有八個受試者分別在四個時間點進行測量。這些數據是寬格式的，其中 y1 是時間 1 的反應，y2 是時間 2 的反應，以此類推。使用變量 trt 將受試者分成兩組，每組四個受試者。下面是治療組合併的四個時間點的基本描述統計。

Here are the basic descriptive statistics at each of the four time points combined and broken out by treatment group.

. summarize y1-y4

| Variable | Obs | Mean | Std. Dev. | Min | Max |
|---|---|---|---|---|---|
| y1 | 8 | 3 | 1.690309 | 1 | 6.5 |
| y2 | 8 | 3.75 | 1.101946 | 2 | 5.5 |
| y3 | 8 | 6.5 | 1.253566 | 5 | 8.5 |
| y4 | 8 | 9.25 | 1.101946 | 7.5 | 11 |

```
. tabstat y1-y4, by(trt) stat(n mean sd var)
    trt |        y1         y2         y3         y4
---------+----------------------------------------
      1 |         4          4          4          4
        |      4.25        4.5        7.5        8.5
        |       1.5   .8164966   .8164966   .8164966
        |      2.25   .6666667   .6666667   .6666667
---------+----------------------------------------
      2 |         4          4          4          4
        |      1.75          3        5.5         10
        |        .5   .8164966   .5773503   .8164966
        |       .25   .6666667   .3333333   .6666667
---------+----------------------------------------
  Total |         8          8          8          8
        |         3       3.75        6.5       9.25
        |  1.690309   1.101946   1.253566   1.101946
        |  2.857143   1.214286   1.571429   1.214286
--------------------------------------------------


* 先安裝 profileplot 指令，再執行它
. findit profileplot
. profileplot y1-y4, by(trt)

. correlate y1-y4

(obs=8)


             |       y1       y2       y3       y4
-------------+------------------------------------
          y1 |   1.0000
          y2 |   0.8820   1.0000
          y3 |   0.9102   0.8273   1.0000
          y4 |  -0.5752  -0.6471  -0.5171   1.0000

. correlate y1-y4, cov

(obs=8)
```

```
            |      y1        y2       y3        y4
------------+-----------------------------------------
        y1  |   2.85714
        y2  |   1.64286   1.21429
        y3  |   1.92857   1.14286  1.57143
        y4  |  -1.07143  -.785714 -.714286  1.21429
```

*Reshape from wide to long*
\* 我們已經看過一些描述性統計數據，我們可以使用 reshape 命令將數據重塑為 long 形式。
\*The *i ()* option gives the variable that identifies the subject while the *j ()* option creates a new variable that indicates the time period.
.reshape long y, i(id) j(time)

. list, sep(4)

```
    +------------------------+
    | id   time   trt     y |
    |------------------------|
 1. | 1      1      1    3.5 |
 2. | 1      2      1    4.5 |
 3. | 1      3      1    7.5 |
 4. | 1      4      1    7.5 |
    |------------------------|
 5. | 2      1      1    6.5 |
 6. | 2      2      1    5.5 |
 7. | 2      3      1    8.5 |
 8. | 2      4      1    8.5 |
    |------------------------|
 9. | 3      1      1    3.5 |
10. | 3      2      1    4.5 |
11. | 3      3      1    7.5 |
12. | 3      4      1    9.5 |
    |------------------------|
13. | 4      1      1    3.5 |
14. | 4      2      1    3.5 |
15. | 4      3      1    6.5 |
16. | 4      4      1    8.5 |
    |------------------------|
```

```
17. |  5       1       2       1 |
18. |  5       2       2       2 |
19. |  5       3       2       5 |
20. |  5       4       2      10 |
    |-----------------------|
21. |  6       1       2       2 |
22. |  6       2       2       3 |
23. |  6       3       2       6 |
24. |  6       4       2      10 |
    |-----------------------|
25. |  7       1       2       2 |
26. |  7       2       2       4 |
27. |  7       3       2       5 |
28. |  7       4       2       9 |
    |-----------------------|
29. |  8       1       2       2 |
30. |  8       2       2       3 |
31. |  8       3       2       6 |
32. |  8       4       2      11 |
    +-----------------------+
```

*Repeated measures anova( 混合設計二因子 ANOVA 分析 )

* 自變數 trt 的內定誤差項，改用「id|trt」項。

. anova y trt / id|trt time trt#time, repeated(time)

```
                    Number of obs =      32    R-squared     = 0.9624
                    Root MSE      =   .712    Adj R-squared = 0.9352
```

| Source | Partial SS | df | MS | F | Prob > F |
|---|---|---|---|---|---|
| Model | 233.375 | 13 | 17.9519231 | 35.41 | 0.0000 |
| | | | | | |
| trt | 10.125 | 1 | 10.125 | 6.48 | 0.0438 |
| id\|trt | 9.375 | 6 | 1.5625 | | |
| time | 194.5 | 3 | 64.8333333 | 127.89 | 0.0000 |
| trt#time | 19.375 | 3 | 6.45833333 | 12.74 | 0.0001 |

```
                       |
            Residual |    9.125      18   .506944444
        -----------+-------------------------------------------------
               Total |    242.5      31   7.82258065


Between-subjects error term:  id|trt
                     Levels:  8        (6 df)
         Lowest b.s.e. variable:  id
         Covariance pooled over:  trt      (for repeated variable)

Repeated variable: time

                                  Huynh-Feldt epsilon      =  0.9432
                                  Greenhouse-Geisser epsilon =  0.5841
                                  Box's conservative epsilon =  0.3333


                                   ------------ Prob > F ------------
            Source |   df     F    Regular    H-F     G-G     Box
        -----------+-----------------------------------------------------
               time |    3   127.89   0.0000   0.0000   0.0000   0.0000
          trt#time |    3    12.74   0.0001   0.0002   0.0019   0.0118
            Residual |   18

        -----------------------------------------------------------------


. matrix list e(Srep)

symmetric e(Srep)[4,4]
             c1          c2          c3          c4
r1          1.25
r2     .66666667    .66666667
r3     .58333333    .33333333         .5
r4             0   -.16666667   .16666667    .66666667
```

*單純主要效果檢定:Tests of simple effects

*The effect of time at each treatment

* 時間的單純效果對於每個治療級別具有三個自由度，總共六個自由度。 這個單純的效果測試將使用模型的殘差作為誤差項。我們將使用 contrast 命令來進行單純效果的檢定。

```
. contrast time@trt, effect

Contrasts of marginal linear predictions

Margins      : asbalanced

-----------------------------------------------
              |       df          F       P>F
--------------+--------------------------------
      time@trt |
          1 |        3       35.96     0.0000
          2 |        3      104.67     0.0000
      Joint |        6       70.32     0.0000
              |
   Residual |       18
-----------------------------------------------


--------------------------------------------------------------------
              | Contrast   Std. Err.     t     P>|t|   [95% Conf. Interval]
--------------+-----------------------------------------------------
      time@trt |
(2 vs base) 1 |    .25     .5034602    0.50    0.626   -.8077307   1.307731
(2 vs base) 2 |   1.25     .5034602    2.48    0.023    .1922693   2.307731
(3 vs base) 1 |   3.25     .5034602    6.46    0.000    2.192269   4.307731
(3 vs base) 2 |   3.75     .5034602    7.45    0.000    2.692269   4.807731
(4 vs base) 1 |   4.25     .5034602    8.44    0.000    3.192269   5.307731
(4 vs base) 2 |   8.25     .5034602   16.39    0.000    7.192269   9.307731
--------------------------------------------------------------------
```

*「time@trt」欄，因內定對比的 base 為「time 1」，trt=1 為實驗組，trt=2 為控制組，故「(2 vs base) 1」表示「time 2 對比 time 1 的依變數得分，在 trt=1 之實驗組」時，t=0.50(p>0.05)，顯示實驗組，受試者重複測量時，time 2在依變數 y 得分並未顯著高於 time 4。
*「(4 vs base) 2」，t=16.39(p<0.05)，顯示 trt=2 控制組，受試者重複測量四次中，time 4 在依變數得分顯著高 time 1( 即 base)。


*Pairwise 對比比較

* 由於每個單純效果的檢定涉及四個時間點，所以將使用帶有 pwcompare 選項的 margins 命令進行配對比較。

* 先（實驗組（trt=1）下兩兩比較）之主要效果檢定
. margins time, at(trt=1) pwcompare(effects) noestimcheck

Pairwise comparisons of predictive margins

Expression  : Linear prediction, predict()
at          : trt              =          1  （控制組（trt=1）下兩兩比較）

```
-----------------------------------------------------------------------------
             |            Delta-method   Unadjusted        Unadjusted
             |  Contrast   Std. Err.      z    P>|z|   [95% Conf. Interval]
-------------+---------------------------------------------------------------
        time |
      2 vs 1 |       .25   .5034602    0.50   0.619   -.736764    1.236764
      3 vs 1 |      3.25   .5034602    6.46   0.000    2.263236    4.236764
      4 vs 1 |      4.25   .5034602    8.44   0.000    3.263236    5.236764
      3 vs 2 |         3   .5034602    5.96   0.000    2.013236    3.986764
      4 vs 2 |         4   .5034602    7.95   0.000    3.013236    4.986764
      4 vs 3 |         1   .5034602    1.99   0.047     .013236    1.986764
-----------------------------------------------------------------------------
```

* 再（控制組（trt=2）下兩兩比較）之主要效果檢定
margins time, at(trt=2) pwcompare(effects) noestimcheck

Pairwise comparisons of predictive margins

Expression  : Linear prediction, predict()
at          : trt              =          2

```
-----------------------------------------------------------------------------
             |            Delta-method   Unadjusted        Unadjusted
             |  Contrast   Std. Err.      z    P>|z|   [95% Conf. Interval]
-------------+---------------------------------------------------------------
        time |
```

| | | | | | | |
|---|---|---|---|---|---|---|
| 2 vs 1 \| | 1.25 | .5034602 | 2.48 | 0.013 | .263236 | 2.236764 |
| 3 vs 1 \| | 3.75 | .5034602 | 7.45 | 0.000 | 2.763236 | 4.736764 |
| 4 vs 1 \| | 8.25 | .5034602 | 16.39 | 0.000 | 7.263236 | 9.236764 |
| 3 vs 2 \| | 2.5 | .5034602 | 4.97 | 0.000 | 1.513236 | 3.486764 |
| 4 vs 2 \| | 7 | .5034602 | 13.90 | 0.000 | 6.013236 | 7.986764 |
| 4 vs 3 \| | 4.5 | .5034602 | 8.94 | 0.000 | 3.513236 | 5.486764 |

------------------------------------------------------------------

\* Anova with pooled error term ( 具混合誤差項之 ANOVA)

\*The tests of treatment at each tie point require the use of the pooled error. That is, pooling id | trt and the residual error. This is easily accomplished by removing id | trt from the anova command. Note that the residual degrees of freedom is now 24.

. anova y trt##time

Number of obs =     32    R-squared     = 0.9237
Root MSE     = .877971    Adj R-squared = 0.9015

| Source \| | Partial SS | df | MS | F | Prob > F |
|---|---|---|---|---|---|
| Model \| | 224 | 7 | 32 | 41.51 | 0.0000 |
| \| | | | | | |
| trt \| | 10.125 | 1 | 10.125 | 13.14 | 0.0014 |
| time \| | 194.5 | 3 | 64.8333333 | 84.11 | 0.0000 |
| trt#time \| | 19.375 | 3 | 6.45833333 | 8.38 | 0.0006 |
| \| | | | | | |
| Residual \| | 18.5 | 24 | .770833333 | | |
| Total \| | 242.5 | 31 | 7.82258065 | | |

\* The effect of treatment at each time

\* 現在我們可以每次運行單純的治療效果，再次使用 contrast 命令。由於在每個時間點有兩個級別的治療，總共有四個自由度。由於每個檢定都是一個自由度，我們不必做任何跟進檢定。

. contrast trt@time, effect

Contrasts of marginal linear predictions

```
Margins       : asbalanced
```

| | df | F | P>F |
|---|---|---|---|
| trt@time | | | |
| 1 | 1 | 16.22 | 0.0005 |
| 2 | 1 | 5.84 | 0.0237 |
| 3 | 1 | 10.38 | 0.0036 |
| 4 | 1 | 5.84 | 0.0237 |
| Joint | 4 | 9.57 | 0.0001 |
| | | | |
| Residual | 24 | | |

| | Contrast | Std. Err. | t | P>|t| | [95% Conf. Interval] | |
|---|---|---|---|---|---|---|
| trt@time | | | | | | |
| (2 vs base) 1 | -2.5 | .6208194 | -4.03 | 0.000 | -3.781308 | -1.218692 |
| (2 vs base) 2 | -1.5 | .6208194 | -2.42 | 0.024 | -2.781308 | -.2186918 |
| (2 vs base) 3 | -2 | .6208194 | -3.22 | 0.004 | -3.281308 | -.7186918 |
| (2 vs base) 4 | 1.5 | .6208194 | 2.42 | 0.024 | .2186918 | 2.781308 |

\*Graph of interaction

\*A graph of the interaction is always useful. We will use the margins command and marginsplot to produce the plot.

```
. margins trt#time
```

```
Adjusted predictions                          Number of obs    =        32
```

```
Expression    : Linear prediction, predict()
```

| | Delta-method | | | | | |
|---|---|---|---|---|---|---|
| | Margin | Std. Err. | z | P>|z| | [95% Conf. Interval] | |

```
    trt#time |
        1 1 |      4.25   .4389856     9.68   0.000    3.389604    5.110396
        1 2 |       4.5   .4389856    10.25   0.000    3.639604    5.360396
        1 3 |       7.5   .4389856    17.08   0.000    6.639604    8.360396
        1 4 |       8.5   .4389856    19.36   0.000    7.639604    9.360396
        2 1 |      1.75   .4389856     3.99   0.000    .8896041    2.610396
        2 2 |         3   .4389856     6.83   0.000    2.139604    3.860396
        2 3 |       5.5   .4389856    12.53   0.000    4.639604    6.360396
        2 4 |        10   .4389856    22.78   0.000    9.139604    10.8604
----------------------------------------------------------------------------

* 要先用「margins trt#time」後，求出 (4*2) 交叉細平均數，才可繪交互作用線形圖。
. marginsplot, x(time)
```

重複測量 **ANOVA** 的缺點，包括：

1. 受試內不允許有不平等觀察值 (does not allow unequal observations within subject)。
2. 對每一效果，使用者必須決定正確誤差項 (user must determine correct error term for each effect)。
3. 忽略某假定 (assumes compound symmetry/exchangeable covariance structure)。

## 4-1-5 重複測量 ANOVA 之主要效果 / 單純主要效果檢定 ( 雙層 xtmixed 或 mixed vs. 單層 anova 指令 )

### 一、範例：重複測量型變異數分析 (repeated measures ANOVA)

在一個階層結構 (hierarchical structure) 的環境下，個體與社會脈絡是會交互影響的，個體不僅會受到其所屬的社會團體或脈絡所影響，社會團體也會受到其組成分子所影響 (Maas & Hox, 2005)，且個體與所屬環境是不斷交互作用的。

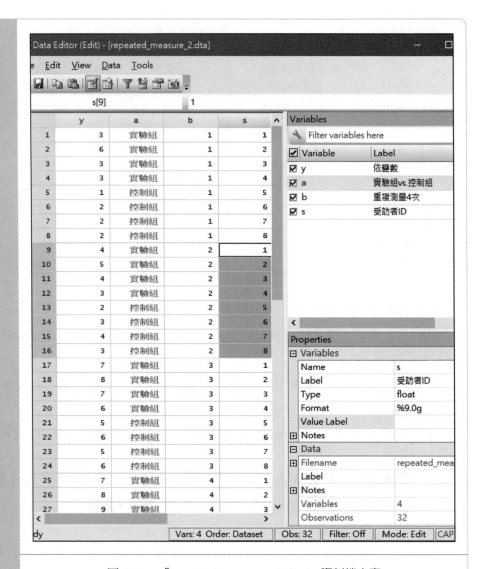

圖 4-21 「repeated_measure_2.dta」 資料檔內容

A 因子：a=1 實驗組；a=2 控制組。

B 因子：重複測量四次

Y：依變數

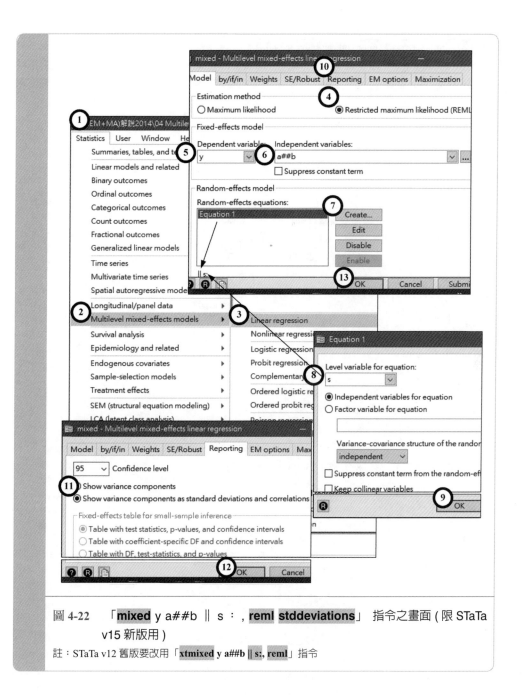

圖 4-22 「**mixed** y a##b ∥ s： , **reml stddeviations**」 指令之畫面 ( 限 STaTa v15 新版用 )

註：STaTa v12 舊版要改用 「**xtmixed y a##b ∥ s:, reml**」 指令

```
*simple effects in repeated measures models
* 存在「repeated_measure_2.do」指令檔
. use repeated_measure_2.dta

. tabl a b s

-> tabulation of a
```

| 實驗組 vs. 控制組 | Freq. | Percent | Cum. |
|---|---|---|---|
| 實驗組 | 16 | 50.00 | 50.00 |
| 控制組 | 16 | 50.00 | 100.00 |
| Total | 32 | 100.00 | |

```
-> tabulation of b
```

| 重複測量 4 次 | Freq. | Percent | Cum. |
|---|---|---|---|
| 1 | 8 | 25.00 | 25.00 |
| 2 | 8 | 25.00 | 50.00 |
| 3 | 8 | 25.00 | 75.00 |
| 4 | 8 | 25.00 | 100.00 |
| Total | 32 | 100.00 | |

```
-> tabulation of s
```

| 受訪者 ID | Freq. | Percent | Cum. |
|---|---|---|---|
| 1 | 4 | 12.50 | 12.50 |
| 2 | 4 | 12.50 | 25.00 |
| 3 | 4 | 12.50 | 37.50 |
| 4 | 4 | 12.50 | 50.00 |
| 5 | 4 | 12.50 | 62.50 |
| 6 | 4 | 12.50 | 75.00 |

```
        7 |           4        12.50        87.50
        8 |           4        12.50       100.00
-----------+-----------------------------------
     Total |          32       100.00
```

. tabstat y, by(a)

```
Summary for variables: y
    by categories of: a（實驗組vs.控制組）

      a |      mean
-------+----------
  實驗組 |     5.6875
  控制組 |     5.0625
-------+----------
  Total |      5.375
------------------
```

. egen ab=group(a b), label

* 算a*b交互作用之細格平均數
. tabstat y, by(ab)

```
Summary for variables: y
    by categories of: ab (group(a b))

       ab |      mean
---------+----------
  實驗組 1 |      3.75
  實驗組 2 |         4
  實驗組 3 |         7
  實驗組 4 |         8
  控制組 1 |      1.75
  控制組 2 |         3
  控制組 3 |       5.5
  控制組 4 |        10
---------+----------
```

```
     Total |    5.375
     --------------------
```

\*a linear mixed model using the **xtmixed** command. We will need to specify the **reml** option so that the results are consistent with the **anova** command that we will run later. Starting with STaTa 12 the default estimation method is **mle**, which is why we need to specify the **reml** option.

---

\* 方法一：雙層之重複測量，使用 mixed、xtmixed 指令
\* 受訪者 S 來分群組
. mixed y a##b || s:, reml stddev
\* 以上指令，限 STaTa v15 新版用
\*STaTa v12 舊版要改用「xtmixed y a##b || s:, reml」指令

Performing EM optimization:

Performing gradient-based optimization:

Iteration 0:   log restricted-likelihood = -34.824381
Iteration 1:   log restricted-likelihood = -34.824379

Computing standard errors:

| Mixed-effects REML regression | Number of obs    = | 32 |
|---|---|---|
| Group variable: s | Number of groups = | 8 |

```
                                        Obs per group:
                                                    min =        4
                                                    avg =      4.0
                                                    max =        4

                                        Wald chi2(7)   =    423.89
Log restricted-likelihood = -34.824379  Prob > chi2    =    0.0000
```

```
-------------------------------------------------------------------------
         y |    Coef.   Std. Err.     z    P>|z|     [95% Conf. Interval]
-----------+-------------------------------------------------------------
```

```
         a |
control grp |        -2    .6208193    -3.22    0.001    -3.216783    -.7832165
           |
         b |
         2 |       .25    .5034603     0.50    0.619    -.736764     1.236764
         3 |      3.25    .5034603     6.46    0.000     2.263236     4.236764
         4 |      4.25    .5034603     8.44    0.000     3.263236     5.236764
           |
       a#b |
control grp#2 |        1    .7120004     1.40    0.160    -.3954951     2.395495
control grp#3 |       .5    .7120004     0.70    0.483    -.8954951     1.895495
control grp#4 |        4    .7120004     5.62    0.000     2.604505     5.395495
           |
     _cons |      3.75    .4389855     8.54    0.000     2.889604     4.610396
------------------------------------------------------------------------------


------------------------------------------------------------------------------
  Random-effects Parameters |   Estimate   Std. Err.    [95% Conf. Interval]
-----------------------------+------------------------------------------------
s: Identity                  |
                 sd(_cons) |   .513701    .2233302     .2191052     1.204393
-----------------------------+------------------------------------------------
              sd(Residual) |   .7120004   .1186667     .5135861     .9870682
------------------------------------------------------------------------------
LR test vs. linear model: chibar2(01) = 3.30          Prob >= chibar2 = 0.0346

* test main effects and interaction
. contrast a##b


Contrasts of marginal linear predictions

Margins        : asbalanced


------------------------------------------------
            |      df       chi2     P>chi2
------------+-----------------------------------
y           |
          a |       1       2.00     0.1573
```

```
    b |            3        383.67       0.0000
  a#b |            3         38.22       0.0000
---------------------------------------------
```

\* 以上結果顯示：the a main effect is not significant. Both the b main effect and the a#b interaction are significant.

\*The results of the contrast displayed are displayed as chi-square. We will divide each chi-square by its degrees of freedom so that the results are scaled as F-ratios (we will not do the division when df=1).

```
. display 383.67/3
127.89

. display 38.22/3
12.74
```

\* margins command followed by marginsplot so that we can plot the interaction.
```
. margins a#b, vsquish
```

```
Adjusted predictions                          Number of obs   =         32

Expression    : Linear prediction, fixed portion, predict()
```

```
-------------------------------------------------------------------------
             |            Delta-method
             |   Margin   Std. Err.      z    P>|z|   [95% Conf. Interval]
-------------+-----------------------------------------------------------
         a#b |
         1 1 |     3.75   .4389855     8.54   0.000    2.889604    4.610396
         1 2 |        4   .4389855     9.11   0.000    3.139604    4.860396
         1 3 |        7   .4389855    15.95   0.000    6.139604    7.860396
         1 4 |        8   .4389855    18.22   0.000    7.139604    8.860396
         2 1 |     1.75   .4389855     3.99   0.000    .8896042    2.610396
         2 2 |        3   .4389855     6.83   0.000    2.139604    3.860396
         2 3 |      5.5   .4389855    12.53   0.000    4.639604    6.360396
         2 4 |       10   .4389855    22.78   0.000    9.139604    10.8604
-------------------------------------------------------------------------
```

\* `marginsplot` 繪 (2x3) 六個交叉細格，如下圖

. `marginsplot`

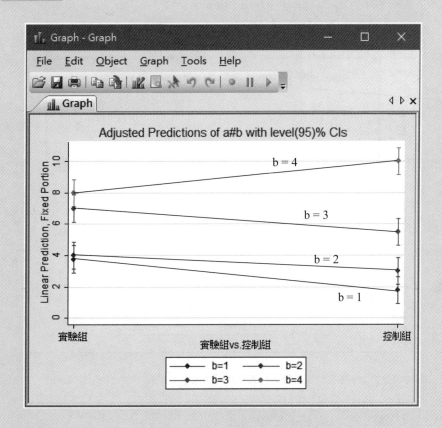

\* `marginsplot` 繪交互作用圖，如下圖

. `marginsplot`, x(b)

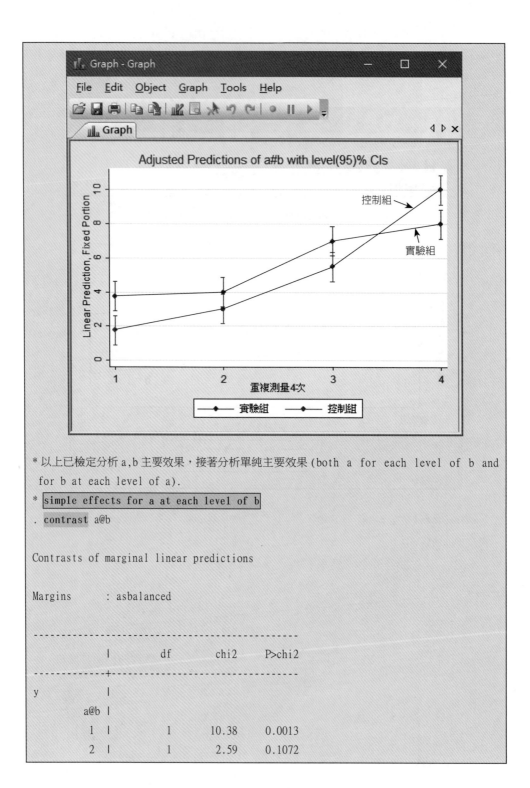

* 以上已檢定分析 a,b 主要效果，接著分析單純主要效果 (both a for each level of b and for b at each level of a).
* simple effects for a at each level of b
. contrast a@b

Contrasts of marginal linear predictions

Margins       : asbalanced

---

|          |    | df | chi2 | P>chi2 |
|----------|----|----|------|--------|
| y        |    |    |      |        |
| a@b      |    |    |      |        |
| 1        |    | 1  | 10.38 | 0.0013 |
| 2        |    | 1  | 2.59  | 0.1072 |

```
        3  |           1         5.84      0.0157
        4  |           1        10.38      0.0013
    Joint  |           4        40.22      0.0000
---------------------------------------------------
```

* simple effects for b at each level of a

. contrast b@a

Contrasts of marginal linear predictions

Margins        : asbalanced

```
-----------------------------------------------------
             |          df        chi2      P>chi2
-------------+---------------------------------------
y            |
       b@a   |
         1   |           3       107.88      0.0000
         2   |           3       314.01      0.0000
     Joint   |           6       421.89      0.0000
-----------------------------------------------------
```

* scale as F-ratio
. display 107.88/3
35.96

. display 314.01/3
104.67

*The raw p-values for **a@b** indicate that a at **b1**, **b3** and **b4** are significant. For, **b@a** both simple effects are significant using the raw p-values. Test of **simple effects** are a type of **post-hoc** procedure and need to be adjusted. We won't go into the adjustment process on this page other than to state that there are at least four methods found in the literature (Dunn's procedure, Marascuilo & Levin, per family error rate or simultaneous test procedure).

* 方法二：單層 Next we will use the anova command to analyze the repeated measures model.

```
. use repeated_measure_2.dta

. anova y a / s|a b a#b, repeated(b)


                          Number of obs =      32    R-squared     =  0.9613
                          Root MSE      =   .712    Adj R-squared =  0.9333


             Source |  Partial SS    df      MS          F      Prob > F
        ------------+----------------------------------------------------
              Model |    226.375    13   17.4134615    34.35     0.0000
                    |
                  a |      3.125     1       3.125      2.00     0.2070
                s|a |      9.375     6      1.5625
        ------------+----------------------------------------------------
                  b |      194.5     3   64.8333333   127.89     0.0000
                a#b |     19.375     3   6.45833333    12.74     0.0001
                    |
           Residual |      9.125    18   .506944444
        ------------+----------------------------------------------------
              Total |      235.5    31   7.59677419
```

Between-subjects error term:  s|a
                    Levels:  8        (6 df)
     Lowest b.s.e. variable:  s
     Covariance pooled over:  a        (for repeated variable)

Repeated variable: b

                              Huynh-Feldt epsilon       =  0.9432
                              Greenhouse-Geisser epsilon =  0.5841
                              Box's conservative epsilon =  0.3333

```
                                  ------------ Prob > F ------------
             Source |    df     F    Regular   H-F      G-G      Box
        ------------+----------------------------------------------------
                  b |     3  127.89   0.0000   0.0000   0.0000   0.0000
                a#b |     3   12.74   0.0001   0.0002   0.0019   0.0118
           Residual |    18
```

------------------------------------------------------------

*The results in the anova table above agree with results from mixed once the chi-squares have been rescaled as F-ratios. Computing the simple effects after the anova is a more complex process than we used above. One reason for this is that the two types of simples effects, a@b and b@a, involve different error terms.

*Let's start with a@b. The sums of square for simple effects for a@b total up to SSa + SSa#b. The test of a uses s|a as the error term while test of a#b use the residual. The recommendation for testing simple effects for a@b are to pool s|a and residual. We can accomplish this by running the anova without the s|a term. After the anova we will use the contrast command to get the simple effects.

. anova y a b a#b

```
                        Number of obs =       32    R-squared     =  0.9214
                        Root MSE      = .877971    Adj R-squared =  0.8985


            Source |  Partial SS   df       MS          F     Prob > F
        -----------+----------------------------------------------------
             Model |     217        7        31        40.22    0.0000
                   |
                 a |    3.125       1       3.125        4.05    0.0554
                 b |    194.5       3   64.8333333      84.11    0.0000
               a#b |   19.375       3   6.45833333       8.38    0.0006
                   |
          Residual |    18.5       24   .770833333
        -----------+----------------------------------------------------
             Total |    235.5      31   7.59677419
```

. contrast a@b

Contrasts of marginal linear predictions

Margins     : asbalanced

------------------------------------------------------------

```
            |       df        F       P>F
------------+----------------------------------
       a@b  |
         1  |        1      10.38    0.0036
         2  |        1       2.59    0.1203
         3  |        1       5.84    0.0237
         4  |        1      10.38    0.0036
      Joint |        4       7.30    0.0005
            |
    Residual|       24
--------------------------------------------------
```

*Once again the F-values are the same for this analysis as for the contrast command used in the mixed analysis. You will note that the p-values are different. The p-values above are from an F-distribution with 1 and 24 degrees of freedom. The p-values from the mixed analysis are distributed as a chi-square with 1 degree of freedom.

*Now we need to compute the simple effects for b@a. To do this we will quietly re-run the anova model followed by the margins command with the within option to see what our cell means are.

. quietly anova y a / s|a b a#b

. margins b, within(a)

```
Predictive margins                         Number of obs   =        32

Expression   : Linear prediction, predict()
within       : a
Empty cells  : reweight


------------------------------------------------------------------------
            |            Delta-method
            |    Margin   Std. Err.     z     P>|z|   [95% Conf. Interval]
------------+-----------------------------------------------------------
       a#b  |
        1 1 |      3.75   .3560002   10.53   0.000    3.052253   4.447747
        1 2 |         4   .3560002   11.24   0.000    3.302253   4.697747
```

| | | | | | | |
|---|---|---|---|---|---|---|
| 1 3 | | 7 | .3560002 | 19.66 | 0.000 | 6.302253 | 7.697747 |
| 1 4 | | 8 | .3560002 | 22.47 | 0.000 | 7.302253 | 8.697747 |
| 2 1 | | 1.75 | .3560002 | 4.92 | 0.000 | 1.052253 | 2.447747 |
| 2 2 | | 3 | .3560002 | 8.43 | 0.000 | 2.302253 | 3.697747 |
| 2 3 | | 5.5 | .3560002 | 15.45 | 0.000 | 4.802253 | 6.197747 |
| 2 4 | | 10 | .3560002 | 28.09 | 0.000 | 9.302253 | 10.69775 |

-----------------------------------------------------------------

*We will compute the  simple effects of b@a  using the contrast command.
. contrast b@a

Contrasts of marginal linear predictions

Margins        : asbalanced

----------------------------------------------------
             |    df        F       P>F
-------------+--------------------------------------
        b@a  |
          1  |     3      35.96    0.0000
          2  |     3     104.67    0.0000
       Joint |     6      70.32    0.0000
             |
    Residual |    18
----------------------------------------------------

*Once again, our results from the anova agree with the results for the mixed. We see that each of the tests of simple effects are distributed as F with 3 and 18 degrees of freedom. We also note that the results agree with the mixed results above once they are scaled from chi-square to F-ratios.

*At this point, it would be nice to run pairwise comparisons among each of the levels of b at each level of a. We can do this using the pwcompare command. We want the pairwise comparisons adjusted using Tudkey's HSD. We get this using the mcompare option. Please note that you cannot get the Tukey adjustment from xtmixed models.

* pairwise comparisons for a = 1 （實驗組）

```
. pwcompare b#i(1).a, mcompare(tukey) effects

Pairwise comparisons of marginal linear predictions

Margins     : asbalanced

-----------------------------
            |     Number of
            |   Comparisons
-------------+---------------
       b#a  |         6
-----------------------------


-------------------------------------------------------------------------------
            |                          Tukey                 Tukey
            |  Contrast   Std. Err.    t     P>|t|    [95% Conf. Interval]
-------------+-----------------------------------------------------------------
       b#a  |
(2 1) vs (1 1) |      .25   .5034602   0.50   0.959   -1.172925    1.672925
(3 1) vs (1 1) |     3.25   .5034602   6.46   0.000    1.827075    4.672925
(4 1) vs (1 1) |     4.25   .5034602   8.44   0.000    2.827075    5.672925
(3 1) vs (2 1) |        3   .5034602   5.96   0.000    1.577075    4.422925
(4 1) vs (2 1) |        4   .5034602   7.95   0.000    2.577075    5.422925
(4 1) vs (3 1) |        1   .5034602   1.99   0.230    -.4229247   2.422925
-------------------------------------------------------------------------------

* pairwise comparisons for a = 1 (控制組)
. pwcompare b#i(2).a, mcompare(tukey) effects

Pairwise comparisons of marginal linear predictions

Margins     : asbalanced

-----------------------------
            |     Number of
            |   Comparisons
-------------+---------------
```

```
        b#a |           6
------------------------------


------------------------------------------------------------------------
              |                           Tukey              Tukey
              | Contrast   Std. Err.     t    P>|t|     [95% Conf. Interval]
--------------+---------------------------------------------------------
          b#a |
(2 2) vs (1 2) |     1.25   .5034602    2.48   0.097    -.1729247   2.672925
(3 2) vs (1 2) |     3.75   .5034602    7.45   0.000     2.327075   5.172925
(4 2) vs (1 2) |     8.25   .5034602   16.39   0.000     6.827075   9.672925
(3 2) vs (2 2) |      2.5   .5034602    4.97   0.001     1.077075   3.922925
(4 2) vs (2 2) |        7   .5034602   13.90   0.000     5.577075   8.422925
(4 2) vs (3 2) |      4.5   .5034602    8.94   0.000     3.077075   5.922925
------------------------------------------------------------------------
```

## 4-1-6 雙層次：二因子混合設計 ANOVA (mixed 或 xtmixed 指令 )

範例：架構如圖 **4-23**

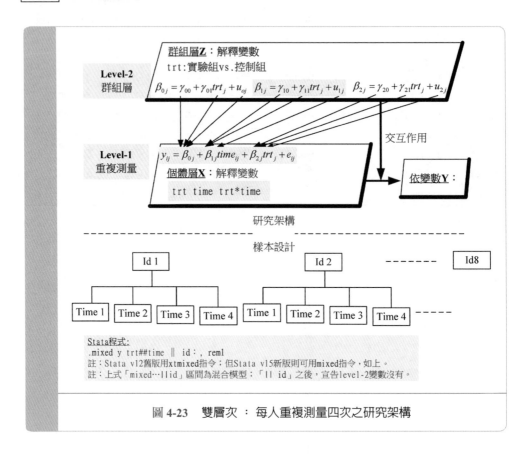

圖 **4-23** 雙層次 ： 每人重複測量四次之研究架構

縱向資料通常用於研究個人的成長、發展及個人的改變。這種形式的資料通常包含了同一個受試者在不同時間點上重複的接受測量。多變量分析和重複測量變異數分析常用來分析縱向資料，然而利用這 2 項統計方法在分析縱向資料上有它的限制。縱向資料通常需要結構性的共變異數模型，殘差通常含有異質性和相依性；資料通常也屬於多層資料，重複測量是第一層、受試者是第二層。本章節旨在探討使用線性混合效果模型來建立縱向資料的模型情形，同時也包含了如何建立模型的步驟。

## 一、資料檔之內容

「repeated_measures.dta」資料檔內容，如下圖。

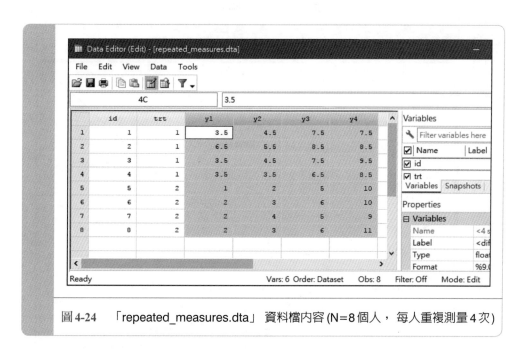

圖 4-24　「repeated_measures.dta」 資料檔內容 (N=8 個人， 每人重複測量 4 次)

## 二、雙層次：repeated measure ANOVA 分析步驟

**Step 1.** 繪混合設計二因子 ANOVA 之 wide 型交互作用圖。先探索，實驗組 vs. 控制組在四次重複測量之趨勢圖，如圖 4-25。可見變數 trt( 實驗組 vs. 控制組 ) 與重複測量 (time) 有交互作用。

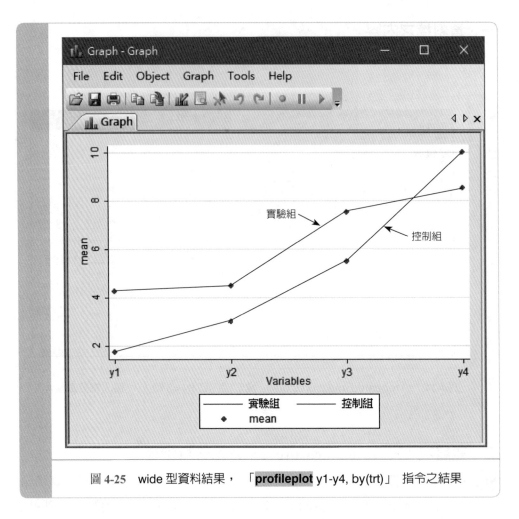

圖 4-25　wide 型資料結果，「**profileplot** y1-y4, by(trt)」 指令之結果

由於重複測量變異數分析的依變數間是存在相關，故資料鍵入時，應視為不同的變數 (wide 資料結構 )，不可視為單一變數的不同狀況資料。接著再用 reshape 指令，將 wide 資料結構轉成 long 資料結構，即可進行多層次重複測量 ANOVA 分析。

**Step 2.**　資料結構由 wide 型轉成 long 型 **reshape from wide to long**

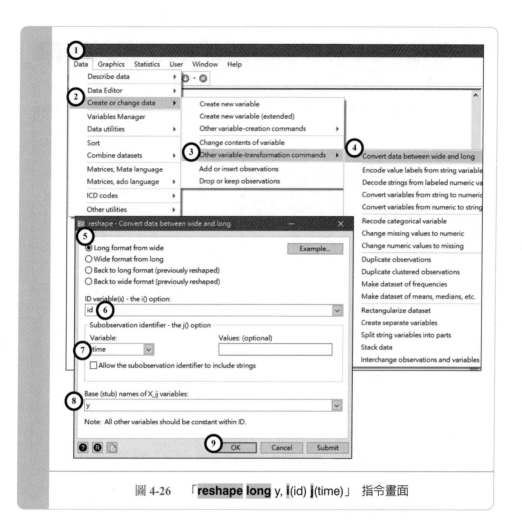

圖 4-26　「**reshape long** y, **i**(id) **j**(time)」 指令畫面

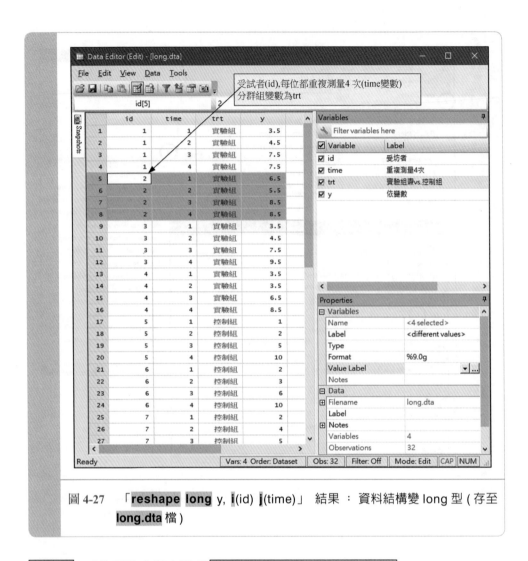

圖 4-27 「**reshape long** y, **i**(id) **j**(time)」 結果：資料結構變 long 型 ( 存至 **long.dta** 檔 )

**Step 3.** 重複測量之混合模型 repeated measures mixed model

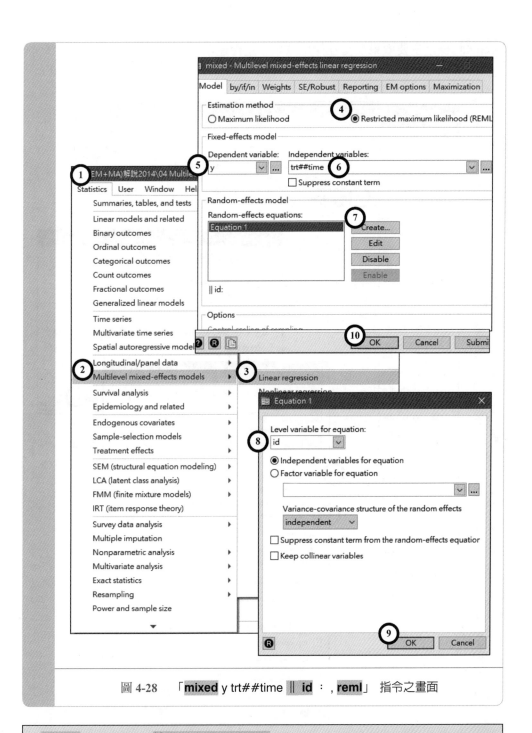

圖 4-28 「**mixed** y trt##time **||** **id** ： , **reml**」 指令之畫面

```
. xtmixed y trt##time || id:, variance reml
```
*STaTa v12 舊版用 xtmixed 指令；但 STaTa v15 新版則可用 mixed 指令如上圖。

**Step 4.** 檢定主要效果及交互作用效果，是否達顯著？

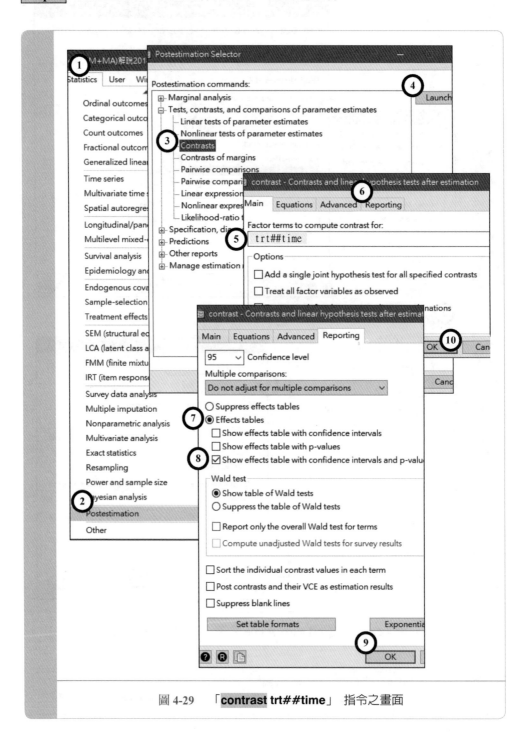

圖 4-29 「**contrast trt##time**」 指令之畫面

**Step 5.** 因交互作用項達顯著水準，故須再進行單純主要效果 **(simple main effect)** 檢定

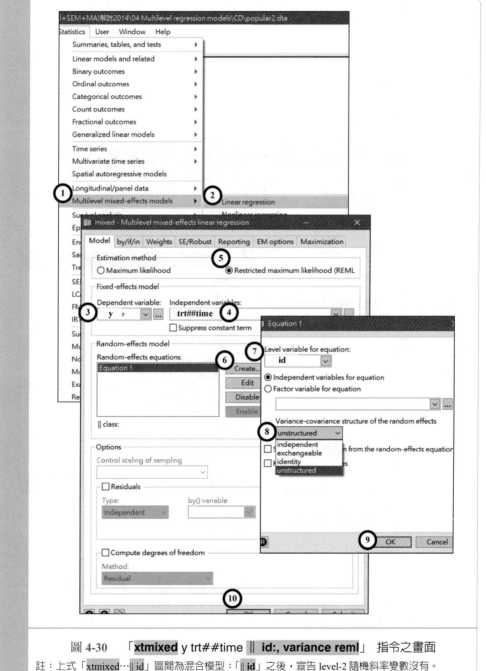

圖 4-30　「**xtmixed** y trt##time ‖ **id:, variance reml**」 指令之畫面

註：上式「xtmixed…‖ id」區間為混合模型；「‖ id」之後，宣告 level-2 隨機斜率變數沒有。

註：STaTa v12 舊版用 **xtmixed** 指令，但 STaTa v15 新版則可用 **mixed** 指令。

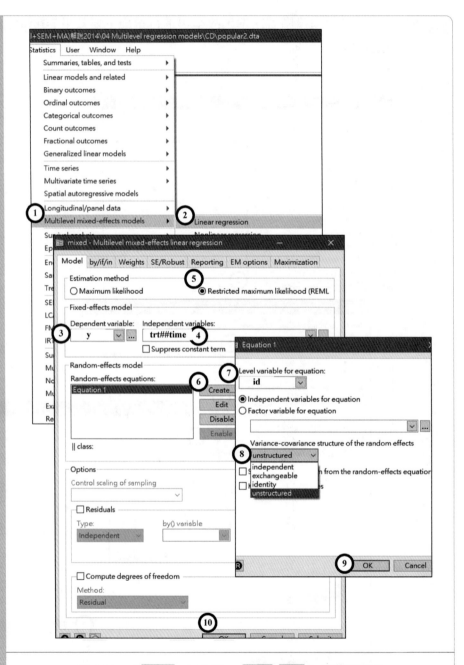

圖 4-31 「**mixed** y trt##time **‖ id:, reml**」 指令之畫面

註：STaTa v12 舊版用 **xtmixed** 指令；但 STaTa v15 新版則可用 **mixed** 指令如上：

註：上式「mixed…‖id」區間為混合模型；「**‖ id**」之後，宣告 level-2 隨機斜率變數沒有。

**Step 6-1.** 因交互作用項達顯著水準，故須再進行單純主要效果 (**simple main effect**) 兩兩比較

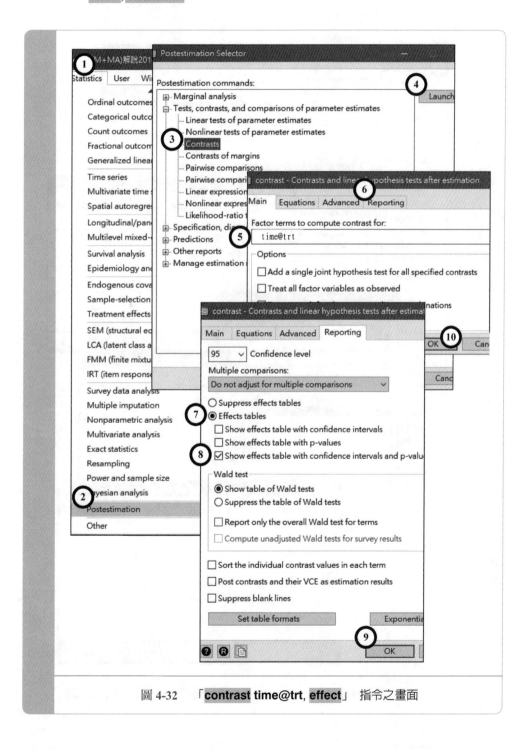

圖 4-32 　「**contrast time@trt**, **effect**」 指令之畫面

Step 6-2. 單純主要效果 (simple main effect)：實驗組在四次重複測量之兩兩比較

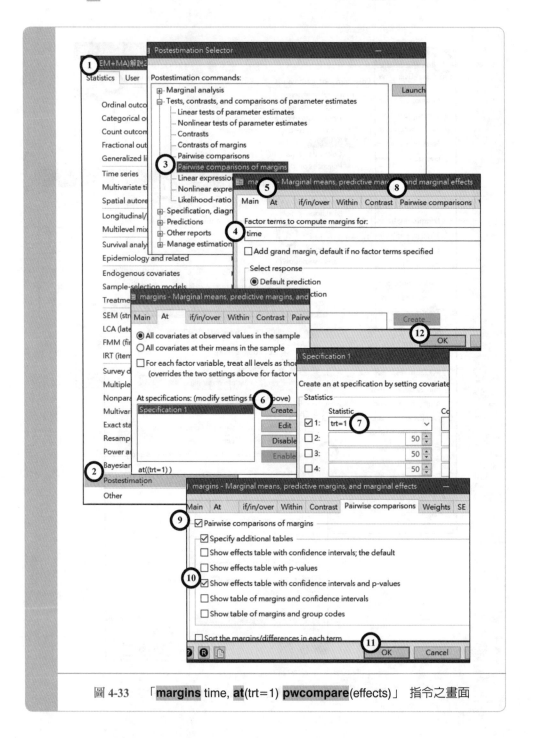

圖 4-33 「**margins** time, **at**(trt=1) **pwcompare**(effects)」 指令之畫面

Step 6-3. 單純主要效果 (simple main effect)：控制組在四次重複測量之兩兩比較

執行「**margins** time, **at**(trt=2) **pwcompare**(effects)」。

Step 7. 趨勢的事後比較 Post-hoc test of trends

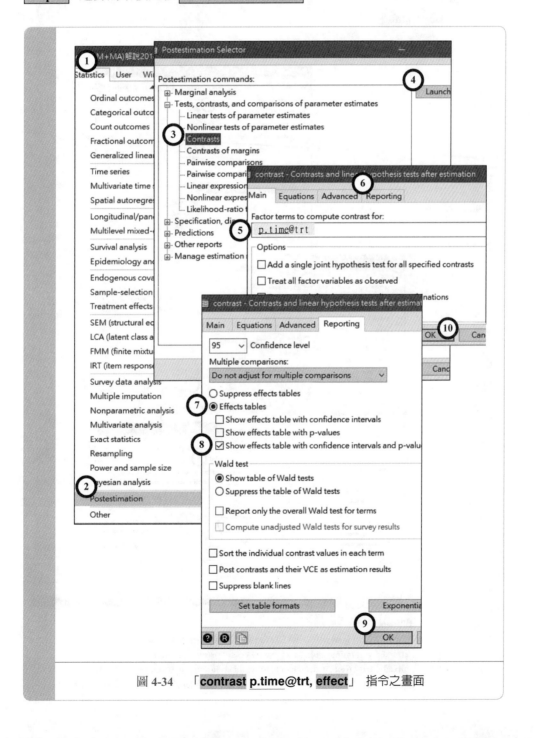

圖 4-34 「**contrast p.time@trt, effect**」 指令之畫面

**Step 8.** 部分交互作用的事後比較 post-hoc test of partial interaction

　　執行「**contrast** a.time#trt」指令。

**Step 9-1.** **mixed** 模型，加入殘差之無共變數結構 example with unstructured covariance

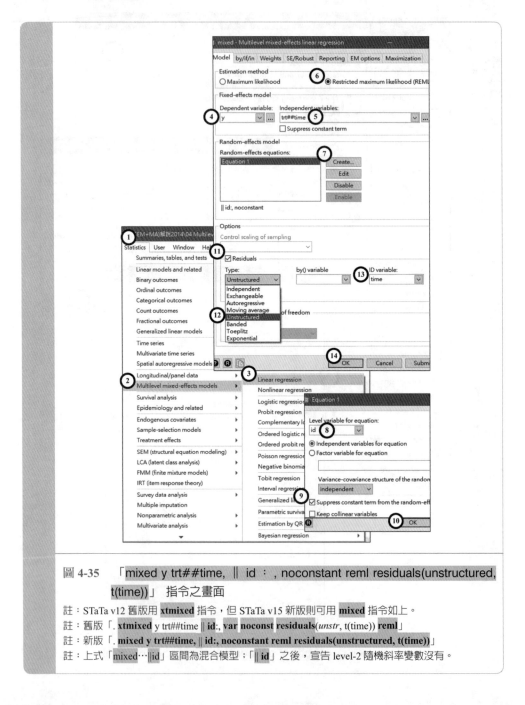

圖 4-35　「mixed y trt##time, ‖ id：, noconstant reml residuals(unstructured, t(time))」 指令之畫面

註：STaTa v12 舊版用 **xtmixed** 指令，但 STaTa v15 新版則可用 **mixed** 指令如上。

註：舊版「.**xtmixed** y trt##time ‖ id:, var noconst residuals(*unstr*, t(time)) **reml**」

註：新版「.**mixed** y trt##time, ‖ id:, noconstant reml residuals(unstructured, t(time))」

註：上式「mixed…‖id」區間為混合模型；「‖ id」之後，宣告 level-2 隨機斜率變數沒有。

**Step 9-2.** **mixed** 模型，加入無共變數結構後，再次主要效果 / 交互作用效果之檢定

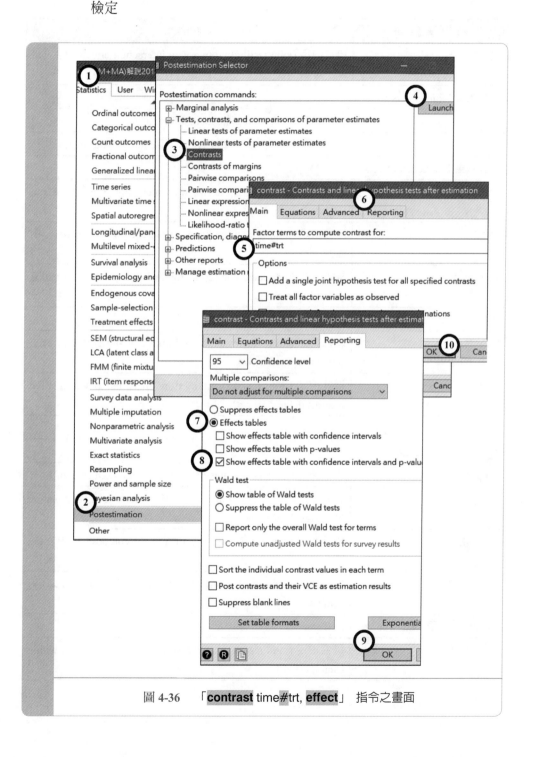

圖 4-36 　「**contrast** time#trt, **effect**」 指令之畫面

「contrast」指令之效果檢定類型，如下表：

| 各效果項 (term) | 說明 |
|---|---|
| A#B | 聯合檢定 (joint testing)the two way interaction effects of A and B |
| 主要效果 Main effects | |
| A | 聯合檢定 (joint testing)the main effects of A |
| r.A | 兩兩比較 (individual contrasts): that decompose A using r. |
| 交互效果 Interaction effects | |
| A#B | 聯合檢定 (joint testing)the two way interaction effects of A and B |
| A#B#C | 聯合檢定 (joint testing)the three-way interaction effects of A, B, and C |
| r.A#g.B | 兩兩比較 (individual contrasts): for each interaction of A and B defined by **r.** and **g.** |
| 部分交互效果 Partial interaction effects | |
| r.A#B | 聯合檢定 (joint testing) interactions of A and B within each contrast defined by **r.A** |
| A#r.B | 聯合檢定 (joint testing) interactions of A and B within each contrast defined by **r.B** |
| | |
| 單純效果 Simple effects | |
| A@B | 聯合檢定 (joint testing) the effects of A within each level of B |
| A@B#C | 聯合檢定 (joint testing) the effects of A within each combination of the levels of B and C |
| r.A@B | 兩兩比較 (individual contrasts): of A that decompose A@B using **r.** |
| r.A@B#C | 兩兩比較 (individual contrasts): of A that decompose A@B#C using **r.** |
| 其他條件效果 Other conditional effects | |
| A#B@C | 聯合檢定 (joint testing) the interaction effects of A and B within each level of C |

| 各效果項 (term) | 說明 |
|---|---|
| A#B@C#D | 聯合檢定 (joint testing) the interaction effects of A and B within each combination of the levels of C and D |
| r.A#g.B@C | 兩兩比較 (individual contrasts): for each interaction of A and B that decompose A#B@C using r. and g. |
| 巢狀效果 Nested effects | |
| A\|B | 聯合檢定 (joint testing) the effects of A nested in each level of B |
| A\|B#C | 聯合檢定 (joint testing) the effects of A nested in each combination of the levels of B and C |
| A#B\|C | 聯合檢定 (joint testing) the interaction effects of A and B nested in each level of C |
| A#B\|C#D | 聯合檢定 (joint testing) the interaction effects of A and B nested in each combination of the levels of C and D |
| r.A\|B | 兩兩比較 (individual contrasts): of A that decompose A\|B using r. |
| r.A\|B#C | 兩兩比較 (individual contrasts): of A that decompose A\|B#C using r. |
| r.A#g.B\|C | 兩兩比較 (individual contrasts): for each interaction of A and B defined by r. and g. nested in each level of C |
| 斜率效果 Slope effects | |
| A#c.x | 聯合檢定 (joint testing)the effects of A on the slopes of x |
| A#c.x#c.y | 聯合檢定 (joint testing)the effects of A on the slopes of the product (interaction) of x and y |
| A#B#c.x | 聯合檢定 (joint testing)the interaction effects of A and B on the slopes of x |
| A#B#c.x#c.y | 聯合檢定 (joint testing)the interaction effects of A and B on the slopes of the product (interaction) of x and y |
| r.A#c.x | 兩兩比較 (individual contrasts): of A's effects on the slopes of x using r. |

A, B, C, D：為任何因子變數 (factor variable)。
x 及 y：為任何連續變數 (continuous variable)。
r. 及 g.：為任何比較運算子 (contrast operator)。
c.：界定某一變數為連續型 (specifies that a variable be treated as continuous)。

**Step 10.** **mixed** 指令分析 time 四次是線性成長模型嗎？

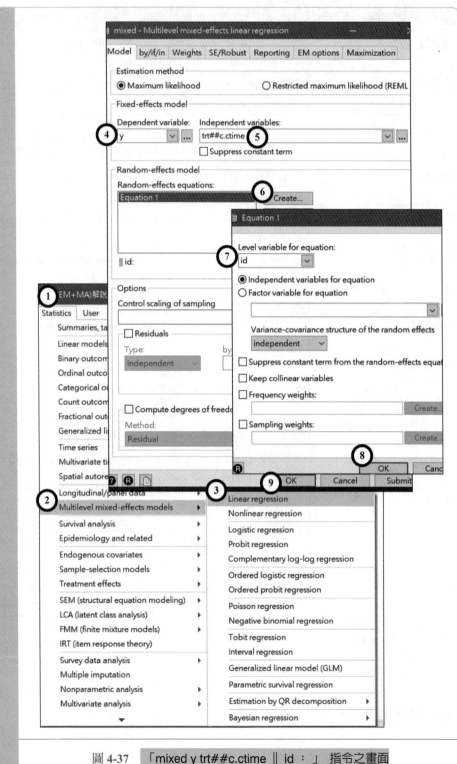

圖 4-37 「mixed y trt##c.ctime ‖ id：」指令之畫面

Step 10-1. 線性成長模型之簡單斜率 simple slopes

# 一、趨勢分析 (trend analysis)

　　**趨勢**分析 (trend analysis) 是以變異數分析為基礎，當變異數分析結果達顯著水準時，即表示自變數水準改變，依變數的平均數也隨著某種傾向而改變。

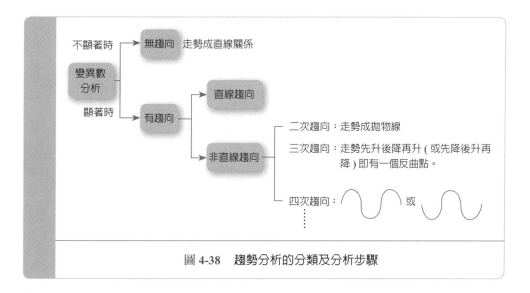

圖 4-38　趨勢分析的分類及分析步驟

　　趨勢分析的基本要求是自變數為量的變數，除了可以檢定各組平均數之間有無差異之外，還可以檢定自變數 ( 實驗處理 ) 與各組平均數之間的關係及此關係的形狀。此外，實驗的依變數應為等距或比率變數 ( 如學習效果、學習次數、材質壽命等 )，且各自變數各水準之間隔假定是相同的，亦即實驗處理各組的差距是相同的。

　　趨勢分析時所使用的趨勢係數是正交化多項式係數 (orthogonal polynomial coefficient)，即每一組係數之和等於 0，而且每兩組相對的係數其交乘積和也等於 0。假如所研究的資料，區分為 k 個實驗處理水準時，則其最多會有 k-1 次趨勢。

表 4-2　正交多項係數

| 組數 | 趨 | | 向 | 係 | | 數 |
|---|---|---|---|---|---|---|
| K=3 | 直線 | C1 | -1 | 0 | 1 | |
| | 二次 | C2 | 1 | -2 | 1 | ，即 $SS_A=SS_{lin}+SS_{quad}$ |

| 組數 | | | 趨 | 向 | 係 | 數 | | | |
|---|---|---|---|---|---|---|---|---|---|
| K=4 | 直線 | C1 | -3 | -1 | 1 | 3 | | | |
| | 二次 | C2 | 1 | -1 | -1 | 1 | | | |
| | 三次 | C3 | -1 | 3 | -3 | 1 | ，即 $SS_A=SS_{lin}+SS_{quad}+SS_{cub}$ | | |
| K=5 | 直線 | C1 | -2 | -1 | 0 | 1 | 2 | | |
| | 二次 | C2 | 2 | -1 | -2 | -1 | 2 | | |
| | 三次 | C3 | -1 | 2 | 0 | -2 | 1 | | |
| | 四次 | C4 | 1 | -4 | 6 | -4 | 1 | | |
| K=6 | 直線 | C1 | -5 | -3 | -1 | 1 | 3 | 5 | |
| | 二次 | C2 | 5 | -1 | -4 | -4 | -1 | 5 | |
| | 三次 | C3 | -5 | 7 | 4 | -4 | -7 | 5 | |
| | 四次 | C4 | 1 | 3 | 2 | 2 | -3 | 1 | |
| K=7 | 直線 | C1 | -3 | -2 | -1 | 0 | 1 | 2 | 3 |
| | 二次 | C2 | 5 | 0 | -3 | -4 | -3 | 0 | 5 |
| | 三次 | C3 | -1 | 1 | 1 | 0 | -1 | -1 | 1 |
| | 四次 | C4 | 3 | -7 | 1 | 6 | 1 | -7 | 3 |
| K=8 | 直線 | C1 | -7 | -5 | -3 | -1 | 1 | 3 | 5 | 7 |
| | 二次 | C2 | 7 | 1 | -3 | -5 | -5 | -3 | 1 | 7 |
| | 三次 | C3 | -7 | 5 | 7 | 3 | -3 | -7 | -5 | 7 |
| | 四次 | C4 | 7 | -13 | -3 | 9 | 9 | -3 | -13 | 7 |

摘自林清山，民 81，p.449。

## 二、本例：重複測量四次，證明它為一次線性趨勢成長

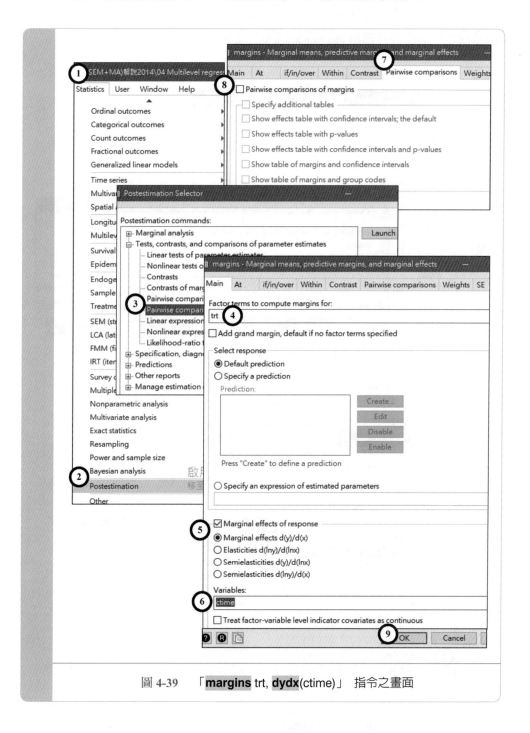

圖 4-39 「**margins** trt, **dydx**(ctime)」 指令之畫面

**Step 10-2.** 線性成長模型之 contrasts of average marginal effects

執行「**margins** r.trt, dydx(ctime)」指令。

**Step 10-3.** 線性成長模型 graphing the interaction

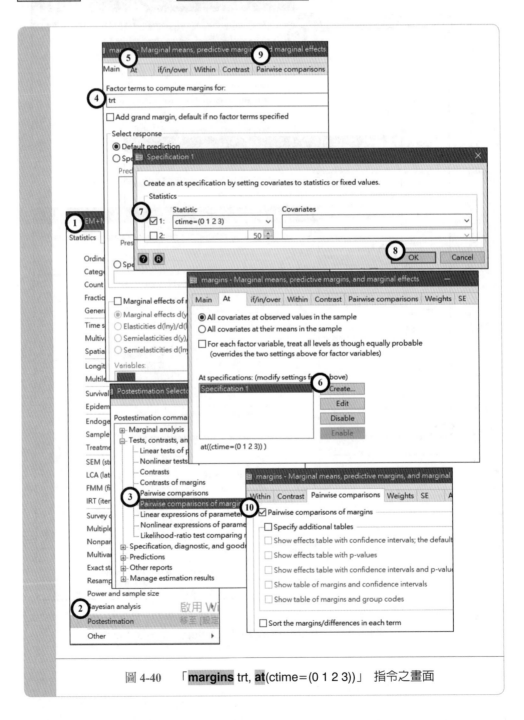

圖 4-40 「**margins** trt, **at**(ctime＝(0 1 2 3))」 指令之畫面

**Step 10-4.** 線性成長模型之線形圖

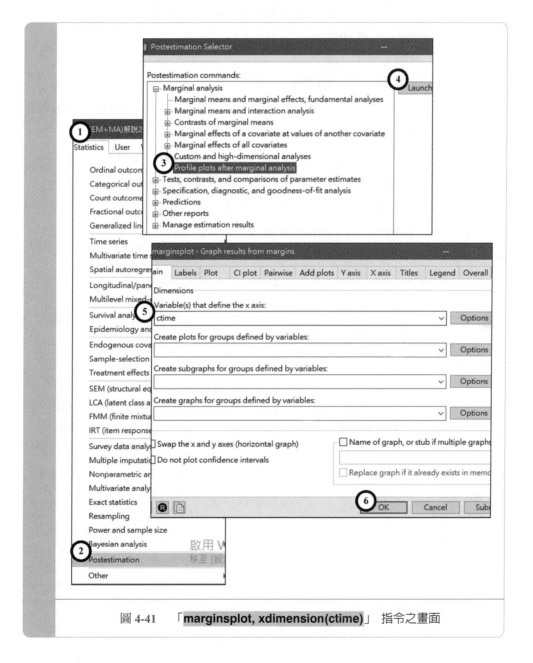

圖 4-41 「**marginsplot, xdimension(ctime)**」 指令之畫面

**Step 11.** **mixed** 指令分析 time 四次是二次曲線成長模型嗎？

執行「**xtmixed** y trt##c.ctime##c.ctime **|| id:, var**」指令。

或「mixed y trt##c.ctime##c.ctime || id:」指令。

**Step 11-1.** 二次成長模型之繪圖 graphing the quadratic model

執行「**margins** trt, **at**(ctime=(0 1 2 3))」指令。

**Step 11-2.** 二次成長模型之圖形

執行「**marginsplot, xdimension**(ctime)」指令。

**Step 12.** **mixed** 指令分析 time 四次是三次曲線成長模型嗎？(Cubic growth model)

執行「**mixed** y trt##c.ctime##c.ctime##c.ctime || id:」指令。

或「**xtmixed** y trt##c.ctime##c.ctime##c.ctime || id:, **var**」指令。

**Step 12-1.** 三次曲線成長模型之繪圖 (graphing the cubic model)

執行「**margins** trt, **at**(ctime=(0 1 2 3))」指令。

執行「**marginsplot, xdimension(ctime)**」指令。

**Step 12-2.** 三次曲線成長模型 (Slopes for each treatment and time point)

執行「**margins** trt, **dydx**(ctime) **at**(ctime=(0 1 2 3))」指令。

---

```
* 存在「Repeated measure ANOVA_2.do」指令檔
* 資料結構的轉換：從 wide versus long

*Repeated measures data comes in two different formats: (1) wide or (2) long. In
the wide format each subject appears once with the repeated measures in the same
observation. For data in the long format there is one observation for each time pe-
riod for each subject. Here is an example of data in the wide format for four time
periods.

  id    y1    y2    y3    y4
  1    3.5   4.5   7.5   7.5
  2    6.5   5.5   8.5   8.5
*In the above y1 is the response variable at time one. In long form the data look
like this.

  id    time    y
  1     1     3.5
  1     2     4.5
  1     3     7.5
  1     4     7.5
```

```
2    1    6.5
2    2    5.5
2    3    8.5
2    4    8.5
```

   *Our example dataset is cleverly called **repeated measures** and can be downloaded with the following command.

\* 開啟資料檔
. use repeated_measures, clear

\*There are a total of eight subjects measured at four time points each. These data are in wide format where **y1** is the response at **time** 1, **y2** is the response at **time** 2, and so on. The subjects are **divided into two groups** of four subjects using the variable **trt**. Here are the basic descriptive statistics at each of the four time points combined and broken out by treatment group.

. summarize y1-y4

| Variable | Obs | Mean | Std. Dev. | Min | Max |
|---|---|---|---|---|---|
| y1 | 8 | 3 | 1.690309 | 1 | 6.5 |
| y2 | 8 | 3.75 | 1.101946 | 2 | 5.5 |
| y3 | 8 | 6.5 | 1.253566 | 5 | 8.5 |
| y4 | 8 | 9.25 | 1.101946 | 7.5 | 11 |

\*trt=1 實驗組；trt=2 控制組

. tabstat y1-y4, by(trt) stat(n mean sd var)

| trt | y1 | y2 | y3 | y4 |
|---|---|---|---|---|
| 1 | 4 | 4 | 4 | 4 |
| | 4.25 | 4.5 | 7.5 | 8.5 |
| | 1.5 | .8164966 | .8164966 | .8164966 |
| | 2.25 | .6666667 | .6666667 | .6666667 |
| 2 | 4 | 4 | 4 | 4 |
| | 1.75 | 3 | 5.5 | 10 |
| | .5 | .8164966 | .5773503 | .8164966 |
| | .25 | .6666667 | .3333333 | .6666667 |

```
    Total |      8        8        8        8
          |      3      3.75      6.5     9.25
          | 1.690309  1.101946  1.253566  1.101946
          | 2.857143  1.214286  1.571429  1.214286
---------------------------------------------------
```

*Step 1 繪 wide 型資料檔之交互作用圖
. profileplot y1-y4, by(trt)
. correlate y1-y4

(obs=8)

```
            |      y1       y2       y3       y4
-------------+------------------------------------
         y1 |  1.0000
         y2 |  0.8820   1.0000
         y3 |  0.9102   0.8273   1.0000
         y4 | -0.5752  -0.6471  -0.5171   1.0000
```

* 資料結構由 wide 型轉成 long 型 Reshape from wide to long
Reshape from wide to long
*Now that we have looked at some of the descriptive statistics we can reshape the data into long form using the reshape command. The i() option gives the variable that identifies the subject while the j() option creates a new variable that indicates the time period.

*Step 2 轉 wide 型為 long 型資料檔
.reshape long y, i(id) j(time)

. list, sep(4)

```
     +-----------------------+
     | id   time   trt    y  |
     |-----------------------|
  1. |  1      1     1   3.5  |
  2. |  1      2     1   4.5  |
  3. |  1      3     1   7.5  |
```

```
 4. |  1       4       1     7.5 |
    |----------------------------|
 5. |  2       1       1     6.5 |
 6. |  2       2       1     5.5 |
 7. |  2       3       1     8.5 |
 8. |  2       4       1     8.5 |
    |----------------------------|
 9. |  3       1       1     3.5 |
10. |  3       2       1     4.5 |
11. |  3       3       1     7.5 |
12. |  3       4       1     9.5 |
    |----------------------------|
13. |  4       1       1     3.5 |
14. |  4       2       1     3.5 |
15. |  4       3       1     6.5 |
16. |  4       4       1     8.5 |
    |----------------------------|
17. |  5       1       2       1 |
18. |  5       2       2       2 |
19. |  5       3       2       5 |
20. |  5       4       2      10 |
    |----------------------------|
21. |  6       1       2       2 |
22. |  6       2       2       3 |
23. |  6       3       2       6 |
24. |  6       4       2      10 |
    |----------------------------|
25. |  7       1       2       2 |
26. |  7       2       2       4 |
27. |  7       3       2       5 |
28. |  7       4       2       9 |
    |----------------------------|
29. |  8       1       2       2 |
30. |  8       2       2       3 |
31. |  8       3       2       6 |
32. |  8       4       2      11 |
    +----------------------------+
```

```
*Repeated measures mixed model
========================================================================
*An alternative to repeated measures anova is to run the analysis as a repeated
measures mixed model. We will do this using the xtmixed command. Note that we do
not have to specify the error terms, we only need to specify the name of the vari-
able on which the data are repeated, in this case id. Here is what the xtmixed com-
mand looks like. Note, we use the reml option so the the results will be comparable
to the anova results.
```

*Step 3：重複測量之混合模型 Repeated measures mixed model

\* 受試者：id 變數來分群組
\* 下式「mixed…|| class」區間為混合模型；「|| id」之後，宣告 level-2 隨機斜率變數沒有。
. xtmixed y trt##time || id:, variance reml
*STaTa v12 舊版用 xtmixed 指令；但 STaTa v15 新版則可用 mixed 指令如下：
. mixed y trt##time || id:, reml

```
Performing EM optimization:

Performing gradient-based optimization:

Iteration 0:    log restricted-likelihood = -34.824381
Iteration 1:    log restricted-likelihood = -34.824379

Computing standard errors:
```

| Mixed-effects REML regression | Number of obs | = | 32 |
|---|---|---|---|
| Group variable: id | Number of groups | = | 8 |
| | | | |
| | Obs per group: min = | | 4 |
| | avg = | | 4.0 |
| | max = | | 4 |
| | | | |
| | Wald chi2(7) | = | 428.37 |
| Log restricted-likelihood = -34.824379 | Prob > chi2 | = | 0.0000 |

```
------------------------------------------------------------------------
```

| y | Coef. | Std. Err. | z | P>|z| | [95% Conf. Interval] | |
|---|---|---|---|---|---|---|
| 2.trt | -2.5 | .6208193 | -4.03 | 0.000 | -3.716783 | -1.283217 |
| | | | | | | |
| time | | | | | | |
| 2 | .25 | .5034603 | 0.50 | 0.619 | -.736764 | 1.236764 |
| 3 | 3.25 | .5034603 | 6.46 | 0.000 | 2.263236 | 4.236764 |
| 4 | 4.25 | .5034603 | 8.44 | 0.000 | 3.263236 | 5.236764 |
| | | | | | | |
| trt#time | | | | | | |
| 2 2 | 1 | .7120004 | 1.40 | 0.160 | -.3954951 | 2.395495 |
| 2 3 | .5 | .7120004 | 0.70 | 0.483 | -.8954951 | 1.895495 |
| 2 4 | 4 | .7120004 | 5.62 | 0.000 | 2.604505 | 5.395495 |
| | | | | | | |
| _cons | 4.25 | .4389855 | 9.68 | 0.000 | 3.389604 | 5.110396 |

| Random-effects Parameters | Estimate | Std. Err. | [95% Conf. Interval] | |
|---|---|---|---|---|
| id: Identity | | | | |
| var(_cons) | .2638887 | .2294499 | .0480071 | 1.450562 |
| var(Residual) | .5069445 | .1689815 | .2637707 | .9743036 |

LR test vs. linear regression: chibar2(01) =     3.30 Prob >= chibar2 = 0.0346

*In addition to the estimates of the **fixed effects** we get **two random effects**. These are the variance of the intercepts and the residual variance which correspond to the **between-subject** and **within-subject** variances respectively.

*xtmixed produces estimates for each term in the model individually. To get **joint tests** (multi degree of freedom) of the interaction and main effects we will use the contrast command.

*Step 4：檢定主要效果及交互作用效果，是否達顯著？

.contrast trt##time

```
Contrasts of marginal linear predictions

Margins      : asbalanced


---------------------------------------------
             |    df     chi2     P>chi2
-------------+-------------------------------
y            |
         trt |     1     6.48     0.0109
        time |     3   383.67     0.0000
    trt#time |     3    38.22     0.0000
---------------------------------------------
```

\*Step 5：因交互作用項達顯著水準，故須再進行單純主要效果 (simple main effect) 檢定
\*Graph of interaction
\*Let's graph the interaction using the same **margins** and **marginsplot** commands as before.
\* 事後之內建指令：**margins**
. **margins** trt#time

```
Adjusted predictions                          Number of obs    =        32

Expression   : Linear prediction, fixed portion, predict()


----------------------------------------------------------------------
             |            Delta-method
             |   Margin   Std. Err.      z    P>|z|    [95% Conf. Interval]
-------------+--------------------------------------------------------
    trt#time |
         1 1 |     4.25   .4389855     9.68   0.000     3.389604    5.110396
         1 2 |      4.5   .4389855    10.25   0.000     3.639604    5.360396
         1 3 |      7.5   .4389855    17.08   0.000     6.639604    8.360396
         1 4 |      8.5   .4389855    19.36   0.000     7.639604    9.360396
         2 1 |     1.75   .4389855     3.99   0.000      .8896042   2.610396
         2 2 |        3   .4389855     6.83   0.000     2.139604    3.860396
         2 3 |      5.5   .4389855    12.53   0.000     4.639604    6.360396
         2 4 |       10   .4389855    22.78   0.000     9.139604   10.8604
```

--------------------------------------------------------------------------------

*Step 6-1: 因交互作用項達顯著水準，故須再進行單純主要效果 (simple main effect) **兩兩比較**

* 事後之內建指令：marginsplot
* 繪出單純主要效果圖
. marginsplot, x(time)

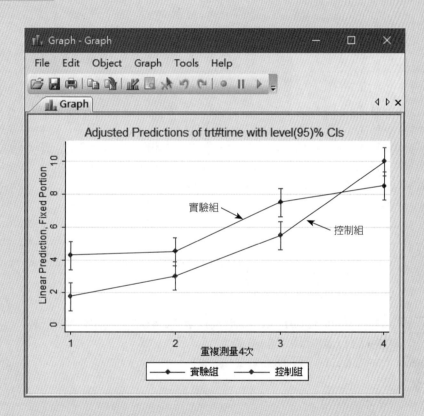

*Test of simple effect(單純主要效果檢定)
*time at each treatment
. contrast time@trt, effect

*Contrasts of marginal linear predictions
*Margins    : asbalanced

----------------------------------------------

        |       df      chi2     P>chi2

```
-------------+-------------------------------
y           |
    time@trt |
          1  |          3      107.88     0.0000
          2  |          3      314.01     0.0000
      Joint  |          6      421.89     0.0000
-------------------------------------------------
```

```
                  |   Contrast   Std. Err.      z     P>|z|    [95% Conf. Interval]
-------------+-------------------------------------------------------------------
y                 |
      time@trt    |
(2 vs base) 1     |       .25     .5034603     0.50    0.619    -.736764    1.236764
(2 vs base) 2     |      1.25     .5034603     2.48    0.013     .263236    2.236764
(3 vs base) 1     |      3.25     .5034603     6.46    0.000    2.263236    4.236764
(3 vs base) 2     |      3.75     .5034603     7.45    0.000    2.763236    4.736764
(4 vs base) 1     |      4.25     .5034603     8.44    0.000    3.263236    5.236764
(4 vs base) 2     |      8.25     .5034603    16.39    0.000    7.263236    9.236764
-------------------------------------------------------------------------------
```

Since each of these tests of simple effects uses three degrees of freedom, we will follow up using pairwise comparisons .

*Step 6-2 : 單純主要效果（simple main effect）：實驗組在四次重複測量之兩兩比較
*(trt=1) 實驗組在四次重複測量之兩兩比較
. margins time, at(trt=1) pwcompare(effects)

Pairwise comparisons of adjusted predictions

Expression   : Linear prediction, fixed portion, predict()
at           : trt            =            1

```
                  |           Delta-method   Unadjusted            Unadjusted
                  |   Contrast   Std. Err.      z     P>|z|    [95% Conf. Interval]
-------------+-------------------------------------------------------------------
       time  |
```

```
     2 vs 1  |       .25   .5034603    0.50   0.619     -.736764    1.236764
     3 vs 1  |      3.25   .5034603    6.46   0.000      2.263236    4.236764
     4 vs 1  |      4.25   .5034603    8.44   0.000      3.263236    5.236764
     3 vs 2  |         3   .5034603    5.96   0.000      2.013236    3.986764
     4 vs 2  |         4   .5034603    7.95   0.000      3.013236    4.986764
     4 vs 3  |         1   .5034603    1.99   0.047       .013236    1.986764
--------------------------------------------------------------------------------
```

*Step 6-3：單純主要效果(simple main effect)：控制組在四次重複測量之兩兩比較
*(trt=2) 控制組在四次重複測量之兩兩比較
. margins time, at(trt=2) pwcompare(effects)

Pairwise comparisons of adjusted predictions

Expression   : Linear prediction, fixed portion, predict()
at           : trt          =          2

```
--------------------------------------------------------------------------------
             |            Delta-method  Unadjusted          Unadjusted
             |  Contrast   Std. Err.      z    P>|z|    [95% Conf. Interval]
-------------+------------------------------------------------------------------
        time |
     2 vs 1  |      1.25   .5034603    2.48   0.013       .263236    2.236764
     3 vs 1  |      3.75   .5034603    7.45   0.000      2.763236    4.736764
     4 vs 1  |      8.25   .5034603   16.39   0.000      7.263236    9.236764
     3 vs 2  |       2.5   .5034603    4.97   0.000      1.513236    3.486764
     4 vs 2  |         7   .5034603   13.90   0.000      6.013236    7.986764
     4 vs 3  |       4.5   .5034603    8.94   0.000      3.513236    5.486764
--------------------------------------------------------------------------------
```

Step6-4：因交互作用項達顯著水準，故須再進行單純主要效果(simple main effect)兩兩比較
* 單純主要效果檢定之方法二：treatment at each time

. contrast trt@time, effect

Contrasts of marginal linear predictions

Margins      : asbalanced

```
-----------------------------------------------
             |    df      chi2    P>chi2
-------------+---------------------------------
y            |
    trt@time |
         1   |    1      16.22    0.0001
         2   |    1       5.84    0.0157
         3   |    1      10.38    0.0013
         4   |    1       5.84    0.0157
     Joint   |    4      44.70    0.0000
-----------------------------------------------
```

```
------------------------------------------------------------------------
              |  Contrast   Std. Err.      z    P>|z|    [95% Conf. Interval]
--------------+---------------------------------------------------------
y             |
     trt@time |
(2 vs base) 1 |    -2.5    .6208193    -4.03   0.000   -3.716783   -1.283217
(2 vs base) 2 |    -1.5    .6208193    -2.42   0.016   -2.716783   -.2832165
(2 vs base) 3 |     -2     .6208193    -3.22   0.001   -3.216783   -.7832165
(2 vs base) 4 |    1.5     .6208193     2.42   0.016    .2832165    2.716783
------------------------------------------------------------------------
```

*Step 7：趨勢的事後比較 Post-hoc test of trends
*Another way of looking at these results would be to look at the trend over time for each of the two groups. We do this by using the p. contrast operator which gives use coefficients of orthogonal polynomials. We keep the @ operator that we used in the tests of simple effects to give the results by treatment.
. contrast p.time@trt, effect

Contrasts of marginal linear predictions

Margins    : asbalanced

```
-------------------------------------------
             |    df      chi2    P>chi2
-------------+-----------------------------
```

```
y            |
     time@trt |
     (linear) 1  |           1        97.87     0.0000
     (linear) 2  |           1       292.96     0.0000
  (quadratic) 1  |           1         1.11     0.2922
  (quadratic) 2  |           1        20.84     0.0000
     (cubic) 1   |           1         8.90     0.0028
     (cubic) 2   |           1         0.22     0.6376
        Joint    |           6       421.89     0.0000
--------------------------------------------------------
```

| | Contrast | Std. Err. | z | P>\|z\| | [95% Conf. Interval] | |
|---|---|---|---|---|---|---|
| y | | | | | | |
| time@trt | | | | | | |
| (linear) 1 | 1.760904 | .1780001 | 9.89 | 0.000 | 1.41203 | 2.109777 |
| (linear) 2 | 3.046643 | .1780001 | 17.12 | 0.000 | 2.697769 | 3.395516 |
| (quadratic) 1 | .1875 | .1780001 | 1.05 | 0.292 | -.1613738 | .5363738 |
| (quadratic) 2 | .8125 | .1780001 | 4.56 | 0.000 | .4636262 | 1.161374 |
| (cubic) 1 | -.5310661 | .1780001 | -2.98 | 0.003 | -.8799399 | -.1821924 |
| (cubic) 2 | .0838525 | .1780001 | 0.47 | 0.638 | -.2650212 | .4327263 |

The results show a *significant linear trend* for both *treatment 1* and *treatment 2*. *Treatment 2* has a *significant quadratic trend* while *treatment 1 has a significant cubic trend*.

*Step 8：部分交互作用的事後比較 Post-hoc test of partial interaction

*Yet another alternative is to look at the partial interactions between treatment and time. We are going to look at the two treatments and two time points for each test. To understand our tests of partial interaction it helps to view the graph of the interaction. The first test looks at the two lines between time 1 and time 2. The next test looks at the lines between time 2 and time 3. And, the final test looks at the two lines between time 3 and time 4. For each of the partial interactions we are testing if the interaction among the four cells is significant. The way to set up the tests of partial interaction is to use the a. (adjacent) contrast operator along with the # for interaction. The explanation is much more complex than the concept.

```
. contrast a.time#trt
```

Contrasts of marginal linear predictions

Margins     : asbalanced

------------------------------------------------------
                  |    df     chi2    P>chi2
------------------+-----------------------------------
y                 |
         time#trt |
(1 vs 2) (joint)  |     1     1.97    0.1602
(2 vs 3) (joint)  |     1     0.49    0.4825
(3 vs 4) (joint)  |     1    24.16    0.0000
           Joint  |     3    38.22    0.0000
------------------------------------------------------

*結果顯示：there is no interaction between time 1 and time 2 or between time 2 and time 3. However, there is an interaction between times 3 and 4.

*Step 9: 多層模型，加入考慮受試者內之殘差共變數結構 Within-subject covariance structures
*We stated earlier that we would get back to the topic of within-subject covariance structures. So, let's look at several of the possible within-subject covariance structures.

* 型態一：Independence
*This covariance structure treats the repeated effects as being totally independent, just as if the design were between-subjects.

$\sigma 2$
$0 \quad \sigma 2$
$0 \quad 0 \quad \sigma 2$
$0 \quad 0 \quad 0 \quad \sigma 2$

* 型態二：Compound symmetry/exchangeable
*Repeated measures anova assumes that the within-subject covariance structure has compound symmetry. There is a single variance ($\sigma 2$) for all 3 of the time points and there is a single covariance ($\sigma 1$) for each of the pairs of trials. This is illustrated below. STaTa calls this covariance structure exchangeable.

$\sigma 2$
$\sigma 1$  $\sigma 2$
$\sigma 1$  $\sigma 1$  $\sigma 2$
$\sigma 1$  $\sigma 1$  $\sigma 1$  $\sigma 2$

\* 型態三：Unstructured

\*For the unstructured covariance each time point has its own variance (e.g. $\sigma 12$ is the variance of time 1) and each pair of time points has its own covariance (e.g., $\sigma 21$ is the covariance of time 1 and time 2). This is the type of covariance structure is found multivariate analysis of variance (manova).

$\sigma 12$
$\sigma 21$  $\sigma 22$
$\sigma 31$  $\sigma 32$  $\sigma 32$
$\sigma 41$  $\sigma 42$  $\sigma 43$  $\sigma 42$

\*The downside to using unstructured covariance is the larger number of parameters being estimated.

\* 型態四：Autoregressive

\*Another common covariance structure which is frequently observed in repeated measures data is an autoregressive structure, which recognizes that observations which are more proximate are more correlated than measures that are more distant. Below is an example of an autoregressive 1 covariance matrix.

$\sigma 2$
$\sigma r$  $\sigma 2$
$\sigma r2$  $\sigma r$  $\sigma 2$
$\sigma r3$  $\sigma r2$  $\sigma r$  $\sigma 2$

\*It is also possible to have autoregressive 2 or 3 type structures. In addition to the covariance structures shown above, STaTa also offers the following covariance structures: moving average, banded, toeplitz and exponential.

\*Step 9-1：mixed 模型，加入殘差無共變數結構 Example with unstructured covariance
\*After inspecting our within-subject covariance matrix, we have decided to use *unstructured* within-subject covariance.

```
. xtmixed y trt##time || id:, var noconst residuals(unstr, t(time)) reml
```
*STaTa v12 舊版用 xtmixed 指令；但 STaTa v15 新版則可用 mixed 指令如下：
* 新版「. mixed y trt##time, || id:, noconstant reml residuals(unstructured, t(time))」
* 上式「mixed…||id」區間為混合模型；「|| id」之後，宣告 level-2 隨機斜率變數沒有。

Obtaining starting values by EM:

Performing gradient-based optimization:

Iteration 0:   log restricted-likelihood = -36.476305  (not concave)
Iteration 1:   log restricted-likelihood = -32.170858  (not concave)
Iteration 2:   log restricted-likelihood = -30.790578
Iteration 3:   log restricted-likelihood = -30.075124
Iteration 4:   log restricted-likelihood = -29.820951
Iteration 5:   log restricted-likelihood = -29.819621
Iteration 6:   log restricted-likelihood =  -29.81962

Computing standard errors:
```

| Mixed-effects REML regression | | Number of obs | = | 32 |
| Group variable: id | | Number of groups | = | 8 |

```
                                   Obs per group: min =        4
                                                  avg =      4.0
                                                  max =        4

                                   Wald chi2(7)     =    247.94
Log restricted-likelihood = -29.81962    Prob > chi2     =    0.0000
```

| y | Coef. | Std. Err. | z | P>\|z\| | [95% Conf. Interval] |
|---|---|---|---|---|---|
| 2.trt | -2.5 | .7905694 | -3.16 | 0.002 | -4.049487  -.9505125 |
| time | | | | | |
| 2 | .25 | .3818814 | 0.65 | 0.513 | -.4984737   .9984737 |
```

```
       3 |       3.25     .3818812     8.51    0.000      2.501527     3.998473
       4 |       4.25     .6922186     6.14    0.000      2.893276     5.606724
         |
 trt#time |
     2 2 |          1     .5400618     1.85    0.064     -.0585017     2.058502
     2 3 |         .5     .5400616     0.93    0.355     -.5585013     1.558501
     2 4 |          4      .978945     4.09    0.000      2.081303     5.918697
         |
    _cons |       4.25      .559017     7.60    0.000      3.154347     5.345653
----------------------------------------------------------------------------


----------------------------------------------------------------------------
 Random-effects Parameters  |   Estimate   Std. Err.     [95% Conf. Interval]
----------------------------+-----------------------------------------------
id:               (empty)   |
----------------------------+-----------------------------------------------
Residual: Unstructured      |
                  var(e1)   |       1.25     .721688      .4031515     3.875713
                  var(e2)   |   .6666668    .3849007       .215014     2.067049
                  var(e3)   |   .4999998    .2886746      .1612609     1.550281
                  var(e4)   |   .6666667    .3849003      .2150142     2.067047
               cov(e1,e2)   |   .6666666    .4614796     -.2378169      1.57115
               cov(e1,e3)   |   .5833333    .4010976     -.2028035      1.36947
               cov(e1,e4)   |   1.76e-08     .372678     -.7304354      .7304354
               cov(e2,e3)   |   .3333334    .2721656     -.2001015      .8667682
               cov(e2,e4)   |  -.1666667    .2805416     -.7165181      .3831847
               cov(e3,e4)   |   .1666665     .245327     -.3141656      .6474986
----------------------------------------------------------------------------
LR test vs. linear regression:       chi2(9) =     13.31   Prob > chi2 = 0.1489
```

*Note: The reported degrees of freedom assumes the **null hypothesis** is not on the boundary of the parameter space. If this is not true, then the reported test is conservative.

Here is the joint (multi degree of freedom) test for the interaction.

*Step 9-2:mixed 模型，加入殘差無共變數結構後，再次主要效果 / 交互作用效果之檢定

. contrast time#trt, effect

```
Contrasts of marginal linear predictions

Margins      : asbalanced

------------------------------------------------
             |       df        chi2     P>chi2
-------------+----------------------------------
y            |
    trt#time |        3       35.58     0.0000
------------------------------------------------
* tests of simple effects: trt@time
```

*Since the interaction is statistically significant we will follow up with a test of simple effects of time at each treatment.

```
. contrast time@trt, effect

Contrasts of marginal linear predictions

Margins      : asbalanced

------------------------------------------------
             |       df        chi2     P>chi2
-------------+----------------------------------
y            |
    time@trt |
          1  |        3      100.99     0.0000
          2  |        3      146.96     0.0000
       Joint |        6      247.94     0.0000
------------------------------------------------


-----------------------------------------------------------------------
             |  Contrast   Std. Err.      z    P>|z|   [95% Conf. Interval]
-------------+---------------------------------------------------------
y            |
    time@trt |
(2 vs base) 1 |      .25   .3818814     0.65   0.513   -.4984737   .9984737
```

| (2 vs base) 2 | | 1.25 | .3818814 | 3.27 | 0.001 | .5015263 | 1.998474 |
| (3 vs base) 1 | | 3.25 | .3818812 | 8.51 | 0.000 | 2.501527 | 3.998473 |
| (3 vs base) 2 | | 3.75 | .3818812 | 9.82 | 0.000 | 3.001527 | 4.498473 |
| (4 vs base) 1 | | 4.25 | .6922186 | 6.14 | 0.000 | 2.893276 | 5.606724 |
| (4 vs base) 2 | | 8.25 | .6922186 | 11.92 | 0.000 | 6.893276 | 9.606724 |

--------------------------------------------------------------------

Step 10：mixed 指令分析 time 四次是線性成長模型嗎？(線性、二次、三次曲線三種趨勢分析)
*Growth models
*Linear growth model

*It is also possible to treat **time** as a continuous variable, in which case, the model would be considered to be a **linear growth model**. To simplify the interpretation of the intercept we are going to start time at zero instead of one. We do this by creating a new variable ctime which is time – 1. We need to let **xtmixed** know that we are treating **ctime** as continuous by using the **c.prefix**.

*Note, when using a mixed model it is not necessary for each subject to be measured at the same time points although in our case they are all measured at the same four time points.

. **generate** *ctime* = time - 1

. **mixed** y trt##c.ctime || id:
*或
. **xtmixed** y trt##c.ctime || id:, **var**

Performing EM optimization:

Performing gradient-based optimization:

Iteration 0:    log likelihood = -46.500622
Iteration 1:    log likelihood = -46.470323
Iteration 2:    log likelihood = -46.470167
Iteration 3:    log likelihood = -46.470167

Computing standard errors:

```
Mixed-effects ML regression              Number of obs      =       32
Group variable: id                       Number of groups   =        8

                                         Obs per group: min =        4
                                                        avg =      4.0
                                                        max =        4

                                         Wald chi2(3)       =   199.80
Log likelihood = -46.470167              Prob > chi2        =   0.0000

-------------------------------------------------------------------------------
          y |    Coef.   Std. Err.      z    P>|z|    [95% Conf. Interval]
------------+------------------------------------------------------------------
      2.trt |    -2.85   .6161878    -4.63   0.000    -4.057706   -1.642294
      ctime |    1.575   .2276465     6.92   0.000     1.128821    2.021179
            |
 trt#c.ctime |
          2 |     1.15   .3219408     3.57   0.000     .5190076    1.780992
            |
      _cons |    3.825   .4357106     8.78   0.000     2.971023    4.678977
-------------------------------------------------------------------------------


-------------------------------------------------------------------------------
  Random-effects Parameters  |   Estimate   Std. Err.     [95% Conf. Interval]
-----------------------------+-------------------------------------------------
id: Identity                 |
                 var(_cons)  |   .0338535   .1644761     2.48e-06     462.531
-----------------------------+-------------------------------------------------
              var(Residual)  |   1.036459   .2991998     .5886153    1.825041
-------------------------------------------------------------------------------
*LR test vs. linear regression: chibar2(01) = 0.05 Prob >= chibar2 = 0.4149
```

As you can see the interaction term is still statistically significant. You need to be careful about interpreting trt and ctime as main effects in the anova sense. The ctime coefficient is the slope of y on ctime in the reference group. While the co-efficient for trt is the difference in the two groups when ctime is zero.

Step 10-1：線性成長模型之簡單斜率 Simple slopes

*We can use the margins command with the dydx option to get the slopes of each of the two treatment groups. Note that the slope for trt 1 is the same as the coefficient for ctime above.

. margins trt, dydx(ctime)

Average marginal effects                          Number of obs    =        32

Expression    : Linear prediction, fixed portion, predict()
dy/dx w.r.t.  : ctime

```
------------------------------------------------------------------------------
             |            Delta-method
             |    dy/dx   Std. Err.      z    P>|z|    [95% Conf. Interval]
-------------+----------------------------------------------------------------
ctime        |
         trt |
          1  |    1.575   .2276465     6.92   0.000     1.128821    2.021179
          2  |    2.725   .2276465    11.97   0.000     2.278821    3.171179
------------------------------------------------------------------------------
```

*We can also test the difference in the slopes using the margins command with reference group coding using the r. contrast operator. It is not really necessary to do this because we already know that the difference in slopes is significant from the interaction term above. In fact, if you take the z-value for the interaction (3.57) and square it (12.7449), you get the chi-square shown below to within rounding error.

Step 10-2：線性成長模型之 Contrasts of average marginal effects

. margins r.trt, dydx(ctime)

Contrasts of average marginal effects

Expression    : Linear prediction, fixed portion, predict()
dy/dx w.r.t.  : ctime

```
------------------------------------------------------------------------------
```

```
           |      df       chi2     P>chi2
-----------+-------------------------------
ctime      |
       trt |       1      12.76     0.0004
-----------------------------------------


-------------------------------------------------------
           |    Contrast Delta-method
           |     dy/dx    Std. Err.    [95% Conf. Interval]
-----------+-------------------------------------------
ctime      |
       trt |
   (2 vs 1)|     1.15     .3219408     .5190076    1.780992
-------------------------------------------------------
```

*Step 10-3：線性成長模型 Graphing the interaction

\*We can visualize the simple slopes by graphing the interaction using a variation of margins with the **at**() option along with the **marginsplot** command.

. **margins** trt, **at**(ctime=(0 1 2 3))

```
Adjusted predictions                        Number of obs   =         32

Expression   : Linear prediction, fixed portion, predict()
1._at        : ctime          =          0
2._at        : ctime          =          1
3._at        : ctime          =          2
4._at        : ctime          =          3


--------------------------------------------------------------------------
           |        Delta-method
           |   Margin   Std. Err.     z     P>|z|    [95% Conf. Interval]
-----------+--------------------------------------------------------------
    _at#trt |
       1 1 |    3.825   .4357106     8.78    0.000    2.971023    4.678977
       1 2 |     .975   .4357106     2.24    0.025     .121023    1.828977
       2 1 |      5.4   .2935946    18.39    0.000    4.824565    5.975435
       2 2 |      3.7   .2935946    12.60    0.000    3.124565    4.275435
```

```
 3 1 |    6.975   .2935946   23.76   0.000    6.399565   7.550435
 3 2 |    6.425   .2935946   21.88   0.000    5.849565   7.000435
 4 1 |     8.55   .4357106   19.62   0.000    7.696023   9.403977
 4 2 |     9.15   .4357106   21.00   0.000    8.296023   10.00398
```
---------------------------------------------------------------------

\*Step 10-4：線性成長模型之線形圖

\* 執行 margins 之事後指令 marginsplot

. marginsplot, xdimension(ctime)

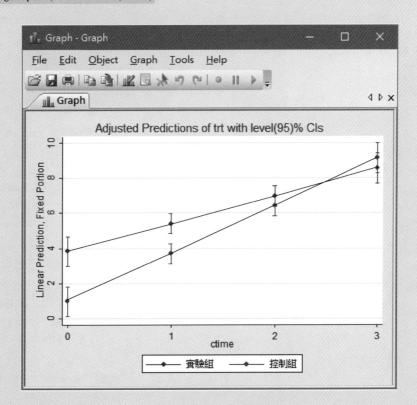

\*Step 11：xtmixed 指令分析 time 四次是二次曲線成長模型嗎？

\*Quadratic growth model

\*We do not have to restrict ourselves to a linear relation over time. We can easily include a quadratic effect by repeating c.ctime term in our model.

. xtmixed y trt##c.ctime##c.ctime || id:, var

```
Performing EM optimization:

Performing gradient-based optimization:

Iteration 0:    log likelihood = -39.356298
Iteration 1:    log likelihood = -39.356273
Iteration 2:    log likelihood = -39.356273

Computing standard errors:

Mixed-effects ML regression              Number of obs      =        32
Group variable: id                       Number of groups   =         8

                                         Obs per group: min =         4
                                                        avg =       4.0
                                                        max =         4

                                         Wald chi2(5)       =    373.88
Log likelihood = -39.356273              Prob > chi2        =    0.0000

-------------------------------------------------------------------------------
            y |     Coef.    Std. Err.      z    P>|z|    [95% Conf. Interval]
--------------+----------------------------------------------------------------
       2.trt |    -2.225    .5890715    -3.78   0.000   -3.379559  -1.070441
       ctime |    1.0125    .5923778     1.71   0.087   -.1485391   2.173539
              |
 trt#c.ctime |
           2 |     -.725    .8377487    -0.87   0.387   -2.366957   .9169573
              |
c.ctime#c.ctime |   .1875    .1892281     0.99   0.322   -.1833804   .5583804
              |
trt#c.ctime#c.ctime |
           2 |      .625    .267609      2.34   0.020    .100496   1.149504
              |
       _cons |    4.0125    .4165364     9.63   0.000    3.196104   4.828896
-------------------------------------------------------------------------------
```

```
-----------------------------------------------------------------------
  Random-effects Parameters |   Estimate   Std. Err.    [95% Conf. Interval]
----------------------------+------------------------------------------
id: Identity                |
                var(_cons) |   .1497396   .1522079     .0204223   1.097916
----------------------------+------------------------------------------
              var(Residual) |   .5729167   .1653868     .3253649   1.008816
-----------------------------------------------------------------------
LR test vs. linear regression: chibar2(01) =      1.71 Prob >= chibar2 = 0.0958
```

*Step 11-1：二次成長模型之繪圖 Graphing the quadratic model

*We can graph the quadratic model using the same margins and marginsplot commands that we used for the linear model

. margins trt, at(ctime=(0 1 2 3))

```
Adjusted predictions                              Number of obs   =         32

Expression    : Linear prediction, fixed portion, predict()
1._at         : ctime           =           0
2._at         : ctime           =           1
3._at         : ctime           =           2
4._at         : ctime           =           3

-----------------------------------------------------------------------
            |             Delta-method
            |    Margin   Std. Err.     z    P>|z|     [95% Conf. Interval]
------------+----------------------------------------------------------
     _at#trt |
        1 1 |    4.0125   .4165364     9.63   0.000     3.196104   4.828896
        1 2 |    1.7875   .4165364     4.29   0.000     .9711036   2.603896
        2 1 |    5.2125   .3408973    15.29   0.000     4.544354   5.880646
        2 2 |    2.8875   .3408973     8.47   0.000     2.219354   3.555646
        3 1 |    6.7875   .3408973    19.91   0.000     6.119354   7.455646
        3 2 |    5.6125   .3408973    16.46   0.000     4.944354   6.280646
        4 1 |    8.7375   .4165364    20.98   0.000     7.921104   9.553896
        4 2 |    9.9625   .4165364    23.92   0.000     9.146104    10.7789
-----------------------------------------------------------------------
```

\*Step 11-2：二次成長模型之圖形

\* `margins` 的事後指令 `marginsplot`

. `marginsplot, xdimension(ctime)`

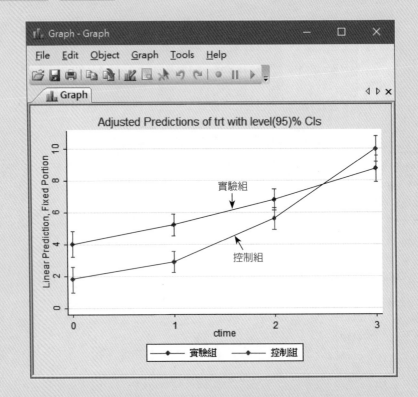

\* Step 12：`mixed` 指令分析 time 四次是三次曲線成長模型嗎？(Cubic growth model)

\*If we add an additional ctime to our quadratic growth model, we get a cubic growth model.

. `mixed y trt##c.ctime##c.ctime##c.ctime || id:`

或

. `xtmixed y trt##c.ctime##c.ctime##c.ctime || id:, var`

\* Step 12-1：三次曲線成長模型之繪圖 (Graphing the cubic model)

. `margins trt, at(ctime=(0 1 2 3))`

Adjusted predictions                    Number of obs    =        32

Expression    : Linear prediction, fixed portion, predict()

```
1._at          : ctime          =           0
2._at          : ctime          =           1
3._at          : ctime          =           2
4._at          : ctime          =           3

--------------------------------------------------------------------------
               |          Delta-method
               |  Margin   Std. Err.      z    P>|z|    [95% Conf. Interval]
---------------+----------------------------------------------------------
      _at#trt  |
          1 1  |    4.25   .3801727    11.18   0.000    3.504875    4.995125
          1 2  |    1.75   .3801727     4.60   0.000    1.004875    2.495125
          2 1  |     4.5   .3801727    11.84   0.000    3.754875    5.245125
          2 2  |       3   .3801727     7.89   0.000    2.254875    3.745125
          3 1  |     7.5   .3801727    19.73   0.000    6.754875    8.245125
          3 2  |     5.5   .3801727    14.47   0.000    4.754875    6.245125
          4 1  |     8.5   .3801727    22.36   0.000    7.754875    9.245125
          4 2  |      10   .3801727    26.30   0.000    9.254875   10.74512
--------------------------------------------------------------------------

. marginsplot, xdimension(ctime)
```

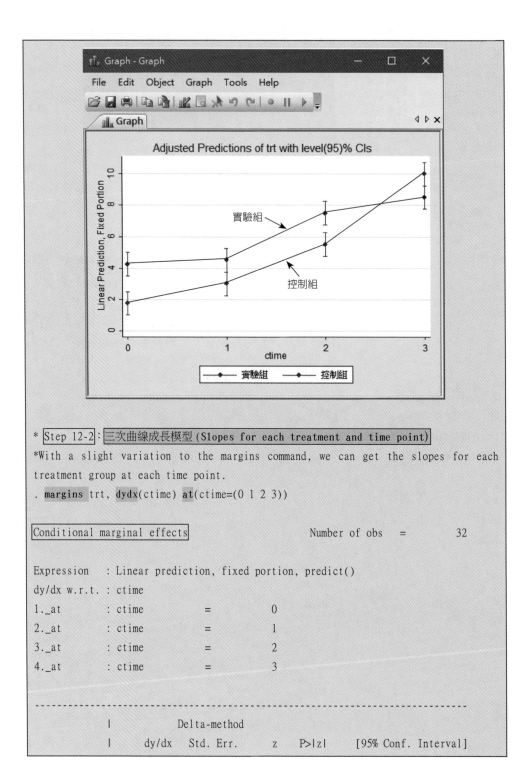

* Step 12-2 ：三次曲線成長模型 (Slopes for each treatment and time point)

*With a slight variation to the margins command, we can get the slopes for each treatment group at each time point.

. margins trt, dydx(ctime) at(ctime=(0 1 2 3))

Conditional marginal effects                    Number of obs  =          32

Expression  : Linear prediction, fixed portion, predict()
dy/dx w.r.t. : ctime
1._at       : ctime          =          0
2._at       : ctime          =          1
3._at       : ctime          =          2
4._at       : ctime          =          3

--------------------------------------------------------------------------
             |               Delta-method
             |       dy/dx   Std. Err.       z   P>|z|    [95% Conf. Interval]

```
-------------+----------------------------------------------------------------
ctime        |
    _at#trt  |
       1 1   |   -2.708333    1.182953     -2.29    0.022    -5.026879    -.3897881
       1 2   |        .875    1.182953      0.74    0.459    -1.443545    3.193545
       2 1   |    2.416667    .3633411      6.65    0.000     1.704531    3.128802
       2 2   |        1.75    .3633411      4.82    0.000     1.037864    2.462136
       3 1   |    2.791667    .3633411      7.68    0.000     2.079531    3.503802
       3 2   |       3.375    .3633411      9.29    0.000     2.662864    4.087136
       4 1   |   -1.583333    1.182953     -1.34    0.181    -3.901879    .7352119
       4 2   |        5.75    1.182953      4.86    0.000     3.431455    8.068545
-------------+----------------------------------------------------------------
```

*You will note that for **treatment** 2 the slopes just keep getting **steeper** and steeper, while for **treatment** 1, the slopes go up and then back down.

## 小結

### 混合模型的優點和缺點

混合模型既有優點也有缺點，但總的來說，混合模型更加靈活，比缺點更具優勢。

混合模型的優點包括：

1. 自動計算每個效果的正確標準誤差。

2. 受試者內 (within-subject) 允許不平衡或遺漏值存在。

3. 允許不相等的時間間隔 (allows unequal time intervals)。

4. 允許不同的受試者內 (within-subject) 共變數結構 (allows various within-subject covariance structures)。

5. 允許時間被視為類別變數或連續變數 (allows time to be treated as categorical or continuous)。

混合模型的缺點包括：

*xtmixed* 以卡方 (chi-square) 報告結果，此 p 值適用於大樣本；若遇到小樣本，則易產生偏誤 (biased)。

# 多變量共變數分析
(multivariate analysis of
covariance, mancova指令)

# 5-1 單因子 MANCOVA

共變數分析 (ANCOVA) 是將**變異數分析**和**迴歸**混合的一般線性模型。ANCOVA 旨在評估「代表實驗**處理**(treatment)之分類自變數(IV)」各分組(level)，在依變數 (DV) 的平均值是否相等，同時用統計來**控制**其他不感興趣的連續變數 [ 共變數或干擾 (nuisance) 變數 ]。在數學上，ANCOVA 將依變數的變異數分解為 3 項：「**共變數解釋的變異數** + **類別自變數解釋的變異數** + **殘差變異數**」。直觀上，ANCOVA 可被認為是透過共變數的組合方式來「調整」依變數。

$$Y_{ij} = \mu + \alpha_j + \beta w(X_{ij} - \mu_x) + \varepsilon_{ij}$$

其中 $\mu$ 為整體平均效果

$\alpha_j$ 為各實驗處理效果

$\beta w(X_{ij} - \mu_x)$ 為表示 X 與 Y 之間的迴歸係數

$\varepsilon_{ij}$ 表示排除 X 的影響後所剩下的殘差

## 5-1-1 單因子 MANCOVA 之原理

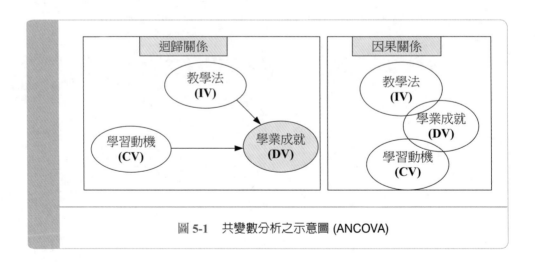

圖 5-1　共變數分析之示意圖 (ANCOVA)

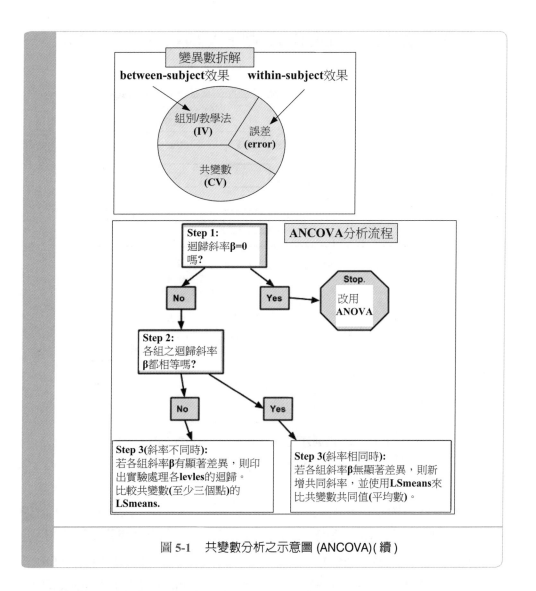

圖 5-1　共變數分析之示意圖 (ANCOVA)( 續 )

## 一、連續型變數當共變數

　　共變數分析 (ANCOVA)，其統計原理是在變異數分析 (ANOVA) 中再加 1 至 2 個連續型共變數 ( 即共變數 )，以控制變數與依變數間之共變為基礎，才進行迴歸「調整 (correction)」校正，求得「排除控制變數影響」的單純 (pure) 統計量。「單純」係指扣除「控制變數與依變數的共變」之後，類別型自變數與連續型依變數的純關係。意即：「ANCOVA= ANOVA + 連續型共變數」。

## 二、準實驗設計適合：混合設計二因子 ANOVA 、共變數分析

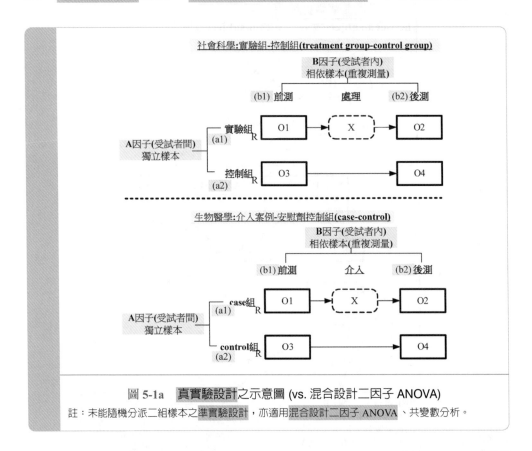

**圖 5-1a** 　真實驗設計之示意圖 (vs. 混合設計二因子 ANOVA)

註：未能隨機分派二組樣本之準實驗設計，亦適用混合設計二因子 ANOVA 、共變數分析。

如圖 3-15 實驗設計，共變數分析適用於「前測—後測」設計。其中，前測 (pretest) 當控制用共變數，後測 (posttest) 當依變數。控制用共變數大多選擇穩定的個人特質，不易受到實驗操縱的影響 ( 例如：IQ 、父母社會經濟地位 SES)。實務上，控制變數不一定要在研究前完成，你可依研究情況或方便性，在研究中、研究後再進行測量 ( 或調查蒐集 )。

### 三、共變數分析 (ANCOVA) 的原理

迴歸旨在使用最小平方法或最大概似估計，來求得 2 個連續變數的共變 ( 相關 )，進而產生預測用途的迴歸模型。

共變數分析以迴歸角度來看，ANCOVA 係將控制變數當作預測變數來用。當依變數的變異量 (variance)，若從被控制變數解釋部分中分離出來，剩下來的依變數解釋變異就是單純的「自變數對依變數的效果 (effects)/ 實驗處理」。

$$Y_{ij} = \mu + \alpha_j + \beta_j(X_{ij} - \overline{X}_{ij}) + \varepsilon_{ij}$$

上式可看出，共變數分析是在 ANOVA 中增加共變的作用項 $\beta_j(X_{ij} - \overline{X}_{ij})$，其中，$\beta_j$ 為組內迴歸係數 (within groups regression coefficient)，它代表各組「X → Y」的迴歸係數，它也是 ANOVA 的假定 (assumption) 之一。若自變數有 k 個類組 / 水準 (levels)，就有 k 個迴歸係數。

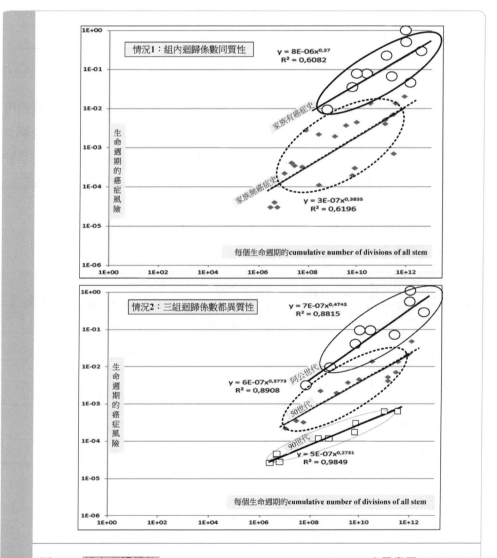

圖 5-2　組內迴歸係數 (within groups regression coefficient) 之示意圖 (ANCOVA 的假定之一)

### 四、ANCOVA 變異數的分解

ANOVA 是將依變項的總變異量，分解成組間效果 (between group) 及組內誤差效果 (within group) 二部分，其變異量分解數學式為：$SS_T = SS_B + SS_W$，並進行 F 檢。獨立樣本單因子變異數分析摘要表。

| 變異來源 (variation source) | 平方和 (SS) | 自由度 (df) | 均方 (MS) | F |
|---|---|---|---|---|
| 組間 (Between Group) | $SS_B$ | k-1 | $SS_B$ / k-1 | $MS_B$ / $MS_W$ |
| 組內 (Within Group) | $SS_W$ | N-k | $SS_W$ / N-k | |
| 全體 (Total) | $SS_T$ | N-1 | | |

相對地，ANCOVA 則根據迴歸原理，將依變項的總變異量拆解成共變項可解釋部分 ($SP_{XY}$) 及不可解釋部分，不可解釋變異再用 ANOVA 原理來進行分解。因此在統計檢定中，多先進行檢定共變數對依變數解釋力之 F 檢定，一併整理於 ANCOVA 摘要表 ( 如表 5-1)，其變異量分解數學式為：$SS_T = SP_{XY} + ( SS'_B + SS'_W )$，如下圖所示。

表 5-1　獨立樣本單因子共變數分析摘要表

| 變異來源 (source) | 平方和 (sum of squares) | 自由度 (degrees of freedom) | 均方 (variance estimate (mean square)) | F 值 |
|---|---|---|---|---|
| 共變數 (covariate) | $SS_{Cov}$ | 1 | $MS_{Cov}$ | $\dfrac{MS_{Cov}}{MS'_W}$ |
| 組間 (between) | $SS'_B$ | $K-1$ | $MS'_B = \dfrac{SS'_B}{K-1}$ | $\dfrac{MS'_B}{MS'_W}$ |
| 組內 (within) | $SS'_W$ | $N-K-1$ | $MS'_W = \dfrac{SS'_W}{N-K-1}$ | |
| 全體 (total) | $SS'_T$ | $N-1$ | | |

例子：ANCOVA

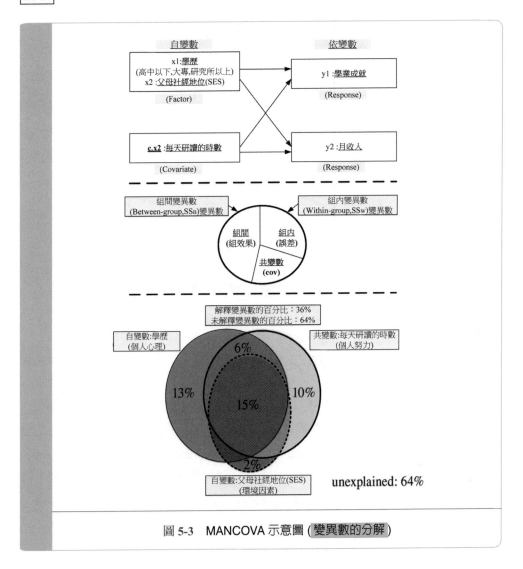

圖 5-3　MANCOVA 示意圖 (變異數的分解)

## 五、ANCOVA 對平均數的調整

　　共變數納入變異數分析，就會對依變數平均數產生調整 (adjusted mean)。如圖 5-4，當第一組在共變數的平均數小於第二組時 ($\overline{X}_1 < \overline{X}_2$)，此時迴歸線的垂直距離擴大，各水準在 Y 變數平均值將增加；反之，若 $\overline{X}_1 > \overline{X}_2$，此時迴歸線的垂直距離擴大，各水準在 Y 變數平均值將縮小。

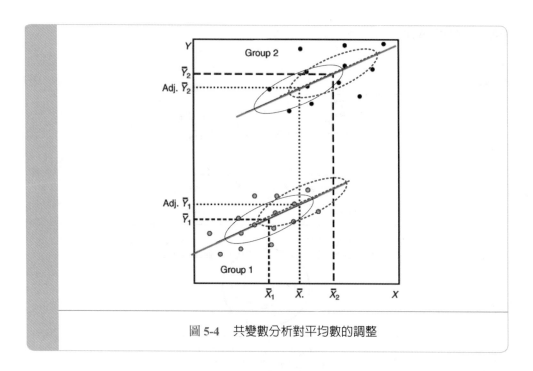

圖 5-4 　共變數分析對平均數的調整

## 5-1-2 單因子 MANCOVA 之重點整理

　　共變數的多變量分析 (MANCOVA) 是單變量共變數分析 (ANCOVA) 的擴展，它考量多個依變數的情況，並考量 ANOVA 是否需要伴隨的連續「自變數—共變數」的控制 (the control of concomitant continuous independent variables – covariates – is required)。MANCOVA 設計比簡單 MANOVA 優，它採用共變數來控制干擾 (noise)、誤差 (error) 的「另一因子 (factoring out)」。常用的 ANOVA F 統計量，對應的多變量就是 Wilks' Lambda( 符號 λ)，λ 代表 error variance( 或 covariance) 與 effect variance( 或 covariance) 之間的比率。

## 一、共變異數分析 (Analysis of covariance, ANCOVA) 之概念

ANCOVA 其實可以看為是 **ANOVA** 與迴歸分析的結合。傳統的 **ANOVA** 主要是用來比較兩組以上的樣本的平平均值是否有差別，比如醫師要研究不同的治療組合對肝癌患者的預後是否有不同的效果，因此去比較(1) 單純手術切除腫瘤、(2) 單純進行化療、(3) 以上兩種治療方式結合的病患的三年存活率。ANOVA 能用來比較這三組病患的三年存活率的平平均值是否有明顯不同，讓研究人員瞭解這三種治療組合的效果。

不過，ANOVA 通常必須搭配隨機控制實驗來進行會比較好，因為隨機分布比較能夠提供研究人員相同的比較基準 ( 比如使得這三組病人的病情分布情況大致上是相近的，不致於有某一組都是病情偏重的病人，其他組病人病情卻都較輕 )，這樣我們才能客觀地比較治療方式的效果差異。可是在這個例子中，這三組病人並不是透過隨機分布的方式去決定採用哪一種治療組合，醫師是依照每一位病人的病情 ( 肝腫瘤的大小、期數、病人的健康情況等 )，建議採取的治療方式，而這些病情變數都會對肝癌病人的存活率造成影響，因此在此情況下直接用 ANOVA 並不恰當，最理想的方式是 ANCOVA，因為 ANCOVA 在比較這三組病人的存活率時，可以同時考慮或控制其他對病人存活率有影響的病情變數，使我們在相同的背景或基礎上去比較這三組治療方式的效果。而控制其他變數對依變數的影響也是迴歸分析的基本功能，因此 ANCOVA 可以說是結合了 ANOVA 與迴歸分析的功能。

話說如此，事實上用複迴歸分析就可以達到 **ANCOVA** 的目的，只要在迴歸分析模式中加入組別的虛擬變數 (dummy variables)，我們就可以看到不同組別的平平均值是否有明顯差別。以前面的例子來說，我們必須建立兩個虛擬變數，分別代表第一組與第二組的病人 ( 研究組 )，做為分析模式中的自變數，而以第三組為對照組，這樣我們就可以去比較第一組和第二組的病人分別與第三組病人的三年存活率有沒有差別。

## 二、MANCOVA 目的

### 1. 降低實驗誤差

MANCOVA 類似於 ANOVA 系列中的所有檢定，MANCOVA 的主要目的是檢定組間平均值之間的顯著差異。在樣本抽樣中，MANCOVA 設計的共變量

(covariate) 就是要降低誤差項 $MS_{error}$，以提升整體 Wilks' Lambda 值，進而使處理效果更精準來考驗「處理 X」的顯著性。

## 2. 增進統計檢定力 (power)

這使研究人員有更多的統計檢定力 (power) 來檢定數據內的差異。多變量的 MANCOVA 允許多個依變數的線性組合來表達群體間差異，並同時控制其共變量。

舉例來說，假設一位科學家有興趣檢定 2 種新藥對抑鬱和焦慮評分的影響，並假設已掌握每個病人對藥物總體反應的資訊；若能考慮「藥物總體反應」這個共變數，將能提高靈敏度來確定每種藥物對 2 個依變數的影響。

## 三、單變量：ANCOVA 假定 (assumptions)

1. 假定 1：依變數與共變數之間是直線相關 (linearity of regression)

依變數和共變數之間的迴歸關係必須是線性的。

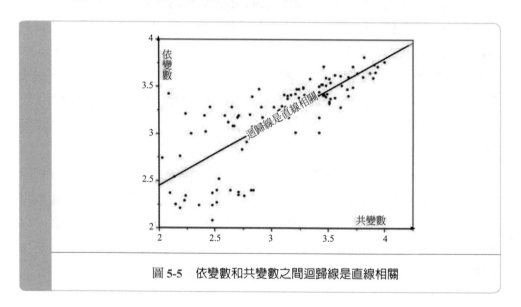

圖 5-5　依變數和共變數之間迴歸線是直線相關

2. 假定 2 ：誤差變異數 $\sigma_\varepsilon^2$ 同質性 (homogeneity of error variances)

　　誤差這個隨機變數，對於不同處理類別和觀察值，具有「零均值和變異數相等」的條件。

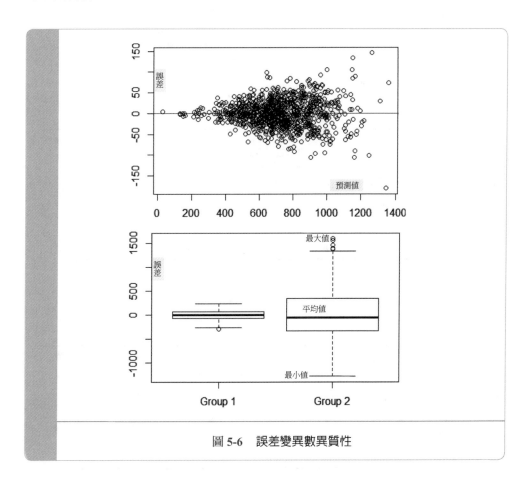

圖 5-6　誤差變異數異質性

3. 假定 3 ：誤差項彼此獨立 (independence of error terms)

　　誤差是不相關的。也就是說，誤差共變數矩陣呈對角矩陣。

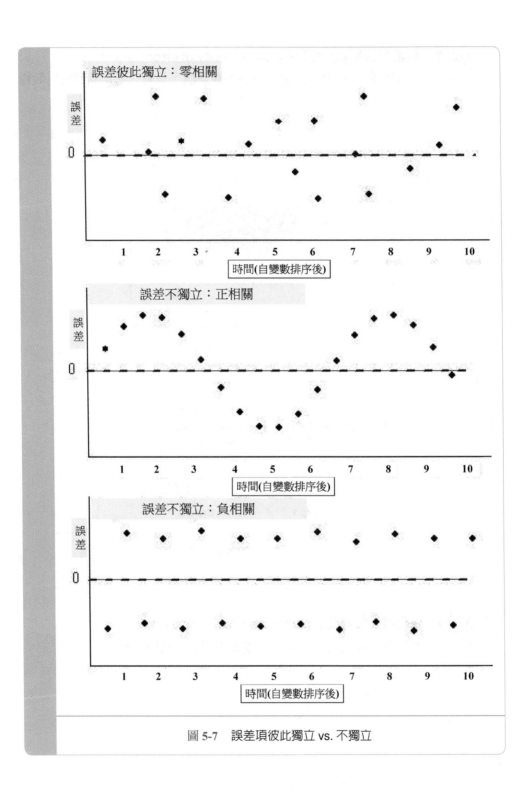

圖 5-7　誤差項彼此獨立 vs. 不獨立

4. 假定 4：誤差常態性 (normality of error terms)

該殘差 ( 誤差項 )，應常態分布，$\varepsilon_{ij} \sim N(0, \sigma^2)$

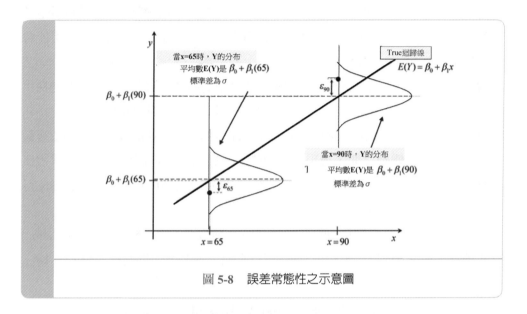

圖 5-8　誤差常態性之示意圖

5. 假定 5：組內迴歸係數同質 (homogeneity of regression slopes)

不同組間之迴歸線斜率應該是相等的，即迴歸線應該在組間平行。

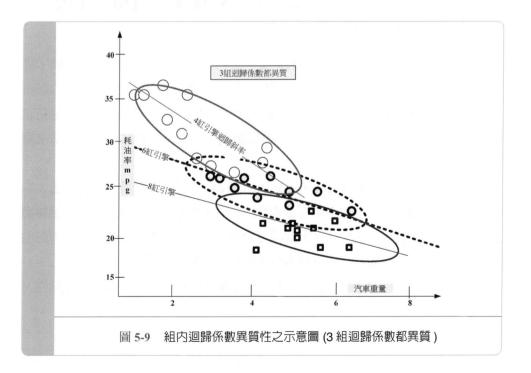

圖 5-9　組內迴歸係數異質性之示意圖 (3 組迴歸係數都異質 )

### 四、多變量：MANCOVA 假定 (Assumptions)

1. 常態性 (normality)(sktest 、swilk 、mvtest normality 指令)：對於每個組，每個依變數必須表示常態分數的分數。此外，依變數的任何線性組合都必須是常態分布的。轉化或去除異常值可以幫助確保滿足這個假定。違反此假定可能會導致型 I 錯誤率 ($\alpha$) 的增加。

2. 觀察值的獨立性：每個觀察值必須獨立於其他的觀察，這個假定可以通過採用隨機抽樣技術來實現。違反這一假設可能會導致型 I 錯誤率 ($\alpha$) 的增加。

3. 變異數的同質性 (homogeneity of variances) (外掛指令 levene.ado)：每個依變數必須在每個自變數之間，表現出類似的變異數水平。違反這一假定可以被概念化爲變異數和依變數均值之間的相關，這種違反就稱爲「heteroscedasticity」，可以使用 Levene's test 進行檢定。

4. 共變數同質性：在自變數的所有 levels 上，依變數間的交互相關 (intercorrelation) 矩陣必須相等。違反此假設可能會導致 I 型錯誤率的增加以及統計 power（$1-\beta$）的下降。

（參考資料：https://en.wikipedia.org/wiki/Analysis_of_covariance）

## 5-2 單因子 MANCOVA：3 個檢定 (manova 、 manovatest 指令)

在單變量共變數統計分析中，我們曾討論過，在進行實驗的研究時，除了實驗變數之外，若還有其他變數也會影響依變數，則會產生混淆效果。解決的辦法有 2 種：(1) 實驗控制，把這些不感興趣的變數儘量控制得完全相同，或是把它納入實驗變數中成爲多因子之一。(2) 統計控制，例如：採用共變數的方法來控制這些變數的影響。

共變數分析 (analysis of covariance, ANCOVA) 即是一種統計控制的方法。它是利用直線迴歸法將其他也會影響依變數的因素，從變異數中剔除，然後根據調整過後的分數進行變異數分析，因此共變數分析可說是變異數分析與直線迴歸的合併使用。這個其他變數，在共變數分析中稱爲共變數。

共變數分析的基本假定除了須符合變異數分析應有的基本假定（常態性、

獨立性、變異數同質性 ) 之外，另有一個重要的假定，即「組內迴歸係數同質性 (homogeneity of within-class regression coefficient)」。即各組本身裡面根據 X( 共變數 ) 預測 Y( 依變數 ) 的斜率 ($b_{wj}$) 要相等，若違反迴歸係數同質性的假定時，可用詹森 - 內曼法 (Johnson-Neyman) 來調整。

共變數分析的步驟如下：

1. 組內迴歸係數檢定：若經過調整仍不符合假設，則不宜進行共變數分析，各組應分別討論。

2. 共變數分析：看排除共變數的解釋量後，各組平均數之間是否有顯著差異。

3. 求調整後平均數。

將單變量共變數分析，推廣到每個處理均同時觀察 2 個以上依變數，即是所謂的多變量共變數分析。當然執行多變量共變數分析前，也得先符合如下基本假定 (assumption)：

1. 迴歸線平行 的假設：即檢定 r 個組內迴歸線之間是否平行。其虛無假設是 $H_0 : \Gamma_1 = \Gamma_2 = \cdots \Gamma_r = \Gamma$。計算結果，接受 $H_0$，便表示各組的迴歸線斜率是相同的或迴歸線是相同的，顯示各組受控制變數影響的情形都是相同的。

2. 共同斜率為 0 的假設：依變數與共變數的關係到底有多密切呢？換言之，共同斜率 $\Gamma$ 是不是等於 0 呢？其虛無假設為 $H_0 : \Gamma = 0$。假如拒絕此虛無假設，則表示共同斜率不是 0，亦即共變數與依變數之關係是不可忽視的，因此必須用共變數來加以調整才行。

假如以上假設均能符合其要求，則我們才可放心進行各組主要效果是否相等的假設檢定，也就是排除控制變數 ( 共變數 ) 之影響後，接受不同實驗處理各組之間的平均數，是否仍然有顯著的差異呢？亦即各組的主要效果是否相等呢？此項檢定的虛無假設為：

$$H_0 : \alpha_1 = \alpha_2 = \cdots = \alpha_j$$

共變數分析，STaTa 提供：前導字 "c." 讓你宣告該變數為 **Continuous** 型連續變數，它同時也是 mancova 指令「**Covariate**」的界定符號。相對地，前導字 "i." 宣告該變數為 **Indicators** 型虛擬變數。易言之，STaTa 裡，MANCOVA 模型本身，就是 MANOVA 再加上共變數項 (covariates)，此共變數係透過「**c.**」運算子來將外部變數視為 **Continuous** 型共變數來調整依變數。

## 5-2-1 獨立樣本單因子多變量共變數分析 (2 個共變量) (manova、manovatest、contrast、mat list() 指令)

典型之 MANCOVA 分析有 3 個檢定：(1) 共變數調整依變數後，各群體效果相等。(2) 跨組的共變數係數相等 ( 各組迴歸線平行的假設 )。(3) 共變數係數是聯合地等於 0( 共同斜率為 0 的假設 )。

範例：單因子 MANCOVA 分析 (manova、manovatest 指令 )

### 一、資料檔之內容

例 5-1　參考林清山，《多變項分析統計法》，民 79，第 5 版，p.587

某研究機構在某小學進行有關國語與數學兩科的教學實驗。用隨機抽樣和隨機分派的方法將學生分為 3 組，接受不同的實驗處理。第一組學生使用舊教材，第二和第三組各接受一種新教材。下表是實驗前國語 ($r_1$) 和數學 ($m_1$) 的前測成績以及實驗 6 個月後，同項材料 ($r_2$ 和 $m_2$) 的後測成績，試以 $\alpha = .05$ 檢定 3 種不同教材的效果是否有所不同？

| 舊教材 ($a_1$) | | | | 新教材一 ($a_2$) | | | | 新教材二 ($a_3$) | | | |
|---|---|---|---|---|---|---|---|---|---|---|---|
| 後測 (Y) | | 前測 (Z) | | 後測 (Y) | | 前測 (Z) | | 後測 (Y) | | 前測 (Z) | |
| $r_2$ | $m_2$ | $r_1$ | $m_1$ | $r_2$ | $m_2$ | $r_1$ | $m_1$ | $r_2$ | $m_2$ | $r_1$ | $m_1$ |
| 4.1 | 5.3 | 3.2 | 4.7 | 5.5 | 6.2 | 5.1 | 5.1 | 6.1 | 7.1 | 5.0 | 5.1 |
| 4.6 | 5.0 | 4.2 | 4.5 | 5.0 | 7.1 | 5.3 | 5.3 | 6.3 | 7.0 | 5.2 | 5.2 |
| 4.8 | 6.0 | 4.5 | 4.6 | 6.0 | 7.0 | 5.4 | 5.6 | 6.5 | 6.2 | 5.3 | 5.6 |
| 5.4 | 6.2 | 4.6 | 4.8 | 6.2 | 6.1 | 5.6 | 5.7 | 6.7 | 6.8 | 5.4 | 5.7 |
| 5.2 | 6.1 | 4.9 | 4.9 | 5.9 | 6.5 | 5.7 | 5.7 | 7.0 | 7.1 | 5.8 | 5.9 |
| 5.7 | 5.9 | 4.8 | 5.0 | 5.2 | 6.8 | 5.0 | 5.8 | 6.5 | 6.9 | 4.8 | 5.1 |
| 6.0 | 6.0 | 4.9 | 5.1 | 6.4 | 7.1 | 6.0 | 5.9 | 7.1 | 6.7 | 5.9 | 6.1 |
| 5.9 | 6.1 | 5.0 | 6.0 | 5.4 | 6.1 | 5.0 | 4.9 | 6.9 | 7.0 | 5.0 | 4.8 |
| 4.6 | 5.0 | 4.2 | 4.5 | 6.1 | 6.0 | 5.5 | 5.6 | 6.7 | 6.9 | 5.6 | 5.1 |
| 4.2 | 5.2 | 3.3 | 4.8 | 5.8 | 6.4 | 5.6 | 5.5 | 7.2 | 7.4 | 5.7 | 6.0 |

本例所建資料檔「例 5-2-1(P587).dta」，見圖 5-9，共有一個自變數 a 代表組別 (1= 舊教材，2 ＝新教材一，3= 新教材二 )；2 個共變數 r1 和 m1 分別代表實驗前國語和數學成績，2 個依變數 (r2 和 m2) 分別代表實驗後國語和數學成績。

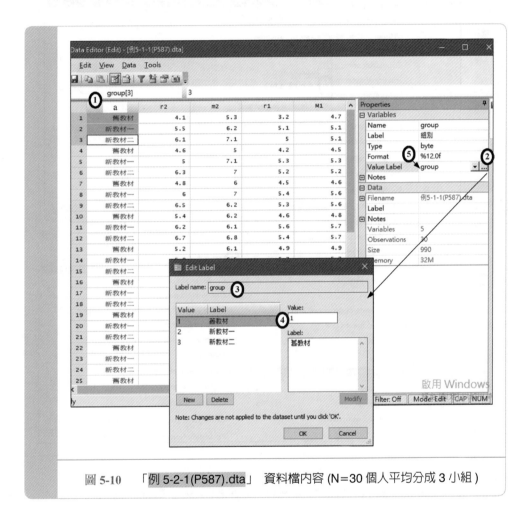

圖 5-10    「例 5-2-1(P587).dta」  資料檔內容 (N=30 個人平均分成 3 小組 )

**Step 1.** 檢定：共變數調整後各群體效果相等嗎？(a test of equality of group effects adjusted for the covariates)

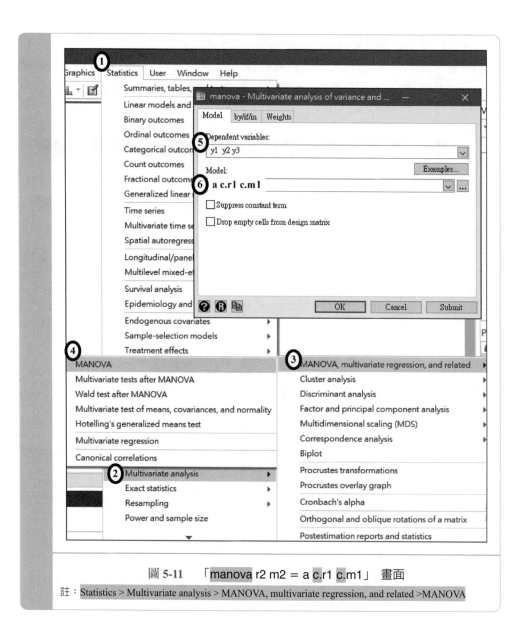

圖 5-11 「manova r2 m2 = a c.r1 c.m1」 畫面

註：Statistics > Multivariate analysis > MANOVA, multivariate regression, and related >MANOVA

```
. use "D:\CD\例5-2-1(P587).dta", clear
*或
. use 例5-2-1(P587).dta, clear


*前導字 "c." 宣告該「r1,m1」變數為Continuous型連續變數，它也是mancova指令中宣告為「共
變數」的界定符號。
```

```
. manova r2 m2 = a c.r1 c.m1


                    Number of obs =       30


                W = Wilks' lambda      L = Lawley-Hotelling trace
                P = Pillai's trace     R = Roy's largest root


        Source | Statistic    df   F(df1,   df2) =    F   Prob>F
     ----------+-------------------------------------------------
        Model | W   0.0664     4    8.0    48.0    17.29 0.0000 e
              | P   1.1010          8.0    50.0     7.65 0.0000 a
              | L  11.5453          8.0    46.0    33.19 0.0000 a
              | R  11.3225          4.0    25.0    70.77 0.0000 u
              |-----------------------------------------------
     Residual |                25
     ----------+-------------------------------------------------
          a | W   0.2170     2    4.0    48.0    13.76 0.0000 e
            | P   0.9036          4.0    50.0    10.30 0.0000 a
            | L   3.0515          4.0    46.0    17.55 0.0000 a
            | R   2.8569          2.0    25.0    35.71 0.0000 u
            |-----------------------------------------------
         r1 | W   0.4209     1    2.0    24.0    16.51 0.0000 e
            | P   0.5791          2.0    24.0    16.51 0.0000 e
            | L   1.3756          2.0    24.0    16.51 0.0000 e
            | R   1.3756          2.0    24.0    16.51 0.0000 e
            |-----------------------------------------------
         m1 | W   0.9364     1    2.0    24.0     0.82 0.4543 e
            | P   0.0636          2.0    24.0     0.82 0.4543 e
            | L   0.0680          2.0    24.0     0.82 0.4543 e
            | R   0.0680          2.0    24.0     0.82 0.4543 e
            |-----------------------------------------------
     Residual |                25
     ----------+-------------------------------------------------
        Total |                29
     -------------------------------------------------------------
          e = exact, a = approximate, u = upper bound on F
```

```
* 印出依變數誤差 QE 之 SSCP 矩陣
. mat list e(E)

symmetric e(E)[2,2]
            r2          m2
r2   2.0474747
m2   .02968777   3.7757234

* 印出依變數 QH 之 SSCP 矩陣
. mat list e(H_m)
symmetric e(H_m)[2,2]
            r2          m2
r2   18.979192
m2   12.256979   8.9429432
```

A 因子的 Wilks' lambda = 0.2170 (p<.05)，故拒絕虛無假設「$H_0$：共變數調整後各群體效果相等」。表示 3 種不同教材 (a 因子 )，經共變數 (r1, m1) 調整後對 2 個依變數 (r2,m2) 成績有整體性顯著差異。

```
. manova r2 m2 = a c.r1 c.m1

. * 印出 summary of estimation sample for each equation
. estat summarize

Estimation sample manova              Number of obs =      30

    ---------------------------------------------------------------
     Variable |      Mean      Std. Dev.       Min        Max
    -------------+-------------------------------------------------
           r2 |  5.833333     .8515031        4.1        7.2
           m2 |  6.373333     .6622497          5        7.4
              |
           a  |
            2 |  .3333333     .4794633          0          1
            3 |  .3333333     .4794633          0          1
              |
```

```
        r1 |       5.05      .6735137        3.2           6
        m1 |   5.286667      .4868855        4.5         6.1
    ------------------------------------------------------------

.
. * 印出 variance-covariance matrix of the estimators (VCE)
. estat vce

Covariance matrix of coefficients of manova model

           | r2                                                | m2
           |         2.          3.                             |           2.
     e(V) |          a           a          r1          m1      _cons |          a
----------+-----------------------------------------------------------+---------
r2        |                                                           |
     2.a |  .03185435                                                 |
     3.a |  .02289315   .03036229                                     |
      r1 | -.01343256  -.01310415   .02127338                         |
      m1 | -.00199361  -.00131104  -.01470519   .02835662             |
   _cons |  .06012483   .05535519  -.02084356  -.07454929   .46361384 |
----------+-----------------------------------------------------------+---------
m2        |                                                           |
     2.a |  .00046188   .00033194  -.00019477  -.00002891   .00087179|  .05874223
     3.a |  .00033194   .00044024  -.00019001  -.00001901   .00080263|  .04221697
      r1 | -.00019477  -.00019001   .00030846  -.00021322  -.00030223| -.02477083
      m1 | -.00002891  -.00001901  -.00021322   .00041116  -.00108094| -.00367639
   _cons |  .00087179   .00080263  -.00030223  -.00108094   .00672226|  .11087548


           | m2
           |          3.
     e(V) |          a          r1          m1       _cons
----------+-----------------------------------------------
m2        |
     3.a |  .05599072
      r1 | -.02416521   .03922997
      m1 | -.00241767  -.02711765   .05229211
   _cons |  .10207984  -.03843736  -.13747544    .85494469
```

**Step 1a.** 檢定：a 因子 (a1, a2, a3) 的主要效果之對比 (contrast)

```
. use "D:\CD\ 例 5-2-1(P587).dta", clear
* 或
. use 例 5-2-1(P587).dta, clear

* 前導字 "c." 宣告該「r1, m1」變數為 Continuous 型連續變數，它也是 mancova 指令中宣告為「共
變數」的界定符號。
.quietly manova r2 m2 = a c.r1 c.m1

. contrast a#_eqns, mcompare(scheffe)

Contrasts of marginal linear predictions

Margins      : asbalanced


-------------------------------------------------
            |       df         F        P>F
------------+------------------------------------
    a#_eqns |        2       4.84     0.0167
            |
   Residual |       25
-------------------------------------------------
Note: Scheffe-adjusted p-values are reported for
      tests on individual contrasts only.


----------------------------
            |   Number of
            |  Comparisons
------------+---------------
    a#_eqns |        2
----------------------------


------------------------------------------------------------
            |                                      Scheffe
            |  Contrast    Std. Err.    [95% Conf. Interval]
------------+-----------------------------------------------
```

```
            a#_eqns  |
( 新材-vs 舊材 ) (2 vs base) |    .7087124    .2994542    -.070466    1.487891
( 新材= vs 舊材 ) (2 vs base) |    .1096439    .2923568    -.6510672    .870355
------------------------------------------------------------------------
```

1. 以上 a 因子 (a1, a2, a3) 之主要效果檢定，只要 95% 信賴區間不含 0 值，則表示該對比 (Contrast) 達到顯著差異。例如：「新材一 vs 舊材」a 因子的 level「(2 vs base)」，二個 row 的 Contrast 95% 信賴區間都含 0 值，表示 a2( 新教材一 ) 在二個依變數 (r2, m2) 的反應未顯著優於 a1( 舊教材 )。

2. 「_eqns」下面的二個 row 分別代表依變數：「後測 (r2,m2)」二者。

3. Contrast 的 base，內定為 a 因子的「level 1」。

Step 2. **manovatest** 指令檢定：跨組共變數的係數相等 (the coefficients for the covariates are equal across groups)

此檢定樣本是否符合**各組迴歸線平行**的假設。

先進行 **manova** 指令「covariates (r1, m1) interacted with group」，再使用 **manovatest** 指令，來求「r1, m1」跨組之係數相等的組合檢定 (**manovatest** to obtain the combined test of equal coefficients for r1 and m1 across groups.)

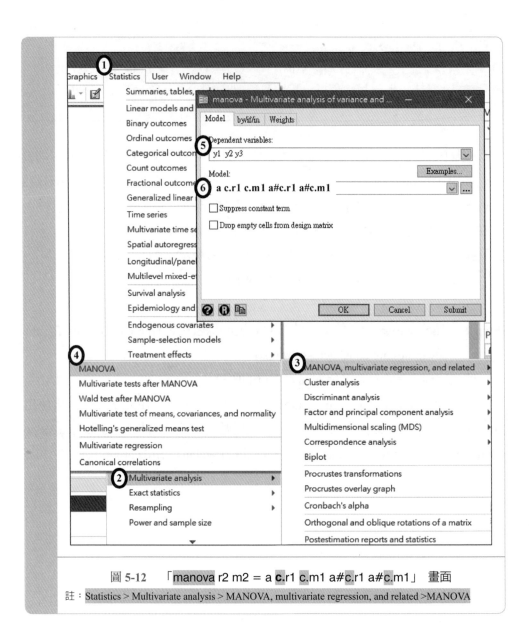

圖 5-12　　「manova r2 m2 = a **c.**r1 c.m1 a#**c.**r1 a#**c.**m1」　畫面

註：Statistics > Multivariate analysis > MANOVA, multivariate regression, and related >MANOVA

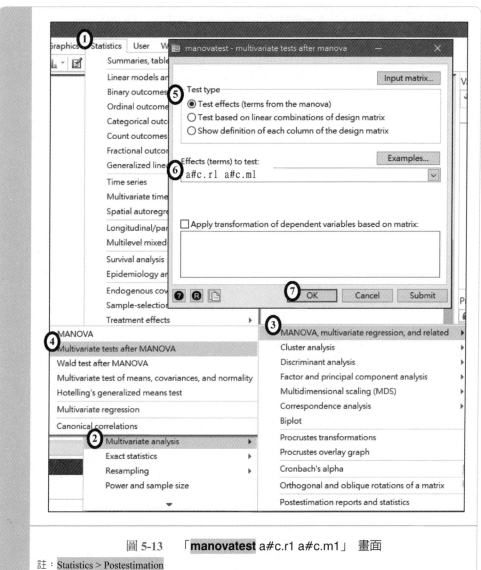

圖 5-13 「**manovatest** a#c.r1 a#c.m1」 畫面

註：Statistics > Postestimation

```
* 前導字 "c." 宣告 (r1, m1) 變數為 Continuous 型共變數
. manova r2 m2 = a c.r1 c.m1 a#c.r1 a#c.m1


                       Number of obs =        30


                       W = Wilks' lambda       L = Lawley-Hotelling trace
```

```
                    P = Pillai's trace      R = Roy's largest root

         Source | Statistic      df    F(df1,     df2) =    F    Prob>F
    -----------+-------------------------------------------------------
         Model | W   0.0468       8    16.0      40.0     9.05  0.0000 e
               | P   1.1819            16.0      42.0     3.79  0.0003 a
               | L  15.4631            16.0      38.0    18.36  0.0000 a
               | R  15.1406             8.0      21.0    39.74  0.0000 u
               |-------------------------------------------------------
      Residual |                 21
    -----------+-------------------------------------------------------
           a | W   0.6812         2     4.0      40.0     2.12  0.0966 e
             | P   0.3202               4.0      42.0     2.00  0.1118 a
             | L   0.4661               4.0      38.0     2.21  0.0858 a
             | R   0.4617               2.0      21.0     4.85  0.0186 u
             |---------------------------------------------------------
          r1 | W   0.5427         1     2.0      20.0     8.43  0.0022 e
             | P   0.4573               2.0      20.0     8.43  0.0022 e
             | L   0.8427               2.0      20.0     8.43  0.0022 e
             | R   0.8427               2.0      20.0     8.43  0.0022 e
             |---------------------------------------------------------
          m1 | W   0.9027         1     2.0      20.0     1.08  0.3592 e
             | P   0.0973               2.0      20.0     1.08  0.3592 e
             | L   0.1078               2.0      20.0     1.08  0.3592 e
             | R   0.1078               2.0      20.0     1.08  0.3592 e
             |---------------------------------------------------------
        a#r1 | W   0.9286         2     4.0      40.0     0.38  0.8235 e
             | P   0.0722               4.0      42.0     0.39  0.8121 a
             | L   0.0759               4.0      38.0     0.36  0.8350 a
             | R   0.0607               2.0      21.0     0.64  0.5387 u
             |---------------------------------------------------------
        a#m1 | W   0.8861         2     4.0      40.0     0.62  0.6487 e
             | P   0.1170               4.0      42.0     0.65  0.6285 a
             | L   0.1250               4.0      38.0     0.59  0.6692 a
             | R   0.0829               2.0      21.0     0.87  0.4333 u
             |---------------------------------------------------------
      Residual |                 21
```

```
           -----------+------------------------------------------
               Total |     ,      29
           -------------------------------------------------------
                       e = exact, a = approximate, u = upper bound on F

. manovatest a#c.rl a#c.ml

                       W = Wilks' lambda      L = Lawley-Hotelling trace
                       P = Pillai's trace     R = Roy's largest root

           Source | Statistic    df   F(df1,    df2) =   F   Prob>F
           -----------+------------------------------------------
           a#rl a#ml | W  0.7059    4   8.0     40.0    0.95 0.4867 e
                   | P  0.3092        8.0     42.0    0.96 0.4795 a
                   | L  0.3953        8.0     38.0    0.94 0.4966 a
                   | R  0.3307        4.0     21.0    1.74 0.1797 u
                   |-------------------------------------------------
           Residual |             21
           -------------------------------------------------------
                       e = exact, a = approximate, u = upper bound on F
```

Wilks' lambda = 0.7059 (p > .05)，故接受虛無假設「$H_0$：跨組共變數的係數相等」，接受各組迴歸線平行的假設。

**Step 3.** 檢定：聯合的共變數係數等於 0(coefficients for the covariates are jointly equal to zero)

```
. manovatest c.rl c.ml

                       W = Wilks' lambda      L = Lawley-Hotelling trace
                       P = Pillai's trace     R = Roy's largest root

           Source | Statistic    df   F(df1,    df2) =   F   Prob>F
           -----------+------------------------------------------
           rl ml | W  0.2610    2   4.0     40.0    9.57 0.0000 e
                 | P  0.7390        4.0     42.0    6.15 0.0005 a
```

```
         | L    2.8315                4.0    38.0    13.45 0.0000 a
         | R    2.8315                2.0    21.0    29.73 0.0000 u
         |-------------------------------------------------------------
Residual |                    21
         -------------------------------------------------------------
         e = exact, a = approximate, u = upper bound on F
```

非時變之二個共變數「r1 m1」的 Wilks' lambda=0.2610 (p < .05)，即拒絕虛無假設「$H_0$：聯合的共變數係數等於 0(the coefficients for the covariates are jointly zero)」。故拒絕共同斜率為 0 的假設。表示 2 個共變數之迴歸係數不為 0，故本例應納入這 2 個共變數 (r1, m1)。

## 5-2-2 單因子 MANCOVA：3 個檢定 (manova、manovatest、contrast 指令)

範例：單因子 MANCOVA 分析 (manova、manovatest 指令)

### 一、資料檔之內容

本例是 4 個不同重量群組的三重生化測量 (y1, y2, y3)。Rencher(1998) 整理 Brown、Beerstecher(1951) 和 Smith、Gnanadesikan 和 Hughes(1962) 的數據，其中 3 個依變數 (y1, y2, y3) 和 2 個共變數 (x1, x2) 記錄 8 個受試者的數據。前 2 組體重不足，後 2 組體重超標。依變數包括修飾的肌酸酐係數 (y1)、色素肌酸酐 (y2) 和 mg/mL 單位的磷酸鹽 (y3)，2 個共變數是 ml 體積 (x1) 和比重 (x2)。

```
. use http://www.stata-press.com/data/r12/biochemical
(Table 4.9, Rencher (1998))
* 或
. webuse biochemical, clear
```

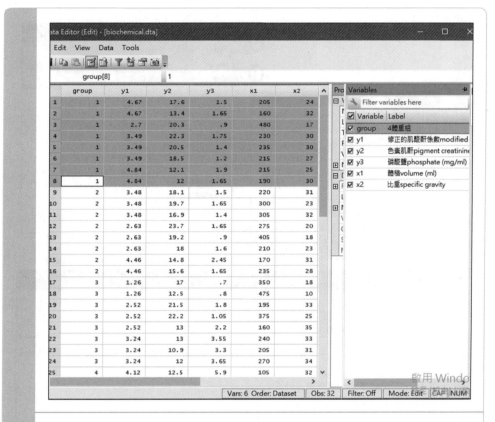

圖 5-14 「biochemical.dta」 資料檔內容 (N=32 個人)

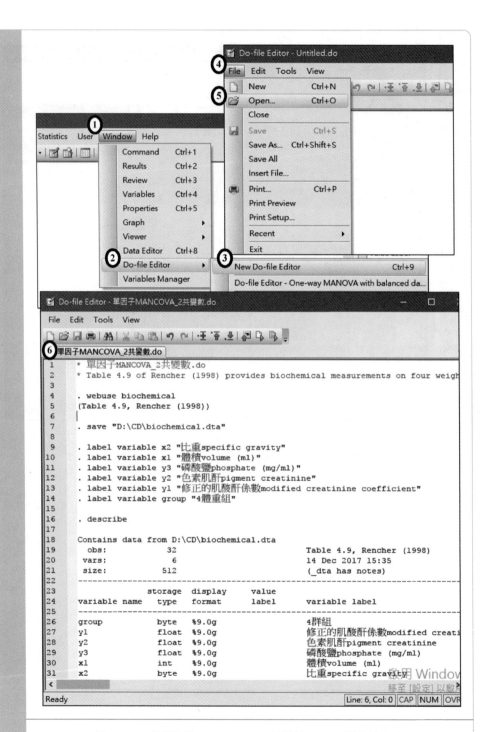

圖 5-15　「單因子 MANCOVA_2 共變數 .do」　指令檔內容

## 二、分析結果與討論

Rencher 對這些數據執行 3 個檢定：(1) 共變數調整後各群體效果相等；(2) 共變數係數是聯合地等於 0；(3) 跨組共變數的係數相等。

Step 1. 檢定：共變數調整後各群體效果相等嗎？(a test of equality of group effects adjusted for the covariates)

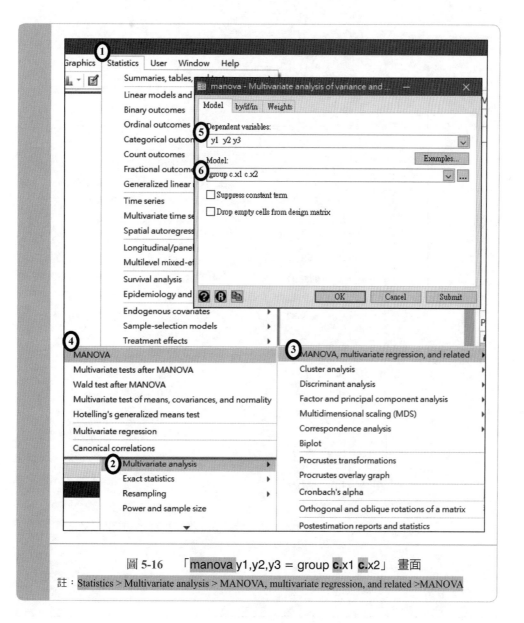

圖 5-16 「manova y1,y2,y3 = group c.x1 c.x2」畫面

註：Statistics > Multivariate analysis > MANOVA, multivariate regression, and related >MANOVA

```
. webuse biochemical, clear
```

*前導字 "c." 宣告該「x1，x2」變數為Continuous型連續變數，它也是mancova指令中宣告為「共變數」的界定符號。
```
. manova y1 y2 y3 = group c.x1 c.x2
```

```
                       Number of obs =        32


                    W = Wilks' lambda      L = Lawley-Hotelling trace
                    P = Pillai's trace     R = Roy's largest root


      Source | Statistic     df   F(df1,    df2) =    F  Prob>F
   ----------+------------------------------------------------------
      Model | W   0.0619      5    15.0     66.7    7.73 0.0000 a
            | P   1.4836            15.0     78.0    5.09 0.0000 a
            | L   6.7860            15.0     68.0   10.25 0.0000 a
            | R   5.3042             5.0     26.0   27.58 0.0000 u
            |----------------------------------------------------
   Residual |                26
   ----------+------------------------------------------------------
      group | W   0.1491      3     9.0     58.6    7.72 0.0000 a
            | P   0.9041             9.0     78.0    3.74 0.0006 a
            | L   5.3532             9.0     68.0   13.48 0.0000 a
            | R   5.2872             3.0     26.0   45.82 0.0000 u
            |----------------------------------------------------
         x1 | W   0.6841      1     3.0     24.0    3.69 0.0257 e
            | P   0.3159             3.0     24.0    3.69 0.0257 e
            | L   0.4617             3.0     24.0    3.69 0.0257 e
            | R   0.4617             3.0     24.0    3.69 0.0257 e
            |----------------------------------------------------
         x2 | W   0.9692      1     3.0     24.0    0.25 0.8576 e
            | P   0.0308             3.0     24.0    0.25 0.8576 e
            | L   0.0318             3.0     24.0    0.25 0.8576 e
            | R   0.0318             3.0     24.0    0.25 0.8576 e
            |----------------------------------------------------
   Residual |                26
   ----------+------------------------------------------------------
      Total |                31
```

```
          --------------------------------------------------------
                    e = exact, a = approximate, u = upper bound on F
```

Wilks' lambda = 0.1491 (p < .05)，故拒絕虛無假設「$H_0$：共變數調整後各群體效果相等」。表示 4 個不同體重組 (group)，經共變數 (x1, x2) 調整後在 4 個依變數的反應有整體性顯著差異。

**Step 1a.** 檢定： a 因子 (a1, a2, a3) 之主要效果

---

*前導字 "c." 宣告該「r1,m1」變數為 Continuous 型連續變數，它也是 mancova 指令中宣告為「共變數」的界定符號。

```
.quietly manova y1 y2 y3 = group c.x1 c.x2

. contrast group#_eqns, mcompare(scheffe)


Contrasts of marginal linear predictions

Margins      : asbalanced


------------------------------------------------
            |     df          F        P>F
------------+-----------------------------------
group#_eqns |      6       17.84      0.0000
            |
   Residual |     26
------------------------------------------------

Note: Scheffe-adjusted p-values are reported for
      tests on individual contrasts only.


--------------------------
            |   Number of
            |  Comparisons
------------+-------------
group#_eqns |        6
--------------------------
```

```
-----------------------------------------------------------------
                    |                              Scheffe
                    |  Contrast  Std. Err.   [95% Conf. Interval]
--------------------+--------------------------------------------
        group#_eqns |
(2 vs base) (2 vs base) |   1.30484  1.850161   -5.823602   8.433282
(2 vs base) (3 vs base) |  .7339652  .3517185   -.6211626   2.089093
(3 vs base) (2 vs base) |  -1.23056  1.912312   -8.598461   6.137341
(3 vs base) (3 vs base) |  2.203141  .3635335    .802492   3.603791
(4 vs base) (2 vs base) | -3.076517  1.882654   -10.33015   4.177114
(4 vs base) (3 vs base) |  2.902336  .3578954   1.523409   4.281262
-----------------------------------------------------------------
```

1. 以上 a 因子 (group1, group2, group3) 之主要效果檢定，只要 95% 信賴區間不含 0 值，則表示該對比 (Contrast) 達到顯著差異。

2. 「_eqns」每 3 個 row 分別代表依變數：「(y1, y2, y3)」三者。

3. Contrast 的 base，內定為該因子的「level 1」。

Step 2. 檢定：聯合的共變數係數等於 0(coefficients for the covariates are jointly equal to zero)

```
. manovatest c.x1 c.x2


            W = Wilks' lambda      L = Lawley-Hotelling trace
            P = Pillai's trace     R = Roy's largest root


    Source | Statistic   df   F(df1,   df2) =    F   Prob>F
-----------+-----------------------------------------------------
    x1 x2  | W  0.4470     2   6.0     48.0     3.97  0.0027 e
           | P  0.5621         6.0     50.0     3.26  0.0088 a
           | L  1.2166         6.0     46.0     4.66  0.0009 a
           | R  1.1995         3.0     25.0    10.00  0.0002 u
           |-----------------------------------------------------
  Residual |            26

-----------------------------------------------------------------
           e = exact, a = approximate, u = upper bound on F
```

Wilks' lambda = 0.4470 (p < .05)，故拒絕虛無假設「$H_0$：聯合的共變數係數等於 0(the coefficients for the covariates are jointly zero)」。表示 2 個共變數之迴歸係數不為 0，故本例應納入這 2 個共變數 (x1, x2)。

**Step 3.** **manovatest** 指令檢定：跨組的共變數係數相等 (the coefficients for the covariates are equal across groups)

先進行 manova 指令「covariates (x1 and x2) interacted with group」，再使用 manovatest 指令，來求「x1 和 x2」跨組之係數相等的組合檢定 (manovatest to obtain the combined test of equal coefficients for x1 and x2 across groups.)

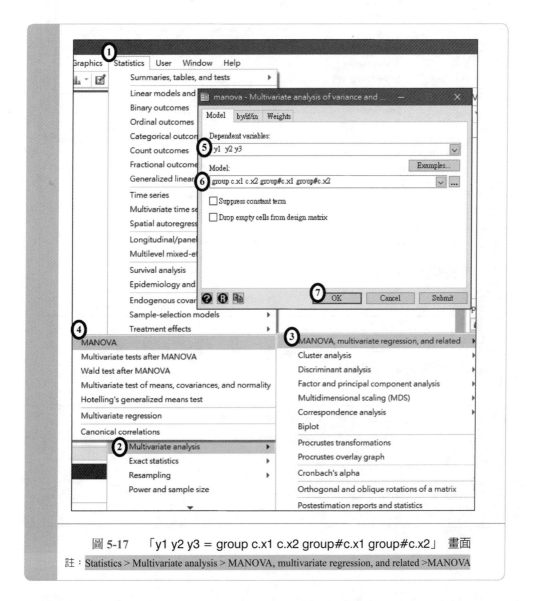

圖 5-17    「y1 y2 y3 = group c.x1 c.x2 group#c.x1 group#c.x2」 畫面

註：Statistics > Multivariate analysis > MANOVA, multivariate regression, and related >MANOVA

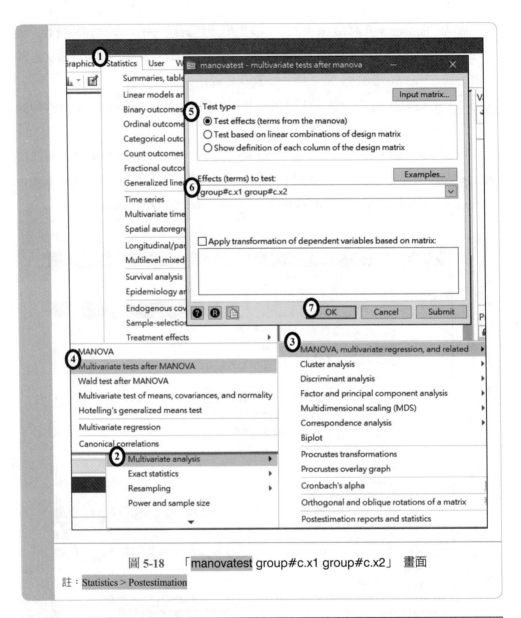

圖 5-18 「manovatest group#c.x1 group#c.x2」 畫面

註：Statistics > Postestimation

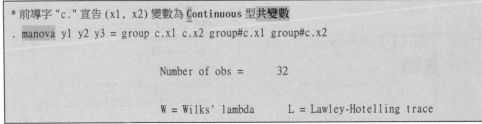

```
* 前導字 "c." 宣告 (x1, x2) 變數為 Continuous 型共變數
. manova y1 y2 y3 = group c.x1 c.x2 group#c.x1 group#c.x2


                  Number of obs =       32


                  W = Wilks' lambda      L = Lawley-Hotelling trace
```

```
                 P = Pillai's trace    R = Roy's largest root

       Source |  Statistic    df   F(df1,   df2) =    F  Prob>F
    -----------+-------------------------------------------------
        Model | W   0.0205    11   33.0    53.7     4.47 0.0000 a
              | P   1.9571          33.0    60.0     3.41 0.0000 a
              | L  10.6273          33.0    50.0     5.37 0.0000 a
              | R   7.0602          11.0    20.0    12.84 0.0000 u
              |-------------------------------------------------
     Residual |                20
    -----------+-------------------------------------------------
        group | W   0.4930     3    9.0    44.0     1.65 0.1317 a
              | P   0.5942           9.0    60.0     1.65 0.1226 a
              | L   0.8554           9.0    50.0     1.58 0.1458 a
              | R   0.5746           3.0    20.0     3.83 0.0256 u
              |-------------------------------------------------
           x1 | W   0.7752     1    3.0    18.0     1.74 0.1947 e
              | P   0.2248           3.0    18.0     1.74 0.1947 e
              | L   0.2900           3.0    18.0     1.74 0.1947 e
              | R   0.2900           3.0    18.0     1.74 0.1947 e
              |-------------------------------------------------
           x2 | W   0.8841     1    3.0    18.0     0.79 0.5169 e
              | P   0.1159           3.0    18.0     0.79 0.5169 e
              | L   0.1311           3.0    18.0     0.79 0.5169 e
              | R   0.1311           3.0    18.0     0.79 0.5169 e
              |-------------------------------------------------
     group#x1 | W   0.4590     3    9.0    44.0     1.84 0.0873 a
              | P   0.6378           9.0    60.0     1.80 0.0869 a
              | L   0.9702           9.0    50.0     1.80 0.0923 a
              | R   0.6647           3.0    20.0     4.43 0.0152 u
              |-------------------------------------------------
     group#x2 | W   0.5275     3    9.0    44.0     1.47 0.1899 a
              | P   0.5462           9.0    60.0     1.48 0.1747 a
              | L   0.7567           9.0    50.0     1.40 0.2130 a
              | R   0.4564           3.0    20.0     3.04 0.0527 u
              |-------------------------------------------------
     Residual |                20
```

```
           -----------+-------------------------------------------------
          Total |                31
          --------------------------------------------------------------
                    e = exact, a = approximate, u = upper bound on F

. manovatest group#c.x1 group#c.x2

                    W = Wilks' lambda      L = Lawley-Hotelling trace
                    P = Pillai's trace     R = Roy's largest root


        Source |  Statistic    df   F(df1,   df2) =   F   Prob>F
     ------------------+-------------------------------------------------
   group#x1 group#x2 | W   0.3310    6   18.0    51.4    1.37 0.1896 a
                   | P   0.8600         18.0    60.0    1.34 0.1973 a
                   | L   1.4629         18.0    50.0    1.35 0.1968 a
                   | R   0.8665          6.0    20.0    2.89 0.0341 u
                   |-------------------------------------------------
          Residual |                20
          --------------------------------------------------------------
                    e = exact, a = approximate, u = upper bound on F
```

　　「factor*cv1、factor*cv2」的 Wilks' lambda = 0.3310 (p > .05)，故接受虛無假設「$H_0$：跨組的共變數係數相等」。

## 5-3 二因子多變量共變數分析 (manova、 manovatest 指令 )

### 5-3-1 獨立樣本二因子多變量共變數分析 ( 無交互作用 ) (manova、manovatest 指令 )

範例：雙因子 MANCOVA 分析 (manova、manovatest 指令 )

例 5-2　參考林清山，《多變項分析統計法》，民 79，第 5 版，p.616

　　在一項有關國中數學的補救教學實驗裡，研究者想要探討 ( 一 ) 實施補救教學和未實施補救教學 2 種型態的教學之間以及 ( 二 ) 男女國中生之間，教學效果有無顯著差異存在。依變數是計算能力 ($y_1$) 和數學概念 ($y_2$) 方面的測驗成績。為防止學生的學習動機、基礎能力、智力等變數的干擾，以學習動機測驗成績 ($z_1$)、國小算術成績 ($z_2$)、智力測驗成績 ($z_3$) 為控制變數。下表是 32 名學生每人 5 個變數的觀察分數。如何分析和解釋結果？還有這 3 個共變數納入此共變數分析模式是否為最佳的；若否，則應該如何挑選哪 ( 些 ) 共變數才是最佳？並分析解釋。

| 學生 | 實驗組 (b1) | | | | | 學生 | 控制組 (b2) | | | | |
|---|---|---|---|---|---|---|---|---|---|---|---|
| | $y_1$ | $y_2$ | $z_1$ | $z_2$ | $z_3$ | | $y_1$ | $y_2$ | $z_1$ | $z_2$ | $z_3$ |
| 1 | 13 | 15 | 12 | 14 | 11 | 9 | 14 | 13 | 16 | 15 | 14 |
| 2 | 9 | 5 | 7 | 8 | 7 | 10 | 9 | 8 | 13 | 12 | 13 |
| 3 | 7 | 7 | 9 | 7 | 6 | 11 | 10 | 11 | 9 | 8 | 7 |
| 男 (a1) 4 | 8 | 7 | 6 | 7 | 7 | 12 | 12 | 13 | 13 | 10 | 12 |
| 5 | 12 | 8 | 8 | 9 | 8 | 13 | 13 | 13 | 12 | 13 | 16 |
| 6 | 9 | 6 | 7 | 7 | 9 | 14 | 8 | 9 | 11 | 7 | 10 |
| 7 | 14 | 12 | 9 | 10 | 10 | 15 | 13 | 14 | 13 | 12 | 13 |
| 8 | 7 | 5 | 4 | 4 | 6 | 16 | 11 | 12 | 9 | 11 | 10 |

| | 學生 | 實驗組 (b1) | | | | | 學生 | 控制組 (b2) | | | | |
|---|---|---|---|---|---|---|---|---|---|---|---|---|
| | | $y_1$ | $y_2$ | $z_1$ | $z_2$ | $z_3$ | | $y_1$ | $y_2$ | $z_1$ | $z_2$ | $z_3$ |
| 女<br>(a2) | 17 | 11 | 12 | 15 | 13 | 11 | 25 | 10 | 12 | 8 | 8 | 11 |
| | 18 | 14 | 15 | 14 | 14 | 13 | 26 | 11 | 9 | 10 | 9 | 11 |
| | 19 | 13 | 12 | 13 | 12 | 15 | 27 | 13 | 15 | 15 | 14 | 15 |
| | 20 | 9 | 10 | 8 | 9 | 12 | 28 | 9 | 10 | 13 | 12 | 9 |
| | 21 | 12 | 13 | 13 | 10 | 12 | 29 | 12 | 14 | 12 | 10 | 13 |
| | 22 | 6 | 7 | 6 | 8 | 7 | 30 | 14 | 15 | 14 | 13 | 14 |
| | 23 | 13 | 11 | 10 | 12 | 11 | 31 | 15 | 16 | 15 | 14 | 14 |
| | 24 | 9 | 10 | 9 | 8 | 9 | 32 | 12 | 14 | 13 | 13 | 12 |

## 一、資料檔之內容

　　本例資料檔「例 5-2-1(P616).dta」的內容，見圖 5-19，共有 7 個變數：2 個自變數 a( 性別 ) 和 b( 教學型態 )，2 個依變數 y1( 計算能力 ) 和 y2( 數學概念 )，3 個共變數 $z_1$( 學習動機 )、$z_2$( 國小算術成績 ) 和 $z_3$( 智力測驗成績 )。

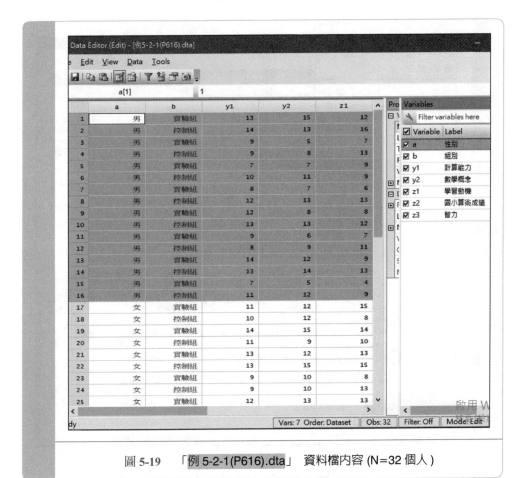

圖 5-19 「例 5-2-1(P616).dta」 資料檔內容 (N=32 個人 )

## 二、分析結果與討論

典型之 MANCOVA 分析有 3 個檢定：(1) 共變數調整依變數後，各群體效果相等。(2) 跨組的共變數係數相等 ( 各組迴歸線平行的假設 )。(3) 共變數係數是聯合地等於 0( 共同斜率為 0 的假設 )。

Step 1. 檢定：共變數調整後各群體效果相等嗎？(a test of equality of group effects adjusted for the covariates)

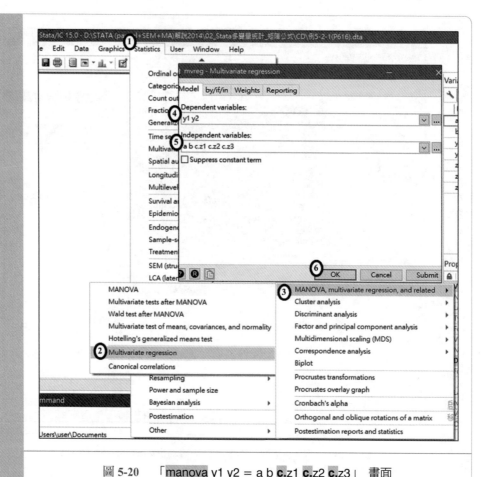

圖 5-20  「manova y1 y2 = a b **c.**z1 **c.**z2 **c.**z3」 畫面

註：Statistics > Multivariate analysis > MANOVA, multivariate regression, and related >MANOVA

```
. use 例 5-2-1(P616).dta , clear
* 或
. use "D:\CD\ 例 5-2-1(P616).dta", clear
* 前導字 "c." 宣告該「x1，x2」變數為 Continuous 型連續變數，它也是 mancova 指令中宣告為「共
變數」的界定符號。
. manova y1 y2 = a b c.z1 c.z2 c.z3


                      Number of obs =       32


                      W = Wilks' lambda      L = Lawley-Hotelling trace
```

```
              P = Pillai's trace    R = Roy's largest root


  Source | Statistic    df   F(df1,   df2) =   F   Prob>F
-----------+----------------------------------------------------
   Model | W   0.1899    5    10.0    50.0    6.47 0.0000 e
         | P   1.0126         10.0    52.0    5.33 0.0000 a
         | L   3.1996         10.0    48.0    7.68 0.0000 a
         | R   2.8218          5.0    26.0   14.67 0.0000 u
         |----------------------------------------------------

Residual |               26
-----------+----------------------------------------------------

     a | W   0.8319    1     2.0    25.0    2.53 0.1003 e
       | P   0.1681          2.0    25.0    2.53 0.1003 e
       | L   0.2020          2.0    25.0    2.53 0.1003 e
       | R   0.2020          2.0    25.0    2.53 0.1003 e
       |----------------------------------------------------

     b | W   0.8710    1     2.0    25.0    1.85 0.1778 e
       | P   0.1290          2.0    25.0    1.85 0.1778 e
       | L   0.1482          2.0    25.0    1.85 0.1778 e
       | R   0.1482          2.0    25.0    1.85 0.1778 e
       |----------------------------------------------------

    z1 | W   0.9736    1     2.0    25.0    0.34 0.7158 e
       | P   0.0264          2.0    25.0    0.34 0.7158 e
       | L   0.0271          2.0    25.0    0.34 0.7158 e
       | R   0.0271          2.0    25.0    0.34 0.7158 e
       |----------------------------------------------------

    z2 | W   0.8622    1     2.0    25.0    2.00 0.1567 e
       | P   0.1378          2.0    25.0    2.00 0.1567 e
       | L   0.1599          2.0    25.0    2.00 0.1567 e
       | R   0.1599          2.0    25.0    2.00 0.1567 e
       |----------------------------------------------------

    z3 | W   0.8307    1     2.0    25.0    2.55 0.0983 e
       | P   0.1693          2.0    25.0    2.55 0.0983 e
       | L   0.2039          2.0    25.0    2.55 0.0983 e
       | R   0.2039          2.0    25.0    2.55 0.0983 e
       |----------------------------------------------------

Residual |               26
```

```
-----------+-----------------------------------------------
  Total |                31
-----------------------------------------------------------
         e = exact, a = approximate, u = upper bound on F
```

1. a 因子：Wilks' lambda = 0.8319(p > .05)，故接受虛無假設「$H_0$：共變數調整後各群體效果相等」。表示男女不同性別 (a 因子)，經共變數 (z1, z2, z3) 調整後在 2 個依變數的反應無顯著差異。

2. b 因子：Wilks' lambda = 0.8710 (p > .05)，故接受虛無假設「$H_0$：共變數調整後各群體效果相等」。表示實驗組 vs. 對照組 (b 因子)，經共變數 (z1, z2, z3) 調整後在 2 個依變數的反應仍無顯著差異。

**Step 2.** **manovatest** 指令檢定：跨組的共變數係數相等 (the coefficients for the covariates are equal across groups)

先進行 manova 指令「covariates(z1, z2, z3) interacted with group」，再使用 manovatest 指令，來求共變數「z1, z2, z3」跨組之係數相等的組合檢定。

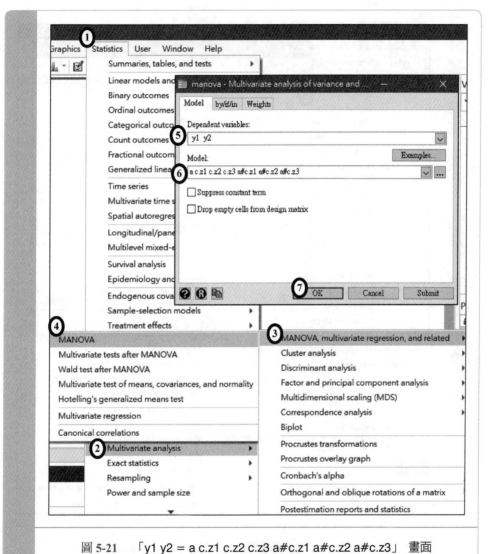

圖 5-21　「y1 y2 = a c.z1 c.z2 c.z3 a#c.z1 a#c.z2 a#c.z3」 畫面

註：Statistics > Multivariate analysis > MANOVA, multivariate regression, and related >MANOVA

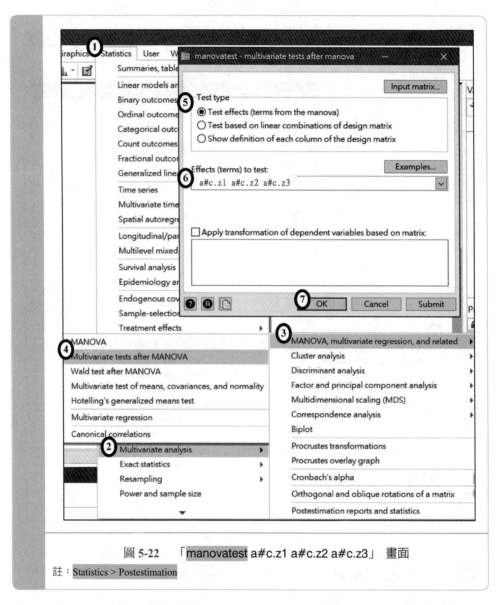

圖 5-22 「manovatest a#c.z1 a#c.z2 a#c.z3」畫面

註：Statistics > Postestimation

```
*前導字 "c." 宣告 (z1,z2,z3) 變數為 Continuous 型共變數： a因子
. manova y1 y2 = a c.z1 c.z2 c.z3 a#c.z1 a#c.z2 a#c.z3


                        Number of obs =      32
```

```
                  W = Wilks' lambda      L = Lawley-Hotelling trace
                  P = Pillai's trace     R = Roy's largest root

      Source |  Statistic   df   F(df1,   df2) =    F   Prob>F
    ----------+---------------------------------------------------
      Model | W   0.1632    7    14.0    46.0    4.85 0.0000 e
            | P   1.0373         14.0    48.0    3.69 0.0004 a
            | L   3.9003         14.0    44.0    6.13 0.0000 a
            | R   3.5548          7.0    24.0   12.19 0.0000 u
            |---------------------------------------------------
    Residual |              24
    ----------+---------------------------------------------------
          a | W   0.8469    1     2.0    23.0    2.08 0.1479 e
            | P   0.1531          2.0    23.0    2.08 0.1479 e
            | L   0.1808          2.0    23.0    2.08 0.1479 e
            | R   0.1808          2.0    23.0    2.08 0.1479 e
            |---------------------------------------------------
         z1 | W   0.9064    1     2.0    23.0    1.19 0.3231 e
            | P   0.0936          2.0    23.0    1.19 0.3231 e
            | L   0.1032          2.0    23.0    1.19 0.3231 e
            | R   0.1032          2.0    23.0    1.19 0.3231 e
            |---------------------------------------------------
         z2 | W   0.7921    1     2.0    23.0    3.02 0.0685 e
            | P   0.2079          2.0    23.0    3.02 0.0685 e
            | L   0.2625          2.0    23.0    3.02 0.0685 e
            | R   0.2625          2.0    23.0    3.02 0.0685 e
            |---------------------------------------------------
         z3 | W   0.8195    1     2.0    23.0    2.53 0.1013 e
            | P   0.1805          2.0    23.0    2.53 0.1013 e
            | L   0.2203          2.0    23.0    2.53 0.1013 e
            | R   0.2203          2.0    23.0    2.53 0.1013 e
            |---------------------------------------------------
       a#z1 | W   0.9617    1     2.0    23.0    0.46 0.6384 e
            | P   0.0383          2.0    23.0    0.46 0.6384 e
            | L   0.0398          2.0    23.0    0.46 0.6384 e
            | R   0.0398          2.0    23.0    0.46 0.6384 e
            |---------------------------------------------------
```

```
       a#z2 | W    0.9355      1    2.0    23.0      0.79 0.4645 e
            | P    0.0645           2.0    23.0      0.79 0.4645 e
            | L    0.0689           2.0    23.0      0.79 0.4645 e
            | R    0.0689           2.0    23.0      0.79 0.4645 e
            |-----------------------------------------------------------
       a#z3 | W    0.8968      1    2.0    23.0      1.32 0.2859 e
            | P    0.1032           2.0    23.0      1.32 0.2859 e
            | L    0.1150           2.0    23.0      1.32 0.2859 e
            | R    0.1150           2.0    23.0      1.32 0.2859 e
            |-----------------------------------------------------------
   Residual |                 24
------------+----------------------------------------------------------
      Total |                 31
-----------------------------------------------------------------------
          e = exact, a = approximate, u = upper bound on F

. manovatest a#c.z1 a#c.z2 a#c.z3


               W = Wilks' lambda      L = Lawley-Hotelling trace
               P = Pillai's trace     R = Roy's largest root


     Source | Statistic    df   F(df1,    df2) =    F   Prob>F
------------+----------------------------------------------------------
a#z1 a#z2 a#z3 | W  0.7483   3    6.0     46.0     1.20 0.3254 e
            | P    0.2633           6.0    48.0      1.21 0.3161 a
            | L    0.3208           6.0    44.0      1.18 0.3364 a
            | R    0.2611           3.0    24.0      2.09 0.1283 u
            |-----------------------------------------------------------
   Residual |                 24
-----------------------------------------------------------------------
          e = exact, a = approximate, u = upper bound on F
```

a 因子：Wilks' lambda = 0.7483 (p > .05)，故接受虛無假設「$H_0$：跨組的共變數係數相等」，即接受各組迴歸線平行的假設。

```
* 前導字 "c." 宣告 (z1, z2, z3) 變數為 Continuous 型共變數： b 因子
.quietly manova y1 y2 = b c.z1 c.z2 c.z3 b#c.z1 b#c.z2 b#c.z3

. manovatest b#c.z1 b#c.z2 b#c.z3

                    W = Wilks' lambda      L = Lawley-Hotelling trace
                    P = Pillai's trace     R = Roy's largest root


          Source |  Statistic     df   F(df1,   df2) =   F   Prob>F
   --------------+---------------------------------------------------
   b#z1 b#z2 b#z3 | W   0.8651      3    6.0    46.0   0.58  0.7472 e
                | P   0.1367            6.0    48.0   0.59  0.7388 a
                | L   0.1539            6.0    44.0   0.56  0.7564 a
                | R   0.1387            3.0    24.0   1.11  0.3646 u
                |---------------------------------------------------
        Residual |              24
   -------------------------------------------------------------------
              e = exact, a = approximate, u = upper bound on F
```

b 因子：Wilks' lambda = 0.8651 (p > .05)，故接受虛無假設「$H_0$：跨組的共變數的係數相等」，即接受 各組迴歸線平行 的假設。

**Step 3.** 檢定：聯合的共變數係數等於 0(coefficients for the covariates are jointly equal to zero)

```
* 因 STaTa 只記住最近一次 manova，故重新再執行一次
. quietly manova y1 y2 = a b c.z1 c.z2 c.z3
. manovatest c.z1 c.z2 c.z3

                    W = Wilks' lambda      L = Lawley-Hotelling trace
                    P = Pillai's trace     R = Roy's largest root


          Source |  Statistic     df   F(df1,   df2) =   F   Prob>F
   --------------+---------------------------------------------------
       z1 z2 z3 | W   0.3209      3    6.0    50.0   6.38  0.0000 e
                | P   0.7077            6.0    52.0   4.75  0.0006 a
```

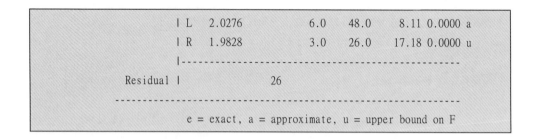

Wilks' lambda = 0.3209 (p < .05)，故拒絕虛無假設「$H_0$：聯合的共變數係數等於 0(the coefficients for the covariates are jointly zero)」，即拒絕 共同斜率為 0 的假設。表示 3 個共變數之迴歸係數不為 0，故本例應納入這 3 個共變數 (z1, xz, z3)。

## 5-3-2 二因子 MANCOVA 分析 ( 交互作用之單純主要效果比較 ) (manova 、manovatest 、margins 、contrast 指令 )

範例：雙因子 **MANCOVA** 分析 (**manova** 、 **manovatest** 指令 )

某研究者想探討實施新教材與舊教材對學生的學習效果差異？不同程度班級之間，教學效果有無顯著差異存在？依變數是國文成績 (y1)、英文成績 (y2) 和數學成績 (y3)。為了防止學生智商 (z) 的干擾，決定以學生的智商當共變數。下表是 24 名學生每人 4 個變數的觀察分數，試進行共變數分析並解釋其結果。

| B 因子<br>A 因子 | A 段班 (B1) | | | | B 段班 (B2) | | | | C 段班 (B3) | | | |
|---|---|---|---|---|---|---|---|---|---|---|---|---|
| | 國文<br>(y1) | 英文<br>(y2) | 數學<br>(y3) | 智商<br>(z) | 國文<br>(y1) | 英文<br>(y2) | 數學<br>(y3) | 智商<br>(z) | 國文<br>(y1) | 英文<br>(y2) | 數學<br>(y3) | 智商<br>(z) |
| 舊教材<br>(a1) | 30 | 31 | 34 | 31 | 41 | 24 | 36 | 36 | 30 | 74 | 35 | 36 |
| | 26 | 26 | 28 | 27 | 44 | 25 | 31 | 31 | 32 | 71 | 30 | 40 |
| | 32 | 34 | 33 | 33 | 40 | 22 | 33 | 34 | 29 | 69 | 27 | 36 |
| | 31 | 37 | 31 | 32 | 42 | 22 | 27 | 30 | 28 | 67 | 29 | 38 |
| 新教材<br>(a2) | 51 | 34 | 36 | 36 | 57 | 20 | 31 | 30 | 52 | 91 | 33 | 46 |
| | 44 | 45 | 37 | 44 | 68 | 30 | 35 | 34 | 50 | 89 | 28 | 37 |

| B 因子 | A 段班 (B1) | | | | B 段班 (B2) | | | | C 段班 (B3) | | | |
|---|---|---|---|---|---|---|---|---|---|---|---|---|
| A 因子 | 國文 (y1) | 英文 (y2) | 數學 (y3) | 智商 (z) | 國文 (y1) | 英文 (y2) | 數學 (y3) | 智商 (z) | 國文 (y1) | 英文 (y2) | 數學 (y3) | 智商 (z) |
| | 52 | 41 | 30 | 41 | 58 | 25 | 34 | 29 | 50 | 90 | 28 | 42 |
| | 50 | 42 | 33 | 42 | 62 | 50 | 39 | 59 | 53 | 95 | 41 | 54 |

## 一、資料檔之內容

本例所建資料檔「例 5-2-2(MANCOVA2).dta」的內容，見圖 5-23，共有 6 個變數：其中自變數 A 代表新舊不同教材 (1= 舊教材，2= 新教材 )；B 代表不同班別 (1=A 段班，2=B 段班，3=C 段班 )。依變數 y1 代表國文測驗；y2 代表英文測驗；y3 代表數學測驗。共變數 z 代表學生智商。

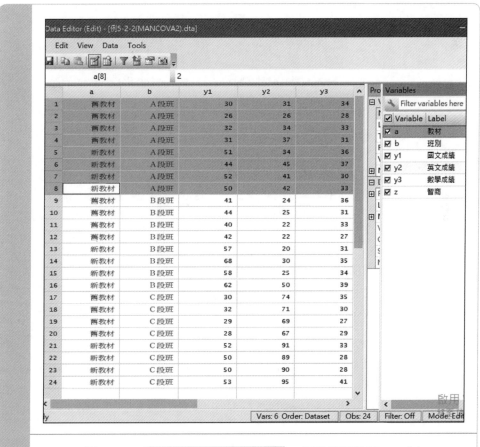

圖 5-23 「例 5-2-2(MANCOVA2).dta」 資料檔內容 (N=24 人 )

## 二、分析結果與討論

典型之 MANCOVA 分析有 3 個檢定：(1) 共變數調整後各群體效果相等；(2) 跨組的共變數係數相等 ( 各組迴歸線平行的假設 )；(3) 共變數係數是聯合地等於 0( 共同斜率為 0 的假設 )。

Step 1. 檢定：共變數調整後各群體效果相等嗎？(a test of equality of group effects adjusted for the covariates)

二因子共變數分析，首先要看 A*B 交互效果檢定。

```
. use 例 5-2-2(MANCOVA2).dta , clear
* 或
. use "D:\CD\ 例 5-2-2(MANCOVA2).dta", clear
* 前導字 "c." 宣告該「x1, x2」變數為 Continuous 型連續變數，它也是 mancova 指令中宣告為「共
變數」的界定符號。
. manova y1 y2 y3 = a##b c.z


                            Number of obs =        24


                        W = Wilks' lambda      L = Lawley-Hotelling trace
                        P = Pillai's trace     R = Roy's largest root


          Source |  Statistic     df   F(df1,   df2) =    F   Prob>F
        ---------+----------------------------------------------------
           Model | W   0.0003      6   18.0     42.9    40.53 0.0000 a
                 | P   2.3218           18.0     51.0     9.70 0.0000 a
                 | L 123.2338           18.0     41.0    93.57 0.0000 a
                 | R 102.2346            6.0     17.0   289.66 0.0000 u
                 |--------------------------------------------------
        Residual |                17
        ---------+----------------------------------------------------
               a | W   0.0843      1    3.0     15.0    54.33 0.0000 e
                 | P   0.9157            3.0     15.0    54.33 0.0000 e
                 | L  10.8659            3.0     15.0    54.33 0.0000 e
                 | R  10.8659            3.0     15.0    54.33 0.0000 e
                 |--------------------------------------------------
               b | W   0.0038      2    6.0     30.0    75.82 0.0000 e
```

```
               | P    1.7202              6.0    32.0    32.80 0.0000 a
               | L   71.0974              6.0    28.0   165.89 0.0000 a
               | R   68.3284              3.0    16.0   364.42 0.0000 u
               |---------------------------------------------------------
      a#b | W    0.3877       2         6.0    30.0     3.03 0.0195 e
               | P    0.6283              6.0    32.0     2.44 0.0466 a
               | L    1.5381              6.0    28.0     3.59 0.0092 a
               | R    1.5108              3.0    16.0     8.06 0.0017 u
               |---------------------------------------------------------
        z | W    0.1869       1         3.0    15.0    21.76 0.0000 e
               | P    0.8131              3.0    15.0    21.76 0.0000 e
               | L    4.3513              3.0    15.0    21.76 0.0000 e
               | R    4.3513              3.0    15.0    21.76 0.0000 e
               |---------------------------------------------------------
   Residual |            17
-----------+---------------------------------------------------------
    Total |            23
-----------------------------------------------------------------------
          e = exact, a = approximate, u = upper bound on F
```

首先要看 A*B 交互效果檢定。Wilks' lambda = 0.3877 ($p < .05$)，故拒絕虛無假設「$H_0$：共變數調整後各群體交互效果相等」。表示新舊教材 (a 因子 ) 與 b 因子 (A、B、C 段班 )，經共變數 ( 智力 z) 調整後在個依變數的反應有交互作用。

```
. estat summarize

Estimation sample manova              Number of obs =      24


  Variable |      Mean      Std. Dev.       Min       Max
-----------+----------------------------------------------------
        y1 |   43.83333     12.00242         26        68
        y2 |   48.08333     25.52734         20        95
        y3 |   32.45833     3.787613         27        41
       2.a |         .5     .5107539          0         1
           |
```

```
      b |
      2 |    .3333333    .4815434        0         1
      3 |    .3333333    .4815434        0         1
        |
    a#b |
    2 2 |    .1666667    .3806935        0         1
    2 3 |    .1666667    .3806935        0         1
        |
      z |    37.41667    7.723013       27        59
--------------------------------------------------------------
```

**Step 2.** **manovatest** 指令檢定：跨組的共變數係數相等 (the coefficients for the covariates are equal across groups)

先進行 **manova** 指令「covariates (z) interacted with group」，再使用 **manovatest** 指令，來求「智力 (z)」跨組之係數相等的組合檢定 (**manovatest** to obtain the combined test of equal coefficients for z across groups.)。

**Step 2-1.** 印出 a*b 交叉細格之平均數

```
* Compute the predicted mean (marginal mean), standard error, z statistic, p-value,
  and confidence interval of y1 for each combination of b and a
. margins a#b, predict(equation(y1))

Predictive margins                          Number of obs   =        24

Expression    : Linear prediction, predict(equation(y1))


-------------------------------------------------------------------------
            |            Delta-method
            |    Margin   Std. Err.      z     P>|z|    [95% Conf. Interval]
------------+------------------------------------------------------------
    a#b | 交叉細格之平均數
      1 1 |   30.34496   1.643406    18.46    0.000    27.12394   33.56597
      1 2 |   42.16647   1.568949    26.88    0.000    39.09139   45.24155
      1 3 |   29.74256   1.493944    19.91    0.000    26.81449   32.67064
      2 1 |   48.95252   1.532659    31.94    0.000    45.94857   51.95648
```

```
     2 2  |   61.19794    1.495121    40.93   0.000    58.26756    64.12832
     2 3  |   50.59555    1.673102    30.24   0.000    47.31633    53.87477
--------------------------------------------------------------------------


. margins a#b, predict(equation(y2))

Predictive margins                        Number of obs   =       24

Expression   : Linear prediction, predict(equation(y2))

--------------------------------------------------------------------------
             |              Delta-method
             |    Margin   Std. Err.      z    P>|z|    [95% Conf. Interval]
-------------+------------------------------------------------------------
      a#b  | 交叉細格之平均數
     1 1  |   37.34673    1.686558    22.14   0.000    34.04114    40.65232
     1 2  |   26.99271    1.610146    16.76   0.000    23.83688    30.14854
     1 3  |   70.18317    1.533172    45.78   0.000     67.1782    73.18813
     2 1  |   37.82664    1.572903    24.05   0.000     34.7438    40.90947
     2 2  |   30.78216    1.534379    20.06   0.000    27.77483    33.78949
     2 3  |    85.3686    1.717034    49.72   0.000    82.00327    88.73392
--------------------------------------------------------------------------


. margins a#b, predict(equation(y3))

Predictive margins                        Number of obs   =       24

Expression   : Linear prediction, predict(equation(y3))

--------------------------------------------------------------------------
             |              Delta-method
             |    Margin   Std. Err.      z    P>|z|    [95% Conf. Interval]
-------------+------------------------------------------------------------
      a#b  | 交叉細格之平均數
     1 1  |   33.80299    1.756115    19.25   0.000    30.36107    37.24492
     1 2  |    33.3621    1.676552    19.90   0.000    30.07612    36.64808
     1 3  |   30.22121    1.596403    18.93   0.000    27.09232     33.3501
```

|       |   |          |          |       |       |          |          |
|-------|---|----------|----------|-------|-------|----------|----------|
| 2 1   | \| | 32.8485  | 1.637773 | 20.06 | 0.000 | 29.63853 | 36.05848 |
| 2 2   | \| | 34.54849 | 1.59766  | 21.62 | 0.000 | 31.41713 | 37.67984 |
| 2 3   | \| | 29.96671 | 1.787848 | 16.76 | 0.000 | 26.46259 | 33.47082 |

**Step 2-2.** 單純主要效果 (simple main effects) 之檢定

```
* Contrast a levels for every b type and every dependent variable
. contrast a@b#_eqns, mcompare(scheffe)

* a 因子在 (b1,b2,b3) 之單純主要效果

Contrasts of marginal linear predictions

Margins       : asbalanced
```

|              |    |       |       | Scheffe |
|--------------|----|-------|-------|---------|
|              | df | F     | P>F   | P>F     |
| a@b#_eqns    |    |       |       |         |
| 1 1          | 1  | 62.74 | 0.0000 | 0.0003 |
| 1 2          | 1  | 0.04  | 0.8446 | 1.0000 |
| 1 3          | 1  | 0.14  | 0.7085 | 1.0000 |
| 2 1          | 1  | 76.18 | 0.0000 | 0.0001 |
| 2 2          | 1  | 2.87  | 0.1086 | 0.9574 |
| 2 3          | 1  | 0.26  | 0.6172 | 1.0000 |
| 3 1          | 1  | 86.65 | 0.0000 | 0.0000 |
| 3 2          | 1  | 43.63 | 0.0000 | 0.0026 |
| 3 3          | 1  | 0.01  | 0.9166 | 1.0000 |
| Joint        | 9  | 23.66 | 0.0000 |        |
|              |    |       |       |         |
| Residual     | 17 |       |       |         |

```
Note: Scheffe-adjusted p-values are reported for tests on
      individual contrasts only.
```

```
----------------------------
         |   Number of
         |   Comparisons
---------------+--------------
  a@b#_eqns |        9
----------------------------
```

```
-----------------------------------------------------------------
                 |                           Scheffe
                 |   Contrast   Std. Err.   [95% Conf. Interval]
-----------------+-----------------------------------------------
      a@b#_eqns  |
(2 vs base) 1 1  |   18.60757   2.349216    7.476986    29.73814
(2 vs base) 1 2  |   .4799054   2.410901   -10.94294    11.90275
(2 vs base) 1 3  |  -.9544917   2.510331   -12.84844    10.93945
(2 vs base) 2 1  |   19.03147   2.180467    8.700423    29.36252
(2 vs base) 2 2  |    3.78945   2.237721   -6.812868    14.39177
(2 vs base) 2 3  |   1.186392    2.33001   -9.853189    12.22597
(2 vs base) 3 1  |   20.85298   2.240144   10.23919     31.46678
(2 vs base) 3 2  |   15.18543   2.298964    4.292943    26.07792
(2 vs base) 3 3  |  -.2545065   2.393779   -11.59623    11.08721
-----------------------------------------------------------------
```

* b 因子在 (a1, a2) 之單純主要效果
. contrast b@a#_eqns, mcompare(scheffe)

Contrasts of marginal linear predictions

Margins     : asbalanced

```
-----------------------------------------
            |     df       F      P>F
------------+----------------------------
  b@a#_eqns |
       1 1  |      2     21.83   0.0000
       1 2  |      2    199.78   0.0000
       1 3  |      2      1.35   0.2859
```

```
         2 1 │       2       18.76    0.0000
         2 2 │       2      341.39    0.0000
         2 3 │       2        1.90    0.1802
       Joint │      12      103.84    0.0000
             │
    Residual │      17
-------------------------------------------------
```

Note: Scheffe-adjusted p-values are reported for
      tests on individual contrasts only.

```
--------------------------
            │   Number of
            │  Comparisons
-------------+-------------
   b@a#_eqns │       12
--------------------------
```

```
-----------------------------------------------------------------
            │                                   Scheffe
            │  Contrast    Std. Err.      [95% Conf. Interval]
-----------------+-----------------------------------------------
     b@a#_eqns │
(2 vs base) 1 1 │   11.82151    2.122687     .4759838    23.16704
(2 vs base) 1 2 │  -10.35402    2.178424    -21.99746    1.289417
(2 vs base) 1 3 │  -.4408983    2.268267    -12.56454    11.68274
(2 vs base) 2 1 │   12.24542    2.131524     .8526603    23.63818
(2 vs base) 2 2 │  -7.044474    2.187492    -18.73638    4.647432
(2 vs base) 2 3 │   1.699985    2.277709    -10.47412    13.87409
(3 vs base) 1 1 │  -.6023936    2.223596    -12.48727    11.28248
(3 vs base) 1 2 │   32.83644    2.281982     20.63949    45.03338
(3 vs base) 1 3 │  -3.581782    2.376096    -16.28175     9.11819
(3 vs base) 2 1 │   1.643026    2.152307    -9.860821    13.14687
(3 vs base) 2 2 │   47.54196    2.208822     35.73605    59.34787
(3 vs base) 2 3 │  -2.881797    2.299919    -15.17461    9.411016
-----------------------------------------------------------------
```

1. 以上 a 因子在 (b1, b2, b3) 之單純主要效果、b 因子在 (a1, a2) 之單純主要效果，

只要 95% 信賴區間不含 0 值，則表示該對比 (Contrast) 達到顯著差異。

2.「_eqns」分別代表依變數：y1, y2, y3。

3. Contrast 的 base，內定為該因子的「level 1」。

---

**Step 3.** manovatest 指令檢定：跨組的共變數係數相等 (the coefficients for the covariates are equal across groups)

先進行 manova 指令「covariates (z) interacted with group」，再使用 manovatest 指令，來求「z」跨組之係數相等的組合檢定 (manovatest to obtain the combined test of equal coefficients for z across groups.)

```
* 前導字 "c." 宣告 (z1,z2,z3) 變數為 Continuous 型共變數： a 因子
. quietly manova y1 y2 y3= a c.z a#c.z
. manovatest a#c.z


                    W = Wilks' lambda      L = Lawley-Hotelling trace
                    P = Pillai's trace     R = Roy's largest root


         Source |  Statistic    df   F(df1,    df2) =   F   Prob>F
       ---------+-------------------------------------------------
          a#z | W   0.8864       1    3.0      18.0     0.77 0.5261 e
              | P   0.1136            3.0      18.0     0.77 0.5261 e
              | L   0.1282            3.0      18.0     0.77 0.5261 e
              | R   0.1282            3.0      18.0     0.77 0.5261 e
              |------------------------------------------------------
       Residual |              20
       ----------------------------------------------------------------
              e = exact, a = approximate, u = upper bound on F
```

a 因子：Wilks' lambda= **0.8864** (p>.05)，故接受虛無假設「$H_0$：跨組的共變數係數相等」，表示接受 各組迴歸線平行 的假設。

```
* 前導字 "c." 宣告 (z1,z2,z3) 變數為 Continuous 型共變數： b 因子
. quietly manova y1 y2 y3= b c.z b#c.z
. manovatest b#c.z
```

```
                W = Wilks' lambda      L = Lawley-Hotelling trace
                P = Pillai's trace     R = Roy's largest root


   Source |  Statistic      df   F(df1,    df2) =   F    Prob>F
-----------+----------------------------------------------------------
     b#z | W    0.6613      2    6.0     32.0    1.22  0.3195 e
         | P    0.3722           6.0     34.0    1.30  0.2855 a
         | L    0.4613           6.0     30.0    1.15  0.3568 a
         | R    0.2802           3.0     17.0    1.59  0.2291 u
         |----------------------------------------------------------
  Residual |                 18

-----------------------------------------------------------------------
          e = exact, a = approximate, u = upper bound on F
```

b 因子：Wilks' lambda = 0.6613 (p > .05)，故接受虛無假設「$H_0$：跨組的共變數係數相等」，即表示接受 各組迴歸線平行 的假設。

**Step 4.** 檢定：聯合的共變數係數等於 0(coefficients for the covariates are jointly equal to zero)

```
. quietly manova y1 y2 y3 = a##b c.z
. manovatest c.z



                W = Wilks' lambda      L = Lawley-Hotelling trace
                P = Pillai's trace     R = Roy's largest root


   Source |  Statistic      df   F(df1,    df2) =   F    Prob>F
-----------+----------------------------------------------------------
       z | W    0.1869      1    3.0     15.0    21.76 0.0000 e
         | P    0.8131           3.0     15.0    21.76 0.0000 e
         | L    4.3513           3.0     15.0    21.76 0.0000 e
         | R    4.3513           3.0     15.0    21.76 0.0000 e
         |----------------------------------------------------------
  Residual |                 17

-----------------------------------------------------------------------
          e = exact, a = approximate, u = upper bound on F
```

Wilks' lambda = 0.1869 (p < .05)，故拒絕虛無假設「$H_0$：聯合的共變數係數等於 0(the coefficients for the covariates are jointly zero)」，即拒絕 共同斜率為 0 的假設。表示智力 (z) 這個共變數之迴歸係數不為 0，故本例應納入這個共變數 (z)。

## 5-4 階層 (hierarchical/ 巢狀 nested) 設計二因子 MANCOVA (manova、manovatest 指令)

本例之資料結構是：「學校別 (B) nested in 教材 (A)」，旨在探討潛在變數層次之「舊教材與新教材之間的效果 (A -by- A effects)」。

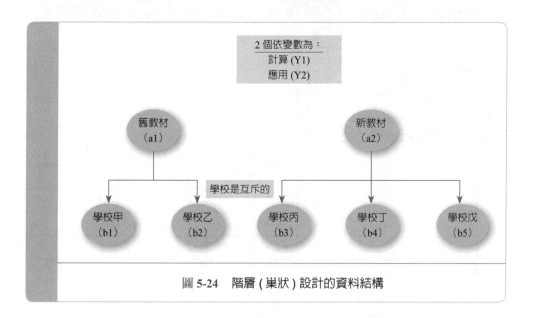

圖 5-24　階層 ( 巢狀 ) 設計的資料結構

本章前面幾節所探討的多變量變異數分析裡，B 因子的每一個水準，均在 A 因子的所有水準裡出現。然而，在實際研究工作中，常因為某些原因，我們會碰到 B 因子的每一個水準只在 A 因子的某些水準裡出現的情形。如果我們的實驗設計裡，B 因子的每一水準只在 A 因子的某些水準裡出現，就叫做「階層設計」 (hierarchical design) 或「巢狀設計」(nested design)。

範例：**階層 (hierarchical/nested) 設計二因子多變量共變數分析 (manova 指令 )**

　　某研究者探討某數學教學實驗中，甲、乙兩所學校使用舊教材教學，丙、丁、戊三所學校使用新教材教學，為了避免學生智商 (z) 影響整體實驗，於是決定將此共變數的影響給予排除。下表是一年實驗之後，學生各接受「計算」與「應用」等 2 項測驗。試以 $\alpha = .05$ 進行多變量共變數分析。

| | 甲校 (b1) | | | 乙校 (b2) | | | 丙校 (b3) | | | 丁校 (b4) | | | 戊校 (b5) | | |
|---|---|---|---|---|---|---|---|---|---|---|---|---|---|---|---|
| | 計算 (y1) | 應用 (y2) | 智商 (z) | 計算 (y1) | 應用 (y2) | 智商 (z) | 計算 (y1) | 應用 (y2) | 智商 (z) | 計算 (y1) | 應用 (y2) | 智商 (z) | 計算 (y1) | 應用 (y2) | 智商 (z) |
| 舊教材 (a1) | 13 | 14 | 9 | 11 | 15 | 13 | | | | | | | | | |
| | 12 | 15 | 13 | 12 | 18 | 14 | | | | | | | | | |
| | 9 | 16 | 14 | 10 | 16 | 13 | | | | | | | | | |
| | 9 | 17 | 11 | 9 | 17 | 13 | | | | | | | | | |
| | 14 | 17 | 15 | 9 | 18 | 14 | | | | | | | | | |
| 新教材 (a2) | | | | | | | 10 | 21 | 15 | 11 | 23 | 17 | 8 | 17 | 11 |
| | | | | | | | 12 | 22 | 16 | 14 | 27 | 20 | 7 | 15 | 10 |
| | | | | | | | 9 | 19 | 13 | 13 | 24 | 19 | 10 | 18 | 17 |
| | | | | | | | 10 | 21 | 15 | 15 | 26 | 18 | 8 | 17 | 13 |
| | | | | | | | 14 | 23 | 16 | 14 | 24 | 17 | 7 | 19 | 10 |

## 一、資料檔之內容

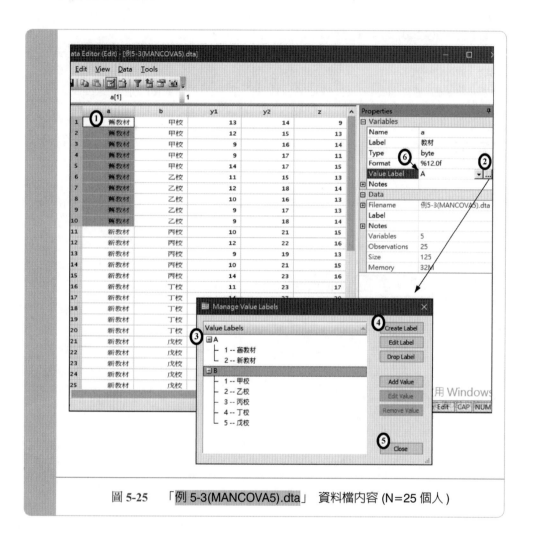

圖 5-25 「例 5-3(MANCOVA5).dta」 資料檔內容 (N=25 個人 )

## 二、分析結果與討論

典型之 MANCOVA 分析有 3 個檢定：(1) 共變數調整後各群體效果相等；(2) 跨組的共變數係數相等 ( 各組迴歸線平行的假設 )；(3) 共變數係數是聯合地等於 0( 共同斜率為 0 的假設 )。

**Step 1.** 檢定：共變數調整後各群體效果相等嗎 ？(a test of equality of group effects adjusted for the covariates)

```
. use "D:\CD\ 例 5-3(MANCOVA5).dta", clear
* 或
. use 例 5-3(MANCOVA5).dta, clear
```

*前導字 "c." 宣告該「x1, x2」變數為 Continuous 型連續變數，它也是 mancova 指令中宣告為「共變數」的界定符號。

本例是完全巢狀設計 (fully nested design)，最上層是 fixed factor，下層是 random factors.

```
. tabstat y1 y2 z , by(a)
Summary statistics: mean
  by categories of: a ( 教材 )


      a |      y1        y2         z
-------+------------------------------
舊教材 |    10.8      16.3      12.9
新教材 |    10.8   21.06667  15.13333
-------+------------------------------
 Total |    10.8     19.16     14.24
------------------------------------


. tabstat y1 y2 z, by(b)
Summary statistics: mean
  by categories of: b ( 學校 )


      b |      y1        y2         z
-------+------------------------------
  甲校 |    11.4      15.8      12.4
  乙校 |    10.2      16.8      13.4
  丙校 |      11      21.2        15
  丁校 |    13.4      24.8      18.2
  戊校 |       8      17.2      12.2
-------+------------------------------
 Total |    10.8     19.16     14.24
------------------------------------


. manova y1 y2 = a / b|a c.z , dropemptycells
```

```
                    Number of obs =        25


            W = Wilks' lambda      L = Lawley-Hotelling trace
            P = Pillai's trace     R = Roy's largest root


  Source | Statistic    df   F(df1,    df2) =    F   Prob>F
---------+-----------------------------------------------------
   Model | W   0.0491    5    10.0      36.0   12.64 0.0000 e
         | P   1.3833         10.0      38.0    8.52 0.0000 a
         | L  10.5574         10.0      34.0   17.95 0.0000 a
         | R   9.6445          5.0      19.0   36.65 0.0000 u
         |-------------------------------------------------------
Residual |              19

---------+-----------------------------------------------------
       a | W   0.1332    1     2.0       2.0    6.51 0.1332 e
         | P   0.8668          2.0       2.0    6.51 0.1332 e
         | L   6.5069          2.0       2.0    6.51 0.1332 e
         | R   6.5069          2.0       2.0    6.51 0.1332 e
         |-------------------------------------------------------
     bla |               3

---------+-----------------------------------------------------
       z | W   0.6791    1     2.0      18.0    4.25 0.0307 e
         | P   0.3209          2.0      18.0    4.25 0.0307 e
         | L   0.4726          2.0      18.0    4.25 0.0307 e
         | R   0.4726          2.0      18.0    4.25 0.0307 e
         |-------------------------------------------------------
Residual |              19

---------+-----------------------------------------------------
   Total |              24

-----------------------------------------------------------------
         e = exact, a = approximate, u = upper bound on F
```

1. 經共變數(智力z)調整後，B因子(學校別)在A因子(教材)的MANOVA檢定，求得 Wilk's $\Lambda$ = 0.1332 (p > 0.05)，未達到顯著水準。表示新教材未顯著優於舊教材。

2. 易言之，新舊教材 (A) 對學生整個成績有顯著影響，不論在「計算 y1」或「y2

應用」上均沒有顯著差異存在。

**Step 2.** **manovatest** 指令檢定：跨組的共變數係數相等 (the coefficients for the covariates are equal across groups)

先進行 manova 指令「covariates (z) interacted with group」，再使用 manovatest 指令，來求「共變數 z」跨組之係數相等的組合檢定 (manovatest to obtain the combined test of equal coefficients for z across groups.)

```
*前導字 "c." 宣告 (z) 變數為 Continuous 型共變數
. manova y1 y2 = a / b1a c.z a#c.z , dropemptycells

                Number of obs =        25

                W = Wilks' lambda     L = Lawley-Hotelling trace
                P = Pillai's trace    R = Roy's largest root

        Source |  Statistic    df   F(df1,    df2) =   F  Prob>F
       --------+--------------------------------------------------
         Model | W   0.0458      6   12.0     34.0    10.40 0.0000 e
               | P   1.4180           12.0     36.0     7.31 0.0000 a
               | L  10.7010           12.0     32.0    14.27 0.0000 a
               | R   9.6524            6.0     18.0    28.96 0.0000 u
               |--------------------------------------------------
      Residual |                 18
       --------+--------------------------------------------------
           a   | W   0.4643      1    2.0      2.0     1.15 0.4643 e
               | P   0.5357            2.0      2.0     1.15 0.4643 e
               | L   1.1536            2.0      2.0     1.15 0.4643 e
               | R   1.1536            2.0      2.0     1.15 0.4643 e
               |--------------------------------------------------
         b1a   |                  3
       --------+--------------------------------------------------
           z   | W   0.7229      1    2.0     17.0     3.26 0.0634 e
               | P   0.2771            2.0     17.0     3.26 0.0634 e
               | L   0.3834            2.0     17.0     3.26 0.0634 e
               | R   0.3834            2.0     17.0     3.26 0.0634 e
               |--------------------------------------------------
```

```
        a#z | W    0.9331        1       2.0      17.0      0.61 0.5549 e
            | P    0.0669                2.0      17.0      0.61 0.5549 e
            | L    0.0717                2.0      17.0      0.61 0.5549 e
            | R    0.0717                2.0      17.0      0.61 0.5549 e
            |------------------------------------------------------------
   Residual |               18
------------+-----------------------------------------------------------
      Total |               24
-------------------------------------------------------------------------
            e = exact, a = approximate, u = upper bound on F

. manovatest a#c.z


            W = Wilks' lambda      L = Lawley-Hotelling trace
            P = Pillai's trace     R = Roy's largest root

   Source | Statistic     df   F(df1,    df2) =    F   Prob>F
----------+--------------------------------------------------------------
      a#z | W    0.9331        1       2.0      17.0      0.61 0.5549 e
          | P    0.0669                2.0      17.0      0.61 0.5549 e
          | L    0.0717                2.0      17.0      0.61 0.5549 e
          | R    0.0717                2.0      17.0      0.61 0.5549 e
          |--------------------------------------------------------------
 Residual |               18
--------------------------------------------------------------------------
            e = exact, a = approximate, u = upper bound on F
```

Wilks' lambda = 0.9331 (p > .05)，故接受虛無假設「$H_0$：跨組的共變數係數相等」，表示接受各組迴歸線平行的假設。

Step 3. 檢定：聯合的共變數係數等於 0(coefficients for the covariates are jointly equal to zero)

```
. manovatest c.z


                       W = Wilks' lambda      L = Lawley-Hotelling trace
                       P = Pillai's trace     R = Roy's largest root


          Source | Statistic      df   F(df1,   df2) =    F   Prob>F
        ---------+------------------------------------------------------
             z | W   0.7229        1    2.0    17.0    3.26 0.0634 e
               | P   0.2771             2.0    17.0    3.26 0.0634 e
               | L   0.3834             2.0    17.0    3.26 0.0634 e
               | R   0.3834             2.0    17.0    3.26 0.0634 e
               |-----------------------------------------------------
        Residual |                18
        -------------------------------------------------------------
                    e = exact, a = approximate, u = upper bound on F
```

Wilks' lambda = 0.7229 (p > .05)，故接受虛無假設「$H_0$：聯合的共變數係數等於 0(the coefficients for the covariates are jointly zero)」，即接受共同斜率爲 0 的假設。表示一個共變數 (z) 之迴歸係數爲 0，故本例可捨棄「智力 z」這個共變數，改用階層設計 MANOVA 分析即可。

# Chapter 06

# 典型相關分析
# (canonical correlation,
# canon指令)

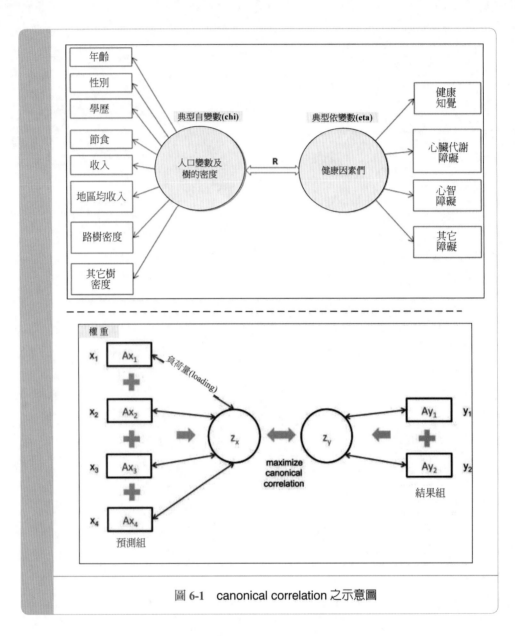

圖 6-1　canonical correlation 之示意圖

多變量分析 (MVA) 是基於線性代數的統計學原理，它涉及一次觀察和分析多個統計結果變數。多變量分析之目標有 4 類，如下圖。

### 典型相關

我們對一組變數綜合結果和另一組變數綜合結果間的關係感到興趣，且想

從其中一組變數來預測另一組變數，例如：作物一組生長特性和一組氣象因素間的關係、作物一組產量性狀和一組品質性狀間的關係、某家禽的一組生長性狀和一組生蛋性狀間的關係、農業產銷研究中一組價格指標和一組生產指標間的關係等。在農業科技研究上，我們常需要瞭解生物群與其環境間的關係、育種目標性狀與選拔性狀間的關係等，故不少實際問題可歸結為典型相關研究。為探討兩組變數(反應變數 Y 和解釋變數 X)間的關係，找出 X 的線性組合與 Y 的線性組合，以使這兩個線性組合之間具有最大的簡單相關關係。而能使這兩組變數的線性組合相關最大的權重，稱為典型相關係數。因此，Tatsuoka(1988) 將典型相關視為一種「雙管的主成分分析」。

簡單相關、複相關和典型相關之間的差異。典型相關分析除了可以反映出兩組變數之間相互關係的絕大部分訊息，也能揭示兩組變數之間的內部關係。

一般電腦軟體進行典型相關的主要流程，是由變數間的相關矩陣，分別導出 X 和 Y 的兩個線性組合 ( 此即典型變數 )，使該兩個典型變數的共變數最大，以計算出典型相關係數及進行其顯著性測驗，最後計算重疊指數 (redundancy index，有如複迴歸分析中的決定係數 $R^2$)，以衡量典型相關所能解釋的變異程度。

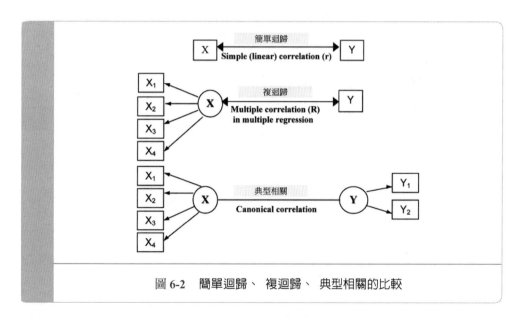

圖 6-2　簡單迴歸、　複迴歸、　典型相關的比較

在複相關裡，我們要觀察同一群人的兩組變數，其中一組是自變數，另一組是依變數 ( 事實上只「一個」依變數 )。複迴歸則是希望找出這一組自變數的迴

歸係數，使自變數的線性組合分數與這一個依變數分數之間相關能達到最大。在典型相關 (canonical correlation) 分析裡，也是探討一個母群體的兩組變數 ( 不管它是自變數或依變數 ) 的關係，其目的是找出這一組自變數的線性組合與另一組依變數的組合，使兩者之間的相關達到最大。

# 6-1 典型相關 (canonical correlation) 之概念

## 一、為何須要典型相關分析？

你可創建具有第一組變數（例如：運動變數）和第二組變數（例如：健康變數）的成對散點圖。但是，如果第一組的維數是 p，第二組的維數是 q。如果不是完全不可能的話，可能難以一起查看所有這些圖，並能夠解釋結果。

同理，可計算第一組變數之間的所有相關性（例如：運動變數），然後計算第二組變數之間的所有相關性（例如：健康變數）。但是，由於「p×q 個相關值」數量龐大，解釋的問題就出現了。

典型相關分析允許我們將關係總結為較少的統計數據，同時保留關係的主要方面。典型相關的動機與主成分分析非常相似，這是另一種降維 (dimension reduction) 技術。

## 二、典型變數 (canonical variates)

從符號開始，若有 2 組變數 X 和 Y：

假設，集合 1 中有 p 個變數：$X = \begin{pmatrix} x_1 \\ x_2 \\ \vdots \\ x_p \end{pmatrix}$

集合 2 中有 q 個變數：$Y = \begin{pmatrix} y_1 \\ y_2 \\ \vdots \\ y_q \end{pmatrix}$

根據每個集合中存在的變數數量來選擇 X 和 Y，使得 p ≤ q。這是為了計算方便而做的。

　　就像在主成分分析中所做的那樣，我們看數據的線性組合。定義一組名為 U 和 V 的線性組合。U 將對應於第一組變數 X 的線性組合，V 對應於第二組變數 Y。U 的每個成員將與 例如：下面的 $U_1$ 是 p 個 X 變數的線性組合，$V_1$ 是 q 個 Y 的線性組合。

　　同理，$U_2$ 是 p 個 X 變數的線性組合，$V_2$ 是 q 個 Y 變數的對應線性組合。如此類推。

$$U_1 = a_{11}X_1 + a_{12}X_2 + \cdots + a_{1p}X_p$$
$$U_2 = a_{21}X_1 + a_{22}X_2 + \cdots + a_{2p}X_p$$
$$\vdots$$
$$U_p = a_{p1}X_1 + a_{p2}X_2 + \cdots + a_{pp}X_p$$

$$V_1 = b_{11}Y_1 + b_{12}Y_2 + \cdots + b_{1q}Y_q$$
$$V_2 = b_{21}Y_1 + b_{22}Y_2 + \cdots + b_{2q}Y_q$$
$$\vdots$$
$$V_p = b_{p1}Y_1 + b_{p2}Y_2 + \cdots + b_{pq}Y_q$$

因此定義：$(U_i, V_i)$ 第 i 個典型變數配對，是第一個典型變數配對；同樣 $(U_2, V_2)$ 將是第二個典型變數配對等。當 p ≤ q 時，存在 p 典型共變數配對。

　　要找「每個典型變數配對成員之間相關性的線性組合」最大化。

　　可以使用下面的方程式來計算 $U_i$ 變數的變異數：

$$\text{var}(U_i) = \sum_{k=1}^{p}\sum_{l=1}^{p} a_{ik}a_{il}\text{cov}(X_k, X_l)$$

出現在 **ΣΣ** 中的係數 $a_{i1}$ 通過 $a_{ip}$，與在 $U_i$ 定義中出現的係數相同。第 k 個和第 l 個 X 變數之間的 covariances 乘以相應的係數 $a_{ik}$ 及 $a_{il}$ (for the variate $U_i$)。

$$\text{var}(V_j) = \sum_{k=1}^{p}\sum_{l=1}^{q} b_{jk}b_{jl}\text{cov}(Y_k, Y_l)$$

可以對 $V_j$ 的共變數進行類似的計算，如下所示：

$$\text{cov}(U_i, V_j) = \sum_{k=1}^{p}\sum_{l=1}^{q} a_{ik}b_{jl}\text{cov}(X_k, Y_l)$$

然後，計算 $U_i$ 和 $V_j$ 之間的共變數為：

$$\text{cov}(U_i, V_j) = \sum_{k=1}^{p} \sum_{l=1}^{q} a_{ik} b_{jl} \text{cov}(X_k, Y_l)$$

通常使用公式來計算 $U_i$ 和 $V_j$ 之間的相關性。我們取這 2 個變數之間的共變數，並除以「用變異數乘積的平方根 (square root of the product of the variances)」：

$$\frac{\text{cov}(U_i, V_j)}{\sqrt{\text{var}(U_i)\text{var}(V_j)}}$$

典型相關是特定形式相關性。第 $i$ 個典型變數配對之典型相關，只是 $U_i$ 和 $V_i$ 之間的相關性：

$$\rho_i^* = \frac{\text{cov}(U_i, V_i)}{\sqrt{\text{var}(U_i)\text{var}(V_i)}}$$

為將這個數量最大化。我們希望找到 X 的線性組合和 Y 的線性組合，使得上述相關性達最大化。

### 三、典型變數定義 (canonical variates defined)

讓我們看看每一個 p 典型變數配對。

第 1 個 *canonical variate pair.* $(U_1, V_1)$：

要選擇係數 $a_{11}$，$a_{12}$，…，$a_{1p}$ 和 $b_{11}$，$b_{12}$，…，$b_{1q}$ 來最大化第一典型變數配對的典型相關性 $\rho_1^*$。$\rho_1^*$ 將受制於該配對中，2 個典型變數的變異數等於1的限制：

$$\text{var}(U_1) = \text{var}(V_1) = 1$$

這是必需的，以便獲得係數是唯一的。

第 2 個 *canonical variate pair.* $(U_2, V_2)$：

要選擇係數 $a_{21}$, $a_{22}$, …, $a_{2p}$ 和 $b_{21}$, $b_{22}$, …, $b_{2q}$ 來最大化第二典型變數配對的典型相關性 $\rho_2^*$。$\rho_2^*$ 亦受制於該配對中，2 個典型變數的變異數等於 1 的限制：

$$\text{var}(U_2) = \text{var}(V_2) = 1$$
$$\text{cov}(U_1, U_2) = \text{cov}(V_1, V_2) = 0$$
$$\text{cov}(U_1, V_2) = \text{cov}(U_2, V_1) = 0$$

基本上，我們要求所有剩餘的相關性等於 0。

接著，再對每對典型變數重複上述限制過程……

$i^{th}$ *canonical variate pair:* $(U_i, V_i)$

希望找到使得典型相關$\rho_i^*$最大化的係數 $a_{i1}$, $a_{i2}$, …, $a_{ip}$ 和 $b_{i1}$, $b_{i2}$, …, $b_{iq}$。

$$var(U_i) = var(V_i) = 1$$
$$cov(U_1, U_i) = cov(V_1, V_i) = 0$$
$$cov(U_2, U_i) = cov(V_2, V_i) = 0$$
$$\vdots$$
$$cov(U_{i-1}, U_i) = cov(V_{i-1}, V_i) = 0$$
$$cov(U_1, V_i) = cov(U_i, V_1) = 0$$
$$cov(U_2, V_i) = cov(U_i, V_2) = 0$$
$$\vdots$$
$$cov(U_{i-1}, V_i) = cov(U_i, V_{i-1}) = 0$$

同樣，要求所有其餘的相關性都等於 0。

## 四、典型相關的假設 (test assumption)

典型相關分析的目的，在於找出 p 個 X 變數的加權值 (weights) 和 q 個 Y 變數的加權值，使 p 個 X 變數之線性組合分數與 q 個 Y 變數的線性組合分數之相關達到最大值。

當然在進行典型相關分析前，要檢定下列幾個假設 (assumptions) 是否條件都符合後，再進行典型相關分析。假設的檢定包括：

1. 遺漏值及 極端值 檢定：指令「twoway (scatter x y, mlabel(z))」、「predict lev, leverage」、「lvr2plot」繪散布圖來檢查各變數是否有遺漏值，若發現有極端值 ($p < .001$)，這些資料都可刪除之後，再求其 marginal 效果。

2. 常態性 檢定法：(1) 繪圖法：Normal probability plot (pnorm 指令)、Normal quantile- quantile (qqplot 指令)。(2) 檢定法：Kolmogorov- Smirnov 法 (ksmirnov 指令)、Shapiro- Wilks 法 ( 一般僅用在樣本數 n<50 的情況 ) (swilk 指令)。(3) 將常態分布之偏態或峰度 (estat imtest 指令)，分別代入下列對應的 Z 公式，若 Z 值未超過臨界值 (+1.96~ -1.96)，則算符合常態性。樣本之各個變數經以上檢定若皆符合常態性，則不必再進行資料轉換。

$$Z_{skewness} = \frac{skewness}{\sqrt{6/N}} \quad (N : 樣本數)$$

$$Z_{kurtosis} = \frac{kurtosis}{\sqrt{24/N}} \quad (N : 樣本數)$$

---

**定義：偏態 (skewness) (estat imtest 指令 )**

在機率論和統計學中，偏態 (skewness) 衡量實數隨機變數機率分布的不對稱性。偏態的值可以為正，可以為負或者甚至是無法定義。在數量上，偏態為負 ( 負偏態 ) 意味著在機率密度函數左側的尾部比右側長，絕大多數的值 ( 包括中位數在內 ) 位於平均值的右側。偏態為正 ( 正偏態 ) 意味著在機率密度函數右側的尾部比左側長，絕大多數的值 ( 但不一定包括中位數 ) 位於平均值的左側。偏態為 0 就表示數值相對均勻地分布在平均值的兩側，但不一定意味著其為對稱分布。

隨機變數 X 的偏度 $\gamma_1$ 為三階動差 (moment)，可被定義為：

$$\gamma_1 = E\left[\left(\frac{X-\mu}{\sigma}\right)^3\right] = \frac{\mu_3}{\sigma^3} = \frac{E[(X-\mu)^3]}{(E[(X-\mu)^2])^{3/2}} = \frac{k_3}{k_2^{3/2}}$$

具有 n 個值樣本的樣本偏度為：

$$g_1 = \frac{m_3}{m_2^{3/2}} = \frac{\frac{1}{n}\sum_{i=1}^{n}(x_i - \overline{x})^3}{\left(\frac{1}{n}\sum_{i=1}^{n}(x_i - \overline{x})^2\right)^{3/2}}$$

---

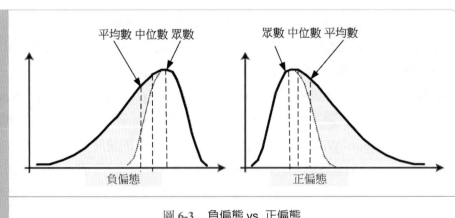

圖 6-3　負偏態 vs. 正偏態

在統計學中，峰度 (kurtosis) 衡量實數隨機變數概率分布的峰態。峰度高意味著變異數增大，是由低頻度的大於或小於平均值的極端差值引起的。

**共線性 (collinearity test)(「estat vif」迴歸事後指令 )：**

依據 Tabachnick and Fidell(2001) 的建議，若典型相關有一組變數中，有 2 個變數是高相關 (r > 0.8) ，則選擇其中一個納入典型相關分析即可。在進行迴歸分析時，若自變數間具有高度的多元共線性 (multicollinearity) 存在，表示這 2 個變數可能代表非常相似的概念。若將此兩自變數同時加入多元迴歸方程式中，會影響這 2 個自變數的解釋能力。

檢定變數之間共線性的方法，主要有下列四種方式：

1. 變數間的相關係數：依 Judge 等人 (1982) 的標準，若任 2 個自變數間的相關係數超過 0.8，表示兩者中間存在嚴重的多元共線性問題，但它並非是檢定共線性問題的充分條件。

2. VIF 值 (「estat vif」迴歸事後指令 )：利用 regressiong 指令之迴歸係數的容忍值與變異數膨脹因素 (VIF)，作為檢定自變數間是否有線性重合問題的參考。其中容忍值 (tolerance) 的值在 0 與 1 之間，它是變異數膨脹因素值的倒數，變異數膨脹因素值愈大或容忍值愈小，表示變數間線性重合的問題愈嚴重。通常 VIF 值大於 10 時，該自變數就可能與其他自變數間有高度的線性重合。

3. 條件指數 (condition index ,CI 值 )：根據 Belsey, Kuh & Welsch(1980) 指出，若 CI 值在 10 左右，則表示變數間低共線性。若 CI 值介於 30 到 100 之間，表示變數間具有中度至高度的線性相關。

4. 變異數比例 (variance proportion)：在迴歸分析，有一共線性診斷表 (collinearity diagnostics)，表內有每一變數之特徵量。當任 2 個變數之特徵量值非常接近 1，就表示兩變數間可能有線性重合的問題。

## 五、典型相關分析的摘要表：例子

### 1. 典型 (canonical) 分析之摘要表

| 配對變數 | 典型相關 | 典型相關平方 | 特徵值 | 自由度 | 標準化 | P 值 |
|---|---|---|---|---|---|---|
| $U_1V_1$ | 0.903 | 0.815 | 4,397 | 36 | 0.111 | <0.001 |
| $U_2V_2$ | 0.571 | 0.326 | 0.483 | 22 | 0.597 | <0.001 |
| $U_3V_3$ | 0.340 | 0.115 | 0.130 | 10 | 0.885 | 0.218 |

### 2. 典型變數 (canonical variables) 之標準化典型係數 (canonical coefficients)

| | X-Variable set | | | | | | | | | | | | | Y-Variable set | | |
|---|---|---|---|---|---|---|---|---|---|---|---|---|---|---|---|---|
| | FL | FD | ST | FT | LSC | FW | BN | VL | FFT | LL | LW | TM | | FW/P | AFW | FN/P |
| $U_1$ | 0.33 | 0.50 | 0.15 | 0.16 | 0.16 | 0.10 | -0.01 | -0.01 | 0.26 | 0.09 | -0.01 | -0.21 | $V_1$ | 0.82 | 0.39 | -0.64 |
| $U_2$ | -0.49 | 0.03 | -0.05 | 0.17 | 0.40 | 0.16 | 0.32 | 0.04 | -0.69 | -0.78 | 0.25 | 0.22 | $V_2$ | 1.3 | -0.87 | 0.06 |

### 3. 原始變數與典型變數之間典型負荷量 (canonical loadings)

| | X-Variable set | | | | | | | | | | | | | Y-Variable set | | |
|---|---|---|---|---|---|---|---|---|---|---|---|---|---|---|---|---|
| | FL | FD | ST | FT | LSC | FW | BN | VL | FFT | LL | LW | TM | | FW/P | AFW | FN/P |
| $U_1$ | 0.75 | 0.86 | 0.42 | 0.54 | 0.63 | 0.52 | -0.12 | 0.02 | -0.04 | 0.04 | 0.01 | -0.11 | $V_1$ | 0.66 | 0.99 | -0.11 |
| $U_2$ | -0.30 | 0.17 | 0.17 | 0.03 | 0.31 | 0.17 | 0.41 | 0.05 | -0.58 | -0.48 | -0.35 | -0.51 | $V_2$ | 0.74 | 0.02 | 0.97 |

# 6-2 單變量：相關係數之統計基礎

假設從實驗、研究或調查中獲得 2 個變數 $x$、$y$ 的觀測記錄 $(x_i, y_i)$，$i = 1, \cdots, n$。若一個變數變化時，另一個變數也以某種相關方式變化，便稱這 2 個變數彼此相關 (correlation)。如果 2 個變數之間的關係是線性的，那麼要如何測量它們的相關程度呢？在實際應用中，皮爾生相關係數 (Pearson correlation coefficient) 是目前最普遍被採用的一種度量方式。本文從幾何觀點推導皮爾生相關係數，並解釋其涵義。

將觀測記錄合併成向量 $x = (x_1, x_2, \cdots, x_n)^T$，$y = (y_1, y_2, \cdots, y_n)^T$，變數 $x$ 和 $y$ 的線性相關問題可以改爲：給定 $R^n$ 空間二向量 x 和 y，如何測量 x 與 y 的「線性相近」關係？若 $y$ 和 $x$ 具有完美的線性關係，$y_i = b_0 + b_1x_i$，$i = 1, \cdots, n$，則下

列方程組是一致的：

$$\begin{bmatrix} 1 & x_1 \\ 1 & x_2 \\ \vdots & \vdots \\ 1 & x_n \end{bmatrix} \begin{bmatrix} b_0 \\ b_1 \end{bmatrix} = \begin{bmatrix} y_1 \\ y_2 \\ \vdots \\ y_n \end{bmatrix}$$

令 $1 = (1, 1, \cdots, 1)^T$ 且 $X = [1 \quad x]$。線性方程組可表示為 $X\begin{bmatrix} b_0 \\ b_1 \end{bmatrix} = y$。在一般情況下，上述方程式常不存在解，但可以計算最佳近似解。定義殘差 (residual) $e_i = y_i - b_0 - b_1 x_i$，問題轉換成找出 $b_0$ 和 $b_1$，使殘差平方和 $\Sigma_{i=1}^{n} e_i^2$ 得以最小化，即

$$\|e\|^2 = \|y - \hat{y}\|^2 = \left\| y - X\begin{bmatrix} b_0 \\ b_1 \end{bmatrix} \right\|^2$$

上式中 e 和 ŷ 代表 $e_i$ 和 $\hat{y}_i = b_0 + b_1 x_i$ 構成的 $n$ 維實向量。根據正交原則，最小殘差 e 必正交於 $X$ 的行空間 $C(X)$，而 $N(X^T)$ 為 $C(X)$ 的正交補餘，故知 $e \in N(X^T)$，就有 $X^T e = X^T\left(y - X\begin{bmatrix} b_0 \\ b_1 \end{bmatrix}\right) = 0$，或寫為

$$X^T X\begin{bmatrix} b_0 \\ b_1 \end{bmatrix} = X^T y$$

稱為正規方程式 (normal equation)，它給出殘差最小化的必要條件。將矩陣式乘開可得

$$nb_0 + b_1 \sum_{i=1}^{n} x_i = \sum_{i=1}^{n} y_i$$
$$b_0 \sum_{i=1}^{n} x_i + b_1 \sum_{i=1}^{n} x_i^2 = \sum_{i=1}^{n} x_i y_i$$

若線性方程組是一致的，可解得最佳參數，以 $\hat{b}_0$ 和 $\hat{b}_1$ 表示，故最佳直線為 $\hat{y} = \hat{b}_0 + \hat{b}_1 x$。

接下來將說明在最佳情況下，正規方程式的衍生結果。

(1) 由條件式 $X^T\mathbf{e} = \begin{bmatrix} 1^T \\ X^T \end{bmatrix} \mathbf{e} = 0$，得 $1^T\mathbf{e} = \Sigma_{i=1}^n e_i = 0$，即殘差的平均值為 $0$，且 $\mathbf{x}^T\mathbf{e} = 0$。

(2) 因為 $\hat{\mathbf{y}} = \hat{b}_0 1 + \hat{b}_1\mathbf{x}$，由結果 (1) 可知 $\hat{\mathbf{y}}^T\mathbf{e} = \hat{b}_0 1^T\mathbf{e} + \hat{b}_1\mathbf{x}^T\mathbf{e} = 0$。

(3) 令 $x$ 和 $y$ 的樣本平均數分別為 $\bar{x} = \dfrac{1}{n}\Sigma_{i=1}^n x_i$，$\bar{y} = \dfrac{1}{n}\Sigma_{i=1}^n y_i$。將第一條正規方程式通除 $n$，即得 $\hat{b}_0 + \hat{b}_1\bar{x} = \bar{y}$，所以：

$$\hat{\mathbf{y}} - \bar{y}1 = \hat{b}_0 1 + \hat{b}_1\mathbf{x} - (\hat{b}_0 + \hat{b}_1\bar{x})1 = \hat{b}_1(\mathbf{x} - \bar{x}1)$$

再由結果 (1)，推知 $(\hat{\mathbf{y}} - \bar{y}1)^T\mathbf{e} = 0$。

(4) 計算變數 $y$ 的總變異，也就是所有離差 ( 偏離平均數的差 ) $y_i - \bar{y}$ 的平方和，利用 (3)，推得：

$$\sum_{i=1}^n (y_i - \bar{y})^2 = \|\mathbf{y} - \bar{y}1\|^2$$
$$= \|(\mathbf{y} - \hat{\mathbf{y}}) + (\hat{\mathbf{y}} - \bar{y}1)\|^2$$
$$= \|\mathbf{e} + (\hat{\mathbf{y}} - \bar{y}1)\|^2$$
$$= \|\mathbf{e}\|^2 + \|\hat{\mathbf{y}} - \bar{y}1\|^2 + 2\mathbf{e}^T(\hat{\mathbf{y}} - \bar{y}1)$$
$$= \|\mathbf{e}\|^2 + \|\hat{\mathbf{y}} - \bar{y}1\|^2$$

故變數 $y$ 的總離差平方和可分解為殘差平方和與 $\hat{y}$ 的離差平方和。

我們觀察出結果 (4) 不過就是畢氏定理：

$$\|\mathbf{y} - \bar{y}1\|^2 = \hat{b}_1^2\|\mathbf{x} - \bar{x}1\|^2 + \|\mathbf{e}\|^2$$

直角三角形的斜邊是 $\mathbf{y} - \bar{y}1$，而垂直兩股分別是 $\hat{b}_1(\mathbf{x} - \bar{x}1)$ 和 $\mathbf{e}$。令 $\theta$ 為向量 $\mathbf{y} - \bar{y}1$ 與 $\mathbf{x} - \bar{x}1$ 的夾角，由直角三角形關係可得：

$$\cos^2\theta = \frac{\hat{b}_1^2\|\mathbf{x} - \bar{x}1\|^2}{\|\mathbf{y} - \bar{y}1\|^2}$$

由於 $\hat{\mathbf{y}} = \hat{b}_0 1 + \hat{b}_1\mathbf{x}$ 已充分表達了 $x$ 和 $y$ 之間的線性關係，$\cos^2\theta$ 可解讀為 $y$ 的總變異被 $x$ 所「解釋」的比例，故餘弦函數 $\cos\theta$ 可用來測量兩變數之間的線性相關程度。從幾何觀點，兩向量夾角的餘弦函數代表兩向量的相似度；若兩向量指向相同方向，$\cos\theta = 1$，表示正相關；若兩向量指向相反方向，$\cos\theta = -1$，表示負相關；又若兩向量指向相互垂直，$\cos\theta = 0$，表示無關。欲求出 $\cos\theta$，無須解出

$\hat{b}_1$，向量$y - \bar{y}1$和$x - \bar{x}1$的內積提供餘弦函數的直接計算方式：

$$\cos\theta = \frac{(y - \bar{y}1)^T(x - \bar{x}1)}{\|y - \bar{y}1\| \cdot \|x - \bar{x}1\|} = \frac{\sum_{i=1}^{n}(y_i - \bar{y})(x_i - \bar{x})}{\sqrt{\sum_{i=1}^{n}(y_i - \bar{y})^2}\sqrt{\sum_{i=1}^{n}(x_i - \bar{x})^2}}$$

此即為著名的皮爾生（樣本）相關係數。換句話說，樣本相關係數是離差向量$y - \bar{y}1$和$x - \bar{x}1$所夾角的餘弦。統計學通常以下式，定義樣本相關係數：

$$r = \frac{s_{xy}}{s_x s_y}$$

其中$s_x^2$和$s_y^2$分別代表變數$x$和$y$的樣本變異數：

$$s_x^2 = \frac{1}{n-1}\sum_{i=1}^{n}(x_i - \bar{x})^2, s_y^2 = \frac{1}{n-1}\sum_{i=1}^{n}(y_i - \bar{y})^2$$

分子$s_{xy}$代表這2個變數的樣本共變異數：

$$s_{xy} = \frac{1}{n-1}\sum_{i=1}^{n}(x_i - \bar{x})(y_i - \bar{y})$$

附帶一提，前述最佳直線可表示為：

$$\frac{\hat{y} - \bar{y}}{s_y} = r\left(\frac{x - \bar{x}}{s_x}\right)$$

下圖顯示7組資料散布圖，並標示相關係數。

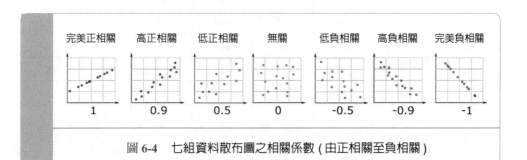

圖 6-4　七組資料散布圖之相關係數（由正相關至負相關）

1. r=1 是一個完美的正相關。
2. r=0 是沒有關聯的（這些值根本沒有聯繫）。
3. r=-1 是一個完美的負相關。

## 6-3 典型相關分析：範例 (canonical correlation) (canon、canon, test()、estat correlations 指令 )

### 6-3-1 典型相關分析 (canonical correlation)：5 項高中測驗 對 2 項大學入學成績 (canon 、canon, test() 、estat correlations) 指令

範例：典型相關分析 (canon 、canon, test() 、estat correlations) 指令

例 6-1　參考林清山，《多變項分析統計法》，民 79，第 5 版，p.339

　　16 名高中生的學科成就測驗 (x1)、智力測驗 (x2)、創造力測驗 (x3)、學習態度測驗 (x4)、焦慮測驗 (x5)，以及「大學入學考學科成績」(y1)、「大學入學考術科成績」(y2) 如下表所示。試以型 I 誤差 $\alpha = .05$ 進行典型相關分析。

| 變數<br>受試者 | 入學學科<br>(y1) | 入學術科<br>(y2) | 成就<br>(x1) | 智力<br>(x2) | 創造力<br>(x3) | 學習態度<br>(x4) | 焦慮<br>(x5) |
|---|---|---|---|---|---|---|---|
| 1 | 51 | 20 | 78 | 103 | 9 | 27 | 35 |
| 2 | 70 | 42 | 88 | 108 | 16 | 29 | 19 |
| 3 | 60 | 46 | 71 | 111 | 21 | 27 | 35 |
| 4 | 71 | 45 | 75 | 109 | 19 | 40 | 20 |
| 5 | 79 | 39 | 85 | 114 | 22 | 25 | 42 |
| 6 | 69 | 32 | 79 | 112 | 13 | 33 | 43 |
| 7 | 70 | 40 | 76 | 120 | 17 | 40 | 39 |
| 8 | 74 | 30 | 84 | 115 | 11 | 32 | 50 |
| 9 | 50 | 15 | 43 | 96 | 8 | 29 | 48 |
| 10 | 62 | 38 | 80 | 105 | 12 | 33 | 50 |
| 11 | 81 | 50 | 92 | 116 | 21 | 38 | 42 |
| 12 | 44 | 31 | 50 | 101 | 20 | 22 | 30 |
| 13 | 59 | 42 | 65 | 92 | 18 | 20 | 48 |

| 變數\受試者 | 入學學科 (y1) | 入學術科 (y2) | 成就 (x1) | 智力 (x2) | 創造力 (x3) | 學習態度 (x4) | 焦慮 (x5) |
|---|---|---|---|---|---|---|---|
| 14 | 61 | 25 | 73 | 108 | 17 | 10 | 31 |
| 15 | 80 | 29 | 86 | 125 | 14 | 16 | 22 |
| 16 | 63 | 32 | 71 | 113 | 10 | 23 | 30 |

## 一、資料檔之內容

本例所建資料檔「例題6-1.dta」,如圖6-5所示,共有5個x變數和2個y變數。

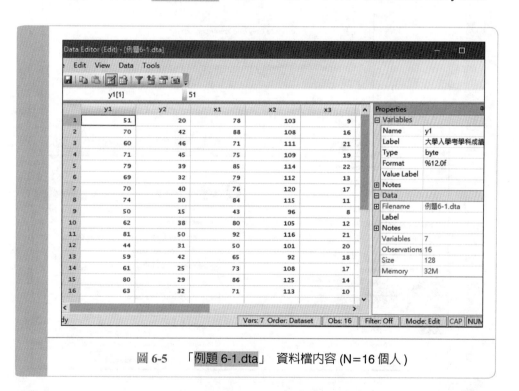

圖 6-5 「例題 6-1.dta」 資料檔內容 (N=16 個人 )

```
. use "D:\CD\ 例題 6-1.dta", clear
* 或
. use 例題 6-1.dta, clear
```

## 二、分析結果與討論

**Step 1-1.** 判定潛在典型變數徑路的個數

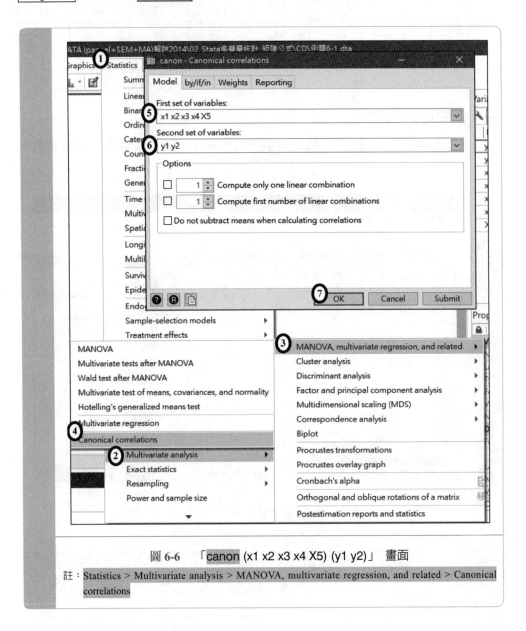

圖 6-6 「canon (x1 x2 x3 x4 X5) (y1 y2)」 畫面

註：Statistics > Multivariate analysis > MANOVA, multivariate regression, and related > Canonical correlations

```
. use "D:\CD\ 例 3-6(P509).dta", clear
* 或
. use 例 3-6(P509).dta, clear
. canon (x1 x2 x3 x4 X5) (y1 y2)


Canonical correlation analysis                    Number of obs =        16


Raw coefficients for the first variable set
                |    典型變數    典型變數
                |       1          2
  --------------+--------------------
            x1  |    0.0432     0.0111
            x2  |    0.0196     0.0886
            x3  |    0.1113    -0.1435
            x4  |    0.0303    -0.0472
            X5  |    0.0058     0.0195
  ----------------------------------


Raw coefficients for the second variable set
                |    典型變數    典型變數
                |       1          2
  --------------+--------------------
            y1  |    0.0549     0.0898
            y2  |    0.0567    -0.1048
  ----------------------------------


--------------------------------------------------------------------
Canonical correlations:
  0.9203   0.8085


--------------------------------------------------------------------
Tests of significance of all canonical correlations

                      Statistic    df1      df2        F     Prob>F
        Wilks' lambda  .0529984     10       18     6.0188   0.0005 e
       Pillai's trace  1.50063      10       20     6.0101   0.0003 a
 Lawley-Hotelling trace 7.42229     10       16     5.9378   0.0009 a
```

| Roy's largest root | 5.53499 | 5 | 10 | 11.0700 | 0.0008 u |
| --- | --- | --- | --- | --- | --- |
| ------------------------------------------------------------------- | | | | | |
| | | e = exact, a = approximate, u = upper bound on F | | | |

兩個典型相關係數，分別為 0.9203 及 0.8085。

**Step 1-2.** 典型相關係數顯著性檢定

```
. canon, test(1 2)


Canonical correlation analysis                    Number of obs =          16

Raw coefficients for the first variable set

              |       1          2
--------------+--------------------
          x1  |    0.0432     0.0111
          x2  |    0.0196     0.0886
          x3  |    0.1113    -0.1435
          x4  |    0.0303    -0.0472
          X5  |    0.0058     0.0195
          --------------------------------

Raw coefficients for the second variable set

              |       1          2
--------------+--------------------
          y1  |    0.0549     0.0898
          y2  |    0.0567    -0.1048
          --------------------------------

--------------------------------------------------------------------
Canonical correlations:
  0.9203   0.8085


--------------------------------------------------------------------
```

```
Tests of significance of all canonical correlations

                         Statistic      df1        df2          F      Prob>F
        Wilks' lambda    .0529984        10         18      6.0188     0.0005 e
        Pillai's trace   1.50063         10         20      6.0101     0.0003 a
 Lawley-Hotelling trace  7.42229         10         16      5.9378     0.0009 a
   Roy's largest root    5.53499          5         10     11.0700     0.0008 u
-----------------------------------------------------------------------------
Test of significance of canonical correlations 1-2

                         Statistic      df1        df2          F      Prob>F
        Wilks' lambda    .0529984        10         18      6.0188     0.0005 e
-----------------------------------------------------------------------------
Test of significance of canonical correlation 2

                         Statistic      df1        df2          F      Prob>F
        Wilks' lambda    .346344          4         10      4.7183     0.0213 e
-----------------------------------------------------------------------------
            e = exact, a = approximate, u = upper bound on F
```

1. 當納入2個典型變數，Wilks' lambda為.052998 (p < .05)，典型相關係數顯著性。
   故應拒絕「$\chi_1$和$\eta_1$無相關」、「$\chi_2$和$\eta_2$無相關」存在的虛無假設。
2. 當納入1個典型變數，Wilks' lambda為.346344 (p < .05)，典型相關係數顯著性。
   故應拒絕$\chi_1$和$\eta_1$無相關存在的虛無假設。
3. 故本例可採信「2個典型變數」的模型，可見2組典型相關係數均有相關存在。

Step 2. 典型因素結構 $S_x$

```
. estat loadings
Canonical loadings for variable list 1
             |    典型變數      典型變數
             |       1            2
-------------+--------------------------
         x1  |    0.8201        0.4196
         x2  |    0.6545        0.6275
         x3  |    0.6301       -0.5730
```

```
          x4 |   0.4341    -0.2056
          X5 |  -0.1289     0.0289
-----------------------------------

Canonical loadings for variable list 2
             |  典型變數   典型變數
             |     1         2
-------------+---------------------
          y1 |   0.8795     0.4759
          y2 |   0.8535    -0.5211
-----------------------------------

Correlation between variable list 1 and canonical variates from list 2

             |     1         2
-------------+---------------------
          x1 |   0.7548     0.3392
          x2 |   0.6023     0.5073
          x3 |   0.5798    -0.4632
          x4 |   0.3995    -0.1662
          X5 |  -0.1187     0.0233
-----------------------------------

Correlation between variable list 2 and canonical variates from list 1

             |     1         2
-------------+---------------------
          y1 |   0.8094     0.3848
          y2 |   0.7855    -0.4213
-----------------------------------
```

1. 自變數組 (x1, x2, x3, x4, x5) 五者與典型變數之相關 (canonical loadings)：

```
             |  典型變數   典型變數
             |     1         2
-------------+---------------------
```

```
        y1 |   0.8795    0.4759
        y2 |   0.8535   -0.5211
    --------------------------------
```

2. 依變數組 (y1 和 y2) 兩者與典型變數之相關 (canonical loadings)：

```
             |   典型變數    典型變數
             |     1          2
    ---------+----------------------
        x1 |   0.8201    0.4196
        x2 |   0.6545    0.6275
        x3 |   0.6301   -0.5730
        x4 |   0.4341   -0.2056
        X5 |  -0.1289    0.0289
```

「第一組變數 (x1, x2, x3, x4, x5) 及第二組變數 (y1, y2)」與典型變數之相關，整理如下表：

| 測驗變數 | 典型變數 | $\chi_1$ | $\chi_2$ |
|---|---|---|---|
| 學科成就 | x1 | .82 | -.42 |
| 智　力 | x2 | .65 | -.63 |
| 創造力 | x3 | .63 | .57 |
| 學習態度 | x4 | .43 | .21 |
| 焦慮分數 | x5 | -.13 | -.03 |
| | | $\eta_1$ | $\eta_2$ |
| 聯考學科 | y1 | .88 | -.48 |
| 聯考術科 | y2 | .85 | .52 |

將上述之典型相關負荷量 (loadings)，整理成典型相關分析摘要表 [(estat loadings) 指令 ]：

表 6-1　典型相關分析摘要表

| x 變數 | | 典型變數 | | y 變數 | | 典型變數 | |
|---|---|---|---|---|---|---|---|
| | | $x_1$ | $x_2$ | | | $\eta_1$ | $\eta_2$ |
| (x1) | 學科成就 | .82 | -.42 | 聯考學科 | | .88 | -.48 |
| (x2) | 智　力 | .65 | -.63 | 聯考術科 | | .85 | -.52 |
| (x3) | 創 造 力 | .63 | .57 | | | | |
| (x4) | 學習態度 | .43 | .21 | 抽出變異 | | 75.10 | 24.90 |
| (x5) | 焦慮分數 | -.13 | -0.3 | 數百分比 | | | |
| | | | | 重疊 (%) | | 63.61 | 16.28 |
| | 抽出變異 | 34.06 | 18.82 | $\rho^2$ | | .85 | .62 |
| | 數百分比 | | | | | | |
| | 重疊 (%) | 28.85 | 12.30 | 典型相關 ($\rho$) | | .92* | .81* |

*p < .05

## Step 3. 典型相關分析徑路圖之迴歸係數：(canon, stderr) 指令

```
. canon, stderr

Linear combinations for canonical correlations        Number of obs =        16
-----------------------------------------------------------------------------
          |      Coef.    Std. Err.      t     P>|t|     [95% Conf. Interval]
----------+------------------------------------------------------------------
u1        | 典型自變數 χ₁
       x1 |   .0431925    .0140983     3.06    0.008     .0131427    .0732422
       x2 |    .019607    .0222172     0.88    0.391    -.0277478    .0669617
       x3 |   .1112811    .0303775     3.66    0.002     .0465329    .1760293
       x4 |   .0303313    .0170409     1.78    0.095    -.0059905    .0666532
       X5 |   .0057582    .0141903     0.41    0.691    -.0244877    .0360041
----------+------------------------------------------------------------------
v1        | 典型依變數 η₁
       y1 |   .0548596    .0124103     4.42    0.000     .0284076    .0813116
       y2 |   .0567212    .0140498     4.04    0.001     .0267747    .0866677
----------+------------------------------------------------------------------
u2        | 典型自變數 χ₂
       x1 |   .0110684    .0241437     0.46    0.653    -.0403927    .0625294
```

```
        x2 |    .0885635    .0380475     2.33   0.034     .0074672    .1696598
        x3 |   -.1435296    .0520224    -2.76   0.015    -.2544127   -.0326465
        x4 |    -.047238     .029183    -1.62   0.126    -.1094402    .0149641
        X5 |    .0195204    .0243013     0.80   0.434    -.0322766    .0713174
--------------+--------------------------------------------------------------
v2            | 典型依變數 η₂
        y1 |    .0898478     .021253     4.23   0.001      .044548    .1351475
        y2 |   -.1048161    .0240607    -4.36   0.001    -.1561004   -.0535319
-----------------------------------------------------------------------------

                             (Standard errors estimated conditionally)
Canonical correlations:
  0.9203   0.8085


-----------------------------------------------------------------------------
Tests of significance of all canonical correlations

                        Statistic      df1      df2          F     Prob>F
      Wilks' lambda     .0529984        10       18     6.0188     0.0005 e
      Pillai's trace     1.50063        10       20     6.0101     0.0003 a
Lawley-Hotelling trace   7.42229        10       16     5.9378     0.0009 a
   Roy's largest root    5.53499         5       10    11.0700     0.0008 u
-----------------------------------------------------------------------------

              e = exact, a = approximate, u = upper bound on F
```

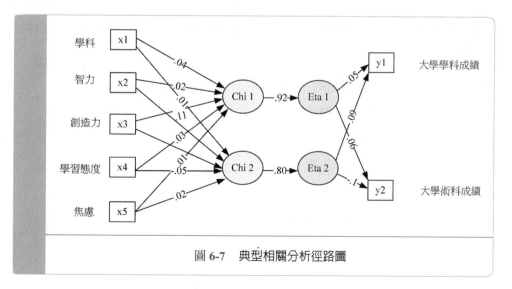

圖 6-7　典型相關分析徑路圖

　　由典型相關分析徑路圖之迴歸係數，可看出「成就」和「創造」2 個 x 變數主要係透過第一個典型因素 $\chi_1$(Chi-1) 而影響到「學科」和「術科」2 個 y 變數。而「智力」、「創造」、「態度」主要係透過第二個典型因素 $\chi_2$(Chi-2)，而影響到「學科」和「術科」。

---

**定義：重疊 (redundancy)**

何謂「重疊」(redundancy)？在典型相關分析裡，重疊是指 X 與 Y 2 組變數共同的變異數百分比。而測量 2 組變數結合的另一種方法，是由 Steward & Love(1968) 及 Miller(1969) 發展而成的，這種測量是不對稱的，此點不同於典型相關係數。

通常有 2 種重疊指標 (redundancy index)，一為 $R_{dxj}$，另一為 $R_{dyj}$。

$$R_{dxj} = \frac{S'_{xj} \cdot S_{xj}}{p} \cdot \rho_j^2$$

指第 j 個典型因素 $\chi_j$ 所解釋的 $\eta_j$ 的變異數中，p 個 X 變數所解釋的變異數又的去多少百分比。重疊的指標愈大，表示 X 變數和 Y 變數這 2 組變數之間互相重疊的情形愈明顯。

$$R_{dyj} = \frac{S'_{yj} \cdot S_{yj}}{q} \times \rho_j^2$$

指第 j 個典型因素 $\eta_j$ 所解釋的 $\chi_j$ 之變異數中，q 個 Y 變數所解釋的變異數的百分比。

2 組變數各自所解釋的變異數百分比：$R_{dx} = \sum_{j=1}^{q} R_{dxj}$，$R_{dy} = \sum_{j=1}^{q} R_{dyj}$

## 6-3-2 典型相關分析 (canonical correlation)：3 項心理變數對 4 項學業成績 (canon 、 canon, test() 、 estat correlations 指令 )

範例：典型相關分析 (canonical correlation) (canon, test() 指令 )

本例，研究者蒐集了 600 名大學新生的 3 個心理變數、4 個學術變數 (standardized test scores) 和性別的數據。研究者感興趣的是一組心理變數與學術變數和性別的關係。特別是，研究人員對於理解 2 組變數之間的關聯需要多少維度感興趣。

本例資料檔「mmreg.dta」，8 個變數共 600 個觀察值。心理變數是：內外控 (locus of control) 、自我概念 (self-concept) 和動機 (motivation)。學術變數是閱讀 (reading) 、寫作 (writing) 、數學 (math) 和科學 (science) 的標準化測驗。此外，變數 female 是 zero-one 虛擬變數 (1 表示女學生；0 表示男學生 )。研究者對心理變數與學術變數之間的關係感興趣，並考慮到性別。典型相關分析旨在找到高度相關的每組變數的線性組合。這些線性組合稱爲典型變數 (canonical variates)。除了其相關性已被最大化之外，每個典型變數與其他典型變數正交。這樣的典型變數數目會被限制≦組中變數的數目。在我們的例子中，有 3 個心理變數和 4 個學術變數。因此，典型相關分析最多只能產生 3 對典型變數。

## 一、資料檔之內容

資料檔「mmreg.dta」，如圖 6-8 所示，共有 9 個變數，及調查 600 名高中生。

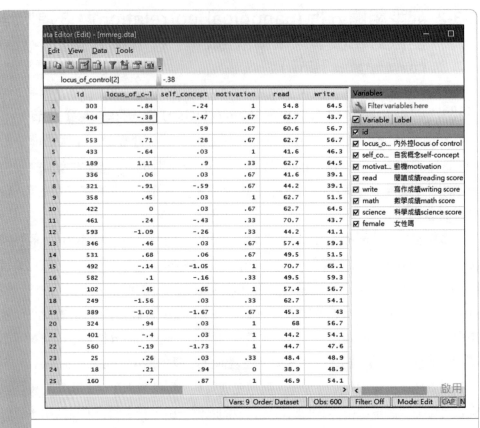

圖 6-8　「mmreg.dta」 資料檔內容 (N=600 個人)

```
. use mmreg, clear
* 或
. use http://stats.idre.ucla.edu/stat/stata/dae/mmreg, clear
(highschool and beyond (600 cases))

. label variable locus_of_control "內外控 locus of control"
. label variable self_concept "自我概念 self-concept"
. label variable motivation "動機 motivation"
. label variable read "閱讀成績 reading score"
. label variable write "寫作成績 writing score"
. label variable math "數學成績 math score"
. label variable science "科學成績 science score"
. label variable female "女性嗎"
```

```
. save "D:\CD\mmreg.dta", replace

. des

Contains data from D:\CD\mmreg.dta
  obs:           600                     highschool and beyond (600 cases)
  vars:            9                     25 Dec 2017 06:56
  size:       21,600
-------------------------------------------------------------------------------
              storage   display    value
variable name   type    format     label    variable label
-------------------------------------------------------------------------------
id              float   %9.0g
locus_of_cont~1 float   %9.0g               內外控 locus of control
self_concept    float   %9.0g               自我概念 self-concept
motivation      float   %9.0g               動機 motivation
read            float   %9.0g               閱讀成績 reading score
write           float   %9.0g               寫作成績 writing score
math            float   %9.0g               數學成績 math score
science         float   %9.0g               科學成績 science score
female          float   %9.0g               女性嗎
-------------------------------------------------------------------------------
```

## 二、2 組變數之資料描述

```
. use mmreg, clear

. summarize locus_of_control self_concept motivation

    Variable |      Obs       Mean    Std. Dev.      Min        Max
-------------+-------------------------------------------------------
locus_of_c~1 |      600    .0965333   .6702799      -2.23       1.36
self_concept |      600    .0049167   .7055125      -2.62       1.19
  motivation |      600    .6608333   .3427294          0          1

.
```

```
. summarize read write math science female

    Variable |    Obs       Mean     Std. Dev.      Min        Max
-------------+--------------------------------------------------------
        read |    600    51.90183    10.10298       28.3        76
       write |    600    52.38483    9.726455       25.5       67.1
        math |    600      51.849    9.414736       31.8       75.5
     science |    600    51.76333    9.706179        26        74.2
      female |    600        .545    .4983864         0          1
```

## 三、分析結果與討論

**Step 1-1.** 判定潛在典型變數徑路的個數

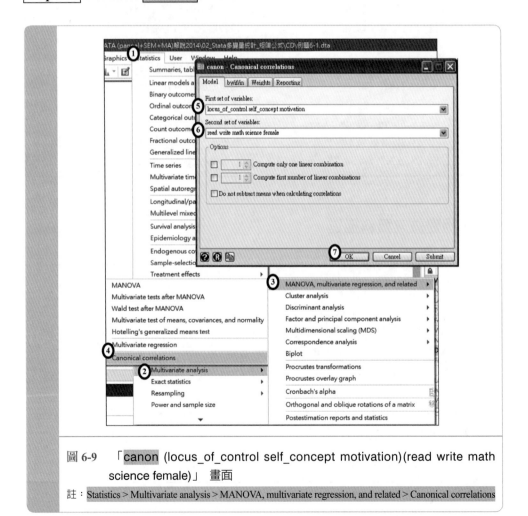

圖 6-9 「canon (locus_of_control self_concept motivation)(read write math science female)」 畫面

註：Statistics > Multivariate analysis > MANOVA, multivariate regression, and related > Canonical correlations

在 STaTa 中，使用 canon 指令進行典型相關分析。每一組變數都用小括號
"()"括起來。我們也對「多維度數的檢定 (multivariate tests for dimensionality)」
感興趣，所以，將添加 test 選項，以便能夠確定需要 3 個生成典型維度中，到底
多少個才可足夠描述變數集合之間的關係。使用 stderr 選項印出典型相關的原始
係數之標準誤差和顯著性檢定 (standard errors and tests of significance)。

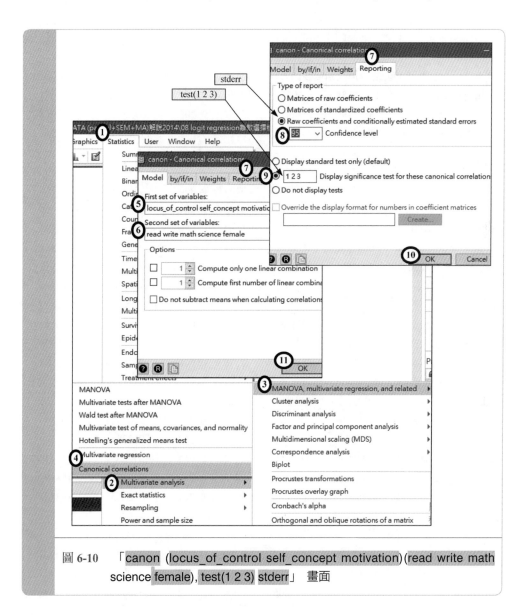

圖 6-10 「canon (locus_of_control self_concept motivation)(read write math
science female), test(1 2 3) stderr」畫面

```
. use mmreg, clear

. canon (locus_of_control self_concept motivation)(read write math science female),
test(1 2 3) stderr


Linear combinations for canonical correlations      Number of obs =        600
-----------------------------------------------------------------------------------
                  |     Coef.    Std. Err.      t     P>|t|     [95% Conf. Interval]
------------------+----------------------------------------------------------------
u1                | 自變數對典型自變數1的迴歸係數。求u1與v1最大相關，且與其他典型變量正交。
 locus_of_control |   1.253834    .1210229    10.36   0.000    1.016153    1.491515
     self_concept |  -.3513499     .116424    -3.02   0.003   -.5799987   -.1227012
       motivation |    1.26242    .2435532     5.18   0.000    .7840983    1.740742
------------------+----------------------------------------------------------------
v1                | 典型依變數 1 對依變數的迴歸係數
             read |   .0446206    .0122741     3.64   0.000    .0205152     .068726
            write |   .0358771    .0122944     2.92   0.004    .0117318    .0600224
             math |   .0234172    .0127339     1.84   0.066   -.0015914    .0484258
          science |   .0050252    .0122762     0.41   0.682   -.0190845    .0291348
           female |   .6321192    .1747222     3.62   0.000    .2889767    .9752618
------------------+----------------------------------------------------------------
u2                | 自變數對典型自變數2的迴歸係數。求u2與v2最大相關，且與其他典型變量正交。
 locus_of_control |  -.6214775    .3731786    -1.67   0.096   -1.354375      .11142
     self_concept |  -1.187687    .3589975    -3.31   0.001   -1.892733   -.4826399
       motivation |   2.027264    .7510053     2.70   0.007    .5523406    3.502187
------------------+----------------------------------------------------------------
v2                | 典型依變數 2 對依變數的迴歸係數
             read |    -.00491    .0378475    -0.13   0.897    -.07924    .0694199
            write |   .0420715    .0379101     1.11   0.268   -.0323814    .1165244
             math |   .0042295    .0392656     0.11   0.914   -.0728854    .0813444
          science |  -.0851622    .0378541    -2.25   0.025   -.1595052   -.0108192
           female |   1.084642    .5387622     2.01   0.045      .02655    2.142735
------------------+----------------------------------------------------------------
u3                |
 locus_of_control |  -.6616896    .6064262    -1.09   0.276    -1.85267    .5292904
     self_concept |   .8267209    .5833814     1.42   0.157   -.3190007    1.972443
       motivation |   2.000228    1.220406     1.64   0.102   -.3965655    4.397022
```

```
-----------------+-------------------------------------------------------------
v3               |
          read | .0213806   .0615033    0.35   0.728    -.0994078   .1421689
         write | .0913073   .0616051    1.48   0.139    -.0296808   .2122955
          math | .0093982   .0638077    0.15   0.883    -.1159158   .1347122
       science | -.109835   .0615141   -1.79   0.075    -.2306445   .0109745
        female | -1.794647  .8755045   -2.05   0.041    -3.514078  -.0752155
-----------------------------------------------------------------------------
                           (Standard errors estimated conditionally)
```

Canonical correlations:
  0.4641  0.1675  0.1040

*These are the Pearson correlation coefficients of u1 and v1, u2 and v2, and u3 and v3.

--------------------------------------------------------------------------

* 印出顯著性檢定

Tests of significance of all canonical correlations

| | Statistic | df1 | df2 | F | Prob>F |
|---|---|---|---|---|---|
| Wilks' lambda | .754361 | 15 | 1634.65 | 11.7157 | 0.0000 a |
| Pillai's trace | .254249 | 15 | 1782 | 11.0006 | 0.0000 a |
| Lawley-Hotelling trace | .314297 | 15 | 1772 | 12.3763 | 0.0000 a |
| Roy's largest root | .274496 | 5 | 594 | 32.6101 | 0.0000 u |

--------------------------------------------------------------------------

Test of significance of canonical correlations 1-3
* 此為內定值：測試三個典型相關都要，結果達顯著，如下：

| | Statistic | df1 | df2 | F | Prob>F |
|---|---|---|---|---|---|
| Wilks' lambda | .754361 | 15 | 1634.65 | 11.7157 | 0.0000 a |

--------------------------------------------------------------------------

Test of significance of canonical correlations 2-3
** 檢定 "dimensions 2 and 3" combined are significant，結果如下：

| | Statistic | df1 | df2 | F | Prob>F |
|---|---|---|---|---|---|
| Wilks' lambda | .96143 | 8 | 1186 | 2.9445 | 0.0029 e |

--------------------------------------------------------------------------

Test of significance of canonical correlation 3
* 測試第三個典型相關都要，結果不顯著，故可選擇捨棄它，如下：

| | Statistic | df1 | df2 | F | Prob>F |
|---|---|---|---|---|---|
| Wilks' lambda | .989186 | 3 | 594 | 2.1646 | 0.0911 e |

--------------------------------------------------------------------------

                    e = exact, a = approximate, u = upper bound on F

1. 「Wilks' lambda」：它是 4 種多變量統計量之一。Wilks' lambda 是 $(1-\rho)^2$ 乘積項。本例，典型相關 (canonical correlations) 分別是「0.4641、0.1675、0.1040」，所以 Wilks' Lambda = $(1-0.4641^2) *(1-0.1675^2)*(1-0.1040^2) = 0.754361$。對維度 2-3 而言，Wilks' lambda 分別為 0.1675 及 0.1040，即 $(1-0.1675^2)*(1-0.1040^2) = 0.96143$。對 dimension 3 而言，Wilks' lambda=$(1-0.1040^2) = 0.989186$。

2. 跡「Pillai's trace」：它是 4 種多變量統計量之一。Pillai's trace 是 $\rho^2$ 的加總，它出現在所有 3 個相關性的檢定中。Pillai's trace = 0.46412 + 0.16752 + 0.10402 = 0.254249。

3. 「Lawley-Hotelling trace」與 Pillai's trace 非常相似。它計算 $\dfrac{\rho^2}{1-\rho^2}$ 的加總。本例為：$0.4641^2/(1-0.4641^2) + 0.1675/(1-0.1675^2) + 0.1040/(1-0.1040^2) = 0.314297$。

4. 「Roy's largest root」：它是最大的典型相關的平方。
   因為它是求最大值，所以它的行為可能與其他三個測試統計不同。如果其他 3 個不顯著，但 Roy's 卻是顯著的，則這個效果應該被認為是不顯著的。

5. 除上述 canon 指令外，事後亦可單獨下「. **canon**, **test**(1 2 3)」，來測試 3 個典型相關都要嗎？結果顯示，本例只要 2 個典型變數 (F = 2.9445, p < 0.05)。這 2 組的典型相關係數，分別為 0.9203 及 .8085。

6. 若選擇 3 組典型變數，則「u1 and v1, u2 and v2, and u3 and v3」相關係數，分別為 0.4641、0.1675 及 0.1040。

---

**Step 1-2.** 求 3 組典型變數之間的相關係數

以下 6 個「predict」將迴歸預測值存至 6 個典型變數，依序為：u1、v1、u2、v2、u3、v3 新變數。

圖 6-11 「predict u1, u corr(1)」 等 6 個指令， 新產生 6 個典型變數

```
*第一組典型
. predict u1, u corr(1)

. predict v1, v corr(1)

. predict u2, u corr(2)

. predict v2, v corr(2)

. predict u3, u corr(3)

. predict v3, v corr(3)


*求三組典型變數之相關
. corr u1 v1 u2 v2 u3 v3

(obs=600)
```

```
          |     u1        v1        u2        v2        u3        v3
----------+------------------------------------------------------------
      u1  |   1.0000
      v1  |   0.4641    1.0000
      u2  |  -0.0000    0.0000    1.0000
      v2  |  -0.0000    0.0000    0.1675    1.0000
      u3  |  -0.0000    0.0000   -0.0000   -0.0000    1.0000
      v3  |  -0.0000    0.0000   -0.0000    0.0000    0.1040    1.0000
```

1. 第一組典型相關：「u1 與 v1」配對之 Pearson 相關值為 0.4641。
2. 第二組典型相關：「u2 與 v2」配對之 Pearson 相關值為 0.1675。
3. 第三組典型相關：「u3 與 v3」配對之 Pearson 相關值為 0.1040。

**Step 2.** 典型因素結構 $S_x$：「estat loadings」指令

```
* 只求前二個線性組合
. canon (locus_of_control self_concept motivation) (read write math science female),
  first(2)
*( 結果略 )


. estat loadings
* 自變數組 ( 內外控 , 自我概念 , 動機 ) 三者與典型變數之相關：
Canonical loadings for variable list 1
                 | 典型變數 χ₁   典型變數 χ₂
                 |     1          2
-----------------+---------------------
   locus_of_c~l  |   0.9040      -0.3897
   self_concept  |   0.0208      -0.7087
     motivation  |   0.5672       0.3509
-----------------+---------------------


* 依變數組 ( read,…, female) 五者與典型變數之相關 (Canonical loadings)：
Canonical loadings for variable list 2
                 | 典型變數 χ₁   典型變數 χ₂
                 |     1          2
-----------------+---------------------
```

```
          read |    0.8404   -0.3588
         write |    0.8765    0.0648
          math |    0.7639   -0.2979
       science |    0.6584   -0.6768
        female |    0.3641    0.7549
     --------------------------------
```

Correlation between variable list 1 and canonical variates from list 2

```
               |      1        2
     ----------+--------------------
    locus_of_c~l |   0.4196   -0.0653
    self_concept |   0.0097   -0.1187
      motivation |   0.2632    0.0588
     --------------------------------
```

Correlation between variable list 2 and canonical variates from list 1

```
               |      1        2
     ----------+--------------------
          read |    0.3900   -0.0601
         write |    0.4068    0.0109
          math |    0.3545   -0.0499
       science |    0.3056   -0.1134
        female |    0.1690    0.1265
     --------------------------------
```

**Step 3.** 典型相關分析徑路圖之迴歸係數：**(canon, stderr)** 指令

```
* 先限定只抽出二組典型變數，再求迴歸係數 (Coef.)
.quietly canon (locus_of_control self_concept motivation) (read write math science
female), first(2)
. canon, stderr

Linear combinations for canonical correlations          Number of obs =      600
--------------------------------------------------------------------------------
```

| | Coef. | Std. Err. | t | P>|t| | [95% Conf. Interval] |
|---|---|---|---|---|---|---|
| **u1** | 典型自變數 $\chi_1$ | | | | | |
| locus_of_control | 1.253834 | .1210229 | 10.36 | 0.000 | 1.016153 | 1.491515 |
| self_concept | -.3513499 | .116424 | -3.02 | 0.003 | -.5799987 | -.1227012 |
| motivation | 1.26242 | .2435532 | 5.18 | 0.000 | .7840983 | 1.740742 |
| **v1** | 典型依變數 $\eta_1$ | | | | | |
| read | .0446206 | .0122741 | 3.64 | 0.000 | .0205152 | .068726 |
| write | .0358771 | .0122944 | 2.92 | 0.004 | .0117318 | .0600224 |
| math | .0234172 | .0127339 | 1.84 | 0.066 | -.0015914 | .0484258 |
| science | .0050252 | .0122762 | 0.41 | 0.682 | -.0190845 | .0291348 |
| female | .6321192 | .1747222 | 3.62 | 0.000 | .2889767 | .9752618 |
| **u2** | 典型自變數 $\chi_2$ | | | | | |
| locus_of_control | -.6214775 | .3731786 | -1.67 | 0.096 | -1.354375 | .11142 |
| self_concept | -1.187687 | .3589975 | -3.31 | 0.001 | -1.892733 | -.4826399 |
| motivation | 2.027264 | .7510053 | 2.70 | 0.007 | .5523406 | 3.502187 |
| **v2** | 典型依變數 $\eta_2$ | | | | | |
| read | -.00491 | .0378475 | -0.13 | 0.897 | -.07924 | .0694199 |
| write | .0420715 | .0379101 | 1.11 | 0.268 | -.0323814 | .1165244 |
| math | .0042295 | .0392656 | 0.11 | 0.914 | -.0728854 | .0813444 |
| science | -.0851622 | .0378541 | -2.25 | 0.025 | -.1595052 | -.0108192 |
| female | 1.084642 | .5387622 | 2.01 | 0.045 | .02655 | 2.142735 |

(Standard errors estimated conditionally)

Canonical correlations:

0.4641   0.1675   0.1040

Tests of significance of all canonical correlations

| | Statistic | df1 | df2 | F | Prob>F |
|---|---|---|---|---|---|
| Wilks' lambda | .754361 | 15 | 1634.65 | 11.7157 | 0.0000 a |
| Pillai's trace | .254249 | 15 | 1782 | 11.0006 | 0.0000 a |
| Lawley-Hotelling trace | .314297 | 15 | 1772 | 12.3763 | 0.0000 a |

| Roy's largest root | .274496 | 5 | 594 | 32.6101 | 0.0000 u |
|---|---|---|---|---|---|

---

e = exact, a = approximate, u = upper bound on F

**Step 4.** 只挑有顯著的 2 組典型變數，求其標準化典型係數

```
. canon (locus_of_control self_concept motivation)(read write math science female),
  first(2) stdcoef notest
Canonical correlation analysis                          Number of obs =      600

Standardized coefficients for the first variable set
              |  典型變數    典型變數
              |     1          2
  ------------+--------------------
  locus_of_c~l |  0.8404    -0.4166
  self_concept | -0.2479    -0.8379
    motivation |  0.4327     0.6948
  ---------------------------------



Standardized coefficients for the second variable set
              |  典型變數    典型變數
              |     1          2
  ------------+--------------------
         read |  0.4508    -0.0496
        write |  0.3490     0.4092
         math |  0.2205     0.0398
      science |  0.0488    -0.8266
       female |  0.3150     0.5406
  ---------------------------------


---------------------------------------------------------------
Canonical correlations:
  0.4641   0.1675   0.1040

. estat correlations
```

```
Correlations for variable list 1

              | locus_~1  self_c~t  motiva~n
-------------+------------------------------
locus_of_c~1 |   1.0000
self_concept |   0.1712    1.0000
  motivation |   0.2451    0.2886    1.0000
-------------+------------------------------


Correlations for variable list 2

              |    read     write     math    science    female
-------------+--------------------------------------------------
        read |   1.0000
       write |   0.6286    1.0000
        math |   0.6793    0.6327    1.0000
     science |   0.6907    0.5691    0.6495    1.0000
      female |  -0.0417    0.2443   -0.0482   -0.1382    1.0000
-------------+--------------------------------------------------


Correlations between variable lists 1 and 2

              | locus_~1  self_c~t  motiva~n
-------------+------------------------------
        read |   0.3736    0.0607    0.2106
       write |   0.3589    0.0194    0.2542
        math |   0.3373    0.0536    0.1950
     science |   0.3246    0.0698    0.1157
      female |   0.1134   -0.1260    0.0981
-------------+------------------------------
```

# 判別分析/線性判別分析
# (discriminant analysis)

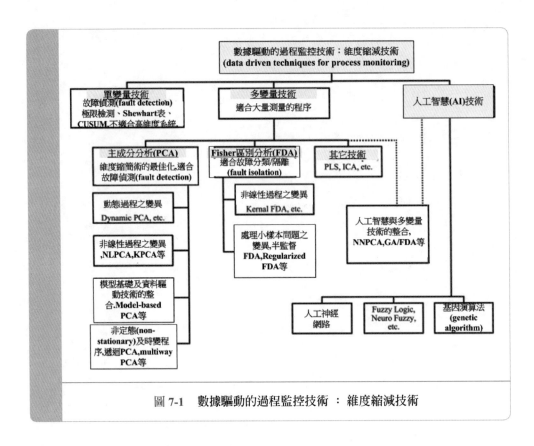

圖 7-1　數據驅動的過程監控技術　：　維度縮減技術

線性判別分析 (discriminant analysis)，又譯「判別分析」。線性判別分析 (LDA) 是使用統計學、模式判別和機器學習方法，試圖找到 2 類物體或事件的特徵的一個線性組合，以能夠特徵化或區分它們。所得的組合可用來作為一個線性分類器，或者為後續的分類做降維處理。

## 一、線性判別分析 vs. 集群分析的比較

假設有數個群體，對每一群體中的一些個體取幾個變數 ( 說明變數 ) 組，作成適當的區別標準時，即可辨別該群體的歸屬。在此處我們想要討論的情況，看起來與分群分析法類似，似乎都是要將觀察值分群分類，但是使用的前提及意義仍是不同的。

1. 線性判別分析法 (discriminant analysis)，是在已知的分類之下，一旦遇到有新的樣本時，可以利用此方法選定一區別標準，以判定如何將新樣本放置於哪個

族群中。線性判別分析是一種相依方法，其準則變數為事先訂定的類別或組別。線性判別分析法之用途很多，如人格分類、植物分類、醫學疾病診斷、社區種類劃分、氣象區 ( 或農業氣象區 ) 之劃分、商品等級分類、信用力分類，以及人類考古學上之年代及人種分類等均可利用。

2. 集群分析法 (cluster analysis) ，則是希望將一群具有相關性的資料加以有意義的分類。未事先訂定的類別或組別。

## 二、線性判別分析與其他統計的比較

線性判別分析 (LDA) 旨在運用於計算一組預測變數 ( 自變數 ) 包括知識、價值、態度、環保行為的線性組合，對依變數 ( 間斷變數 ) 接受有機農產品更高售價之意願加以分類，並檢定其再分組的正確率。

線性判別分析 (LDA) 也與主成分分析 (PCA) 和因素分析緊密相關 ( 如圖 7-2)，它們都在尋找最佳解釋數據的變數線性組合。LDA 明確的嘗試為數據類之間的不同建立模型。另一方面，PCA 不考慮類的任何不同，因素分析是根據不同點而不是相同點來建立特徵組合。

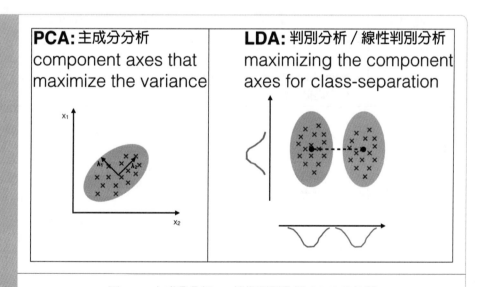

圖 7-2　主成分分析 vs. 線性判別分析 (LDA) 之比較

| 統計技術 | 自變數 ( 解釋變數 )$X_i$ | 依變數 ( 應變數 )$Y$ |
|---|---|---|
| 1. 判別／線性判別分析 (discriminant analysis) (**discrim** 指令 ) | 自變數 ( 預測變數 (predictor variable)) 數量不限<br>Interval scale or ratio scale( 連續變數 )<br>Nominal scale or ordinal scale( 轉化為虛擬變數 ) | 單一個依變數 ( 分組變數 )。<br>三項式以上 ( 三類以上 )<br>Nominalscale or ordinal scale。 |
| 2. 簡單迴歸分析 (**reg** 指令 ) | 1. 單一個自變數 ( 預測變數 (predictor variable))。<br>2. Interval scale or ratio scale( 連續變數 )。<br>3. Nominal scale or ordinal scale( 轉化為虛擬變數 )。 | 單一個依變數 ( 效標變數 (Criteria variable))。<br>Interval scale or ratio scale( 連續變數 )。 |
| 3. 複迴歸分析 ( 含 logistic regression) (**reg** 指令 ) | 1. 兩個 ( 含 ) 以上自變數 ( 預測變數 (predictor variable))。<br>2. Interval scale or ratio scale( 連續變數 )。<br>3. Nominal scale or ordinal scale( 轉化為虛擬變數 )。 | 單一個依變數 ( 效標變數 (Criteria variable))。<br>Interval scale or ratio scale( 連續變數 )。 |
| 4. 邏輯斯迴歸分析 (logistic 指令 ) | 1. 自變數 ( 預測變數 (predictor variable)) 數量不限。<br>2. Interval scale or ratio scale( 連續變數 )。<br>3. Nominal scale or ordinal scale( 轉化為虛擬變數 )。 | 單一個依變數。<br>兩項式 ( 二分 )Nominal scale |

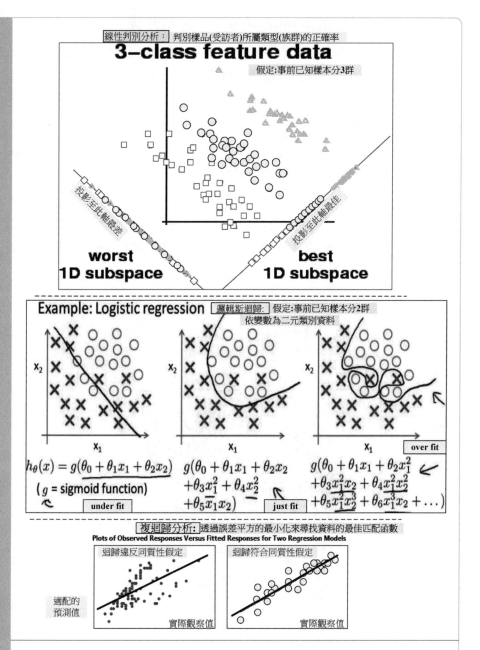

圖 7-3　線性判別分析與邏輯斯迴歸、複迴歸分析之比較圖

### 三、MANOVA 與 discriminant analysis 的差異

線性判別分析 (LDA) 與變異數分析 (ANOVA) 和迴歸分析緊密相關，這 2 種分析方法也試圖通過一些特徵或測量值的線性組合來表示一個因變數。然而，變異數分析使用類別自變數和連續數因變數，而判別分析連續自變數和類別因變數 ( 即類標籤 )。邏輯斯迴歸和機率迴歸比變異數分析更類似於 LDA ，因為他們也是用連續自變數來解釋類別因變數。LDA 的基本假定 (assumption) 是自變數符合常態分布，當這一假定無法滿足時，在實際應用中更傾向於用上述的其他方法。

MANOVA 旨在瞭解各集群 ( 組 ) 樣本在哪幾個依變數的平均值達到顯著水準。線性判別分析透過得到自變數之線性組合方成函數，瞭解自變數 ( 觀測值 ) 在依變數 ( 集群、組數 ) 上分類的正確性，進而獲悉哪些自變數 ( 預測變數 ) 可以有效區分類別。

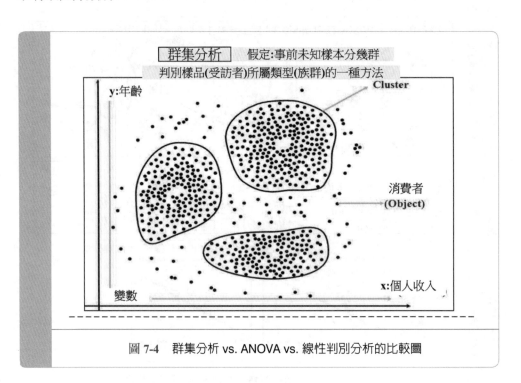

圖 7-4　群集分析 vs. ANOVA vs. 線性判別分析的比較圖

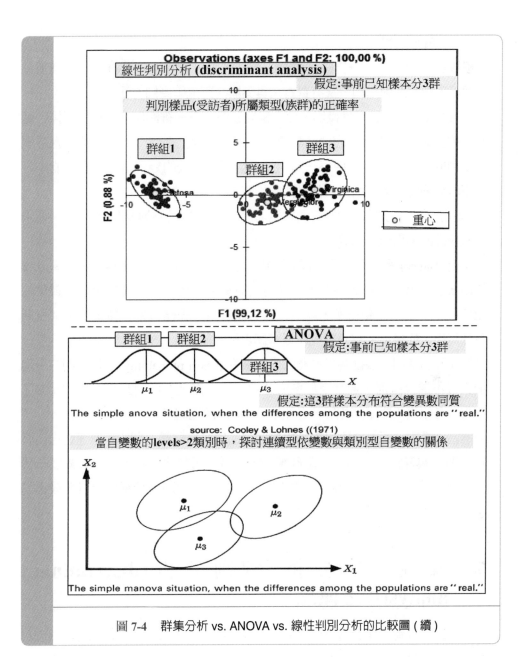

圖 7-4　群集分析 vs. ANOVA vs. 線性判別分析的比較圖 ( 續 )

## 四、區別準則

　　線性判別分析 (discriminant analysis) 旨在根據已掌握的一批分類明確的樣品，建立較好的區別函數，使產生錯判的事例最少，進而對給定的 1 個新樣品，

判斷它來自哪個總體。

　　根據資料的性質，分爲定性資料的線性判別分析和定量資料的線性判別分析；採用不同的區別準則，又有費雪、貝葉斯、距離等區別方法。

1. 費雪 (Fisher) 區別思考是投影，使多維問題簡化爲一維問題來處理。選擇一個適當的投影軸，使所有的樣品點都投影到這個軸上得到一個投影值。對這個投影軸的方向要求是：使每一類內的投影值所形成的類內離均差盡可能小，而不同類間的投影值所形成的類間離均差盡可能大。

　　費雪區別準則：根據線性費雪函數值進行區別，通常用於兩組區別問題。要求各組變數的平均值有顯著差異。

2. 貝葉斯 (Bayes) 區別思考是根據先驗概率求出後驗概率，並依據後驗概率分布作出統計推斷。所謂先驗概率，就是用概率來描述人們事先對所研究對象的認識程度；所謂後驗概率，就是根據具體資料、先驗概率、特定的區別規則所計算出來的概率。它是對先驗概率修正後的結果。

　　貝葉斯區別準則：根據各母群體的先驗機率 (priori probability)，使誤判的平均損失最小進行區別，通常用於多組區別。要求滿足 3 個假設條件：多元常態分布、各組變異數矩陣相等、各組變數平均值有顯著差異。

3. 距離區別準則：距離區別思考是根據各樣品與各母群體之間的距離遠近作出區別。即根據資料建立關於各母群體的距離區別函數式，將各樣品數據逐一代入計算，得出各樣品與各母群體之間的距離值，判別樣品屬於距離值最小的那個母群體。

# 7-1 線性判別分析 / 判別分析 (discriminant analysis) 之概念

　　實際從事教育工作者常須由學生的表現，判斷其未來在某一行業可能爲成功或失敗。預測日後發展的成敗似乎常發生在我們日常生活中，一般常以某些成功或失敗的案例爲標準來作爲判斷，如此主觀的判斷，依賴的是決定者的經驗與智慧。判斷結果的正確率時高、時低，卻是做決定者所必須考慮的。若決定的問題較複雜，且做決定的後果較嚴重，此時則須依賴較客觀的統計程序，例如：線性判別分析即是一個相當適合的統計程序。

　　線性判別分析是多元統計分析中用於判別個體 ( 受訪者 ) 所屬類型 ( 族群 ) 的一種方法，與集群分析相同的是將相似的樣本 ( 受訪者 ) 歸爲一類 ( 族群 )，不同處卻在於集群分析預先不知道分類，而線性判別分析是在研究對象分類已知的情況下，根據樣本資料推導出一個或一組區別 ( 判別 ) 函數，同時指定一種判別規則，用於確定待判別樣本的所屬類別，使錯判率最小。

## 7-1-1 貝葉斯 (Bayes) 定理及分類 (classification)

### 一、貝葉斯 (Bayes) 分類法基本演算法

　　利用已知事件發生的機率來推測未知資料的類別，此爲貝葉斯分類最大的特色。當新的樣本資料加入時，只要再調整某些機率，即可以得到新的分類的模型 ( 機率 )。因此當資料不斷增加的時候，會有比較好的分類效能，但因貝葉斯分類係採用機率模型所建構，故有時會有不易解釋分類的原因。

### ( 一 ) 貝葉斯定理：條件機率

　　一切都從條件機率開始說起，我們說 B 事件發生的條件下發生 A 事件的機率公式如下：

$$P(A|B) = \frac{P(A \cap B)}{P(B)} \tag{1}$$

現在把「B 事件發生的條件下發生 A 事件的機率」和「A 事件發生的條件下發生 B 事件的機率」公式寫在一起，然後做個公式位移：

$$P(B|A) = \frac{P(B \cap A)}{P(A)} \tag{2}$$

把 (1) 和 (2) 公式調整一下

$$P(B|A) \cdot P(A) = P(B \cap A) = P(A \cap B) = P(A|B) \cdot P(B)$$
$$\rightarrow P(B|A) \cdot P(A) = P(A|B) \cdot P(B)$$

最後把 P(B ∩ A) 帶入置換公式 (1)，就可以導出貝葉斯定理

$$P(A|B) = \frac{P(B|A)P(A)}{P(B)}$$

這個公式也可解讀成

$$P(posterior) = \frac{P(conditional) \cdot P(prior)}{P(evidence)}$$

1. 先驗機率 (prior probability)：P(A) 是在觀察特徵或證據「前」，不考慮任何事件 B 的因素，能表達事件 A 的機率分布。
2. 後驗機率 (posterior probability)：P(A|B) 是在觀察特徵或證據「後」，所得到的條件機率。

### (二) 貝葉斯分類應用

新聞依照內容描述來自動分類為汽車 (C)、運動 (S)、科技 (T)。

迴歸到貝葉斯分類，我們該如何應用貝葉斯定理來執行分類的工作呢？

剛剛提到的「後驗機率」可以解釋成：

> 給定一些觀察特徵值，我們能計算事物是屬於某個分類的機率。

上述的觀察特徵值可以表示成一個向量，對於新聞分類這問題，可以把特徵關鍵字字詞頻率表示成向量：

$$\vec{tf} = (tf_1, tf_2, tf_3, \cdots, tf_n)$$

現在的問題是要把新聞自動分類，那麼「後驗機率」就可以說成：

> 給定一些特徵關鍵字字詞頻率向量，我們能計算這篇新聞是屬於某個分類的機率。

寫成貝葉斯定理的公式就是：

$$P(分類|特徵關鍵字字詞頻率向量) = \frac{P(特徵關鍵字字詞頻率向量|分類) \cdot P(分類)}{P(特徵關鍵字字詞頻率向量)}$$

換成實際的例子就是

$$P(汽車|賓士、寶馬、籃球、路跑、手機、App) =$$

$$\frac{P(賓士、寶馬、籃球、路跑、手機、App|汽車) \cdot P(汽車)}{P(賓士、寶馬、籃球、路跑、手機、App)}$$

中文解釋就是

在出現「賓士、寶馬、籃球、路跑、手機、App」這些特徵關鍵字的情況下，該篇新聞是屬於「汽車」的機率是多少？

會等於

在「汽車」新聞當中出現「賓士、寶馬、籃球、路跑、手機、App」字詞的機率 ×「汽車」新聞的機率 /「賓士、寶馬、籃球、路跑、手機、App」字詞的機率。

## (三) 訓練階段

貝葉斯 (Bayes) 分類器的訓練階段是計算：

$$P(特徵關鍵字字詞頻率向量|分類) \cdot P(分類)$$

這個算式的數值是從訓練集合而來，我們要準備各個分類 ( 汽車、運動、科技 ) 的數篇新聞集合，然後做切字並且比對計算特徵關鍵字字詞頻率向量。

| 新聞 | 分類 | 賓士 | 寶馬 | 籃球 | 路跑 | 手機 | App |
|---|---|---|---|---|---|---|---|
| C63 發表會 | P | 15 | 25 | 0 | 5 | 8 | 3 |
| BMW i8 | P | 35 | 40 | 1 | 3 | 3 | 2 |
| 林書豪 | S | 5 | 0 | 35 | 50 | 0 | 0 |
| 湖人隊 | S | 1 | 5 | 32 | 15 | 0 | 0 |
| Android 5.0 | T | 10 | 5 | 7 | 0 | 2 | 30 |
| iPhone 10 | T | 5 | 5 | 5 | 15 | 8 | 32 |

$\rightarrow P($ 賓士、寶馬、籃球、路跑、手機、*App*| 汽車 $) \cdot P($ 汽車 $)$

$\rightarrow P($ 賓士、寶馬、籃球、路跑、手機、*App*| 運動 $) \cdot P($ 運動 $)$

$\rightarrow P($ 賓士、寶馬、籃球、路跑、手機、*App*| 科技 $) \cdot P($ 科技 $)$

這邊我已經沒有寫 P( 特徵關鍵字字詞頻率向量 )，因為比較不同分類之間的後驗機率時，分母 P( 特徵關鍵字字詞頻率向量 ) 總是常數，因此可以忽略。

**( 四 ) 獨立事件**

實際上，即便有了各分類的新聞集合，我們也很難計算 P( 特徵關鍵字字詞頻率向量 | 分類 )，也就是很難計算。

$$P($ 賓士、寶馬、籃球、路跑、手機、*App*| 汽車 $) \cdot P($ 汽車 $)$$

所以要引進貝葉斯分類最重要的「獨立事件」假設，所謂獨立事件就是一個事件 A 的結果不會影響另一個事件 B 發生的機率。舉個例子，給予兩個公正的硬幣，投擲硬幣兩次，那麼第一次投擲的結果不影響第二次投擲的機率。兩個獨立事件發生的機率就會變成兩個事件機率的乘積。

$$P(A \cap B) = P(A) \cdot P(B)$$

回到我們的 P( 特徵關鍵字字詞頻率向量 | 分類 )，假設每個分類下的各個特徵關鍵字出現的機率彼此獨立，公式可以寫成：

> $P($ 賓士、寶馬、籃球、路跑、手機、*App*| 汽車 $) \cdot P($ 汽車 $) =$
> $P($ 賓士|汽車 $) \cdot P($ 寶馬|汽車 $) \cdot P($ 籃球|汽車 $) \cdot P($ 路跑|汽車 $) \cdot P($ 手機|汽車 $) \cdot$
> $P(App|$ 汽車 $) \cdot P($ 汽車 $)$

**( 五 ) 字詞分布模型**

這邊有兩個字詞分布模式，分別為：

1. Bernouli 分布：只判斷字詞是否有出現，有出現就是 1，沒有出現就是 0。

   (1) P( 分類 ) = 該分類新聞篇數 / 所有訓練集合新聞篇數

   (2) P( 特徵關鍵字 | 分類 ) = ( 該分類下包含特徵關鍵字的新聞篇數 + 1) / ( 該分類下包含特徵關鍵字的新聞篇數 + 2)

2. Multinomial 分布：直接採用字詞出現頻率。

    (1) P( 分類 ) = 該分類下字詞頻率總和 / 所有訓練集合字詞頻率總和

    (2) P( 特徵關鍵字 | 分類 ) = ( 該分類下、該關鍵字字詞頻率總和 + 1) / ( 該分類
        下所有關鍵字字詞頻率總和 + 訓練集合關鍵字個數 )

### ( 六 ) 計算步驟

以下我們都採用 Multimonimal 來計算。

開始先訓練分類器，這邊只用「汽車」分類當作例子，其他分類計算方式類似，各個特徵關鍵字的分類機率如下：

$$P(賓士|汽車) = \frac{[(15+35)+1]}{140+6} = 0.3493150684931507$$

$$P(寶馬|汽車) = \frac{[(25+40)+1]}{140+6} = 0.4520547945205479$$

$$P(籃球|汽車) = \frac{[(0+1)+1]}{140+6} = 0.0136986301369863$$

$$P(路跑|汽車) = \frac{[(5+3)+1]}{140+6} = 0.06164383561643835$$

$$P(手機|汽車) = \frac{[(25+40)+1]}{140+6} = 0.0821917808219178$$

$$P(App|汽車) = \frac{[(25+40)+1]}{140+6} = 0.0410958904109589$$

$$P(汽車) = 0.343980343980344$$

訓練階段完成，這些數值均會使用到。

現在有一篇新的新聞，其特徵關鍵字字詞頻率如下：

| 地點 | 分類 | 賓士 | 寶馬 | 籃球 | 路跑 | 手機 | App |
|------|------|------|------|------|------|------|-----|
| 騎士隊 | ? | 10 | 2 | 50 | 56 | 8 | 5 |

現在要計算該篇新聞屬於「汽車」的機率：

$P( 汽車 | 特徵關鍵字 ) = (0.3493150684931507^{10} \cdot 0.4520547945205479^{2} \cdot$

$0.0136986301369863^{50} \cdot 0.06164383561643835^{56} \cdot 0.0821917808219178^{8} \cdot$

$0.0410958904109589^{5}) \cdot 0.343980343980344$

這些乘積出來的結果，就是這篇新的新聞屬於「汽車」的機率。

### (七) 向下溢位

如果把這個公式的數值給電腦算，應該有 99.99999% 的機率算不出來，爲何？因爲機率小於 1，愈小的數字會愈乘愈小，這樣乘下去電腦就產生「向下溢位」的問題。因此要修改一下機率的計算公式，把公式兩邊都取 log，指數就變成相乘，原本相乘就變成相加，算出來的就是機率的 log 值。

注意，重點在於比較各分類的機率大小關係，而非數值本身，所有分類機率數值都取 log，一樣可以比較所屬分類。

---

**小結**

1. 貝葉斯分類對於少量的訓練集合一樣會有不錯的分類準度，它的威力恰好在於小樣本下，專家意見或歷史經驗，也就是所謂的先驗分布，能夠補足小樣本的不足，使得推論能夠進行。
2. 適合用在資料會不斷成長的應用。

---

## 7-1-2 線性與二次分類方法

### 一、線性判別分析 (linear discriminant analysis, LDA)

線性判別分析又稱判別分析。線性區別函數 (LDF)，是線性判別分析法中主要的工具。最早由 Fisher(1936) 提出，並應用於花卉分類上。他將花卉之各種特徵 (character) ( 如花瓣長與寬、花萼長與寬等 ) 利用線性組合 (linear combination)方法，將這些基本上是多變數的數據 (multivariate data)，轉換成單變數 (univariate data)。再以這個化成單變數的線性組合數值，來區別事物間的差別。

線性判別分析 (Linear discriminant analysis,LDA) 是廣義的 Fisher 的線性區別，LDA 的統計法，就是在模樣辨識 (pattern recognition) 和機器學習中找到一個特徵 (features that characterizes) 的線性組合或兩類 ( 以上 ) 對象或事件的分離。所得到的線性組合可以用作線性分類器 (linear classifier)，或用於之後的類別來降低之前維數 (dimensionality reduction before later classification)。

LDA 與變異數分析 (ANOVA) 和迴歸分析有密切相關，都試圖將一組自變數 ( 解釋變數 ) 的組合式來預測單一依變數。

然而，ANOVA 使用類別型 (categorical) 自變數和連續型 (continuous) 依變數；但判別分析恰好將「類別 vs. 連續型」角色對調，判別分析的自變數是連續型且依變數是類別型。故 logistic 迴歸和概率迴歸比 ANOVA 更近似 LDA ，因為它們也都透過「連續型自變數的值來解釋類別變數」。這些「logistic 迴歸、概率迴歸」方法比 ANOVA 更適合於「自變數違反常態分布」的應用。自變數符合常態分布是 LDA 方法的基本假定 (assumption)。

LDA 與主成分分析 (principal component analysis, PCA) 和因素 (factor) 分析都有統計分析程序之密切相關，因為它們都試圖尋找最能解釋數據的線性變數組合。LDA 試圖在不同類別 (classes) 之間來建模。但是，主成分分析則不考慮類別差異。因素分析旨在利用差異 [ 不是相似性 (similarities)] 來建構特徵組合 (feature combinations)。線性判別分析也不同於因素分析，因為它不是一種相互依賴(interdependence)的技術，它必須區分自變數和依變數( 也稱為Criteria變數)。

當每個觀察值的自變數是連續型時，LDA 就很好用。反之，當處理類別型自變數時，相對應的技術就是區別對應分析 (discriminant correspondence analysis) (ca、mca 指令 )。

## 二、線性與二次分類方法

### ( 一 ) 線性判別分析 (linear discriminant analysis)

線性判別分析法 (discriminant analysis) ，是在已知的分類之下，一旦遇到有新的樣本時，可以利用此法選定一區別標準，以判定如何將新樣本放置於哪個類別中。而線性判別分析 (linear discriminant analysis, LDA) ，是線性判別分析中主要的工具。最早由 R. A. Fisher(1936) 提出，分類的判定理論裡告訴我們需要去知道最佳分類下的各類別事後機率 $\Pr(G|X)$，假設 $f_k(x)$ 為 G = k 時 X 的條件密度函數且 $\pi_k$ 為類別 k 時的事前機率 (prior probability) 並滿足 $\sum_{k=1}^{K} \pi_k = 1$，以貝式理論的觀點告訴我們：

$$\Pr(G = k \mid X = x) = \frac{f_k(x)\pi_k}{\sum_{l=1}^{K} f_l(x)\pi_l}$$

假設每一類別的密度函數爲一多維常態分布 (multivariate Gaussian)，且這每一類別的多維常態分布 (multivariate Gaussian) 有一樣共同的共變異矩陣 (covariance matrix) 時，在比較類別 k 跟 l 時，可以容易的由對數概似比 (log-ratio) 清楚的得到 x 的線性函數：

$$\log\frac{\Pr(G=k\,|\,X=x)}{\Pr(G=l\,|\,X=x)}=\log\frac{\pi_k}{\pi_l}-\frac{1}{2}(\mu_k+\mu_l)^T\Sigma^{-1}(\mu_k-\mu_l)+x^T\Sigma^{-1}(\mu_k-\mu_l)$$

此線性對數勝算比函數 (linear log-odds function) 暗示我們區分 k 跟 l 的區別邊界 (decision boundary)，即爲 Pr(G=k|X=x) = Pr(G =l|X =x) 所成的集合，此集合在二維空間中則形成一直線，在 p 維空間中則形成一個超平面 (hyperplane)，當然這對任意的 2 個類別的區分都成立且所有的區別邊界 (decision boundary) 均爲一直線或超平面 (hyperplane)。將此方法用於 Cushing's syndrome 的例子 ( 如圖 7-5 所示 )，可以清楚的看到，共有 2 條直線將資料分成 3 類，其中共有 5 個分錯。

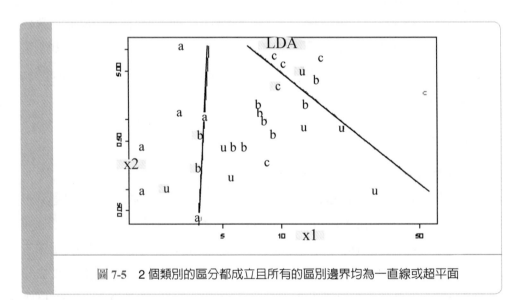

圖 7-5　2 個類別的區分都成立且所有的區別邊界均為一直線或超平面

## ( 二 ) 二次線性判別分析 (quadratic discriminant analysis)

根據上述所假設的資料型態與模型中，若每一類別的多維常態分布 (multivariate Gaussian) 裡的共變異矩陣 (covariance matrix) 彼此不相同時，則上式中的對數概似比 (log-ratio) 裡的共變異矩陣 (covariance matrix) 則無法消去，此結

果將使區別邊界 (decision boundary) 為 x 的二次式 (quadratic form)，因而我們得到二次線性判別分析 (quadratic discriminant analysis, QDA)：

$$\delta_k(x) = -\frac{1}{2}\log|\Sigma_k| - \frac{1}{2}(x - \mu_k)^T\Sigma_k^{-1}(x - \mu_k) + \log\pi_k$$

當然這對任意的 2 個類別區分的區別邊界，均為二次曲線或曲面。將此方法用於 Cushing's syndrome 的例子 ( 如圖 7-6 所示 )，可以清楚的看到，共有 2 條曲線將資料分成 3 類，而其中共有 3 個分錯。在這個例子中，可以容易的判斷二次似乎比線性分類來得好，但這並不是絕對的。

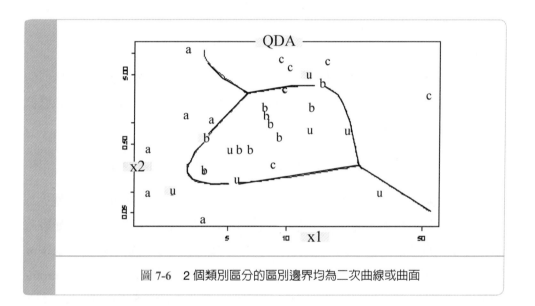

**圖 7-6　2 個類別區分的區別邊界均為二次曲線或曲面**

## ( 三 ) 邏輯斯迴歸 (logistic regression)

除了上述 2 種常見的分類方法，還有一個比較常見的分類方法就是邏輯斯迴歸 (logistic regression)。邏輯斯迴歸模型應用於分類方法上，源自我們想將 K 類別的事後機率 (posterior probability) 作成 x 的線性函數且 K 類別的事後機率 (posterior probability) 總和為 1，此模型有以下的形式：

$$\log\frac{\Pr(G = 1\,|\,X = x)}{\Pr(G = K\,|\,X = x)} = \beta_{10} + \beta_1^T x$$

$$\log \frac{\Pr(G=2 \mid X=x)}{\Pr(G=K \mid X=x)} = \beta_{20} + \beta_2^T x$$

$$\cdots\cdots$$

$$\log \frac{\Pr(G=K-1 \mid X=x)}{\Pr(G=K \mid X=x)} = \beta_{(K-1)0} + \beta_{K-1}^T x$$

雖然此模型使用第 K 類別爲勝算比 (odds-ratios) 的分母，但實際上此分母的選擇可以是任意一類別的，然後經由一個簡單的計算可以得到：

$$\Pr(G=k \mid X=x) = \frac{\exp(\beta_{k0} + \beta_k^T x)}{1 + \sum_{l=1}^{K-1} \exp(\beta_{l0} + \beta_l^T x)}, \; k=1, \cdots, K-1$$

$$\Pr(G=k \mid X=x) = \frac{1}{1 + \sum_{l=1}^{K-1} \exp(\beta_{l0} + \beta_l^T x)}$$

由上式中可以清楚得到它們的總和爲 1，在邏輯斯迴歸模型裡通常由最大概似估計式去配適模型的參數，其中條件分布爲 Pr(G|X)，因此 N 個觀察值的對數概似估計式 (log-likelihood) 爲：

$$l(\theta) = \sum_{i=1}^{N} \log p_{gi}(x_i; \theta) \text{，其中} p_k(x_i; \theta) = \Pr(C=K \mid X=x_i; \theta)$$

進一步以牛頓 - 辛普森法 (Newton-Raphson algorithm) 求得參數 $\theta$，此模型大部分使用於資料分析與推論工具，而在此我們的目的在於以解釋變數將應變數分類的方法，當然這對任意的 2 個類別的區分都成立且所有的區別邊界 (decision boundary) 均爲一直線或超平面 (hyperplane)，將此方法用於 Cushing's syndrome 的例子 ( 如圖 7-5 所示 )。我們可以清楚的看到，共有 2 條直線將資料分成 3 類，而其中共有 5 個分錯，在這例子中邏輯斯迴歸 (logistic regression) 與線性判別分析似乎分得一樣好。

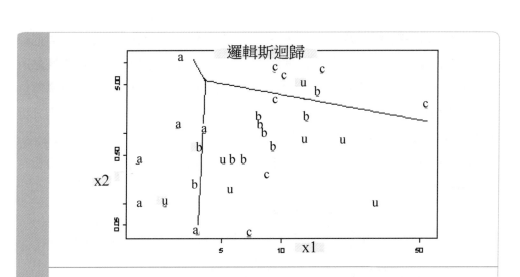

圖 7-7　2 個類別的區別邊界均為一直線或超平面

### (四) 邏輯斯迴歸 (logistic regression) 與線性判別分析 (LDA) 的比較

　　線性判別分析 (LDA) 在假設成立時，即各類別資料中符合多維常態分布的假設及在各類別資料裡的多維常態分布中有共同的共變異矩陣 (covariance matrix) 時，可以清楚的得到任兩類別的對數事後機率勝算比 (log-posterior odds) 為 x 的線性函數。而邏輯斯迴歸模型也是 x 的線性函數，雖然兩者乍看之下很相似，實際上兩者並不相同，其中的差異在於兩者參數的估計。邏輯斯迴歸模型比較一般化，它使用較少的假設，就可以估計模型，且它是以條件概度函數去估計參數；而線性判別分析是以全部的對數概度函數去估計參數，因此兩者的參數估計式是不相同的。

## 7-1-3 費雪 (Fisher) 的判別分析與線性判別分析

　　在許多現實應用中，我們往往要面對高維度 ( 多變數 ) 數據，為便利分析，降維 (dimension reduction) 常是一個必要的前處理工作。主成分分析 (principal components analysis) 是目前普遍被採用的降維技術。主成分分析是一種非教導式學習法 (unsupervised learning)，根據樣本自身的統計性質降維，並不在乎 ( 甚

至不知道 ) 這些數據的後續應用。在機器學習領域，分類 (classification) 與迴歸 (regression) 是 2 個最具代表性的問題描述典範。所謂分類是指判別出數據點所屬的類別。本文介紹英國統計學家費雪 (Ronald Fisher) 最早提出的一個專為包含 2 個類別樣本所設計的教導式 (supervised) 降維法，稱作費雪的線性判別分析 (Fisher's discriminant analysis)，隨後並討論 3 個延伸問題：

1. 什麼是線性判別分析 (linear discriminant analysis)？它與費雪的線性判別分析有何關係？
2. 線性判別分析與最小平方法有什麼關聯性？
3. 費雪的線性判別分析如何推廣至多類別 ( 類別數大於 2) 線性判別分析？

## 一、費雪的判別分析

假設有一筆維數等於 d，樣本大小為 n 的數據 $\{x_1, x_2, \cdots, x_n\}$，也就是說，數據點 $x_1, x_2, \cdots, x_n$ 散布在 $R^d$ 空間。假設此樣本包含 2 個類別，第一類有 $n_1$ 個數據點，以 $C_1$ 表示指標集合；第二類有 $n_2$ 個數據點，以 $C_2$ 表示指標集合，$n_1 + n_2 = n$。費雪提出這個想法：將 $R^d$ 空間的數據點投影至一穿越原點的直線，以達到降低樣本維數的效果。透過改變直線的指向，我們期望找出一最佳直線使得二類數據點於直線的投影盡可能分離開來，這就是費雪的判別分析的目的。令單位向量 $w \in R^d(\|w\| = 1)$ 代表直線 L 的指向，即 $L = cW \mid c \in R$。對於任一 $x \in R^d$，令 $yw$ 表示 x 在直線 L 的正交投影。根據正交原則，殘餘量 x-$yw$ 正交於 w，即有 $w^T(-yw) = 0$，整理可得：

$$y = \frac{w^T x}{w^T w} = w^T x$$

根據上式，令 $x_1, \cdots, x_n$ 至直線 L 的投影量 ( 投影座標 ) 為 $y_1, \cdots, y_n$，即 $y_i = w^T x_i$，$1 \leq i \leq n$。設定一門檻值 $w_0$，立刻得到一個簡單的線性分類法則：若 $w^T x \leq -w_0$，則數據點 x 歸於第一類 $(C_1)$，否則歸於第二類 $(C_2)$。稍後會說明如何決定 $w_0$，眼前的問題是：怎麼求出使分類效果最佳的直線指向 w？

直覺上，為了獲致最好的分類效果，我們希望分屬兩類別的數據點的投影距離愈遠愈好。寫出 2 個類別數據點的各自樣本中心 ( 樣本平均數向量 )：

$$m_j = \frac{1}{n_j} \sum_{i \in c_j} \mathrm{x}_i, \; j = 1, 2$$

投影量的樣本平均數就是樣本中心的投影，如下：

$$m_j = \frac{1}{n_j} \sum_{i \in c_j} y_i = \frac{1}{n_j} \sum_{i \in c_j} \mathrm{w}^T \mathrm{x}_i = \mathrm{w}^T m_j, \; j = 1, 2$$

因此，兩類別的樣本中心投影的距離為：

$$|m_2 - m_1| = |\mathrm{w}^T(\mathrm{m}_2 - \mathrm{m}_1)|$$

由於已經加入限制 $\|\mathrm{w}\| = 1$，樣本中心投影的距離平方$(m_2 - m_1)^2$，稱為組間散布 (between-class scatter)，不會隨著 w 的長度變化而無限制地增大。使用 Lagrange 乘數法可解出 w，使最大化組間散布平方：

$$\begin{aligned} L(\lambda, \mathrm{w}) &= (\mathrm{w}^T(\mathrm{m}_2 - \mathrm{m}_1))^2 - \lambda(\mathrm{w}^T\mathrm{w} - 1) \\ &= \mathrm{w}^T(\mathrm{m}_2 - \mathrm{m}_1)(\mathrm{m}_2 - \mathrm{m}_1)^T\mathrm{w} - \lambda(\mathrm{w}^T\mathrm{w} - 1) \end{aligned}$$

其中，λ 是 Lagrange 乘數。計算之偏導數：

$$\frac{\partial L}{\partial w} = 2(\mathrm{m}_2 - \mathrm{m}_1)(\mathrm{m}_2 - \mathrm{m}_1)^T\mathrm{w} - 2\lambda\mathrm{w}$$

令上式等於 0，因為 $(\mathrm{m}_2 - \mathrm{m}_1)^T\mathrm{w}$ 為一純量，即得 $\mathrm{w} \propto \mathrm{m}_2 - \mathrm{m}_1$，再予以歸一化即可。這個做法有一個明顯的缺點。圖 7-8 左圖顯示二類數據點在平面上有良好的散布區隔，但投影至連接樣本中心的直線後反而產生嚴重的交疊。這個現象發生的原因在於描述數據點的 2 個變數存在顯著的共變異；換句話說，二變數之間的相關係數不為 0。為了克服這個問題，費雪建議直線指向 w 不僅要使樣本中心的投影分離開來，同時還要使同一組內的投影變異愈小愈好，如圖 7-8 右圖。

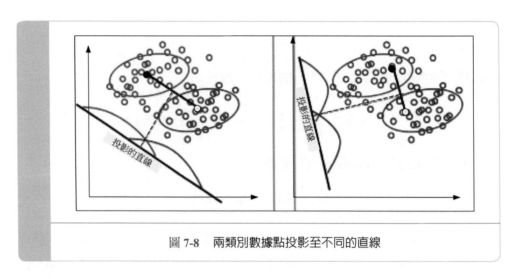

圖 7-8　兩類別數據點投影至不同的直線

定義兩類別投影樣本的組內散布 (within-class scatter) 為：

$$s_j^2 = \sum_{i \in c_j} (y_i - m_j)^2, \ j = 1, 2$$

將組內散布$s_j^2$除以 $(n_j - 1)$，即為組內樣本變異數。整體的投影樣本組內散布為 $s_1^2 + s_2^2$。費雪提出的準則為最大化組間散布和整體組內散布的比值：

$$J(\mathbf{w}) = \frac{(m_2 - m_1)^2}{s_1^2 + s_2^2}$$

下面解說如何求出使上式最大的單位向量 $\mathbf{w}$，定義組內散布矩陣如下：

$$s_j = \sum_{i \in c_j} (\mathbf{x}_i - \mathbf{m}_j)(\mathbf{x}_i - \mathbf{m}_j)^T, \ j = 1, 2$$

以及整體組內散布矩陣 $S_W = S_1 + S_2$。對於 $j = 1, 2$，組內散布 $s_j^2$ 可表示為組內散布矩陣 $S_j$ 的二次型：

$$
\begin{aligned}
s_j^2 &= \sum_{i \in c_j} (\mathbf{w}^T \mathbf{x}_i - \mathbf{w}^T \mathbf{m}_j)^2 \\
&= \sum_{i \in c_j} \mathbf{w}^T (\mathbf{x}_i - \mathbf{m}_j)(\mathbf{x}_i - \mathbf{m}_j)^T \mathbf{w} \\
&= \mathbf{w}^T \Big( \sum_{i \in c_j} (\mathbf{x}_j - \mathbf{m}_j)(\mathbf{x}_i - \mathbf{m}_j)^T \Big) \mathbf{w} \\
&= \mathbf{w}^T S_j \mathbf{w}
\end{aligned}
$$

整體組內散布即為

$$s_1^2 + s_2^2 = \mathbf{w}^T S_1 \mathbf{w} + \mathbf{w}^T S_2 \mathbf{w} = \mathbf{w}^T S_W \mathbf{w}$$

類似地,定義組間散布矩陣

$$S_B = (\mathbf{m}_2 - \mathbf{m}_1)(\mathbf{m}_2 - \mathbf{m}_1)^T$$

組間散布$(\mathbf{m}_2 - \mathbf{m}_1)^2$也可表示為組間散布矩陣 $S_B$ 的二次型:

$$\begin{aligned}
(\mathbf{m}_2 - \mathbf{m}_1)^2 &= (\mathbf{w}^T \mathbf{m}_2 - \mathbf{w}^T \mathbf{m}_1)^2 \\
&= \mathbf{w}^T (\mathbf{m}_2 - \mathbf{m}_1)(\mathbf{m}_2 - \mathbf{m}_1)^T \mathbf{w} \\
&= \mathbf{w}^T S_B \mathbf{w}
\end{aligned}$$

組內散布矩陣 ( 在不造成混淆的情況下,整體組內散布矩陣簡稱為組內散布矩陣) $S_W$ 是一個對稱半正定矩陣。如果 $n > d$,$S_W$ 通常是正定矩陣,也就是可逆矩陣,以下假設如此。組間散布矩陣 $S_B$ 是樣本中心差 $\mathbf{m}_2 - \mathbf{m}_1$ 的外積 (outer product),因此是對稱半正定;當 $\mathbf{m}_1 \neq \mathbf{m}_2$ ( 絕大多數的應用都滿足此條件 ),rank $S_B = 1$。

使用組間散布和組內散布的二次型表達,費雪準則可用矩陣式表示為:

$$J(\mathbf{w}) = \frac{\mathbf{w}^T S_B \mathbf{w}}{\mathbf{w}^T S_W \mathbf{w}}$$

最大化費雪準則等價於下列約束優化問題:

$$\max_{\mathbf{w}^T S_W \mathbf{w} = 1} \mathbf{w}^T S_B \mathbf{w}$$

使用 Lagrange 乘數法不難推導出最佳條件式。這裡我們介紹一個線性代數方法:費雪準則也稱為廣義 Rayleigh 商,最大化 J(\mathbf{w}) 等價於求解廣義特徵值問題:

$$S_B \mathbf{w} = \lambda S_W \mathbf{w}$$

由於 $S_W$ 是可逆矩陣,廣義特徵值問題退化為一般特徵值問題$S_W^{-1} S_B \mathbf{w} = \lambda \mathbf{w}$。因為 $S_W^{-1}$和 $S_n$ 都是半正定,$S_W^{-1} S_B$的特徵值 $\lambda$ 為非負數,保證 $\mathbf{w}$ 必然是特徵向量。廣義特徵方程左乘$\mathbf{w}^T$,$\mathbf{w}^T S_B \mathbf{w} = \lambda \mathbf{w}^T S_W \mathbf{w}$,可知費雪準則為 $J(\mathbf{w}) = \lambda$,因此我們要挑選出最大的特徵值。但 rank $(S_W^{-1} S_B) = $rank$S_B = 1$,表示 $S_W^{-1} S_B$ 僅有唯一一個正特徵

值。寫出特徵方程的公式表達 $S_W^{-1}(m_2 - m_1)(m_2 - m_1)^T w = \lambda w$，忽略式中的純量，對應唯一正特徵值的特徵向量為：

$$w \propto S_W^{-1}(m_2 - m_1)$$

直白地說，最佳投影直線的指向即為連接兩類別樣本中心的向量於排除組內散布效應後的方向 ( 如圖 7-6 之右圖所示 )。

## 二、線性判別分析

在機器學習和模式判別中，分類 (classification) 可視為一種決策問題：給定一數據點，判斷它所屬的類別。本文介紹源自於統計學多變量分析的一個古典分類法，稱作線性判別分析 (linear discriminant analysis, LDA)。就理論面來說，線性判別分析與費雪 (Ronald Fisher) 的判別分析 ( 一種應用於分類問題的降維方法 ) 和邏輯斯迴歸 (logistic regression，一種應用於分類問題的非線性模型 ) 有著密切的關係。就應用面而言，由於線性判別分析建立於嚴苛的假設上，它的分類效能並不突出，或許因為這個緣故，線性判別分析經常被當作與其他方法比較的基準。

費雪的判別分析其實是一個應用於兩類別樣本的降維方法，它本身並不具備判別功能。如欲將費雪的判別分析引進分類功能，還須決定分類法則 $w^T x \le -w_0$ 的門檻值 $w_0$，這個分類法稱為線性判別分析 (linear discriminant analysis, LDA)。線性判別分析假設分類樣本的條件密度 $p(x|C_1)$ 和 $p(x|C_2)$ 服從常態分布：

$$N(x \,|\, \mu_j, \Sigma) = \frac{1}{(2\pi)^{n/2}|\Sigma|^{1/2}} \exp\left\{ -\frac{1}{2}(x - \mu_j)^T \Sigma^{-1}(x - \mu_j) \right\}$$

其中 $\mu_j \in R^d$ 是類別 $c_j$ 的平均數向量，$\Sigma$ 是 $d \times d$ 階共變異數矩陣 (covariance matrix)，$|\Sigma|$ 表示 $\Sigma$ 的行列式。請特別注意，線性判別分析假設兩類別有相同的共變異數矩陣 $\Sigma$；也就是說，兩類別的數據點具有相同的散布型態。

給定一數據點 $x \in R^d$，如何判定它應歸類於 $c_1$ 抑或 $c_2$？貝葉斯定理 (Bayes' theorem) 提供了解答：

$$P(c_j \,|\, x) = \frac{p(x \,|\, c_j)P(c_j)}{p(x)}$$

其中

1. $P(c_j)$ 是類別 $c_j$ 出現的機率,稱為先驗機率 (priori probability);

2. $p(x \mid c_j)$ 是條件密度函數,即給定類別 $c_j$,數據點 x 的機率密度函數,也稱為似然 (likelihood);

3. $p(x)$ 是數據點 x 的機率密度函數,稱為證據 (evidence),算式為

$$p(x) = p(x \mid c_1)P(c_1) + p(x \mid c_2)P(c_2)$$

所謂貝葉斯最佳分類器就是將數據點 x 的類別,指定給最大後驗機率所屬的類別:若 $P(c_1 \mid x) \geq P(c_2 \mid x)$,則 x 歸於第一類,否則歸於第二類。因為對數函數 $\log(\cdot)$ 是一個單調遞增函數,$P(c_1 \mid x) \geq P(c_2 \mid x)$ 等價於 $\log P(c_1 \mid x) \geq \log P(c_2 \mid x)$。此外,後驗機率 $P(c_1 \mid x)$ 和 $P(c_2 \mid x)$ 有相同的分母 $p(x)$,我們大可直接比較分子的大小。所以,貝葉斯最優分類法可以改寫為:若 $\log p(x \mid c_1) + \log P(c_1) \geq \log p(x \mid c_2) + \log P(c_2)$,則 x 歸於第一類,否則歸於第二類。

考慮第一類數據點 x,將多變量常態分布代入 $p(x \mid c_j)$,移除常數部分,得到不等式

$$-\frac{1}{2}(x - \mu_1)^T \Sigma^{-1}(x - \mu_1) + \log P(c_1) \geq -\frac{1}{2}(x - \mu_2)^T \Sigma^{-1}(x - \mu_2) + \log P(c_2)$$

乘開化簡可得:

$$(\mu_2 - \mu_1)^T \Sigma^{-1} x \leq \frac{1}{2}\mu_2^T \Sigma^{-1}\mu_2 - \frac{1}{2}\mu_1^T \Sigma^{-1}\mu_1 - \log P(c_2) + \log P(c_1)$$

因此,線性判別分析的分類法則如下:若 $w^T x \leq -w_0$,則 x 歸於第一類,否則歸於第二類,其中

$$w = \Sigma^{-1}(\mu_2 - \mu_1)$$

$$w_0 = -\frac{1}{2}\mu_2^T \Sigma^{-1}\mu_2 + \frac{1}{2}\mu_1^T \Sigma^{-1}\mu_1 + \log P(c_2) - \log P(c_1)$$

給定一訓練樣本,先驗機率 $P(c_j)$ 以類別樣本出現的頻率 $n_j/n$ 估計,類別平均數向量 $\mu_j$ 以樣本平均數向量 $m_j$ 估計,共變異數矩陣 $\Sigma$ 則以加權平均 ( 有偏 ) 共變異數矩陣 $S$ 估計,其中

$$S = \left(\frac{n_1}{n}\right)\frac{1}{n_1}\sum_{i \in c_1}(x_i - m_1)(x_i - m_1)^T + \left(\frac{n_2}{n}\right)\frac{1}{n_2}\sum_{i \in c_2}(x_i - m_2)(x_i - m_2)^T$$

$$= \frac{1}{n}(S_1 + S_2) = \frac{1}{n}S_W$$

採用估計量的線性判別分析給出

$$w = nS_W^{-1}(m_2 - m_1)$$

這與費雪的判別分析的最佳直線有相同的指向，同時並確定了判別門檻

$$w_0 = -\frac{n}{2}\,m_2^T S_W^{-1} m_2 + \frac{n}{2}m_1^T S_W^{-1} m_1 + \log\frac{n_2}{n} - \log\frac{n_1}{n}$$

## 三、最小平方法

　　線性判別分析給出分隔兩類別的線性邊界 $w^T x = -w_0$，我們不免好奇這個邊界可否從最小平方法推導？的確可行，構想是將兩類別的分類問題改寫成迴歸問題。考慮線性迴歸模型 $g(x) = w^T x + w_0$。若樣本數據點 $x_i$ 屬於第一類，則設目標值為 $n/n_1$；若 $x_i$ 屬於第二類，設目標值為 $n/n_2$。定義最小平方誤差函數

$$E = \frac{1}{2}\sum_{i=1}^{n}(g(x_i) - r_i)^2 = \frac{1}{2}\sum_{i=1}^{n}(w^T x_i + w_0 - r_i)^2$$

其中 $r_i = n/n_i$ 若 $i \in c_1$，$r_i = -n/n_2$ 若 $i \in c_2$。計算偏導數：

$$\frac{\partial E}{\partial w_0} = 2\sum_{i=1}^{n}(w^T x_i + w_0 - r_i)$$

$$\frac{\partial E}{\partial w} = 2\sum_{i=1}^{n}(w^T x_i + w_0 - r_i)\,x_i$$

令上面兩式為 0。由 $\dfrac{\partial E}{\partial w_0} = 0$ 可解出

$$w_0 = -\frac{1}{n}\sum_{i=1}^{n}w^T x_i + \sum_{i=1}^{n}r_i$$

$$= -w^T\left(\frac{1}{n}\sum_{i=1}^{n}x_i\right) + n_1\frac{n}{n_1} - n_2\frac{n}{n_2}$$

$$= -w^T m$$

將解得的 $w_0$ 表達式代入 $\dfrac{\partial E}{\partial w}=0$，整理化簡可得：

$$\left(S_W+\frac{n_1 n_2}{n}S_B\right)\mathbf{w}=n(\mathbf{m}_1-\mathbf{m}_2)$$

展開即有

$$S_W\mathbf{w}=-\frac{n_1 n_2}{n}(\mathbf{m}_2-\mathbf{m}_1)(\mathbf{m}_2-\mathbf{m}_1)^T\mathbf{w}+n(\mathbf{m}_1-\mathbf{m}_2)$$

$$=\left(-\frac{n_1 n_2}{n}(\mathbf{m}_2-\mathbf{m}_1)^T\mathbf{w}-n\right)(\mathbf{m}_2-\mathbf{m}_1)$$

不計純量，則得

$$\mathbf{w}\propto S_W^{-1}(\mathbf{m}_2-\mathbf{m}_1)$$

因為 $\mathbf{w}$ 的長度不影響邊界 $\mathbf{w}^T\mathbf{x}-\mathbf{w}^T\mathbf{m}=0$，直接設 $\mathbf{w}=S_W^{-1}(\mathbf{m}_2-\mathbf{m}_1)$，可得分類法則：若 $\mathbf{w}^T\mathbf{x}\le\mathbf{w}^T\mathbf{m}$，則 $\mathbf{x}$ 歸為第一類，否則歸為第二類。原因如下：代入 $\mathbf{x}=\mathbf{m}_1$，則

$$\mathbf{w}^T(\mathbf{m}_1-\mathbf{m})=(\mathbf{m}_2-\mathbf{m}_1)^T S_W^{-1}\left(\mathbf{m}_1-\frac{n_1}{n}\mathbf{m}_1-\frac{n_2}{n}\mathbf{m}_2\right)$$

$$=-\frac{n_2}{n}(\mathbf{m}_2-\mathbf{m}_1)S_W^{-1}(\mathbf{m}_2-\mathbf{m}_1)<0$$

上面不等式係因 $S_W^{-1}$ 是正定矩陣。費雪的判別分析、線性判別分析和最小平方法導出同樣的直線指向 $\mathbf{w}$。請讀者自行驗證：當 $n_1=n_2=n/2$，最小平方法和線性判別分析給出相同的分類邊界 $\mathbf{w}^T\mathbf{x}+w_0=0$。

## 四、多類別判別分析

　　費雪的判別分析限定於包含兩類別的樣本，後續學者將它推廣至 $k>2$ 類別的情況，即 $c_1,\cdots,c_k$。首先，我們推廣組內散布矩陣和組間散布矩陣。多類別的組內散布矩陣可由 $k=2$ 延伸而得：

$$S_W=\sum_{j=1}^{k}S_j$$

其中

$$S_j = \sum_{i \in c_j} (\mathrm{x}_i - \mathrm{m}_j)(\mathrm{x}_i - \mathrm{m}_j)^T, \quad j = 1, \cdots, k$$

且

$$m_j = \frac{1}{n_j} \sum_{i \in c_j} \mathrm{x}_i, \ j = 1, \cdots, k$$

上式中$n_1 + \cdots + n_k = n$。不過，組間散布矩陣的適切推廣則不明顯。我們從另一個方向著手。定義整體樣本平均數向量 m 和整體散布矩陣 $S_T$ 為

$$\mathrm{m} = \frac{1}{n} \sum_{i=1}^{n} \mathrm{x}_i = \frac{1}{n} \sum_{j=1}^{k} \sum_{i \in c_j} \mathrm{x}_i = \frac{1}{n} \sum_{j=1}^{k} n_j \mathrm{m}_j$$

$$S_T = \sum_{i=1}^{n} (\mathrm{x}_i - \mathrm{m})(\mathrm{x}_i - \mathrm{m})^T$$

使用上面兩式化簡整體散布矩陣 $S_T$，過程如下：

$$\begin{aligned}
S_T &= \sum_{j=1}^{k} \sum_{i \in c_j} (\mathrm{x}_i - \mathrm{m}_j + \mathrm{m}_j - \mathrm{m})(\mathrm{x}_i - \mathrm{m}_j + \mathrm{m}_j - \mathrm{m})^T \\
&= \sum_{j=1}^{k} \sum_{i \in c_j} (\mathrm{x}_i - \mathrm{m}_j)(\mathrm{x}_i - \mathrm{m}_j)^T + \sum_{j=1}^{k} \sum_{i \in c_j} (\mathrm{m}_j - \mathrm{m})(\mathrm{m}_j - \mathrm{m})^T \\
&\quad + \sum_{j=1}^{k} \sum_{i \in c_j} (\mathrm{x}_i - \mathrm{m}_j)(\mathrm{m}_j - \mathrm{m})^T + \sum_{j=1}^{k} (\mathrm{m}_j - \mathrm{m}) \sum_{i \in c_j} (\mathrm{x}_i - \mathrm{m}_j)^T \\
&= S_W + \sum_{j=1}^{k} n_j (\mathrm{m}_j - \mathrm{m})(\mathrm{m}_j - \mathrm{m})^T
\end{aligned}$$

這個結果提示了組間散布矩陣可定義為：

$$S_B = \sum_{j=1}^{k} n_j (\mathrm{m}_j - \mathrm{m})(\mathrm{m}_j - \mathrm{m})^T$$

即有，$S_T = S_W + S_B$。

我們引進 $q \geq 1$ 個單位向量 $\mathrm{w}_1, \cdots, \mathrm{w}_q$，對應 $q$ 個直線。對於任一$\mathrm{x} \in \mathrm{R}^d$，分別投影至 $\mathrm{w}_1, \cdots, \mathrm{w}_q$ 所指的直線可得 $q$ 個線性特徵：

$$y_l = \mathrm{w}_l^T \mathrm{x}, \ l = 1, \cdots, q$$

或合併為矩陣形式

$$\mathbf{y} = \begin{bmatrix} y_1 \\ \vdots \\ y_q \end{bmatrix} = \begin{bmatrix} \mathbf{w}_1^T\mathbf{x} \\ \vdots \\ \mathbf{w}_q^T\mathbf{x} \end{bmatrix} = [\mathbf{w}_1 \quad \cdots \quad \mathbf{w}_q]^T\mathbf{x} = W^T\mathbf{x}$$

其中 $W = [\mathbf{w}_1 \quad \cdots \quad \mathbf{w}_q]$ 是 $d \times q$ 階矩陣。令 $\mathbf{y}_1, \cdots, \mathbf{y}_n \in \mathbf{R}^q$ 表示樣本 $\mathbf{x}_1, \cdots, \mathbf{x}_n \in \mathbf{R}^d$ 於 $\mathbf{w}_l$，$1 \le l \le q$ 的投影，即 $\mathbf{y}_i = W^T\mathbf{x}_i$，$i = 1, \cdots, n$。如同 $\{\mathbf{x}_i\}$ 有 $d \times d$ 階組內散布矩陣和組間散布矩陣，$\{y_i\}$ 也可定義 $q \times q$ 階組內散布矩陣和組間散布矩陣：

$$\tilde{S}_W = \sum_{j=1}^{k} \sum_{i \in c_j} (\mathbf{y}_i - \tilde{\mathbf{m}}_j)(\mathbf{y}_i - \tilde{\mathbf{m}}_j)^T$$

$$\tilde{S}_B = \sum_{j=1}^{k} n_j (\tilde{\mathbf{m}}_j - \tilde{\mathbf{m}})(\tilde{\mathbf{m}}_j - \tilde{\mathbf{m}})^T$$

其中

$$\tilde{\mathbf{m}}_j = \frac{1}{n_j} \sum_{i \in c_j} \mathbf{y}_i = \frac{1}{n_j} \sum_{i \in c_j} W^T\mathbf{x}_i = W^T\mathbf{m}_j, \ j = 1, \cdots, k$$

$$\tilde{\mathbf{m}} = \frac{1}{n} \sum_{j=1}^{k} n_j \tilde{\mathbf{m}}_j = \frac{1}{n} \sum_{j=1}^{k} n_j W^T\mathbf{m}_j = W^T\mathbf{m}$$

接下來將定義於兩類別的費雪準則，推廣至 $k > 2$ 個類別。常見的目標函數有 2 種，一為跡數表達式，另一為行列式表達式，分述於下：

$$J_1(W) = \text{trace}\left(\tilde{S}_W^{-1}\tilde{S}_B\right) = \text{trace}((W^TS_WW)^{-1}(W^TS_BW))$$

及

$$J_2(W) = \frac{\det \tilde{S}_B}{\det \tilde{S}_W} = \frac{\det(W^TS_BW)}{\det(W^TS_WW)}$$

有趣的是，這 2 個準則有相同的最佳條件：

$$S_B\mathbf{w}_l = \lambda_l S_W\mathbf{w}_l, \ l = 1, \cdots, q$$

其中 $\mathbf{w}_l$ 是廣義特徵向量，對應廣義特徵值 $\lambda_l$。由於涉及跡數和行列式的導數，過程不免繁瑣，欲深入了解的讀者請見註解和。提醒讀者，$\mathbf{w}_1, \cdots, \mathbf{w}_q$ 亦為 $S_W^{-1}S_B$ 的特徵向量，對應非負特徵值 $\lambda_1, \cdots, \lambda_q$。另外，$S_W^{-1}$ 是正定矩陣，推知 $S_W^{-1}S_B$ 可對

角化，也就是說，$\{w_1, \cdots, w_q\}$ 為一線性獨立集。但$S_W^{-1}S_B$並非對稱矩陣 ( 除非$S_W^{-1}$ 和 $S_B$ 是可交換矩陣 )，故 $\{w_1, \cdots, w_q\}$ 並不是一個單範正交集 (orthonormal set)。最後說明 $q$ 的大小限制。我們可以證明$\tilde{S}_W^{-1}\tilde{S}_B$和$S_W^{-1}S_B$有相同的特徵值 $\lambda_1, \cdots, \lambda_q$。為了方便，下面用 $J_1(W)$ 來解說。目標函數 $J_1(W)$ 可表示為：

$$J_1(W) = \lambda_1 + \cdots + \lambda_q$$

因為加入零特徵值不會加大 $J_1(W)$，我們要求 $\lambda_1, \cdots, \lambda_q$ 都是正特徵值，故 $q = \text{rank}(\tilde{S}_W^{-1}\tilde{S}_B)$。另一方面，$\tilde{m}$ 是 $\tilde{m}_1, \cdots, \tilde{m}_k$ 的線性組合：

$$\text{rank}(\tilde{S}_W^{-1}\tilde{S}_B) = \text{rank}\,\tilde{S}_B = \dim\,\text{span}\{\tilde{m}_1 - \tilde{m}, \cdots, \tilde{m}_k - \tilde{m}\} \le k - 1$$

故$q \le k - 1$。給定包含$k \ge 2$個類別的樣本，多類別判別分析所能產生的有效線性特徵總數至多為 $k - 1$。

在確保樣本保有最佳分類效果的前提下，多類別判別分析將 $d$ 維數據點 $x_1, \cdots, x_n$ 壓縮至 $q \le k - 1$ 維數據點 $y_1, \cdots, y_n$。針對降維後的新樣本，如何設計有效的多類別分類器呢？這也是機器學習領域的熱門研究主題。

# 7-2 線性判別分析：範例 (discriminant analysis) (candisc, group()、scoreplot、loadingplot 指令 )

判別分析又稱 線性判別分析，STaTa 其 Canonical linear discriminant analysis 語法為：

```
      candisc varlist [if] [in] [weight], group(groupvar) [options]

options            說明

Model
* group(groupvar)   variable specifying the groups
  priors(priors)    group prior probabilities
  ties(ties)        how ties in classification are to be handled

Reporting
  notable           suppress resubstitution classification table
  lootable          display leave-one-out classification table
  nostats           suppress display of canonical statistics
  nocoef            suppress display of standardized canonical discriminant function
                      coefficients
  nostruct          suppress display of canonical structure matrix
  nomeans           suppress display of group means on canonical variables


priors             說明

equal              equal prior probabilities; the default
proportional       group-size-proportional prior probabilities
matname            row or column vector containing the group prior probabilities
matrix_exp         matrix expression providing a row or column vector of the group
                      prior probabilities


ties               說明

missing            ties in group classification produce missing values; the default
random             ties in group classification are broken randomly
first              ties in group classification are set to the first tied group
```

## 一、線性判別分析之概念

　　線性判別分析由 S. R. Fisher 首先提出，其基本概念是根據自變數 ( 或稱預測變數 ) 的線性組合，作為將觀察值分組的基礎。這個線性組合，即為區別函數。經由區別函數，可以瞭解個別預測變數對區分組別的貢獻，也可以瞭解每個組別的特色。

　　線性判別分析的用途，包括：

1. **歸類**：根據觀察值的特性，將其歸類到某一組別中，如將某種心理疾病歸入某一類疾病中。

2. **處理分類 ( 區別 ) 的問題**：線性判別分析可讓使用者將多個預測變數加以線性組合，以進行已知組別的區別 ( 分類 )，並瞭解其區別能力。例如：在林清山 ( 民74)「魏肯氏心理分化理論相關問題之實際性研究」( 教育心理學報，18 期 ) 中，研究者欲瞭解根據藏圖測驗區別科學資優、藝能資優和普通學生，即以 3 組學生為組別，以藏圖測驗成績和 R-L 差異指數為預測變數，進行線性判別分析。

3. **預測**：根據區別函數所得到的區別分數，可預測某一觀察值可能屬於哪一個組別，或其日後的表現。

4. 線性判別分析可用來決定**某一變數**在區別類別時，其**相對重要性**及影響力的大小。

5. 可用於不同類別人員**甄選**。

## 二、線性判別分析之假定

　　進行線性判別分析時，必須符合某些基本假定 (assumption)：

1. 每一組資料均爲從多變數常態母群體中抽取而得的樣本。

2. 母群體的共變數矩陣均須相等。

　　進行線性判別分析時的重點，如下：

1. 選擇觀察值：進行線性判別分析的第一步驟是選擇計算時所用的觀察值。若觀察值含有遺漏值，在線性判別分析時會產生某些估計的偏誤。因此若有缺失值，則此一**觀察值**即須**排除**。若觀察值含有缺失值的情形與某些變數有關，則可考慮將此**變數**由線性判別分析中**刪除**。

2. Wilks' Lambda：Wilks' Lambda 又稱爲「U 統計量」，因其分布呈現「U」字形。當我們分別來看每一個變數時，Lambda 即爲組內離均差平方和與總離均差平方和的比，即

$$Lambda = \frac{SS_{within}}{SS_t}$$

若有 2 個以上的函數須同時考慮時，則

$$Lambda = \left(\frac{SS_{w1}}{SS_{t1}}\right)\left(\frac{SS_{w2}}{SS_{t2}}\right)$$

　　若所有的組平均數均相等時，則 Lambda 等於 1；若 Lambda 接近 0，表示總變異大多是由於組間平均數的差異所引起。因此我們可以說：Lambda 愈大，表示各組平均數愈沒有差異；Lambda 愈小，表示各組平均數間的差異愈大。

## 三、估計區別係數

　　線性判別分析是要找出一個自變數的線性組合，作爲將觀察值分組的基礎。

即找出一組線性區別方程式,可將觀察值做最佳的分組。線性區別函數的公式為:

$$D = B_0 + B_1X_1 + B_2X_2 + \cdots + B_pX_p$$

若線性區別函數可將觀察值加以區別成不同的組別,則不同組別的 D 值會不相同。因此在求取 B 值時,須使其產生的區別函數的值在各組間是儘量不同的,即,使下列比值為最大:

$$\frac{組間平方和 ( between - groups \ \ sum \ \ of \ \ squares )}{組內平方和 ( within - groups \ \ sum \ \ of \ \ squares )}$$

求出區別係數之後,即可根據區別函數求取每一個觀察值的區別分數 (D)。STaTa 會列出每一組其區別分數的基本描述性統計量。區別分數其合併的組平均數為 0,合併的組內變異數為 1。

## 四、貝葉斯法則 (Bayes' rule)

STaTa 根據貝葉斯法則,將具有不同區別分數的觀察值分組。不同的區別分數 (D) 是屬於第幾組 (i) 的機率估計公式如下:

$$P(G_i|D) = \frac{P(D|G_i)}{\sum_{i=1}^{g} P(D|G_i)P(G_i)}$$

在此公式中,$P(G_i|D)$ 是指區別分數 (D) 屬於第 i 組的機率。$P(G_i)$ 是事前機率,$P(D|G_i)$ 是條件機率,而 $P(G|D)$ 則是事後機率。

事前機率 (prior probability):指當沒有其他有用的訊息存在時,某一觀察值屬於某一組可能性的估計值,記為 $P(G_i)$。當樣本能代表母群體時,則每一組觀察值的實測機率可作為事前機率的估計值。例如:如果調查結果患有呼吸困難症候群的嬰兒中有30%死了,則嬰兒如患有呼吸困難症候群,其死亡的機率為0.3。

條件機率 (conditional probability):指當我們知道觀察值所屬的組別時,得到某一特殊的區別函數值的機率,記為 $P(D|G_i)$。

事後機率 (posterior probability):即當我們知道某一觀察值的 D 值時,判定其屬於某一組別的機率,記為 $P(G_i|D)$。

## 五、估計分組錯誤率

有幾個方法可估計眞實的分組錯誤率：(1) 若樣本夠大可隨機將這些樣本分成 2 組時，我們可用其中一組來產生區別函數，而用另一組來檢定此區別函數的分組錯誤率。這種方法的缺點是所需的樣本較大且無法充分利用所有可用的訊息。(2) 另一種方法即所謂的「Jackknife 法」，又稱爲「leaving-one-out mehtod」。每次拿走一個觀察值，然後計算剩餘的 n−1 個觀察值的區別函數，根據此一函數將拿走的觀察值分類。

## 六、其他的區別函數統計量

除了以正確分組的觀察值百分比作爲區別函數效率的指標外，尚可以實際的區別分數爲指標。所謂較佳的區別函數是指組間的變異數遠大於組內的變異數。即

$$特徵值\,(eigenvalue) = \frac{組間平方和\,(between-groups\ SS)}{組內平方和\,(within-groups\ SS)}$$

當特徵值 (eigenvalue) 較大時，即表示區別函數較有效。

典型相關 (canonical correlation) 是區別分數與組別間關聯程度的量數，相當於單因子變異數分數的「eta」——以區別分數爲依變數，而組別爲自變數。

$$eta^2 = \frac{組間平方和\,(between-groups\ SS)}{全體平方和\,(total\ SS)}$$

即表示總變異數中，由組別間的差異所產生變異的百分比。

在只有 2 個分組的線性判別分析中，Wilks' lambda 即爲組內離均差平方和與總離均差平方和的比率，即總變異中非由組別間的差異所解釋的變異比率，故 lambda + eta² = 1。

須特別注意的是 lambda 只檢定母群體平均數相等的虛無假設，而不是在檢定區別函數的有效性。

## 七、區別函數係數

區別函數係數類似多元迴歸係數，因爲變數間彼此有相關，所以不能評估個別變數的重要性，每一個變數其區別係數的值均因其他變數的係數值而不同。因

此，只能以係數的大小來比較變數間相對重要性。

所謂標準化區別函數係數是將各區別變數標準化成平均數為 0、標準差為 1 所組成的函數係數。標準化區別函數係數愈大的變數，對區別函數的影響力可謂是愈大。

此外，也可以區別函數與變數間的相關來評估變數對區別函數的影響力。在 STaTa 的輸出結果中有所謂的結構矩陣 (structure matrix)，即區別變數與典型區別函數間合併的組內相關。相關的絕對值愈大，表示此變數對區別函數愈有影響力。

## 7-2-1 線性判別分析：3 組高中生對 3 種成就測驗 (candisc, group()、scoreplot、loadingplot) 指令

### 範例：典型線性：區別函數分析 (discriminant function analysis) (candisc) 指令

例 7-3　參考林清山，《多變數分析統計法》，民 79，p.444

自高三學生中隨機抽取 10 名自然組學生、12 名社會組學生和 10 名就業組學生，實施語文、數理和藝能 3 種成就測驗，結果如表 7-1 所示，試以 $\alpha = .01$ 就該項資料進行線性判別分析。

表 7-1　**3 組學生 3 科成就測驗原始分數**

| 自然組 | | | 社會組 | | | 就業組 | | |
|---|---|---|---|---|---|---|---|---|
| 語文 | 數理 | 藝能 | 語文 | 數理 | 藝能 | 語文 | 數理 | 藝能 |
| 5 | 12 | 8 | 9 | 10 | 12 | 3 | 7 | 6 |
| 8 | 9 | 2 | 5 | 6 | 7 | 6 | 8 | 12 |
| 6 | 15 | 9 | 13 | 11 | 13 | 5 | 5 | 6 |
| 1 | 8 | 9 | 10 | 5 | 7 | 8 | 11 | 13 |
| 3 | 9 | 4 | 12 | 7 | 10 | 6 | 7 | 12 |
| 4 | 6 | 3 | 7 | 9 | 7 | 4 | 2 | 8 |
| 6 | 15 | 8 | 8 | 6 | 5 | 9 | 9 | 7 |

| 自然組 | | | 社會組 | | | 就業組 | | |
|---|---|---|---|---|---|---|---|---|
| 語文 | 數理 | 藝能 | 語文 | 數理 | 藝能 | 語文 | 數理 | 藝能 |
| 10 | 13 | 9 | 4 | 6 | 6 | 5 | 8 | 13 |
| 2 | 9 | 2 | 5 | 4 | 8 | 4 | 5 | 8 |
| 4 | 8 | 5 | 13 | 12 | 5 | 12 | 10 | 15 |
| | | | 10 | 8 | 11 | 7 | 9 | 11 |
| | | | 7 | 8 | 4 | | | |

## 一、資料檔之內容

資料檔「例 7-3(P444).dta」，如圖 7-7 所示，共有 4 個變數：變數 A 為分組變數，其值1代表自然組，2代表社會組，3代表就業組。變數y1是語文測驗分數，變數 y2 是數理測驗分數，變數 y3 是藝能測驗分數。3 組學生共有 33 人。

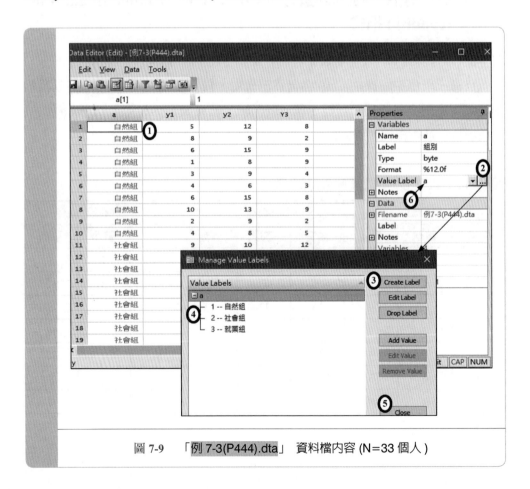

圖 7-9　「例 7-3(P444).dta」　資料檔內容 (N=33 個人 )

```
. use "D:\CD\ 例 7-3(P444).dta ", clear
* 或
. use 例 7-3(P444).dta, clear

* 列出各組的平均數
. tabstat y1 y2 y3, by(a)


Summary statistics: mean
  by categories of: a ( 組別 )

        a |       y1        y2        y3
--------+------------------------------
  自然組 |      4.9      10.4       5.9
  社會組 | 8.583333  7.666667  7.916667
  就業組 | 6.272727  7.363636  10.09091
--------+------------------------------
   Total |  6.69697   8.393939   8.030303
----------------------------------------
```

## 二、分析結果與討論

「Discriminant」分析，至少須有 2 項界定：

1. 1 個或 1 個以上的數值自變數 (independents)。

2. 1 個數值分組變數 (grouping variable)。

| Step 1. | 區別函數分析

我們將使用 candisc 程序進行線性判別分析，也可以進行 discriminm lda 命令，獲得相同的分析結果，印出報表略有不同。由於印出報表很長，所以我們會在各個地方註解。

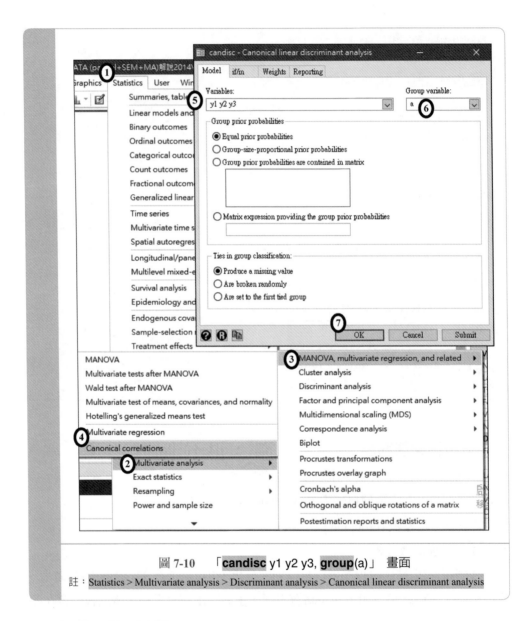

圖 7-10 「**candisc** y1 y2 y3, **group**(a)」 畫面

註：Statistics > Multivariate analysis > Discriminant analysis > Canonical linear discriminant analysis

Function Coefficients：有 2 種區別函數係數可供選擇：

1. Fisher's：即 Fisher's 線性區別函數係數，又稱分類係數，可直接用來做分類。
   每一組均算出一組分類係數，凡具有最大區別分數的觀察值即分到這一組來。

2. Unstandardized：未標準化區別函數係數。以變數原來的單位計算出的區別函數係數。

```
. use "D:\CD\ 例 7-3(P444).dta ", clear
* 求 Canonical linear discriminant analysis
. candisc y1 y2 y3, group(a)

Canonical linear discriminant analysis
```

| | | | | | Like- | | | | |
|---|---|---|---|---|---|---|---|---|---|
| | | Canon. | Eigen- | Variance | | lihood | | | |
| Fcn | | Corr. | value | Prop. | Cumul. | Ratio | F | df1 | df2 | Prob>F |
| 1 | | 0.7980 | 1.75338 | 0.8206 | 0.8206 | 0.2626 | 8.8814 | 6 | 56 | 0.0000 e |
| 2 | | 0.5264 | .383275 | 0.1794 | 1.0000 | 0.7229 | 5.5575 | 2 | 29 | 0.0091 e |

$H_0$: this and smaller canon. corr. are zero;                    e = exact F

```
Standardized canonical discriminant function coefficients
```

| | function1 | function2 |
|---|---|---|
| y1 | .8349375 | -.9469645 |
| y2 | -1.247313 | .0211026 |
| y3 | .6634941 | .9038779 |

* 標準化區別係數的作用類似於 OLS 迴歸中的標準化迴歸係數。例如：y1 變數增加一個 standard deviation，將導致區別函數 1 的預測值增加一個 .8349 標準差。

```
Canonical structure
```

| | function1 | function2 |
|---|---|---|
| y1 | .336149 | -.5594058 |
| y2 | -.3845983 | -.0965085 |
| y3 | .3611518 | .5225254 |

```
Group means on canonical variables
```

| a | function1 | function2 |
|---|---|---|

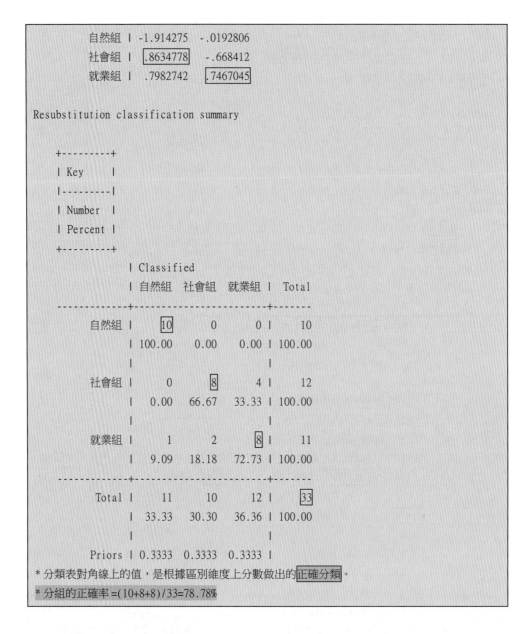

```
        自然組 |  -1.914275    -.0192806
        社會組 |   .8634778    -.668412
        就業組 |   .7982742     .7467045


Resubstitution classification summary


        +---------+
        | Key     |
        |---------|
        | Number  |
        | Percent |
        +---------+

                 | Classified
                 | 自然組   社會組   就業組 |  Total
        ---------+------------------------+-------
        自然組 |     10        0        0 |     10
               | 100.00     0.00     0.00 | 100.00
               |                          |

        社會組 |      0        8        4 |     12
               |   0.00    66.67    33.33 | 100.00
               |                          |

        就業組 |      1        2        8 |     11
               |   9.09    18.18    72.73 | 100.00
        ---------+------------------------+-------

        Total  |     11       10       12 |     33
               |  33.33    30.30    36.36 | 100.00
               |                          |
        Priors | 0.3333   0.3333   0.3333 |
```

* 分類表對角線上的值，是根據區別維度上分數做出的正確分類。
* 分組的正確率 =(10+8+8)/33=78.78%

1. 區別維度的數量等於組數 (the number of groups) 減 1。但是，多餘的判別維度可能不具有統計意義。至於「K-means 集群分析」，該分「2 組 vs. 3 組」哪個才對呢？即可搭配「分組的正確率」看哪個正確率高，就採用它。

2. 在這個例子中，有 2 個判別維度，這 2 個維度都達統計顯著。第一個 F-ratio 檢定：「$H_0$：2 個典型相關都是 0(both canonical correlations are zero)」；第二個

F-ratio 檢定：「$H_0$：第 2 個典型相關都是 0」。由於這 2 個檢定都達顯著水準 (p<.05)，故這 2 個維度都要保留，並且需要描述這 3 組員工之間的差異。

3. 維度 1 和維度 2 的典型相關分別是 0.798 和 0.5264。

典型相關 (canonical correlation) 是判別分數與組別間關聯程度的量數，相當於單因子變異數分析中的 eta(eta $= \sqrt{\dfrac{SS_b}{SS_t}}$ )，即總變異中由組間變異可解釋的比例之開方根。

本例中共有 2 組典型判別函數。eigenvalue $= \dfrac{SS_b}{SS_w}$，故特徵值 (eigenvalue) 愈大，表示此函數愈有判別效力。

4. 2 個典型區別函數的標準化係數 discriminant functions 為：

discriminant_score_1 $= 0.835 \times y1 + 0.663 \times y3 - 1.247 \times y2$

discriminant_score_2 $= 0.904 \times y3 + 0.0211 \times y2 - 0.946 \times y1$

第一個典型判別函數為：

$D_1 = 0.835 \times y1 - 1.247 \times y2 + 0.663 \times y3$

$D_1 = 0.835 \times$ 語文 $- 1.247 \times$ 數理 $+ 0.663 \times$ 藝能

第二個典型判別函數為：

$D_2 = 0.946 y1 - 0.021 y2 + 0.904 \times y3$

$D_2 = 0.946 \times$ 語文 $- 0.0211 \times$ 數理 $+ 0.904 \times$ 藝能

5. 「canonical structure」列出區別變數與典型判別函數的相關矩陣 ( 電腦會根據係數大小將自變數排序 )，即結構矩陣 (structure matrix)。相關係數的絕對值愈大，表示此變數對此函數的影響力愈大。在一般論文上，此結構矩陣 ( 又稱「區別負載 (loading) 係數」)，若係數的絕對值 > 0.3，則表示該自變數才有區別能力；若係數的絕對值 > 0.45，則表示區別能力「強」。

Step 2. 在判別維度上，繪個體之散布界限圖 (plot a graph of individuals on the discriminant dimensions)

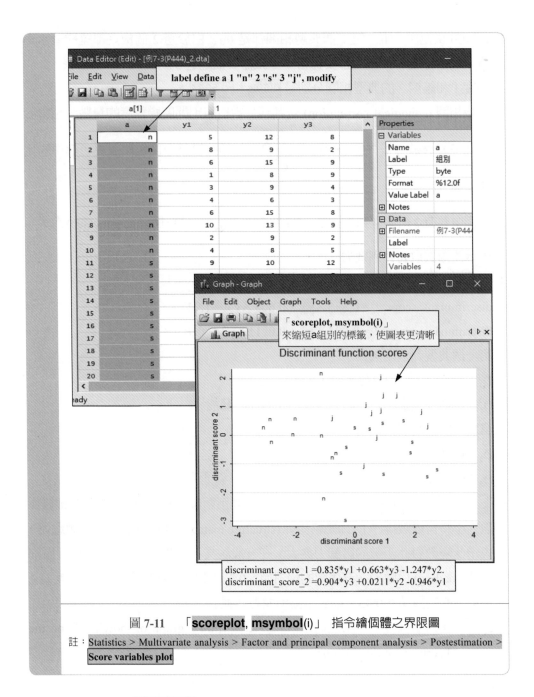

圖 7-11 「**scoreplot, msymbol**(i)」 指令繪個體之界限圖

註：Statistics > Multivariate analysis > Factor and principal component analysis > Postestimation > **Score variables plot**

我們將繪製判別維度上的個體散布圖。由於受試者樣本數眾多，以「**scoreplot, msymbol(i)**」來縮短 a 組別的標籤，使圖表更清晰。只要我們不儲

存 (**save** 指令 ) 資料檔，這些新的標籤將不會被永久保存。

```
. label define a 1 "n" 2 "s" 3 "j", modify
* 繪 Score and loading
* 內定 symbol 是 msymbol(O)--solid circles. You specify msymbol(Oh) if you want hol-
low circles (a recommended alternative). If you have many observations, we recom-
mend specifying msymbol(p)
. scoreplot, msymbol(i)


* 將變數的 discriminant loadings 繪在判別維度上
. loadingplot
```

本例之 **discriminant functions** 為：

discriminant_score_1 = $0.835 \times$ y1 $+ 0.663 \times$ y3 $- 1.247 \times$ y2.

discriminant_score_2 = $0.904 \times$ y3 $+ 0.0211 \times$ y2 $- 0.946 \times$ y1

上圖可看出，第一個判別函數得較低區別分數者，可分類為自然組。而在第一個判別函數得較高區別分數，在第二個判別函數得較低區別分數者，可分類為就業組。在第二個判別函數得較高區別分數者，可分類為社會組。由此圖亦可明顯看出：第一個判別函數可有效區別自然組與其他組，而第二個區別分數可有效區別社會組與就業組。

正如你所看到的，社會組集中在水平軸 y1 左端。自然組則集中在水平軸右端。機械師 (mechanics) 集在水平軸中間。然而，垂直軸 a 分組界線就不是很清楚；y3 維度上就業組集中上端，自然組和社會組集中下端。

接著，也可以將變數的 discriminant loadings 繪在判別維度上 (**loadingplot** 指令 )。

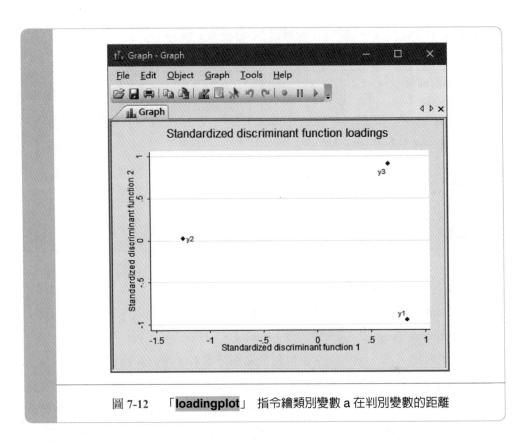

圖 7-12 「**loadingplot**」 指令繪類別變數 a 在判別變數的距離

由圖 7-10 可看出，3 個大方形是 3 個組的組重心，即小組的平均數。由此圖中可以看出若欲區分自然組與社會組，則以第一個函數較適合；若欲區分社會組與就業組則以第二個函數較適合。

本例之 **discriminant functions** 為：

discriminant_score_1 = 0.835×y1 + 0.663×y3 − 1.247×y2

discriminant_score_2 = 0.904×y3 + 0.0211×y2 − 0.946×y1

繪圖結果，**y1** 變數在 discriminant_score_1 強度最強，**y3** 變數則在 discriminant_score_2 最高。

總之，根據上述結果，可將它們整理成線性判別分析摘要表 ( 如表 7-2)。

表 7-2　線性判別分析摘要表

| 變數名稱 | 判別函數一 (F = 8.88, p < .05) | | 判別函數二 (F = 5.56, p < .05) | | 平均數 | | |
| --- | --- | --- | --- | --- | --- | --- | --- |
| | 判別函數係數 | 區別負載係數 | 判別函數係數 | 區別負載係數 | 自然組 | 社會組 | 就業組 |
| 語文 (y1) | .835 | .336+ | .947 | .097 | 4.90 | 8.50 | 6.27 |
| 數理 (y2) | -1.247 | -.385+ | -.021 | .559++ | 10.40 | 7.69 | 7.36 |
| 藝能 (y3) | .663 | .361+ | -.904 | -.523++ | 5.90 | 7.92 | 10.09 |

*P < .05
「+」表示區別負載係數絕對值大於 0.3( 它有區別能力 )
「++」表示區別負載係數絕對值大於 0.45( 它有「強」區別能力 )

**尚需考慮的事情**

1. 多變數常態分布假定適用於本例的反應變數，這意味著每個依變數在組內是常態分布，依變數的任何線性組合都是常態分布的，並且變數的所有子集都必須是多元常態的。

2. 本例，每個小組已有足夠多的個案。

3. 本例可以使用不同的分類方法，具體取決於「變異數—共變數 (SSCP)」矩陣是否在組間相等 ( 或非常相似 )。

4. 本例也可以執行無母數判別函數分析，稱為第 k 個最近鄰 ($k^{th}$ nearest neighbor)。

## 7-2-2 判別 / 線性判別分析 (discriminant analysis)：3 個職位分類是否適合不同人格類型 (candisc) 指令

**範例**：線性判別分析 **(candisc)** 指令

　　線性判別函數分析 ( 即判別分析 ) 進行組間差異的多變數檢定。另外，使用判別分析來確定描述這些差異所需的最小維數 (minimum number of dimensions needed to describe these differences)。有時在描述性判別分析和預測性判別分析之間作出區分，我們將以本例來說明預測判別分析 (predictive discriminant analysis)。

本例旨在展示如何使用各種判別分析命令。它不涵蓋研究人員所期望的研究過程的所有方面。特別是，它不包括數據清理和檢查、假定驗證 (verification of assumptions)、模型診斷或潛在的追蹤 (follow-up) 分析。

## 一、資料檔之內容

某家國際航空公司蒐集了 3 個不同職位類別的員工數據：(1) 客戶服務人員、(2) 機械師、(3) 調度員。人力資源總監想知道這 3 個職位分類是否適合不同的人格類型。每個員工都要進行一系列心理檢定，包括對戶外活動、社交和保守性感興趣的措施。

資料檔「discrim.dta」，如圖 7-11 所示。共有 244 個員工、4 個自變數，這 3 個心理變數包括：戶外興趣 (outdoor interests)，社交性 (social) 和保守性 (conservative)。類別 (categorical) 變數是 3 個 levels 的工作類型：(1) 客戶服務人員 (customer service)、(2) 機械師 (mechanics)、(3) 調度員 (dispatchers)。

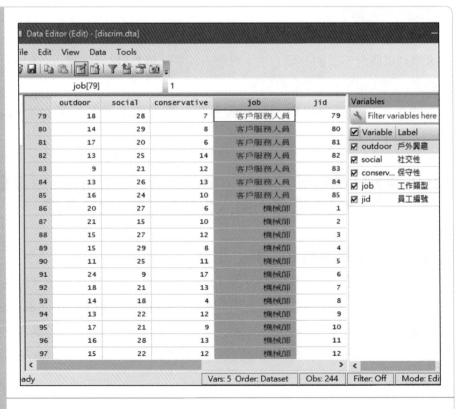

圖 7-13 「discrim.dta」 資料檔內容 (N=244 個航空公司員工)

```
. use "D:\CD\discrim.dta ", clear
* 或
. use discrim.dta, clear
. label define job 1 " 客戶服務人員 ", modify
. label define job 2 " 機械師 ", modify
. label define job 3 " 調度員 dispatch", modify
. label values job

. summarize outdoor social conservative

    Variable |      Obs        Mean    Std. Dev.       Min        Max
-------------+--------------------------------------------------------
     outdoor |      244    15.63934    4.839933         0         28
      social |      244    20.67623    5.479262         7         35
conservative |      244    10.59016    3.726789         0         20

. tabstat outdoor social conservative, by(job) stat(n mean sd min max) col(stat)


Summary for variables: outdoor social conservative
      by categories of: job ( 工作類型 )

          job |     N     mean        sd         min       max
--------------+------------------------------------------------------
 客戶服務人員 |    85  12.51765    4.648635         0        22
              |    85  24.22353    4.335283        12        35
              |    85   9.023529   3.143309         2        17
--------------+------------------------------------------------------
       機械師 |    93  18.53763    3.564801        11        28
              |    93  21.13978     4.55066         9        29
              |    93  10.13978    3.242354         0        17
--------------+------------------------------------------------------
調度員 dispatch |   66  15.57576    4.110252         4        25
              |    66  15.45455    3.766989         7        26
              |    66  13.24242     3.69224         4        20
--------------+------------------------------------------------------
        Total |   244  15.63934    4.839933         0        28
              |   244  20.67623    5.479262         7        35
```

```
           |       244   10.59016   3.726789          0        20
--------------------------------------------------------------------
* 求相關係數
. correlate outdoor social conservative
(obs=244)

             |  outdoor    social conser~e
-------------+---------------------------
     outdoor |   1.0000
      social |  -0.0713    1.0000
conservative |   0.0794   -0.2359    1.0000

* 求次數分布表
. tabulate job

      工作類型 |      Freq.     Percent        Cum.
-------------+---------------------------------
   客戶服務人員 |         85       34.84       34.84
        機械師 |         93       38.11       72.95
調度員dispatch |         66       27.05      100.00
-------------+---------------------------------
        Total |        244      100.00
```

## 二、分析結果與討論

「Discriminant」分析，至少須有 2 項界定：

1. 1 個或 1 個以上的數值自變數 (independents)。

2. 1 個數值分組變數 (grouping variable)。

以下都是本例可用的統計法。在此僅簡短說明這些方法的合理性，哪些方法是失寵或有侷限性。

1. 判別函數分析 (discriminant function analysis)：本例的重點。這個程序是多變數的，也提供了有關個別維度的資訊 (information on the individual dimensions)。同樣，判別分析之自變數和依變數的指定恰與 MANOVA 相反。

2. 多項邏輯斯迴歸 (multinomial logistic regression, (mlogit、asmprobit、mprobit、bayes: mlogit) 指令 ) 或多項概率 (multinomial probit, mprobit 指令 )：這些也是可行的選擇。

3. MANOVA(manova 指令 )：顯著性檢定與判別函數分析相同，但 MANOVA 不提供各個維度的相關資訊。本方法界定，3 個心理變數是依變數，工作類型 (job) 是自變數。

4. Separate 的單因子變異數分析 (anova 指令 )：可使用 separate One way ANOVA 分析每個心理變數的數據。單獨的變異數分析不會產生多變數結果，也不會報告關於維度的資訊。

Step 1. 判別函數分析

我們將使用 candisc 指令，進行判別分析 (canonical linear discriminant analysis)；也可以進行「discrim lda」指令，獲得相同的分析結果，印出報表略有不同。由於印出報表很長，所以我們會在各個地方註解。

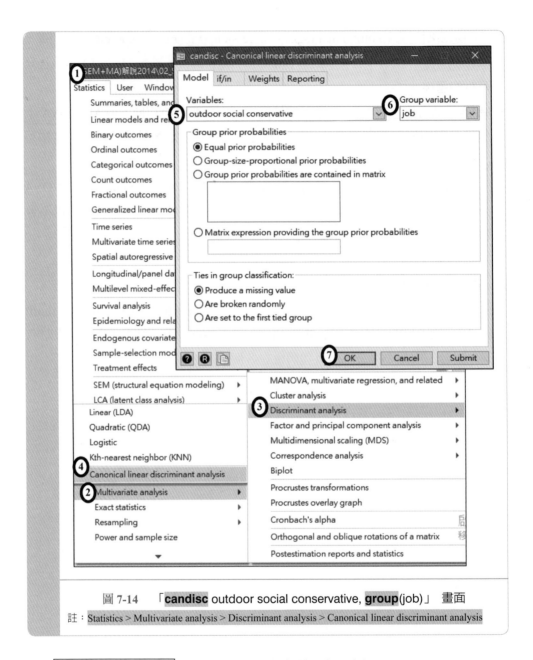

圖 7-14　「**candisc** outdoor social conservative, **group**(job)」　畫面

註：Statistics > Multivariate analysis > Discriminant analysis > Canonical linear discriminant analysis

Function Coefficients：有 2 種區別函數係數可供選擇：

1. Fisher's：即 Fisher's 線性區別函數係數，又稱分類係數，可直接用來做分類。每一組均算出一組分類係數，凡具有最大區別分數的觀察值即分到這一組來。

2. Unstandardized：未標準化區別函數係數。以變數原來的單位計算出的區別函數係數。

```
. use "D:\CD\discrim.dta", clear
* 或
. use discrim.dta, clear
. set more off


* 求 Canonical linear discriminant analysis
. candisc outdoor social conservative, group(job)

Canonical linear discriminant analysis


         |                              | Like-
         | Canon.   Eigen-     Variance | lihood
    Fcn  | Corr.    value      Prop.  Cumul. | Ratio       F       df1     df2  Prob>F
 --------+--------------------------------------+----------------------------------------
      1  | 0.7207   1.08053   0.7712  0.7712 | 0.3640   52.382       6     478   0.0000 e
      2  | 0.4927   .320504   0.2288  1.0000 | 0.7573   38.46        2     240   0.0000 e
 ------------------------------------------------------------------------------
```

H₀: this and smaller canon. corr. are zero;                    e = exact F

\* 因為依變數 job 只有 3 類 (levels)，故判別函數 (Fcn) 最多有 (3-1) 個。

Standardized canonical discriminant function coefficients

```
                 | function1   function2
 ----------------+----------------------
         outdoor | .3785725    .9261104
          social | -.8306986   .2128593
    conservative | .5171682    -.2914406
```

\* 標準化判別係數的作用類似於 OLS 迴歸中的標準化迴歸係數。例如：outdoor 變數增加一個 standard deviation，將導致判別函數 1 的預測值增加一個 .3786 標準差。

Canonical structure

```
                 | function1   function2
 ----------------+----------------------
         outdoor | .3230982    .9372155
          social | -.7653907   .2660298
    conservative | .467691     -.2587426
```

\* 典型結構也稱為典型負荷 ( loading ) 或判別負荷，表示觀測變數與未觀察到的判別函數 ( 維度 ) 之間的相關性。判別函數是一種潛在的變數，相關性的負荷類似於因素負荷。

```
Group means on canonical variables


            | job
--------+-----------------
  group1 | 客戶服務人員
  group2 | 機械師
  group3 | 調度員 dispatch


            | function1   function2
------------+---------------------------
  group1 |    -1.2191     -.3890039
  group2 |    .1067246    .7145704
  group3 |    1.419669    -.5059049
```

\* 組 3 在判別函數 1 的值最大。組 2 在判別函數 2 的值最大

Resubstitution classification summary

```
+---------+
| Key     |
|---------|
| Number  |
| Percent |
+---------+
```

|                    | Classified ( 預測的組別 ) |         |         |        |
|--------------------|---------|---------|---------|--------|
| True( 真實組別 )   | group1  | group2  | group3  | Total  |
| group1             | 70      | 11      | 4       | 85     |
|                    | 82.35   | 12.94   | 4.71    | 100.00 |
|                    |         |         |         |        |
| group2             | 16      | 62      | 15      | 93     |
|                    | 17.20   | 66.67   | 16.13   | 100.00 |
|                    |         |         |         |        |
| group3             | 3       | 12      | 51      | 66     |
|                    | 4.55    | 18.18   | 77.27   | 100.00 |

```
    -------------+-----------------------+-------
    Total |     89       85       70 |   244
          |   36.48    34.84    28.69 | 100.00
          |                           |
   Priors |  0.3333   0.3333   0.3333 |
```
\* 分類表對角線上的值，是根據區別維度上分數做出的正確分類。
\* 分組的正確率 =(70+62+51)/244=75%

1. 判別維度的數量等於組數 (the number of groups) 減 1。但是，多餘的判別維度可能不具有統計意義。
2. 特徵值與典型相關性有關，它描述函數具有多少區分能力。
3. 「Variance Prop.」：這是在給定函數中發現的 3 個連續變數的判別能力的比例。這個比例是作為函數的特徵值與所有特徵值之和的比例來計算的。在這個分析中，第一個函數占判別變數的判別能力的 77%、第二個函數占 23%。我們可以透過特徵值的總和來驗證這一點：1.08053+0.320504 = 1.401034，然後 (1.08053/1.401034) = 0.7712 且 (0.320504/1.401034) = 0.2288。
4. 「Cumul.」：這是辨別力的累計比例。對於任何分析，辨別力的比例總和為 1。因此，累積列中的最後一個條目也將是 1。
5. 「Likelihood Ratio」：這是給定函數的概似比。它可以作為一個檢驗統計量來評估當前典型相關的假設。它相當於 Wilks' lambda，其計算為：給定測試中包含的所有函數的 [1 /(1 + 特徵值 )] 的乘積。例如：與第 1 函數相關的概似比是基於第 1 和第 2 函數的特徵值，並且等於 [1 /(1 + 1.08053)\*1 /(1 + .320504)] = 0.3640。與第 2 函數相關的測試僅基於第 2 特徵值且具有 [1 /(1 + .320504)] = 0.7573 的概似比。
6. 「F」值：這是給定函數的典型相關等於 0 的 F 統計檢定。換句話說，虛無假設是這個函數以及後面的所有函數都沒有區分的能力。這個假設是使用 F 統計量來測試的，F 統計量是從概似比中產生的。
7. 「df1」：這是給定函數的自由度的影響程度。它基於分類變數中存在的組的數量和連續判別變數的數量。
8. 「df2」：這是給定函數的自由度誤差。它基於分類變數中存在的組的數量，連續判別變數的數量以及分析中觀察的數量。

9. 「Prob>F」：這是與給定函數的 F 統計量關聯的 p 值。給定函數的典型相關性就用這個 p 值來進行評估。如果 p 值小於指定的 $\alpha$（比如說 0.05），則拒絕虛無 (null) 假設。如果不是，那麼我們不能拒絕虛無假設。在這個例子中，我們拒絕 2 個虛無假設，即在 $\alpha = 0.05$，函數 1 和 2 的典型相關性爲 0，因爲 p 值都小於 0.05。因此，這 2 種功能都有助於根據模型中的判別變數，來區分 job 中所發現的群體。

10. 標準化典型判別函數係數「Standardized canonical discriminant function coefficients」：這些係數可用來計算給定記錄的判別分數。使用標準化係數和標準化變數，它與線性迴歸的預測值採相同的計算方式。例如：令 zoutdoor、zsocial 和 zconservative 是透過標準化區分變數所創建的變數。然後，對於每個記錄，function scores 將使用以下等式來計算：

Score1 = .3785725*zoutdoor − .8306986*zsocial + .5171682*zconservative

Score2 = .9261104 *zoutdoor + .2128593*zsocial − .2914406*zconservative

每個函數得分分布的標準化，平均數爲 0 和標準差爲 1。這些係數的大小表示識別變數對分數的影響程度。例如：第一個函數中 zsocial 的標準化係數大於另外 2 個變數的係數。因此，social 在第一判別分數的影響最大。

11. 「Canonical structure」：這是判別函數的典型結構，也稱爲典型負荷量 (loading) 或判別 loading。它表示觀察變數 (3 個連續的鑑別變數 ) 和用未觀察到的鑑別函數 ( 維度 ) 產生的維度之間的相關性。

12. 在這個例子中，有 2 個判別維度，這 2 個維度都達統計顯著。第一個 F-ratio 檢定：「$H_0$：2 個典型相關都是 0(both canonical correlations are zero)」；第二個 F-ratio 檢定：「$H_0$: 第 2 個典型相關都是 0」。由於這 2 個檢定都達顯著水準 (p<.05)，故這兩個維度都要保留，並且需要描述這 3 組員工之間的差異。

13. 維度 1 和維度 2 的典型相關分別是 0.72 和 0.49。

典型相關 (canonical correlation) 是判別分數與組別間關聯程度的量數，相當於單因子變異數分析中的 eta(eta = $\sqrt{\dfrac{SS_b}{SS_t}}$ )，即總變異中由組間變異可解釋的比例之開方根。

本例中共有 2 組典型判別函數。eigenvalue = $\dfrac{SS_b}{SS_w}$，故特徵值 (eigenvalue) 愈大，

表示此函數愈有判別效力。

14. discrimant functions 為：

第 1 個典型判別函數為：

discriminant_score_1 = 0.517*conservative + 0.379*outdoor – 0.831*social

第 2 個典型判別函數為：

discriminant_score_2 = 0.926*outdoor + 0.213*social – 0.291*conservative

Step 1-2. 典型相關來判定要保留幾個判別函數？當對照組

```
*「i.job」宣告會產生二個虛擬變數：_Ijob_2、_Ijob_3
. xi: canon ( outdoor social conservative ) ( i.job )
i.job           _Ijob_1-3        (naturally coded; _Ijob_1 omitted)

Canonical correlation analysis                Number of obs =       244

Raw coefficients for the first variable set

               |       1          2
-------------+--------------------
     outdoor |   0.0640     0.1966
      social |  -0.1352     0.0435
 conservative |  0.1079    -0.0763
-------------------------------


Raw coefficients for the second variable set

               |       1          2
-------------+--------------------
     _Ijob_2 |   1.2807     1.9574
     _Ijob_3 |   2.5490    -0.2073
-------------------------------


-----------------------------------------------------------------
```

```
Canonical correlations:
 0.7207   0.4927


------------------------------------------------------------------
Tests of significance of all canonical correlations

                       Statistic    df1    df2          F     Prob>F
       Wilks' lambda    .363988       6    478    52.3817     0.0000 e
     Pillai's trace     .762066       6    480    49.2476     0.0000 a
Lawley-Hotelling trace  1.40103       6    476    55.5742     0.0000 a
  Roy's largest root    1.08053       3    240    86.4422     0.0000 u
------------------------------------------------------------------
                   e = exact, a = approximate, u = upper bound on F
```

　　典型相關分析，求得 2 個典型相關係數為：**0.7207** 及 **0.4927**。這 2 個典型
相關值等於上述「**candisc** outdoor social conservative, **group**(job)」指令所求出的
「Canon. Corr.」相同。

Step 2. 在判別維度上，繪個體之散布界限圖 (plot a graph of individuals on the
discriminant dimensions)

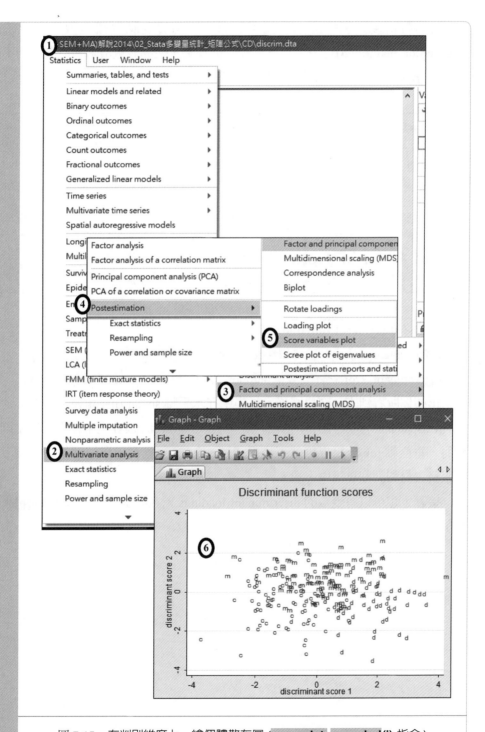

圖 7-15　在判別維度上，繪個體散布圖 (**scoreplot, msymbol(i)** 指令 )

註：Statistics > Multivariate analysis > Factor and principal component analysis > Postestimation > **Score variables plot**

我們將繪製判別維度上的個體散布圖。由於受試者樣本數眾多，使用「scoreplot, msymbol(i)」來縮短 job 組別的標籤，使圖表更清晰。只要我們不儲存 (save 指令 ) 資料檔，這些新的標籤將不會被永久保存。

```
. label define job 1 "c" 2 "m" 3 "d", modify
* 繪 Score and loading
* 內定 symbol 是 msymbol(O)--solid circles. You specify msymbol(Oh) if you want hol-
  low circles (a recommended alternative). If you have many observations, we recom-
  mend specifying msymbol(p)
. scoreplot, msymbol(i)

* 將變數的 discriminant loadings 繪在判別維度上
. loadingplot
```

本例之 discrimant functions 爲：

discriminant_score_1 = 0.517*conservative + 0.379*outdoor − 0.831*social

discriminant_score_2 = 0.926*outdoor + 0.213*social − 0.291*conservative

正如你所看到的，客戶服務人員集中在水平軸 social (negative 值 ) 左端。調度員 (dispatchers) 則集中在水平軸右端。機械師 (mechanics) 集中在水平軸中間。然而，垂直軸 job 分組界線就不是很清楚；outdoor 維度上機械師集中上端，客戶服務人員和調度員集中下端。

接著，也可以將變數的 discriminant loadings 繪在判別維度上 (loadingplot 指令 )。

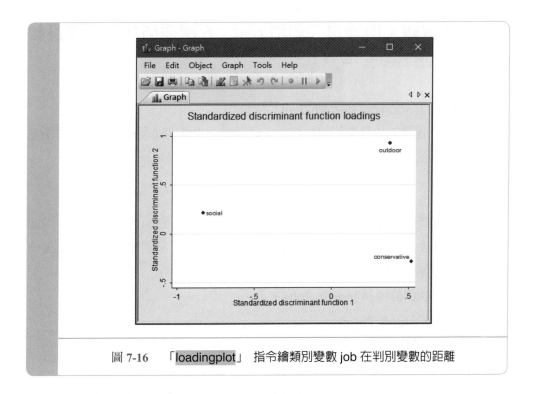

圖 7-16    「loadingplot」 指令繪類別變數 job 在判別變數的距離

繪圖結果，**social** 變數在 social 維度強度最強 (high negative loading)，**outdoor** 變數則在 outdoor 維度最高。

### 尚需考慮的事情

1. 多變數常態分布假定適用於本例的反應變數。這意味著每個依變數在組內是常態分布，依變數的任何線性組合都是常態分布的，並且變數的所有子集都必須是多元常態的。
2. 本例，每個小組已有足夠多的個案。
3. 本例可以使用不同的分類方法，具體取決於「變異數-共變數 (SSCP)」矩陣是否在組間相等 (或非常相似)。
4. 本例也可以執行無母數判別函數分析，稱為第 k 個最近鄰 (k[th] nearest neighbor)。

### 7-2-3 練習題：典型線性判別分析：6 棵樹砧木之 4 成長數據 (candisc 指令)

**典型區別函數** (canonical discriminant function)

典型函數是原始依變數的線性組合，透過建立少量的典型變數，可以方便地描述各類之間的關係，用以計算區別分數、畫散點圖和區域圖等。

範例

本樣本取自「Rencher and Christensen (2012, 183-186) 引述 Andrews and Herzberg (1985, 357-360)」，共 4 棵蘋果樹砧木。其中，分組變數為 rootstock。每個蘋果樹的成長過程，記錄在四個依變數：

y1：4 年的樹幹周長 (mm × 100)。

y2：4 年的延長生長 (m)。

y3：15 年的樹幹周長 (mm × 100)。

y4：15 年以上的樹木重量 (lb × 1000)。

本例另一解法，請見「3-2-4 練習題：One way 多變數變異數分析」。

圖 7-17　「rootstock.dta」　資料檔內容 (N=48，六棵砧木 )

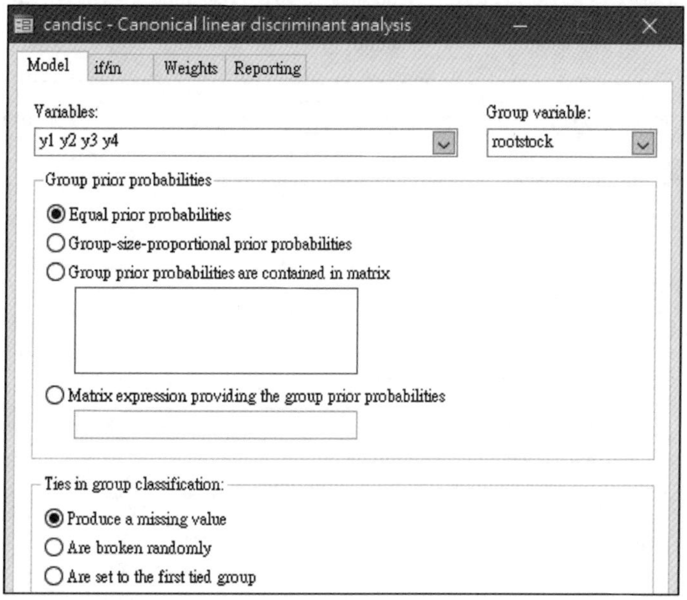

圖 7-18 「**candisc** y1 y2 y3 y4, **group**(rootstock)」 畫面

註：Statistics > Multivariate analysis > Discriminant analysis > Canonical linear discriminant analysis

```
* 六棵砧木的成長
. webuse rootstock
(Table 6.2 Rootstock Data -- Rencher (2002))


* Fit linear discriminant analysis (LDA) model with equal priori probability for
the six rootstock groups and display the canonical results
. candisc y1 y2 y3 y4, group(rootstock)

Canonical linear discriminant analysis

      |                             | Like-
      | Canon.   Eigen-    Variance | lihood
 Fcn  | Corr.    value   Prop.  Cumul. | Ratio      F       df1    df2  Prob>F
 -----+-----------------------------------+-----------------------------------
   1  | 0.8076  1.87567  0.6421  0.6421 | 0.1540  4.9369     20   130.3  0.0000 a
   2  | 0.6645  .790694  0.2707  0.9127 | 0.4429  3.1879     12   106.1  0.0006 a
```

```
3 | 0.4317  .229049  0.0784  0.9911 | 0.7931  1.6799      6      82  0.1363 e
4 | 0.1591  .025954  0.0089  1.0000 | 0.9747  .54503      2      42  0.5839 e
-----------------------------------------------------------------------------
```

$H_0$: this and smaller canon. corr. are zero;   e = exact F, a = approximate F

Standardized canonical discriminant function coefficients

```
            | function1   function2   function3   function4
------------+--------------------------------------------------
        y1 | -.2660458   -.0995127   -.0874995   2.044144
        y2 |  .9154739   -.6537751    .899407   -1.654377
        y3 | -1.35307    2.290584     .9734453   -.6429049
        y4 |  .0969058   -2.333038   -1.115089    .6281339
```

\* 標準化判別係數的作用類似於 OLS 迴歸中的標準化迴歸係數。例如：y1 變數增加一個 standard deviation，將導致 判別函數 1 的預測值增加一個 -.266 標準差。

Canonical structure

```
            | function1   function2   function3   function4
------------+--------------------------------------------------
        y1 | -.0895947   -.2614162    .8207834    .499949
        y2 | -.0867648   -.4311804    .8980632    .0061584
        y3 | -.8369863   -.2813617    .457902    -.1030307
        y4 | -.7936206   -.5728896    .1629006   -.1242063
```

Group means on canonical variables

```
   rootstock | function1   function2   function3   function4
------------+--------------------------------------------------
         1 |  1.639666   -.3619848    .4353498    .1871097
         2 | -1.286731    .3015136    .7461128   -.0422668
         3 | -1.327631   -.9914603   -.4885658    .1555575
         4 |  .9670538   -.931582    -.1016545   -.2662701
         5 | -1.180507    .7559612   -.1681851   -.060536
         6 |  1.188149    1.227552   -.4230572    .0264057
```

```
Resubstitution classification summary


    +---------+
    | Key     |
    |---------|
    | Number  |
    | Percent |
    +---------+

    True        | Classified
    rootstock   |     1       2       3       4       5       6 |  Total
    ------------+------------------------------------------------+-------
            1 |    [ 5 ]     0       0       1       0       2 |      8
              |   62.50    0.00    0.00   12.50    0.00   25.00 | 100.00
              |                                                 |
            2 |      0    [ 3 ]     2       1       2       0 |      8
              |    0.00   37.50   25.00   12.50   25.00    0.00 | 100.00
              |                                                 |
            3 |      0       0    [ 6 ]     1       1       0 |      8
              |    0.00    0.00   75.00   12.50   12.50    0.00 | 100.00
              |                                                 |
            4 |      3       0       1    [ 4 ]     0       0 |      8
              |   37.50    0.00   12.50   50.00    0.00    0.00 | 100.00
              |                                                 |
            5 |      0       3       1       0    [ 3 ]     1 |      8
              |    0.00   37.50   12.50    0.00   37.50   12.50 | 100.00
              |                                                 |
            6 |      2       0       0       0       2    [ 4 ]|      8
              |   25.00    0.00    0.00    0.00   25.00   50.00 | 100.00
    ------------+------------------------------------------------+-------
       Total |     10       6      10       7       8       7 |   [ 48 ]
              |   20.83   12.50   20.83   14.58   16.67   14.58 | 100.00
              |                                                 |
      Priors | 0.1667  0.1667  0.1667  0.1667  0.1667  0.1667 |
```

* 以上，對角線的矩陣元素為 正確的分類率 。
* 分組的正確率 =(5+3+6+4+3+3)/48=52%

```
* Fit the same model, but use priori probability of 0.2 for the first four root-
stocks and 0.1 for the last two rootstocks and display only the canonical discrimi-
nant test
* statistics and the leave-one-out classification table
. candisc y*, group(rootstock) priors(.2,.2,.2,.2,.1,.1) lootable notable nocoef
nostruct nomeans

* 重印結果：allowing the default display
. candisc
```

1. 分組的正確率 =(5+3+6+4+3+4)/48=52%
2. 可改用其他「線性判別分析法」，或其他「分組個數」，藉由「分組的正確率」
   比較，即可找出最佳的「線性判別分析法」及「分組個數」。

# 7-3 練習題：無母數線性判別分析：第 k 近鄰 (kth-nearest-neighbor) 線性判別分析 (discrim knn 指令 )

範例：無母數線性判別分析：第 k 近鄰 (kth-nearest-neighbor) 線性判別分析 (discrim knn 指令 )

本樣本取自「Rencher and Christensen (2012, 183-186) 引述 Andrews and Herzberg (1985, 357–360)」。共 6 棵蘋果樹砧木。其中，分組變數為 rootstock。每個蘋果樹的成長過程，記錄在 4 個依變數：

y1：4 年的樹幹周長 (mm × 100)。

y2：4 年的延長生長 (m)。

y3：15 年的樹幹周長 (mm × 100)。

y4：15 年以上的樹木重量 (lb × 1000)。

本例另一解法，請見「3-2-4 練習題：One way 多變數變異數分析」。

# 一、樣本資料之內容

圖 7-19　「rootstock.dta」　資料檔內容 (N=48 樹，六類砧木)

## 二、分析結果與討論

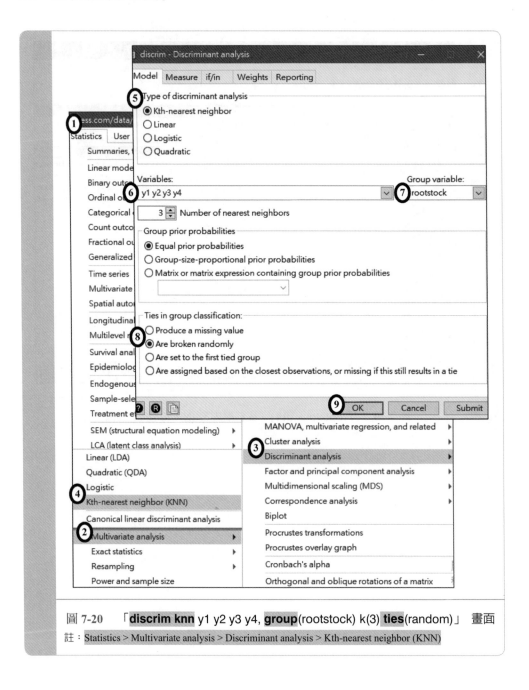

圖 7-20　「**discrim knn** y1 y2 y3 y4, **group**(rootstock) k(3) **ties**(random)」 畫面

註：Statistics > Multivariate analysis > Discriminant analysis > Kth-nearest neighbor (KNN)

```
. webuse rootstock

* Fit kth-nearest-neighbor (KNN) discriminant analysis model using three nearest
neighbors and equal priori probability for the six rootstock groups and display
classification matrix breaking ties randomly
. discrim knn y1 y2 y3 y4, group(rootstock) k(3) ties(random)


Kth-nearest-neighbor discriminant analysis
Resubstitution classification summary


    +---------+
    | Key     |
    |---------|
    | Number  |
    | Percent |
    +---------+

True        | Classified
rootstock   |    1        2        3        4        5        6 | Total
------------+----------------------------------------------------+-------
        1 |      5        0        0        3        0        0 |      8
          |  62.50     0.00     0.00    37.50     0.00     0.00 | 100.00
          |                                                     |
        2 |      1        3        2        1        1        0 |      8
          |  12.50    37.50    25.00    12.50    12.50     0.00 | 100.00
          |                                                     |
        3 |      0        1        5        1        1        0 |      8
          |   0.00    12.50    62.50    12.50    12.50     0.00 | 100.00
          |                                                     |
        4 |      2        0        0        5        1        0 |      8
          |  25.00     0.00     0.00    62.50    12.50     0.00 | 100.00
          |                                                     |
        5 |      0        1        1        2        3        1 |      8
          |   0.00    12.50    12.50    25.00    37.50    12.50 | 100.00
          |                                                     |
        6 |      2        0        0        1        1        4 |      8
          |  25.00     0.00     0.00    12.50    12.50    50.00 | 100.00
          |                                                     |
------------+----------------------------------------------------+-------
```

```
          Total |    10       5       8      13       7       5 |   48
                |  20.83   10.42   16.67   27.08   14.58   10.42 |  100.00
                |
          Priors |  0.1667  0.1667  0.1667  0.1667  0.1667  0.1667 |


* Fit the same model, but use priori probability of 0.2 for the first four root-
stocks and  0.1 for the last two rootstocks
. discrim knn y*, group(rootstock) k(3) ties(random) priors(.2,.2,.2,.2,.1,.1)

* Fit a KNN model similar to the first, but use the Mahalanobis distance to compute
the nearest neighbors
. discrim knn y1 y2 y3 y4, group(rootstock) k(3) ties(random) mahalanobis
measure(Euclidean)

* Replay results and display the leave-one-out classification table in addition to
the   resubstitution classification table
. discrim, lootable

* Replay results switching to proportional priori probability for the groups and
display only the leave-one-out classification table
. discrim, priors(proportional) notable lootable
```

1. 統計結果及討論，請見「7-2-3 練習題：典型線性判別分析：6 棵樹砧木之 4 成長數據 (candisc 指令 )」解說。

2. 可改用其他「線性判別分析法」，或其他「分組個數」，藉由「分組的正確率」比較，即可找出最佳的「線性判別分析法」及「分組個數」。

# 7-4 練習題：線性 (linear) 線性判別分析 (discrim lda 指令 )

### 範例：linear 線性判別分析 (discrim lda 指令 )

本樣本取自「Rencher and Christensen (2012, 183–186) 引述 Andrews and Herzberg (1985, 357–360)」。共 6 棵蘋果樹砧木。其中，分組變數為 rootstock。

每個蘋果樹的成長過程，記錄在四個依變數：

y1：4 年的樹幹周長 (mm × 100)。

y2：4 年的延長生長 (m)。

y3：15 年的樹幹周長 (mm × 100)。

y4：15 年以上的樹木重量 (lb × 1000)。

本例另一解法，請見「3-1-3 練習題：One way 多變數變異數分析」。

## 一、樣本資料之內容

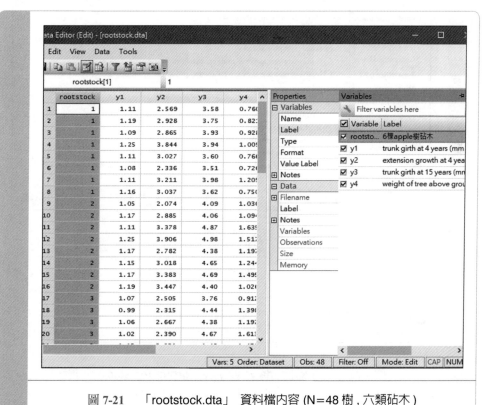

圖 7-21 「rootstock.dta」 資料檔內容 (N=48 樹，六類砧木)

## 二、分析結果與討論

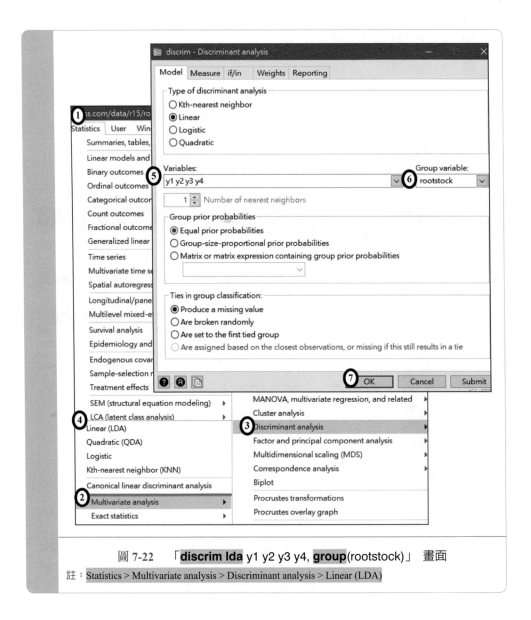

圖 7-22　「**discrim lda** y1 y2 y3 y4, **group**(rootstock)」　畫面

註：Statistics > Multivariate analysis > Discriminant analysis > Linear (LDA)

```
* 開啟料檔
. webuse rootstock
* 方法1 ：Fit a linear discriminant analysis (LDA) model with equal priori probabil-
ity for the six rootstock groups and display classification matrix
. discrim lda y1 y2 y3 y4, group(rootstock)


Linear discriminant analysis
Resubstitution classification summary


      +---------+
      |  Key    |
      |---------|
      | Number  |
      | Percent |
      +---------+

  True        | Classified
  rootstock   |     1         2         3         4         5        6 |  Total
  ------------+-------------------------------------------------------+-------
          1 |     5         0         0         1         0        2 |    8
            | 62.50      0.00      0.00     12.50      0.00     25.00 | 100.00
            |                                                         |
          2 |     0         3         2         1         2        0 |    8
            |  0.00     37.50     25.00     12.50     25.00      0.00 | 100.00
            |                                                         |
          3 |     0         0         6         1         1        0 |    8
            |  0.00      0.00     75.00     12.50     12.50      0.00 | 100.00
            |                                                         |
          4 |     3         0         1         4         0        0 |    8
            | 37.50      0.00     12.50     50.00      0.00      0.00 | 100.00
            |                                                         |
          5 |     0         3         1         0         3        1 |    8
            |  0.00     37.50     12.50      0.00     37.50     12.50 | 100.00
            |                                                         |
          6 |     2         0         0         0         2        4 |    8
            | 25.00      0.00      0.00      0.00     25.00     50.00 | 100.00
  ------------+-------------------------------------------------------+-------
      Total |    10         6        10         7         8        7 |   48
```

```
                    | 20.83   12.50   20.83   14.58   16.67   14.58 | 100.00
                    |                                               |
            Priors | 0.1667  0.1667  0.1667  0.1667  0.1667  0.1667 |


* Fit the same model, but use priori probability of 0.2 for the first four root-
stocks and 0.1 for the last two rootstocks
. discrim lda y*, group(rootstock) priors(.2,.2,.2,.2,.1,.1)


* Replay results and display the leave-one-out classification table in addition to
the resubstitution classification table
. discrim, lootable


* Replay results switching back to equal priori probability for the groups and dis-
play only the leave-one-out classification table
. discrim, priors(equal) notable lootable


* 方法2 : Fit the same model, but use priori probability of 0.2 for the first four
rootstocks and 0.1 for the last two rootstocks
. discrim logistic y1 y2 y3 y4, group(rootstock) priors(.2,.2,.2,.2,.1,.1)
```

1. 統計結果及討論，請見「7-2-3 練習題：典型線性判別分析：6 棵樹砧木之 4 成長數據 (candisc 指令 )」解說。

2. 可改用其他「線性判別分析法」，或其他「分組個數」，藉由「分組的正確率」比較，即可找出最佳的「線性判別分析法」及「分組個數」。

3. 爲了彌補 **discrim** 估計失敗，STaTa 會自動調整「initial guess for the communalities」。例如：線性判別分析「discrim knn 、discrim lda 、discrim qda 、discrim logistic」都有提供「priors()」，讓你指定事先機率。

# 7-5 練習題：logistic 線性判別分析 (discrim logistic 指令 )

範例：logistic 線性判別分析 (discrim logistic 指令 )

本樣本取自「Rencher and Christensen (2012, 183-186) 引述 Andrews and

Herzberg (1985, 357–360)」。共 6 棵蘋果樹砧木。其中，分組變數為 rootstock。
每個蘋果樹的成長過程，記錄在四個依變數：

y1：4 年的樹幹周長 (mm × 100)。

y2：4 年的延長生長 (m)。

y3：15 年的樹幹周長 (mm × 100)。

y4：15 年以上的樹木重量 (lb × 1000)。

本例另一解法，請見「3-1-3 練習題：One way 多變數變異數分析」。

## 一、樣本資料之內容

圖 7-23    「rootstock.dta」 資料檔內容 (N=48 樹 , 六類砧木 )

## 二、分析結果與討論

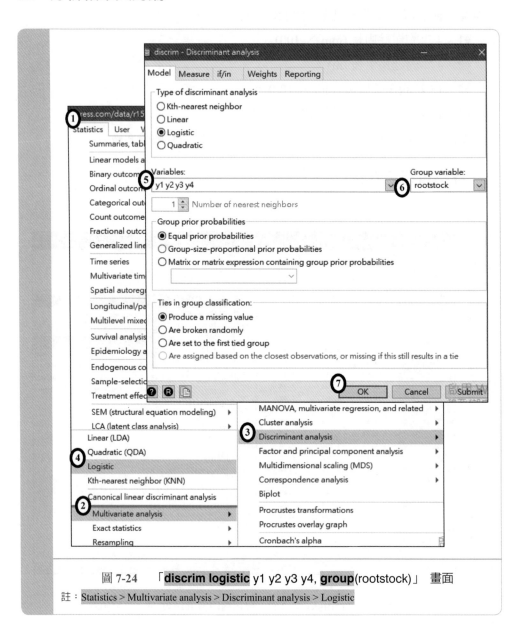

圖 7-24　「**discrim logistic** y1 y2 y3 y4, **group**(rootstock)」　畫面

註：Statistics > Multivariate analysis > Discriminant analysis > Logistic

```
* 開啟料檔
. webuse rootstock

* Fit a logistic discriminant analysis model with equal priori probability for the
  six rootstock groups and display classification matrix
. discrim logistic y1 y2 y3 y4, group(rootstock)

Linear discriminant analysis
Resubstitution classification summary


   +---------+
   | Key     |
   |---------|
   | Number  |
   | Percent |
   +---------+

  True      | Classified
  rootstock |    1       2       3       4       5       6 |  Total
  ----------+----------------------------------------------+-------
        1 |    5       0       0       1       0       2 |    8
          | 62.50    0.00    0.00   12.50    0.00   25.00 | 100.00
          |                                                |
        2 |    0       3       2       1       2       0 |    8
          | 0.00    37.50   25.00   12.50   25.00    0.00 | 100.00
          |                                                |
        3 |    0       0       6       1       1       0 |    8
          | 0.00     0.00   75.00   12.50   12.50    0.00 | 100.00
          |                                                |
        4 |    3       0       1       4       0       0 |    8
          | 37.50    0.00   12.50   50.00    0.00    0.00 | 100.00
          |                                                |
        5 |    0       3       1       0       3       1 |    8
          | 0.00    37.50   12.50    0.00   37.50   12.50 | 100.00
          |                                                |
        6 |    2       0       0       0       2       4 |    8
          | 25.00    0.00    0.00    0.00   25.00   50.00 | 100.00
  ----------+----------------------------------------------+-------
```

```
          Total |    10       6      10       7       8       7 |    48
                |  20.83   12.50   20.83   14.58   16.67   14.58 | 100.00
                |
         Priors | 0.1667  0.1667  0.1667  0.1667  0.1667  0.1667 |


. discrim logistic y1 y2 y3 y4, group(rootstock)


Iteration 0:    log likelihood = -86.004455
略
Iteration 7:    log likelihood = -42.504248
```

Logistic discriminant analysis
Resubstitution classification summary

```
     +---------+
     | Key     |
     |---------|
     | Number  |
     | Percent |
     +---------+

     True         | Classified
     rootstock    |    1       2       3       4       5       6 |  Total
     -------------+----------------------------------------------+-------
              1 |     5       0       0       2       0       1 |     8
                |  62.50    0.00    0.00   25.00    0.00   12.50 | 100.00
                |
              2 |     0       4       2       1       1       0 |     8
                |   0.00   50.00   25.00   12.50   12.50    0.00 | 100.00
                |
              3 |     0       0       6       1       1       0 |     8
                |   0.00    0.00   75.00   12.50   12.50    0.00 | 100.00
                |
              4 |     1       0       1       6       0       0 |     8
                |  12.50    0.00   12.50   75.00    0.00    0.00 | 100.00
                |
              5 |     0       3       1       0       3       1 |     8
                |   0.00   37.50   12.50    0.00   37.50   12.50 | 100.00
```

```
                |                                          |
        6 |     1      0      0      0      1     │ 6 │ │     8
          |   12.50   0.00   0.00   0.00  12.50  75.00 │ 100.00
 ------------+-------------------------------------------+-------
     Total |    7      7     10     10      6      8 │   │ 48 │
          |   14.58  14.58  20.83  20.83  12.50  16.67 │ 100.00
          |                                          |
    Priors | 0.1667 0.1667 0.1667 0.1667 0.1667 0.1667 |

* Fit the same model, but use priori probability of 0.2 for the first four root-
stocks and 0.1 for the last two rootstocks
. discrim logistic y*, group(rootstock) priors(.2,.2,.2,.2,.1,.1)
```

1. 統計結果及討論，請見「7-2-3 練習題：典型線性判別分析：6 棵樹砧木之 4 成長數據 (candisc 指令 )」解說。
2. 可改用其他「線性判別分析法」，或其他「分組個數」，藉由「分組的正確率」比較，即可找出最佳的「線性判別分析法」及「分組個數」。

# 7-6 練習題：二次 (quadratic) 線性判別分析 (discrim qda 指令 )

範例：二次 (quadratic) 線性判別分析 (discrim qda 指令 )

本樣本取自「Rencher and Christensen (2012, 183–186) 引述 Andrews and Herzberg (1985, 357–360)」。共 6 棵蘋果樹砧木。其中，分組變數為 rootstock。每個蘋果樹的成長過程，記錄在四個依變數：

y1：4 年的樹幹周長 (mm × 100)。
y2：4 年的延長生長 (m)。
y3：15 年的樹幹周長 (mm × 100)。
y4：15 年以上的樹木重量 (lb × 1000)。

本例另一解法，請見「3-1-3 練習題：One way 多變數變異數分析」。

## 一、樣本資料之内容

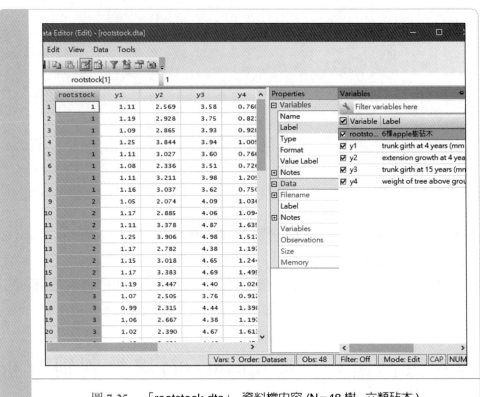

圖 7-25　「rootstock.dta」　資料檔内容 (N=48 樹 , 六類砧木 )

## 二、分析結果與討論

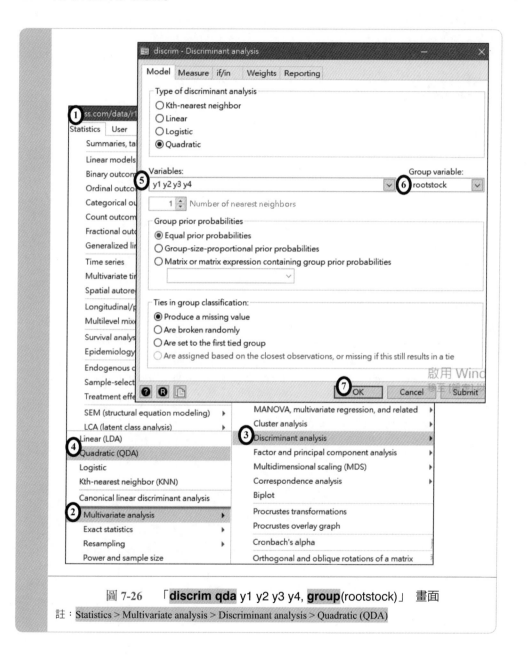

圖 7-26 「**discrim qda** y1 y2 y3 y4, **group**(rootstock)」 畫面

註：Statistics > Multivariate analysis > Discriminant analysis > Quadratic (QDA)

```
* 開啟料檔
. webuse rootstock

* Fit a quadratic discriminant analysis (QDA) model with equal priori probability
  for the  six rootstock groups and display classification matrix
. discrim qda y1 y2 y3 y4, group(rootstock)


Quadratic discriminant analysis
Resubstitution classification summary


    +---------+
    | Key     |
    |---------|
    | Number  |
    | Percent |
    +---------+

  True        | Classified
  rootstock   |    1        2        3        4        5        6 |  Total
------------+-------------------------------------------------------+-------
        1 |      8        0        0        0        0        0 |     8
          | 100.00     0.00     0.00     0.00     0.00     0.00 | 100.00
          |                                                     |
        2 |      0        7        0        1        0        0 |     8
          |   0.00    87.50     0.00    12.50     0.00     0.00 | 100.00
          |                                                     |
        3 |      1        0        6        0        1        0 |     8
          |  12.50     0.00    75.00     0.00    12.50     0.00 | 100.00
          |                                                     |
        4 |      0        0        1        7        0        0 |     8
          |   0.00     0.00    12.50    87.50     0.00     0.00 | 100.00
          |                                                     |
        5 |      0        3        0        0        4        1 |     8
          |   0.00    37.50     0.00     0.00    50.00    12.50 | 100.00
          |                                                     |
        6 |      2        0        0        0        1        5 |     8
          |  25.00     0.00     0.00     0.00    12.50    62.50 | 100.00
------------+-------------------------------------------------------+-------
```

```
        Total |    11       10        7        8        6        6 |    48
              |  22.92    20.83    14.58    16.67    12.50    12.50 | 100.00
              |                                                     |
       Priors | 0.1667   0.1667   0.1667   0.1667   0.1667   0.1667 |


* Fit the same model, but use priori probability of 0.2 for the first four root-
stocks and 0.1 for the last two rootstocks
. discrim qda y*, group(rootstock) priors(.2,.2,.2,.2,.1,.1)

* Replay results and display the leave-one-out classification table in addition to
the  resubstitution classification table
. discrim, lootable

* Replay results switching back to equal priori probability for the groups and dis-
play  only the leave-one-out classification table
. discrim, priors(equal) notable lootable
```

1. 統計結果及討論，請見「7-2-3 練習題：典型線性判別分析：6 棵樹砧木之 4 成長數據 (candisc 指令 )」解說。

2. 可改用其他「線性判別分析法」，或其他「分組個數」，藉由「分組的正確率」比較，即可找出最佳的「線性判別分析法」及「分組個數」。

Chapter

# 08

集群(cluster)分析/
聚類分析

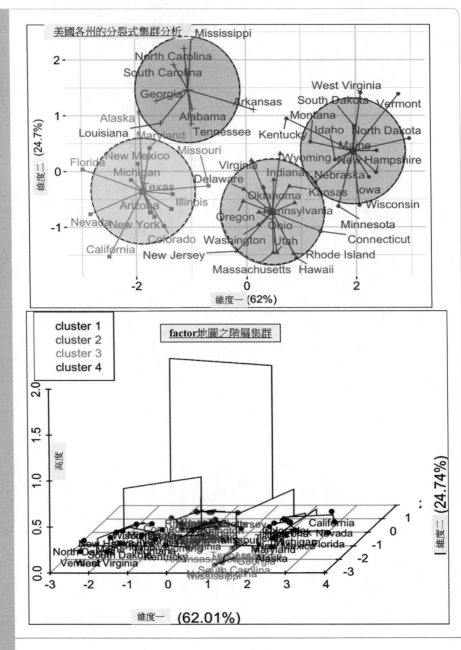

圖 8-1　2 種集群 (cluster) 分析之示意圖

集群分析 ( 又譯，聚類分析 )。聚類分析起源於 1932 年的 Driver 和 Kroeber 人類學，1938 年由 Zubin 和 Robert Tryon 於 1939 年引入心理學 (Bailey & Ken, 1994)，並於 1943 年開始被 Cattell(1943) 用於人格心理學中的特質理論分類。

第 7 章所談線性判別分析是集群 (cluster analysis) 分析的特例，線性判別分析須事先知道觀察值 (cases) 所屬組別，依據已知組別之觀察值的資料，計算區別函數，用以預測其他具有相同特徵 ( 即變數 ) 的觀察值所屬的組別 ( 分類 )。本章所介紹集群分析則毋須事先知道觀察值所屬組別，即可根據變數間的相同性或相異性，將相似性 ( 或同質性 ) 較高或相異性較低的觀察值集成一群。因素分析其實與集群分析有著異曲同工之妙，因為因素分析是將相同性愈高的變數集成一群；而集群分析則是將觀察變數相同性愈高的觀察值 ( 或變數 ) 集成一群。

階層聚類分析由 凝聚法 (agglomerative methods) 和 分裂法 (divisive methods) 組成，進而在樣本內找到觀察值所屬的小群組。

分裂法 初始時，從所有觀測值都是同一個集群開始，然後將它們一步一步分割 ( 分成 ) 成更小的集群。

凝聚法 初始時，先從每一個觀測值都是分開的集群開始，然後進行一步一步的組合，直到所有的觀測值屬於一個集群。

目前有 4 個較好的階層聚類 (hierarchical clustering) 演算法，包括：平均數連結 (average linkage)、完全連結 (complete linkage)、單連結 (single linkage) 和 Ward 連結 (Ward's linkage)。

1. **Average linkage** clustering：使用 2 組之間觀察值的平均相似度，作為 2 組之間的量度。

2. **Complete linkage** clustering：使用 2 組之間最遠的一對觀察，來確定 2 組的相似性。

3. **Single linkage** clustering：計算 2 組之間的相似度，作為 2 組之間最接近的觀察值的相似度。

4. **Ward's linkage** clustering：它與其他所有方法都不同，因為它使用變異數分析方法來評估集群之間的距離。簡而言之，這種方法試圖求得「每一步可以形成的任何 2 個 ( 假設 ) 聚類的平方和 (SS)(the Sum of Squares (SS) of any two (hypothetical) clusters that can be formed at each step)」最小值。一般來說，這種方法被認為是非常有效的，但是，它擅長新建小樣本的集群 (clusters of small size)。大樣本的集群，則要改採 K-means 演算法。

# 8-1 集群分析 / 聚類分析 (cluster analysis) 之概念

聚類分析 (cluster analysis) 是將一組對象分組的任務，使得同一組中的對象 (稱為 cluster) 與其他 cluster 中的對象更相似 ( 在某種意義上或另一種意義上 )。它是探索性資料挖掘 (data mining) 的一個主要任務，也是統計數據分析的一種常用技術，在機器學習、模式 (pattern) 識別、圖像分析、信息檢索、生物信息學、數據壓縮和計算機圖形等許多領域都有應用。

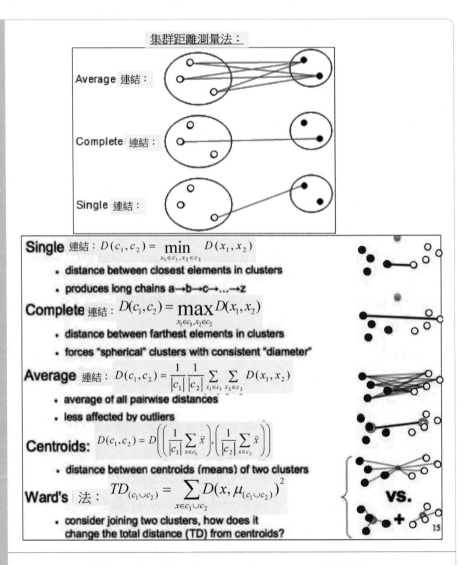

圖 8-2　單連結、 平均數連結、 完全連結之示意圖

集群分析本身並不是一個特定的演算法 (specific algorithm)，只是想解決一般任務 (general task)。它可以通過 7 種不同的演算法 (single linkage 、average linkage 、complete linkage 、weighted-average linkage 、median linkage 、centroid linkage 、Ward's linkage) 來實作，這些演算法在組成群集的概念以及如何有效地找到它們的概念方面有很大的不同。受歡迎的集群概念包括：集群成員之間的距離要小 (small distances among the cluster members)、數據空間密集的區域 (dense areas of the data space)、間隔或特定的統計分布 (intervals or particular statistical distributions)。因此，可以將集群視為一個多目標優化問題 (multi-objective optimization problem)。選適當的集群演算法和參數設定 [( 包括使用的距離函數 (a density threshold) 或期望 cluster 數目 )]，取決於樣本資料檔和結果的預期用途。集群分析本身不是一項自動化任務，而是一個試驗和失敗 (trial and failure) 過程，旨在發現或交互式多目標優化的疊代過程。求解過程常需要修改事前程序 preprocessing 和模型參數，直到結果達到所需的性質 (properties)。

除「集群 (cluster)」外，還有許多相似的專有名司，包括：自動分類 (automatic classification)、數值分類學(numerical taxonomy)和拓樸分析(typological analysis)。它們在結果使用上，會有微妙的差異：在資料挖掘中，所得到的組是所關心的事情；在自動分類中，由此產生的區分能力是人們感興趣的。

# 一、Clustering 模型的種類

「集群 (cluster)」概念無法精確定義，因為仍沒有夠多的集群演算法 (clustering algorithms)。但有一個共同的說法：集群是一組數據個體 (a group of data objects)。然而，不同研究者採用不同集群模型，並選用不同的演算法來建模。STaTa 這 9 種演算法發現的集群在屬性上，有很大的不同。理解這些「集群模型」是理解各種演算法之間差異的關鍵。典型的集群模型包括：

1. 重心模型 (centroid models)：例如：K-means 演算法用一個平均值向量來表示每個 cluster。

2. 分布模型 (distribution models)：使用統計分布 [ 例如：期望最大化 (expectation-maximization, EM)] 演算法使用的多元常態分布 ) 對集群進行建模。詳情請見作者《有限混合模型 (FMM)：STaTa 分析 ( 以 EM algorithm 做潛在分類再迴歸分析 )》一書。

3. 密度模型 (density models)：例如：DBSCAN 和 OPTICS 在數據空間中，將 clusters 定義爲連結的稠密區域 (connected dense regions)。

4. 子空間模型 (subspace models)：在雙集群 ( 也稱爲 co-clustering 、two-mode-clustering) 中，集群使用集群成員和相關屬性建模。

5. 小組模型 (group models)：某些演算法不提供精確的結果模型，只提供分組訊息 (grouping information)。

6. 基於圖的模型 (graph-based models)：一個 clique ，也就是圖中節點 (nodes) 的一個子集，使得子集中每 2 個節點通過一個邊 (edge) 連結，可以被認爲是一個集群的雛形。在 HCS clustering algorithm 中，完全連通性要求的條件放寬 ( 邊緣的一小部分可能丟失 ) 謂之 quasi-cliques。

7. 類神經模型 (neural models)：最有名的無監督類神經網絡 (unsupervised neural network) 是自組織映射 (self-organizing map) ，這些模型通常可以表徵爲以上述一個 ( 或多個 ) 模型，包括類神經網絡實現主成分分析 (principal component analysis) 或獨立形式 (independent component analysis) 的子空間模型組件分析。

「clustering」本質上是一組集群 (clusters)，通常包含數據集中的所有對象。此外，它還可以指定各個集群之間的關係，例如：集群的層次結構彼此是嵌套的 (embedded)。集群可以大致區分爲：

1. 硬集群 (Hard clustering)：每個樣本只屬於 ( 或不屬於 ) 某一個集群。

2. 軟集群 (Soft clustering) ( 即 fuzzy clustering)：每個樣本在一定程度上屬於每個集群 ( 例如：屬於集群的可能性 )。

Clustering 種類還有另一種的分法：

1. 嚴格集群 (Strict partitioning clustering)：每個對象都屬於一個集群。

2. 有離群值的集群 (Strict partitioning clustering with outliers)：對象也可以不屬於任何集群，並被視爲異常值。

3. 重疊集群 (Overlapping clustering) ( 又稱 alternative clustering, multi-view clustering)：對象可能屬於多個集群，通常涉及硬集群 (hard clusters)。

4. 階書集群 (Hierarchical clustering)：於子集群的對象，也屬於父集群。

5. 空間集群 (Subspace clustering)：在唯一定義的子空間內的重疊集群 (overlapping

clustering) 不期望有重疊。

## 二、Clustering 技術的大分類

### (一) 連結式 (connectivity-based) 集群 ( 即 hierarchical clustering)

連結式 **(connectivity-based) 集群**，係基於個體 objects 與附近個體 objects 相關 ( 不是遠距 objects 的相關 )。這些演算法根據它們的距離連結「objects」，以形成「集群 (clusters)」。一個集群可以通過連結集群成員所需的最大距離來描述。在不同的距離，將形成不同的 clusters，它可以使用樹狀圖 (dendrogram) 來表示，樹狀圖又名「**層次集群 (hierarchical clustering)**」，此種演算法不提供數據集的單個分割 (single partitioning)，而是提供集群的廣泛層次結構 (extensive hierarchy of clusters)。在樹狀圖中，y 軸表示集群合併的距離，而 objects 沿著 x 軸放置，使得集群不混合 (mix)。

**連結式集群**是不同於計算距離的方式。除了距離函數選擇之外，還需要決定連結標準 ( 因為一個 cluster 由多個 objects 組成，有多個候選來計算距離 )。流行的選擇被稱為單連結集群 ( 對象距離的最小值 )，完全連結集群 ( 對象距離的最大值 ) 或 UPGMA( 有算術平均值的非加權對組方法 (unweighted pair group method with arithmetic mean)，也稱為平均連結集群 )。此外，層次集群可以是凝聚法 ( 從單個元素開始並將它們聚合成集群 ) 或分裂法 ( 從完整的數據集開始並將其劃分成分區 )。

連結式集群不會產生數據集的唯一分割，仍需要從中選擇適當的集群分層結構。對異常值 (outliers) 來說，它們不是很強韌，這些異常值可能會顯示為 additional clusters，甚至會導致其他簇再合併 ( 稱為「連鎖 chaining 現象」，尤其是 single-linkage 集群 )。在通常情況下，聚合集群演算法時間複雜度為 $O(n^3)$；分散集群時間複雜度為 $O(2^{n-1})$，其中 n 是 objects 個數。故遇到大樣本時計算速度會慢。可是 complete-linkage clustering 在特殊情況，最佳的時間複雜度會達到 $O(n^2)$。在 data mining 領域中，這些方法被認為是集群分析的理論基礎，但也被認為是過時的方法，但它們為未來許多方法 ( 如密度為主集群 ) 提供了靈感。

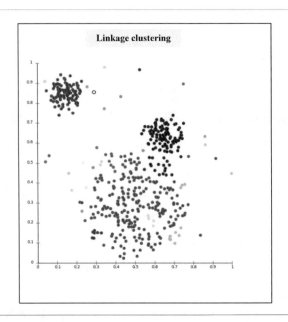

圖 8-3　單連結的 Gaussian 樣本，在 35 個集群中，最大的集群開始分解 (fragmenting) 成較小的部分，而由於單連結效應而仍然連接到第二大集群之前。

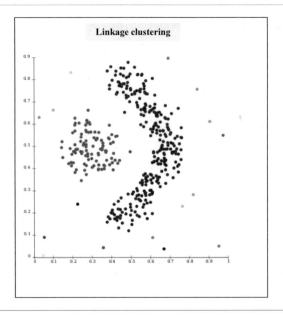

圖 8-4　Single-linkage on density-based clusters. 萃取出 20 個 clusters ，其中大部分包含單個元素，因為 linkage clustering 沒有「noise」的概念。

### (二) 重心式 (centroid-based) 集群

以重心爲基礎的集群中，clusters 由中心向量 (central vector) 表示，它可能不一定是數據集的成員。當「clusters 數量 =k」時，正式命名爲 K-means clustering，它求最佳化問題：旨在找到 k 個集群中心 (cluster centers)，並將這些個體 (objects) 分布到最近的集群中心，使距離集群的平方距離最小，如圖 8-5 所示。

最佳化問題 (optimization problem) 是計算時間複雜度的 NP-hard，因此常用的方法是只能搜索近似解 (approximate solutions)。

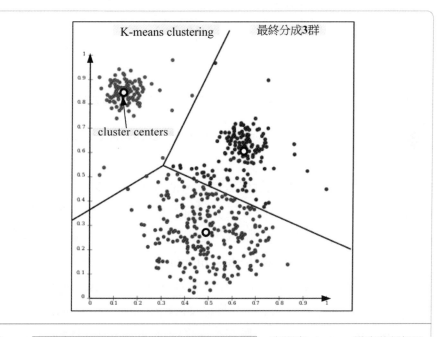

圖 8-5　K-means separates data into Voronoi-cells，它假定 clusters 樣本數都相同 ( 本例有違反 )

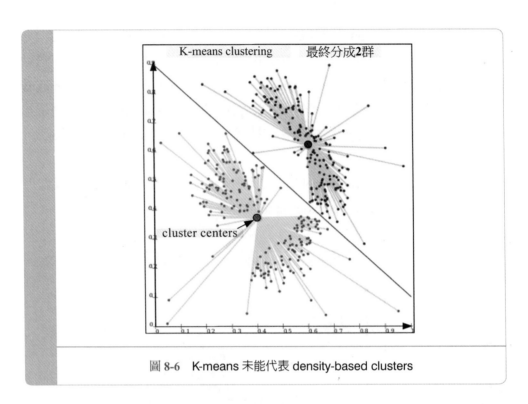

圖 8-6　K-means 末能代表 density-based clusters

　　有一種眾所周知的特別近似法是 Lloyd's 演算法，謂之「K-means 演算法」
(儘管另有演算法亦引用這個名字)。然而，它只能找到一個局部最優化 (local
optimum)，並且通常以不同的隨機初始化執行好幾回。K-means 的變形，通常包
括選擇多次 runs 中 (choosing the best of multiple runs) 的最佳化，並將重心限制
為：數據集的成員 (K-medoids)、中位數 (K-medians clustering)、較少隨機地選
擇初始中心 (K-means++) 或者允許模糊集群指派 (fuzzy c-means)。

　　K-means-type 演算法，多數都須事先指定 clusters 數目為 k，是造成這些算
法的最大缺點之一。此外，K-means 演算法更偏好近似相似量的 clusters，因為
它們總是將 object 分布給最近的重心。這經常導致不正確地分割 clusters 的邊界
(incorrectly cut borders of clusters)( 這不是令人驚訝的，因為算法優化了 cluster
centers，而不是 cluster 邊界 )。

　　K-means 具有許多有趣的理論性質 (properties)：(1) 它將數據空間分割成一
個稱為 Voronoi 圖的結構。(2) 它在概念上接近於最近鄰分類 (nearest neighbor
classification)，因此在機器學習中很受歡迎。(3) 它可視為 model based clustering

的變形，並且 Lloyd's 演算法作爲下面討論的期望最大化 expectation-maximization (EM) 演算法的變形。

### (三) 分布式 (distribution-based) 集群

分布式 **(distribution-based) 集群**與統計分布模型 (distribution models) 最密切，可以很容易地將集群定義爲：最可能屬於同一分布的 objects。這種方法的方便特性是，非常類似於生成人造數據集的方式——從分布中隨機抽樣 objects。

雖然這些方法的理論基礎非常好，但是除非對模型的複雜性加以限制，否則很容易造成過度適配 (overfitting) 的問題。一個更複雜的模型通常能夠更好地解釋數據，這使得選擇合適的模型複雜性變得有困難。

一個突出的方法被稱爲高斯混合模型 ( 使用期望最大化演算法 )。爲了避免過度適配，故樣本分組數常被限定爲有限個的高斯分布 (finite mixture model, FMM)：高斯分布隨機初始化，並令參數 ( 平均數、變異數 ) 藉由疊代來優化最佳的分類。FMM 會收斂至局部最佳解，所以多重 (multiple) runs 可能會產生不同的結果。爲了獲得硬集群 (hard clustering)，objects 通常被分布到他們最可能屬於的高斯 ( 常態 ) 分布，但對於軟集群 (soft clustering) 則不需這樣做。

基於分布的 clustering 爲集群產生複雜的模型，可以捕獲屬性之間的相關性和依賴性 (capture correlation and dependence between attributes)。然而，這些算法帶來了額外的計算：對於許多實際的數據集，它可能沒有簡潔定義的數學模型 ( 例如：對數據限定高斯分布具有更多的假定 )。

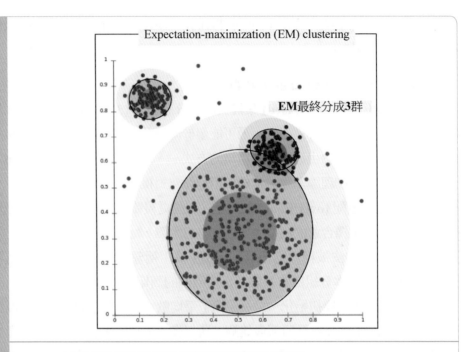

圖 8-7　遇 Gaussian-distributed 樣本時 EM 很好分群，因為它使用高斯集群建模

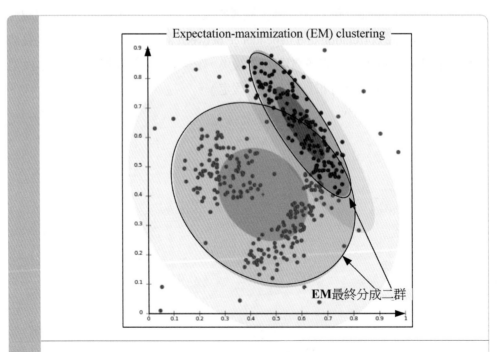

圖 8-8　Density-based clusters 不能用在 Gaussian distributions（樣本分布條件不佳時）

詳情請見作者《有限混合模型 (FMM)：STaTa 分析 ( 以 EM algorithm 做潛在分類再迴歸分析 )》一書。

## ( 四 ) 密度式 (density-based) 集群

在基於密度的 clustering 中，clusters 被定義為：密度高於數據集的其餘區域 (areas of higher density than the remainder of the data set)。這些稀疏區域的 objects( 分離集群所需的對象 ) 通常被認為是噪聲和邊界點 (noise and border points)。

DBSCAN 是最有名的密度式 (density-based) 集群。與其他新方法相比，它具有「密度可達性 (density-reach ability)」的明確定義的集群模型。密度式集群與 linkage 式 clustering 相似 ( 它基於一定距離閾值 (distance thresholds) 內的連接點 )。但它只連結滿足密度標準的點，原始密度式集群另一定義為：此半徑內其他對象的最小數量。某一個 cluster 係由所有 density-connected objects 來組成 [ 與其他方法相比，它可以形成一個任意形狀 (arbitrary shape) 的 cluster]。DBSCAN 另一有趣的特性是它的 Big-O 時間複雜度較低，因它只須在數據庫上進行一定數量的範圍查詢 ( 非全區域 )，並且它會發現基本上相同的結果 [ 對於核心和噪音點 (core and noise points) 是明確的，但邊界點就不是確定性的 ]，因此在每次計算不需要多次、多回合 (run)。

OPTICS 是廣義的 DBSCAN，這消除了為範圍參數 ε 選擇適當值的需要。density-link-clustering 結合 single-linkage clustering 及 OPTICS 優點，完全消除參數 ε 估計並使用 R-tree 索引來提供比 OPTICS 更好的性能。

DBSCAN 和 OPTICS 的主要缺點是，他們期望某種密度下降來偵測集群邊界 (cluster borders)。例如：在重疊高斯分布的數據集 ( 在人造數據中的常見例子 ) 中，由這些演算法產生的集群邊界常常看起來是任意的，因為集群密度不斷減小。在由高斯混合組成的數據集中，DBSCAN 和 OPTICS 幾乎都可勝過 EM 法。

均值漂移 (mean-shift) 是一種 clustering 法，根據核密度估計，將每個 object 移動到附近最密集的區域。最終，object 收斂到局部密度最大的地方。它類似 K-means 集群 (clustering)，這些「密度吸引子 (density attractors)」可以作為數據集的代表，但均值漂移像 DBSCAN 可偵測任意形狀的 clusters。

由於昂貴的疊代過程和密度估計，均值漂移速度通常比 DBSCAN 或 K-means 慢。此外，均值漂移法對多維數據的適用性受到核密度估計的不平滑行為所阻礙，導致 cluster 尾端會過度分裂 (over-fragmentation of cluster tails)。

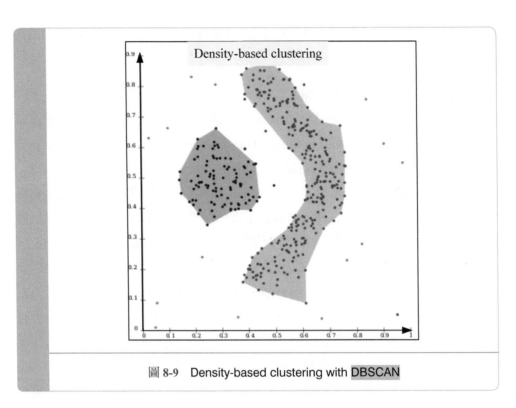

圖 8-9　Density-based clustering with DBSCAN

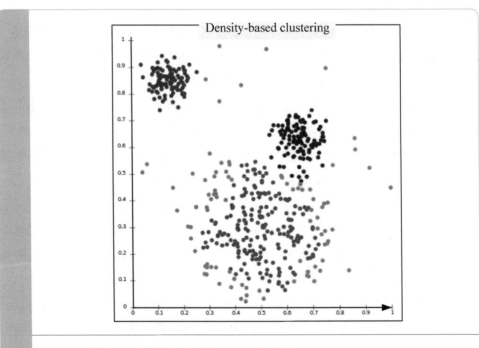

圖 8-10　DBSCAN 假定：clusters 有相似的密度，但在分離鄰近 cluster 時仍會出問題

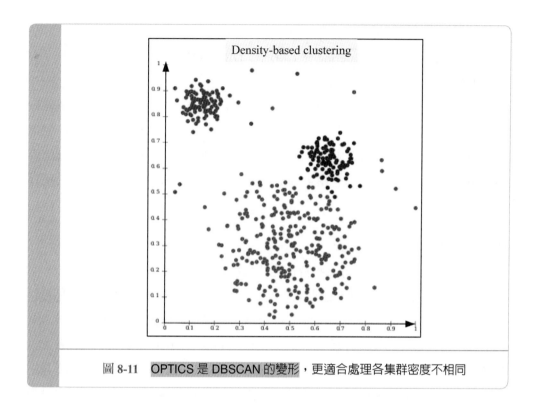

圖 8-11　OPTICS 是 DBSCAN 的變形，更適合處理各集群密度不相同

## 三、Clustering 最近發展

　　近年來，陸續出現高性能的新演算法，例如：CLARANS (Ng and Han, 1994) 和 BIRCH(Zhang et al., 1996)。隨著需要處理的數據集愈來愈大 ( 也被稱為大數據 )，導致預集群 (pre-clustering) 法的發展 ( 像種子為主集群 seed based clustering)，其可以有效處理大量數據集(huge data sets)，但是所得到的「clusters」僅僅是對數據集進行粗略的預分割 (pre-partitioning)，接著再使用現有的較慢方法 ( 像 K-means 集群 ) 來分析分區。已經嘗試了各種其他的集群方法，例如：seed based clustering。

　　對於高維數據 ( 變數愈多 )，由於維數的詛咒，許多現有 clustering 法常常失敗，這使得高維空間中特定的距離函數成為問題。

　　使人們聚焦於子空間 (subspace) 集群 [ 僅使用一些屬性 (attributes)，cluster 模型僅包括 cluster 相關屬性 ] 的高維數據的新算法，以及也找尋任意旋轉 ("correlated") 子空間的相關集群。子空間 (subspace) 集群可以透過給定屬性的相

關性來進行建模。CLIQUE 和 SUBCLU 都是這種 clustering 法的例子。

採用 density-based clustering 法 ( 特別是 DBSCAN / OPTICS 演算法家族 ) 來進行 子空間 clustering 和相關集群。

迄今，有人提出了基於 mutual information 的幾種不同的 clustering 系統。包括：(1) MarinaMeilă 的資訊指揮。(2) 階層集群 (hierarchical clustering)。(3) 使用遺傳 (genetic) 演算法，可以優化各種不同的適配函數 (fit-functions)，包括互信息 (mutual information)。(4) 消息傳遞 (message passing) 演算法 ( 計算機科學和統計物理學最近發展的 ) 也導致了新型 clustering 法的問世。

## 四、Clustering 重點整理

集群分析係根據樣本的某些特性之相似程度，將樣本劃分成幾個集群，使同一集群內的樣本具有高度之同質性，而不同集群間之樣本則具有較高度的異質性。集群分析依分類的方法不同，可分為階層式集群分析 (hierarchical cluster analysis) 及非階層式集群分析 (nonhierarchical cluster analysis)，其中階層式集群分析又分為凝聚集群法 (agglomerative hierarchical clustering) 及分裂式集群法 (divisive hierarchical method)。所謂凝聚集群法是指「剛開始時將 N 個觀察體劃分為 N 集群，然後根據彼此間的相似程度 (similarity)，將最相似的集群加以合併，最後將所有集群合併為一個大集群」；所謂分裂式集群法恰好與融核式集群法相反，首先「乃將所有觀察體歸為同一集群，然後再根據各個觀察體與集群間的相似程度，一步步分類為小集群，最後直到將所有觀察體劃分為 N 個集群為止」；在非階層式集群分析中，最常用的為 K-means 法。

### ( 一 ) 應用領域

1. 生物學方面：集群分析常用來將動物分類及植物分類，此種分析又稱數值分類學 (numerical taxonomy)。

2. 醫學方面：集群分析常用於辨識疾病及它們可能發生的環境。舉例來說，得憂鬱症病人就可分成幾種類型症狀。

3. 行銷學：集群分析常用於辨識某消費群購買行為的相似嗜好為何？藉由檢視各消費群的特性，行銷者更能掌握先機，拓展其行銷策略。讀者若對行銷學特別有興趣，則可研究 Romesburg(1984) 集群分析例子。

## (二) 基本步驟

如同其他統計程序一樣，執行集群分析之前，須先思考：(1) 哪些變數才須進入集群分析程序、(2) 決定用哪種方法計算觀察值之間的相異性 (distance)、(3) 合併觀察值成為一群組的準則 (criteria) 又是什麼？

如何挑選哪些變數進入集群分析模式，是一門專業學問，就如同利用迴歸分析預測員工薪水，若預測變數少了員工「教育程度」和「經驗」二項變數，則其可信度不難想像，是非常可疑的。進行集群分析第一個選擇就是挑選有鑑別力的變數，例如：各家啤酒廠出產的啤酒，你若忽略啤酒品質及口味，僅以啤酒本身酒精含量及價格進行集群分析，則分群後啤酒可能未盡相似。

## (三) 如何計算觀察值之間相似性？

進行集群分析前，會提供多種計算觀察值之間相似性 (similarity) 或相異性方法，讓你勾選。計算相似性最常見的方法，就是歐幾里得距離平方法 (squared Euclidean distance)。舉例來說，下表為2種不同品牌啤酒的熱量(calories)及定價：

| 啤酒　　　特性 | 熱量 | 定價 |
|---|---|---|
| Budweiser | 144 | 43 |
| Lowenbrau | 157 | 48 |

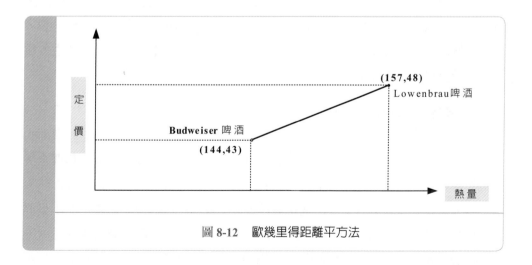

圖 8-12　歐幾里得距離平方法

其相異性採用歐幾里得距離平方法，就是 $(144 - 157)^2 + (43 - 48)^2 = 13^2 + 5^2$ = 194。歐幾里得平方距離法最大缺點就是其計算的相異性，會隨著測量單位 ( 即物理單位 ) 不同而不同。例如：重量單位若採用「磅」爲單位，就與「公斤」爲單位計算結果不同。解決此缺點的祕訣，就是將觀察值標準化 ( 平均數爲 0，標準差爲 1)。以上表 2 種啤酒爲例，若將其觀察值標準化，則可得下表資料：

| 啤酒＼特性 | 熱量 | 定價 |
|---|---|---|
| Budweiser | 0.38 | -0.46 |
| Lowenbrau | 0.81 | -0.11 |

其相異性 = $(0.38 - 0.81)^2 - (-0.46 + 0.11)^2 = 0.307$。經過標準化手續後，本例測量啤酒特性之熱量及定價的權數，自動會變成相等。

### ( 四 ) 集群的形成 (forming)

　　計算個體 (objects) 之間相異性有幾種不同方法，連帶聚合觀察值成爲某群組的方法亦有好幾種。其中最常見集群的形成方法就是階層集群分析 (hierarchical cluster analysis)，階層集群分析採 2 種方式：一種是凝聚集群法 (agglomerative hierarchical clustering)，先將每一觀察體視爲個別的集群，然後逐漸地將 2 個集群合併，直到所有觀察體都合併成一個集群爲止。另一種方法是分裂式集群法 (divisive hierarchical method)，先將所有觀察體視爲一個集群，然後逐漸地分裂，直到每個觀察體都形成個別的集群爲止。聚群或分群的標準不一，因此產生多種的集群分析法，如遠鄰法、近鄰法……。

### ( 五 ) 集群合併的準則 (criteria)

　　有好幾種方法，可挑選觀察值或小集群之合併的準則 (criteria)。這些準則的計算均取自相似矩陣 (similarities matrix) 或相異 (distance) 矩陣的資料。集群合併最簡單準則之一就是單連結 (single linkage) 法，又稱近鄰 (nearest neighbor) 法。顧名思義就是每當相異性最小 ( 或相似性最大 ) 者先行合併後，新產生的小集群或觀察值的相異性 (distance) 須重新計算一次，但未合併的觀察值的相異性就不須再計算一遍。在觀察值合併的每一步驟中，2 個小集群的相異性均以兩者相距

最近那一段距離爲準。

另一較常使用之集群合併準則，就是完整連結 (complete linkage) 法，又稱遠鄰 (furthest neighbor) 法。顧名思義，就是 2 個小集群的相異性均以兩者相距最遠那一段距離爲準。

## 8-2 階層聚類分析 / 集群分析 (hierarchical cluster)：範例 (cluster, cluster dendrogram, cluster generate, cluster kmeans and kmedians 指令 )

### 8-2-1 階層集群分析 (hierarchical cluster analysis)：17 學區的 4 項學生成績 (cluster *linkage* 、xi: mvreg) 指令有 7 種方法

範例：階層集群分析 (hierarchical cluster analysis)：17 學區的 4 項學生成績 (cluster *linkage*) 指令

#### 一、資料檔之內容

本例 1998 年考試數據，取自洛杉磯市 17 個學區的學生。變數如下：

| 變數 | 說明 |
|------|------|
| lep | LEP 學生的總比例測試 (Proportion of LEP students to total tested) |
| read | 5 年級閱讀成績 (The Reading Scaled Score for 5th Grade) |
| math | 5 年級數學成績 (The Math Scaled Score for 5th Grade) |
| lang | 5 年級語文成績 (The Language Scaled Score for 5th Grade) |

17 個學區的縮寫名稱如下：(1) lau - Los Angeles 、(2) ccu - Culver City 、(3) bhu - Beverly Hills 、(4) ing - Inglewood 、(5) com - Compton 、(6) smm - Santa Monica Malibu 、(7) bur - Burbank 、(8) gln - Glendale 、(9) pvu - Palos Verdes 、(10) sgu - San Gabriel 、(11) abc - Artesia, Bloomfield, and Carmenita 、(12) pas - Pasadena 、(13) lan - Lancaster 、(14) plm - Palmdale 、(15) tor - Torrance 、(16)

dow - Downey 、(17) lbu - Long Beach 。

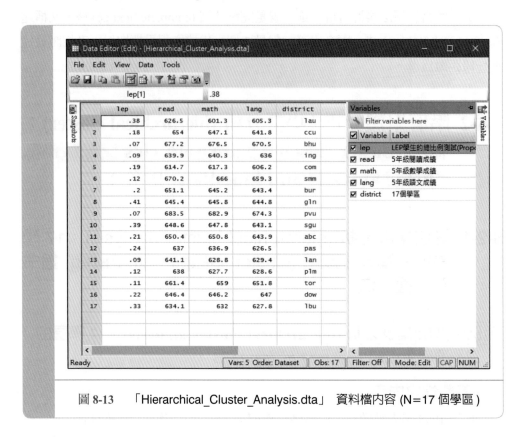

圖 8-13 「Hierarchical_Cluster_Analysis.dta」 資料檔內容 (N=17 個學區 )

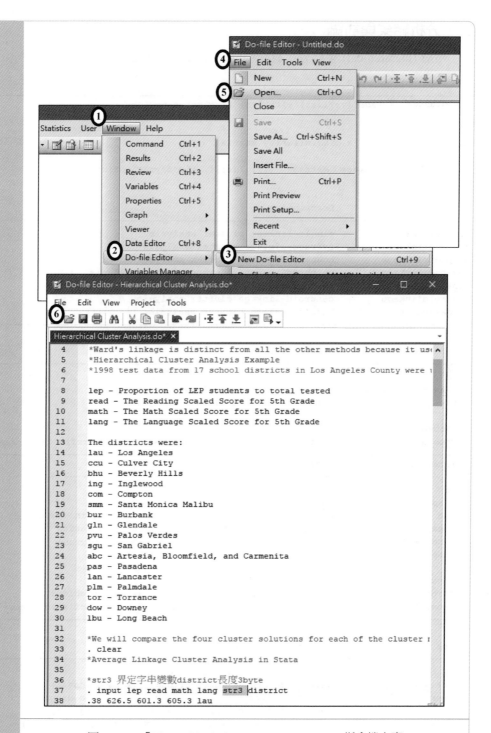

圖 8-14 「Hierarchical_Cluster_Analysis.do」 指令檔內容

## 二、分析結果與討論

階層 (hierarchical) 集群分析有 7「cluster linkage」方法，語法如下：

---

> **cluster** *linkage* [*varlist*] [*if*] [*in*] [, *cluster_options*]

Cluster analysis of a dissimilarity matrix

> **clustermat** *linkage* *matname* [*if*] [*in*] [, *clustermat_options*]

| *linkage* | Description |
|---|---|
| **single**linkage | single-linkage cluster analysis |
| **average**linkage | average-linkage cluster analysis |
| **complete**linkage | complete-linkage cluster analysis |
| **waverage**linkage | weighted-average linkage cluster analysis |
| **median**linkage | median-linkage cluster analysis |
| **centroid**linkage | centroid-linkage cluster analysis |
| **wards**linkage | Ward's linkage cluster analysis |

| *cluster_options* | Description |
|---|---|
| **Main** | |
|   **measure**(*measure*) | similarity or dissimilarity measure |
|   **name**(*clname*) | name of resulting cluster analysis |
| **Advanced** | |
|   **generate**(*stub*) | prefix for generated variables; default prefix is *clname* |

| *clustermat_options* | Description |
|---|---|
| **Main** | |
|   **shape**(*shape*) | shape (storage method) of *matname* |
|   **add** | add cluster information to data currently in memory |
|   **clear** | replace data in memory with cluster information |
|   **labelvar**(*varname*) | place dissimilarity matrix row names in *varname* |
|   **name**(*clname*) | name of resulting cluster analysis |
| **Advanced** | |
|   **force** | perform clustering after fixing *matname* problems |
|   **generate**(*stub*) | prefix for generated variables; default prefix is *clname* |

| *shape* | *matname* is stored as a |
|---|---|
| **full** | square symmetric matrix; the default |
| **lower** | vector of rowwise lower triangle (with diagonal) |
| **llower** | vector of rowwise strict lower triangle (no diagonal) |
| **upper** | vector of rowwise upper triangle (with diagonal) |
| **uupper** | vector of rowwise strict upper triangle (no diagonal) |

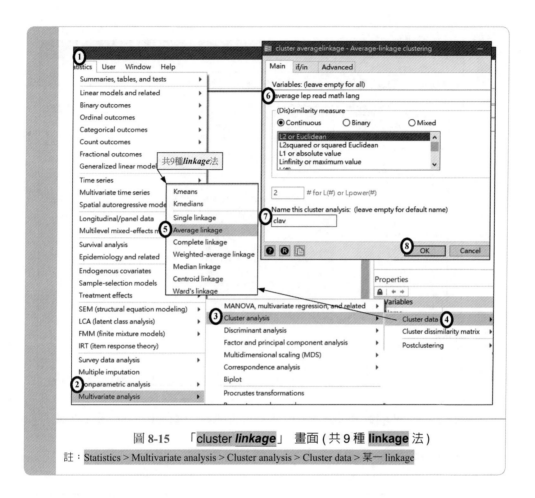

圖 8-15 「cluster *linkage*」 畫面 ( 共 9 種 **linkage** 法 )

註：Statistics > Multivariate analysis > Cluster analysis > Cluster data > 某一 linkage

我們將比較每個集群方法的 4 個集群解決方案。

**Step 1.** average-linkage clustering 法：使用 2 組之間觀察值的平均相似度，作為 2 組之間的量度。

圖 8-16　「**cluster average** lep read math lang, **name**(clav)」 產生 3 個 「_clav」 開頭新變數

註：Statistics > Multivariate analysis > Cluster analysis > Cluster data > Average linkage

```
. use Hierarchical_Cluster_Analysis.dta, clear
* average-linkage clustering法，產生3個「_clav」開頭新變數
. cluster average lep read math lang, name(clav)

*繪集群之階層樹圖
. cluster tree clav, label(district) xlabel(,angle(90))
```

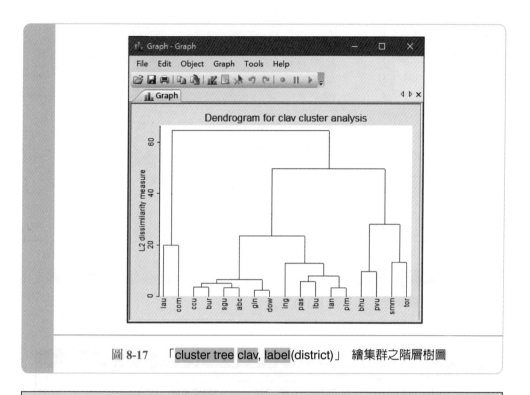

圖 8-17 「cluster tree clav, label(district)」 繪集群之階層樹圖

```
* 限定分成 4 群，並求出各觀察值所屬的群組 ( 存至新變數 ave4)
. cluster gen ave4=groups(4)
. sort ave4
. list ave4 district, sepby(ave4) noobs

     +------------------+
     | ave4    district |
     |------------------|
     |   1        lau   |
     |   1        com   |
     |------------------|
     |   2        lbu   |
     |   2        lan   |
     |   2        gln   |
     |   2        plm   |
     |   2        ing   |
     |   2        sgu   |
     |   2        abc   |
```

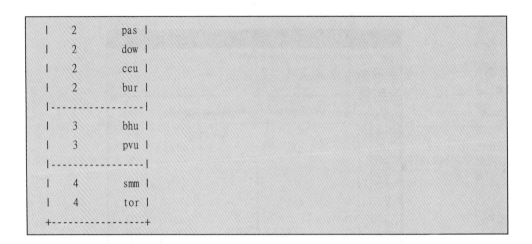

**Step 2.** Complete-linkage clustering 法：使用 2 組之間最遠的一對觀察來確定 2 組的相似性 ( 詳見圖 8-16)。

圖 8-18 「**cluster average** lep read math lang, **name**(clav)」 產生 3 個 「_ clav」 開頭新變數

註：Statistics > Multivariate analysis > Cluster analysis > Cluster data > Average linkage

```
. use Hierarchical_Cluster_Analysis.dta, clear
* Complete-linkage clustering 法，產生 3 個「_clcom」開頭新變數
. cluster complete lep read math lang, name(clcom)


* 繪集群之階層樹圖
. cluster tree clcom, label(district) xlabel(,angle(90))
```

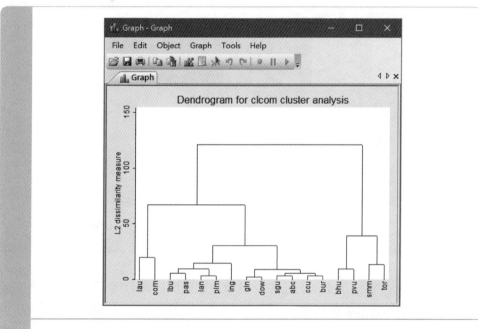

圖 8-19　「cluster complete lep read math lang, name(**clcom**)」 繪集群之階層樹圖

```
* 限定分成 4 群，並存至新變數 com4
. cluster gen com4=groups(4)
. sort com4
. list com4 district, sepby(com4) noobs


     +------------------+
     | com4    district |
     |------------------|
     |  1        lau    |
```

```
|    1          com |
|------------------|
|    2          lbu |
|    2          lan |
|    2          gln |
|    2          plm |
|    2          ing |
|    2          sgu |
|    2          abc |
|    2          pas |
|    2          dow |
|    2          ccu |
|    2          bur |
|------------------|
|    3          bhu |
|    3          pvu |
|------------------|
|    4          smm |
|    4          tor |
+------------------+
```

**Step 3.** Single-linkage clustering 法：計算 2 組之間的相似度，作為 2 組之間最接近的觀察值相似度。

```
. use Hierarchical_Cluster_Analysis.dta, clear
* Single-linkage clustering 法，產生 3 個「_clsin」開頭新變數
. cluster single lep read math lang, name(clsin)

* 繪集群之階層樹圖
. cluster tree clsin, label(district) xlabel(,angle(90))
```

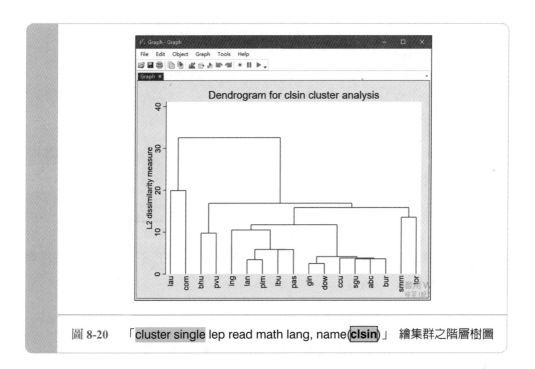

圖 8-20　「cluster single lep read math lang, name(**clsin**)」　繪集群之階層樹圖

```
* 限定分成 4 群，並存至新變數 sin4
. cluster gen sin4=groups(4)
. sort sin4
. list sin4 district, sepby(sin4) noobs

  +------------------+
  | sin4   district |
  |------------------|
  |   1       lau   |
  |------------------|
  |   2       com   |
  |------------------|
  |   3       pvu   |
  |   3       bhu   |
  |------------------|
  |   4       dow   |
  |   4       tor   |
  |   4       smm   |
  |   4       ccu   |
```

```
    |   4      bur |
    |   4      ing |
    |   4      abc |
    |   4      lan |
    |   4      plm |
    |   4      sgu |
    |   4      pas |
    |   4      lbu |
    |   4      gln |
    +-----------------+
```

**Step 4.** Ward's-linkage clustering 法：它與其他所有方法都不同，因為它使用變異數分析。

```
. use Hierarchical_Cluster_Analysis.dta, clear
* Ward's linkage clustering 法，產生 3 個「_clwar」開頭新變數
. cluster wards lep read math lang, name(clwar)
. cluster tree clwar, label(district) xlabel(,angle(90))
* 繪集群之階層樹圖
. cluster tree clwar, label(district) xlabel(,angle(90))
```

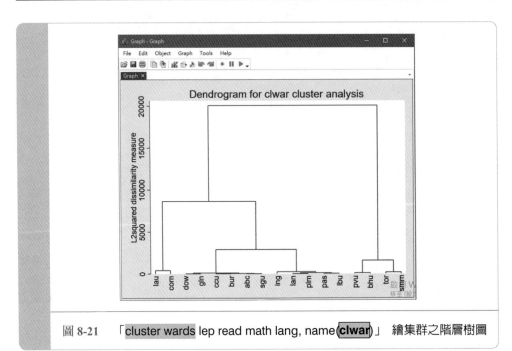

圖 8-21　「cluster wards lep read math lang, name(clwar)」　繪集群之階層樹圖

```
* 限定分成 4 群，並存至新變數 ward4
. cluster gen ward4=groups(4)
. sort ward4
. list ward4 district, sepby(ward4) noobs

      +------------------+
      | ward4   district |
      |------------------|
      |   1        com |
      |   1        lau |
      |------------------|
      |   2        gln |
      |   2        dow |
      |   2        abc |
      |   2        bur |
      |   2        sgu |
      |   2        ccu |
      |------------------|
      |   3        lan |
      |   3        lbu |
      |   3        pas |
      |   3        ing |
      |   3        plm |
      |------------------|
      |   4        pvu |
      |   4        bhu |
      |   4        smm |
      |   4        tor |
      +------------------+
```

```
. tabstat lep read math lang, by(ward4) stat(n mean sd)

Summary statistics: N, mean, sd
  by categories of: ward4


    ward4 |      lep      read      math      lang
----------+----------------------------------------
```

```
 1 |       2        2        2        2
   |    .285     620.6    609.3    605.75
   |  .1343503  8.343851  11.31371  .6364134
---------+----------------------------------------
 2 |       6        6        6        6
   |  .2683333  649.3167  647.15     644
   |  .1030372  3.182703  2.013696  1.769748
---------+----------------------------------------
 3 |       5        5        5        5
   |    .174     638.02   633.14    629.66
   |  .1069112  2.712385  5.364979  3.702434
---------+----------------------------------------
 4 |       4        4        4        4
   |    .0925    673.075   671.1    663.975
   |  .0262996  9.491522  10.65865  10.31613
---------+----------------------------------------
Total |   17       17       17       17
   |  .2011765  648.2059  644.2118  639.9824
   |  .1148304  17.57874  20.30782  18.81831
-------------------------------------------------
```

* 符號「i.」宣告 ward4 為 Indicators( 虛擬 (dummies)) 變數
* xi may be used with any STaTa command (not just logistic)
* mvreg 指令是 Multivariate regression
. xi: mvreg lep read math lang = i.ward4
i.ward4        _Iward4_1-4        (naturally coded; _Iward4_l omitted)

| Equation | Obs | Parms | RMSE | "R-sq" | F | P |
|---|---|---|---|---|---|---|
| lep | 17 | 4 | .0956469 | 0.4363 | 3.353913 | 0.0523 |
| read | 17 | 4 | 5.683735 | 0.9151 | 46.68266 | 0.0000 |
| math | 17 | 4 | 6.817553 | 0.9084 | 42.98923 | 0.0000 |
| lang | 17 | 4 | 5.478383 | 0.9311 | 58.59633 | 0.0000 |

```
-----------------------------------------------------------------
       |   Coef.   Std. Err.    t    P>|t|    [95% Conf. Interval]
-------+---------------------------------------------------------
```

```
lep        |_Iward4_* 三者都是虛擬變數
 _Iward4_2 |  -.0166667    .0780954    -0.21   0.834    -.1853815    .1520482
 _Iward4_3 |       -.111    .080024     -1.39   0.189    -.2838812    .0618812
 _Iward4_4 |      -.1925    .0828327    -2.32   0.037    -.3714491   -.0135509
     _cons |        .285    .0676326     4.21   0.001     .1388887    .4311113
-----------+--------------------------------------------------------------------
read       |_Iward4_* 三者都是虛擬變數
 _Iward4_2 |    28.71666    4.64075      6.19   0.000     18.69093    38.7424
 _Iward4_3 |    17.41999    4.755354     3.66   0.003     7.146672    27.69331
 _Iward4_4 |    52.47501    4.922259    10.66   0.000     41.84111    63.1089
     _cons |       620.6    4.019007   154.42   0.000     611.9175    629.2825
-----------+--------------------------------------------------------------------
math       |_Iward4_* 三者都是虛擬變數
 _Iward4_2 |    37.85001    5.566509     6.80   0.000     25.82429    49.87572
 _Iward4_3 |    23.84001    5.703974     4.18   0.001     11.51733    36.1627
 _Iward4_4 |    61.80002    5.904174    10.47   0.000     49.04483    74.55521
     _cons |       609.3    4.820738   126.39   0.000     598.8854    619.7146
-----------+--------------------------------------------------------------------
lang       |_Iward4_* 三者都是虛擬變數
 _Iward4_2 |       38.25    4.473081     8.55   0.000     28.5865     47.9135
 _Iward4_3 |       23.91    4.583544     5.22   0.000     14.00785    33.81214
 _Iward4_4 |    58.22499    4.744419    12.27   0.000     47.9753     68.47468
     _cons |      605.75    3.873802   156.37   0.000     597.3812    614.1188
---------------------------------------------------------------------------------
```

例如：在 read 方面，求得迴歸式為：

read = 620.6 + 28.717(_Iward4_2) + 17.42(_Iward4_3) + 52.475(_Iward4_4)

閱讀成績 = 620.6 + 28.717( 群 2 嗎 ) + 17.42( 群 3 嗎 ) +52.475( 群 4 嗎 )

可如此類推，其他 3 個迴歸式。

### 8-2-2 練習題：集群分析 (hierarchical cluster analysis)：mammal 資料 (cluster *linkage*) 指令有 7 種方法

一、資料檔之內容

圖 8-22 「mammal.dta」資料檔內容 (N=32 隻哺乳動物 )

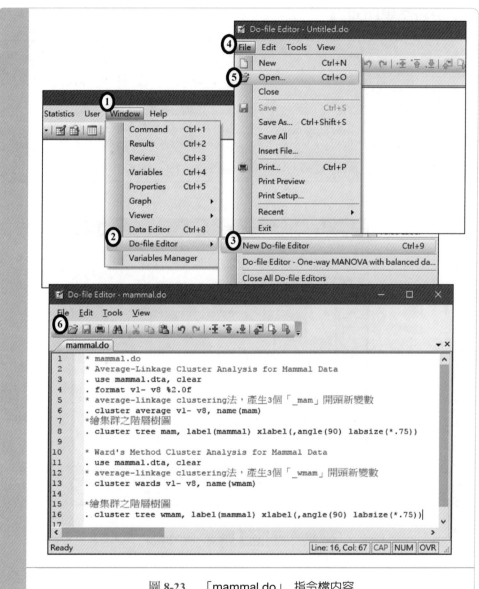

圖 8-23 　「mammal.do」 指令檔內容

## 二、分析結果與討論

```
* Average-Linkage Cluster Analysis for Mammal Data
. use mammal.dta, clear
. format v1- v8 %2.0f
* average-linkage clustering 法，產生 3 個「_mam」開頭新變數
. cluster average v1- v8, name(mam)
* 繪集群之階層樹圖
. cluster tree mam, label(mammal) xlabel(,angle(90) labsize(*.75))
```

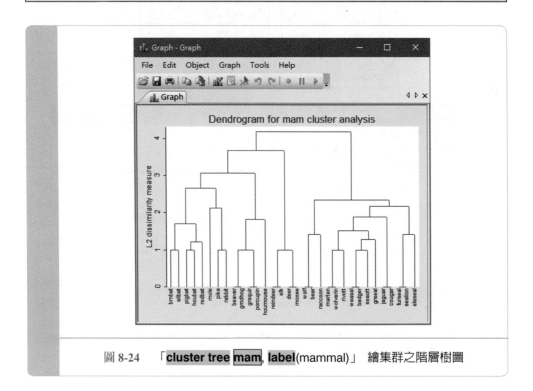

圖 8-24　「**cluster tree mam, label**(mammal)」　繪集群之階層樹圖

```
* Ward's Method Cluster Analysis for Mammal Data
. use mammal.dta, clear
* average-linkage clustering 法，產生 3 個「_wmam」開頭新變數
. cluster wards v1- v8, name(wmam)


* 繪集群之階層樹圖
. cluster tree wmam, label(mammal) xlabel(,angle(90) labsize(*.75))
```

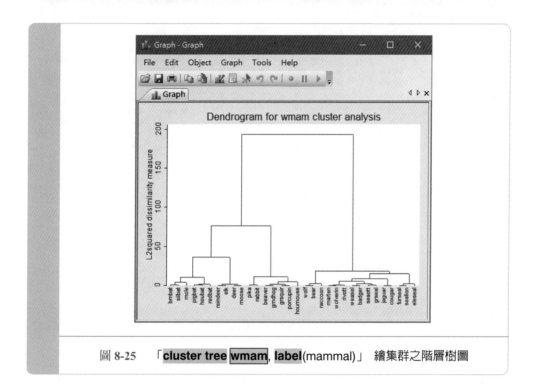

圖 8-25 「**cluster tree wmam, label**(mammal)」 繪集群之階層樹圖

## 8-2-3 練習題：集群分析 (hierarchical cluster analysis)：mammal 資料 (cluster *linkage*) 指令有 7 種方法

### 一、資料檔之內容

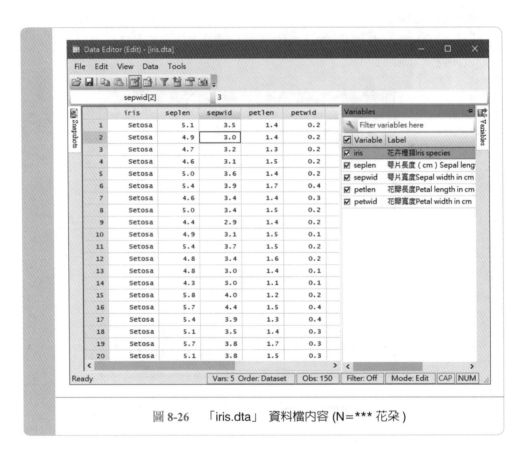

圖 8-26　「iris.dta」 資料檔內容 (N=*** 花朵 )

### 二、分析結果與討論

```
*Example Using Fisher Iris Data
. use iris.dta,clear
* average-linkage clustering 法，產生 3 個「_cl」開頭新變數
. cluster average sl sw pl pw, name(cl)
* 限定分成 3 群，並求出各觀察值所屬的群組 ( 存至新變數 cl)
. cluster gen cl=groups(3), name(cl)
```

```
. tabulate cl type

            |          type of iris
         cl |   setosa  versicolo  virginica |     Total
------------+---------------------------------+----------
          1 |       50          0          0 |        50
          2 |        0         50         14 |        64
          3 |        0          0         36 |        36
------------+---------------------------------+----------
      Total |       50         50         50 |       150
```

\* average-linkage clustering法，產生 3 個「_clav」開頭新變數

```
. cluster wards sl sw pl pw, name(wcl)

. cluster gen wcl=groups(3), name(wcl)
. tabulate wcl type

            |          type of iris
        wcl |   setosa  versicolo  virginica |     Total
------------+---------------------------------+----------
          1 |       50          0          0 |        50
          2 |        0         49         15 |        64
          3 |        0          1         35 |        36
------------+---------------------------------+----------
      Total |       50         50         50 |       150
```

```
. tabulate cl wcl

            |               wcl
         cl |        1          2          3 |     Total
------------+---------------------------------+----------
          1 |       50          0          0 |        50
          2 |        0         63          1 |        64
          3 |        0          1         35 |        36
------------+---------------------------------+----------
      Total |       50         64         36 |       150
```

本例 Fisher Iris 樣本，由於分群結果之交叉表 (3 個 **tabulate** 指令 )，對角線元素都相同，故可看出 Ward's method 及 average linkage clustering 兩者分群結果都一樣。

## 8-3 大樣本之 K-means 集群分析 (K-means and K-medians cluster analysis)：50 棵植物 4 個化學實驗數據 (cluster kmeans、cluster kmedians 指令 )

前面介紹集群分析基本概念和常見集群法。凝聚階層集群分析僅是集群分析其中一種。當遇到某特殊問題時，所採用分析法除須考慮各種集群法特點外，尚須考慮資料檔的大小。例如：遇到資料檔非常龐大 ( 觀察值超過 200 個以上 )，一般集群演算法不但占用龐大電腦記憶體，並且費時。

本例介紹「K-Means Cluster」統計程序則較不受觀察值個數增加，而占用大量電腦記憶體的限制且省時。因此適合眾多觀察值之集群分析。

在 K-Means Cluster 統計程序中，決定集群成員之演算法 (algorithm) 稱為最近重心排序 (nearest centroid sorting) 法 (Anderberg, 1973)。它是在已知集群數情況下，將各觀察值分派到最近的重心。這種集群法，可事先規定其各集群中心點；若不知各集群的中心點亦無妨，它可依據研究資料進行估計。

K-means 及 K-medians 集群分析之語法如下表：

---

*Kmeans cluster analysis*

cluster <u>kmeans</u> [*varlist*] [*if*] [*in*] , k(*#*) [*options*]

*Kmedians cluster analysis*

cluster <u>kmedians</u> [*varlist*] [*if*] [*in*] , k(*#*) [*options*]

---

| option | 說明 |
|---|---|
| **Main** | |
| *k(#) | perform cluster analysis resulting in *#* groups |
| <u>measure</u>(*measure*) | similarity or dissimilarity measure; default is L2 (Euclidean) |
| <u>name</u>(*clname*) | name of resulting cluster analysis |

Options

| | |
|---|---|
| <u>start</u>(*start_option*) | obtain *k* initial group centers by using *start_option* |
| <u>keepc</u>enters | append the *k* final group means or medians to the data |

Advanced

| | |
|---|---|
| <u>g</u>enerate(*groupvar*) | name of grouping variable |
| <u>iter</u>ate(*#*) | maximum number of iterations; default is iterate(10000) |

*k(*#*) is required.

---

## 範例：大樣本之 K-means 集群分析 (cluster correlation) (cluster kmeans、cluster kmedians 指令)

K-means 類聚法，旨在處理大樣本 (N>100) 之集群分析。

## 一、資料檔之內容

作為一家小型生物技術公司的高級數據分析師，將研究一個數據集，其中包含從雨林蒐集的特定植物——50 個不同樣品的 4 個化學實驗室測量數據 (x1, x2, x3, x4)。蒐集樣本的考察隊負責人認為，根據當地人的傳說，植物提取物可能會減少與貴公司最暢銷的營養補品相關的負面影響。

雖然公司化學家和植物學家繼續探索植物的可能用途，但產品開發負責人要求查看初步數據，並向研究人員報告任何可能有用的訊息。

雖然所有 50 種植物都應該屬於同一類型 (same type)，但是仍決定進行集群分析 (cluster analysis)，以查看其中是否存在更小組或異常 (subgroups or anomalies)。可隨意決定使用 K-means clustering。

本例資料檔「labtech.dta」，如圖 8-27 所示，共有 50 個個體。

圖 8-27 「labtech.dta」 資料檔內容 (N=50 個體 )

## 二、分析結果與討論

### ( 一 ) K-means cluster 分析

**Step 1.** K-means cluster analysis

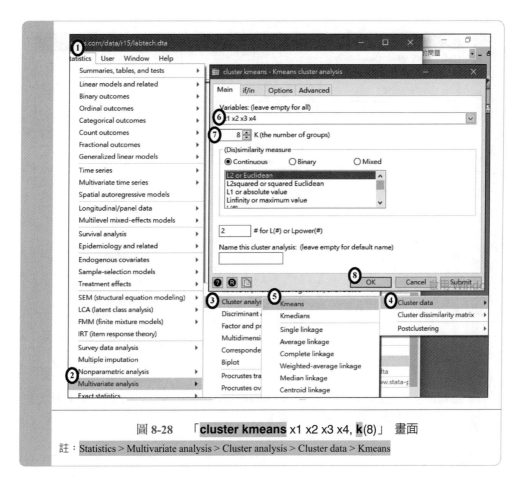

圖 8-28 「**cluster kmeans** x1 x2 x3 x4, **k**(8)」 畫面

註：Statistics > Multivariate analysis > Cluster analysis > Cluster data > Kmeans

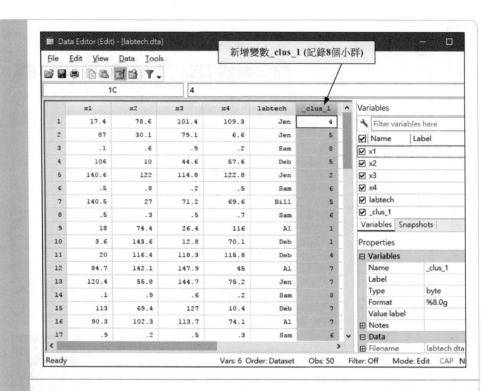

圖 8-29 「cluster kmedians x1 x2 x3 x4, k(6) measure(Canberra)」 結果新增變數 _clus_1 ( 記錄 8 個小群 )

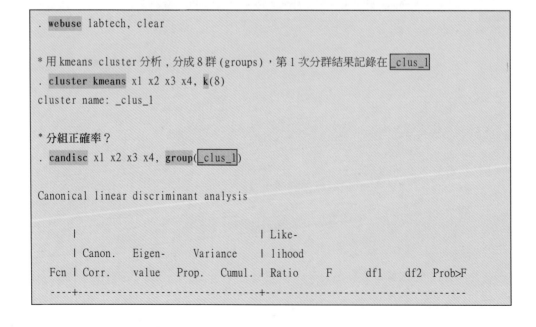

```
1 | 0.9602   11.8288   0.6018   0.6018 | 0.0030   20.391    28   142   0.0000 a
2 | 0.9185   5.39561   0.2745   0.8762 | 0.0382   13.713    18   113.6  0.0000 a
3 | 0.8243   2.1205    0.1079   0.9841 | 0.2442   8.3941    10    82   0.0000 e
4 | 0.4879   .312368   0.0159   1.0000 | 0.7620   3.2799     4    42   0.0199 e

-------------------------------------------------------------------------
H₀: this and smaller canon. corr. are zero; e = exact F, a = approximate F
```

Standardized canonical discriminant function coefficients

```
            | function1    function2    function3    function4
------------+----------------------------------------------------
        x1 | -.7422169    .5549052     .4953029     .3172982
        x2 | -.6386458    -.157491     .4008844     -.7669246
        x3 | -.3782416    .0775379     -.9405799    .0018977
        x4 | -.2586031    -1.012106    .1039136     .1928566
```

Canonical structure

```
            | function1    function2    function3    function4
------------+----------------------------------------------------
        x1 | -.6503703    .3154503     .2888089     .6277731
        x2 | -.3563677    -.0706584    .135624      -.9217459
        x3 | -.5321395    .0475665     -.845277     -.0084767
        x4 | -.3418912    -.8004486    .0724835     .4869688
```

Group means on canonical variables

```
   _clus_1 | function1    function2    function3    function4
-----------+----------------------------------------------------
        1 | .6566707     -2.778923    1.578395     -.3825196
        2 | -4.993094    -.4733153    3.413282     .0553627
        3 | 1.914438     -.2004541    -.2597333    -.0363648
        4 | -1.056639    -3.909971    -2.004901    .4542115
        5 | -1.596864    2.214299     .5903059     1.266929
        6 | 4.987532     1.378711     .0766504     -.0474139
        7 | -3.220069    1.743538     -.9258225    -.4819209
        8 | 5.011262     1.363497     .0602403     -.0596211
```

```
Resubstitution classification summary


  +---------+
  | Key     |
  |---------|
  | Number  |
  | Percent |
  +---------+
            | Classified
True _clus_1 |    1        2        3        4        5        6        7        8 |  Total
-------------+---------------------------------------------------------------------+-------
          1 |    7        0        0        0        0        0        0        0 |     7
            | 100.00     0.00     0.00     0.00     0.00     0.00     0.00     0.00 | 100.00
            |                                                                       |
          2 |    0        3        0        0        0        0        0        0 |     3
            |  0.00    100.00     0.00     0.00     0.00     0.00     0.00     0.00 | 100.00
            |                                                                       |
          3 |    0        0        7        0        0        0        0        0 |     7
            |  0.00     0.00    100.00     0.00     0.00     0.00     0.00     0.00 | 100.00
            |                                                                       |
          4 |    0        0        0        6        0        0        0        0 |     6
            |  0.00     0.00     0.00    100.00     0.00     0.00     0.00     0.00 | 100.00
            |                                                                       |
          5 |    0        0        0        0        5        0        0        0 |     5
            |  0.00     0.00     0.00     0.00    100.00     0.00     0.00     0.00 | 100.00
            |                                                                       |
          6 |    0        0        0        0        0        7        0        0 |     7
            |  0.00     0.00     0.00     0.00     0.00    100.00     0.00     0.00 | 100.00
            |                                                                       |
          7 |    0        0        0        0        1        0       11        0 |    12
            |  0.00     0.00     0.00     0.00     8.33     0.00    91.67     0.00 | 100.00
            |                                                                       |
          8 |    0        0        0        0        0        0        0        3 |     3
            |  0.00     0.00     0.00     0.00     0.00     0.00     0.00   100.00 | 100.00
-------------+---------------------------------------------------------------------+-------
      Total |    7        3        7        6        6        7       11        3 |    50
            | 14.00     6.00    14.00    12.00    12.00    14.00    22.00     6.00 | 100.00
            |                                                                       |
```

```
           Priors | 0.1250  0.1250  0.1250  0.1250  0.1250  0.1250  0.1250  0.1250 |
```

* 分組正確率 =(7+3+7+6+5+7+11+3)/50=98%


* Same as above, but using | absolute-value distance | instead of Euclidian distance, naming
* cluster analysis k8abs
. **cluster kmeans** x1 x2 x3 x4, k(8) measure(L1) **name**(k8abs)


* Perform kmedians cluster analysis, creating six groups by using the | Canberra distance |
* metric
. **cluster kmedians** x1 x2 x3 x4, k(6) **measure**(Canberra)
cluster name: _clus_2


* 分組正確率?
. **candisc** x1 x2 x3 x4, **group**( _clus_2 )

Canonical linear discriminant analysis

```
     |                              | Like-
     | Canon.   Eigen-    Variance  | lihood
 Fcn | Corr.    value   Prop.  Cumul. | Ratio      F        df1    df2  Prob>F
 ----+------------------------------+------------------------------------
  1  | 0.9524  9.76732  0.7463  0.7463 | 0.0191   15.72     20   136.9  0.0000 a
  2  | 0.8713  3.15226  0.2409  0.9872 | 0.2061    7.5811   12   111.4  0.0000 a
  3  | 0.3735  .16207   0.0124  0.9996 | 0.8558    1.1604    6    86    0.3351 e
  4  | 0.0740  .005504  0.0004  1.0000 | 0.9945    .1211     2    44    0.8862 e
 -------------------------------------------------------------------------
```

$H_0$: this and smaller canon. corr. are zero;  e = exact F, a = approximate F


Standardized canonical discriminant function coefficients

```
          | function1   function2   function3   function4
 ---------+-------------------------------------------------
     x1   | -.7209641   .6885675    .2801795    .347244
     x2   | -.5598782  -.0328549    .3953821   -.7735634
     x3   | -.7098981  -.25897     -.7331217   -.0562157
     x4   | -.2640903  -1.020088    .2080358    .2482949
```

```
Canonical structure

              | function1    function2    function3    function4
--------------+------------------------------------------------------
          x1  | -.5848919    .3775078    .3866281     .6049034
          x2  | -.3138497   -.0502009    .3879789    -.8651304
          x3  | -.4682269   -.0822834   -.8735853    -.104124
          x4  | -.2658293   -.7029805    .4702583     .4626125


Group means on canonical variables

      _clus_2 | function1    function2    function3    function4
--------------+------------------------------------------------------
          1   | -3.614412    .6351154    .0186776    -.0660944
          2   |  4.634734   1.105234    -.2565847    -.0498624
          3   | -.5077924   -3.75963    -.549944     .0205578
          4   |  1.428494   -1.077309    .6350929     .0172253
          5   | -.9367104   1.608816    -.1514094    .1274366
          6   |  4.643804   1.097672    -.2662408    -.067767


Resubstitution classification summary

     +---------+
     | Key     |
     |---------|
     | Number  |
     | Percent |
     +---------+

              | Classified
  True _clus_2|     1         2         3         4         5        6 |  Total
--------------+------------------------------------------------------------+-------
          1   |    12         0         0         0         2        0 |    14
              | 85.71      0.00      0.00      0.00     14.29     0.00 | 100.00
              |                                                         |
          2   |     0         7         0         0         0        1 |     8
              |  0.00     87.50      0.00      0.00      0.00    12.50 | 100.00
              |                                                         |
```

```
    3 |      0       0      5       1       0       0 |    6
      |   0.00    0.00  83.33   16.67    0.00    0.00 | 100.00
      |                                               |
    4 |      0       1      0      10       0       0 |   11
      |   0.00    9.09   0.00   90.91    0.00    0.00 | 100.00
      |                                               |
    5 |      1       0      0       1       7       0 |    9
      |  11.11    0.00   0.00   11.11   77.78    0.00 | 100.00
      |                                               |
    6 |      0       0      0       0       0       2 |    2
      |   0.00    0.00   0.00    0.00    0.00  100.00 | 100.00
--------------+----------------------------------------------+-------
Total |     13       8      5      12       9       3 |   50
      |  26.00   16.00  10.00   24.00   18.00    6.00 | 100.00
      |                                               |
Priors |  0.1667  0.1667  0.1667  0.1667  0.1667  0.1667 |
```

\* Create six groups, using the first 6 observations in the dataset as starting
  centers
. **cluster kmedians** x1 x2 x3 x4, k(6) **start**(firstk)

\* Same as above, but do not include the first 6 observations in the cluster analysis
. **cluster kmedians** x1 x2 x3 x4, k(6) **start**(firstk, exclude)

1.「**cluster kmeans**」8 組之分組正確率 =(7+3+7+6+5+7+11+3)/50=98%。

2.「**cluster kmedians**」6 組之分組正確率 =(12+7+5+10+7+2)/50=86%。

3.「**cluster kmeans**」分組正確率高於「**cluster kmedians**」。

**Step 2.** K-medians cluster 該分成 2 組或 3 組呢？

　　學術研究常見的 K-medians cluster，分群組數都是 2 組 vs. 3 組。鮮少像本例可分成 6 組 (groups)。到底該分成幾組才恰當呢？這要借用線性判別分析的「分組正確率」來判定。假設本例要比較「2 組 vs. 3 組」的「分組正確率」，其指令如下。

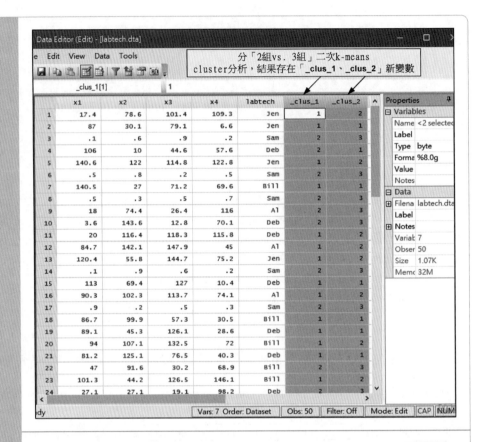

圖 8-30　分 「2組 vs. 3組」 二次 K-means cluster 分析，結果存在「_clus_1、_clus_2」 新變數

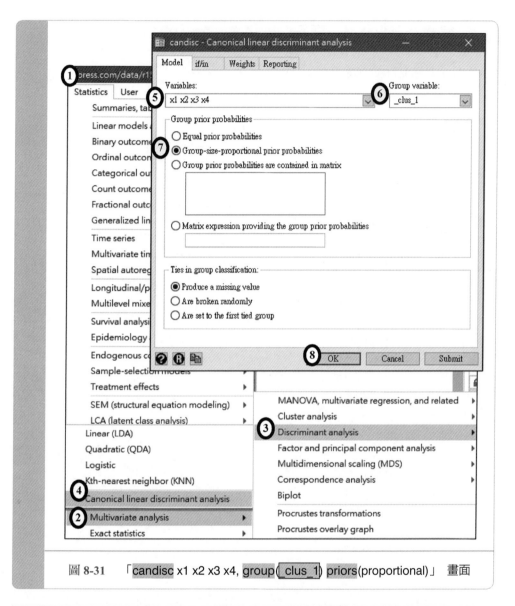

圖 8-31 「candisc x1 x2 x3 x4, group(_clus_1) priors(proportional)」 畫面

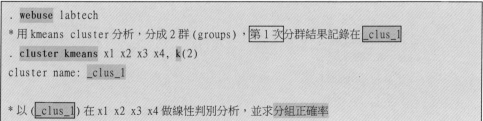

```
. webuse labtech
* 用 kmeans cluster 分析，分成 2 群 (groups)，第 1 次分群結果記錄在 _clus_1
. cluster kmeans x1 x2 x3 x4, k(2)
cluster name: _clus_1

* 以 (_clus_1) 在 x1 x2 x3 x4 做線性判別分析，並求分組正確率
```

```
. candisc x1 x2 x3 x4, group(_clus_1) priors(proportional)

Canonical linear discriminant analysis

       |                              | Like-
       | Canon.  Eigen-   Variance    | lihood
  Fcn  | Corr.   value   Prop.  Cumul.| Ratio    F      df1    df2   Prob>F
  -----+------------------------------+-----------------------------------
    1  | 0.8915  3.87098 1.0000 1.0000| 0.2053  43.549    4     45   0.0000 e
       ------------------------------------------------------------------

  H_0: this and smaller canon. corr. are zero.              e = exact F

Standardized canonical discriminant function coefficients

               | function1
  -------------+-----------
           x1  |  -.642697
           x2  |  -.4319647
           x3  |  -.7419228
           x4  |   .3600714


Canonical structure

               | function1
  -------------+-----------
           x1  |  -.5914473
           x2  |  -.3985391
           x3  |  -.6508707
           x4  |  -.0976807

Group means on canonical variables

       _clus_1 | function1
  -------------+-----------
            1  | -2.088643
            2  |  1.779215
```

```
Resubstitution classification summary


       +---------+
       | Key     |
       |---------|
       | Number  |
       | Percent |
       +---------+

                    | Classified
       True _clus_1 |     1        2 |   Total
       -------------+----------------+-------
              1 |      22        1 |    23
                |    95.65     4.35 |  100.00
                |                   |
              2 |       0       27 |    27
                |     0.00   100.00 |  100.00
       -------------+----------------+-------
          Total |      22       28 |    50
                |    44.00    56.00 |  100.00
                |                   |
         Priors |   0.4600   0.5400 |
```

* 以 (_clus_1) 在 x1 x2 x3 x4 做線性判別分析，分組正確率 =(22+27)/50=98%


*-----------------------------------
* 用 kmeans cluster 分析，分成 3 群 (groups)，第 2 次分群結果記錄在 _clus_2
. cluster kmeans x1 x2 x3 x4, k(3)
cluster name: _clus_2

* 改以 (_clus_2) 在 x1 x2 x3 x4 做線性判別分析，並求「3組」分組正確率
. candisc x1 x2 x3 x4, group(_clus_2) priors(proportional)

Canonical linear discriminant analysis


       |                              | Like-
       | Canon.   Eigen-   Variance   | lihood
   Fcn | Corr.    value  Prop.  Cumul.| Ratio     F      df1     df2   Prob>F
   ----+------------------------------+------------------------------------
```
```

```
  1 |  0.8866   3.67302  0.7851   0.7851 |  0.1067  22.675      8      88   0.0000  e
  2 |  0.7081   1.00553  0.2149   1.0000 |  0.4986  15.083      3      45   0.0000  e
----------------------------------------------------------------------
```

$H_0$: this and smaller canon. corr. are zero;                    e = exact F

Standardized canonical discriminant function coefficients

```
             | function1   function2
-------------+----------------------
        x1 |  -.4694848   -.9388879
        x2 |  -.1890188    .1944738
        x3 |  -.7467002    .5134291
        x4 |  -.0001111    .6089756
```

Canonical structure

```
             | function1   function2
-------------+----------------------
        x1 |  -.6501075   -.6132418
        x2 |  -.3518509    .0984776
        x3 |  -.8413791    .3605912
        x4 |  -.1805717    .3611726
```

Group means on canonical variables

```
     _clus_2 | function1   function2
-------------+----------------------
         1 |  -1.495329   -1.441541
         2 |  -2.214777    1.284624
         3 |   1.840664    .1329817
```

Resubstitution classification summary

```
   +---------+
   |  Key    |
   |---------|
   |  Number |
```

```
 | Percent |
 +---------+
            | Classified
 True _clus_2 |     1        2        3 |  Total
 -------------+-----------------------+-------
          1 |    [12]       1        0 |    13
            |  92.31     7.69     0.00 | 100.00
            |                          |
          2 |     1       [11]       0 |    12
            |   8.33    91.67     0.00 | 100.00
            |                          |
          3 |     0        0       [25]|    25
            |   0.00     0.00   100.00 | 100.00
 -------------+-----------------------+-------
      Total |    13       12       25 |   [50]
            |  26.00    24.00    50.00 | 100.00
            |                          |
      Priors |  0.2600   0.2400   0.5000 |
```
*(_clus_2) 在 x1 x2 x3 x4 做線性判別分析，分組正確率 =(12+11+25)/50=96%

1. 分成 2 組 (_clus_1)：線性判別分析求出分組正確率 =(22+27)/50=98%
2. 分成 3 組 (_clus_2)：線性判別分析求出分組正確率 =(12+11+25)/50=96%
3. 由於分成 2 組之正確率高於分成 3 組，故本例應分成 3 組才對。
4. 易言之，可改用其他「線性判別分析法」，或其他「分組個數」，藉由「分組的正確率」比較，即可找出最佳的「線性判別分析法」及「分組個數」。

Step 3. K-medians cluster 分成 3 組 (_clus_2)：各分組的命名？
　　3 組在 4 個依變數的平均得分高低，即可判定各分組該如何命名？

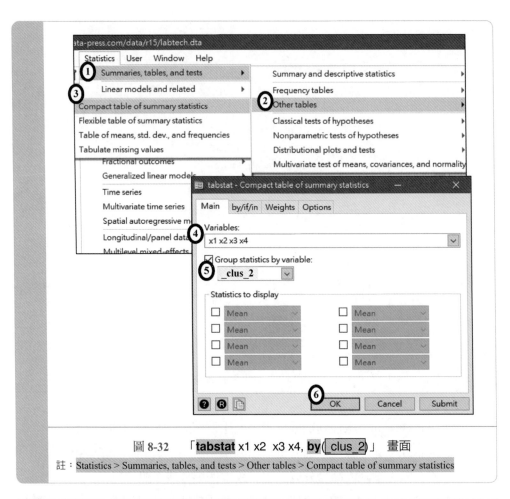

圖 8-32 「**tabstat** x1 x2  x3 x4, **by**( _clus_2 )」 畫面

註：Statistics > Summaries, tables, and tests > Other tables > Compact table of summary statistics

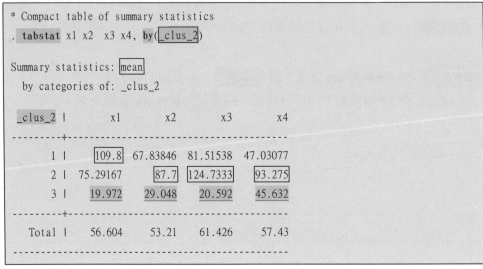

1. 集群分析分成 3 組 ( 新變數 _clus_2 )，結果如上表。
2. 組 1「_clus_2=1」在 x1 平均數得分最高，故可以「x1 屬性」來正向命名它。
3. 組 2「_clus_2=2」在「x2、x3、x4」平均數得分最高，故可以「x2、x3、x4 統合屬性」來正向命名它。
4. 組 3「_clus_2=3」在「x1、x2、x3、x4」平均數得分最低，故可以「(x1、x2、x3、x4) 統合屬性」來反向命名它。

**Step 4.** 各分群的命名當類別型自變數 ( 視同 a 因子 )，再與其他因素變數進行 MANOVA 分析

## ( 二 ) K-medians cluster 分析

**Step 1.** K-medians cluster analysis

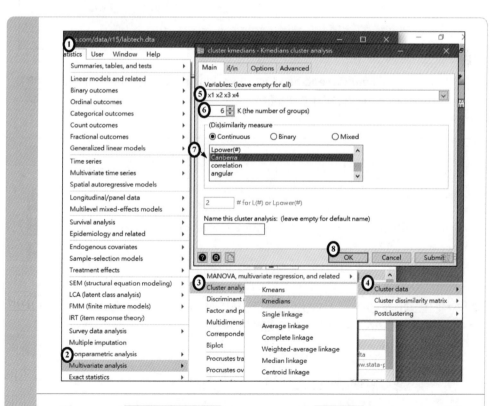

圖 8-33　「**cluster kmedians** x1 x2 x3 x4, k(6) **measure**(Canberra)」　畫面

註：Statistics > Multivariate analysis > Cluster analysis > Cluster data > Kmedians

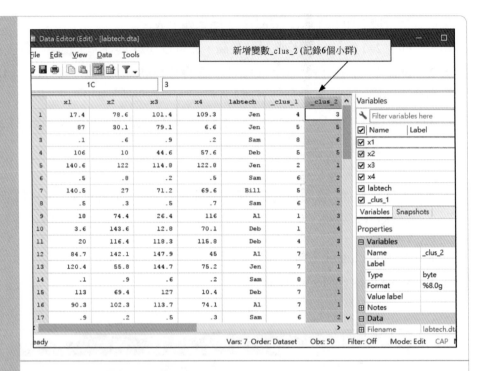

圖 8-34 「**cluster kmedians** x1 x2 x3 x4, k(6) **measure**(Canberra)」結果新增變數 **_clus_2** ( 記錄 6 個小群 )

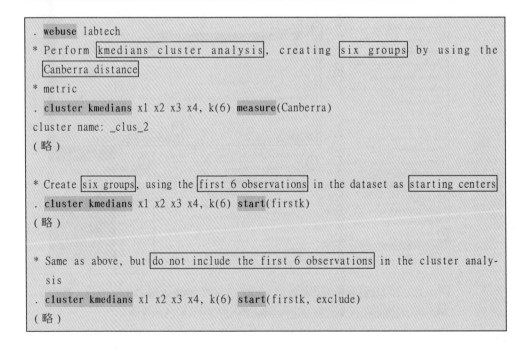

# 8-4 計算 similarity、dissimilarity：50 棵植物 4 個化學實驗數據 (matrix dissimilarity、mat list 指令 )

前面介紹集群分析基本概念和常見集群法。凝聚階層集群分析僅是集群分析其中一種。當我們遇到某特殊問題時，所採用分析法除須考慮各種集群法特點外，尚須考慮資料檔的大小。例如：遇到資料檔非常龐大 ( 觀察值超過 200 個以上 )，一般集群演算法不但占用龐大電腦記憶體，並且費時。

本例介紹「K-Means Cluster」統計程序則較不受觀察值個數增加，而占用大量電腦記憶體的限制且省時。因此適合眾多觀察值之集群分析。

在 K-Means Cluster 統計程序中，決定集群成員之演算法 (algorithm) 叫最近重心排序 (nearest centroid sorting) 法 (Anderberg, 1973)。它是在已知集群數情況下，將各觀察值分派到最近的重心。這種集群法，您可事先規定其各集群中心點；倘若您不知各集群的中心點亦無妨，它可依據您的研究資料進行估計。

範例：計算 similarity、dissimilarity：50 棵植物 4 個化學實驗數據 (matrix dissimilarity、mat list 指令 )

## 一、資料檔之內容

作爲一家小型生物技術公司的高級數據分析師，您將研究一個數據集，其中包含，從雨林搜集的特定植物的 50 個不同樣品的 4 個化學實驗室測量數據 (x1,x2,x3,x4)。收集樣本的考察隊負責人認爲，根據當地人的傳說，植物提取物可能會減少與貴公司最暢銷的營養補品相關的負面影響。

雖然公司化學家和植物學家繼續探索植物的可能用途，但產品開發負責人要求您查看初步數據，並向研究人員報告任何可能有用的信息。

雖然所有 50 種植物都應該屬於同一類型 (same type)，但是您決定進行集群分析 (cluster analysis)，以查看其中是否存在更小組或異常 (subgroups or anomalies)。你隨意決定使用 k-means clustering。

本例資料檔「labtech.dta」，如下圖所示，共有 50 個體。

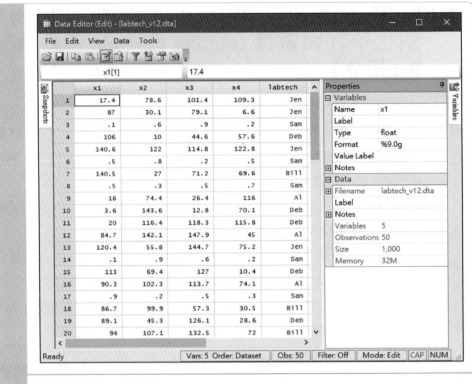

圖 8-35 「labtech.dta」 資料檔內容 (N=50 個體 )

## 二、分析結果與討論

```
. webuse labtech, clear

* Create matrix De holding the Euclidean distance between all the observations for
variables x1, x2, and x3
. matrix dissimilarity De = x1 x2 x3

* 印出 50 個觀察值的相似矩陣
. mat list De


symmetric De[50,50]
            obs1        obs2        obs3        obs4        obs5        obs6        obs7
obs1           0
```

| | | | | | | |
|---|---|---|---|---|---|---|
| obs2 | 87.713739 | 0 | | | | |
| obs3 | 128.38824 | 120.5699 | 0 | | | |
| obs4 | 125.62707 | 44.218322 | 114.9472 | 0 | | |
| obs5 | 131.30637 | 112.21881 | 217.83347 | 136.63528 | 0 | |
| obs6 | 128.76292 | 120.68948 | .83066236 | 114.8314 | 217.83161 | 0 | |
| obs7 | 136.85105 | 54.168903 | 159.22063 | 46.763339 | 104.52737 | 159.14597 | 0 |
| obs8 | 128.83055 | 120.61613 | .64031241 | 114.75692 | 217.95273 | .58309519 | 159.0955 |
| obs9 | 75.119906 | 97.471945 | 80.106805 | 110.55587 | 158.46477 | 80.060291 | 138.78058 |
| obs10 | 110.74927 | 155.67113 | 143.53697 | 171.30663 | 172.16144 | 143.38832 | 189.0707 |
| obs11 | 41.487471 | 116.07468 | 166.0976 | 155.39836 | 120.78068 | 166.40679 | 157.261 |
| obs12 | 103.55573 | 131.4638 | 220.88098 | 169.04139 | 68.003167 | 221.067 | 149.14604 |
| obs13 | 114.0339 | 77.97057 | 195.44198 | 111.01806 | 75.395556 | 195.65597 | 81.459805 |
| obs14 | 128.4415 | 120.69176 | .424264 | 115.03747 | 217.82356 | .57445627 | 159.30389 |
| obs15 | 99.394969 | 67.193007 | 182.70484 | 101.81906 | 60.641241 | 182.8673 | 75.2838 |
| obs16 | 77.636271 | 80.130458 | 176.64306 | 116.36404 | 54.031382 | 176.77257 | 99.981899 |
| obs17 | 128.83951 | 120.35439 | .97979588 | 114.39781 | 217.75174 | .78102496 | 158.76048 |
| obs18 | 84.858647 | 73.125715 | 143.32135 | 92.821282 | 81.852742 | 143.21892 | 91.662754 |
| obs19 | 82.82433 | 49.441379 | 159.98165 | 90.4099 | 93.074329 | 160.25299 | 77.400648 |
| obs20 | 87.447241 | 93.965738 | 193.59241 | 131.52498 | 52.027498 | 193.76591 | 111.06732 |
| obs21 | 82.781035 | 95.212392 | 166.71178 | 121.98631 | 70.745044 | 166.68734 | 114.75273 |
| obs22 | 78.195909 | 88.167225 | 106.48521 | 101.71981 | 129.77782 | 106.33386 | 120.8156 |
| obs23 | 94.088152 | 51.478736 | 167.08609 | 88.878233 | 87.944415 | 167.31973 | 69.932611 |
| obs24 | 97.568591 | 84.835192 | 41.982021 | 84.663273 | 176.20088 | 41.910143 | 124.79575 |
| obs25 | 107.71374 | 67.438341 | 93.376925 | 58.126156 | 137.15149 | 93.054286 | 87.668123 |
| obs26 | 42.313358 | 90.153536 | 88.212695 | 117.18217 | 160.86237 | 88.631876 | 142.35185 |
| obs27 | 128.03519 | 119.92785 | .76811457 | 114.24014 | 217.16282 | .86023252 | 158.50975 |
| obs28 | 117.80068 | 77.063479 | 63.872529 | 60.324786 | 167.54451 | 63.506614 | 102.84809 |
| obs29 | 74.887115 | 99.170863 | 75.044123 | 112.42669 | 163.81038 | 75.044057 | 142.04735 |
| obs30 | 128.5044 | 120.284 | .58309521 | 114.51175 | 217.6789 | .86602538 | 158.83007 |
| obs31 | 129.17515 | 121.15461 | .78740077 | 115.31045 | 218.49078 | .86602541 | 159.65798 |
| obs32 | 82.315669 | 51.411379 | 163.2075 | 91.976247 | 83.451728 | 163.44509 | 76.344878 |
| obs33 | 77.280074 | 54.372879 | 69.216978 | 67.916494 | 154.4521 | 69.457757 | 102.39502 |
| obs34 | 85.987324 | 47.346174 | 83.99452 | 63.320298 | 155.96827 | 84.33273 | 95.041308 |
| obs35 | 65.507097 | 67.920543 | 101.11568 | 98.081295 | 160.12514 | 101.67178 | 120.36989 |
| obs36 | 67.012684 | 51.806563 | 79.867266 | 74.328596 | 150.32519 | 80.215897 | 103.7988 |
| obs37 | 101.35892 | 94.562201 | 29.220027 | 96.621891 | 191.98717 | 29.589525 | 137.89568 |
| obs38 | 152.57723 | 106.14109 | 171.84647 | 96.751902 | 102.21473 | 171.46854 | 87.276 |
| obs39 | 72.287623 | 58.022581 | 91.503225 | 72.380245 | 127.77489 | 91.450151 | 96.663383 |

| | | | | | | |
|---|---|---|---|---|---|---|
| obs40 | 90.438213 | 87.810314 | 193.71766 | 127.17528 | 64.05022 | 193.95263 | 105.20771 |
| obs41 | 97.96229 | 88.420075 | 66.386219 | 87.935487 | 161.86801 | 66.082676 | 122.31549 |
| obs42 | 128.41476 | 120.1824 | .94339807 | 114.33997 | 217.36097 | .50990192 | 158.64381 |
| obs43 | 98.411889 | 30.595427 | 151.05926 | 62.841868 | 91.624125 | 151.19243 | 46.077655 |
| obs44 | 102.27404 | 44.077428 | 141.22995 | 56.389893 | 84.175179 | 141.13515 | 47.782529 |
| obs45 | 127.57159 | 98.249737 | 214.38603 | 126.76352 | 40.784681 | 214.49471 | 91.166114 |
| obs46 | 45.566216 | 87.070894 | 151.06707 | 129.90966 | 132.42916 | 151.55927 | 133.57354 |
| obs47 | 98.730796 | 85.846549 | 37.387831 | 88.522823 | 186.46354 | 37.760296 | 129.55215 |
| obs48 | 128.97414 | 120.47576 | 1.0049876 | 114.50699 | 217.92781 | .90553853 | 158.88228 |
| obs49 | 85.4535 | 104.11792 | 191.15476 | 138.68115 | 55.017275 | 191.2609 | 122.73113 |
| obs50 | 143.50087 | 122.77459 | 191.89825 | 128.92657 | 80.676271 | 191.6126 | 115.02918 |

| | obs8 | obs9 | obs10 | obs11 | obs12 | obs13 | obs14 |
|---|---|---|---|---|---|---|---|
| obs8 | 0 | | | | | | |
| obs9 | 80.42307 | 0 | | | | | |
| obs10 | 143.86032 | 71.97889 | 0 | | | | |
| obs11 | 166.54219 | 101.06241 | 110.17736 | 0 | | | |
| obs12 | 221.18689 | 154.25443 | 157.58004 | 75.648789 | 0 | | |
| obs13 | 195.57581 | 157.56462 | 196.84687 | 120.20599 | 93.447426 | 0 | |
| obs14 | .72801096 | 79.926843 | 143.26333 | 166.10103 | 220.88886 | 195.5784 | 0 |
| obs15 | 182.84778 | 138.45707 | 174.68727 | 104.56429 | 80.765033 | 23.516164 | 182.7994 |
| obs16 | 176.86797 | 116.7347 | 139.29605 | 71.84748 | 52.773479 | 63.476454 | 176.66242 |
| obs17 | .41231054 | 80.429225 | 143.95187 | 166.56558 | 221.09909 | 195.35928 | 1.0677078 |
| obs18 | 143.4463 | 79.528294 | 103.90164 | 91.881119 | 99.965991 | 103.53386 | 143.23215 |
| obs19 | 160.15717 | 125.86544 | 172.65582 | 99.452803 | 99.321907 | 37.893273 | 160.1331 |
| obs20 | 193.83624 | 134.54553 | 154.37779 | 75.921868 | 39.352896 | 58.970246 | 193.63176 |
| obs21 | 166.92372 | 95.261426 | 102.08673 | 74.62151 | 73.479313 | 104.83496 | 166.62431 |
| obs22 | 106.67722 | 33.930516 | 69.930829 | 95.423532 | 133.50966 | 140.63943 | 106.31209 |
| obs23 | 167.22395 | 133.68224 | 179.87035 | 109.04022 | 101.57722 | 28.820302 | 167.23379 |
| obs24 | 42.09228 | 48.717452 | 119.01341 | 133.66204 | 182.02252 | 159.07212 | 41.924814 |
| obs25 | 93.277115 | 64.189174 | 117.88983 | 134.01403 | 160.34269 | 135.98661 | 93.262802 |
| obs26 | 88.70879 | 50.064557 | 104.65515 | 79.94705 | 143.3593 | 140.91661 | 88.259954 |
| obs27 | .83666001 | 79.644524 | 143.21443 | 165.73527 | 220.35485 | 194.85343 | .80622577 |
| obs28 | 63.640474 | 69.94112 | 134.33303 | 151.15545 | 186.60769 | 153.80328 | 63.804859 |
| obs29 | 75.397284 | 7.2910899 | 75.704957 | 102.60863 | 158.18681 | 160.2069 | 74.87363 |
| obs30 | .41231055 | 80.273409 | 143.82455 | 166.2478 | 220.88243 | 195.2197 | .83666 |
| obs31 | .57445626 | 80.781806 | 144.08838 | 166.88227 | 221.63901 | 196.08674 | .86023251 |
| obs32 | 163.38237 | 124.61697 | 168.22898 | 95.787994 | 91.319664 | 34.552861 | 163.33576 |

| obs33 | 69.387463 | 62.346533 | 132.69443 | 115.96232 | 159.02283 | 126.40213 | 69.34991 |
| obs34 | 84.110935 | 87.321589 | 156.47141 | 124.9245 | 162.19153 | 115.98832 | 84.226002 |
| obs35 | 101.4462 | 94.41621 | 157.0109 | 104.90191 | 150.60747 | 115.04438 | 101.36696 |
| obs36 | 80.108739 | 68.014266 | 135.89092 | 106.67076 | 150.55115 | 117.91866 | 80.032369 |
| obs37 | 29.522872 | 63.063382 | 132.73354 | 140.17711 | 193.32222 | 167.50003 | 29.361369 |
| obs38 | 171.71529 | 127.05578 | 147.73642 | 161.24379 | 151.50822 | 136.08203 | 171.70938 |
| obs39 | 91.644586 | 42.21777 | 101.39004 | 100.35682 | 136.4789 | 121.84486 | 91.440583 |
| obs40 | 193.95237 | 142.67344 | 170.96559 | 85.768641 | 56.0432 | 39.785681 | 193.80715 |
| obs41 | 66.446821 | 33.873442 | 96.304783 | 127.2397 | 170.79467 | 158.4065 | 66.182551 |
| obs42 | .72111021 | 79.783897 | 143.25457 | 166.078 | 220.65049 | 195.16121 | .80622575 |
| obs43 | 151.11641 | 121.66964 | 172.12107 | 118.46523 | 116.46429 | 49.177328 | 151.18433 |
| obs44 | 141.22553 | 100.06248 | 142.75385 | 119.04163 | 119.14567 | 83.208349 | 141.22804 |
| obs45 | 214.50725 | 165.50321 | 192.67723 | 123.9036 | 76.831516 | 38.380463 | 214.45543 |
| obs46 | 151.46548 | 114.53838 | 155.96667 | 65.139313 | 103.72671 | 91.791777 | 151.233 |
| obs47 | 37.595477 | 67.106559 | 138.24649 | 138.38562 | 189.06935 | 158.96308 | 37.589492 |
| obs48 | .42426409 | 80.635043 | 144.15302 | 166.71665 | 221.2654 | 195.47747 | 1.1445523 |
| obs49 | 191.41424 | 123.6415 | 131.99917 | 66.987388 | 36.037335 | 85.338561 | 191.1342 |
| obs50 | 191.91042 | 129.44767 | 130.08727 | 139.95645 | 121.49439 | 135.67067 | 191.74155 |

|  | obs15 | obs16 | obs17 | obs18 | obs19 | obs20 | obs21 |
|---|---|---|---|---|---|---|---|
| obs15 | 0 | | | | | | |
| obs16 | 42.125883 | 0 | | | | | |
| obs17 | 182.63981 | 176.72298 | 0 | | | | |
| obs18 | 80.498635 | 56.565712 | 143.27585 | 0 | | | |
| obs19 | 33.953353 | 58.345527 | 159.9644 | 87.86558 | 0 | | |
| obs20 | 42.573933 | 19.752723 | 193.69879 | 75.895785 | 62.32343 | 0 | |
| obs21 | 81.633203 | 44.570054 | 166.80557 | 32.15478 | 94.29003 | 60.198339 | 0 |
| obs22 | 119.24378 | 94.665885 | 106.58921 | 48.778989 | 114.51161 | 113.64216 | 66.600148 |
| obs23 | 27.788126 | 60.501656 | 167.00946 | 90.023832 | 12.256023 | 63.605815 | 97.20504 |
| obs24 | 144.25848 | 136.3761 | 41.904774 | 101.54427 | 124.99696 | 154.06223 | 125.79972 |
| obs25 | 118.16603 | 111.05197 | 93.004356 | 64.500387 | 111.02999 | 130.33438 | 95.507537 |
| obs26 | 126.45102 | 109.79477 | 88.769587 | 97.087227 | 105.04861 | 123.31237 | 106.13548 |
| obs27 | 182.09088 | 176.04971 | .86602538 | 142.65167 | 159.43105 | 193.02054 | 166.10253 |
| obs28 | 139.20819 | 136.74074 | 63.300711 | 96.449521 | 124.4538 | 155.18408 | 126.07593 |
| obs29 | 141.70589 | 120.85905 | 75.427452 | 85.630073 | 127.53176 | 138.33994 | 101.104 |
| obs30 | 182.50967 | 176.56141 | .50990191 | 143.22824 | 159.78826 | 193.51579 | 166.69361 |
| obs31 | 183.36952 | 177.36542 | .92736182 | 143.96503 | 160.6471 | 194.32406 | 167.40633 |
| obs32 | 25.465863 | 49.172354 | 163.1901 | 81.102405 | 9.8974739 | 53.479809 | 86.085131 |

| obs33 | 114.03635 | 112.15409 | 69.193858 | 90.593488 | 90.910613 | 127.99723 | 113.06463 |
| obs34 | 108.02065 | 114.9917 | 83.89064 | 103.38148 | 80.636283 | 128.51436 | 124.95575 |
| obs35 | 108.94723 | 111.88517 | 101.36735 | 114.35581 | 77.602123 | 121.78095 | 127.28566 |
| obs36 | 106.62786 | 105.38715 | 79.957865 | 91.533437 | 81.120217 | 119.86342 | 110.84566 |
| obs37 | 154.83679 | 149.09259 | 29.417852 | 120.31475 | 131.53767 | 165.49758 | 142.6414 |
| obs38 | 117.47191 | 110.99684 | 171.43865 | 69.833375 | 131.95264 | 126.70726 | 91.440528 |
| obs39 | 103.203 | 89.827223 | 91.474369 | 52.344721 | 92.078498 | 108.66361 | 77.189763 |
| obs40 | 30.555365 | 35.278896 | 193.80044 | 89.196195 | 46.626179 | 23.562894 | 79.729609 |
| obs41 | 140.2913 | 126.32316 | 66.298794 | 82.120032 | 127.78208 | 145.36145 | 106.85368 |
| obs42 | 182.37574 | 176.31948 | .69999997 | 142.78963 | 159.76846 | 193.31335 | 166.28208 |
| obs43 | 41.345615 | 67.750203 | 150.85974 | 78.466874 | 31.783799 | 77.176418 | 94.153278 |
| obs44 | 64.928113 | 67.593266 | 140.95836 | 44.063252 | 69.629373 | 84.328759 | 69.916378 |
| obs45 | 34.371357 | 56.316612 | 214.2903 | 97.119523 | 67.323107 | 49.053141 | 92.177066 |
| obs46 | 86.200465 | 81.428932 | 151.42754 | 109.51142 | 62.41306 | 83.572363 | 107.29893 |
| obs47 | 147.17666 | 143.86417 | 37.427395 | 117.46531 | 123.03991 | 159.90882 | 140.25815 |
| obs48 | 182.77705 | 176.88918 | .22360678 | 143.47494 | 160.07604 | 193.85729 | 167.0035 |
| obs49 | 65.616308 | 25.998653 | 191.30285 | 63.960069 | 83.430751 | 28.487541 | 38.688762 |
| obs50 | 114.39694 | 94.257566 | 191.70869 | 61.371736 | 134.79603 | 107.57007 | 65.493509 |

| | obs22 | obs23 | obs24 | obs25 | obs26 | obs27 | obs28 |
| obs22 | 0 | | | | | | |
| obs23 | 120.28691 | 0 | | | | | |
| obs24 | 68.40665 | 131.65413 | 0 | | | | |
| obs25 | 52.158698 | 113.46669 | 55.594424 | 0 | | | |
| obs26 | 70.346995 | 115.762 | 63.718519 | 93.137585 | 0 | | |
| obs27 | 105.89414 | 166.50943 | 41.300606 | 92.621273 | 87.941967 | 0 | |
| obs28 | 74.571308 | 128.03226 | 35.318409 | 35.176841 | 92.230687 | 63.106339 | 0 |
| obs29 | 41.004876 | 135.71684 | 45.880173 | 68.113216 | 46.151271 | 74.620443 | 70.440048 |
| obs30 | 106.52295 | 166.8624 | 41.853674 | 93.129856 | 88.39649 | .64031239 | 63.504803 |
| obs31 | 107.12264 | 167.72877 | 42.624524 | 93.8299 | 88.994716 | 1.3304135 | 64.197352 |
| obs32 | 110.89179 | 13.48073 | 126.7604 | 109.37157 | 106.54656 | 162.63695 | 125.47681 |
| obs33 | 73.182305 | 98.112336 | 36.677786 | 60.086107 | 53.654727 | 68.646923 | 50.061663 |
| obs34 | 95.371376 | 87.22867 | 59.149384 | 76.819333 | 69.354162 | 83.499637 | 65.665056 |
| obs35 | 106.14245 | 87.823803 | 80.418968 | 105.04842 | 55.961239 | 100.81811 | 98.120847 |
| obs36 | 78.157661 | 89.477932 | 49.857498 | 71.24809 | 47.909706 | 79.376383 | 64.829779 |
| obs37 | 87.638974 | 139.13034 | 22.973028 | 77.361102 | 63.265233 | 28.760042 | 52.927403 |
| obs38 | 97.053851 | 128.23139 | 134.25327 | 78.991899 | 156.55085 | 171.09103 | 110.89279 |
| obs39 | 33.588388 | 97.802456 | 49.645241 | 35.649542 | 60.707167 | 90.841126 | 52.749028 |

| | | | | | | |
|---|---|---|---|---|---|---|
| obs40 | 125.02524 | 47.229339 | 155.75956 | 135.44837 | 125.30926 | 193.16279 | 156.69956 |
| obs41 | 43.955545 | 133.49551 | 30.986771 | 39.003332 | 71.424713 | 65.726859 | 38.640523 |
| obs42 | 105.98957 | 166.82641 | 41.458896 | 92.620841 | 88.332834 | .50990194 | 63.065283 |
| obs43 | 107.15493 | 26.972947 | 114.85595 | 91.144118 | 111.84212 | 150.42423 | 105.87946 |
| obs44 | 76.781636 | 67.542428 | 100.86768 | 58.647676 | 110.09859 | 140.50526 | 85.543789 |
| obs45 | 142.04377 | 59.56786 | 174.77758 | 142.23031 | 157.58291 | 213.74523 | 166.93481 |
| obs46 | 115.97483 | 74.354157 | 122.96581 | 132.06851 | 74.447705 | 150.73596 | 139.12211 |
| obs47 | 88.805686 | 130.41568 | 25.40433 | 75.164754 | 63.092707 | 36.910431 | 50.84968 |
| obs48 | 106.80398 | 167.12238 | 42.095844 | 93.196353 | 88.895273 | 1.029563 | 63.462508 |
| obs49 | 99.940286 | 85.905414 | 150.91909 | 125.35019 | 120.09771 | 190.58188 | 153.17565 |
| obs50 | 95.582946 | 132.51408 | 151.79503 | 102.6326 | 156.7438 | 191.18946 | 137.74869 |

| | obs29 | obs30 | obs31 | obs32 | obs33 | obs34 | obs35 |
|---|---|---|---|---|---|---|---|
| obs29 | 0 | | | | | | |
| obs30 | 75.240816 | 0 | | | | | |
| obs31 | 75.732823 | .87177978 | 0 | | | | |
| obs32 | 126.79885 | 163.02346 | 163.88218 | 0 | | | |
| obs33 | 60.531399 | 69.027314 | 69.887123 | 94.002444 | 0 | | |
| obs34 | 85.473621 | 83.725381 | 84.569849 | 86.016103 | 25.581827 | 0 | |
| obs35 | 91.430086 | 101.03742 | 101.78193 | 83.964095 | 48.627669 | 38.398701 | 0 |
| obs36 | 66.020151 | 79.727035 | 80.563268 | 84.896463 | 15.068179 | 22.265218 | 34.585547 |
| obs37 | 58.135277 | 29.14807 | 29.954799 | 134.76898 | 41.184706 | 57.926588 | 73.92138 |
| obs38 | 133.41728 | 171.59595 | 172.25879 | 125.66296 | 131.29791 | 141.27127 | 165.81523 |
| obs39 | 45.849974 | 91.404268 | 92.165396 | 90.556334 | 42.998956 | 63.158214 | 79.928347 |
| obs40 | 145.64461 | 193.60499 | 194.43789 | 39.262712 | 125.75508 | 121.63639 | 113.29206 |
| obs41 | 35.673102 | 66.339355 | 66.922269 | 127.13811 | 54.2872 | 78.698727 | 99.150545 |
| obs42 | 74.78202 | .78102491 | 1.2206555 | 162.95938 | 68.971444 | 83.855169 | 101.27789 |
| obs43 | 124.09053 | 150.78037 | 151.65158 | 31.807073 | 83.834899 | 74.41949 | 86.551257 |
| obs44 | 104.61443 | 140.97255 | 141.79259 | 64.899073 | 82.317007 | 85.990114 | 106.23436 |
| obs45 | 169.56802 | 214.18584 | 215.04133 | 59.48076 | 146.57742 | 141.51386 | 143.18886 |
| obs46 | 113.73953 | 151.08164 | 151.81469 | 65.575223 | 92.291118 | 87.678166 | 58.32821 |
| obs47 | 62.729661 | 37.204703 | 38.044578 | 126.69625 | 33.17258 | 47.513049 | 66.011745 |
| obs48 | 75.627313 | .53851647 | .8306624 | 163.31276 | 69.314789 | 83.958141 | 101.41662 |
| obs49 | 128.26387 | 191.13101 | 191.89034 | 74.496243 | 130.49495 | 136.44215 | 131.11529 |
| obs50 | 136.50047 | 191.76882 | 192.43004 | 126.36523 | 146.95173 | 159.1258 | 174.52587 |

| | obs36 | obs37 | obs38 | obs39 | obs40 | obs41 | obs42 |
|---|---|---|---|---|---|---|---|
| obs36 | 0 | | | | | | |

| obs37 | 50.959298 | 0 | | | | | |
| obs38 | 137.72368 | 155.99725 | 0 | | | | |
| obs39 | 48.831755 | 68.020366 | 97.755869 | 0 | | | |
| obs40 | 116.17182 | 164.95624 | 137.27819 | 113.96338 | 0 | | |
| obs41 | 66.17273 | 53.031123 | 112.23377 | 37.548501 | 151.41619 | 0 | |
| obs42 | 79.753183 | 29.151329 | 171.05339 | 91.009066 | 193.48685 | 65.732032 | 0 |
| obs43 | 78.82284 | 124.61978 | 108.12387 | 81.943518 | 67.177456 | 115.62746 | 150.68633 |
| obs44 | 83.927466 | 117.91747 | 64.503881 | 59.414978 | 87.341004 | 90.122415 | 140.6464 |
| obs45 | 140.07316 | 187.0446 | 122.21465 | 130.76824 | 43.556867 | 167.3402 | 214.00215 |
| obs46 | 77.913415 | 122.61888 | 172.09315 | 100.33993 | 74.829072 | 130.18253 | 151.1747 |
| obs47 | 42.89464 | 10.913293 | 153.05614 | 65.566838 | 158.16517 | 55.996072 | 37.295307 |
| obs48 | 80.062289 | 29.532017 | 171.63193 | 91.666843 | 193.93953 | 66.518118 | .90553849 |
| obs49 | 124.20314 | 164.4448 | 118.56758 | 103.41751 | 51.676784 | 137.4143 | 190.83629 |
| obs50 | 150.20653 | 173.22682 | 47.163656 | 107.24131 | 124.70834 | 126.71744 | 191.2131 |

| | obs43 | obs44 | obs45 | obs46 | obs47 | obs48 | obs49 |
| --- | --- | --- | --- | --- | --- | --- | --- |
| obs43 | 0 | | | | | | |
| obs44 | 46.27202 | 0 | | | | | |
| obs45 | 70.780012 | 84.926619 | 0 | | | | |
| obs46 | 88.605531 | 112.29506 | 115.27615 | 0 | | | |
| obs47 | 115.85936 | 111.87676 | 179.72229 | 116.67052 | 0 | | |
| obs48 | 150.98017 | 141.12586 | 214.43745 | 151.51875 | 37.513996 | 0 | |
| obs49 | 93.479516 | 86.798388 | 70.136516 | 95.507593 | 160.51745 | 191.48084 | 0 |
| obs50 | 120.26471 | 80.190903 | 113.10089 | 166.3129 | 171.21177 | 191.91855 | 91.447797 |

* Create matrix Dc holding the Canberra distance between all the observations for variables x1, x2, and x3
. matrix dis Dc = x1 x2 x3, Canberra
（略）
* List the result
. mat list Dc
（略）

* Create matrix Dcvars holding the Canberra distance between all the variables
. mat dis Dcvars = , Canberra variables
（略）

```
* List the result
. mat list Dcvars
(略)
```

# 8-5 二元變數 (binary variables) 之集群分析 (cluster kmeans 指令 )

## 8-5-1 二元變數 (binary variables) 關聯性 (association) 之概念

在 Woodyard Hammock( 吊床 ) 的例子中，觀察員記錄了*每個地點* (each site)*每個物種* (species) 有多少個體才屬於這個樣本。然而，其他研究法可能會發現觀察者記錄該物種是否存在於一個地點。在社會學研究中，我們可能會看到，有些人具有某特質 (traits) ，但其他人則沒有此特質。因此用「1 vs. 0」編碼，來表示感興趣的特徵是否存在。

對於樣本單位 i 和單位 j，考慮下列「1-1, 1-0, 0-1, 0-0」匹配頻率的列聯表 (contingency) 表：

| | | Unit *j* | | |
| --- | --- | --- | --- | --- |
| | | **1** | **0** | **Total** |
| Unit *i* | 1 | *a* | *b* | *a* + *b* |
| | 0 | *c* | *d* | *c* + *d* |
| | Total | *a* + *c* | *b* + *d* | *p* = *a* + *b* + *c* + *d* |

如果比較 2 個受試者 (subjects) ，subject i 和 subject j。*a* 是 2 個 subjects 的變數數量。在 Woodyard 吊床的例子中，這將是 2 個地點的物種數量。其次，*b* 將是在 subject i 發現 ( 但不是 subject j) 的數量 ( 物種 )。*c* 正好相反，*d* 是在任一 subject 中都找不到的數字。

從這裡可以計算「列總合 (row totals) 、行總和 (column totals) 及全體總和

(grand total)」。

Johnson 和 Wichern 列出可用於二進制數據的<mark>距離相似係數 (similarity coefficients，見下表)</mark>。

| 係數 | 理由 |
|---|---|
| $\dfrac{a+d}{p}$ | Equal weights for 1-1, 0-0 matches |
| $\dfrac{2(a+d)}{2(a+d)+b+c}$ | Double weights for 1-1, 0-0 matches |
| $\dfrac{a+d}{a+d+2(b+c)}$ | Double weights for unmatched pairs |
| $\dfrac{a}{p}$ | Proportion of 1-1 matches |
| $\dfrac{a}{a+b+c}$ | 0-0 matches are irrelevant |
| $\dfrac{2a}{2a+b+c}$ | 0-0 matches are irrelevant<br>Double weights for 1-1 matches |
| $\dfrac{a}{a+2(b+c)}$ | 0-0 matches are irrelevant<br>Double weights for unmatched pairs |
| $\dfrac{a}{b+c}$ | Ratio of 1-1 matches to mismatches |

距離相似係數，第一個係數先看 matches 的數量 (1-1 或 0-0)，並除以變數的總數。如果 2 個地點有相同的物種清單，那麼這個係數等於 1，因為「c = b = 0」。2 個地點中只有 1 個發現的物種愈多，這個係數的值就愈小。如果在 1 個地點沒有發現物種，那麼這個係數取值為 0，因為在這種情況下「a = d = 0」。

其餘係數，給配或對 (matched)(1-1 或 0-0) 或錯誤配對 (mismatched)(1-0 或 0-1) 的配對賦予不同的權重。因為，第二個係數給配對雙倍的權重，從而強調物種同意 (agreements)。相比之下，第三個係數給未成對 mismatched pairs 的雙倍權重，更強烈地懲罰「不同意 (disagreements between the species lists)」。其餘的係數忽略 (ignores) 在 2 個地點都沒有發現的物種。

二元變數的距離測量法有 14 種，故<mark>距離相似係數的選擇</mark>將對分析結果產生不同影響。係數可以基於當前問題的特定理論考慮來選擇，或者為了產生對數據的最簡潔描述。對於後者，可以使用這些係數中的幾個來重複 (repeated) 分析。

最容易產生解釋結果的係數就被選擇。

最重要的是，在分析可以進行前，需要在 subjects 之間建立一些「聯結程度 (measure of association)」。

## 8-5-2 二元變數之集群分析 (cluster analysis for binary variables)：35 題是非題 (cluster kmeans 、 cluster kmedians 指令 )

範例：二元變數之集群分析 (cluster analysis for binary variables)：35 題是非題 (cluster kmeans 、 cluster kmedians 指令 )

研究者調查女子俱樂部，邀請社會上 30 名女性，讓她們填寫一份問卷，內容有關體育、音樂、閱讀和業餘愛好的問題，共 35 題，均為是非題「yes vs. no」回答方式之 binary 變數。

在籌劃俱樂部的第一次會議時，要女性根據共同興趣在 5 個午餐桌上分布座位。真的希望分享利益的人們才坐在一起，而不是那些不喜歡的人們。從所有可用的二元相似性度量中，本例決定使用 Jaccard 係數作為二元相似性度量，因為它不包括其公式中的「聯合 0 比較 (jointly zero comparisons)」。

本例決定用 kmeans 、 kmedians clustering 來分組。

## 一、資料檔之內容

資料檔「wclub.dta」，如圖 8-36 所示。

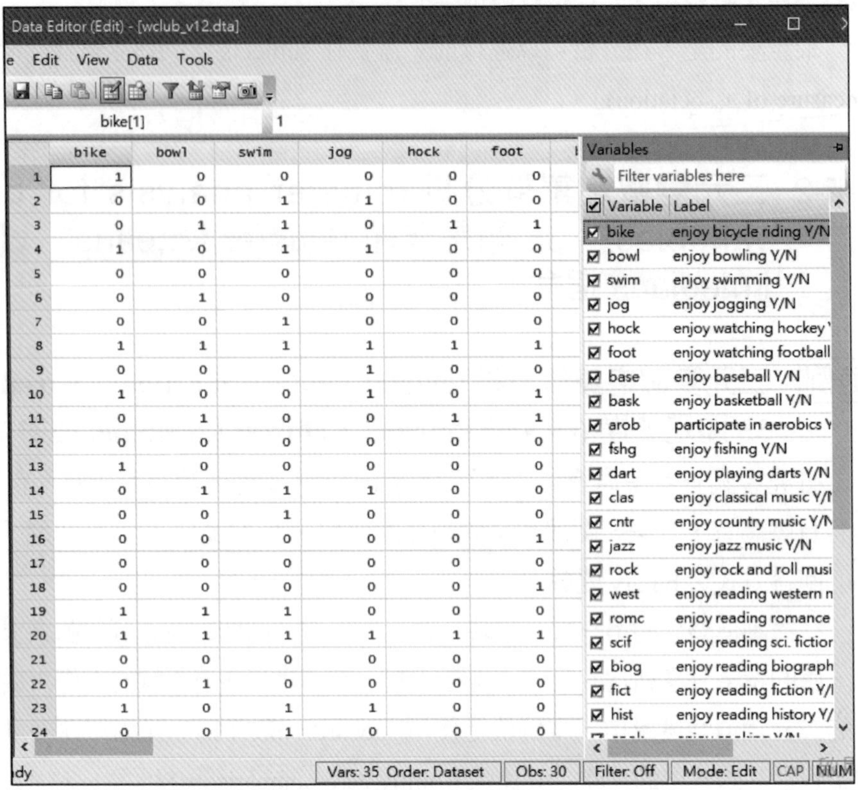

圖 8-36 「wclub.dta」 資料檔內容 (N=30 個人 )

## 二、分析結果與討論

Step 1. 二元變數之 cluster kmeans

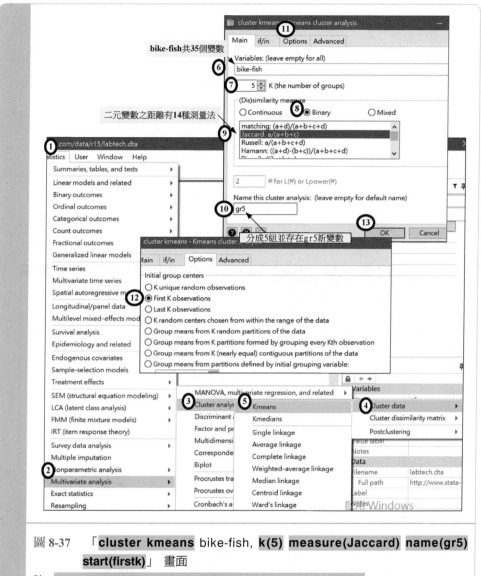

圖 8-37　「**cluster kmeans** bike-fish, **k(5)** **measure(Jaccard)** **name(gr5)** **start(firstk)**」　畫面

註：Statistics > Multivariate analysis > Cluster analysis > Cluster data > Kmeans

```
. webuse wclub, clear

*35 變數用 kmedians ，Jaccard 測量距離，分成 5 組並存在 gr5 新變數
. cluster kmeans bike-fish, k(5) measure(Jaccard) name(gr5) start(firstk)
```

```
* 分組之次數分布
. tabulate gr5

    gr5 |      Freq.     Percent        Cum.
------------+-----------------------------------
      1 |          7       23.33       23.33
      2 |          7       23.33       46.67
      3 |          5       16.67       63.33
      4 |          5       16.67       80.00
      5 |          6       20.00      100.00
------------+-----------------------------------
  Total |         30      100.00
```

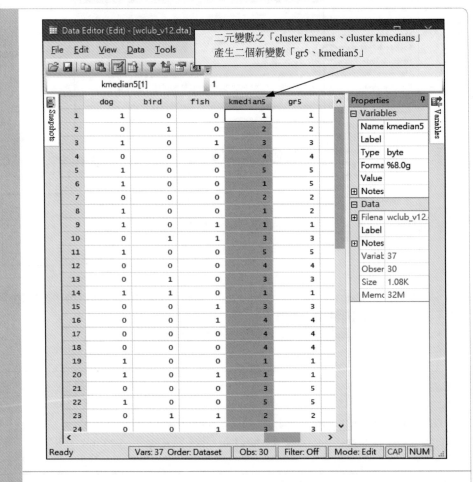

圖 8-38　二元變數之 「cluster kmeans、cluster kmedians」 產生 2 個新變數 「gr5、kmedian5」

**Step 2.** 二元變數之 cluster kmedians

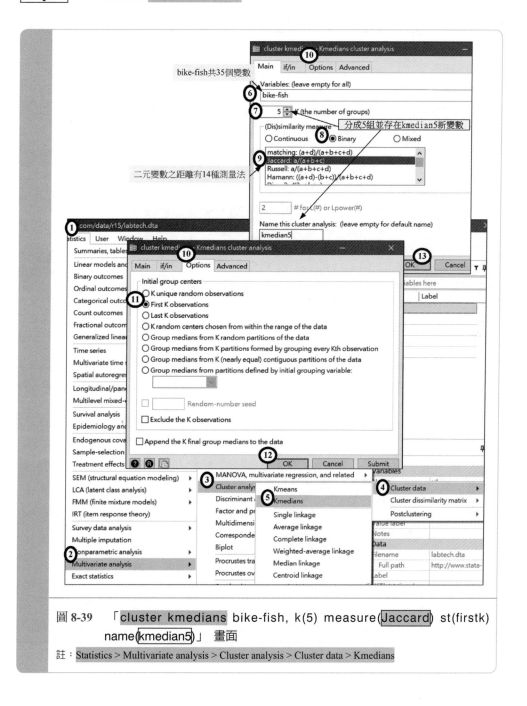

圖 8-39 「cluster kmedians bike-fish, k(5) measure(Jaccard) st(firstk) name(kmedian5)」 畫面

註：Statistics > Multivariate analysis > Cluster analysis > Cluster data > Kmedians

```
. webuse wclub.dta, clear
```

```
. use wclub.dta, clear


*35 變數用 kmedians，Jaccard 測量距離，分成 5 組並存在 kmedian5 新變數
. cluster kmedians bike-fish, k(5) measure(Jaccard) name(kmedian5) start(firstk)

* 印出 5 組之 kmedian5 新變數
. cluster list kmedian5
kmedian5 (type: partition, method: kmedians, similarity: Jaccard)
vars: kmedian5 (group variable)
other: cmd: cluster kmedians bike-fish, k(5) measure(Jaccard) st(firstk)
name(kmedian5)
varlist: bike bowl swim jog hock foot base bask arob fshg dart clas
cntr jazz rock west romc scif biog fict hist cook shop soap
sew crft auto pokr brdg kids hors cat dog bird fish
k: 5
start: firstk
range: 1 0

* 分組之次數分布
. tabulate kmedian5


    kmedian5 |     Freq.     Percent        Cum.
------------+-----------------------------------
         1 |         9       30.00       30.00
         2 |         6       20.00       50.00
         3 |         6       20.00       70.00
         4 |         5       16.67       86.67
         5 |         4       13.33      100.00
------------+-----------------------------------
     Total |        30      100.00
```

# 主成分分析
(principal components analysis,
pca指令)

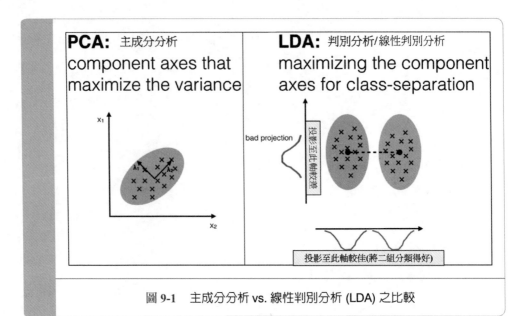

圖 9-1　主成分分析 vs. 線性判別分析 (LDA) 之比較

## 一、緒論

　　當樣本數據是從一個人群中蒐集到大量的變數，主成分分析亦是維度縮減之一。例如：Boyer 和 Savageau 曾根據以下 9 個準則，評估 329 個社區的居住品質 (資料建檔如圖 9-2)，做居住地評比 (places rated) 以蒐集資料，包括：(1) 氣候和地形 (climate and terrain)；(2) 住房 (housing)；(3) 衛生保健與環境 (health care & the environment)；(4) 犯罪 (crime)；(5) 運輸 (transportation)；(6) 教育 (education)；(7) 藝術 (the arts)；(8) 娛樂 (recreation)；(9) 經濟學 (economics)。

　　本例係以「地區」為分析單位，樣本資料共 9 大類的變數，除了住房和犯罪外，其他變數的分數愈高愈好。住房和犯罪，負向題的分數愈低愈好。在一些社區可能於藝術方面做得更好，其他社區在犯罪率較低和教育機會較好的其他領域可能會更好。故本樣本就可延伸至「美國房地產泡沫的地理和制度因素：制度、設施和稅收的作用」的研究。

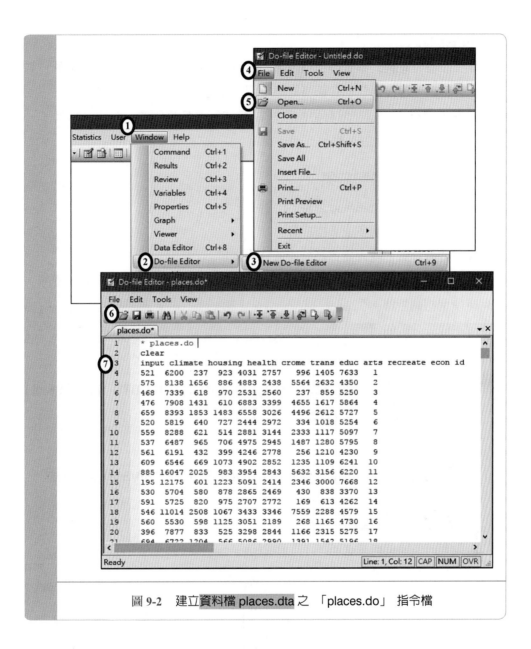

圖 9-2 建立資料檔 places.dta 之 「places.do」 指令檔

## 二、主成分分析 (principal components analysis, PCA) 目的

由於大量的變數，分散矩陣 (dispersion matrix) 可能太大而無法正確地研究和解釋。你要擔心的是：變數之間成對相關性太多。數據的圖形顯示可能也不是特別有用的，因為資料檔非常大。例如：有 12 個變數，就會有 200 多個三維散

點圖被研究！

為了以更有意義的形式解釋數據，因此有必要將變數的數量減少到可解釋數據的線性組合。每個線性組合都將對應一個主成分。

此外，還有另一個非常有用的數據縮減技術，稱為因素分析 ( 又譯因子分析 )，將在後續的課程中討論。

### 三、PCA 學習目標和結果

1. 你會使用 STaTa 進行主成分分析。
2. 評估分析中應該考慮多少個主成分。
3. 解釋主成分分數，能夠描述高分或低分的 subjects。
4. 確定主成分分析何時可以基於「變異數—共變數 (variance- covariance)」矩陣，何時使用相關矩陣。
5. 瞭解主成分分數如何用於進一步的分析。

# 9-1 主成分分析 (principal components analysis) 之重點整理 (pca 指令 )

## 9-1-1 主成分分析 (principal components analysis) 之概念

### 一、主成分分析的程序

假設有一個隨機向量 X：

$$X = \begin{pmatrix} X_1 \\ X_2 \\ \vdots \\ X_p \end{pmatrix}$$

具有母群體的「變異數—共變數 (variance-covariance)」矩陣：

$$\text{var}(X) = \Sigma = \begin{pmatrix} \sigma_1^2 & \sigma_{12} & \cdots & \sigma_{1p} \\ \sigma_{21} & \sigma_2^2 & \cdots & \sigma_{2p} \\ \vdots & \vdots & \ddots & \vdots \\ \sigma_{p1} & \sigma_{p2} & \cdots & \sigma_p^2 \end{pmatrix}$$

考慮線性組合

$$Y_1 = e_{11}X_1 + e_{12}X_2 + \cdots + e_{1p}X_p$$
$$Y_2 = e_{21}X_1 + e_{22}X_2 + \cdots + e_{2p}X_p$$
$$\vdots$$
$$Y_p = e_{p1}X_1 + e_{p2}X_2 + \cdots + e_{pp}X_p$$

其中，每一個 $Y_i$ 都可視為「$X_1, X_2, \cdots, X_p$」的線性迴歸，從「$X_1, X_2, \cdots, X_p$」來預測 $Y_i$。聯立方程式沒有截距，但是 $e_{i1}, e_{i2}, \cdots, e_{ip}$ 都可視為迴歸係數。

請注意，$Y_i$ 是隨機數據的函數，因此它有一個母群體變異數。

$$\text{var}(Y_i) = \sum_{k=1}^{p} \sum_{l=1}^{p} e_{ik}e_{il}\sigma_{kl} = e_i' \Sigma e_i$$

此外，$Y_i$ 和 $Y_j$ 將具有母群體共變數：

$$\text{cov}(Y_i, Y_j) = \sum_{k=1}^{p} \sum_{l=1}^{p} e_{ik}e_{jl}\sigma_{kl} = e_i' \Sigma e_j$$

其中，係數 $e_{ij}$ 被蒐集到向量中：

$$e_i = \begin{pmatrix} e_{i1} \\ e_{i2} \\ \vdots \\ e_{ip} \end{pmatrix}$$

## 第一主成分 (PCA₁)：Y₁

第一個主成分是具有最大 variance( 所有線性組合 ) 的 x 變數的線性組合，所以在數據中占盡可能多的變化。

具體而言，我們將定義該分量的係數 $e_{11}, e_{12}, \cdots, e_{1p}$，使得其變異 (variance) 最大化，受制於平方係數之和等於 1 的限制。這個約束是必需的，以便可以獲得唯一的答案。

更正式地，該如何選擇最大化的 $e_{11}, e_{12}, \cdots, e_{1p}$

$$\text{var}(Y_1) = \sum_{k=1}^{p} \sum_{l=1}^{p} e_{1k} e_{1l} \sigma_{kl} = e_1' \Sigma e_1$$

受制於這個限制

$$e_1' e_1 = \sum_{j=1}^{p} e_{1j}^2 = 1$$

第二主成分 (PCA₂)：Y₂

所述第二主成分為 x- 變數 的線性組合，x- 變數 盡可能代表剩餘變異 (variation)，並且要限制：第一和第二主成分之間的相關性為 0。

選擇 $e_{21}, e_{22}, \cdots, e_{2p}$，使這個新組合(component)的變異 (variance) 最大化……。

$$\text{var}(Y_2) = \sum_{k=1}^{p} \sum_{l=1}^{p} e_{2k} e_{2l} \sigma_{kl} = e_2' \Sigma e_2$$

受制於平方係數之總和為 1 的限制：

$$e_2' e_2 = \sum_{j=1}^{p} e_{2j}^2 = 1$$

以及這 2 個組成部分彼此不相關的附加限制：

$$(Y_1, Y_2) = \sum_{k=1}^{p} \sum_{l=1}^{p} e_{1k} e_{2l} \sigma_{kl} = e_1' \Sigma e_2$$

所有後續的主成分都具有相同的屬性：它們是線性組合，盡可能多地解釋剩餘的變異 (variation)，並且與其他主成分不相關。

我們將以相同的方式與每個附加組件做到這一點，例如：

第 i 個 principal component (PCAᵢ): Yᵢ

$$\text{var}(Y_i) = \sum_{k=1}^{p} \sum_{l=1}^{p} e_{ik} e_{il} \sigma_{kl} = e_i' \Sigma e_i$$

選擇最大化的 $e_{i1}, e_{i2}, ..., e_{ip}$

$$e_i' e_i = \sum_{j=1}^{p} e_{ij}^2 = 1$$

受制於平方係數之總和為 1 的約束條件以及附加的約束，即新的成分 (component) 將與所有先前定義的成分 (component) 無相關。

$$e_i'e_i = \Sigma_{j=1}^p e_{ij}^2 = 1$$

$$\text{cov}\,(Y_1,\, Y_i) = \Sigma_{k=1}^p \Sigma_{l=1}^p e_{1k}e_{il}\sigma_{kl} = e_1'\Sigma e_i = 0$$

$$\text{cov}\,(Y_2,\, Y_i) = \Sigma_{k=1}^p \Sigma_{l=1}^p e_{2k}e_{il}\sigma_{kl} = e_2'\Sigma e_i = 0$$

$$\vdots$$

$$\text{cov}\,(Y_{i-1},\, Y_i) = \Sigma_{k=1}^p \Sigma_{l=1}^p e_{i-k,\,k}e_{il}\sigma_{kl} = e_{i-1}'\Sigma e_i = 0$$

因此，所有主成分 (principal components) 是無相關的

## 二、如何找到係數 (coefficients)？

如何找到主成分的係數 $_{eij}$？

該解答的是，變異數—共變數 (variance-covariance) 矩陣 $\Sigma$ 的特徵值和特徵向量 (eigenvalues and eigenvectors)。

**解答：**

我們將讓 $\lambda_1$ 至 $\lambda_p$ 表示變異數—共變數 (variance-covariance) 矩陣 $\Sigma$ 的特徵值。這些被排序，使得 $\lambda_1$ 具有最大特徵值和 $\lambda_p$ 是最小特徵值。

$$\lambda_1 \geq \lambda_2 \geq ... \geq \lambda_p$$

我們也要讓向量 $e_1$ 到 $e_p$

$$e_1, e_2, ..., e_p$$

表示相應的特徵向量。事實證明，這些特徵向量的元素將是我們主要成分的係數。

第 i 個主成分的變異數 (variance) 等於第 i 個特徵值。

$$\text{var}\,(Y_i) = \text{var}\,(e_{i1}X_1 + e_{i2}X_2 + \cdots e_{ip}X_p) = \lambda_i$$

此外，主成分也是無相關的。

$$\text{cov}\,(Y_i,\, Y_j) = 0$$

## (一) 譜分解定理 (spectral decomposition theorem)

變異數─共變數 (variance-covariance) 矩陣可寫成 p 個特徵值之和，再乘以相應特徵向量其轉置的乘積，如下面的第一個數學式所示：

$$\Sigma = \Sigma_{i=1}^{p} \lambda_i e_i e_i^{'}$$
$$\cong \Sigma_{i=1}^{k} \lambda_i e_i e_i^{'}$$

如果「$\lambda_{k+1}, \lambda_{k+2}, ..., \lambda_p$」很小，則第二個數學式是有用的近似。

$$\sum_{i=1}^{k} \lambda_i e_i e_i^{'}$$

再說一次，當我們談論因素分析時，這將變得更有用。

在這個過程中，我們定義了 X 的總變差 (total variation) 作為「跡 (trace) of the variance-covariance matrix」，或者如果你喜歡的話，定義了單變數的 variance 之和。這也等於特徵值的總和，如下所示：

$$trace(\Sigma) = \sigma_1^2 + \sigma_2^2 + \cdots + \sigma_p^2$$
$$= \lambda_1 + \lambda_2 + \cdots + \lambda_p$$

這將根據每個成分 (component) 所能解釋的完全變異 (full variation)。那麼第 i 個主成分解釋的變異比例 (proportion of variation) 將被定義為該成分的特徵值除以特徵值總和。換句話說，第 i 個主成分 (principal component) 解釋了「占總變異的比例 (proportion of the total variation)」：

$$\frac{\lambda_i}{\lambda_1 + \lambda_2 + \cdots + \lambda_p}$$

相關的數量 (quantity) 是由第一個 k 主成分解釋的變異的比例。這將是前 k 個特徵值除以其總變異的總和。

$$\frac{\lambda_1 + \lambda_2 + \cdots + \lambda_k}{\lambda_1 + \lambda_2 + \cdots + \lambda_p}$$

當然，如果前 k 個主成分解釋的變異比例很大，那麼只考慮前 k 個主成分就不會丟失太多的資訊。

## (二) 為何可減少維度 (Why it may be possible to reduce dimensions)

當 x- 變數之間存在相關性 ( 多重性 ) 時，數據可能或多或少地落在維數較低的線或平面上。例如：想像一下，個幾乎完美相關之 x- 變數的圖，兩者散布圖將接近一條直線，該線可以新的 ( 一維 ) 軸來表示數據點之間的變化。再舉一個例子，假設有一組學生的「口頭、數學、總 SAT 分數」，表面上是 3 個變數，實際上數據 ( 最多 ) 是 2 個維度，因為總數 = 口頭 + 數學，意味著第三個變數完全由前兩個決定。「最多」2 個維度的原因是，如果口頭和數學之間有很強的相關性，那麼數據可能只有一個真實的維度。

## (三) 注意事項

以上這些推論，都是根據未知的母群體「變異數—共變數 (variance-covariance)」矩陣 Σ 來定義。實際上，我們可以透過標準公式中已知的樣本 variance-covariance 矩陣來估計 Σ：

$$S = \frac{1}{n-1} \sum_{i=1}^{n} (X_i - \bar{x})(X_i - \bar{x})'$$

## (四) 主成分分析的程序

計算樣本 variance-covariance 矩陣 S 的特徵值 ( $\hat{\lambda}_1, \hat{\lambda}_2, \cdots, \hat{\lambda}_p$ ) 和對應的特徵向量 ( $\hat{e}_1, \hat{e}_2, \cdots, \hat{e}_p$ ) 。

那麼將使用特徵向量作為係數，來定義估計的主成分：

$$\hat{Y}_1 = \hat{e}_{11}X_1 + \hat{e}_{12}X_2 + \cdots + \hat{e}_{1p}X_p$$
$$\hat{Y}_2 = \hat{e}_{21}X_1 + \hat{e}_{22}X_2 + \cdots + \hat{e}_{2p}X_p$$
$$\vdots$$
$$\hat{Y}_p = \hat{e}_{p1}X_1 + \hat{e}_{p2}X_2 + \cdots + \hat{e}_{pp}X_p$$

一般來說，只保留前 k 個 ( 非 p 個 ) 主成分。在這裡必須平衡兩者相互衝突的欲望：

1. 為了獲得最簡單的解釋，我們希望 k 盡可能小。如果可以用 2 個主成分來解釋大部分的變異 (variation) ，那麼這會給我們一個更簡單的數據描述。較小的 k 是由前 k 個 component 來解釋較小的變異量。

2. 爲了避免訊息遺漏，我們希望前 k 個主成分的解釋變異比例很大，盡可能接近 1，即我們想要的：

$$\frac{\hat{\lambda}_1 + \hat{\lambda}_2 + \cdots + \hat{\lambda}_k}{\hat{\lambda}_1 + \hat{\lambda}_2 + \cdots + \hat{\lambda}_p} \cong 1$$

## 9-1-2 主成分分析 (principal components analysis) 之統計基礎

處於資訊爆炸的大數據 (big-data) 時代，我們不免要面對變數很多且樣本數很大的資料，常須化繁爲簡來改善現況。在分析高維度 ( 變數很多 ) 數據時，降維 (dimension reduction) 常是一個必要的前處理工作。主成分分析 (principal components analysis，簡稱 PCA) 由英國統計學家皮爾生 (Karl Pearson) 於 1901 年提出，是一種降低數據維度的有效技術。主成分分析的主要構想是分析共變異數矩陣 (covariance matrix) 的特徵性，以得出數據的主成分 ( 即特徵向量 ) 與它們的權值 ( 即特徵值 )；透過保留低階主成分 ( 對應大特徵值 )，捨棄高階主成分 ( 對應小特徵值 )，達到減少數據集維度，同時保留最大數據集變異的目的。本文從線性代數觀點介紹主成分分析，並討論實際應用時可能遭遇的一些問題。

假設有一筆維數等於 $p$，樣本大小是 $n$ 的數據 $\{x_1, \cdots, x_n\}$，即每一數據點 $x_k \in R^p$ 包含 $p$ 個變數的量測值。如果我們想要以單一向量 a 來代表整組數據，可用均方誤差作爲誤差函數：

$$E_0(\mathrm{a}) = \frac{1}{n-1} \sum_{k=1}^{n} \| \mathrm{x}_k - \mathrm{a} \|^2$$

上式中，誤差平方和除以 $n-1$。理想的中心向量 a 必須有最小的均方誤差，滿足此條件的向量是：

$$\mathrm{m} = \frac{1}{n} \sum_{k=1}^{n} \mathrm{x}_k$$

稱爲樣本平均數向量。證明如下：

$$E_0(\mathbf{a}) = \frac{1}{n-1}\sum_{k=1}^{n}\|(\mathbf{x}_k - \mathbf{m}) + (\mathbf{m} - \mathbf{a})\|^2$$

$$= \frac{1}{n-1}\left(\sum_{k=1}^{n}\|\mathbf{x}_k - \mathbf{m}\|^2 + \sum_{k=1}^{n}\|\mathbf{m} - \mathbf{a}\|^2 + 2\sum_{k=1}^{n}(\mathbf{x}_k - \mathbf{m})^T(\mathbf{m} - \mathbf{a})\right)$$

$$= \frac{1}{n-1}\left(\sum_{k=1}^{n}\|\mathbf{x}_k - \mathbf{m}\|^2 + n\|\mathbf{m} - \mathbf{a}\|^2 + 2\left(\sum_{k=1}^{n}\mathbf{x}_k - n\mathbf{m}\right)^T(\mathbf{m} - \mathbf{a})\right)$$

根據樣本平均數向量 m 的表達式，上式最後一項等於 0。因爲 $\|\mathbf{m} - \mathbf{a}\|^2 \geq 0$，可知 $E_0(\mathbf{a}) \geq \frac{1}{n-1}\sum_{k=1}^{n}\|\mathbf{x}_k - \mathbf{m}\|^2$，等號於 a = m 時成立。

數據點 $\mathbf{x}_k$ 與其分布平均的差 $\mathbf{x}_k - \mathbf{m}$，稱爲離差 (deviation)。在變數數目 p 很大時，如何「目視」離差的散布情況？最簡單的作法是降維，譬如，將散布於高維空間 $\mathbf{R}^p$ 的離差「壓縮」至一直線上。令直線 L 穿越 m，w 爲其指向向量，且 $\|\mathbf{w}\| = 1$。直線 L 上的任一點可表示如下：

$$\mathbf{x} = \mathbf{m} + c\mathbf{w}$$

其中 c 爲一純量，$|c|$ 代表 x 至 m 的距離。一旦 w 給定，可以用 $\mathbf{m} + c_k\mathbf{w}$ 來近似 $\mathbf{x}_k$，也就是以 $c_k\mathbf{w}$ 近似離差 $\mathbf{x}_k - \mathbf{m}$。如同樣本平均數向量的設定方式，最佳的近似係數 $c_1, \cdots, c_n$ 必須最小化均方誤差：

$$E_1(\{c_k\}, \mathbf{w}) = \frac{1}{n-1}\sum_{k=1}^{n}\|(\mathbf{m} + c_k\mathbf{w}) - \mathbf{x}_k\|^2$$

$$= \frac{1}{n-1}\sum_{k=1}^{n}\|c_k\mathbf{w} - (\mathbf{x}_k - \mathbf{m})\|^2$$

$$= \frac{1}{n-1}\left(\sum_{k=1}^{n}c_k^2\|w\|^2 - 2\sum_{k=1}^{n}c_k\mathbf{w}^T(\mathbf{x}_k - \mathbf{m}) + \sum_{k=1}^{n}\|\mathbf{x}_k - \mathbf{m}\|^2\right)$$

因爲 $\|\mathbf{w}\| = 1$，計算偏導數 $\partial E_1/\partial c_k$ 並設爲 0：

$$\frac{\partial E_1}{\partial c_k} = \frac{1}{n-1}(2c_k - 2\mathbf{w}^T(\mathbf{x}_k - \mathbf{m})) = 0$$

由此解得

$$c_k = \mathbf{w}^T(\mathbf{x}_k - \mathbf{m}), k = 1, \cdots, n$$

從幾何觀點解釋，$c_k\mathbf{w}$ 即是離差 $\mathbf{x}_k - \mathbf{m}$ 在直線 $L$ 的正交投影，以下稱為正交原則：

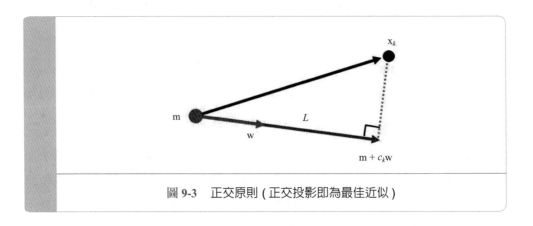

圖 9-3　正交原則 ( 正交投影即為最佳近似 )

接下來我們尋找使 $E_1$ 最小化的直線方向 $\mathbf{w}$。將先前解出的最佳係數代回 $E_1$，整理可得

$$E_1(\mathbf{w}) = \frac{1}{n-1}\left(\sum_{k=1}^{n} c_k^2 - 2\sum_{k=1}^{n} c_k^2 + \sum_{k=1}^{n} \|\mathbf{x}_k - \mathbf{m}\|^2\right)$$

$$= -\frac{1}{n-1}\sum_{k=1}^{n} (\mathbf{w}^T(\mathbf{x}_k - \mathbf{m}))^2 + \frac{1}{n-1}\sum_{k=1}^{n} \|\mathbf{x}_k - \mathbf{m}\|^2$$

$$= -\frac{1}{n-1}\sum_{k=1}^{n} \mathbf{w}^T(\mathbf{x}_k - \mathbf{m})(\mathbf{x}_k - \mathbf{m})^T\mathbf{w} + \frac{1}{n-1}\sum_{k=1}^{n} \|\mathbf{x}_k - \mathbf{m}\|^2$$

$$= -\mathbf{w}^T\left(\frac{1}{n-1}\sum_{k=1}^{n} (\mathbf{x}_k - \mathbf{m})(\mathbf{x}_k - \mathbf{m})^T\right)\mathbf{w} + \frac{1}{n-1}\sum_{k=1}^{n} \|\mathbf{x}_k - \mathbf{m}\|^2$$

上面使用了 $\mathbf{w}^T(\mathbf{x}_k - \mathbf{m}) = (\mathbf{x}_k - \mathbf{m})^T\mathbf{w}$。令

$$S = \frac{1}{n-1}\sum_{k=1}^{n} (\mathbf{x}_k - \mathbf{m})(\mathbf{x}_k - \mathbf{m})^T$$

稱為樣本共變異數矩陣。乘開上式，確認 $S$ 的 $(i, j)$ 元素 $s_{ij}$ 即為第 $i$ 個變數和第 $j$ 個變數的樣本共變異數：

$$s_{ij} = \frac{1}{n-1}\sum_{k=1}^{n} (x_{ki} - m_i)(x_{kj} - m_j)$$

其中 $x_{ki}$ 是第 $k$ 個數據點的第 $i$ 個變數（即 $\mathrm{x}_k$ 的第 $i$ 元），$m_i = \frac{1}{n}\Sigma_{k=1}^{n}x_{ki}$ 是第 $i$ 個變數的樣本平均數（即 m 的第 $i$ 元）。明顯地，$s_{ij} = s_{ji}$，故 $S$ 是一 $p \times p$ 階對稱矩陣。對於任一 $p$ 維向量 y

$$y^T sy = \frac{1}{n-1}y^T\sum_{k=1}^{n}(\mathrm{x}_k - \mathrm{m})(\mathrm{x}_k - \mathrm{m})^T y = \frac{1}{n-1}\sum_{k=1}^{n}(y^T(\mathrm{x}_k - \mathrm{m}))^2 \geq 0$$

即知 $S$ 是半正定矩陣。數據集的總變異量（即離差平方和）$\Sigma_{k=1}^{n}\| \mathrm{x}_k - \mathrm{m} \|^2$ 是一常數，所以最小化 $E_1(\mathrm{w})$ 等價於最大化 $\mathrm{w}^T S\mathrm{w}$。我們的問題變成求解下列約束二次型：

$$\max_{\|\mathrm{w}\|=1} \mathrm{w}^T S\mathrm{w}$$

解法如下，使用 Lagrange 乘數法，定義：

$$L(\mathrm{w},\mu) = \mathrm{w}^T S\mathrm{w} - \mu(\mathrm{w}^T\mathrm{w} - 1)$$

其中 $\mu$ 是未定的 Lagrange 乘數。計算偏導數（即梯度）並設為 0：

$$\frac{\partial L}{\partial \mathrm{w}} = 2S\mathrm{w} - 2\mu\mathrm{w} = 0$$

可得

$$S\mathrm{w} = \mu\mathrm{w}$$

直線 $L$ 的指向向量 w 就是樣本共變異數矩陣 $S$ 的特徵向量。因為 $\mathrm{w}^T S\mathrm{w} = \mu\mathrm{w}^T\mathrm{w} = \mu$，欲使 $\mathrm{w}^T S\mathrm{w}$ 有最大值，我們必須選擇對應最大特徵值的特徵向量。實對稱半正定矩陣有非負的特徵值，故可設 $S$ 的特徵值為 $\lambda_1 \geq \lambda_2 \cdots \geq \lambda_p \geq 0$。此外，$S$ 的特徵向量構成一個單範正交集 (orthonormal set)，這個性質將於稍後使用。我們選擇對應最大特徵值 $\lambda_1$ 的特徵向量作為 w，透過離差 $\mathrm{x}_k - \mathrm{m}$ 在直線 $L$ 的正交投影 $c_k = \mathrm{w}^T(\mathrm{x}_k - \mathrm{m})$，即可粗估數據集的散布情況。

如果想獲得較為精確的近似結果，以上過程可推廣至更高維度。考慮

$$\mathrm{x} = \mathrm{m} + z_1\mathrm{w}_1 + \cdots + z_r\mathrm{w}_r$$

其中 $r \leq p$。我們的目標是尋找一組單範正交集 $\{\mathrm{w}_1, \cdots, \mathrm{w}_r\}$，即 $\mathrm{w}_i^T\mathrm{w}_j = \delta_{ij}$（稱為

Kronecker 記號，$\delta_{ij} = 1$ 若 $i = j$，否則 $\delta_{ij} = 0$)，使最小化

$$E_r(\{w_j\}) = \sum_{k=1}^{n} \left\| \left( m + \sum_{j=1}^{r} z_{kj} w_j \right) - x_k \right\|^2$$

根據正交原則，組合係數 $z_{kj}$ 就是離差 $x_k - m$ 至單位向量 $w_j$ 的正交投影量，即 $z_{kj} = w_j^T(x_k - m)$。重複前述推導方式，可以證明：

$$E_r(\{w_j\}) = -(n-1) \sum_{j=1}^{r} w_j^T S w_j + \sum_{k=1}^{n} \| x_k - m \|^2$$

緊接的任務要解出約束二次型：

$$\max_{w_i^T w_j = \delta_{ij}} \sum_{j=1}^{r} w_j^T S w_j$$

仍然使用 Lagrange 乘數法，定義：

$$L(\{w_j\}, \{\mu_{ij}\}) = \sum_{j=1}^{r} w_j^T S w_j - \sum_{i=1}^{r} \sum_{j=1}^{r} \mu_{ij}(w_i^T w_j - \delta_{ij})$$

其中 $\{\mu_{ij}\}$ 是未定的 Lagrange 乘數。計算偏導數，並設結果為 0 向量：

$$\frac{\partial L}{\partial w_j} = 2S w_j - 2\mu_{jj} w_j - \sum_{i \neq j}(\mu_{ij} + \mu_{ji}) w_i = 0, \; j = 1, \cdots, r$$

對於 $i \neq j$，設 $\mu_{ij} + \mu_{ji} = 0$，則

$$S w_j = \mu_{jj} w_j, \; j = 1, \cdots, r$$

換句話說，當 $w_1, \cdots, w_r$ 是樣本共變數矩陣 $S$ 的最大 $r$ 個特徵值 $\lambda_1, \cdots, \lambda_r$ 的對應 ( 單範正交 ) 特徵向量時，目標函數 $\sum_{j=1}^{r} w_j^T S w_j = \sum_{j=1}^{r} \lambda_j w_j^T w_j = \sum_{j=1}^{r} \lambda_j$ 有最大值。當然，這並不是唯一解，但可以證明所有的解都有相同的目標函數值 $\sum_{j=1}^{r} w_j^T S w_j$。不過，如果要求 $\{w_1, \cdots, w_r\}$ 滿足 $\max_{w_i^T w_j = \delta_{ij}} \sum_{j=1}^{r} w_j^T S w_j$，$1 \leq r \leq p$，則樣本共變數矩陣 $S$ 的特徵向量集是唯一的選擇。

我們以 $m + z_{k1} w_1 + \cdots + z_{kr} w_r$ 近似數據點 $x_k$，樣本共變異數矩陣 $S$ 的特徵向量 $\{w_1, \cdots, w_r\}$ 描述了數據集的主要成分，因此稱為主成分。那麼 $S$ 的特徵值又有什麼涵義呢？特徵值 $\lambda_j$ 就是主成分 $w_j$ 的係數 $z_j$ ( 稱為主成分係數 ) 的變異數。

首先證明 $z_j$ 的平均數是零：對於 $j = 1, \cdots, r$。

$$\frac{1}{n}\sum_{k=1}^{n} z_{kj} = \frac{1}{n}\sum_{k=1}^{n} \mathrm{w}_j^T(\mathrm{x}_k - \mathrm{m}) = \frac{1}{n}\mathrm{w}_j^T\left(\sum_{k=1}^{n} \mathrm{x}_k - n\mathrm{m}\right) = 0$$

再來計算 $z_j$ 的樣本變異數：

$$s_{z_j}^2 = \frac{1}{n-1}\sum_{k=1}^{n} z_{kj}^2 = \frac{1}{n-1}\sum_{k=1}^{n} (\mathrm{w}_j^T(\mathrm{x}_k - \mathrm{m}))((\mathrm{x}_k - \mathrm{m})^T \mathrm{w}_j)$$

$$= \mathrm{w}_j^T\left(\frac{1}{n-1}\sum_{k=1}^{T} (\mathrm{x}_k - \mathrm{m})(\mathrm{x}_k - \mathrm{m})^T\right)\mathrm{w}_j = \mathrm{w}_j^T S \mathrm{w}_j = \lambda_j \mathrm{w}_j^T \mathrm{w}_j = \lambda_j$$

所以說，特徵值 $\lambda_j$ 表示主成分 $\mathrm{w}_j$ 的權值。另外必須一提的是，主成分係數 $z_i$ 和 $z_j$ 沒有相關性，即樣本共變異數 $s_{z_i z_j}$ 為 $0$。當 $i \neq j$，

$$s_{z_i z_j} = \frac{1}{n-1}\sum_{k=1}^{n} z_{ki} z_{kj} = \frac{1}{n-1}\sum_{k=1}^{n} (\mathrm{w}_i^T(\mathrm{x}_k - \mathrm{m}))((\mathrm{x}_k - \mathrm{m})^T \mathrm{w}_j)$$

$$= \mathrm{w}_i^T S \mathrm{w}_j = \lambda_j \mathrm{w}_i^T \mathrm{w}_j = 0$$

給定維度等於 $p$ 的數據集 $\{\mathrm{x}_1, \cdots, \mathrm{x}_n\}$，主成分分析的計算程序與結果可整理成簡明的矩陣形式。

1. 計算樣本平均 $\mathrm{m} = \frac{1}{n}\sum_{k=1}^{n} \mathrm{x}_k$，定義 $n \times p$ 階離差矩陣

$$X = \begin{bmatrix} (\mathrm{x}_1 - \mathrm{m})^T \\ (\mathrm{x}_2 - \mathrm{m})^T \\ \vdots \\ (\mathrm{x}_n - \mathrm{m})^T \end{bmatrix} = \begin{bmatrix} x_{11} - m_1 & x_{12} - m_2 & \cdots & x_{1p} - m_p \\ x_{21} - m_1 & x_{22} - m_2 & \cdots & x_{2p} - m_p \\ \vdots & \vdots & \ddots & \vdots \\ x_{n1} - m_1 & x_{n2} - m_2 & \cdots & x_{np} - m_p \end{bmatrix}$$

$p \times p$ 階樣本共變異數矩陣則是

$$S = \frac{1}{n-1}\sum_{k=1}^{n} (x_k - \mathrm{m})(x_k - \mathrm{m})^T = \frac{1}{n-1}X^T X$$

2. 將 $S$ 正交對角化為

$$S = W\Lambda W^T$$

其中 $\Lambda = \mathrm{diag}(\lambda_1, \cdots, \lambda_p)$ 是特徵值矩陣，$\lambda_1 \geq \cdots \geq \lambda_p \geq 0$ 代表主成分的權值，W $= [\mathrm{w}_1 \quad \cdots \quad \mathrm{w}_p]$ 是單範正交特徵向量構成的 $p \times p$ 階正交主成分矩陣，$W^T W = WW^T = I_p$。圖 9-4 顯示 $p = 2$ 的資料散布圖，樣本平均數向量 m，以及主成分 $\mathrm{w}_1$ 和 $\mathrm{w}_2$。圖中橢圓的長軸平方與短軸平方之比等於主成分係數 $z_1$ 的變異數與 $z_2$ 的變異數之比，即 $\lambda_1 : \lambda_2$。

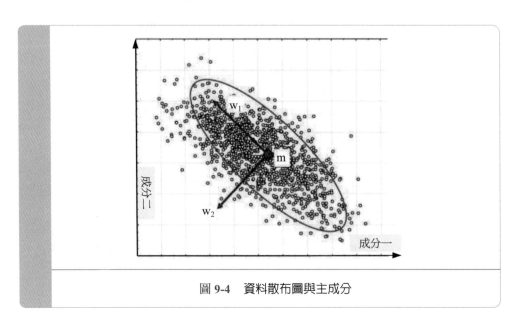

圖 9-4　資料散布圖與主成分

3. 定義 $n \times p$ 階主成分係數矩陣 $Z = [z_{kj}]$，其中 $z_{kj} = (\mathrm{x}_k - \mathrm{m})^T \mathrm{w}_j$，因此

$$Z = \begin{bmatrix} (\mathrm{x}_1 - \mathrm{m})^T \\ \vdots \\ (\mathrm{x}_n - \mathrm{m})^T \end{bmatrix} [\mathrm{w}_1 \quad \cdots \quad \mathrm{w}_p] = XW$$

上式等號兩邊都乘 $W^T$，可得 $X = ZW^T$。換一個說法，數據點 $\mathrm{x}_k$ 的主成分分解式為：

$$\mathrm{x}_k = \mathrm{m} + \sum_{i=1}^{p} z_{kj}\mathrm{w}_j, \ \ k = 1, \cdots, n$$

主成分係數 $(z_{k1}, \cdots, z_{kp})$ 是離差 $\mathrm{x}_k - \mathrm{m}$ 參考單範正交基底 $\mathrm{B} = \{\mathrm{w}_1, \cdots, \mathrm{w}_p\}$ 的座標向量。

**小結：實際應用應注意的細節**

1. 我們應當保留多少低階主成分（對應大特徵值的特徵向量）？也就是說，如何選擇 $r$？常用的一種方式是設定近似數據 $m + \sum_{j=1}^{r} z_{kj} w_j$ 的變異與原始數據 $x_k = m + \sum_{j=1}^{p} z_{kj} w_j$ 的變異比例。譬如，選擇最小的 $r$ 使得

$$\frac{\sum_{j=1}^{r} \lambda_j}{\sum_{j=1}^{p} \lambda_j} \geq 0.8$$

表示我們保留了 80% 的數據變異。

2. 若數據的變數具有不同的變異，主成分方向會受到變異大的變數所決定。如欲排除這個影響，可以用樣本相關矩陣取代樣本共變異數矩陣。在套用主成分分析之前，預先將每一變數予以標準化 (standardized)，如下：

$$\tilde{X} = \begin{bmatrix} (x_1 - m)^T \\ (x_2 - m)^T \\ \vdots \\ (x_n - m)^T \end{bmatrix} \begin{bmatrix} 1/s_1 & & & \\ & 1/s_2 & & \\ & & \ddots & \\ & & & 1/s_p \end{bmatrix}$$

$$= \begin{bmatrix} (x_{11} - m_1)/s_1 & (x_{12} - m_2)/s_2 & \cdots & (x_{1p} - m_p)/s_p \\ (x_{21} - m_1)/s_1 & (x_{22} - m_2)/s_2 & \cdots & (x_{2p} - m_p)/s_p \\ \vdots & \vdots & \ddots & \vdots \\ (x_{n1} - m_1)/s_1 & (x_{n2} - m_2)/s_2 & \cdots & (x_{np} - m_p)/s_p \end{bmatrix}$$

其中 $s_i^2$ 是第 $i$ 個變數的樣本變異數，即 $s_i^2 = \frac{1}{n-1} \sum_{k=1}^{n} (x_{ki} - m_i)^2$。標準化後的數據集的樣本共變異數矩陣即為樣本相關矩陣：

$$R = \frac{1}{n-1} \tilde{X}^T \tilde{X}$$

你可自行驗證 $R$ 的 $(i, j)$ 元就是第 $i$ 個變數與第 $j$ 個變數的相關係數。這時候，數據集的總變異等於維數 $p$，原因如下：

$$\sum_{i=1}^{p} \lambda_j = \text{trace}\Lambda = \text{trace}\,(W^T R W) = \text{trace}\,(R W W^T) = \text{trace}\,R = p$$

上面使用了跡數循環不變性 $\text{trace}(AB) = \text{trace}(BA)$，最後一個等式係因 $R$ 的主對角元皆為 1。

3. 如何得到數值穩定的主成分 $w_1, \cdots, w_p$，權值 $\lambda_1, \cdots, \lambda_p$，以及主成分係數 $z_{kj}$，$k = 1, \cdots, n$，$j = 1, \cdots, p$？答案是奇異值分解 (singular value decomposition)。通過主成分分析與奇異值分解的關係，可以顯現主成分分析隱含的其他訊息

## 9-1-3 主成分分析：標準化居住品質 9 指標 (pca 指令)

範例：居主地區的評分 (places rated)

範例：主成分分析：places rated after standardization (pca 指令)

### 一、資料檔之內容

資料檔「places.dta」，如圖 9-5 所示，共有 9 個變數、329 社區。

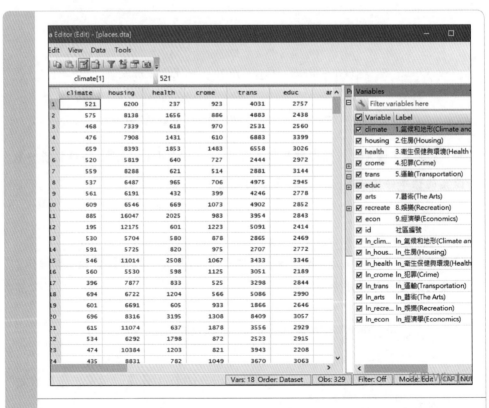

圖 9-5 「places.dta」 資料檔內容 (N=329 社區)

## 二、分析結果與討論

**Step 1.** 常態性假定:多變數檢定

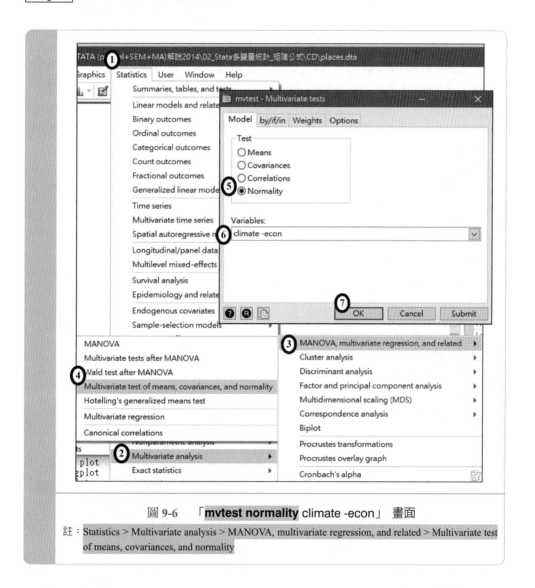

圖 9-6 「**mvtest normality** climate -econ」 畫面

註:Statistics > Multivariate analysis > MANOVA, multivariate regression, and related > Multivariate test of means, covariances, and normality

```
. use places.dta, clear
* 常態性假定:多變數檢定法
. mvtest normality climate -econ
```

```
Test for multivariate normality


    Doornik-Hansen            chi2(18) = 3715.265    Prob>chi2 =  0.0000


* 因這 9 個變數違反常態性，故做對數函數的變數變換
. gen ln_climate = log(climate)
. gen ln_housing = log(housing)
. gen ln_health = log(health)
. gen ln_crime = log(crime)
. gen ln_educ = log(educ)
. gen ln_trans = log(trans)
. gen ln_arts = log(arts)
. gen ln_recreate = log(recreate)
. gen ln_econ = log(econ)


. label variable ln_climate "ln_ 氣候和地形 (Climate and Terrain) "
. label variable ln_housing "ln_ 住房 (Housing)"
. label variable ln_health "ln_ 衛生保健與環境 (Health Care & the Environment)"
. label variable ln_crime "ln_ 犯罪 (Crime)"
. label variable ln_trans "ln_ 運輸 (Transportation)"
. label variable ln_educ "ln_ 教育 (Education)"
. label variable ln_arts "ln_ 藝術 (The Arts)"
. label variable ln_recreate "ln_ 娛樂 (Recreation)"
. label variable ln_econ "ln_ 經濟學 (Economics)"


* 常態性假定：單變數檢定法 ( 偏態要近 0，峰度要近 3)
. sktest ln_climate - ln_econ



          Skewness/Kurtosis tests for Normality
                                                    ------- joint ------
     Variable |   Obs   Pr(Skewness)   Pr(Kurtosis)   adj chi2(2)   Prob>chi2
 -------------+---------------------------------------------------------------
   ln_climate |   329      0.0000         0.0000           .            0.0000
   ln_housing |   329      0.0000         0.0001         49.49          0.0000
    ln_health |   329      0.7517         0.0259          5.08          0.0787
     ln_crime |   329      0.0030         0.8641          8.24          0.0162
      ln_educ |   329      0.0054         0.0003         17.33          0.0002
     ln_trans |   329      0.0030         0.9305          8.24          0.0162
```

| | | | | | |
|---|---|---|---|---|---|
| ln_arts | 329 | 0.0024 | 0.9141 | 8.58 | 0.0137 |
| ln_recreate | 329 | 0.1952 | 0.1953 | 3.37 | 0.1854 |
| ln_econ | 329 | 0.7746 | 0.2337 | 1.51 | 0.4702 |

\* 常態性假定，上述 9 個變數有 3 符合；6 個接近符合 ( 偏態都近 0，但峰度未近 3 )，比未 log( ) 轉換前好多了。

原始 places rated 共 9 個變數 (climate-econ)，經標準化 (standardization) 後，即可進行主成分分析。

**Step 2.** 主成分分析：未限定成分的個數

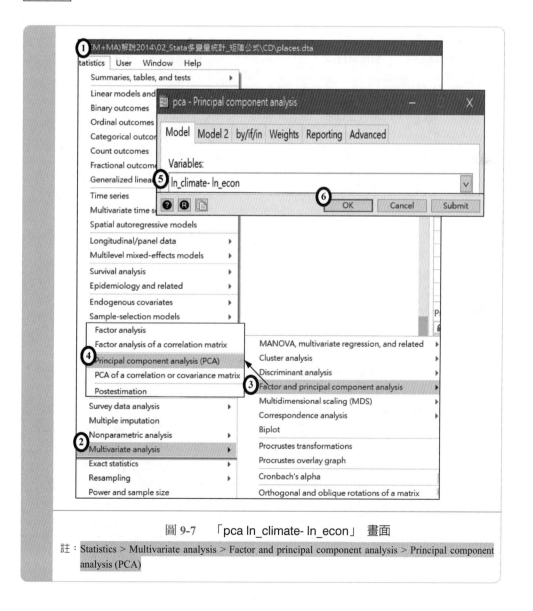

圖 9-7 「pca ln_climate- ln_econ」畫面

註：Statistics > Multivariate analysis > Factor and principal component analysis > Principal component analysis (PCA)

```
. use places.dta, clear
* 使用標準化變數
* 主成分分析 (Principal component analysis):9 個變數從 climate 至 ln_econ
. pca ln_climate- ln_econ

* 檢查特徵值以確定應抽取多少個 principal components
Principal components/correlation        Number of obs     =        329
                                        Number of comp.   =          9
                                        Trace             =          9
    Rotation: (unrotated = principal)   Rho               =     1.0000
```

| Component | Eigenvalue | Difference | Proportion | Cumulative |
|---|---|---|---|---|
| Comp1 | 3.29779 | 2.08423 | 0.3664 | 0.3664 |
| Comp2 | 1.21356 | .108032 | 0.1348 | 0.5013 |
| Comp3 | 1.10553 | .19825 | 0.1228 | 0.6241 |
| Comp4 | .90728 | .0466511 | 0.1008 | 0.7249 |
| Comp5 | .860629 | .298443 | 0.0956 | 0.8205 |
| Comp6 | .562186 | .0783651 | 0.0625 | 0.8830 |
| Comp7 | .483821 | .165749 | 0.0538 | 0.9368 |
| Comp8 | .318072 | .066944 | 0.0353 | 0.9721 |
| Comp9 | .251128 | . | 0.0279 | 1.0000 |

```
* 前二個成分已可解釋 50.13% 變異，故二者已可代表原始 9 個變數
Principal components (eigenvectors)
```

| Variable | Comp1 | Comp2 | Comp3 | Comp4 | Comp5 | Comp6 | Comp7 |
|---|---|---|---|---|---|---|---|
| ln_climate | 0.1579 | 0.0686 | 0.7997 | 0.3768 | 0.0410 | 0.2167 | 0.1514 |
| ln_housing | 0.3844 | 0.1392 | 0.0796 | 0.1965 | -0.5799 | -0.0822 | 0.2752 |
| ln_health | 0.4099 | -0.3718 | -0.0195 | 0.1125 | 0.0296 | -0.5349 | -0.1350 |
| ln_crime | 0.2591 | 0.4741 | 0.1285 | -0.0423 | 0.6922 | -0.1399 | -0.1095 |
| ln_educ | 0.2743 | -0.4524 | -0.2411 | 0.4569 | 0.2247 | 0.5266 | -0.2621 |
| ln_trans | 0.3749 | -0.1415 | -0.1411 | -0.4301 | 0.1914 | 0.3239 | 0.6786 |
| ln_arts | 0.4738 | -0.1044 | 0.0110 | -0.1469 | 0.0119 | -0.3211 | -0.1205 |

| | | | | | | | |
|---|---|---|---|---|---|---|---|
| ln_recreate \| | 0.3534 | 0.2919 | 0.0418 | -0.4040 | -0.3057 | 0.3941 | -0.5531 |
| ln_econ \| | 0.1640 | 0.5405 | -0.5073 | 0.4758 | -0.0371 | -0.0010 | 0.1469 |

| Variable \| | Comp8 | Comp9 \| | Unexplained |
|---|---|---|---|
| ln_climate \| | 0.3411 | 0.0301 \| | 0 |
| ln_housing \| | -0.6061 | -0.0423 \| | 0 |
| ln_health \| | 0.1501 | 0.5941 \| | 0 |
| ln_crime \| | -0.4201 | 0.0510 \| | 0 |
| ln_educ \| | -0.2112 | -0.1101 \| | 0 |
| ln_trans \| | 0.1188 | 0.1358 \| | 0 |
| ln_arts \| | 0.2599 | -0.7467 \| | 0 |
| ln_recreate \| | 0.1377 | 0.2264 \| | 0 |
| ln_econ \| | 0.4148 | 0.0479 \| | 0 |

1. 第一個 principal component 解釋了大約 37% 的變異 (variation)。此外，前 4 個主成分解釋 72% 的變異，而前 5 個主成分解釋 82% 的變異。若 比較 這些 標準化變數 的比例與非標準化變數的比例，這種分析將需要大量的 component 來解釋與使用變異數─共變 (variance-covariance) 矩陣的原始分析相同的變異量，但鮮少有人這樣 比較 。

2. 在大多數情況下，「components 個數」的 cut-off 是預先指定的，即要解釋 多少 變異 是預先確定的。例如：如果能解釋 70% 的變化，我可能會說我很滿意。如果這樣做，我們將選擇所需的成分，直到你達到 70% 的變化，這將是一個方法。如果你對這些類型的分析沒有經驗，這種判斷是任意的，很難做出。在一定程度上，切斷點 (cut-off) 目標也取決於問題的類型。

3. 「components 個數」的切斷點(cut-off)：另一種方法是繪製「特徵次序值」(ordered values) 之間的差異，並尋找一個突破或急劇下降。在這種情況下唯一明顯的下降，是在第一個成分之後。基於此，人們可能只選擇一個成分。但是，一個成分可能太少，特別是因為我們只解釋了 37% 的變化。考慮基於標準化變數的陡坡圖 (scree plot)。陡坡圖的「肘 (elbow)」，是陡坡圖開始轉平坦的地方，

用此**轉折肘點**來判定最適切的因素個數。陡坡圖的 y 軸是特徵值，x 軸是因素的個數，曲線上的點代表變數可以解釋的變異。

4. 接著，可以使用特徵向量來計算主成分分數。這是第一個主要部分的公式：

$$Y_1 = 0.158 \times Z_{climate} + 0.384 \times Z_{housing} + 0.410 \times Z_{health} + 0.259 \times Z_{crime} + 0.375 \times Z_{transportation} + 0.274 \times Z_{education} + 0.474 \times Z_{arts} + 0.353 \times Z_{recreation} + 0.164 \times Z_{economy}$$

請記住，以上方程式是一個函數，而不是原始數據，而是**標準化數據**。係數的大小給出了每個變數對該成分 component 的貢獻。由於數據已經標準化，所以不依賴於相應變數的變異數。

5. 接下來，我們可以看看主成分的係數。在這種情況下，由於數據是標準化的，所以在欄中可以直接評估這些係數的相對大小。這裡的每一欄對應於標記為特徵向量的程序輸出中的一欄。

| 變數名稱 (Variable) | 主成分 (Principal Component) | | | | |
|---|---|---|---|---|---|
| | **1** | **2** | **3** | **4** | **5** |
| Climate | 0.158 | 0.069 | **0.800** | 0.377 | 0.041 |
| Housing | 0.384 | 0.139 | 0.080 | 0.197 | **-0.580** |
| Health | **0.410** | -0.372 | -0.019 | 0.113 | 0.030 |
| Crime | 0.259 | **0.474** | 0.128 | -0.042 | **0.692** |
| Transportation | 0.375 | -0.141 | -0.141 | **-0.430** | 0.191 |
| Education | 0.274 | **-0.452** | -0.241 | **0.457** | 0.224 |
| Arts | **0.474** | -0.104 | 0.011 | -0.147 | 0.012 |
| Recreation | 0.353 | 0.292 | 0.042 | **-0.404** | -0.306 |
| Economy | 0.164 | **0.540** | **-0.507** | **0.476** | -0.037 |

6. 主成分的解釋是基於找出哪些變數與每個成分最密切相關。換句話說，需要確定每 column 中哪些數字很大。在第一 column 中，我們將決定 健康 和 藝術 是大的。這是非常武斷的。其他變數也可能被包括在這個第一主成分的一部分。

7. 5 個成分：小結

第一主成分分析：PCA$_1$

第一個主要部分是衡量健康和藝術的質量，在一定程度上是住房、交通和娛樂。健康隨著藝術價值的增加而增加。如果這些變數中的任何一個上升，剩下的變數也會變大。它們都是積極的相關，因為都有積極的跡象。

第二主成分分析：PCA$_2$

第二個主要部分是衡量犯罪嚴重程度，經濟質量和教育質量的缺失。犯罪和經濟隨著教育的減少而增加。在這裡可以看到，犯罪率高、經濟效益好的城市往往教育制度差。

第三主成分分析：PCA$_3$

第三個主要部分是衡量氣候和經濟不景氣的質量。氣候隨著經濟下滑而增加。在這個組件中包含經濟性將在我們的結果中增加一些冗餘。這個部分主要是衡量氣候的因素，其次是經濟。

第四主成分分析：PCA$_4$

第四個主要部分是衡量教育質量和經濟以及交通網絡和娛樂機會的不足之處，教育和經濟隨著運輸和娛樂的減少而增加。

第五主成分分析：PCA$_5$

第五個主要部分是衡量犯罪嚴重程度和住房質量，隨著住房的減少犯罪增加。

**Step 3.** 共線性診斷 ( 相關係數 )：9 個變數之間都是高相關

```
. corr  ln_climate- ln_econ
(obs=329)

           | ln_cli~e ln_hou~g ln_hea~h ln_crime  ln_educ ln_trans  ln_arts ln_rec~e  ln_econ
-----------+---------------------------------------------------------------------------------
 ln_climate |  1.0000
 ln_housing |  0.2730   1.0000
 ln_health |  0.1506   0.4319   1.0000
  ln_crime |  0.2278   0.1392   0.1836   1.0000
   ln_educ |  0.0775   0.2021   0.4648   0.0555   1.0000
  ln_trans |  0.0216   0.3177   0.4189   0.2739   0.3112   1.0000
   ln_arts |  0.1727   0.5085   0.6781   0.3465   0.3479   0.5476   1.0000
ln_recreate |  0.1206   0.4607   0.2540   0.2921   0.0930   0.3907   0.4965   1.0000
   ln_econ | -0.1007   0.2971   0.0540   0.2762   0.1289   0.0627   0.1348   0.1759   1.0000
```

**Step 4.** 繪 scree 圖

　　「components個數」的cut-off，除了看成分累積變異量(e.g.達目標值60%嗎)外，另一種方法是繪製「特徵次序值」(ordered values) 之間的差異，並尋找一個突破或急劇下降。在這種情況下唯一明顯的下降，是在第一個成分之後。基於此，人們可能只選擇一個成分。但是，一個成分可能太少，特別是因為我們只解釋了37% 的變化。考慮基於標準化變數的陡坡圖 (scree plot)。

```
* 標準化變數就是取 log(x) 後的新變數，共 9 個。
. pca ln_climate- ln_econ
(略)
* scree 是 scree plot 的同義詞。
. scree

* 註 :Statistics > Multivariate analysis > Factor and principal component analysis >
     Postestimation > Scree plot of eigenvalues
```

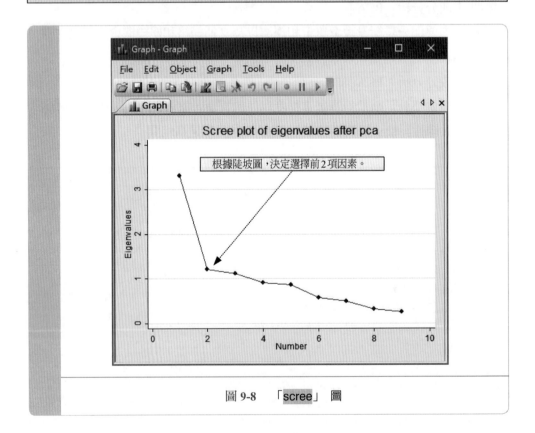

圖 9-8　「scree」圖

陡坡圖 (scree plot) 的「肘 (elbow)」，是陡坡圖開始轉平坦的地方，用此轉折肘點來判定最適切的因素個數。陡坡圖的 y 軸是特徵值，x 軸是因素的個數，曲線上的點代表變數可以解釋的變異。

| Step 5. | 主成分分析：限定成分的個數爲 2

```
* 限定：只留二個成分，有二種指令：
* 方法一：pca 指令
. pca ln_climate- ln_econ, components(2)

Principal components/correlation              Number of obs    =        329
                                              Number of comp.  =          2
                                              Trace            =          9
      Rotation: (unrotated = principal)       Rho              =     0.5013


----------------------------------------------------------------------------
   Component |  Eigenvalue   Difference       Proportion   Cumulative
-------------+--------------------------------------------------------------
       Comp1 |    3.29779      2.08423           0.3664       0.3664
       Comp2 |    1.21356      .108032           0.1348       0.5013
       Comp3 |    1.10553       .19825           0.1228       0.6241
       Comp4 |     .90728     .0466511           0.1008       0.7249
       Comp5 |    .860629      .298443           0.0956       0.8205
       Comp6 |    .562186     .0783651           0.0625       0.8830
       Comp7 |    .483821      .165749           0.0538       0.9368
       Comp8 |    .318072      .066944           0.0353       0.9721
       Comp9 |    .251128            .            0.0279       1.0000
----------------------------------------------------------------------------
```

* 因 Comp2 到 Comp3 的 Difference 很小 (.108)，故取二個成分是恰當的

```
Principal components (eigenvectors)


------------------------------------------------------
    Variable |    Comp1     Comp2 | Unexplained
-------------+----------------------+-----------------
  ln_climate |   0.1579    0.0686 |       .912
  ln_housing |   0.3844    0.1392 |      .4892
```

```
    ln_health |   0.4099   -0.3718 |      .2781
     ln_crime |   0.2591    0.4741 |      .5058
      ln_educ |   0.2743   -0.4524 |      .5035
     ln_trans |   0.3749   -0.1415 |      .5122
      ln_arts |   0.4738   -0.1044 |      .2463
  ln_recreate |   0.3534    0.2919 |      .4847
      ln_econ |   0.1640    0.5405 |      .5568
  ----------------------------------------------------
```

*方法二:`factor` 指令
* Principal-component factors, keep 2
. `factor` ln_climate- ln_econ, `factors`(2) `pcf`

(obs=329)

Factor analysis/correlation                Number of obs    =     329
   Method: principal-component factors     Retained factors =       2
   Rotation: (unrotated)                   Number of params =      17

| Factor | Eigenvalue | Difference | Proportion | Cumulative |
|--------|-----------|-----------|-----------|-----------|
| Factor1 | 3.29779 | 2.08423 | 0.3664 | 0.3664 |
| Factor2 | 1.21356 | 0.10803 | 0.1348 | 0.5013 |
| Factor3 | 1.10553 | 0.19825 | 0.1228 | 0.6241 |
| Factor4 | 0.90728 | 0.04665 | 0.1008 | 0.7249 |
| Factor5 | 0.86063 | 0.29844 | 0.0956 | 0.8205 |
| Factor6 | 0.56219 | 0.07837 | 0.0625 | 0.8830 |
| Factor7 | 0.48382 | 0.16575 | 0.0538 | 0.9368 |
| Factor8 | 0.31807 | 0.06694 | 0.0353 | 0.9721 |
| Factor9 | 0.25113 | . | 0.0279 | 1.0000 |

LR test: independent vs. saturated:  chi2(36) =  842.02 Prob>chi2 = 0.0000

Factor loadings (pattern matrix) and unique variances

----------------------------------------------------

```
    Variable |  Factor1    Factor2 |   Uniqueness
 -------------+--------------------+---------------
   ln_climate |  0.2868     0.0756 |     0.9120
   ln_housing |  0.6981     0.1534 |     0.4892
    ln_health |  0.7444    -0.4096 |     0.2781
     ln_crime |  0.4705     0.5223 |     0.5058
      ln_educ |  0.4982    -0.4983 |     0.5035
     ln_trans |  0.6808    -0.1559 |     0.5122
      ln_arts |  0.8605    -0.1150 |     0.2463
  ln_recreate |  0.6418     0.3216 |     0.4847
      ln_econ |  0.2978     0.5954 |     0.5568

 -------------------------------------------------
```

* 求斜交轉軸之因素負荷量 (Oblique oblimin rotation)
. rotate, oblimin(0.5) oblique
*save 斜交轉軸之因素負荷量 (Oblique oblimin rotation) 至 2 個新變數
. predict f1 f2

接下來，可以使用特徵向量來計算主成分分數，這是第一個主要部分的公式：

$$Y_1 = 0.158 \times Z_{climate} + 0.384 \times Z_{housing} + 0.410 \times Z_{health} + 0.259 \times Z_{crime} + 0.375 \times Z_{transportation} + 0.274 \times Z_{education} + 0.474 \times Z_{arts} + 0.353 \times Z_{recreation} + 0.164 \times Z_{economy}$$

請記住，以上方程式是一個函數，而不是原始數據，而是標準化數據。係數的大小給出了每個變數對該 component 的貢獻。由於數據已經標準化，所以不依賴於相應變數的變異數。

### 補充

因素分析是多變數萃取與分類統計工具，又分為 2 類：

第一類稱為探索式因素分析 (exploratory factor analysis, EFA)，目的在萃取構念 (construct) 或稱隱性因素 (latent factor)，並用以建構量表。建構的程序為：

1. 設計題庫：依據研究目的，蒐集相關項目。

2. 因素萃取：一般使用 STaTa、SAS、SPSS。

3. 因素命名：根據理論邏輯進行因素命名，亦可視為「構念」命名。

4. 建構量表：淨化量表項目以建構具備信度的測量工具，最常見的是「總加量表」。

第二類為驗證式 (confirmatory factor analysis, CFA)，是檢驗「因素效度」或稱「因素組合」，目的在確認構念存在以及應用構念發展理論的方法。

因素分析是相關分析與變異數分析的綜合進階應用。

---

### 小結

人們可以通過 component 來解釋這些 component。有一方法可決定有多少 component 數目，就是你要明確指定 component 總共要解釋多少變異 ( 例如：給一門檻值 65%)。

請注意，主成分分析的主要目的是描述性的，它不是假設檢定 (hypothesis testing)！所以你的決定在很多方面需要根據什麼，為你提供一個好的、簡潔的數據描述。

我們必須做出什麼是重要的相關性決定，不一定從統計假設檢驗的角度來看，而是從城市社會學的角度來看。你必須決定手頭問題的重要性。這個決定可能因紀律而不同。在社會學和生態學等學科中，數據往往本質上是「嘈雜的 noisy」，在這種情況下，你會期望「混亂 messier」的解釋。如果你正在尋找像工程學這樣一個必須精確的學科，可能會對分析提出更高的要求。你會想要有非常高的相關性。主成分分析主要應用於社會學和生態類型的應用以及市場研究。

和以前一樣，可以將主要組成部分相互繪製，並且探索某些觀測數據的位置。

有時主成分分析將被用作迴歸中的解釋變異。在迴歸設置中，可能有大量的解釋變異需要處理。而你可能沒有太多的想法，認為哪些是重要的。你可能做的是，首先執行一個主成分分析，然後執行一個迴歸預測變量從主成分本身輸入。這個分析的好處在於迴歸係數是彼此獨立的，因為這些分量是相互獨立的。在這種情況下，實際上會說出每個單獨的 component 對多少感興趣變量的變化進行解釋。這是在多元迴歸中通常不能做的事情。

　　我們分析這個問題的其中一個問題就是，由於涉及的數字都很多，所以分析並不像所希望的那樣「乾淨 clean」。例如：在考察第二和第三部分時，經濟被認為對這兩個組成部分都是重要的。正如你所看到的，這將在我們的分析中導致一個模稜兩可的解釋。

　　數據簡化的另一種方法是因素分析，其中使用因素旋轉來降低複雜性並獲得數據更清晰的解釋。

**Step 6.** 繪圖：2 個主成分分析與 9 個原始變數的關係

```
* 繪圖：2 個主成分分析與 9 個原始變數的關係
. loadingplot
*註：Statistics > Multivariate analysis > Factor and principal component analysis
> Postestimation > Loading plot


* 繪圖：2 個主成分分析與各觀察值的關係
. scoreplot, mlabel(id)
*註：Statistics > Multivariate analysis > Factor and principal component analysis
> Postestimation > Score variables plot
```

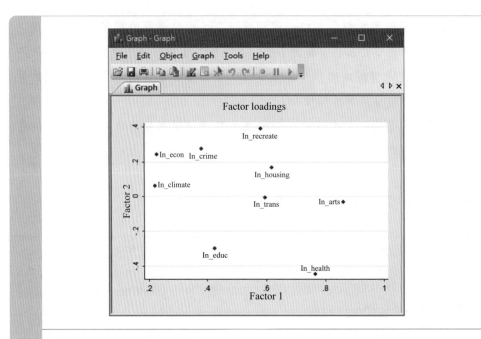

圖 9-9　　「loadingplot」 圖 ( 繪圖 ： 2 個主成分分析與 9 個原始變數的關係 )

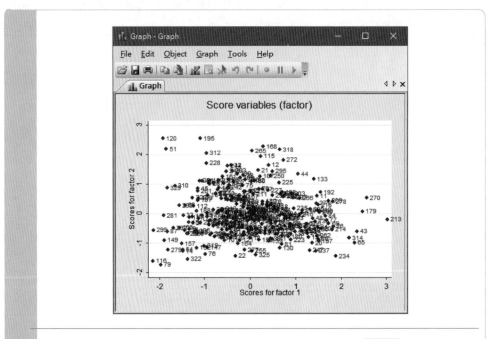

圖 9-10　　「scoreplot」 圖 ( 繪圖 ： 2 個主成分分析與各觀察值的關係 )

# 測量工具檢定：信度 (reliability)與建構效度 (construct validity)

因素分析 (factor analysis)，又譯「因子分析」。「因素 (factor)」是指存在而看不見、無法用物理方式觀察、測量出來的變數，如聰明的操作型定義 IQ、性質 ( 工作複雜性、工作自主性、IT 實用性、IT 易用性、工作單調性 )、動機、( 工作、溝通、使用者 ) 滿意度、( 組織、團隊 ) 創新等。

探索性因素分析 (factor 指令 ) 也是建構效度的檢定技術，它可根據收斂效度及區別效度來篩選無效度的問卷題目。因爲沒效果就無信度，但無信度不代表沒效度。故因素分析 (factor 指令 ) 又比信度分析 (alpha 指令 ) 常被學界論文使用。

因素分析所歸納、萃取之「因素」，即爲理論建構中之潛在變數 (latent variable，用橢圓型符號表示 ) 或構念 (construct，用長方型符號表示 )。

廣義上，因素等於幾何數學 / 經濟學的「維度 (dimension)」，不過，在統計專業定義上，「因素 (factor)」可專指因素分析之結果，必須爲等距 (interval) 資料；而「構面 / 維度 (dimension)」可專指「多維標度法 (multidimensional scaling)」分析之結果，通常爲次序 (ordered) 資料。

因素分析 (factor analysis) 是一種對觀測變數及其共變數結構進行建模的方法，以較少數量的潛在不可觀測 [ 潛在 (latent)] 因素爲基礎。這些因素通常被視爲可能描述觀測現象的廣義概念或觀點。例如：人們獲得社會水準的基本欲望即可解釋大部分的消費行爲。這些未被察覺的因素 (unobserved factors) 對於社會科學家來說比觀察到的定量測量 (observed quantitative measurements) 更有趣。

通常，因素分析是一種探索性、描述性的方法，需要許多使用者自己的主觀判斷。它是一個被廣泛使用的工具，但可能會引起爭議 (controversial)，因爲「模型、方法和主觀性」非常靈活，可能會發生解釋上的爭論。

正如教科書所說的，因素分析法與主成分 (principal components) 相似，但因素分析比較精細 (elaborate)。從某種意義上講，因素分析是主成分的一體兩面 (inversion)。在因素分析中，我們將觀察變數建模爲「因素 (factor)」的線性函數。在主要成分中，我們創建了新變數，這些成分變數是觀察變數的線性組合。但 PCA 和 FA 都可縮減資料樣本的維度 (dimension) 數目。回想前一章，在主成分分析中，主成分往往不是很乾淨 (clean)。有時，某一特別變數可能會對多個成分 (components) 部分都有重大貢獻 ( 沒有區別效度 )。理想情況下，我們期待每個變數只對一個成分做出重大貢獻。一個叫做因素旋軸的技術被用來實現這個目標。常用因素分析的領域包括：生理學、健康、智力、社會學、生態學、管理學等。

舉例來說，圖10-1因素模型中，它是以中間的觀察變數 $(X_1, X_2, X_3, X_4)$ 為主，向左探討可被潛在因素 $(Y_1, Y_2)$ 解釋的程度，它以組型負荷量來表示；向右探討無法被潛在因素解釋之部分 ( 即誤差 )，它以獨特性係數表示。

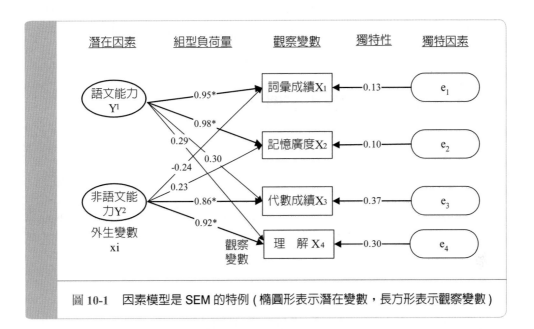

圖 10-1　因素模型是 SEM 的特例 ( 橢圓形表示潛在變數，長方形表示觀察變數 )

因素模型之對應的代數式如下：

詞彙成績 = 0.95 × 語文能力 – 0.24 × 非語文能力 + 0.13

記憶廣度 = 0.98 × 語文能力 + 0.23 × 非語文能力 + 0.10

代數成績 = 0.30 × 語文能力 + 0.86 × 非語文能力 + 0.37

理　　解 = 0.29 × 語文能力 + 0.92 × 非語文能力 + 0.30

| 學習目標和結果 |

學完本章因素分析後，應該能夠執行以下操作：

1. 理解因素分析的術語，包括因素負荷量 (loadings) 的解釋、特定變異數 (specific variances) 和共同性 (communalities)。

2. 瞭解如何應用主成分和最大概似法 (maximum likelihood) 來估計因素模型的參數。

3. 理解因素旋軸，並解釋旋軸的因素負荷量 (loadings)。

# 10-1 測量工具檢定：信度 (reliability) 與效度 (validity)

信度 (reliability) 與效度 (validity) 是所有測量的重要議題。兩者都是關心我們所設計的具體指標與這些指標所預測之構念 (construct) 間的關係。

構念是指將一些觀念，事實或印象有系統的組織起來後，所形成的概念。

## 10-1-1 信度與效度之重點整理

### 一、信度重點

#### (一) 信度的意義

所謂信度是衡量沒有誤差的程度，也是測驗結果的一致性 (consistency) 程度，信度是以衡量的變異理論爲基礎。信度是指可靠性或一致性。信度好的指標在同樣或類似的條件下重複操作，可以得到一致或穩定的結果。

#### (二) 信度的種類

1. 穩定信度 (stability reliability)：這是一種長期的信度，也就是指標在不同時間做測量時，可以得到同樣的結果。通常我們是用測試與再測試方法 (test-retest method) 來檢視一個指標的穩定信度，也就是將同樣的指標對同一群體重新施測，如果每次都得到同樣的結果，則此指標即有穩定信度。

2. 代表性信度 (representative reliability)：代表性信度是橫跨各個次母群體或群組的信度，也就是指標用於不同次母群體或群組 ( 如年齡、性別 ) 時，可以得到同樣的結果。例如：對年齡的測量，應該是詢問不同年齡層時，都可得到一致性的資訊，不論此指標是正確的問到年齡，還是有同樣方向的偏誤，如以多報少。做次母群體分析 (subpopulation analysis) 時，除了比較指標使用在不同的次母群體或群組的結果外，還涉及利用其他獨立的資訊，以判斷指標使用在不同群組時所得到的結果是否有同樣的誤差。

3. 同等信度 (equivalence reliability)：同等信度是應用在利用多重指標測量同一構念的情況。我們感興趣的是：是否不同指標能得到一致的測量結果？

研究者常用折半法 (the split-half method) 來做此種信度的分析。其作法是將測

量同一構念的多重指標隨機分成 2 組後進行測量，然後判定是否 2 組指標得到相同的結果。我們可以用如 Cronbach's α 這種統計方法來做此種信度分析。如果多重指標有相當的信度，就可利用這些指標來建構量表。

另一種同等信度的特殊分析方法，是做編碼者間信度 (intercoder reliability) 的分析。當我們用多位觀察者、評判者或編碼者時就可使用此方法，其目的是檢視不同的觀察者或編碼者是否彼此間的意見一致。

### (三) 如何增進信度

1. 明確的概念化：當只測量單一構念或構念的一個次維度 (subdimension)，並有清楚的理論定義時，信度就會增加。

2. 提升測量尺度的精確性。

3. 使用多重指標：多重指標能使研究者測量一個構念的廣泛定義內容。這就好像是從概念領域中做抽樣 (sampling from the conceptual domain)，使研究者能測量到一個構念的不同層面。

4. 使用前測 (pretests)、預試研究 (pilot studies) 及重複測試 (replication)。

## 二、效度重點

### (一) 效度的意義

所謂效度是指衡量的工具，是否能真正衡量到研究者想要衡量的問題。

### (二) 效度的種類

效度是指概念定義 (conceptual definition) 及操作化定義 (operational definition) 間是否契合。因此，當我們說一個指標有效度時，是在特定目的及定義的情況下做此判斷。同樣的指標在不同的研究目的下，可能有不同的效度。

測量的效度比信度難達到。因為構念是抽象的，而指標則是具體的觀察。對於一個測量是否有效度並無絕對的信心，但可判斷是否比另一測量更有效度。測量的效度有 4 種類型：

1. 表面效度 (face validity)：這是最容易達成及最基本的效度，此類效度就是由學界來判斷指標是否真的測量到所欲測量到的構念。

2. 內容效度 (content validity)：這是一種特殊的表面效度。此類效度關心的是：一個定義的內容是否都在測量中呈現出來？構念定義包含著想法與概念的「空

間」，指標測量應該抽樣到或包含到此空間中所有的想法。內容效度的達成有 3 個步驟：

Step 1：說明構念定義的內容。

Step 2：從此定義所包含的區域或部分中做抽樣。

Step 3：發展指標來連結定義的這些部分。

3. 效標效度 (Criteria validity)：此類效度是用某些標準或校標，來精確的指明一個構念。檢視測量指標的這種效度是要將它與測量同一構念，且研究者有信心的指標來做比較，這種效度有 2 個次類型：

(1) 同時效度 (concurrent validity)：一個指標必須與既存且已被視為有效的指標相關聯。

(2) 預測效度 (predictive validity)：一個指標能預測在邏輯上與構念相關的事件。此指標與預測的事件是指向同一構念，但又有區別。這和假設測定不同。假設測定是一個變項預測另一不同的變項。

4. 建構效度 (construct validity)：建構效度 ( 或構念效度 ) 是用於多重指標的測量情況。此類效度也有 2 個次類型：

(1) 收斂效度 (convergent validity)：當測量同一構念的多重指標彼此間收斂或有關聯時，就有此種效度存在。

(2) 區別效度 (discriminant validity)：此種效度也稱為分歧效度 (divergent validity)，與收斂效度相反。此類效度是指當一個構念的多重指標互相收斂或呼應時，則這個構念的多重指標也應與其相對立之構念的測量指標有負向相關。例如：與「組織滿意」相關的多重指標應會與「組織不滿意」相關的多重指標間有負向相關。

## 三、衡量誤差的意義與來源

衡量誤差可分為系統性誤差及隨機性誤差。一般而言，大部份的誤差是系統性的 ( 從偏差而來 )。所謂系統性誤差也被視成常數性 (constant) 誤差。而隨機性誤差 (random error) 則不是一種常數性誤差，其原因可能來自情境因素，或者被受測者一時的情緒而影響。衡量誤差可能的來源如下：

1. 由回應者 (respondent) 產生的誤差。

2. 由情境因素產生的誤差。

3. 由衡量者產生的誤差。

4. 由衡量工具產生的誤差。

## 10-1-2 因素分析 (factor analysis, FA)，又譯因子分析

因素分析在進行的許多研究中，扮演相當重要的角色，它的重要應用有形成構面、建立加總尺度、提供信度與效度。因素分析的目的有二：

### 1. 形成構面

構面是概念性旳定義，當我們以理論爲基礎，以定義概念來代表研究的內容，我們所使用量表的項目經由因素分析的轉軸後，通常相同概念的項目會在某個因素下，我們將此因素命名，就形成所要的構面。

### 2. 建立加總尺度

在形成構面後，代表單一因素是由多個項目所成分，因此，可以建立加總尺度 (summated scale)，以單一的值來代表單一的一個因素或構面。

---

名詞解釋：

1. 效度 (validity)

爲確保量表符合我們所給的概念性定義 ( 構念 )，須符合信度的要求和呈現單一維度的情形。測量工具的建構效度包括：收斂效度 (convergent validity) 和區別效度 (discriminant validity)。收斂效度指的是構面內的相關程度要高，區別效度指的是構面之間的相關程度要低。

2. 信度 (reliability)

用來評估一個變數經由多次量測後，是否呈現一致性的程度，稱之爲信度。在測量內部的一致性時，我們遵守的準則爲：同一構念的項目 (item) 與項目的相關係數大於 0.3，項目與構面的相關係數大於 0.5。整個構面的信度大多使用 Cronbach's alpha 值大於或等於 0.7，探索性的研究則允許下降到 0.6 的標準。

---

# 10-2 因素分析 (factor analysis, PCA) 之重點整理

## 10-2-1 因素分析 (factor analysis, PCA) 之概念

### 一、因素分析的符號和術語 (notations and terminology)

符號

將所有變數 X 蒐集到每個單獨個體 subject 的向量 X 中，讓 $X_i$ 表示可觀察到的特質 i(trait i)。這些是來自每個 subject 的數據，並將被蒐集到特質向量 (vector of traits) 中。

$$x = \begin{pmatrix} x_1 \\ x_2 \\ \vdots \\ x_p \end{pmatrix} = 特質的向量\ (vector\ of\ traits)$$

這將是一個隨機向量，具有母群體平均值。假設特質向量 X 是從具有母群體平均值向量的母群體中 (a population with population mean vector) 抽樣的：

$$\mu = \begin{pmatrix} \mu_1 \\ \mu_2 \\ \vdots \\ \mu_p \end{pmatrix} = 母群的平均數向量\ (population\ mean\ vector)$$

其中，$E(X_i) = \mu_i$ 代表變數 i 的母群體平均數。

考慮 m 不可觀察共同因素「$f_1 , f_2 , \cdots, f_m$」。第 i 個 common factor 是 $f_i$。通常，m 值 < p。

共同因素也蒐集到一個向量中：

$$f = \begin{pmatrix} f_1 \\ f_2 \\ \vdots \\ f_m \end{pmatrix} = 共同因素的向量\ (vector\ of\ common\ factors)$$

模型

　　因素模型可以視爲一系列多元迴歸 (multiple regressions)，從不可觀測共同因素的值 $F_i$ 來預測每個可觀測變數 $X_i$：

$$x_1 = \mu_1 + l_{11}f_1 + l_{12}f_2 + \cdots + l_{1m}f_m + \varepsilon_1$$
$$x_2 = \mu_2 + l_{21}f_1 + l_{22}f_2 + \cdots + l_{2m}f_m + \varepsilon_2$$
$$\vdots$$
$$x_p = \mu_p + l_{p1}f_1 + l_{p2}f_2 + \cdots + l_{pm}f_m + \varepsilon_p$$

上式，變數平均數 $\mu_1$ 截距項是 $\mu_p$，此式很像多元迴歸模型。

　　這些多元迴歸的迴歸係數 $l_{ij}$(partial slopes) 稱爲因素負荷量 (factor loadings)。這裡，第 i 個變數第 j 個因素的負荷量爲「$l_{ij}$」。這些將被蒐集到矩陣中，如下所示：

$$L = \begin{pmatrix} l_{11} & l_{12} & \cdots & l_{1m} \\ l_{21} & l_{22} & \cdots & l_{2m} \\ \vdots & \vdots & & \vdots \\ l_{p1} & l_{p2} & \cdots & l_{pm} \end{pmatrix} = 因素負荷量的矩陣 (matrix of factor loadings)$$

最後，誤差 $\varepsilon_i$ 叫作特定因素 (specific factors)。在這裡，「$\varepsilon_i$ = 變數的特定因素」。特定因素也被蒐集到一個向量中：

$$\varepsilon = \begin{pmatrix} \varepsilon_1 \\ \varepsilon_2 \\ \vdots \\ \varepsilon_p \end{pmatrix} = 特定因素的向量 (vector of specific factors)$$

總之，基本 fcator 模型就像一個迴歸模型。不可觀察公共因素「$f_1, f_2$ 到 $f_m$」線性函數，來預測每個反應變數 X。因此，解釋變數是「$f_1, f_2$ 到 $f_m$」。值得一提的是，有 m 個不可觀測的因素，控制數據中的變異 (variation)。

　　通常我們將這個縮減爲矩陣符號，如下所示：

$$X = \mu + Lf + \varepsilon$$

一般來說，我們期待 m << p。

## 二、模型假定 (model assumptions)

### (一) 平均數 (mean)

1. 特定因素 (specific factors) 或隨機誤差的所有平均數為 0：$E(\varepsilon_i) = 0$, i = 1, 2, …, p。

2. 共同因素 (common factors)，平均數也為 0：$E(f_i) = 0$, i = 1, 2, …, m。
   以上這些假定的結果是，第 i 個特質 (trait) 的平均反應是 $\mu_i$：$E(X_i) = \mu_i$。

### (二) 變異數 (varinace)

1. 共同因素 (common factors)，變異數為 1：$\text{var}(f_i) = 0$, i = 1, 2, …, m。

2. 第 i 個特定因素 (specific factors)，變異數為 $\Psi_i$：$\text{var}(\varepsilon_i) = \Psi_i$, i = 1, 2, …, p。其中，$\Psi_i$ 特定變異數 (specific variance)。

### (三) 相關

1. 共同因素 (common factors) 之間無相關：$\text{cov}(f_i, f_j) = 0$, for i ≠ j。

2. 特定因素之間無相關：$\text{cov}(\varepsilon_i, \varepsilon_j) = 0$, for i ≠ j。

3. 特定因素與共同因素無相關：$\text{cov}(\varepsilon_i, f_j) = 0$, for i = 1, 2, …, p，j = 1, 2, …, m。
   這些假定對於唯一估計參數是必要的。若非符合這些假定，將求得具有不同參數值的無限數量的 equally well-fitting 的模型。
   在此模型下，第 i 個觀測變數的變異數等於該變數及特定變異數負荷量平方的加總 (squared loadings)：$\sigma_i^2 = \text{var}(X_i) = \sum_{j=1}^{m} l_{ij}^2 + \psi_i$
   基於前面的假定，可推導出第 i 個變數的共同性 (communality) 為：$\sum_{j=1}^{m} l_{ij}^2$。稍後
將看到這是如何衡量特定變數對模型的表現。共同性愈大，代表第 i 個變數對模型績效 performance 愈佳。

   Traits i 與 traits j 配對的共變數是：$\sigma_{ij} = \text{cov}(X_i, X_j) = \sum_{k=1}^{m} l_{ik} l_{jk}$。

   Traits i 與 factor j 的共變數是：$\text{cov}(X_i, f_j) = l_{ij}$。

   在矩陣符號中，變異數—共變數 (variance-covariance) 矩陣模型可表示為：

$$\Sigma = LL' + \Psi$$

這是因素負荷量 (factor loadings) 乘以其轉置 (LL') 的矩陣，再加上包含特定變異數的對角矩陣 $\Psi$。在這裡 $\Psi$ 等於：

$$\Psi = \begin{pmatrix} \psi_1 & 0 & \cdots & 0 \\ 0 & \psi_2 & \cdots & 0 \\ \vdots & \vdots & \ddots & \vdots \\ 0 & 0 & \cdots & \psi_p \end{pmatrix}$$

因此，獲得變異數—共變數 (variance-covariance) 矩陣的精簡化 (simplified) 模型，並用它來估計。

值得一提的是：

1. 模型假定：數據是公共因素的線性函數。但是，由於共同因素是不可觀察的，所以沒有數據可用於檢查線性。

2. 變異數—共變數 (variance-covariance) 矩陣是一個對稱矩陣，即變數 i 和變數 j 之間的變異數 (variance) 與 j 和 i 之間的變異數 (variance) 是相同的。對於這個模型：

$$\Sigma = LL' + \psi$$

因此，可以用矩陣符號來表示我們的因素模型：

$$X = \mu + Lf + \varepsilon = \mu + LTT'f + \varepsilon = \mu + L^*f^* + \varepsilon$$

請注意，這不會改變計算，因為單位矩陣乘以任何矩陣仍是原始矩陣。這導致一個替代因素模型，其中，新因素負荷量 (factor loadings) 與原始因素負荷量 (factor loadings) 之間的關係是：

$$L^* = LT$$

新共同因素與原始共同因素的關係是：

$$f^* = T'f$$

這給出了一個同樣適配的模型。而且，由於存在無限多的正交 (orthogonal) 矩陣，所以存在無數的替代 (alternative) 模型。事實證明，這個模型滿足了我們前面討論的所有假定。即：

$$E(f^*) = E(T'f) = T'E(f) = T'0 = 0$$

$$\text{var}(f^*) = \text{var}(T'f) = T'\text{var}(f)T = T'IT = T'T =$$

$$\text{cov}(f^*, \varepsilon) = \text{cov}(T'f, \varepsilon) = T'\text{cov}(f, \varepsilon) = T'0 = 0$$

所以 $f^*$ 滿足所有的假設，因此 $f^*$ 是同樣有效的一組共同因素。這些模型有一定的歧義 (ambiguity)。我們要利用這個同樣的歧義。這種歧義被用來證明稍後將使用的因素旋軸，來獲得對數據更簡潔的描述。

## 三、主成分分析法 (principal component method)

我們將考慮 2 種不同的方法，來估計因素模型的參數：

1. 成分因素法 (principal factor)，這也是 STaTa 內定估計法。
2. 最大概似估計 (maximum likelihood factor)。

第三種方法，主成分因素法 (principal-component factor) 也是可用的。

### ( 一 ) 主成分分析法 (principal component method)

第 i 個 subject 的觀測向量：

$$X_i = \begin{pmatrix} X_{i1} \\ X_{i2} \\ \vdots \\ X_{ip} \end{pmatrix}$$

S 將用來表示樣本變異數—共變數 (variance-covariance) 矩陣，並表示為：

$$S = \frac{1}{n-1} \Sigma_{i=1}^{n} (X_i - \overline{x})(X_i - \overline{x})'$$

此變異數—共變數 (variance-covariance) 矩陣，將有 p 個特徵值 (eigenvalues) 及對應的特徵向量 (eigenvectors)。

S 的特徵值 (eigenvalues)：

$$\hat{\lambda}_1, \hat{\lambda}_2, \cdots, \hat{\lambda}_p$$

S 的特徵值 (eigenvectors)：

$$\hat{e}_1, \hat{e}_2, \cdots, \hat{e}_p$$

回想一下，變異數—共變數 (variance-covariance) 矩陣可用下面的形式重新表示為特徵值和特徵向量的函數：

## ( 二 )Σ 的譜分解 (spectral decomposition)

$$\Sigma = \sum_{i=1}^{p} \lambda_i e_i e_i' \cong \sum_{i=1}^{m} \lambda_i e_i e_i' = (\sqrt{\lambda_1} e_1 \quad \sqrt{\lambda_2} e_2 \quad \cdots \quad \sqrt{\lambda_m} e_m) \begin{pmatrix} \sqrt{\lambda_1} e_1' \\ \sqrt{\lambda_2} e_2' \\ \vdots \\ \sqrt{\lambda_m} e_m' \end{pmatrix} = LL'$$

主成分法背後的想法是近似這個數學式。現在將它從 1 加到 m 加總，並省略後面 p-m 項來求得第三個數學式，我們可以重寫這個而成為第四個數學式，用來定義因素負荷量 (factor loadings)L，得到矩陣表示式的最終數學式。

注意：如果使用標準化測量 [ 即經 log(x)] 轉換，我們用樣本相關矩陣 R 來代替 S。

這將產生以下因素負荷量 (factor loadings) 的估計值：

$$\hat{l}_{ij} = \hat{e}_{ji} \sqrt{\hat{\lambda}_j}$$

這將在因素分析中形成我們的因素負荷量矩陣 L，隨後是 L 的轉置 (transpose)。為了估計特定變異數 (specific variances)，回想一下變異數—共變數 (variance-covariance) 矩陣的因素模型：

$$\Sigma = LL' + \Psi$$

用矩陣符號表示。Ψ 將等於變異數—共變數 (variance-covariance) 矩陣減 LL'。

$$\Psi = \Sigma - LL'$$

這意味著，矩陣 Ψ 的對角元素特定變異數，可用以下公式來估計：

$$\hat{\Psi}_i = s_i^2 - \sum_{j=1}^{m} \lambda_j \hat{e}_{ji}^2$$

上式中，取第 i 個變數的樣本變異數 $S_i^2$，再減去因素負荷量 (factor loadings) 平方的總和 [ 即共同性 (communality)]。

## 10-2-2 因素分析：居住社區 9 個評量指標 (factor 指令 )

範例 ： **places rated 資料做因素分析**

　　樣本數據往往是從一個人群中蒐集到大量的變數。例如：Boyer 和 Savageau 曾根據以下 9 個準則評估了 329 個社區的居住品質 ( 資料建檔如圖 9-1) ，做地方評比 (places rated) 所蒐集的資料檔：(1) 氣候和地形 (climate and terrain)；(2) 住房 (housing)；(3) 衛生保健與環境 (health care & the environment)；(4) 犯罪 (crime)；(5) 運輸 (transportation)；(6) 教育 (education)；(7) 藝術 (the arts)；(8) 娛樂 (recreation)；(9) 經濟學 (economics)。

　　本例係以「地區」為分析單位，樣本資料共 9 大類的變數，除了住房和犯罪外，其他變數的分數愈高愈好。住房和犯罪，負向題的分數愈低愈好。在一些社區可能於藝術方面做得更好，其他社區在犯罪率較低和教育機會較好的其他領域可能會更好。故本樣本就可延伸至「美國房地產泡沫的地理和制度因素：制度、設施和稅收的作用」的研究。

## 一、資料檔之內容

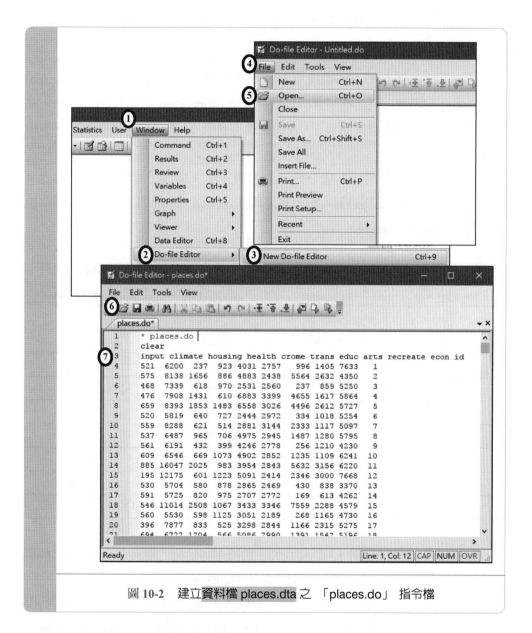

圖 10-2   建立資料檔 places.dta 之 「places.do」 指令檔

　　本例的目標是描述變數之間的相互關係 (inter-relationships)。

　　在進行因素分析之前，需要確定 m 是多少。即模型中應包括多少個共同因素 (common factors)？這也是確定了參數個數。

對於 p = 9，變異數－共變數 (variance-covariance) 矩陣 Σ 包含：$\frac{p(p+1)}{2} = \frac{9 \times 10}{2} = 45$ 獨特的元素或個體 (unique elements or entries)。對於 m 個 factors 的因素分析，因素模型中的參數個數為：p(m+1)=9(m+1)。

在 m = 4 的情況下，因素模型中有 45 個參數，這等於原始參數 (original parameters) 的個數，但這並不會導致維度降低 (dimension reduction)。因此，在這種情況下，我們將選擇 m = 3，在因素模型會有 36 個參數，從而在分析中維度降低。

在下面，可以看到「主成分分析」報表。前 3 個成分解釋了 62% 的變異 (variation)，我們會認為這對本例已經足夠了。所以，下面的因素分析將限制抽取 3 個成分 (components)。

| 成分 (component) | 特徵值 (eigenvalue) | 解釋變異的比例 (proportion) | 聚積比例 (cumulative) |
|---|---|---|---|
| 1 | 3.2978 | 0.3664 | 0.3664 |
| 2 | 1.2136 | 0.1348 | 0.5013 |
| 3 | 1.1055 | 0.1228 | 0.6241 |
| 4 | 0.9073 | 0.1008 | 0.7249 |
| 5 | 0.8606 | 0.0956 | 0.8205 |
| 6 | 0.5622 | 0.0625 | 0.8830 |
| 7 | 0.4838 | 0.0538 | 0.9368 |
| 8 | 0.3181 | 0.0353 | 0.9721 |
| 9 | 0.2511 | 0.0279 | 1.0000 |

需要多少 m( 因素個數 )，以便我們在數據中有足夠的變異 (variation) 來解釋結果。什麼是足夠？這是主觀的，取決於手中的例子。

或者，通常在社會科學領域，研究領域內的基礎理論指出有多少預期的因素。如在心理學中，環狀模型 (circumplex model) 表明情緒有 2 個因素：積極情緒和激勵。因此，可以考慮關於受試者情緒的問卷數據的雙因素模型。在許多方面，這是一個更好的方法，因為是讓科學推動統計而不是統計推動科學！如果可以的話，用科學理解來確定模型中應該包含多少因素才是上策。

經前一章主成分分析，我們認為本例子 3 個 components 已經足夠了。

## 二、分析結果與討論

Step 1. 限定 3 個 components 之因素分析

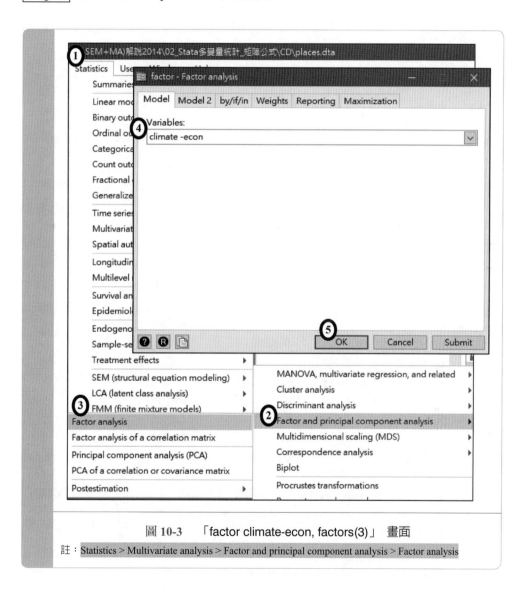

圖 10-3 「factor climate-econ, factors(3)」 畫面

註：Statistics > Multivariate analysis > Factor and principal component analysis > Factor analysis

```
. use places.dta, clear
```
*方法 1：主成分估計法做因素分析（內定 Principal-component 法），限定 3 個因素。"climate -econ" 共 9 個連續變數。
```
. factor climate -econ, factors(3)


(obs=329)

Factor analysis/correlation                    Number of obs    =      329
    Method: principal-component factors        Retained factors =        3
    Rotation: (unrotated)                      Number of params =       24


    ---------------------------------------------------------------------
        Factor  |  Eigenvalue  Difference        Proportion  Cumulative
    ------------+--------------------------------------------------------
        Factor1 |    3.40829     2.19432            0.3787      0.3787
        Factor2 |    1.21398     0.07250            0.1349      0.5136
        Factor3 |    1.14148     0.22056            0.1268      0.6404
        Factor4 |    0.92092     0.16763            0.1023      0.7427
        Factor5 |    0.75328     0.12272            0.0837      0.8264
        Factor6 |    0.63056     0.13751            0.0701      0.8965
        Factor7 |    0.49305     0.17501            0.0548      0.9513
        Factor8 |    0.31804     0.19764            0.0353      0.9866
        Factor9 |    0.12040         .              0.0134      1.0000
    ---------------------------------------------------------------------
    LR test: independent vs. saturated:  chi2(36) = 1054.86 Prob>chi2 = 0.0000
```

Factor loadings (pattern matrix) and unique variances( 獨特變異數 )

```
    ---------------------------------------------------------------------
    Variable |  Factor1    Factor2    Factor3  |  Uniqueness( 獨特性 )( 唯一性、誤差項 )
    ---------+-----------------------------------+-------------
     climate |   0.3811     0.2400    -0.7371   |      0.2538
     housing |   0.6582     0.2761    -0.2224   |      0.4411
      health |   0.8496    -0.3300    -0.0078   |      0.1692
       crime |   0.5193     0.3915     0.1978   |      0.5379
       trans |   0.6483    -0.1979     0.1564   |      0.5161
        educ |   0.5082    -0.5326     0.2454   |      0.3978
        arts |   0.8549    -0.2146    -0.0283   |      0.2223
```

```
   recreate |   0.6053    0.4236   -0.0543 |    0.4512
       econ |   0.2500    0.5193    0.6489 |    0.2469
   ------------------------------------------------------
```

* 以 Factor loadings 絕對值 >0.05，來命名三個因素

* 方法2：改用 Maximum-likelihood factors, keep 2

. factor climate -econ, factors(3) ml

```
Factor analysis/correlation              Number of obs     =      329
   Method: maximum likelihood            Retained factors  =        3
   Rotation: (unrotated)                 Number of params  =       24
                                         Schwarz's BIC     =  212.765
   Log likelihood = -36.83005            (Akaike's) AIC    =   121.66


Beware: solution is a Heywood case
        (i.e., invalid or boundary values of uniqueness)


   ----------------------------------------------------------------
      Factor  |   Eigenvalue   Difference       Proportion   Cumulative
   -----------+----------------------------------------------------------
      Factor1 |     1.93789      0.08979           0.4092       0.4092
      Factor2 |     1.84810      0.89829           0.3902       0.7994
      Factor3 |     0.94981                        0.2006       1.0000
   ----------------------------------------------------------------

LR test: independent vs. saturated:  chi2(36) = 1054.86 Prob>chi2 = 0.0000
LR test:   3 factors vs. saturated:  chi2(12) =   72.35 Prob>chi2 = 0.0000
(tests formally not valid because a Heywood case was encountered)


Factor loadings (pattern matrix) and unique variances


   ----------------------------------------------------------------
      Variable |  Factor1    Factor2    Factor3 |  Uniqueness(獨特性)
   -----------+----------------------------------+-------------------
       climate |  0.3863     0.0500     0.1298  |    0.8314
       housing |  1.0000    -0.0001    -0.0000  |    0.0000
        health |  0.4531     0.8812    -0.0438  |    0.0163
         crime |  0.1342     0.3192     0.8587  |    0.1426
         trans |  0.2720     0.4047     0.1478  |    0.7404
          educ |  0.1980     0.4469    -0.1085  |    0.7493
```

```
      arts |   0.4486    0.7569    0.1044 |    0.2150
  recreate |   0.4223    0.1691    0.2833 |    0.7128
      econ |   0.2694   -0.0481    0.2624 |    0.8562
-----------------------------------------------------------
```

1. 首先，我們會想看看這個因素負荷量 (factor loadings)。這些因素負荷量是使用下式來求得：

$$\hat{e}_i \sqrt{\hat{\lambda}_i}$$

2. Factor loadings 只列前 3 個因素的記錄。這些因素負荷量是因素與變數之間的相關性。例如：藝術與第一個因素的相關性約為 0.8549。同樣，氣候和第一個因素之間的相關性大約 0.3811。

3. Factor loadings 絕對值 > 0.05，來命名 3 個因素。

   (1) 因素 1 與藝術 (0.8549) 相關性最強，但也與健康、住房、娛樂以及犯罪和教育程度相關性較低。所以，在這種情況下可以說第一個因素主要是衡量這些變數。

   (2) 因素 2 主要與犯罪、教育和經濟有關。在這裡可以看到犯罪和經濟增長，教育減少。因此，教育水平愈低，犯罪水平愈高、經濟水平愈高。

   (3) 因素 3 主要是衡量氣候的指標，可以看到氣候與經濟負相關。所以氣候愈好，經濟愈差。

4. 上面的解釋與主成分分析非常相似。

---

**共同性 (communalities)** $\hat{h}_i^2$

第 i 個變數的共同性 ( $\hat{h}_i^2$ ) 為該變數 loading 平方 ( $\hat{l}_{ij}^2$ ) 的加總。表示如下：

$$\hat{h}_i^2 = \sum_{j=1}^{m} \hat{l}_{ij}^2$$

上面的解釋與主成分分析非常相似。

為了理解共同性的計算，請見上述因素分析結果： factor loadings 表。例如：第一個變數 Climate 的共同性 (communality) 為： $\hat{h}_i^2 = 0.3811^2 + 0.240^2 - 0.7371^2 = 0.7950$

---

將這些共同性當作 3 個因素，預測所感興趣變數的迴歸模型的適配度 $R^2$ 值。某一變數的共同性，可解釋為 3 個因素所解釋變異的比例。換句話說，如果對 3 個常見因素進行 climate 多元迴歸，可得到 $R^2 = 0.795$，表示大約 79% 的氣候變化是由 3 個因素模型解釋的。結果顯示，因素分析在解釋氣候、藝術、經濟和健康變異做得最好。

共同性 (communalities) 愈高，代表此模型評估 (assessment) 愈好。表示模型解釋了這些變數多少變異？本模型解釋氣候最好，次之為經濟、健康和藝術。但對於犯罪、娛樂、交通和住房等變數，本模型並不是很好，只能解釋大約一半的變異。

如果把所有 communality values 都考慮在內，那麼就可得到一個「total communality value」：

$$\sum_{i=1}^{p} \hat{h}_i^2 = \sum_{i=1}^{m} \hat{\lambda}_i$$

本例，total communality 是 5.617。這 3 個因素解釋的總變異比例是：

$\dfrac{5.617}{9} = 0.624$。

這給了我們在模型中，解釋變異的百分比，這可看作是模型性能 (performance) 的總體評估。但是，這個百分比與之前獲得的前 3 個特徵值 (eigenvalues) 所解釋的變異 (variation) 的比例相同。個體共同性 (individual communalities) 表示模型對於單個變數的效果如何，總體共同性 (total communalities) 則對性能進行總體評估。這是你可用的 2 種不同評估。

若樣本資料是經標準化的 [ 取 log(x)]，則標準化的變異數將等於 1。然後，特定變異數 (specific variances) $\hat{\Psi}_i$ 等於「1- 共同性」，如下所示：

$$\hat{\Psi}_i = 1 - \hat{h}_i^2$$

　　回想一下，之前分析的數據是標準化的，所以標準化的變異數都等於 1。例如：氣候的具體變異數計算如下：

$$\hat{\Psi}_i = 1 - 0.795 = 0.205$$

**Step 2.** 使用因素分析 ( 區別效度、收斂效度 ) 來建構「精簡版」量表

> **建構效度 (construct validity)** 的意義
>
> 所謂建構效度係指研究量表可以有效的衡量出抽象概念的程度高低，可分為收斂效度 (convergent validity) 與區別效度 (discriminant validity) 2 項。當測量變數可以有效的被分布到某一因素時，則具有收斂效度。在實務上，若變數的因素負荷量 (factor loadings) 絕對值在每個因素上都低於 0.5 時 ( 也有學者取 0.6 作為標準 )，則表示該變數不具有收斂效度。當測量變數同時可以分布到 2 個以上的因素時，則該問題就不具有區別效度。在實務上，若變數的「因素負荷量 (factor loadings) 絕對值 >0.5」橫跨 2 個 ( 以上 ) 因素時，則表示該變數不具有區別效度 ( 也有學者以最大與最低因素負荷量數值差異在 0.3 以上作為標準 )。若 Likert 量表的所有問題同時具有收斂效度與區別效度時，則表示該研究量表具有建構效度。

　　實務上，區別效度可用來篩選變數。本例若以 |loadings| < 0.05 當門檻值，可看出：**educ**、**econ** 橫跨「factor1、factor2」( 劈腿 2 個因素 )，表示這 2 個指標變數區別效度低。若為了精簡量表，可考慮刪除它，接著，剩餘 7 個變數再做第二回合的因素分析。如下：

```
. factor climate housing health crime trans arts recreate, factors(2)
(obs=329)


Factor analysis/correlation                  Number of obs    =      329
    Method: principal factors                Retained factors =        2
    Rotation: (unrotated)                    Number of params =       13


    -----------------------------------------------------------------------
        Factor |  Eigenvalue   Difference        Proportion   Cumulative
    -------------+---------------------------------------------------------
       Factor1  |    2.70344      2.29407            0.9284       0.9284
       Factor2  |    0.40937      0.16587            0.1406       1.0690
       Factor3  |    0.24349      0.18940            0.0836       1.1526
```

```
Factor4  |    0.05409      0.15231         0.0186       1.1712
Factor5  |   -0.09822      0.04614        -0.0337       1.1374
Factor6  |   -0.14435      0.11150        -0.0496       1.0879
Factor7  |   -0.25585        .            -0.0879       1.0000
--------------------------------------------------------------------

 LR test: independent vs. saturated:  chi2(21) =  863.42 Prob>chi2 = 0.0000


Factor loadings (pattern matrix) and unique variances


----------------------------------------------------------

   Variable |  Factor1    Factor2 |  Uniqueness( 獨特性 )
------------+--------------------+--------------
   climate |   0.3335     0.3250  |   0.7832
   housing |   0.5740     0.3055  |   0.5771
    health |   0.8514    -0.2720  |   0.2011
     crime |   0.4377     0.0691  |   0.8036
     trans |   0.5422    -0.0484  |   0.7036
      arts |   0.8780    -0.2306  |   0.1759
  recreate |   0.5303     0.2759  |   0.6426
----------------------------------------------------------
```

在收斂效度方面，若以 |loadings| < 0.05 當準則。可看出：climate 、crime 不屬於任何「factor1 或 factor2」，表示兩者無收斂效度，故可刪除；剩餘 5 個變數，再做第三回合的因素分析。如下：

```
. factor housing health trans arts recreate, factors(2)
(obs=329)

Factor analysis/correlation                Number of obs    =       329
  Method: principal factors                Retained factors =         2
  Rotation: (unrotated)                    Number of params =         9


-----------------------------------------------------------------------
  Factor |  Eigenvalue  Difference       Proportion   Cumulative
---------+-------------------------------------------------------------
  Factor1 |    2.39417     2.13574         1.0149       1.0149
```

```
Factor2  |     0.25843     0.25076        0.1096    1.1245
Factor3  |     0.00767     0.10418        0.0032    1.1277
Factor4  |    -0.09652     0.10829       -0.0409    1.0868
Factor5  |    -0.20480        .          -0.0868    1.0000
------------------------------------------------------------
LR test: independent vs. saturated:  chi2(10) =  721.35 Prob>chi2 = 0.0000
```

Factor loadings (pattern matrix) and unique variances

```
----------------------------------------------------
Variable |  Factor1   Factor2 |  Uniqueness( 獨特性 )
-------------+--------------------+--------------
 housing |  0.5478    0.2286 |    0.6476
  health |  0.8771   -0.2218 |    0.1815
   trans |  0.5446    0.1112 |    0.6911
    arts |  0.8858   -0.1775 |    0.1838
 recreate|  0.4936    0.3363 |    0.6433
----------------------------------------------------
```

在收斂效度方面，若以 |loadings| < 0.05 當準則，再做第三回合的因素分析，剩餘 5 個變數都收斂至「factor1」，表示 5 者具收斂效度，故可停止因素分析。最後，這「housing、health、trans、arts、recreate」5 個變數的建構 (construct) 效度高，都可適配當作社區居住品質的衡量指標。

### 主成分法的重點提示

STaTa 因素分析有 4 個敵對 (competing) 方法，但結果不盡相同。例如：主成分法估計的因素負荷量不會隨著因素個數的增加而改變；其餘方法 ( 例如：最大概似法 ) 則不然，共同性 (communalities) 和特定變異數 (specific variances) 將取決於模型中的因素數量。一般來說，隨著你增加因素的數量，社區增加到 1，具特定變異數 (specific variances) 將減少到 0。

變異數—共變量 (variance-covariance) 矩陣 S( 或 R) 的對角線元素等於因素分析選用估計模型的對角元素：

$$\hat{L}\hat{L}' + \hat{\Psi}$$

　　相對地，非對角元素並不受重現，這是由於數據的可變性 (variability)「只是隨機的機率」。因此，我們要做的是選擇一些因素，使殘差矩陣的非對角元素變小：

$$S - (\hat{L}\hat{L}' + \hat{\Psi})$$

　　在這裡，我們想平衡 2 個相互衝突的期待。對於 精簡模型 ，希望選擇因素個數 m 的數量盡可能小，但對於這樣的模型，殘差 (residuals) 可能很大。相反的，選擇 m 愈大，雖可以減小殘差的大小，但是以產生更複雜和更不容易解釋的模型為代價 ( 還有更多的因素需要解釋 )。

　　所以應該注意的另一個結果是，殘差矩陣的元素平方加總，等於矩陣中遺留的特徵值平方之總和：

$$\sum_{j=m+1}^{p} \hat{\lambda}_j^2$$

### 因素個數的決定方法

　　以下是用於確定要萃取的因素數量的 3 種常用技術：

1. 自定解釋變異的累計比例，例如：自定 0.80 以上 (80% 變異數解釋 )。
2. 至少 1 個特徵值。
3. 陡坡圖 (scree plot) 的「肘 (elbow)」，是陡坡圖開始轉平坦的地方，用此 轉折肘點 來判定最適切的因素個數。陡坡圖的 y 軸是特徵值，x 軸是因素個數，曲線上的點代表變數可以解釋的變異，如圖 10-4：

```
* 不限因素個數之因素分析
. quietly factor ln_climate - ln_econ
* 繪陡坡圖來判定因素的個數
. screeplot
```

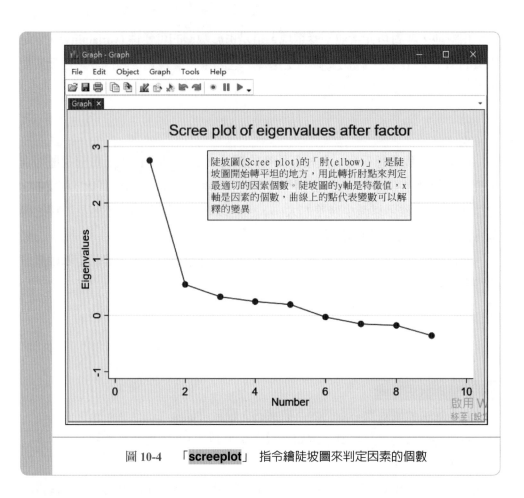

圖 10-4 　「**screeplot**」 指令繪陡坡圖來判定因素的個數

## 變數與因素之結構矩陣

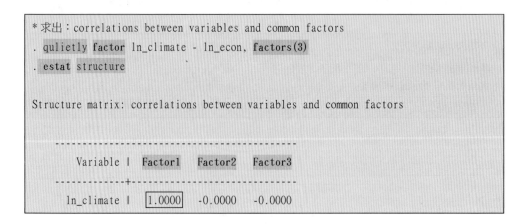

```
 ln_housing |   0.2730    0.5355     0.2297
  ln_health |   0.1506    0.8322    -0.3153
   ln_crime |   0.2278    0.2869     0.2856
    ln_educ |   0.0775    0.4587    -0.2200
   ln_trans |   0.0216    0.5919     0.1804
    ln_arts |   0.1727    0.8343     0.1363
ln_recreate |   0.1206    0.4865     0.5357
    ln_econ |  -0.1007    0.1869     0.2633
-------------------------------------------
```

### 因素的轉軸和命名成為構面

原始變數 x1, x2, x3, x4 投影在 x 和 y 軸時，在 x 軸上的 x1 和 x2 矩離很近，很難歸屬哪一方。經由轉軸後投影到 x' 和 y'，可以得知 x1, x2 和 x4 同屬一群，而 x3 則屬於另一群，這就是轉軸的功能。

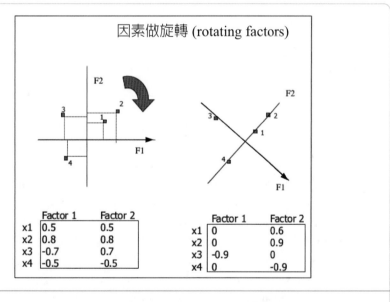

圖 10-5　因素轉軸 (rotating factors) 之示意圖

```
*轉軸後 factor loadings
. rotate

Factor analysis/correlation                    Number of obs     =        329
    Method: maximum likelihood                 Retained factors  =          3
    Rotation: orthogonal varimax (Kaiser off)  Number of params  =         24
                                               Schwarz's BIC     =    233.736
    Log likelihood = -47.31538                 (Akaike's) AIC    =    142.631


Beware: solution is a Heywood case
         (i.e., invalid or boundary values of uniqueness)


    --------------------------------------------------------------------------
       Factor  |    Variance   Difference       Proportion    Cumulative
    -----------+--------------------------------------------------------------
       Factor1 |     1.99272     0.61668           0.4438        0.4438
       Factor2 |     1.37605     0.25508           0.3065        0.7503
       Factor3 |     1.12096        .              0.2497        1.0000
    --------------------------------------------------------------------------
    LR test: independent vs. saturated:   chi2(36) =  842.02 Prob>chi2 = 0.0000
    LR test:    3 factors vs. saturated:  chi2(12) =   92.95 Prob>chi2 = 0.0000
    (tests formally not valid because a Heywood case was encountered)


Rotated factor loadings (pattern matrix) and unique variances


    --------------------------------------------------------------------
       Variable |   Factor1    Factor2    Factor3 |  Uniqueness( 獨特性 )
    ------------+----------------------------------+--------------------
       ln_climate |  0.0718     0.0477     0.9963 |    0.0000
       ln_housing |  0.3991     0.4525     0.2236 |    0.5860
        ln_health |  0.8947     0.0857     0.0826 |    0.1854
         ln_crime |  0.1486     0.3925     0.1991 |    0.7842
          ln_educ |  0.5130     0.0055     0.0405 |    0.7352
         ln_trans |  0.4532     0.4207    -0.0312 |    0.6166
          ln_arts |  0.7006     0.4938     0.0992 |    0.2555
      ln_recreate |  0.2103     0.6991     0.0724 |    0.4618
          ln_econ |  0.0451     0.3132    -0.1194 |    0.8856
```

```
     --------------------------------------------------------------

Factor rotation matrix

     ----------------------------------------

               | Factor1   Factor2   Factor3
     ----------+-----------------------------
      Factor1  |  0.0718    0.0477    0.9963

      Factor2  |  0.8964    0.4350   -0.0854

      Factor3  | -0.4375    0.8992   -0.0115
     ----------------------------------------
```

## 求斜交轉軸之因素負荷量

```
* 求斜交轉軸之因素負荷量 (Oblique oblimin rotation)
. rotate, oblimin(0.5) oblique
*save 斜交轉軸之因素負荷量 (Oblique oblimin rotation) 至 3 個新變數
. predict f1 f2 f3
```

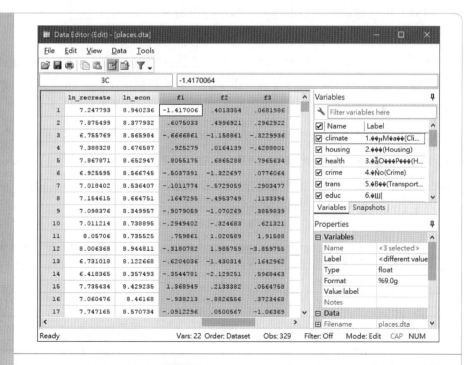

圖 10-6　指令 「**predict** f1 f2 f3」 將因素負荷量存至 3 個新變數

**樣本的大小和因素分析**

樣本的大小並沒有絕對的準則，樣本數量不可少於 50，最好至少要達 100 個以上，因素分析的可靠性才會高。在一般情形下，都會以多少個變數作為基準，樣本數最少為變數數量的 5 倍。例如：有 20 個變數，至少要有 20×5=100 個樣本，最好有 10 倍變數的數量；也就是說，若有 20 個變數，最好有 20×10=200 個樣本。

**交叉效度**：因素分析時常用分割的樣本 (split sample)，將分半的樣本分二批來執行因素分析，觀察二次因素分析結果是否呈現一致性。分半的樣本是當我們一次取樣的數量夠大時，可以隨機的將此樣本分成兩半，再將此分半的 2 個樣本進行檢定，觀察結果是否呈現一致性，以達到因素分析的驗證。

## 10-2-2a 最大概似估計 (maximum likelihood estimation)

因素分析的使用：在確認結構成分後，經常使用因素分析於彙總 (summarization) 和資料維度縮減 (data reduction)，以下分別介紹如下：

### 1. 匯總 (summarization)

所有的變數經由因素分析後，可以得到少數的概念，這些概念等同於匯總所有的變數，經由適當的命名後就成了所謂的構面。

### 2. 資料維度縮減 (data reduction)

我們可以經由因素分析後，選取具有代表性的變數，這些有代表性的變數仍然具有原有變數的大部分解釋量外，也保留了原始結構。因此，透過因素分析可以得到資料縮減的功能。

當變數之間的相關性太高或太低時，都不適配作因素分析，我們一般都會使用 KMO 和 Bartlett's 球形檢定來判定是否作因素分析。KMO 的全名是 Kaiser-Meyer-Olkin，KMO 是使用淨相關 (partial correlation) 矩陣來計算。Kaiser (1974) 提出了 KMO 抽樣適配度的判定準則如下：

| KMO 值 | 說明 |
| --- | --- |
| 0.00~0.49 | 不能接受 (unacceptable) |
| 0.50~0.59 | 慘不忍睹 (miserable) |
| 0.60~0.69 | 平庸 (mediocre) |
| 0.70~0.79 | 中等 (middling) |

| KMO 值 | 說明 |
|---|---|
| 0.80~0.89 | 有功 (meritorious) |
| 0.90~1.00 | 奇妙 (marvelous) |

　　Kaiser-Meyer-Olkin(KMO) 代表抽樣的充足性 (sampling adequacy)。KMO 值介於 0 到 1 之間，數值愈小代表這些變數的共同性愈少，不足以進行因素分析 (Kaiser,1974)。

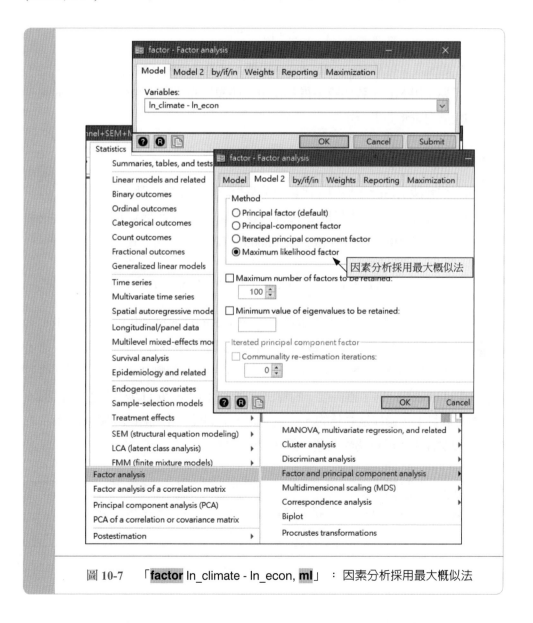

圖 10-7　　「**factor** In_climate - In_econ, **ml**」：因素分析採用最大概似法

## 一、最大概似法 (ML) 的假定 (assumption)

最大概似估計要求數據是從多元常態 (multivariate normal) 分布中抽樣，這是此方法的缺點。如果用李克特 (Likert) 量表 ( 這是在社會科學中最常用的量表 ) 蒐集數據，那麼這些數據就不可能是常態分布，因爲它們是離散的和有界的 (discrete and bounded)。

使用最大概似法必須假定數據是獨立抽樣，且具有平均值向量 $\mu$ 和變異數—共變數 (variance-covariance) 矩陣的多元常態分布，採用這種特殊形式：

$$\Sigma = LL' + \Psi$$

其中，L 是因素負荷量 (factor loadings) 矩陣，$\Psi$ 是特定變異數的對角矩陣。

爲了要使用 ML，我們將不得不使用一些額外的符號。像往常一樣，n 個受試者的數據向量將如下所示：

$$X_1, X_2, \cdots, X_n$$

最大概似估計涉及估計平均值、因素負荷量矩陣和特定變異數。

平均向量 $\mu$、因素負荷量 L 和特定變異數 $\Psi$ 的最大概似估計量是：找到「$\hat{\mu}$、$\hat{L}$、$\hat{\psi}$」來求得對數概似 (log likelihood) 的最大值，如下式：

$$LL' + \Psi | - \frac{1}{2} \sum_{i=1}^{n} (X_i - \mu)'(LL' + \Psi)(X_i - \mu)$$

數據的「聯合概率分布的對數值 (log of the joint probability distribution)」求其最大化。我們希望找到與數據最相容的參數值 ($\mu$、L 和 $\Psi$)。如前所述，這些因素模型的求解方案並不是唯一的，例如：因素轉軸法亦可求得等同模型 (equivalent models)。爲了獲得唯一的解決方案，須附加約束：$L'\psi^{-1}L$是對角矩陣。

ML 計算上，過程是複雜的。一般來說，這個最大化問題沒有封閉的解決方案。所以實作上可能會遇到問題，將在後面看到。

```
. use places.dta, clear
. factor ln_climate - ln_econ, ml factors(3)
```

```
*常態性假定：用Kaiser-Meyer-Olkin法來檢定
. estat kmo

Kaiser-Meyer-Olkin measure of sampling adequacy


    ----------------------
        Variable |    kmo
    -------------+--------
       ln_climate |  0.4204
       ln_housing |  0.7000
        ln_health |  0.7337
         ln_crime |  0.5773
          ln_educ |  0.7287
         ln_trans |  0.8282
          ln_arts |  0.7734
       ln_recreate |  0.7868
          ln_econ |  0.4014
    -------------+--------
          Overall |  0.7029
    ----------------------
```

　　當變數之間的相關太高或太低時，都不適配作因素分析，一般會使用 KMO 和 Bartlett's 球形檢定來判定是否作因素分析。KMO 的全名是 Kaiser-Meyer-Olkin，KMO 是使用淨相關 (partial correlation) 矩陣來計算。

$$KMO = \frac{\sum_i \sum_{j(i \neq j)} r_{ij}^2}{\sum_i \sum_{j(i \neq j)} r_{ij}^2 + \sum_i \sum_{j(i \neq j)} r'^2_{ij}}$$

其中，$r_{ij}$ 表示變數 $X_i$ 和 $X_j$ 的相關係數，指變數 $X_i$ 和 $X_j$ 的偏相關係數。KMO 的值愈小，表示不適配進行因素分析。在實務上，通常要求 KMO 的值須大於 0.8。

　　Kaiser(1974) 提出了 KMO 抽樣適配度的判定準則如下：

| 0 ~ 0.5 | 0.5 ~ 0.59 | 0.6 ~ 0.69 | 0.7 ~ 0.79 | 0.8 ~ 1.0 |
|---------|-----------|-----------|-----------|-----------|
| 不可接受 | 悲慘的 | 平凡的 | 中度的 | 良好的 |

## 二、範例：最大概似法 (ML) 的因素分析

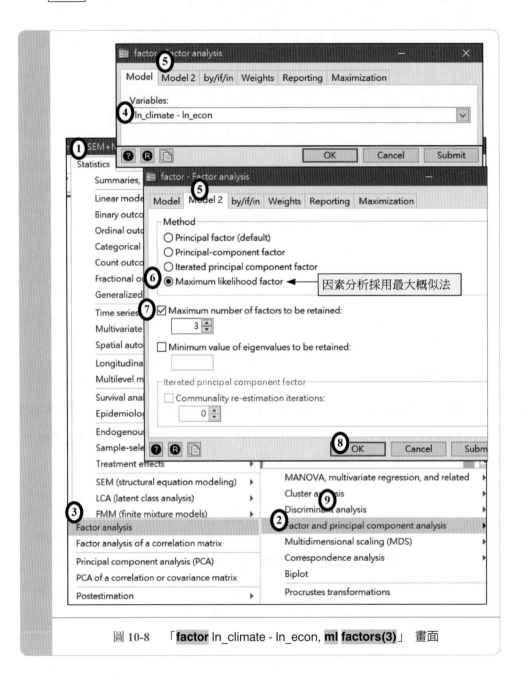

圖 10-8　「**factor** In_climate - In_econ, **ml factors(3)**」 畫面

```
. use places.dta, clear
. factor ln_climate - ln_econ, ml factors(3)

Iteration 0:    log likelihood = -75.322118
Iteration 1:    log likelihood = -54.139559
Iteration 2:    log likelihood =  -48.47336
Iteration 3:    log likelihood = -47.328579
Iteration 4:    log likelihood = -47.315657
Iteration 5:    log likelihood = -47.315388
Iteration 6:    log likelihood = -47.315377
Iteration 7:    log likelihood = -47.315376

Factor analysis/correlation              Number of obs    =      329
    Method: maximum likelihood           Retained factors =        3
    Rotation: (unrotated)                Number of params =       24
                                         Schwarz's BIC    =  233.736
Log likelihood = -47.31538               (Akaike's) AIC   =  142.631


    Beware: solution is a Heywood case
            (i.e., invalid or boundary values of uniqueness)


    --------------------------------------------------------------------
        Factor  |   Eigenvalue   Difference        Proportion   Cumulative
    ------------+-------------------------------------------------------
        Factor1 |     1.21003      -1.38014           0.2695       0.2695
        Factor2 |     2.59017       1.90064           0.5769       0.8464
        Factor3 |     0.68953             .           0.1536       1.0000
    --------------------------------------------------------------------

    LR test: independent vs. saturated:  chi2(36) =  842.02 Prob>chi2 = 0.0000
    LR test:  3 factors vs. saturated:   chi2(12) =   92.95 Prob>chi2 = 0.0000
    (tests formally not valid because a Heywood case was encountered)
```
* 求得 3 個因素是恰當的 ( 卡方 =92.95,p<0.05)

```
Factor loadings (pattern matrix) and unique variances


    ------------------------------------------------------------
        Variable |  Factor1    Factor2    Factor3 |  Uniqueness( 獨特性 )
```

```
------------+--------------------------------+--------------
  ln_climate |  [1.0000]  -0.0000   -0.0000 |    0.0000
  ln_housing |   0.2730   [0.5355]   0.2297 |    0.5860
   ln_health |   0.1506   [0.8322]  -0.3153 |    0.1854
    ln_crime |   0.2278    0.2869    0.2856 |    0.7842
     ln_educ |   0.0775   [0.4587]  -0.2200 |    0.7352
    ln_trans |   0.0216   [0.5919]   0.1804 |    0.6166
     ln_arts |   0.1727   [0.8343]   0.1363 |    0.2555
 ln_recreate |   0.1206   [0.4865]  [0.5357]|    0.4618
     ln_econ |  -0.1007    0.1869    0.2633 |    0.8856
------------------------------------------------------------
```

*|factore loadings| > 0.5 者，該變數與該因素有高度相關

* 找出較佳的因素個數：AIC 值愈小表示模型愈佳，但依 Heywood 建議可取 3 個因素是最精簡
. estat factors

Factor analysis with different numbers of factors (maximum likelihood)

```
--------------------------------------------------------
#factors |   loglik    df_m   df_r      AIC        BIC
---------+----------------------------------------------
      1 | -105.8781      9     27   229.7562   263.9207
      2 | -64.92388     17     19   163.8478   228.3807
      3 | -47.31538     24     12   142.6308   233.7361
      4 | -21.32958     30      6   102.6592   216.5409
      5 | -5.559168     35      1   81.11834   213.9804
--------------------------------------------------------
```

the models with 3 4 5 factors are Heywood cases

1. 本例，若限定 m = 3 個因素，最大概似估計不能收斂。對每次疊代記錄的檢查顯示，在第一次疊代期間，第一變數 ( 氣候 ) 的共同性超過 1。由於共同性必須介於 0 和 1 之間，這是 ML 失敗的原因。

2. 爲了彌補 ML 估計失敗，STaTa 會自動調整「初始共同性的估計值 (initial guess for the communalities)」。例如：線性判別分析「discrim knn 、 discrim lda 、 discrim qda 、 discrim logistic」都有提供「priors()」，讓你指定事先機率。

3. 本例限抽 3 個因素，適配度卡方檢定求得 $\chi^2_{(12)} =$ 92.95 (p < 0.05)，故拒絕虛無假設「$H_0 : m = 3$ 因素模型已充分描述了數據」。

## 10-2-2b 因素分析：適配度 (goodness-of-fit) Chi-Squared 檢定

繼續前述例子 (places.dta)，我們想確定因素模型是否適配數據。在這種情況下，**適配度 (goodness-of-fit)** 檢定，旨在比較「有限定因素個素之精簡模型」與「未限定因素個數之飽和模型」兩者的變異數—共變數 (variance-covariance) 矩陣。假定模型的變異數—共變數矩陣為：

$$\Sigma = LL' + \Psi$$

其中，L 是因素負荷量矩陣，$\Psi$ 對角元素等於特定變異數 (specific variances)。上式是一個非常特定變異數—共變數 (variance-covariance) 矩陣結構。更一般的 V-C 結構將允許這些矩陣元素是任何價值。為了評估適配度 (goodness-of-fit)，我們使用 Bartlett-Corrected Likelihood Ratio 卡方檢定：

$$\chi^2 = \left(n - 1 - \frac{2p + 4m - 5}{6}\right) \log \frac{\hat{L}\hat{L}' + \hat{\Psi}}{|\hat{\Sigma}|}$$

此檢定是一個概似比 (LR) 檢定，即比較 2 個可能性：一個限制因素個數模型，另一個未限制因素個數模型。LR 還包括一個常數，稱為 Bartlett 修正。上式的 log() 函數係指自然對數函數 ln(x)。在分子中，有變異數—共變數 (variance-covariance) 矩陣的適配因素模型 (fitted factor model) 的行列式。下面我們有變異數—共變數 (variance-covariance) 矩陣的樣本估計，它假定沒有結構：

$$\hat{\Sigma} = \frac{n-1}{n} S$$

其中，S 是樣本變異數—共變數 (variance-covariance) 矩陣，它也是具有小偏誤的變異數—共變數 (variance-covariance) 矩陣的另一個估計。如果因素模型適配 (fits) 得很好，那麼這 2 個行列式 (determinants) 應該大致相同，並求得一個小值 $\chi^2$。相反地，如果模型不適配，那麼這比值將很大，即 $\chi^2$ 值會很大。概似比 (LR) 卡方檢定之查表臨界值如下：

$$\chi^2 \sim \chi^2_{\frac{(p-m)^2-p-m}{2}}$$

概似比 (LR) 卡方檢定，虛無假設 (null hypothesis)「$H_0$：因素模型已充分描述了數據」。這個卡方檢定統計量將具有卡方分布，並具有如上所示的不尋常的一組自由度。實際上，這裡的自由度等於這 2 個模型中獨特參數數量的差異。如果 $\chi^2$ 超過卡方表的臨界值，則拒絕虛無假設 $H_0$。

```
. use places.dta, clear
*實驗組：抽3個因素
. factor ln_climate - ln_econ, ml factors(3)

Factor analysis/correlation              Number of obs   =        329
    Method: maximum likelihood           Retained factors =         3
    Rotation: (unrotated)                Number of params =        24
                                         Schwarz's BIC   =    233.736
    Log likelihood = -47.31538           (Akaike's) AIC  =    142.631


    Beware: solution is a Heywood case
            (i.e., invalid or boundary values of uniqueness)

    ---------------------------------------------------------------
        Factor |  Eigenvalue   Difference      Proportion   Cumulative
    -----------+---------------------------------------------------
        Factor1 |    1.21003     -1.38014         0.2695       0.2695
        Factor2 |    2.59017      1.90064         0.5769       0.8464
        Factor3 |    0.68953          .           0.1536       1.0000
    ---------------------------------------------------------------
    LR test: independent vs. saturated:  chi2(36) =  842.02 Prob>chi2 = 0.0000
    LR test:   3 factors vs. saturated:  chi2(12) =   92.95 Prob>chi2 = 0.0000
    (tests formally not valid because a Heywood case was encountered)
*求得3個因素是恰當的 (卡方 =92.95,p<0.05)


Factor loadings (pattern matrix) and unique variances

    ---------------------------------------------------------------
        Variable |  Factor1    Factor2    Factor3 |  Uniqueness(獨特性)
```

```
     -------------+-------------------------------+--------------
   ln_climate |  1.0000    -0.0000    -0.0000 |   0.0000
   ln_housing |  0.2730     0.5355     0.2297 |   0.5860
    ln_health |  0.1506     0.8322    -0.3153 |   0.1854
     ln_crime |  0.2278     0.2869     0.2856 |   0.7842
      ln_educ |  0.0775     0.4587    -0.2200 |   0.7352
     ln_trans |  0.0216     0.5919     0.1804 |   0.6166
      ln_arts |  0.1727     0.8343     0.1363 |   0.2555
  ln_recreate |  0.1206     0.4865     0.5357 |   0.4618
      ln_econ | -0.1007     0.1869     0.2633 |   0.8856
   ------------------------------------------------------------
```

\*|factor loadings|>0.5 者，該變數與該因素有高度相關

\*對照組：抽 4 個因素

```
. factor ln_climate - ln_econ, ml factors(4)
(obs=329)
Iteration 0:    log likelihood = -65.015337
Iteration 1:    log likelihood = -30.667799
Iteration 2:    log likelihood = -26.754863
Iteration 3:    log likelihood = -25.510201
Iteration 4:    log likelihood = -24.560861
Iteration 5:    log likelihood = -23.916212
Iteration 6:    log likelihood = -23.320279
Iteration 7:    log likelihood = -22.828786
Iteration 8:    log likelihood = -22.350732
Iteration 9:    log likelihood = -21.917004
Iteration 10:   log likelihood = -21.777487
Iteration 11:   log likelihood = -21.334262
Iteration 12:   log likelihood = -21.329583
Iteration 13:   log likelihood = -21.329577
Iteration 14:   log likelihood = -21.329577


Factor analysis/correlation              Number of obs    =        329
    Method: maximum likelihood           Retained factors =          4
    Rotation: (unrotated)                Number of params =         30
                                         Schwarz's BIC    =    216.541
                                         (Akaike's) AIC   =    102.659
    Log likelihood = -21.32958
```

```
Beware: solution is a Heywood case
        (i.e., invalid or boundary values of uniqueness)

------------------------------------------------------------------------
    Factor  |  Eigenvalue   Difference         Proportion   Cumulative
------------+-----------------------------------------------------------
    Factor1 |    2.00036     0.99661             0.3874       0.3874
    Factor2 |    1.00375    -0.61325             0.1944       0.5818
    Factor3 |    1.61700     1.07506             0.3132       0.8950
    Factor4 |    0.54194        .                0.1050       1.0000
------------------------------------------------------------------------
LR test: independent vs. saturated:  chi2(36) =  842.02 Prob>chi2 = 0.0000
LR test:   4 factors vs. saturated:  chi2(6) =    41.82 Prob>chi2 = 0.0000
(tests formally not valid because a Heywood case was encountered)


Factor loadings (pattern matrix) and unique variances

------------------------------------------------------------------------
   Variable |  Factor1   Factor2   Factor3   Factor4 |  Uniqueness(獨特性)
------------+------------------------------------------+-----------------
 ln_climate |   0.2647   -0.2017    0.0413    0.0634  |    0.8835
 ln_housing |   0.9991   -0.0421   -0.0000   -0.0000  |    0.0000
  ln_health |   0.4283   -0.0959    0.7142   -0.2852  |    0.2159
   ln_crime |   0.1495    0.2398    0.3214    0.3391  |    0.7018
   ln_educ  |   0.2049    0.0635    0.4348   -0.2578  |    0.6985
  ln_trans  |   0.3161   -0.0466    0.4997    0.2129  |    0.6029
   ln_arts  |   0.5073   -0.0385    0.7024    0.1684  |    0.2194
ln_recreate |   0.4620    0.0215    0.2643    0.4487  |    0.5149
   ln_econ  |   0.3370    0.9415    0.0000   -0.0000  |    0.0000
------------------------------------------------------------------------
```

1. 本例限抽 3 個因素，適配度卡方檢定求得卡方 = 92.95(p. < 0.05)，故拒絕虛無假設「$H_0$ : m = 3 因素模型已充分描述了數據」。

2. 本例限抽 4 個因素，適配度卡方檢定求得卡方 = **41.82** (p. < 0.05)，故拒絕虛無假設「$H_0$ : m = 4 因素模型已充分描述了數據」。

3. 可見本例，因素個數 m 應大於 4。

## 10-2-2c 因素轉軸 (factor rotations)

繼續前述例子 (places.dta)，抽出 3 個或 4 個因素模型都未能適配樣本數據。一般來說，因素分析無法保證任何模型都能很好地適配數據。

因素分析的第一個動機是試圖辨別「描述數據的潛在因素」。最大概似法 (Maximum Likelihood Method) 顯著，本例並未找到這樣好的模型來描述居住地 9 項評分數據 (places.dta)。第二個動機「效度 (valid)」，嘗試獲得更好的數據解釋。爲達此目標，讓我們來看主成分法 (principal component) 的因素負荷量 (factor loadings)( 見圖 10-4)。

Step 1. 未轉軸之因素負荷量

```
. use places.dta, clear
* 選用 principal factor 估計法；它是內定法 (default)
. factor ln_climate - ln_econ, factors(3) pf

Factor analysis/correlation              Number of obs    =      329
    Method: principal factors            Retained factors =        3
    Rotation: (unrotated)                Number of params =       24


    ------------------------------------------------------------------
        Factor |  Eigenvalue   Difference       Proportion   Cumulative
    -----------+------------------------------------------------------
       Factor1 |    2.75394      2.20436           0.8190       0.8190
       Factor2 |    0.54958      0.21878           0.1634       0.9825
       Factor3 |    0.33080      0.08415           0.0984       1.0809
       Factor4 |    0.24666      0.05287           0.0734       1.1542
       Factor5 |    0.19379      0.22212           0.0576       1.2119
       Factor6 |   -0.02832      0.12208          -0.0084       1.2034
       Factor7 |   -0.15040      0.02627          -0.0447       1.1587
       Factor8 |   -0.17667      0.18031          -0.0525       1.1062
       Factor9 |   -0.35698            .          -0.1062       1.0000
    ------------------------------------------------------------------
    LR test: independent vs. saturated:  chi2(36) =   842.02 Prob>chi2 = 0.0000
```

```
Factor loadings (pattern matrix) and unique variances

   ----------------------------------------------------------
    Variable |  Factor1   Factor2   Factor3 |  Uniqueness( 獨特性 )
   ----------+-------------------------------+----------------
   ln_climate |  0.2371    0.0700    0.4293  |     0.7546
   ln_housing |  0.6368    0.1629    0.0851  |     0.5607
   ln_health  |  0.7072   -0.3439    0.0041  |     0.3815
   ln_crime   |  0.3998    0.3201    0.0272  |     0.7369
   ln_educ    |  0.4264   -0.3024   -0.1474  |     0.7050
   ln_trans   |  0.6041   -0.0773   -0.1052  |     0.6180
   ln_arts    |  0.8388   -0.0825    0.0212  |     0.2891
   ln_recreate |  0.5664   0.2732    0.0328  |     0.6035
   ln_econ    |  0.2470    0.3442   -0.3228  |     0.7163
   ----------------------------------------------------------
```

1. 讓我們回顧之前主成分法得到的因素負荷量 (factor loadings)，如上表。

2. 以上 FA 分析出現一個問題。例如：犯罪 (ln_crime) 對於「Factor1、Factor2、Factor3」都是低相關 ( 收斂效度低 )。經濟因素 (ln_econ) 在這 3 個因素也是收斂效度低。未轉軸因素分析無法滿足：對數據提供一個非常簡潔的解釋。

3. FA 的理想情況是，每個變數只會出現在 one column 且有顯著 (significant) 高相關 ( 收斂效度 )，但在其他 column 的相關要低 ( 區別效度 )。

**Step 2.** 轉軸後之因素負荷量

　　即然未轉軸分析因素不盡滿意，故接著「轉軸後之因素分析」。

　　因素旋軸的理由是因為這些因素模型不是唯一的。首先回想一下，數據向量的因素模型「$X = \mu + LF + \varepsilon$」，是「平均值 $\mu$、因素負荷量 L 乘以共同因素 common factors(F)」的函數。

　　接著，應該注意旋軸的因素模型，$X = \mu + L^* F^* + \varepsilon$，其中，$L^* = LT$ 和 $F^* = T'F$ ( 正交矩陣 T )，且 $T'T = TT' = I$。請注意，每個對應於一個特定的因素旋軸，會有無數個正交矩陣。因此我們打算做的是找到一個適當的旋軸，通過一個正交矩陣 T 定義，產生最容易解釋的因素。

```
. use places.dta, clear
* 選用 principal factor 估計法；它是內定法(default)
. factor ln_climate - ln_econ, factors(3) pf
(略)


* 轉軸法1：做正交轉軸(varimax rotation, the default)
. rotate
```

Factor analysis/correlation                Number of obs      =     329
    Method: principal factors              Retained factors =       3
    Rotation: orthogonal varimax (Kaiser off)  Number of params =      24

| Factor | Variance | Difference | Proportion | Cumulative |
|--------|----------|------------|------------|------------|
| Factor1 | 2.31511 | 1.36929 | 0.6885 | 0.6885 |
| Factor2 | 0.94582 | 0.57243 | 0.2813 | 0.9698 |
| Factor3 | 0.37339 | . | 0.1111 | 1.0809 |

LR test: independent vs. saturated:  chi2(36) =  842.02 Prob>chi2 = 0.0000

Rotated factor loadings (pattern matrix) and unique variances

| Variable | Factor1 | Factor2 | Factor3 | Uniqueness(獨特性) |
|----------|---------|---------|---------|------------|
| ln_climate | 0.1674 | 0.0727 | 0.4605 | 0.7546 |
| ln_housing | 0.4948 | 0.3984 | 0.1892 | 0.5607 |
| ln_health | 0.7858 | 0.0006 | 0.0299 | 0.3815 |
| ln_crime | 0.2145 | 0.4470 | 0.1313 | 0.7369 |
| ln_educ | 0.5209 | -0.0515 | -0.1451 | 0.7050 |
| ln_trans | 0.5784 | 0.2135 | -0.0428 | 0.6180 |
| ln_arts | 0.7868 | 0.2830 | 0.1084 | 0.2891 |
| ln_recreate | 0.3843 | 0.4761 | 0.1488 | 0.6035 |
| ln_econ | 0.0782 | 0.4764 | -0.2250 | 0.7163 |

Factor rotation matrix

```
----------------------------------------
          | Factor1   Factor2   Factor3
----------+-----------------------------
  Factor1 |  0.8950    0.4291    0.1217
  Factor2 | -0.4449    0.8783    0.1751
  Factor3 | -0.0317   -0.2108    0.9770
----------------------------------------

* predict 新變數們：新建 "predicted values" 變數 -- E(y|x).
* 將上述三個因素存至「f1 f2 f3」因素變數
. predict f1 f2 f3

* 轉軸法2 ：做斜交轉軸 (oblique promax rotation with promax power equal to 3)
. rotate, oblique promax(3)
```

正交轉軸後，求得 3 個因素之負荷量如上表，顯示這 9 個變數轉軸後，收斂效度的區別效度佳。

Step 3. 繪出轉軸後因素負荷量

為了理解轉軸，先考慮一個因素負荷量 (factor loadings) 的散布圖。正交矩陣 T 旋軸該圖的軸。在這裡，我們希望找到一個旋軸，使得每個 p 變數只有一個因素具有高負荷 (**loadingplot** 指令 )。

```
. use places.dta, clear
* 選用 principal factor 估計法；它是內定法 (default)
.quietly factor ln_climate - ln_econ, factors(3) pf

* 轉軸法1 ：做正交轉軸 (varimax rotation, the default)
. rotate
( 略 )
* 繪 loading plot
. loadingplot
```

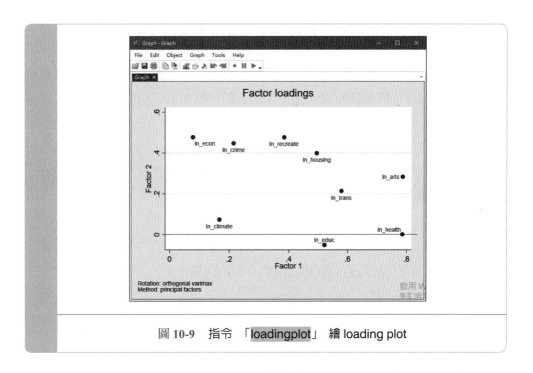

圖 10-9　指令　「loadingplot」　繪 loading plot

　　氣候 (climate)、教育 (educ)、健保 (health)，三者在 factor2 軸的因素負荷量低 ( 區別效度低 )，但在 factor1 軸的因素負荷量高 ( 收斂效度高 )。轉軸後因素確實比未轉軸好。

最大變異數轉軸法 (varimax rotation)：正交轉軸法

　　Varimax 轉軸法是 STaTa 內定轉軸法，也是最常見的轉軸。它將 loadings 除以對應的共同性 (communality) 來縮放負荷量 (scaling the loadings)，如下所示：

$$\tilde{l}_{ij}^{*} = \hat{l}_{ij}^{*}/\hat{h}_i$$

需要找到這個數量最大化的旋轉。

Varimax 程序如下所定義，選擇旋轉來找最大值：

$$V = \frac{1}{p} \sum_{j=1}^{m} \left\{ \sum_{i=1}^{p} \left( \tilde{l}_{ij}^{*} \right)^4 - \frac{1}{p} \left( \sum_{i=1}^{p} \left( \tilde{l}_{ij}^{*} \right)^2 \right)^2 \right\}$$

## 10-2-2d 因素分數的估計 (estimation of factor scores)

這些因素分數與前一章的主要成分相似。主要成分彼此之散布圖，與因素分數 (factor scores) 的散點圖相似。這些因素分數作爲集群分析的解釋變數，或者未來 ANOVA 分析的依變數。

估計因素分數的方法，很大程度上取決於主成分分析的方法。我們試圖找出共同因素的向量 f。在模型中有許多不可觀察的因素，我們又想估計這些因素，因此給出因素模型：

$$Y_i = \mu + Lf_i + \varepsilon_i; \; i = 1, 2, \cdots, n$$

我們可能希望估計每個觀察值之因素分數的向量：

$$f_1, f_2, \cdots, f_n$$

Factor Scores 估計法 有 3 種：

### 1. 最小平方法 (ordinary least squares)

主成分分析方法是 STaTa 內定的方法。計算第 i 個 subject、第 j 個變數與對應因素模型值之間的差異。L 是因素負荷量，f 是未察覺的共同因素。Subject i 的共同因素向量是透過殘差平方 $\varepsilon_{ij}^2$ 加總最小化而求得的：

$$\sum_{j=1}^{p} \varepsilon_{ij}^2 = \sum_{j=1}^{p} (y_{ij} - \mu_j - l_{j1}f_1 - l_{j2}f_2 - \cdots - l_{jm}f_m)^2 = (Y_i - \mu - Lf_i)'(Y_i - \mu - Lf_i)$$

它像最小平方之迴歸，除了在這種情況下，我們已經有參數的估計值 ( 即 factor loadings)，但是希望估計解釋性的共同因素。在矩陣符號中，解決方案表示爲：

$$\hat{f}_i = (L'L)^{-1}L'(Y_i - \mu)$$

事實上，我們都用數據的樣本平均值來估計因素負荷量，如下：

$$\hat{f}_i = (\hat{L}'\hat{L})^{-1}\hat{L}'(Y_i - \bar{y})$$

使用未轉軸因素負荷量 (factor loadings) 的主成分分析法，得出：

$$\hat{f}_i = \begin{pmatrix} \dfrac{1}{\sqrt{\hat{\lambda}_1}} \hat{e}_1'(Y_i - \bar{y}) \\ \dfrac{1}{\sqrt{\hat{\lambda}_2}} \hat{e}_2'(Y_i - \bar{y}) \\ \vdots \\ \dfrac{1}{\sqrt{\hat{\lambda}_m}} \hat{e}_m'(Y_i - \bar{y}) \end{pmatrix}$$

其中，$e_1$ 到 $e_m$ 是前 $m$ 個特徵向量。

### 2. 加權最小平方法 (weighted least squares; Bartlett)

WLS 和 OLS 之間的區別在於殘差平方除以特定變異數，如下公式。在這個估計中，這將給予具有較低之特定變異數的變數更高的權重。具有低特定變異數的變數，是因素模型最適合數據的那些變數。我們假定那些具有低特定變異數的變數，給了更多關於具體因素真值的訊息。

因此，對於因素模型：

$$Y_i = \mu + Lf_i + \varepsilon_i$$

我們想找到最小化的 $f_i$：

$$\sum_{j=1}^{p} \frac{\varepsilon_{ij}^2}{\Psi_j} = \sum_{j=1}^{p} \frac{(y_{ij} - \mu_j - l_{j1}f_1 - l_{j2}f_2 - \cdots - l_{jm}f_m)^2}{\Psi} = (Y_i - \mu - Lf_i)' \Psi^{-1}(Y_i - \mu - Lf_i)$$

上式已給出解答，其中，$\Psi$ 是對角元素等於特定變異數的對角矩陣：

$$\hat{f}_i = (L' \Psi^{-1} L)^{-1} L' \Psi^{-1}(Y_i - \mu)$$

並且，可由以下公式來進行估計：

$$\hat{f}_i = (\hat{L}' \hat{\Psi}^{-1} \hat{L})^{-1} \hat{L}' \hat{\Psi}^{-1}(Y_i - \bar{y})$$

### 3. 迴歸法 (regression method)

使用最大概似來估計因素負荷。考慮觀察數據的向量 $Y_i$，第 $i$ 個 subject 的因素負荷量的向量 $L$，則數據 $Y_i$ 和因素 $f_i$ 的聯合分布 (joint distribution) 是：

$$\begin{pmatrix} Y_i \\ f_i \end{pmatrix} \sim N\left[ \begin{pmatrix} \mu \\ 0 \end{pmatrix}, \begin{pmatrix} LL'+\Psi & L \\ L' & I \end{pmatrix} \right]$$

使用下式，來計算「共同因素分數 (common factor score)」$f_i$ 的條件期望值 (conditional expectation)：

$$E(f_i \mid Y_i) = L'(LL'+\Psi)^{-1}(Y_i - \mu)$$

這暗示 $f_i$ 估計值，可用 L 和 Ψ 來估計：

$$\hat{f}_i = \hat{L}'(\hat{L}\hat{L}'+\hat{\Psi})^{-1}(Y_i - \bar{y})$$

爲了減少不正確因素 determination 的影響，常會給你更穩定的結果：

$$\hat{f}_i = \hat{L}'S^{-1}(Y_i - \bar{y})$$

## 10-3 探索性因素分析≒建構效度 (explore factor analysis, EFA)(factor、estat kmo、rotate、estat structure、screeplot、predict 指令)

驗證性因素分析之 SEM，請見作者《STaTa 在結構方程模型及試題反應理論》一書，該書內容包括：路徑分析、結構方程模型、測量工具的信效度分析、因素分析……。

表 10-1　因素分析摘要表：例子

| 變數名稱 (Variable) | 因素分數係數 (Factor score coefficients) | | 轉軸後 (Rotated factor loadings and communalities) | | |
|---|---|---|---|---|---|
| | Factor 1 | Factor 2 | Factor 1 | Factor 2 | 共同性 (Communality) |
| BDW | -0.200 | 0.630 | -0.235 | 0.925 | 0.911 |
| SHL | 0.253 | -0.083 | 0.863 | 0.057 | 0.747 |
| BKL | 0.216 | -0.014 | 0.781 | 0.147 | 0.632 |
| CBL | 0.077 | 0.335 | 0.548 | 0.637 | 0.706 |

| 變數名稱 (Variable) | 因素分數係數 (Factor score coefficients) | | 轉軸後 (Rotated factor loadings and communalities) | | |
|---|---|---|---|---|---|
| | Factor 1 | Factor 2 | Factor 1 | Factor 2 | 共同性 (Communality) |
| WGL | 0.063 | 0.344 | 0.504 | 0.643 | 0.667 |
| THL | 0.270 | -0.046 | 0.955 | 0.134 | 0.930 |
| WTL | 0.262 | -0.093 | 0.889 | 0.049 | 0.793 |
| Eigenvalues | | | 3.947 | 1.440 | |
| Percentage of total variance | | | 56.392 | 20.568 | |

BDW: Body weight; SHL: Shank length; BKL: Beak length; CBL: Comb length; WGL: Wing Length; THL: Thigh length; WTL: Wattle length; Note: Communality is the proportion of variance that each variable has in common with other variables. Factor score coefficient shows the coefficient by which each variable was multiplied to obtain factor scores. Rotated factors means that each factor was linearly transformed until it defined a distinct cluster of interrelated variables.

## 10-3-1 建構效度 (construct validity)

### 一、什麼是建構效度

建構效度係指測驗能測量理論的概念或特質之程度而言。此種效度旨在以心理學的理論概念來說明並分析測驗分數的意義，即從心理學的理論觀點，就測驗的結果加以詮釋和探討，亦即根據心理學理論上的構想來編製測驗的內容或選擇試題。所謂「建構」或「構念」，就是心理學理論所涉及之抽象而屬假設性的概念、特質或變項，如智力、焦慮、機械性向、成就動機等。建構效度的主要重點是在於理論上的假設和對理論假設的考驗。在考驗的過程中，必須先從某一建構的理論出發，導出各項關於心理功能或行為的基本假設，據以設計和編製測驗，然後由因求果，以相關實驗和因素分析等方法，查核測驗結果是否符合心理學中的理論觀點。

### 二、建構效度的類型

建構效度(或構念效度)是用於多重指標的測量情況，此類效度也有 2 個次類型：

1. 收斂效度 (convergent validity)：當測量同一構念的多重指標彼此間收斂或有關連時，就有此種效度存在。

2. 區別效度 (discriminant validity)：此種效度也稱之爲發散效度 (divergent validity)，與收斂效度相反。此類效度是指當一個構念的多重指標相收斂或呼應時，則這個構念的多重指標也應與其相對立之構念的測量指標有負向相關。例如與「政治容忍」相關的多重指標應會與「政治不容忍」相關的多重指標間有負向相關。

## 二、建構效度的應用

建構效度是科學探索研究的歷程，將理論分析細分爲單純的反應歷程，再組成歷程理論。建構效度維度：內容代表資料、反應歷程資料、內部結構資料與變項的關係、結果詮釋資料。

建構效度最關心的問題是：測量工具 ( 量表 ) 實際測量的是哪些特徵？在評價建構效度時，調研人員要試圖解釋「量表爲什麼有效」這一理論問題以及考慮從這一理論問題中能得出什麼推論。建構效度要求對每個特徵的測量背後有足夠的理論支持，並且這些被測量的特徵之間應該有合理的關係。建構效度包括同質效度、異質效度和語意邏輯效度。

同質效度是指量表測量同一特徵的其他測量方法相互關聯的程度。異質效度是指量表和測量不同特徵的測量方法不同但理論上有關特徵的測量方法之間相互關聯的程度。在設計量表時，首先建立一個理論模型，然後從中導出一系列推論、測試，逐漸形成一個由幾個特徵系統地聯繫起來的語意邏輯網。從表面上看，就是含有多個有關測量對象測量項目的量表。評價建構效度就是要在這個量表的背景下進行。

## 10-3-2 因素分析 4 種估計法的取捨：醫生對成本的 6 態度 (factor 指令 )

我們希望分析醫生對成本的態度。Tarlov 等人 (1989) 調查 568 名醫生的「醫療成果研究」中，詢問 6 題關於成本的問題。我們沒有原始數據，因此使用 corr2data 來還原「具有相同相關矩陣」的資料檔 (bg2.dta)。因素分析通常用於驗

證一組問卷是否具有效度 (validate)。在這裡，希望創建一個「每個醫生對成本態度」的總結變數。

　　每題回答都按5點計分來反向編碼，其中：1表示「同意」，5表示「不同意」。

範例：因素分析：醫生對成本的 6 態度 (**factor** 指令 )

## 一、資料檔之內容

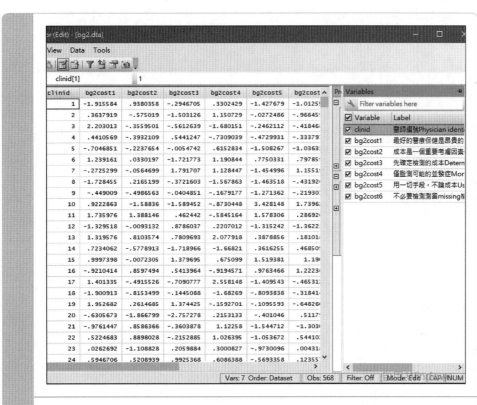

圖 10-10　　「bg2.dta」　資料檔內容 (N=568 個醫生 )

Step 1. 未轉軸的因素分析

```
. webuse bg2.dta, clear
* 做 6 變數 "bg2cost1, bg2cost2,… , bg2cost6" 的因素分析
. factor bg2cost1-bg2cost6
(obs=568)


Factor analysis/correlation                    Number of obs    =      568
    Method: principal factors                  Retained factors =        3
    Rotation: (unrotated)                      Number of params =       15


    --------------------------------------------------------------------
      Factor |   Eigenvalue   Difference       Proportion   Cumulative
    ---------+----------------------------------------------------------
     Factor1 |      0.85389      0.31282          1.0310       1.0310
     Factor2 |      0.54107      0.51786          0.6533       1.6844
     Factor3 |      0.02321      0.17288          0.0280       1.7124
     Factor4 |     -0.14967      0.03951         -0.1807       1.5317
     Factor5 |     -0.18918      0.06197         -0.2284       1.3033
     Factor6 |     -0.25115            .         -0.3033       1.0000
    --------------------------------------------------------------------
    LR test: independent vs. saturated:  chi2(15) =  269.07 Prob>chi2 = 0.0000


Factor loadings (pattern matrix) and unique variances


    --------------------------------------------------------------------
    Variable |  Factor1   Factor2   Factor3 |  Uniqueness( 獨特性 )
    ---------+-----------------------------------+--------------------
     bg2cost1 |  0.2470    0.3670   -0.0446 |    0.8023
     bg2cost2 | -0.3374    0.3321   -0.0772 |    0.7699
     bg2cost3 | -0.3764    0.3756    0.0204 |    0.7169
     bg2cost4 | -0.3221    0.1942    0.1034 |    0.8479
     bg2cost5 |  0.4550    0.2479    0.0641 |    0.7274
     bg2cost6 |  0.4760    0.2364   -0.0068 |    0.7175
    --------------------------------------------------------------------
```

1. 因素只保留前 3 個因素，因為與其餘因素相關的特徵值都是負的。根據內定的

mineigen(0) 標準，只保留因素對應的特徵值 >0 者，亦可限定 mineigen( # ) 的閾值(threshold)。雖然 FA 選擇保留 3 個因素，但只有前 2 個似乎是有意義的。

2. 上表裡，第一欄的因素負荷：Factor1 似乎描述了醫生對成本的平均位置，因為它影響了對所有問題「正向 (positively)」的回應。我們說「正向」，因為「負負得正」很明顯，反向題 bg2cost3 的負荷量 (loadings) 是負的。我們回顧資料檔 bg2.dta，可發現 bg2cost2、bg2cost3 和 bg2cost4 都是相反計分題。如果醫生認為費用對醫療的影響不大，他會不同意這三項，而是同意其他三項「正向題」。

3. Factor2 對所有 6 個項目都有正相關 (absolutely, not logically) loads，它可被解釋為描述醫生傾向於同意提出的任何好聽的想法。心理學家稱這為「正向回應集 (positive response set)」。從統計的角度來看，我們可能會保留第二個因素，儘管從實質的角度來看，可能會放棄這個因素。

4. 因素分析，最右一欄為「唯一性 (Uniqueness)」。唯一性是變數的變異數百分比，不是由共同因素 (common factors) 所能解釋的。數量「1-uniqueness」稱為公共性 (communality)。唯一性可能是純粹的測量誤差 (measurement error)，同義詞也代表該特定變數 ( 不是其他任何變數 ) 的測量信度 (measured reliably)。唯一性愈大，它測量誤差的可能性就愈大，通常超過 0.6 的值就被認定太高。可惜本例，所有答題的變數都超過 0.71。如果唯一性太高，那麼該變數就不能很好地解釋這個因素。

Step 2. 比例的不同除數 (A different divisor for proportions)

本例，上表「Factor4、Factor5、Factor6」特徵值 (eigenvalues) 是負值，導至因素分析中特徵值的累積比例超過了 1.0。STaTa 內定是，使用所有特徵值之加總，當作計算 Proportion 和 Cumulative 比例的除數 ( 分母 )。altdivisor 選項允許使用相關矩陣的軌跡，當作除數來求得 Proportion 和 Cumulative 比例。即估計或重印 FA 結果時，都可使用 altdivisor 選項。

```
. factor, altdivisor

Factor analysis/correlation              Number of obs    =     568
    Method: principal factors            Retained factors =       3
```

```
Rotation: (unrotated)                            Number of params =        15

    ---------------------------------------------------------------------
    Factor  |  Eigenvalue   Difference      | Proportion |  | Cumulative |
    --------+------------------------------------------------------------
    Factor1 |    0.85389     0.31282            0.1423        0.1423
    Factor2 |    0.54107     0.51786            0.0902        0.2325
    Factor3 |    0.02321     0.17288            0.0039        0.2364
    Factor4 |   -0.14967     0.03951           -0.0249        0.2114
    Factor5 |   -0.18918     0.06197           -0.0315        0.1799
    Factor6 |   -0.25115        .              -0.0419        0.1380
    ---------------------------------------------------------------------

    LR test: independent vs. saturated:  chi2(15) =  269.07 Prob>chi2 = 0.0000


Factor loadings (pattern matrix) and unique variances


    ---------------------------------------------------------------------
    Variable |  Factor1   Factor2   Factor3 |  Uniqueness( 獨特性 )
    ---------+------------------------------------+-------------------
    bg2cost1 |   0.2470    0.3670   -0.0446 |      0.8023
    bg2cost2 |  -0.3374    0.3321   -0.0772 |      0.7699
    bg2cost3 |  -0.3764    0.3756    0.0204 |      0.7169
    bg2cost4 |  -0.3221    0.1942    0.1034 |      0.8479
    bg2cost5 |   0.4550    0.2479    0.0641 |      0.7274
    bg2cost6 |   0.4760    0.2364   -0.0068 |      0.7175
    ---------------------------------------------------------------------
```

由於本例的樣本資料，對於哪一種除數才適當並沒有達成共識。因此，兩者都可用。

Step 3. 改用主成分因素，來取代主要因素 (Principal-component factors instead of principal factors)

factor 指令提供因素模型 4 種可選擇的估計法，包括「pf(principal factor; 內定法 )、pcf(principal-component factor)、ipf(iterated principal factor)、ml(maximum-likelihood factor)」。若你沒有指定 factor 指令的估計法，STaTa 內定採用「主因素 (principal factor)」方案。共同性 ( 定義為「1- 唯一性」) 是使用多

元相關係數的平方來估計。

如下表，「factor 變數們, pcf」指令，界定改用主成分因素(principal-component factors) 分析，它把 communalities 都設定為 1，這意味著沒有獨特因素 (unique factors)。

```
. factor bg2cost1-bg2cost6, pcf

(obs=568)

Factor analysis/correlation                 Number of obs     =      568
    Method: principal-component factors     Retained factors =        2
    Rotation: (unrotated)                   Number of params =       11


    ---------------------------------------------------------------------
        Factor |  Eigenvalue   Difference       Proportion   Cumulative
    -----------+---------------------------------------------------------
       Factor1 |    1.70622      0.30334           0.2844       0.2844
       Factor2 |    1.40288      0.49422           0.2338       0.5182
       Factor3 |    0.90865      0.18567           0.1514       0.6696
       Factor4 |    0.72298      0.05606           0.1205       0.7901
       Factor5 |    0.66692      0.07456           0.1112       0.9013
       Factor6 |    0.59236          .              0.0987       1.0000
    ---------------------------------------------------------------------
    LR test: independent vs. saturated:   chi2(15) =   269.07 Prob>chi2 = 0.0000
```
*「Factor4、Factor5、Factor6」的特徵值已不再出現負值

```
Factor loadings (pattern matrix) and unique variances


    --------------------------------------------------
     Variable |  Factor1    Factor2 |  Uniqueness( 獨特性 )
    ----------+--------------------+-------------------
      bg2cost1 |   0.3581     0.6279 |    0.4775
      bg2cost2 |  -0.4850     0.5244 |    0.4898
      bg2cost3 |  -0.5326     0.5725 |    0.3886
      bg2cost4 |  -0.4919     0.3254 |    0.6521
```

```
      bg2cost5  |   0.6238    0.3962 |    0.4539
      bg2cost6  |   0.6543    0.3780 |    0.4290
      ---------------------------------------------------
```

我們發現主成分因素 (principal-component factor) 模型是不合適的，因為它假定獨特性 (uniquenesses) 為 0，且本例 2 個因素有些 Uniqueness 仍然存在相當大的變化性 (variability)，故應該使用其他方法。

Step 4. 疊代式主因素分析 (Iterated principal-factor analysis)

「factor …, ipf」指令，指定使用疊代式主因素分析來適配因素模型。在這裡，共同性 (communalities) 的初始估計是多元相關係數的平方，它採用疊代來求得不同的 ( 更好的 ) 估計：

```
. use bg2.dta, clear
. factor bg2cost1-bg2cost6, ipf


(obs=568)


Factor analysis/correlation                 Number of obs    =      568
    Method: iterated principal factors      Retained factors =        5
    Rotation: (unrotated)                   Number of params =       15


    -------------------------------------------------------------------
        Factor  |  Eigenvalue   Difference      Proportion   Cumulative
    ------------+------------------------------------------------------
        Factor1 |     1.08361     0.31752          0.5104       0.5104
        Factor2 |     0.76609     0.53816          0.3608       0.8712
        Factor3 |     0.22793     0.19469          0.1074       0.9786
        Factor4 |     0.03324     0.02085          0.0157       0.9942
        Factor5 |     0.01239     0.01256          0.0058       1.0001
        Factor6 |    -0.00017         .           -0.0001       1.0000
    -------------------------------------------------------------------

    LR test: independent vs. saturated:  chi2(15) =  269.07 Prob>chi2 = 0.0000


Factor loadings (pattern matrix) and unique variances
```

```
--------------------------------------------------------------------------
                                                               Uniqueness
    Variable |  Factor1   Factor2   Factor3   Factor4   Factor5 |（獨特性）
-------------+----------------------------------------------------+---------
    bg2cost1 |  0.2471    0.4059   -0.1349   -0.1303    0.0288 |   0.7381
    bg2cost2 | -0.4040    0.3959   -0.2636    0.0349    0.0040 |   0.6093
    bg2cost3 | -0.4479    0.4570    0.1290    0.0137   -0.0564 |   0.5705
    bg2cost4 | -0.3327    0.1943    0.2655    0.0091    0.0810 |   0.7744
    bg2cost5 |  0.5294    0.3338    0.2161   -0.0134   -0.0331 |   0.5604
    bg2cost6 |  0.5174    0.2943   -0.0801    0.1208    0.0265 |   0.6240
--------------------------------------------------------------------------
```

「ipf」保留了太多的因素。它與「principal factors、principal-component factors」不同，我們不能簡單地忽略不必要的因素，因為唯一性是從數據中重新估計的，因此取決於保留因子的個數。故需要「blanks(#)」重估「ipf」，來將「small loadings」改以空白來印出，以利我們的閱讀：

```
. use bg2.dta, clear
*限定只抽2個因素，loadings<0.3者就不印出
. factor bg2cost1-bg2cost6, ipf factors(2) blanks(.30)


(obs=568)


Factor analysis/correlation                 Number of obs    =      568
    Method: iterated principal factors       Retained factors =        2
    Rotation: (unrotated)                     Number of params =       11


--------------------------------------------------------------------------
    Factor |   Eigenvalue   Difference     Proportion   Cumulative
-------------+------------------------------------------------------------
    Factor1 |     1.03954      0.30810        0.5870       0.5870
    Factor2 |     0.73144      0.60785        0.4130       1.0000
    Factor3 |     0.12359      0.11571        0.0698       1.0698
    Factor4 |     0.00788      0.03656        0.0045       1.0743
    Factor5 |    -0.02867      0.07418       -0.0162       1.0581
```

```
      Factor6 |    -0.10285           .           -0.0581      1.0000
      --------------------------------------------------------------------
      LR test: independent vs. saturated:  chi2(15) =  269.07 Prob>chi2 = 0.0000

Factor loadings (pattern matrix) and unique variances

      ----------------------------------------------------
      Variable |  Factor1   Factor2 |  Uniqueness( 獨特性 )
      ------------+--------------------+----------------
      bg2cost1 |             0.3941 |    0.7937
      bg2cost2 |  -0.3590           |    0.7827
      bg2cost3 |  -0.5189   0.4935 |    0.4872
      bg2cost4 |  -0.3230           |    0.8699
      bg2cost5 |   0.4667   0.3286 |    0.6742
      bg2cost6 |   0.5179   0.3325 |    0.6212
      ----------------------------------------------------
(blanks represent abs(loading)<.3)
```

1. 「**factor** bg2cost1-bg2cost6, **ipf factors(2) blanks(.30)**」限定只抽 2 個因素，會比保留 5 個因素的獨特性更有助益。而且，與我們從主要因素得到的結果相比，這些結果沒有太大差別。

Step 5. 最大概似因素分析 (maximum likelihood factor analysis)

　　「factor …, ml」指令，指定使用最大概似因素分析來適配模型。最大概似法假定數據是多元常態分布的。

　　只要樣本數夠大，maximum likelihood 比其他估計法，更具優勢。Rao (1955) 證明了典型因素法 (canonical factor method) 等同於最大概似法。該方法求「變數和公同因素之間」典型相關性最大值。因此，即使我們不願意假定「樣本符合多元正態性」，也可以描述性地使用 ml。

　　ml 和 ipf 一樣，如果沒有說明因素的數量，STaTa 保留了 2 個以上的因素 ( 本例保留了 3 個 )。本例和 ipf 一樣，需要重新考慮真正想要的因素數量。為了節省紙張，將首先保留 2 個因素：

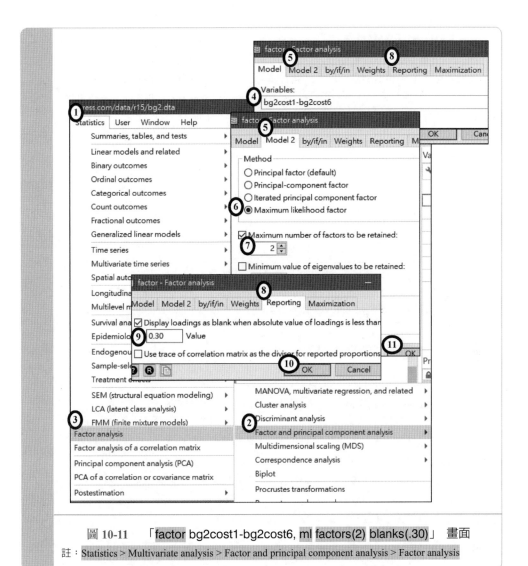

圖 10-11 「factor bg2cost1-bg2cost6, ml factors(2) blanks(.30)」 畫面

註：Statistics > Multivariate analysis > Factor and principal component analysis > Factor analysis

```
. use bg2.dta, clear
* 限定只抽 2 個因素，loadings<0.3 者就不印出
. factor bg2cost1-bg2cost6, ml factors(2) blanks(.30)
(obs=568)
Iteration 0:    log likelihood = -28.702162
(略)
Iteration 6:    log likelihood = -6.8424477
```

```
Factor analysis/correlation                  Number of obs    =      568
    Method: maximum likelihood               Retained factors =        2
    Rotation: (unrotated)                    Number of params =       11
                                             Schwarz's BIC    =  83.4482
    Log likelihood = -6.842448               (Akaike's) AIC   =  35.6849


    --------------------------------------------------------------------------
        Factor  |  Eigenvalue   Difference       Proportion   Cumulative
    ------------+-------------------------------------------------------------
        Factor1 |    1.02766      0.28115            0.5792       0.5792
        Factor2 |    0.74651         .               0.4208       1.0000
    --------------------------------------------------------------------------
    LR test: independent vs. saturated:  chi2(15) =  269.07  Prob>chi2 = 0.0000
    LR test:    2 factors vs. saturated: chi2(4)  =   13.58  Prob>chi2 = 0.0087
```
\* 2 factors 以上的証據不足，故 2 個因素已足夠

```
Factor loadings (pattern matrix) and unique variances


    ------------------------------------------------------------------
        Variable |  Factor1    Factor2 |  Uniqueness(獨特性)（誤差）
    -------------+--------------------+-------------------------------
        bg2cost1 |             0.4235 |     0.8018
        bg2cost2 |   0.4140            |     0.7888
        bg2cost3 |   0.6199    0.3692  |     0.4794
        bg2cost4 |   0.3577            |     0.8638
        bg2cost5 |  -0.3752    0.4355  |     0.6695
        bg2cost6 |  -0.4295    0.4395  |     0.6224
    ------------------------------------------------------------------
    (blanks represent abs(loading)<.3)
```

1. 適配度 (goodness-of-fit)：Chi-Squared 檢定

   factor 指令各種估計法，都會顯示「獨立性相對於飽和模型 (independent vs. saturated)」的概似檢定 (LR test)。因為本例樣本是相關矩陣還原的因素分析，independent 意味著球體 (sphericity)，通過 LR 檢定做因素分析才有意義。

2. ml 選項之「標準」輸出，包括「與飽和模型相關」因素的概似比檢定。這個 LR test 只是卡方近似值，我們使用了 Bartlett(1951) 推薦的來校正。這個

LR test 很多統計軟體都有提供。

3. 本例有 2 個以上因素的證據不足 ( 看似 2 個因素已足夠 )。由於 $\chi^2 =$ 13.58 (p. <
0.01)，故拒絕「$H_0$：超過 2 個因素模型是適合的」。雖然這 2 個因素模型並不
完美，但是，p 值 <1% 暗示著可能還有第三個因素。至於負荷量 (loadings)，
ML 法的其他因素模型之解釋相似，雖然 ML 法有一些值得注意的差異，但可
經轉軸來修補。

4. 因素分析的任務就是從 X 的相關矩陣和 $\sigma_1^2, \sigma_2^2, ..., \sigma_p^2$ 出發，通過變異最大的正
交旋轉，求出矩陣 A 的各列，使相應的「貢獻」有順序 $s_1^2 \geq s_2^2 \geq ... \geq s_p^2$。

```
* 正交轉軸
. rotate


Factor analysis/correlation              Number of obs     =        568
    Method: maximum likelihood           Retained factors =          2
    Rotation: orthogonal varimax (Kaiser off)  Number of params =      11
                                         Schwarz's BIC    =    83.4482
    Log likelihood = -6.842448           (Akaike's) AIC   =    35.6849


    --------------------------------------------------------------------
        Factor  |   Variance   Difference        Proportion  Cumulative
    ------------+-------------------------------------------------------
        Factor1 |    0.89639     0.01863            0.5052     0.5052
        Factor2 |    0.87777        .               0.4948     1.0000
    --------------------------------------------------------------------

    LR test: independent vs. saturated:  chi2(15) =  269.07 Prob>chi2 = 0.0000
    LR test:   2 factors vs. saturated:  chi2(4)  =   13.58 Prob>chi2 = 0.0087
```
* 因本例未出見 Heywood，表示本例限定為 2 個因素模型是適當的。

```
Rotated factor loadings (pattern matrix) and unique variances


    --------------------------------------------------------
        Variable | Factor1    Factor2 |  Uniqueness( 獨特性 )
    ------------+--------------------+--------------------
        bg2cost1 |  0.4276     0.1239 |     0.8018
        bg2cost2 | -0.0670     0.4547 |     0.7888
```

```
     bg2cost3 |   -0.0417    0.7203 |      0.4794
     bg2cost4 |   -0.1253    0.3471 |      0.8638
     bg2cost5 |    0.5710   -0.0666 |      0.6695
     bg2cost6 |    0.6047   -0.1093 |      0.6224
     --------------------------------------------------

Factor rotation matrix


     ---------------------------------
               |  Factor1   Factor2
     ----------+----------------------
       Factor1 |  -0.5606
       Factor2 |   0.8281    0.5606
     ---------------------------------
```

* 正交轉軸抽出二個因素，存至「f1 f2」2個因素變數
. predict f1 f2
(regression scoring assumed)

Scoring coefficients (method = regression; based on varimax rotated factors)

```
     ---------------------------------
     Variable |  Factor1    Factor2
     ---------+-----------------------
     bg2cost1 |   0.23791    0.08447
     bg2cost2 |  -0.01225    0.22674
     bg2cost3 |   0.02631    0.59671
     bg2cost4 |  -0.04577    0.15442
     bg2cost5 |   0.36566   -0.00339
     bg2cost6 |   0.41390   -0.02876
     ---------------------------------
```

### 小結

　　FA 若遇到 Heywood 情況，該檢定就無效。簡言之，卡方檢定若未出現 Heywood，表示本例限定為 2 個因素模型是適當的。用於計算 $\chi^2$ 值和自由度的近似值 (approximations)，發現了因素最大概似 (factor maximum likelihood)

FA 方案在數學上是合理的。在上面的例子中就是這種情況，但並非總是如此。

　　最大概似法似乎特別容易產生 Heywood 解 (boundary solutions)，通常它會產生 0 的 uniquenesses。即使在這種情況下，ML 法所印出的檢定也是有用的，只要謹慎解釋。

## 10-3-3 Likert 量表建構：建構效度來篩選問卷題目 (factor、estat kmo、rotate、predict、alpha 指令 )

範例：網路廣告態度之指標建構 (**factor**、**rotate** 指令 )

衡量網路廣告態度之指標建構 ( 僅以問卷第一部分爲例說明，如何運用 STaTa 進行建構效度及題目篩選 )

往昔研究多在調查民衆對傳統大衆媒體廣告的態度，而本研究採橫斷面研究設計探討網路廣告態度衡量指標 (N=587)，經信度與效度檢定，發展出精緻化網路廣告之態度量表。網路廣告態度之初試量表共有 21 題，題目參見表 10-2( 變數爲 a1 ~ a21)。量表的計分方式係採用李克特式五等量尺，其中，1 代表「非常不同意」，5 代表「非常同意」。有效樣本共有 587 人。

本研究用因素分析來編網路廣告態度之衡量指標，共有確實性、屈辱感、干擾性、厭惡感 4 個構面。

表 10-2　網路廣告態度量表之來源及探索性因素分析結果

| 題目 / 資料來源 | 處理結果 |
|---|---|
| 因素一：(Eigenvalue=3.597, Var=54.05 %, Alpha =0.79 )<br>1. 整體而言，我喜歡網路廣告。[1][3][6][7][8]<br>2. 我所看到的大多數網路廣告都令人覺得愉快。[1][3][6][7]<br>3. 我常以網路廣告中所看到的資訊作爲選擇物品的參考。[6] [7][8] | Factor1 |
| 4. 對於以網路廣告作爲選擇物品的參考，我覺得有信心。[6] [7] | 第一次因素分析刪之 |
| 因素五：(Eigenvalue=0.408, Var=6.14 %, Alpha =0.72 )<br>5. 大多數的網路廣告會讓我覺得智慧受到了侮辱。[3] [6][7]<br>6. 網路廣告的内容常令我覺得反感。[6][7][8]<br>7. 我常覺得網路廣告會企圖誤導我。[1][7] | Factor5 |

| 題目 / 資料來源 | 處理結果 |
|---|---|
| 因素二：(Eigenvalue= 2.142, Var= 32.19 %, Alpha = 0.75 )<br>8. 一般而言，我覺得我可以相信網路廣告。[6] [7][8]<br>9. 網路廣告中對產品所保證的品質與效果，通常和實際上相符。[6] [7]<br>10. 透過網路廣告中的電話和地址購物，我覺得很放心。[3][6][7] | Factor2 |
| 11. 有網路廣告的商品會比沒廣告的商品讓我覺得有價值。[6][7] | 第一次 FA 沒信度刪之 |
| 12. 網路廣告會促使產品降價。[6] [9]<br>13. 網路廣告會提高產品的成本及售價。[6] [7]<br>14. 政府不須對網路廣告的內容嚴加審核。[6] [7]<br>15. 由廣告界自行訂定網路廣告的規範會比讓政府插手好。[6] [7] | 第一次因素分析刪之 |
| 因素四：(Eigenvalue= 0.527, Var= 7.92 %, Alpha = 0.797 )<br>16. 我認為目前政府對網路廣告的法規仍然不足。[6] [7]<br>17. 我覺得網路廣告占用太多網頁空間。[1] [5]<br>18. 我認為網路廣告會干擾我對網頁內容的閱讀。[1] [2] [3][4][5] | Factor4 |
| 因素三：(Eigenvalue= 1.094, Var= 16.43 %, Alpha = 0.7796 )<br>19. 我認為網路廣告可以增加商品資訊。[1] [2] [3][4]<br>20. 我認為網路廣告可以增加網站的可看性。[1] [2] [3][4]<br>21. 透過網路廣告，我可以得到贈品的機會。[1] [2] [3][4] | Factor3 |

題目來源：[1]Alwitt & Prabhaker(1992); [2]Andrews(1989); [3] Berwoitz et al.(1990); [4] Banes(1982); [5] Bonnal(1990); [6] Briggs & Hollis(1997); [7] Chen & Wells(2002); [8] Lutz et al.(1986); [9] Schlosser et al.(1999).

## 一、資料檔之內容

資料檔「廣告態度量表 A1-A21.dta」，如圖 10-12 所示，共有 587 個消費者。

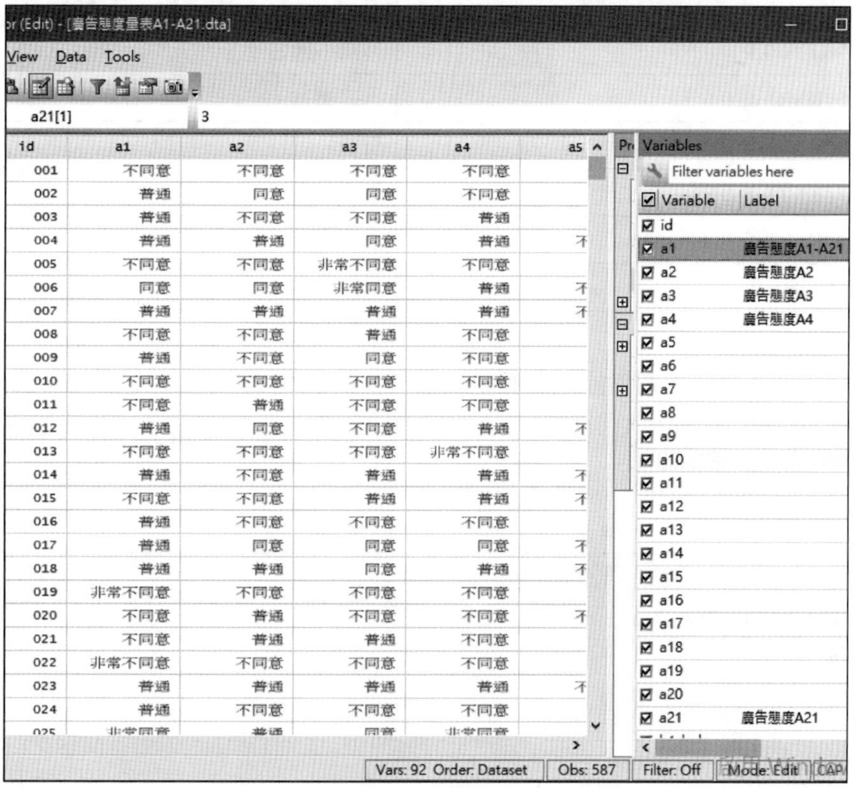

圖 10-12 「廣告態度量表 A1-A21.dta」 資料檔內容 (N=587 個人)

```
. use   廣告態度量表A1-A21.dta, clear

. factor a1-a21, factor (6)
```

## 二、分析結果與討論

Step 1. KMO 球形假定 (assumption) 之檢定

為了確認資料是否適合進行因素分析，在正式分析前，必須先計算 KMO 抽樣合適性測度值 (Kaiser-Meyer-Olkin measure of sampling adequacy)。此值愈高，代表任兩變數間的偏相關係數愈低，進行因素分析時，萃取共同因素的效果愈好。一般 KMO 值的判定標準如下所示。

| KMO 範圍 | 因素分析之合適性 |
|---|---|
| KMO ≦ 0.5 | 非常不適合 |
| 0.5<KMO ≦ 0.6 | 不太適合 |
| 0.6<KMO ≦ 0.7 | 普通 |
| 0.7<KMO ≦ 0.8 | 適合 |
| 0.8<KMO ≦ 0.9 | 很適合 |
| KMO>0.9 | 非常適合 |

除了 KMO 值判斷原始資料適合性外，Bartlett 球面性檢定法 (Bartlett test of sphericity)，則採用因素個數是否合適之分析。若 p 值統計量小於顯著水準時，即表示所選用之因素分析模式合適。

```
. use   廣告態度量表A1-A21.dta, clear
. quietly factor a1-a21,  blanks(.5)
. estat kmo

Kaiser-Meyer-Olkin measure of sampling adequacy

    ----------------------
    Variable |    kmo
    -------------+---------
          a1 |  0.8509
          a2 |  0.8719
          a3 |  0.8468
          a4 |  0.8594
          a5 |  0.8337
          a6 |  0.6370
          a7 |  0.6999
          a8 |  0.9229
          a9 |  0.8874
         a10 |  0.8797
         a11 |  0.8966
         a12 |  0.8819
         a13 |  0.8649
```

```
        a14 |   0.8591
        a15 |   0.8669
        a16 |   0.7183
        a17 |   0.7338
        a18 |   0.6922
        a19 |   0.8415
        a20 |   0.8542
        a21 |   0.8724
     -------------+---------
     Overall |   0.8386
     ---------------------
```

除了變數 a6 之 KMO 值爲 0.637 較低外，其他 20 個變數的 KMO 都很好，故本樣本適合做因素分析 (Factor analysis, FA)。

Step 2. 第一回合因素分析，將「區別效度 / 收斂效度」低的題目刪除。

```
. use   廣告態度量表 A1-A21.dta, clear
* 為了眼球容易辨別，factor loadings<0.5 者不印出。
* 求斜交轉軸之因素負荷量 (Oblique oblimin rotation)
. quietly factor a1 -a21, factors(6)
. rotate, oblique promax(2) blanks(.5)

Factor analysis/correlation                Number of obs    =      587
    Method: principal factors              Retained factors =        6
    Rotation: oblique promax (Kaiser off)  Number of params =      111


    --------------------------------------------------------------------
        Factor |   Variance   Proportion   Rotated factors are correlated
    -------------+------------------------------------------------------
        Factor1 |   3.48907      0.3792
        Factor2 |   3.36736      0.3660
        Factor3 |   2.56388      0.2787
        Factor4 |   2.45214      0.2665
        Factor5 |   1.97786      0.2150
        Factor6 |   1.88942      0.2054
    --------------------------------------------------------------------
```

```
       LR test: independent vs. saturated: chi2(210) = 4576.08 Prob>chi2 = 0.0000

Rotated factor loadings (pattern matrix) and unique variances

    --------------------------------------------------------------------------------
    Variable |  Factor1   Factor2   Factor3   Factor4   Factor5   Factor6 |  Uniqueness
    ---------+----------------------------------------------------------------+-----------
        a1   |            0.6990                                            |    0.4464
        a2   |            0.6837                                            |    0.4339
        a3   |            0.6336                                            |    0.4349
        a4   |                                                             |    0.3818
        a5   |                                                    0.5712   |    0.5961
        a6   |                                                    0.7707   |    0.4174
        a7   |                                                    0.6355   |    0.4871
        a8   |   0.5182                                                    |    0.4771
        a9   |   0.6768                                                    |    0.4559
       a10   |   0.6872                                                    |    0.4581
       a11   |                                                             |    0.7009
       a12   |                                0.5283                       |    0.5981
       a13   |                                                             |    0.6345
       a14   |                                                             |    0.6055
       a15   |                                                             |    0.7612
       a16   |                                          0.7390             |    0.4535
       a17   |                                          0.6968             |    0.4720
       a18   |                                          0.7301             |    0.4118
       a19   |                                                             |    0.5704
       a20   |                      0.5851                                 |    0.4719
       a21   |                      0.5265                                 |    0.5146
    --------------------------------------------------------------------------------

    (blanks represent abs(loading)<.5)

Factor rotation matrix

    ----------------------------------------------------------------------
             |  Factor1   Factor2   Factor3   Factor4   Factor5   Factor6
    ---------+------------------------------------------------------------
     Factor1 |  -0.3570    0.2530    0.3106    0.1021    0.4166   -0.6698
```

```
     Factor2  |   0.7799    0.7586    0.6454    0.6332    0.0147    0.3031
     Factor3  |  -0.3074   -0.0360    0.5888   -0.1930   -0.1698    0.2430
     Factor4  |   0.2272    0.0322    0.0789   -0.6774    0.1214   -0.0343
     Factor5  |  -0.1049   -0.1896   -0.0181    0.2472    0.8844    0.6028
     Factor6  |   0.3275   -0.5677    0.3656    0.1771    0.0217   -0.1896
     -------------------------------------------------------------------------
```

1. 只變數 a12 單獨一題與因素變數的相關 >0.5。因單一變數的信度為 0，故應予刪除。

2. 若該變數與所有因素變數的相關都 <0.5 者，因沒有收斂效度，故予以刪除。第二回合 FA 應排除變數，包括 a4、a11、a13、a14、a15，故第一回合 FA 共刪除 6 個變數。

3. 若該變數橫跨 2 個因素變數（相關都 >0.5 者），因沒有區別效度，故予以刪除，但第一回合 FA 已找不到該排除變數。

**Step 3.** 第二回合因素分析，將「區別效度 / 收斂效度」低的題目刪除。

```
. use  廣告態度量表 A1-A21.dta, clear
* 為了眼球容易辨別，factor loadings<0.5 者不印出。
* 求斜交轉軸之因素負荷量 (Oblique oblimin rotation)
. factor a1 a2 a3 a5 a6 a7 a8 a9 a10 a16 a17 a18 a19 a20 a21, factors(5)

(obs=587)


Factor analysis/correlation                Number of obs    =       587
    Method: principal factors              Retained factors =         5
    Rotation: (unrotated)                  Number of params =        65


    --------------------------------------------------------------------------
    Factor   |   Eigenvalue   Difference      Proportion   Cumulative
    ---------+----------------------------------------------------------------
    Factor1  |     3.59675      1.45459          0.5405       0.5405
    Factor2  |     2.14216      1.04853          0.3219       0.8624
    Factor3  |     1.09363      0.56671          0.1643       1.0267
    Factor4  |     0.52692      0.11845          0.0792       1.1059
```

```
        Factor5  |      0.40847       0.36583          0.0614        1.1673
        Factor6  |      0.04264       0.02799          0.0064        1.1737
        Factor7  |      0.01465       0.03466          0.0022        1.1759
        Factor8  |     -0.02002       0.04589         -0.0030        1.1729
        Factor9  |     -0.06591       0.02471         -0.0099        1.1630
       Factor10  |     -0.09061       0.06152         -0.0136        1.1494
       Factor11  |     -0.15213       0.01072         -0.0229        1.1265
       Factor12  |     -0.16286       0.03930         -0.0245        1.1020
       Factor13  |     -0.20215       0.00993         -0.0304        1.0717
       Factor14  |     -0.21209       0.05271         -0.0319        1.0398
       Factor15  |     -0.26480          .            -0.0398        1.0000
    --------------------------------------------------------------------------
    LR test: independent vs. saturated: chi2(105) = 3164.17 Prob>chi2 = 0.0000


Factor loadings (pattern matrix) and unique variances


    --------------------------------------------------------------------------
    Variable |  Factor1   Factor2   Factor3   Factor4   Factor5 |  Uniqueness
    -------------+----------------------------------------------------+--------------
         a1  |   0.6312   -0.1994    0.1418    0.2808    0.1900 |    0.4268
         a2  |   0.6593   -0.1588    0.0891    0.2989    0.1810 |    0.4100
         a3  |   0.6486   -0.0827    0.0621    0.1587    0.1007 |    0.5332
         a5  |   0.2760    0.3881   -0.3910    0.0974   -0.0300 |    0.6100
         a6  |   0.2066    0.5019   -0.4644    0.1652   -0.1999 |    0.4226
         a7  |   0.2374    0.5656   -0.3519    0.1254    0.0086 |    0.4841
         a8  |   0.6616   -0.0922   -0.1025   -0.1997    0.1301 |    0.4865
         a9  |   0.6396   -0.0208   -0.1816   -0.3335    0.1383 |    0.4272
        a10  |   0.5821   -0.0686   -0.2494   -0.3093    0.0377 |    0.4971
        a16  |   0.0969    0.5888    0.3924   -0.0669    0.0515 |    0.4828
        a17  |   0.0731    0.6740    0.2469   -0.0549    0.1183 |    0.4624
        a18  |  -0.0206    0.7058    0.2689   -0.0780    0.0995 |    0.4132
        a19  |   0.4861    0.1387    0.3168    0.0386   -0.2338 |    0.5879
        a20  |   0.6262   -0.1079    0.1314    0.0398   -0.3194 |    0.4754
        a21  |   0.5818   -0.0657    0.2427   -0.1330   -0.2603 |    0.5129
    --------------------------------------------------------------------------

. rotate, oblique promax(2) blanks(.5)
```

```
Factor analysis/correlation              Number of obs    =     587
   Method: principal factors             Retained factors =       5
   Rotation: oblique promax (Kaiser off) Number of params =      65


   --------------------------------------------------------------------
        Factor |   Variance  Proportion   Rotated factors are correlated
   ------------+-------------------------------------------------------
       Factor1 |   2.62588     0.3946
       Factor2 |   2.47269     0.3716
       Factor3 |   2.05086     0.3082
       Factor4 |   1.88721     0.2836
       Factor5 |   1.74707     0.2625

   --------------------------------------------------------------------
   LR test: independent vs. saturated: chi2(105) = 3164.17 Prob>chi2 = 0.0000


Rotated factor loadings (pattern matrix) and unique variances


   --------------------------------------------------------------------
   Variable | Factor1   Factor2   Factor3   Factor4   Factor5 | Uniqueness
   ---------+----------------------------------------------------+----------
        a1 |  0.7177                                          |   0.4268
        a2 |  0.7227                                          |   0.4100
        a3 |  0.5320                                          |   0.5332
        a5 |                                          0.5786  |   0.6100
        a6 |                                          0.7798  |   0.4226
        a7 |                                          0.6283  |   0.4841
        a8 |           0.5703                                 |   0.4865
        a9 |           0.7147                                 |   0.4272
       a10 |           0.6475                                 |   0.4971
       a16 |                              0.7107              |   0.4828
       a17 |                              0.7104              |   0.4624
       a18 |                              0.7399              |   0.4132
       a19 |                    0.5105                        |   0.5879
       a20 |                    0.5884                        |   0.4754
       a21 |                    0.5588                        |   0.5129
   --------------------------------------------------------------------
   (blanks represent abs(loading)<.5)
```

```
Factor rotation matrix

    -------------------------------------------------------------
          | Factor1   Factor2   Factor3   Factor4   Factor5
    ------+------------------------------------------------------
 Factor1  | -0.2009   -0.0667   -0.0373    0.8757    0.6592
 Factor2  |  0.4405   -0.5070   -0.0577   -0.0947    0.2202
 Factor3  |  0.2846    0.1692   -0.5971    0.1493   -0.1426
 Factor4  |  0.8132    0.7843    0.6930    0.0631    0.3091
 Factor5  |  0.1524   -0.3078    0.3982    0.4450   -0.6333
    -------------------------------------------------------------

* 將斜交轉軸之因素負荷量 (Oblique oblimin rotation) 存至 5 個新變數，再與人口變數做
MANOVA。
. predict f1 f2 f3 f4 f5
```

1. 若該變數與所有因素變數的相關都 <0.5 者，因沒有收斂效度，故予以刪除，
   但第二回合 FA 已找不到該排除變數。

2. 若該變數橫跨 2 個因素變數（相關都 >0.5 者），因沒有區別效度，故予以刪除，
   但第二回合 FA 已找不到該排除變數。

   本研究重複進行一連串的因素分析，每次因素分析過程刪除問卷題目的準
則，有下列 3 項：

1. 若某一題目自成一個因素者，因為沒有信度故刪之。

2. 該題目在所屬因素之因素負荷量必須大於 0.50，否則沒有收斂效度
   (convergence validity) 應刪之。

3. 每一個題目，其所對應的因素負荷量，必須接近 1.0，但在其他因素之因素負
   荷量必須接近 0。此隱含著，若該題目在所有因素之因素負荷量小於 0.5、或
   該題目因素負荷量有 2 個以上是大於 0.5( 橫跨 2 個因素以上 ) 者，都須刪除，
   因為它沒有區別效度 (discriminant validity)。

   上述第二及第三準則，在以往研究如 Lederer & Sethi(1991) 中亦常被使用。
   接著根據上述三個準則，將初試量表 21 個項目進行第一次因素分析，共刪
了 6 題，並在表 10-2 的最右一欄標示「第一次因素分析刪之」，如此重複進行第

二次因素分析，因具有建構效度而停止。歷經二回合的因素分析之後，最後剩下 15 個題目，它們分別屬於不同的 5 個構面，其解釋的總變異量為 58.24%。此結果若與第一次因素分析結果做比較，可以發現第一次因素分析係抽出 5 個構面，其可解釋的總變異量為 1.1673。由此可看出，只做一次因素分析和連續做一連串因素分析來刪題目，兩者所能解釋原量表的總變異量非常接近。因此，本研究自編量表可說是一個精簡的網路廣告態度量表，用較少的指標 (15 個 ) 即可測出與初試量表 (21 個指標 ) 相當的態度成分。

**Step 4.** 信度分析

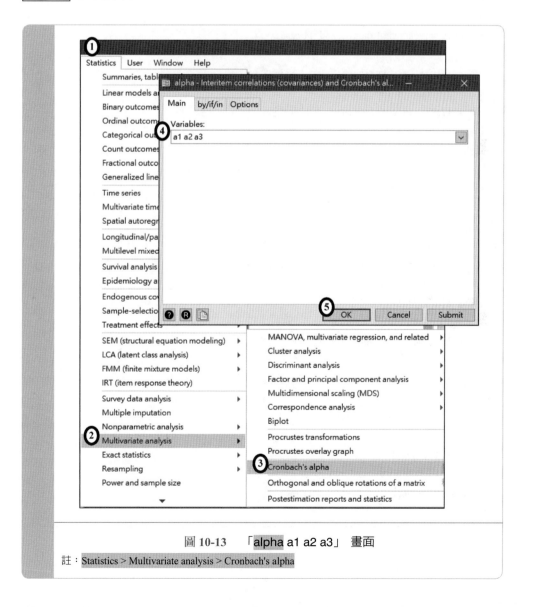

圖 10-13 「alpha a1 a2 a3」 畫面

註：Statistics > Multivariate analysis > Cronbach's alpha

```
. use  廣告態度量表A1-A21.dta, clear
. alpha a1 a2 a3

Test scale = mean(unstandardized items)

Average interitem covariance:      .4207982
Number of items in the scale:             3
Scale reliability coefficient:       0.7941

. alpha a5 a6 a7

Test scale = mean(unstandardized items)

Average interitem covariance:       .383678
Number of items in the scale:             3
Scale reliability coefficient:       0.7546

. alpha a8 a9 a10

Test scale = mean(unstandardized items)

Average interitem covariance:       .417956
Number of items in the scale:             3
Scale reliability coefficient:       0.7796

. alpha a16 a17 a18

Test scale = mean(unstandardized items)

Average interitem covariance:      .5303272
Number of items in the scale:             3
Scale reliability coefficient:       0.7968

. alpha a19 a20 a21

Test scale = mean(unstandardized items)
```

```
Average interitem covariance:        .4026887
Number of items in the scale:               3
Scale reliability coefficient:        0.7211
```

## 10-3-4 練習題：讀入相關矩陣之因素分析：知覺 3 變數 (matrix、factormat 指令)

```
* Factor analysis from a correlation matrix
* Step-1. enter the correlation matrix and set the row and column names.
. matrix C = (1.000, 0.943, 0.771 \0.943, 1.000, 0.605 \0.771, 0.605, 1.000)

. matrix list C

symmetric C[3,3]
        c1    c2    c3
r1      1
r2    .943     1
r3    .771   .605     1

* 選項 n(979) 界定樣本有 979 人
* Step-2. 調用 factormat 指令，搭配 "n()" 樣本數，限抽 1 個因素。
. factormat C, n(979) names(visual hearing taste) fac(1)


(obs=979)


Factor analysis/correlation                 Number of obs    =      979
    Method: principal factors               Retained factors =        1
    Rotation: (unrotated)                   Number of params =        3


    -----------------------------------------------------------------
        Factor  |  Eigenvalue   Difference      Proportion   Cumulative
    -------------+---------------------------------------------------
        Factor1  |    2.43866      2.22300          0.9352       0.9352
        Factor2  |    0.21566      0.26241          0.0827       1.0179
        Factor3  |   -0.04675            .         -0.0179       1.0000
```

```
    ----------------------------------------------------------------------
      LR test: independent vs. saturated:   chi2(3)   = 3425.87 Prob>chi2 = 0.0000

Factor loadings (pattern matrix) and unique variances

      ------------------------------------------
        Variable │  Factor1 │   Uniqueness( 獨特性 )
      ------------+----------+--------------
          visual │  0.9899  │    0.0200
         hearing │  0.9268  │    0.1410
           taste │  0.7744  │    0.4003
      ------------------------------------------


* Same as above, but with C entered as a vector.
. matrix C = ( 1.000, 0.943, 0.771, 1.000, 0.605, 1.000)


* Next we use factormat, specifying the storage shape(upper) and the variable names
with the option names().
. factormat C, n(979) shape(upper) fac(1) names(visual hearing taste)
```

# 11

# 多維標度法/多向度量尺(multidimensional scaling)

前面章節談的主成分分析與因素分析，聚焦於變數之間的關聯性。接下來兩章的焦點，將轉移至試著去瞭解觀察值之間的相似性型態。

主成分分析與因素分析也是一種量尺 (scaling) 的方法，將觀察值以較少構面表達於空間圖。多維標度法 / 多向度量尺 (multidimensional scaling, MDS) 所使用的資料與主成分分析 ( 或因素分析 ) 不同，它所利用的資訊是成對個體間的相對接近性或相似性，它的目的是利用此種資訊去建構合適的低次元空間，使得個體間在此空間的距離與其相似性盡可能保持一致。多維標度法 / 多向度量尺 (MDS) 是用來獲得個體 (entities) 間相似性的空間表達。

## 11-1 古典 (classical) 多維標度法 / 多向度量尺 (multidimensional scaling, MDS) 之重點整理 (mds 指令 )

### 一、MDS 應用：市場區隔及產品定位 (market segmentation and product positioning)

1. 當作產品定位時，除了要確定我們的產品與目標顧客心中的其他品牌產品能有所區別外，也希望我們的產品能在顧客的知覺空間中占有一個有吸引力的地位。

2. 為了要解決這樣的問題，可以使用 MDS 來同時決定產品空間圖及個別顧客每個產品偏好的分布圖。

3. 圖 11-1 是根據 100 位汽車消費者以 1 到 10 分來表示每個人對 10 種不同汽車廠牌的喜好，使用 MDPREF 分析所獲得的空間知覺圖。

4. 此圖可告訴我們這 100 位汽車消費者對於不同汽車廠牌喜好的分布形態及不同汽車的空間知覺分布。因此，我們可以根據這樣的資料來作為新汽車品牌投入市場時其產品定位及市場區隔。

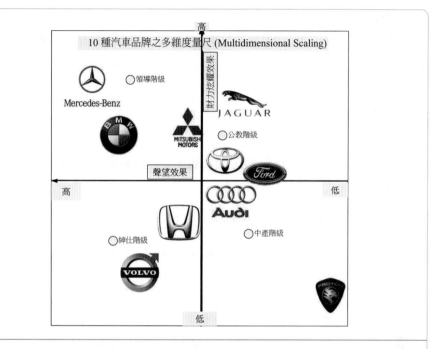

**圖 11-1** 10 種汽車品牌之 multidimensional scaling 示意圖 (+ correspondence analysis)

多維標度法 (multidimensional scaling, MDS，又譯多向度量尺) 也稱作「相似度結構分析」(similarity structure analysis)，屬於多變量分析的方法之一，是社會學、數量心理學、市場行銷等統計實證分析的常用方法。

## 二、多維標度法的種類

STaTa 提供 mds 指令語法如下表，mds 旨在處理二維資料之多維標度 / 多向度量尺 (multidimensional scaling for two way data)，mds 指令分 3 種 method() 選項：

1. classical：( 古典 ) 度量性 ( 多維 ) 標度。當 mds 指令不指定 loss()，也不指定 transform()。

   (1) 處理等距 ( 區隔 ) 純量和比率純量。

   (2) 一定是採用歐氏距離。

   (3) 範例請見：圖 11-8「**mds** climate-econ, **std** (climate-econ) id(city) dimension(2)

　　　**method**(*classical*)」。

2. modern：現代 (modern)MDS，此為內定值，它界定 loss() 或 transform()。

3. nonmetric( 非度量性 )：非度量性多維標度。當 mds 指令同時界定 loss() 及 transform(monotonic) 時。

　(1) 處理次序純量。

　(2) 不一定採用歐氏距離。

　(3) 範例 請見：圖 11-14「**mdsmat cands**, **method**(*nonmetric*) config dimension(2) noplot」。

## 三、mds 指令語法

```
mds varlist [if] [in] , id(varname) [options]

options                    Description

Model
* id(varname)              identify observations
  method(method)           method for performing MDS
  loss(loss)               loss function
  transform(tfunction)     permitted transformations of dissimilarities
  normalize(norm)          normalization method; default is normalize(principal)
  dimension(#)             configuration dimensions; default is dimension(2)
  addconstant              make distance matrix positive semidefinite

Model 2
  unit[(varlist2)]         scale variables to min=0 and max=1
  std[(varlist3)]          scale variables to mean=0 and sd=1
  measure(measure)         similarity or dissimilarity measure; default is measure(L2) (Euclidean)
  s2d(standard)            convert similarity to dissimilarity: dissim(ij)=sqrt{sim(ii)+sim(jj)-2sim(ij)}; the
                             default
  s2d(oneminus)            convert similarity to dissimilarity: dissim(ij)=1-sim(ij)

Reporting
  neigen(#)                maximum number of eigenvalues to display; default is neigen(10)
  config                   display table with configuration coordinates
  noplot                   suppress configuration plot

Minimization
  initialize(initopt)      start with configuration given in initopt
  tolerance(#)             tolerance for configuration matrix; default is tolerance(1e-4)
  ltolerance(#)            tolerance for loss criterion; default is ltolerance(1e-8)
  iterate(#)               perform maximum of # iterations; default is iterate(1000)
  protect(#)               perform # optimizations and report best solution; default is protect(1)
  nolog                    suppress the iteration log
  trace                    display current configuration in iteration log

method          說明

classical       classical MDS; default if neither loss() nor transform() is specified
modern          modern MDS; default if loss() or transform() is specified; except when loss(stress) and
                   transform(monotonic) are specified
nonmetric       nonmetric (modern) MDS; default when loss(stress) and transform(monotonic) are specified
```

## 11-1-1 多維標度法 / 多向度量尺 (multidimensional scaling, MDS) 之概念

### 一、什麼是多維標度法

　　多維標度法是一種將多維空間的研究對象 ( 樣本或變數 ) 簡化到低維空間進行定位、分析和歸類，同時又保留對象間原始關係的數據分析方法。

### 二、MDS 假定 (assumption)

1. 有許多特徵是互相關聯的，而受測者原本並不知道其特徵為何。
2. 存在著這樣一個空間：它的正交軸是欲尋找的特徵。
3. 此特徵空間滿足這個要求：相似的對象能以相對較小的距離描摹。

### 三、MDS 目的

　　多維標度法是一個探索性的過程方法，其功能包括：

1. 減少 ( 觀察 ) 變數。
2. 如果可能，在數據中揭示現有結構。
3. 揭示相關特徵。
4. 尋找盡可能低維度的空間 ( 最小化條件 )。
5. 空間必須滿足「單調條件」。
6. 解釋空間的軸，依照假設提供關於感知和評判過程的資訊。

### 四、MDS 應用領域

　　用於評判和感知：

1. ( 民眾 ) 對政治家的態度。
2. 對影星的喜愛度。
3. 跨文化的差異和比較。
4. 心理學中的人類感知。
5. 揭示市場空白。
6. 評價產品設計和市場行銷中的廣告。

---

MDS 應用 1：多維標度法在行銷廣告的應用

在市場營銷調研中，多維標度法的用途十分廣泛。被用於確定空間的級數 (變數、指標)，以反映消費者對不同品牌的認知，並且在由這些構築的空間中，標明某關注品牌和消費者心目中理想品牌的位置。

MDS 應用 2：多維標度法在行銷廣告的應用

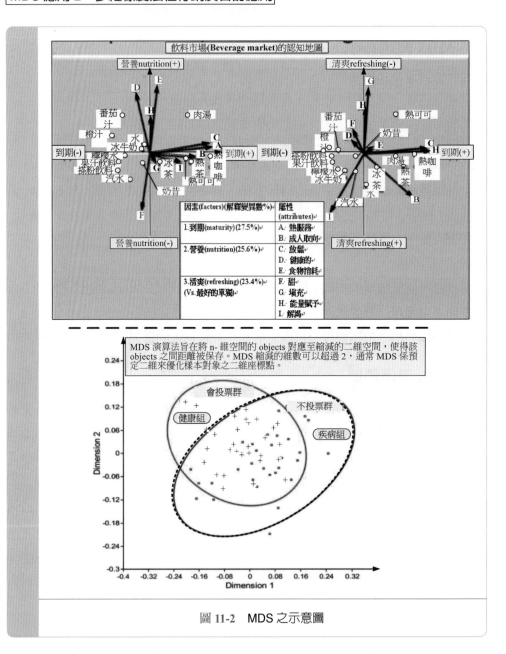

圖 11-2　MDS 之示意圖

## 五、多維標度法 vs. cluster 分析的比較

多維標度法是多元統計分析方法的總稱，包含各種各樣的模型和手段，其目的是通過各種途徑把高維的研究對象轉化成低維度再進行研究。具體來說，多維標度法旨在研究對象之間某種親近關係 ( 如距離、相似係數、親疏程度的分類情況等 )，合理地將研究對象 ( 樣品或變數 ) 在低維空間中給出標度或位置，以便全面而又直觀地呈現原始各對象之間的關係，同時在此基礎上也可按對象點之間距離的遠近實現對樣品的分類。多維標度法能彌補聚類 (cluster, 群集 ) 分析的不足之處，因為聚類分析將相似的樣品歸類，最後得到一個反映樣品親疏關係的譜系圖。聚類分析比較簡便易行，但是，聚類分析的缺點是將一些高維的樣品強行納入單一維度的譜系分類中，常常使原始樣品之間的關係簡單化，甚至有時失真。而多維標度法是將幾個高維研究對象，在近似的意義下，從高維簡約到一個較低維的空間內，並且尋求一個最佳的空間維數和空間位置 ( 如二維或三維 )，而仍保持各研究對象數據的原始關係。

## 六、多維標度法的發展史

多維標度法的產生與發展，和它在心理學各個分支中的應用是分不開的。40 年代是它的萌芽和準備時期，50 年代是計量的多維標度法的發展時期。1952 年 Torgerson 首先提出 J 計量的多維標度法的數學模型，為以後的發展奠定了基礎，60 年代是非計量的多維標度法的發展時期，70 年代以後上面提出的各種方法趨於成熟，出現了許多相似的演算法，並且提出了許多新的方法和模型。從應用角度來說，在 50 年代多維標度法僅應用於心理學，60 年代又應用於銷售和消費領域中，從 70 年代以來多維標度法的應用範圍迅速擴大，已應用於交通、社會學、生態學及地質學等領域。

## 七、MDS 與其他多變量分析方法的比較

### (一) 因素 ( 因子 ) 分析 (factor analysis)
1. 相同：通過歸因於少數幾個不相關的特徵來減少數據 ( 維度減少 )。
2. 不同：多維標度法僅僅需要相似性或者距離，而不需要相關性 ( 因素分析需要相關性 )。
3. 如果僅僅對因素值感興趣，可以用作因素分析的替代方法。

## (二) 聚類 ( 集群 ) 分析 (cluster analysis)

1. 相同：把觀察值 ( 對象 ) 分組。

2. 不同：聚類分析把觀測到的特徵當作分組標準，而多維標度法僅僅取用感知到的差異。

3. 爲劃分類別提供實際的支持。

## 八、多維標度法的基本思想

多維標度法的基本思想是：用 r 維空間 (r 待定 ) 中的點分別表示各樣品，使得各樣品間距離的次序能完全反映原始輸入的相似次序 ( 兩樣品間的距離愈短，則愈相似 )。通常，要通過兩步來完成。首先構造一個 f 維座標空間，並用該空間中的點分別表示各樣品，此時點間的距離未必和原始輸入次序相同，通常把這一步稱爲構造初步圖形結構。其次是逐步修改初步圖形結構，以得到一個新圖形結構，使得在新結構中，各樣品的點間距離次序和原始輸入次序儘量一致。

## 九、多維標度法的特點

多維標度法的特點是將消費者對品牌的感覺或偏好，以點的形式反映在多維空間上，而對不同品牌的感覺或偏好的差異程度是通過點與點間的距離體現的，我們稱這種品牌或項目的空間定位點爲空間圖。空間的軸代表形成感覺或偏好的各種因素或變數。

## 十、所使用的純量 (scalar) 類型

1. 次序變數 (ordinal variable)：可以就某一特質之多少或大小次序，將團體中各分子加以排序

2. 等距變數 (interval variable)：除了可以說出名稱和排出大小次序之外，還可以算出差別之大小量的變數，是爲等距變數。等距變數有一項基本特性是「相等單位」(equal unit)，亦即系列上各段之基本單位的間隔應完全相等。等距變數沒有絕對的零點，其量數可以加減，但不能乘除。

3. 比率 (ratio) 變數：除了可說出名稱、排出次序和算出差距之外，還可指出某比率和某比率相等的變數，是爲比率變數。

當相似性資料的性質具度量性 (metric) 時 ( 即它們代表個體間的眞實距離 )，我們所使用的方法爲 metric MDS 來還原資料空間。本章所要介紹的 metric MDS

方法是指 Torgerson(1958) 所提出的古典 MDS。

就大部分的應用問題而言，其相似性資料並不具有 metric scale 的性質 ( 例如 ordinal)，此時我們使用非度量性 (nonmetric) MDS。在 nonmetric MDS 方法中，排序資料是由單一個人提供，或由多人提供但整合為一個排序 ( 假設這些人在評估個體間相似性時，所使用的標準及權重都一樣，即 homogeneous)。

但若承認不同個人使用的標準及權重有差異時，我們須使用另一種方法：個體差異量尺 (individual differences scaling)；此法所建立的空間圖，允許不同個人對在評估的個體間相似性時，使用不同的特徵及不同權重。

## 十一、相似 ( 度 ) 矩陣

|  | 紅色 | 橙色 | 黃色 | 綠色 | 藍色 | 紫色 |
|---|---|---|---|---|---|---|
| 紅色 | - |  | ( 對稱 ) |  |  |  |
| 橙色 | 7 | - |  |  |  |  |
| 黃色 | 8 | 0 | - |  |  |  |
| 綠色 | 10 | 8 | 9 | - |  |  |
| 藍色 | 10 | 9 | 6 |  | - |  |
| 紫色 | 0 | 7 | 10 | 9 | 8 | - |

例子 1 ：相似度矩陣 ( 數字愈小，表示愈相似 )

例如：10 個對象，2 維空間，座標個數則為 $10 \times 2 = 20$，「相似度」的個數為 $C\binom{10}{2} = 45$，數據壓縮係數 = 相似度的個數 ÷ 座標個數 = $45 \div 20 = 2.25$( 數據壓縮係數要大於等於 2 才可接受，否則不能做多維標度分析 )。

例子 2 ：有時資料涉及 2 個不同組的個體間的相似性資料，例如：一組包含若干消費者，另一組為 4 種品牌手機，每一個消費者表達他對 4 種品牌手機的偏好順序，因此我們就有每個消費者與 4 種手機的相對相似性。

## 十二、間接 ( 數據 ) 採集方法

### ( 一 ) 完全排序法

$C\begin{pmatrix} n \\ 2 \end{pmatrix}$ 對「相似度」進行排序，最相似的一對得到序數 1，最不相似的一對

得到序數 $C\begin{pmatrix} n \\ 2 \end{pmatrix}$。

### ( 二 ) 錨點法

### ( 三 ) 評級法 (Rating)

與「完全排序法」不同的是，雖然最相似的一對得到序數 1，但是可以有多

於一對得到相同的序數，最不相似的一對也不一定會依序得到 $C\begin{pmatrix} n \\ 2 \end{pmatrix}$。

## 11-1-2 古典 (classical) 多維標度法 / 多向度量尺 (multidimensional scaling, MDS) 之統計基礎

圖 11-3 顯示一份手寫數字的樣本，其中每一數字以大小爲 16×16 像素 (pixel) 的灰階圖片儲存。你不妨想像樣本所含的 200 張數字圖片對應於 $R^{256}$ 空間的 200 個數據點。我們提出下面的問題：給定這份樣本資料，如何「目視」數據點於高維空間的散布？主成分分析 (principal components analysis) 是當今最常採行的一種降維技術。在保留數據集的最大變異前提下，將高維數據點正交投影至一個特定的二維空間，此空間由對應樣本共變異數矩陣的最大兩個特徵值的特徵向量擴張而成。如此一來，我們可在平面上觀察所有數據點的投影位置 ( 稱爲主成分係數 )。

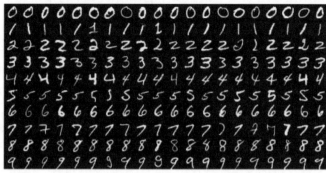

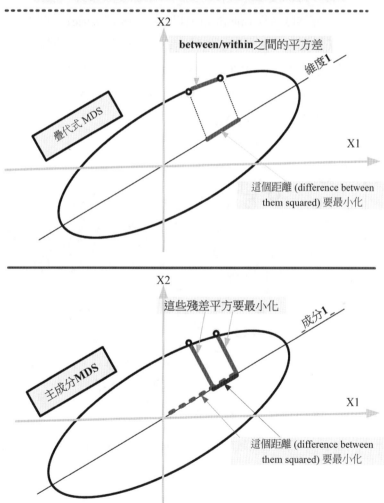

圖 11-3　手寫數字樣本

不過，在某些應用場合，我們僅知道任兩數據點的相異性 (dissimilarity)。舉例來說，手寫數字包含許多變異，如位移、旋轉、伸縮與形變，直接計算兩數字圖片於同一像素位置的灰階差距並不能反映實際的型態差異，必須先把兩圖放在可供比較的基準上。為了降低上述變異造成的影響，在比對圖片之前，容許一圖 ( 或兩圖 ) 些微調整轉變，並採用各種複雜的圖片相異性算法。因為這些緣故，主成分分析不適用於手寫數字圖片的降維。本文介紹一個建立於數據點的相異性的降維方法，稱為多維標度法 (multidimensional scaling，簡稱 MDS)。圖 11-4 顯示手寫數字集經多維標度法處理後得到的二維標度散布圖。根據相異性的定義，多維標度法可區分為度量性 (metric) 與非度量性 (nonmetric)，前者採用 歐幾里得距離 ( 簡稱歐氏距離 )，後者則泛指任何非歐氏距離。本章節將介紹度量性，也稱古典多維標度法，並解說古典多維標度法與主成分分析的關係。

STaTa 提供 3 種 MDS 法：(1) 古典 (classical) MDS 、(2)( 度量性 )metric MDS 、(3) 非度量性 (nonmetric)MDS 。

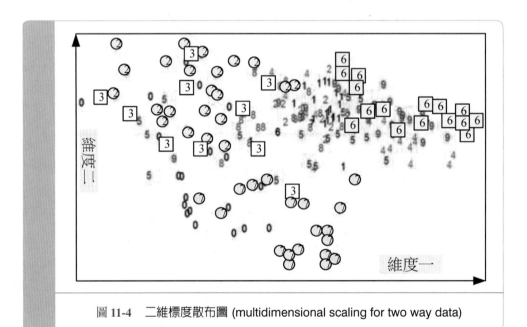

圖 11-4　二維標度散布圖 (multidimensional scaling for two way data)

考慮 $p$ 維歐幾里得空間的 $n$ 的點 $x_1, \cdots, x_n$，其中 $x_r = (x_{r1}, \cdots, x_{rp})^T$。兩點 $x_r$ 和 $x_s$ 的歐氏距離可由下列算式求得：

$$d_{rs}^2 = \sum_{i=1}^{p} (x_{ri} - x_{si})^2 = \| \mathbf{x}_r - \mathbf{x}_s \|^2 = (\mathbf{x}_r - \mathbf{x}_s)^T (\mathbf{x}_r - \mathbf{x}_s)$$

令 $B = [b_{rs}]$ 為 $n \times n$ 階內積矩陣，其中 $b_{rs}$ 等於 $\mathbf{x}_r$ 和 $\mathbf{x}_s$ 的內積，$b_{rs} = \mathbf{x}_r^T \mathbf{x}_s$。因為 $\mathbf{x}_r^T \mathbf{x}_s = \mathbf{x}_s^T \mathbf{x}_r$，$B$ 是對稱矩陣。給定任兩數據點的距離平方 $\{d_{rs}^2, r, s = 1, \cdots, n\}$，下面先解說如何計算內積矩陣 $B$，隨後推導滿足所有兩數據點之距離的數據集座標 $\{\mathbf{x}_r, r = 1, \cdots, n\}$。

為了排除平移的影響，將數據點的中心置於座標系統的原點，即有：

$$\sum_{r=1}^{n} \mathbf{x}_r = 0$$

將歐氏距離平方乘開：

$$d_{rs}^2 = \mathbf{x}_r^T \mathbf{x}_r + \mathbf{x}_s^T \mathbf{x}_s - 2\mathbf{x}_r^T \mathbf{x}_s$$

由上式可推得下列結果：

$$\frac{1}{n} \sum_{r=1}^{n} d_{rs}^2 = \frac{1}{n} \sum_{r=1}^{n} \mathbf{x}_r^T \mathbf{x}_r + \mathbf{x}_s^T \mathbf{x}_s$$

$$\frac{1}{n} \sum_{s=1}^{n} d_{rs}^2 = \mathbf{x}_r^T \mathbf{x}_r + \frac{1}{n} \sum_{s=1}^{n} \mathbf{x}_s^T \mathbf{x}_s$$

$$\frac{1}{n^2} \sum_{r=1}^{n} \sum_{s=1}^{n} d_{rs}^2 = \frac{2}{n} \sum_{r=1}^{n} \mathbf{x}_r^T \mathbf{x}_r$$

將前面兩式相加再減去第三式，可得：

$$\mathbf{x}_r^T \mathbf{x}_r + \mathbf{x}_s^T \mathbf{x}_s = \frac{1}{n} \sum_{r=1}^{n} d_{rs}^2 + \frac{1}{n} \sum_{s=1}^{n} d_{rs}^2 - \frac{1}{n^2} \sum_{r=1}^{n} \sum_{s=1}^{n} d_{rs}^2$$

將上式代入 $d_{rs}^2$ 的展開式，可得：

$$b_{rs} = \mathbf{x}_r^T \mathbf{x}_s$$

$$= -\frac{1}{2} (d_{rs}^2 - \mathbf{x}_r^T \mathbf{x}_r - \mathbf{x}_s^T \mathbf{x}_s)$$

$$= -\frac{1}{2} \left( d_{rs}^2 - \frac{1}{n} \sum_{r=1}^{n} d_{rs}^2 - \frac{1}{n} \sum_{s=1}^{n} d_{rs}^2 + \frac{1}{n^2} \sum_{r=1}^{n} \sum_{s=1}^{n} d_{rs}^2 \right)$$

這個結果看似繁雜，我們將它改寫爲較簡明的表達式。令 $a_{rs} = -\frac{1}{2}d_{rs}^2$。統計學家常採用下列記號：

$$a_{r.} = \frac{1}{n}\sum_{s=1}^{n}a_{rs}$$

$$a_{.s} = \frac{1}{n}\sum_{r=1}^{n}a_{rs}$$

$$a_{..} = \frac{1}{n^2}\sum_{s=1}^{n}\sum_{r=1}^{n}a_{rs.}$$

據此，$b_{rs} = a_{rs} - a_{r.} - a_{.s} + a_{..}$。定義 $n \times n$ 階矩陣 $A = [a_{rs}]$，內積矩陣 $B$ 可表示爲：

$$B = CAC$$

其中 $C = I - \frac{1}{n}E$，這裡 $E$ 的每一元都等於 1。

接著討論如何重建數據點的座標。考慮內積矩陣 $B$ 的另一個表達式：

$$B = \begin{bmatrix} x_1^T \\ \vdots \\ x_n^T \end{bmatrix} [x_1 \ \cdots \ x_n] = XX^T$$

上面我們令 $X = [x_1 \ \cdots \ x_n]^T$ 爲 $n \times p$ 階座標矩陣。因爲 $B$ 是實對稱半正定矩陣，故可正交對角化爲：

$$B = QMQ^T$$

其中 $M = \text{diag}(\mu_1, \cdots, \mu_n)$，$\mu_1 \geq \cdots \geq \mu_n \geq 0$ 是 $B$ 的特徵值，$Q = [q_1 \ \cdots \ q_n]$ 是 $B$ 的單範正交 (orthonormal) 特徵向量構成的正交矩陣 (orthogonal matrix)，$Q^T = Q^{-1}$。交互乘積不改變矩陣秩：

$$\text{rank } B = \text{rank } (XX^T) = \text{rank } X \leq \min\{n, p\}$$

在一般情況下，$n > p$，即有 $\text{rank } B \leq p$。所以，$B$ 至多有 $p$ 個非 0 特徵值 $\mu_1$，$\cdots$，$\mu_p$ ( 即至少有 $n - p$ 個零特徵值 )，可知：

$$B = \begin{bmatrix} q_1 & \cdots & q_p \end{bmatrix} \begin{bmatrix} \mu_1 & & \\ & \ddots & \\ & & \mu_p \end{bmatrix} \begin{bmatrix} q_1^T \\ \vdots \\ q_p^T \end{bmatrix}$$

因為 $B = XX^T$，即得座標矩陣：

$$X = \begin{bmatrix} q_1 & \cdots & q_p \end{bmatrix} \begin{bmatrix} \sqrt{\mu_1} & & \\ & \ddots & \\ & & \sqrt{\mu_p} \end{bmatrix} = \begin{bmatrix} \sqrt{\mu_1}q_1 & \cdots & \sqrt{\mu_p}q_p \end{bmatrix}$$

注意，重建的座標矩陣 $X$ 並非唯一存在。設 $X' = XP$，其中 $P$ 是任意 $p \times p$ 階正交矩陣，$P^T = P^{-1}$，則

$$X'X'^T = (XP)(XP)^T = XPP^TX^T = XX^T = B$$

所有 $X' = XP$ 皆為符合要求的座標矩陣。換句話說，旋轉、鏡射 ( 反射 ) 與平移不改變數據點之間的距離。

例子 考慮 $R^2$ 的四個點，其座標矩陣為：

$$\hat{X} = \begin{bmatrix} 2 & 1 \\ 1 & 4 \\ -3 & -2 \\ 0 & -3 \end{bmatrix}$$

假設四點的座標未知，但我們有它們之間的歐氏距離平方，以矩陣 $D_2 = [d_{rs}^2]$ 表示為：

$$D_2 = \begin{bmatrix} 0 & 10 & 34 & 20 \\ 10 & 0 & 52 & 50 \\ 34 & 52 & 0 & 10 \\ 20 & 50 & 10 & 0 \end{bmatrix}$$

則有

$$A = -\frac{1}{2}D_2 = \begin{bmatrix} 0 & -5 & -17 & -10 \\ -5 & 0 & -26 & -25 \\ -17 & -26 & 0 & -5 \\ -10 & -25 & -5 & 0 \end{bmatrix}$$

內積矩陣即為

$$B = CAC$$

$$= \frac{1}{4}\begin{bmatrix} 3 & -1 & -1 & -1 \\ -1 & 3 & -1 & -1 \\ -1 & -1 & 3 & -1 \\ -1 & -1 & -1 & 3 \end{bmatrix}\begin{bmatrix} 0 & -5 & -17 & -10 \\ -5 & 0 & -26 & -25 \\ -17 & -26 & 0 & -5 \\ -10 & -25 & -5 & 0 \end{bmatrix}\frac{1}{4}\begin{bmatrix} 3 & -1 & -1 & -1 \\ -1 & 3 & -1 & -1 \\ -1 & -1 & 3 & -1 \\ -1 & -1 & -1 & 3 \end{bmatrix}$$

$$= \begin{bmatrix} 5 & 6 & -8 & -3 \\ 6 & 17 & -11 & -12 \\ -8 & -11 & 13 & 6 \\ -3 & -12 & 6 & 9 \end{bmatrix}$$

計算正交對角化，$B = QMQ^T$，結果如下：

$$Q = \begin{bmatrix} -0.302 & 0.469 & -0.815 & -0.154 \\ -0.663 & -0.365 & -0.087 & 0.648 \\ 0.527 & -0.618 & -0.572 & 0.114 \\ 0.438 & 0.514 & -0.006 & 0.737 \end{bmatrix}, M = \begin{bmatrix} 36.422 & 0 & 0 & 0 \\ 0 & 7.578 & 0 & 0 \\ 0 & 0 & 0 & 0 \\ 0 & 0 & 0 & 0 \end{bmatrix}$$

所以重建的座標矩陣為

$$X = \begin{bmatrix} -0.302 & 0.469 \\ -0.663 & -0.365 \\ 0.527 & -0.618 \\ 0.438 & 0.514 \end{bmatrix}\begin{bmatrix} \sqrt{36.422} & 0 \\ 0 & \sqrt{7.578} \end{bmatrix} = \begin{bmatrix} -1.823 & 1.291 \\ -4.001 & -1.005 \\ 3.180 & -1.701 \\ 2.643 & 1.415 \end{bmatrix}$$

原始座標與重建座標之間的差異，僅在於相對原點的旋轉。

最後，我們討論古典多維標度法與主成分分析的關係。令 $X$ 表示一 $n \times p$ 階數據矩陣，$X = [x_1 \cdots x_n]^T$。假設樣本平均數向量為 0，則 $p \times p$ 階樣本共變異數矩陣為：

$$S = \frac{1}{n-1}\sum_{r=1}^{n}\mathrm{x}_r^T\mathrm{x}_r = \frac{1}{n-1}X^TX$$

因為 $S$ 是實對稱半正定矩陣，故可正交對角化為 $S = W\Lambda W^T$，其中 $\Lambda = \mathrm{diag}(\lambda_1, \cdots, \lambda_p)$，$\lambda_1 \geq \cdots \geq \lambda_p \geq 0$ 是 $S$ 的特徵值（即主成分權值），$W = [\mathrm{w}_1 \; \cdots \; \mathrm{w}_p]$是單範正交的特徵向量構成的主成分矩陣。內積矩陣 $B = XX^T$ 與樣本共變異數矩陣 $S = \frac{1}{n-1}X^TX$ 有什麼關係呢？首先，$XX^T$ 和 $X^TX$ 有相同的特徵值，前者再加上 $n - p$ 個 0 特徵值。理由如下，寫出 $BQ = QM$ 的第 $i$ 行，$XX^T\mathrm{q}_i = \mu_i\mathrm{q}_i$。上式等號兩邊左乘 $X^T$

$$X^TXX^T\mathrm{q}_i = X^TX(X^T\mathrm{q}_i) = \mu_i(X^T\mathrm{q}_i)$$

另一方面，$SW = W\Lambda$ 的第 $i$ 行是：

$$\frac{1}{n-1}X^TX\mathrm{w}_i = \lambda_i\mathrm{w}_i$$

比較上面兩式，可得 $\lambda_i = \mu_i/(n-1)$ 且 $\mathrm{w}_i = X^T\mathrm{q}_i/\|X^T\mathrm{q}_i\|$。另計算：

$$\|X^T\mathrm{q}_i\|^2 = \mathrm{q}_i^TXX^T\mathrm{q}_i = \mu_i\mathrm{q}_i^T\mathrm{q}_i = \mu_i$$

使用以上結果，主成分係數矩陣 $Z$ 即為古典多維標度法重建的座標矩陣：

$$\begin{aligned}
Z = XW &= X\,[\mathrm{w}_1 \; \cdots \; \mathrm{w}_p]\\
&= X[X^T\mathrm{q}_1/\|X^T\mathrm{q}_1\| \; \cdots \; X^T\mathrm{q}_p/\|X^T\mathrm{q}_p\|]\\
&= XX^T\,[\mathrm{q}_1/\sqrt{\mu_1} \; \cdots \; \mathrm{q}_p/\sqrt{\mu_p}]\\
&= [\sqrt{\mu_1}\mathrm{q}_1 \; \cdots \; \sqrt{\mu_p}\mathrm{q}_p]
\end{aligned}$$

## 11-2 多維標度法 / 多向度量尺 (multidimensional scaling, MDS) 之範例

### MDS 應用：知覺對應圖 (perceptual mapping)

1. 知覺對應圖是 MDS 最廣泛的應用之一。非量尺 (Nonmetric) MDS 的一個優點

是它能提供心理距離的尺度，以描繪個人心中的心理地圖。

2. 知覺對應圖最經典的範例是 Roger. N. Shepard 探討個別居民，關於美國本土各州間相對接近性的主觀判斷。他用的是非量尺 (nonmetric) MDS。

3. 以「11-2-1 美國 10 城市社會經濟特徵」爲例，此爲美國居民對於美國本土各州相對接近性的主觀判斷，所繪成之美國地圖。

## 11-2-1 古典：多維標度法 / 多向度量尺：美國 10 城市社會經濟特徵 (infile 、 mds 、 screeplot 、 mdsconfig 、 mdsshepard 指令 )

1. 以圖 11-5 爲例，其顯示出「美國 10 城市社會經濟特徵」之間的直線距離，我們將以此爲資料來重建此 10 個城市的相對位置圖。

2. 若以手製圖所描繪出的地圖與實際地圖之間，可能會產生以下問題：

   (1) 會失去個別城市的絕對位址 (absolute location)。

   (2) 地圖有可能是實際地圖的鏡像。

   (3) 地圖可能被旋轉而與實際不同。

3. 我們可以利用 metric MDS 來解決上述問題。

### 一、古典 MDS 的算法

1. 首先列出不同受估個體 (object) 間的相似性或不相似性矩陣，而這些矩陣內的數字與個體之間的距離是線性相關 ( 透過一個線性函數 ) 的，其斜率可爲正向 ( 不相似性 ) 或負向 ( 相似性 )

2. 若資料是屬於相似性資料，我們先將資料中每一個資料值減去資料中的最大值，以轉換爲不相似性資料，隨後在上述的線性函數中求出常數項，函數的斜率可設爲 1，因爲圖是任意的，如此只剩下截距項 ( 常數項 ) 須設法求出。

3. 另外，在 Torgerson(1958) 中指出，有許多方法可以求出上述的常數項，但最爲被廣泛使用的是其書上所提。

4. 根據 Torgerson ，將上述求得的常數項作爲所有不相似性資料 $\delta_{jk}$ 之加項，以轉換成估計的距離 $d_{jk}$：

$$c = \max_{i,j,k} (\delta_{ij} - \delta_{ik} - \delta_{jk})$$

$$d_{jk} = \delta_{jk} + c$$

$$d_{ij} < d_{ik} + d_{jk} \text{ for all i, j, k}$$

5. 當資料矩陣為對稱的且其對角線直接為 0，則所求得的距離近似於歐幾里得 (Euclidean) 距離。

6. 為了解決每個受估個體在空間構面座標位置的問題，使用下面幾何關係式：

$$d_{jk}^2 = d_{ij}^2 + d_{ik}^2 - 2d_{ij}d_{ik}\cos\theta_{jik}$$

上式再重排為：

$$-\frac{1}{2}(d_{jk}^2 - d_{ij}^2 - d_{ik}^2) = d_{ij}d_{ik}\cos\theta_{jik}$$

7. 若以個體 i 為原點，$d_{ij}$ 指個體 j 在空間圖上距離原點的距離，$d_{ik}$ 亦同，因為

$$x_j' x_k = \|x_j\|\|x_k\|\cos\theta_{jik}$$

因此，上式可再轉換為：

$$-\frac{1}{2}(d_{jk}^2 - d_{ij}^2 - d_{ik}^2) = X_j' X_k$$

8. 由上式，可用以求得受測者的座標位置。

　　為求個體 i 的座標位置，我們另外新建 (n-1)×(n-1) 維度的矩陣 B(i)，i 表示個體 i 被選為座標圖上的原點。

　　因為 B(i) 為對稱矩陣，故又可表達為 $B(i) = U_i \Lambda_i U_i'$，其中，U 為特徵向量的矩陣，而 $\Lambda$ 為特徵值的對角矩陣，故 $X_i = U_i \Lambda_i^{1/2}$。

## 二、範例：古典 MDS：美國 10 城市社會經濟特徵

Step 1. 讀入之前 MDS 分析之指令批次檔「MDS2_十大城市社會經濟特徵.do」

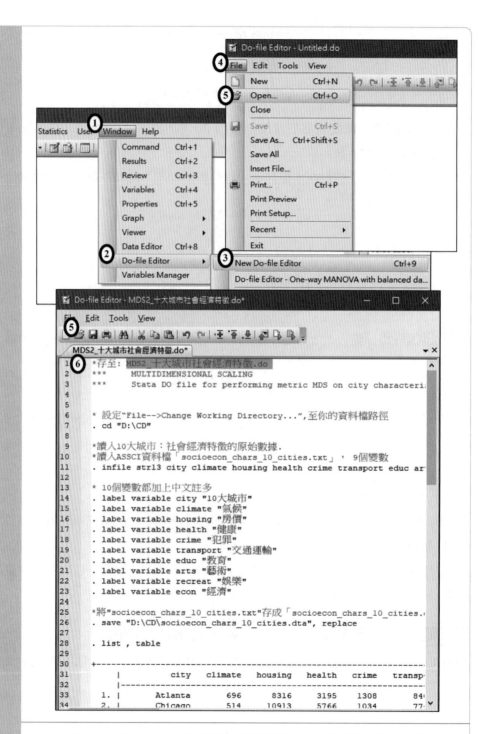

圖 11-5 「MDS2_十大城市社會經濟特徵.do」 指令批次檔之內容

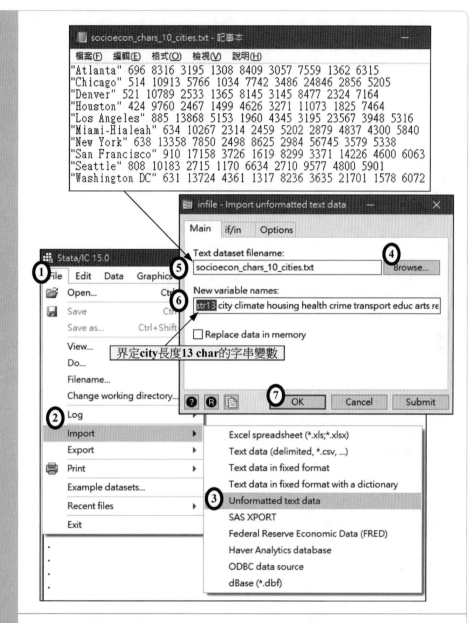

圖 11-6　「**infile str13** city climate housing health crime transport educ arts recreat econ using "socioecon_chars_10_cities.txt"」畫面

註：File > Import > Unformatted text data

```
* 存至：MDS2_十大城市社會經濟特徵 .do
***       MULTIDIMENSIONAL SCALING
***       STaTa DO file for performing metric MDS on city characteristics data


* 設定 "File-->Change Working Directory..."，至你的資料檔路徑
. cd "D:\CD"


* 讀入 10 大城市：社會經濟特徵的原始數據
* 讀入 ASSCI 資料檔「socioecon_chars_10_cities.txt」，9 個變數
. infile str13 city climate housing health crime transport educ arts recreat econ
using "socioecon_chars_10_cities.txt"


* 10 個變數都加上中文註解
. label variable city "10 大城市"
. label variable climate "氣候"
. label variable housing "房價"
. label variable health "健康"
. label variable crime "犯罪"
. label variable transport "交通運輸"
. label variable educ "教育"
. label variable arts "藝術"
. label variable recreat "娛樂"
. label variable econ "經濟"


* 將 "socioecon_chars_10_cities.txt" 存成「socioecon_chars_10_cities.dta」資料檔
. save "D:\CD\socioecon_chars_10_cities.dta", replace

. list , table
```

| | city | climate | housing | health | crime | transp~t | educ | arts | recreat | econ |
|---|---|---|---|---|---|---|---|---|---|---|
| 1. | Atlanta | 696 | 8316 | 3195 | 1308 | 8409 | 3057 | 7559 | 1362 | 6315 |
| 2. | Chicago | 514 | 10913 | 5766 | 1034 | 7742 | 3486 | 24846 | 2856 | 5205 |
| 3. | Denver | 521 | 10789 | 2533 | 1365 | 8145 | 3145 | 8477 | 2324 | 7164 |
| 4. | Houston | 424 | 9760 | 2467 | 1499 | 4626 | 3271 | 11073 | 1825 | 7464 |

| 5. | Los Angeles | 885 | 13868 | 5153 | 1960 | 4345 | 3195 | 23567 | 3948 | 5316 |
| --- | --- | --- | --- | --- | --- | --- | --- | --- | --- | --- |
| 6. | Miami-Hialeah | 634 | 10267 | 2314 | 2459 | 5202 | 2879 | 4837 | 4300 | 5840 |
| 7. | New York | 638 | 13358 | 7850 | 2498 | 8625 | 2984 | 56745 | 3579 | 5338 |
| 8. | San Francisco | 910 | 17158 | 3726 | 1619 | 8299 | 3371 | 14226 | 4600 | 6063 |
| 9. | Seattle | 808 | 10183 | 2715 | 1170 | 6634 | 2710 | 9577 | 4800 | 5901 |
| 10. | Washington DC | 631 | 13724 | 4361 | 1317 | 8236 | 3635 | 21701 | 1578 | 6072 |

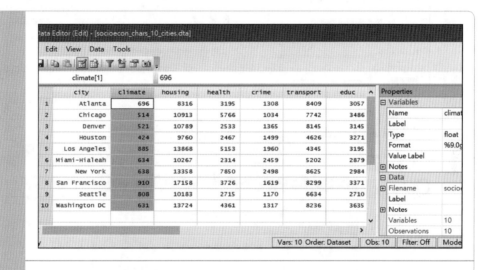

圖 11-7 「socioecon_chars_10_cities.dta」 資料檔內容 (N＝10 大城市)

**Step 2.** MDS 分析結果

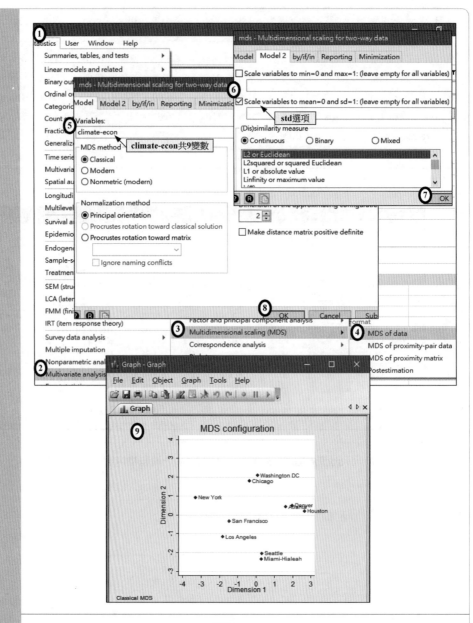

圖 11-8 「**mds** climate-econ, **std**(climate-econ) id(city) dimension(2) **method**(classical)」 畫面

註：Statistics > Multivariate analysis > Multidimensional scaling (MDS) > MDS of data

```
. use socioecon_chars_10_cities.dta, clear
```
\* 執行城市特徵度量 MDS，STaTa 從輸入數據中建構出相異矩陣。

\* 在計算相異性之前，使用 "std" 選項將輸入變數標準化為：mean=0、sd=1。

\* MDS 計算後仍需一些資訊，來做幾個繪圖。後者再使用 STaTa 中可用的一些圖形選項，來繪比內建基本圖更好的座標圖。

\* 指令進行古典 (classical)mds 分析：從 climate 至 econ 變數共 9 個變數
```
. mds climate-econ, std(climate-econ) id(city) dimension(2) method(classical)
```

```
Classical metric multidimensional scaling
    dissimilarity: L2, computed on 9 variables

                                        Number of obs      =        10
Eigenvalues > 0       =       9        Mardia fit measure 1 =    0.6220
Retained dimensions   =       2        Mardia fit measure 2 =    0.8369
```

\* 前二個特徵所解釋變異的 Percent

```
-----------------------------------------------------------------------
            |              abs(eigenvalue)         (eigenvalue)^2
Dimension   | Eigenvalue    Percent   Cumul.      Percent    Cumul.
------------+----------------------------------------------------------
        1   | 30.337118      37.45    37.45        58.25      58.25
        2   | 20.045923      24.75    62.20        25.44      83.69
------------+----------------------------------------------------------
        3   | 12.298617      15.18    77.38         9.57      93.26
        4   | 8.0103229       9.89    87.27         4.06      97.33
        5   | 5.6273354       6.95    94.22         2.00      99.33
        6   | 2.5233985       3.12    97.34         0.40      99.73
        7   | 2.0519686       2.53    99.87         0.27     100.00
        8   | .09137766       0.11    99.98         0.00     100.00
        9   | .01393873       0.02   100.00         0.00     100.00
-----------------------------------------------------------------------
```

**Step 3-1.** 繪 MDS 圖之事後指令：**screeplot**

\* **screeplot** 命令產生一個 scree 圖，並用 STaTa 圖形 options 用於改善顯示內容。陡坡圖將被寫入到外部文件。

. **screeplot**, name(scree1, replace) scheme(s1color) xaxis(1 2) yaxis(1 2) ylabel(, axis(1) nogrid) ylabel(, axis(2) nolabel) xlabel(, axis(2) nolabel) xsize(4) xtitle("", axis(2)) ytitle("", axis(2))

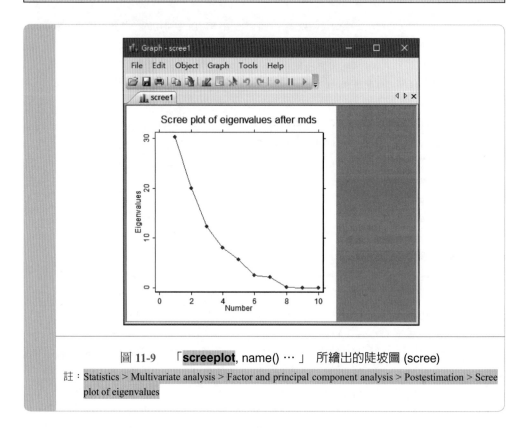

圖 11-9　「**screeplot**, name() ⋯ 」 所繪出的陡坡圖 (scree)

註：Statistics > Multivariate analysis > Factor and principal component analysis > Postestimation > Scree plot of eigenvalues

**Step 3-2.** 繪 MDS 圖之事後指令：**mdsconfig**

\* 為了產生比 mds 內定圖更佳的圖，你可使用 mdsconfig 事後指令

. **mdsconfig**, name(metconfig, replace) scheme(s1color) msymbol(oh) mcolor(black) xaxis(1 2) yaxis(1 2) ylabel(, axis(1) nogrid) ylabel(, axis(2) nolabel) xlabel(, axis(2) nolabel) xsize(4) xtitle("", axis(2))  ytitle("", axis(2))

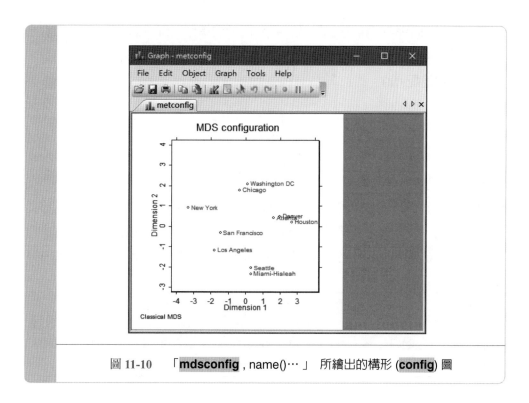

圖 11-10 「**mdsconfig** , name()⋯」 所繪出的構形 (**config**) 圖

**Step 3-3**. 繪 MDS 圖之事後指令 **mdsshepard**：視覺判定 MDS 適配度，愈靠近 45° 線者愈佳

**Kruskal 的 two way nonmetric MDS 算法**：求得的相異性矩陣

**Step1**：選擇空間圖的構面數 r。

**Step2**：選擇起始空間分布圖。用 metric MDS 所獲得的解，可以作爲一個很好的 起始分布。若能嘗試使用多個起始分布，可避免最終圖形分布陷入局部 最佳解 (local optimum)。

**Step3**：計算空間圖上的點，兩兩間的距離。

$$d_{ij} = \sqrt{(x_{i1} - x_{j1})^2 + (x_{i2} - x_{j2})^2 + ... + (x_{ir} - x_{jr})^2}$$

**Step4**：評估距離 $d_{ij}$ 與不相似性 $\delta_{ij}$ 之間的一致性。利用最小平方單調迴歸法 (least squares monotone regression) 將 $\delta_{ij}$ 轉換爲 $\hat{d}_{ij}$，再利用下列公式計算當前 解的壓力係數。圖 11- 11「mdsshepard, name(metshepard)⋯」所繪出的 Shepard 圖，旨在評估 $d_{ij}$ 與 $\delta_{ij}$ 之間的一致性。

Krustal(1964) 爲前述的一致性找到衡量的指標「Stress」值，當此值愈小時，空間圖點的兩兩間距離的排序與原始不相似性資料的排序愈一致，即愈適配 (fit)：

$$Stress = \sqrt{\frac{\sum_i \sum_j (d_{ij} - \hat{d}_{ij})^2}{\sum \sum d_{ij}^2}}$$

**Step5**：使用數值最適法 ( 例如：gradient search method) 搜尋空間圖各點的移動方向，使減低壓力係數；回 Step3。若所有點都無法移動以得到更好的壓力係數時，表示已經收斂，此時可回 Step1，選擇另一個 r 或終止此程序。

```
* 產生 mds 解之 Shepard，來視覺判定 MDS 適配度：愈靠近 45°線者愈佳。
. mdsshepard,name(metshepard) scheme(s1color) msymbol(oh) mcolor(black) xaxis(1 2)
  yaxis(1 2) ylabel(, axis(1) nogrid) ylabel(, axis(2) nolabel) xlabel(, axis(2)
  nolabel) xsize(4) xtitle("", axis(2)) ytitle("", axis(2))
```

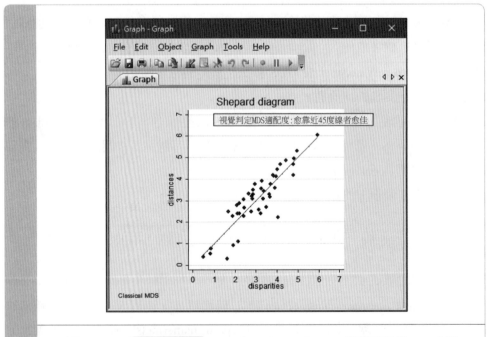

圖 11-11　　「**mdsshepard**, name(metshepard)… 」 所繪出的 Shepard 圖

### 11-2-2a 非度量性 (nonmetric)：多維標度法 / 多向度量尺： 2004 年美國總統候選人 (matrix dissimilarity 、 mdsmat 、 mdsconfig 、 mdsshepard 指令 )

## 一、非度量性 (nonmetric)MDS 的算法

前節談到 Torgerson 對於 metric MDS 問題的解決方法是很有用的，但通常我們所遇到的應用問題，不涉及實際距離資料或可度量 (metric) 相近性資料。因此，我們通常對於**非度量性**資料的空間表達較感興趣。

以下範例，針對單一民衆對於 13 位背景相當的不同總統候選人之不相似性的認知。接受測試的人以 1 至 100 計分來排序每對車款的相似性，1 分代表最喜愛，100 分代表最不喜愛。「therms.dta」資料檔再用 Step 2 「matrix dissimilarity 指令」 轉換爲總統候選人間的知覺不相似性矩陣，矩陣中的資料爲次序尺度 (ordinal)。

Nonmetric 不相似性資料轉換成距離資料是困難的，因爲兩者間非簡單的線性關係，而是非線性關係；因此 Togerson 的 metric MDS 方法不適合用來解決問題。以下將介紹 Kruscal 的疊代 (iterative approach)。

Kruskal 的 two way nonmetric MDS 算法：求得的相異性矩陣

**Step1**：選擇空間圖的構面數 r。

**Step2**：選擇起始空間分布圖。用 metric MDS 所獲得的解，可以作爲一個很好的起始分布。若能嘗試使用多個起始分布，可避免最終圖形分布陷入局部最佳解 (local optimum)。

**Step3**：計算空間圖上的點，兩兩間的距離。

$$d_{ij} = \sqrt{(x_{i1} - x_{j1})^2 + (x_{i2} - x_{j2})^2 + ... + (x_{ir} - x_{jr})^2}$$

**Step4**：評估距離 $d_{ij}$ 與不相似性 $\delta_{ij}$ 之間的一致性。利用最小平方單調迴歸法 (least squares monotone regression) 將 $\delta_{ij}$ 轉換爲 $\hat{d}_{ij}$，再利用下列公式計算當前解的壓力係數。「圖 11-16 mdsshepard 指令繪 Shepard 圖」，旨在評估 $d_{ij}$ 與 $\delta_{ij}$ 之間的一致性。

Krustal(1964) 為前述的一致性找到衡量的指標「Stress」值，當此值愈小時，空間圖點的兩兩間距離的排序與原始不相似性資料的排序愈一致，即愈適配 (fit)：

$$Stress = \sqrt{\frac{\sum_i \sum_j (d_{ij} - \hat{d}_{ij})^2}{\sum\sum d_{ij}^2}}$$

**Step5**：使用數值最適法 ( 例如：gradient search method) 搜尋空間圖各點的移動方向，使減低壓力係數；回 Step3。若所有點都無法移動以得到更好的壓力係數時，表示已經收斂，此時可回 Step1，選擇另一個 r 或終止此程序。

## 二、範例：非度量性 (nonmetric)MDS：2004 年美國 13 位總統候選人

**Step 1.** 讀入之前 MDS 分析之指令批次檔「MDS4_2004 年美國總統候選人 .do」

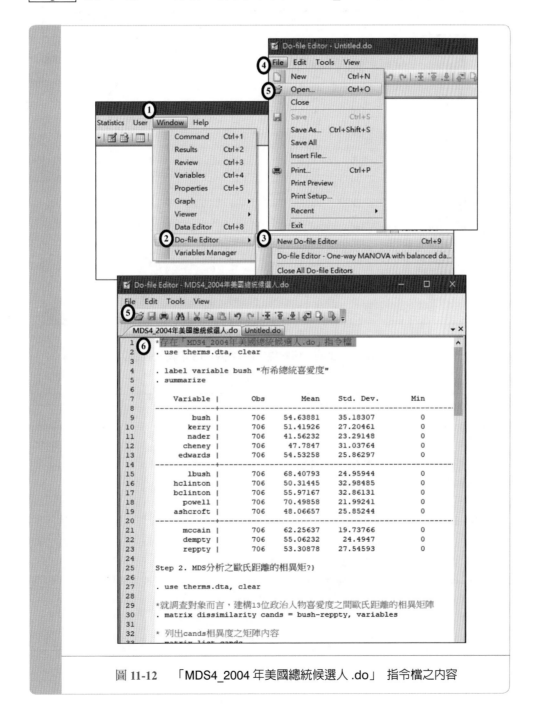

**圖 11-12** 「MDS4_2004 年美國總統候選人 .do」 指令檔之內容

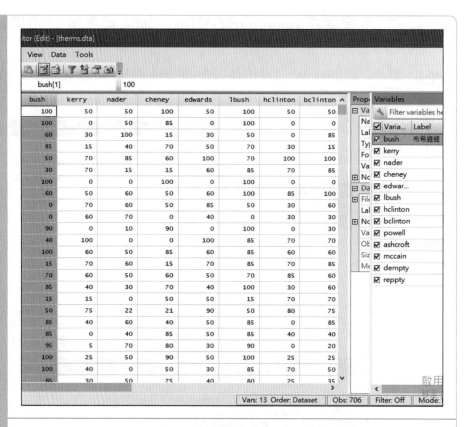

圖 11-13 「therms.dta」 資料檔之內容 (N=13 位總統候選人，喜愛度)

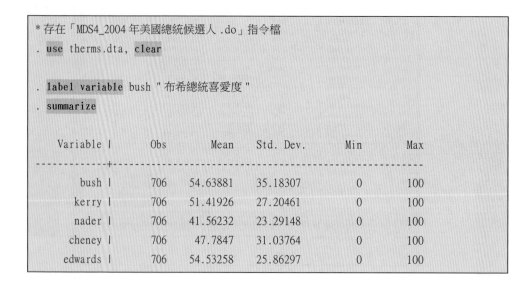

```
* 存在「MDS4_2004 年美國總統候選人 .do」指令檔
. use therms.dta, clear

. label variable bush "布希總統喜愛度"
. summarize

    Variable |       Obs        Mean    Std. Dev.        Min        Max
-------------+--------------------------------------------------------
        bush |       706    54.63881    35.18307          0        100
       kerry |       706    51.41926    27.20461          0        100
       nader |       706    41.56232    23.29148          0        100
      cheney |       706     47.7847    31.03764          0        100
     edwards |       706    54.53258    25.86297          0        100
```

```
------------+------------------------------------------------------------
      lbush |      706     68.40793     24.95944          0        100
   hclinton |      706     50.31445     32.98485          0        100
   bclinton |      706     55.97167     32.86131          0        100
     powell |      706     70.49858     21.99241          0        100
    ashcroft |     706     48.06657     25.85244          0        100
------------+------------------------------------------------------------
     mccain |      706     62.25637     19.73766          0        100
     dempty |      706     55.06232      24.4947          0        100
     reppty |      706     53.30878     27.54593          0        100
```

**Step 2.** MDS 分析之歐氏距離的相異矩陣

「**matrix dissimilarity** 指令」轉換「therms.dta」資料檔爲總統候選人間的知覺不相似性矩陣，矩陣中的資料爲次序尺度 (ordinal)。

```
. use therms.dta, clear


* 就調查對象而言，建構 13 位政治人物喜愛度之間歐氏距離的相異矩陣
. matrix dissimilarity cands = bush-reppty, variables


* 列出 cands 相異度之矩陣內容
. matrix list cands


symmetric cands[13,13]
                  bush        kerry        nader       cheney      edwards        lbush      hclinton      bclinton       powell      ashcroft
    bush            0
   kerry    1518.5259            0
   nader     1133.709    946.00053            0
  cheney    590.54297    1391.6041    1010.9317            0
 edwards     1437.5601     484.4791    937.04589    1350.5517            0
   lbush    743.03499    1282.7439    1131.8467    857.81233      1192.12            0
hclinton    1607.9039    639.37469    1087.9756    1469.3046    677.61051    1395.2154            0
bclinton    1611.8117     661.6691    1133.3371    1491.7868    678.47329    1356.4417    600.23662            0
  powell    889.30591    1190.4915    1125.0338    926.25914    1111.8651    588.35364    1307.0386    1256.9924            0
 ashcroft    705.47856    1206.2301    907.79733    575.00522    1172.7058    840.80378    1303.3745     1327.858    875.43989            0
   mccain    979.09652    965.74375    940.86981    978.14672    897.89699    745.88136    1110.7002     1055.596    661.57313    888.89257
```

| | | | | | | | | | |
|---|---|---|---|---|---|---|---|---|---|
| dempty | 1393.2663 | 496.43126 | 950.48251 | 1277.694 | 537.19829 | 1154.5484 | 654.23543 | 656.74805 | 1062.7417 | 1106.3729 |
| reppty | 541.63918 | 1299.4861 | 989.3983 | 586.39065 | 1232.0722 | 710.01549 | 1396.0186 | 1402.5997 | 797.20888 | 624.9344 |

| | mccain | dempty | reppty |
|---|---|---|---|
| mccain | 0 | | |
| dempty | 880.55721 | 0 | |
| reppty | 842.85883 | 1203.892 | 0 |

**Step 3.** **mdsmat** 指令以歐氏距離的相異矩陣做 MDS 分析

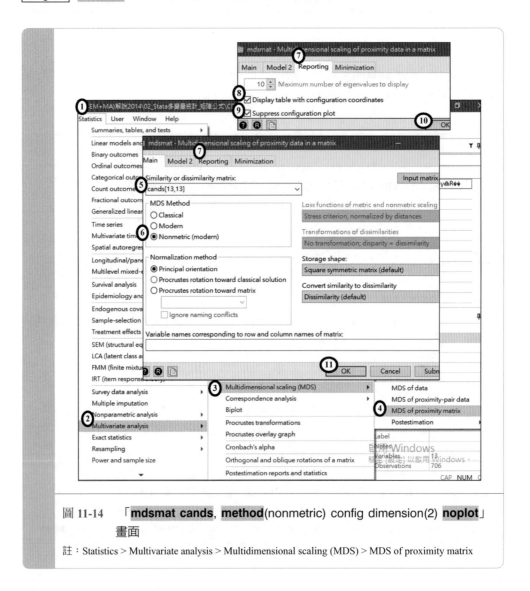

圖 11-14　「**mdsmat cands**, **method**(nonmetric) config dimension(2) **noplot**」
畫面

註：Statistics > Multivariate analysis > Multidimensional scaling (MDS) > MDS of proximity matrix

```
* 因為數據已經在一個矩陣中，故使用 mdsmatcommand，來執行 MDS
. set more off
* 矩陣中鄰近數據的 MDS 分析
. mdsmat cands, method(nonmetric) config dimension(2) noplot

Modern multidimensional scaling
    dissimilarity matrix: cands


    Loss Criteria: stress = raw_stress/norm(distances)
    Transformation: monotonic (nonmetric)


                                        Number of obs    =        13
                                        Dimensions       =         2
    Normalization: principal            Loss Criteria    =    0.0162


Configuration in 2-dimensional Euclidean space (principal normalization)
```
*13 位總統候選人之二維座標點
```
    Category |      dim1           dim2
    ---------+------------------------------
       bush |    955.9267        54.9678
      kerry |   -764.6982        87.7669
      nader |    -85.5272       643.6234
     cheney |    786.2431       240.8123
    edwards |   -655.5324       110.7786
      lbush |    583.9387      -368.0770
    hclinton |   -972.9143        13.7423
    bclinton |   -920.1309      -225.4867
     powell |    390.4465      -454.9836
    ashcroft |    523.9030       189.1600
     mccain |     61.7887      -246.3801
     dempty |   -589.9440       -77.5764
     reppty |    686.5003        31.6525

    --------------------------------------
```

* 在 MDS 解中，求得：不相似值與縮放距離之間的相關性
```
. estat correlations
```

```
Correlations of disparities and Euclidean distances

  Category |   N   Pearson   Spearman
-----------+-----------------------------
      bush |   12   0.9998    0.9965
     kerry |   12   0.9997    0.9912
     nader |   12   0.9982    0.9699
    cheney |   12   0.9996    0.9912
   edwards |   12   0.9994    0.9860
     lbush |   12   0.9997    0.9860
   hclinton|   12   0.9993    0.9877
   bclinton|   12   0.9998    0.9983
    powell |   12   0.9993    1.0000
  ashcroft |   12   0.9988    0.9895
    mccain |   12   0.9958    0.9859
    dempty |   12   0.9993    0.9965
    reppty |   12   0.9995    0.9912
-----------+-----------------------------
     Total |  156   0.9994    0.9975
```

Step 4. **mdsconfig** 指令繪製 MDS 座標點

```
* 使用 mdsconfig 事後指令，繪製 MDS 座標點

. mdsconfig, name(mdsconf04, replace) scheme(s1color) msymbol(oh) mcolor(black)
  xaxis(1 2) yaxis(1 2) ylabel(, axis(1) nogrid) ylabel(, axis(2) nolabel) xlabel(,
  axis(2) nolabel) xsize(4) xtitle("", axis(2)) ytitle("", axis(2))
```

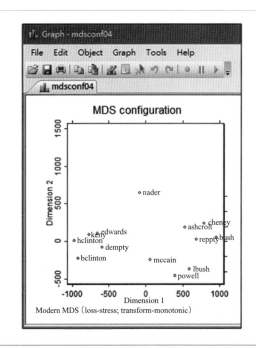

圖 11- 15 **mdsconfig** 指令繪製 MDS 座標點

註：Statistics > Multivariate analysis > Multidimensional scaling (MDS) > Postestimation > Approximating configuration plot

---

**Step 5.** **mdsshepard** 指令繪 Shepard 圖：座標點愈趨近 45°，適配度愈佳

**Kruskal 的 two way nonmetric MDS 算法**：求得的相異性矩陣

**Step1**：選擇空間圖的構面數 r。

**Step2**：選擇起始空間分布圖。用 metric MDS 所獲得的解，可以作為一個很好的起始分布。若能嘗試使用多個起始分布，可避免最終圖形分布陷入局部最佳解 (local optimum)。

**Step3**：計算空間圖上的點，兩兩間的距離。

$$d_{ij} = \sqrt{(x_{i1} - x_{j1})^2 + (x_{i2} - x_{j2})^2 + ... + (x_{ir} - x_{jr})^2}$$

**Step4**：評估距離 $d_{ij}$ 與不相似性 $\delta_{ij}$ 之間的一致性。利用最小平方單調迴歸法 (least squares monotone regression) 將 $\delta_{ij}$ 轉換為 $\hat{d}_{ij}$，再利用下列公式計算當前解的壓力係數。「圖 11-16 mdsshepard 指令繪 Shepard 圖」，旨在評估 $d_{ij}$ 與

$\delta_{ij}$ 之間的一致性。

Krustal(1964) 為前述的一致性找到衡量的指標「Stress」值，當此值愈小時，空間圖點的兩兩間距離的排序與原始不相似性資料的排序愈一致，即愈適配 (fit)：

$$Stress = \sqrt{\dfrac{\sum_i\sum_j (d_{ij} - \hat{d}_{ij})^2}{\sum\sum d_{ij}^2}}$$

**Step5**：使用數值最適法 ( 例如：gradient search method) 搜尋空間圖各點的移動方向，使減低壓力係數；回 Step3。若所有點都無法移動以得到更好的壓力係數時，表示已經收斂，此時可回 Step1，選擇另一個 r 或終止此程序。

```
* 繪 Shepard 圖來表示視覺化適配度 (goodness-of-fit)
. mdsshepard, name(shep04, replace) scheme(s1color) msymbol(oh) mcolor(black) xax-
is (1 2) yaxis (1 2) ylabel(, axis(1) nogrid) ylabel(, axis(2) nolabel) xlabel(,
axis(2) nolabel) xsize(4) xtitle("", axis(2)) ytitle("", axis(2))

* 上列是可執行指令。為了易讀，才重排成下列指令
. mdsshepard
 name(shep04, replace)
 scheme(s1color)
 msymbol(oh)
 mcolor(black)
 xaxis (1 2)
 yaxis (1 2)
 ylabel(, axis(1) nogrid)
 ylabel(, axis(2) nolabel)
 xlabel(, axis(2) nolabel)
 xsize(4)
 xtitle("", axis(2))
 ytitle("", axis(2))
```

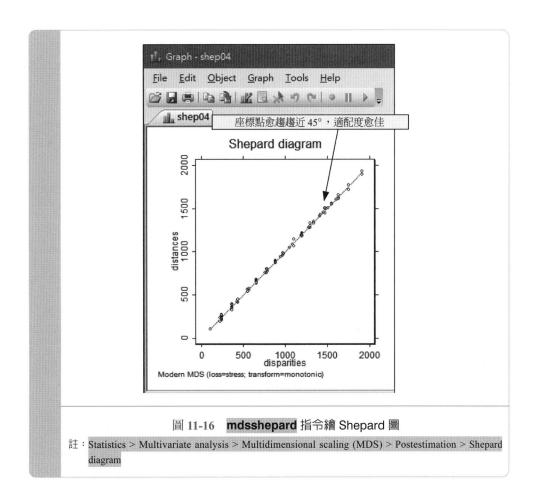

圖 11-16 **mdsshepard** 指令繪 Shepard 圖

註：Statistics > Multivariate analysis > Multidimensional scaling (MDS) > Postestimation > Shepard diagram

## 11-2-2b 多維標度法後續之迴歸分析：2004 年美國總統候選人 (**infile**、**regress**、**graph twoway** 指令)

範例：將外部準則 (**external criteria**) 與之前「2004 年總統候選人 MDS 分析」獲得的 MDS 配置 (**configuration**) 聯繫起來 (**infile**、**regress**、**graph twoway** 指令)

Step 1. 讀入之前 MDS 分析之指令批次檔「MDS5_ 縮維解決方案 .do」

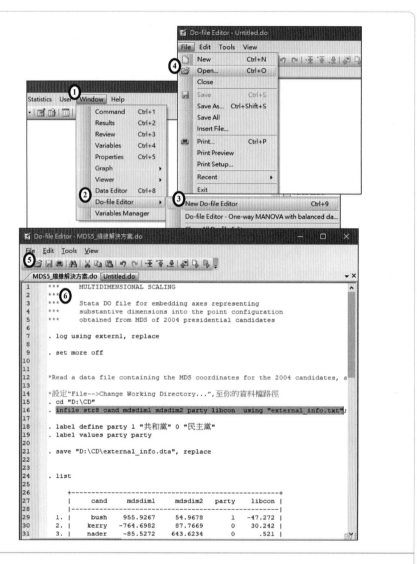

圖 11-17 「MDS5_縮維解決方案.do」 指令批次檔之內容

**Step 2.** 讀入之前 MDS 分析之結果檔

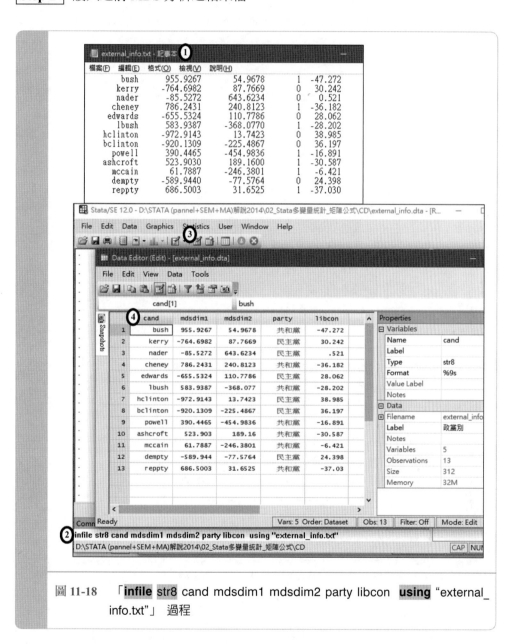

圖 11-18    「**infile** str8 cand mdsdim1 mdsdim2 party libcon **using** "external_
info.txt"」 過程

```
*Read a data file containing the MDS coordinates for the 2004 candidates, along
with additional variables measuring partisanship and lib-con ideology

* 設定 "File-->Change Working Directory..."，至你的資料檔路徑
. cd "D:\CD"
. infile str8 cand mdsdim1 mdsdim2 party libcon using "external_info.txt"

. label variable libcon " 自由 lib- 保守 con 之意識形態 "
. label variable cand " 美國總統候選人 "

. label define party 1 " 共和黨 " 0 " 民主黨 "
. label values party party

* 存至" external_info.dta" 資料檔
. save "D:\CD\external_info.dta", replace

. list
```

```
     +----------------------------------------------------+
     |     cand    mdsdim1    mdsdim2    party    libcon |
     |----------------------------------------------------|
  1. |     bush    955.9267    54.9678        1   -47.272 |
  2. |    kerry   -764.6982    87.7669        0    30.242 |
  3. |    nader    -85.5272   643.6234        0      .521 |
  4. |   cheney    786.2431   240.8123        1   -36.182 |
  5. |  edwards   -655.5324   110.7786        0    28.062 |
     |----------------------------------------------------|
  6. |    lbush    583.9387   -368.077        1   -28.202 |
  7. |  hclinton  -972.9143    13.7423        0    38.985 |
  8. |  bclinton  -920.1309  -225.4867        0    36.197 |
  9. |   powell    390.4465  -454.9836        1   -16.891 |
 10. |  ashcroft    523.903    189.16         1   -30.587 |
     |----------------------------------------------------|
 11. |   mccain     61.7887  -246.3801        1    -6.421 |
 12. |   dempty   -589.944    -77.5764        0    24.398 |
 13. |   reppty    686.5003    31.6525        1    -37.03 |
     +----------------------------------------------------+
```

Step 3. MDS 分析後續之迴歸分析

```
* 以 lib-con 變數在 MDS 點座標上做迴歸分析，以檢定候選人的空間位置是否與他們的意識形態
(ideological) 位置一致。
. regress libcon mdsdim1 mdsdim2

      Source |       SS       df       MS              Number of obs =      13
-------------+------------------------------           F( 2,   10) = 1110.55
       Model |  11896.3889     2   5948.19445           Prob > F      = 0.0000
    Residual |  53.5607072    10   5.35607072           R-squared     = 0.9955
-------------+------------------------------           Adj R-squared = 0.9946
       Total |  11949.9496    12   995.829134           Root MSE      = 2.3143


      libcon |     Coef.   Std. Err.      t    P>|t|     [95% Conf. Interval]
-------------+----------------------------------------------------------------
     mdsdim1 |  -.0447517   .0009497   -47.12   0.000    -.0468679   -.0426356
     mdsdim2 |  -.0020584   .0023233    -0.89   0.396    -.0072351    .0031183
       _cons |  -3.398461   .6418765    -5.29   0.000    -4.828651   -1.968271
------------------------------------------------------------------------------
```

Step 4. 繪新 MDS configuration

```
* 繪 MDS configuration
*Take the ratio of the regression coefficients and use it as the slope coefficient
for a new variable, representing the ideology axis, relative to the horizontal MDS
axis.
* 迴歸係數的相對比值，當新座標軸
. generate newaxis = (-0.0020 / -0.04475) * mdsdim1

* Plot the MDS configuration, with the ideology axis included among the candidate
  points. Perpendicular projections from the points onto the new axis correspond to
  perceived candidate ideological positions.

* 繪 line 圖與 scatter 圖的重疊
```

```
. graph twoway (line newaxis mdsdim1) (scatter mdsdim2 mdsdim1, name(mdsconf04,
replace) scheme(s1color)msymbol(oh)  mcolor(black) mlabel(cand) xaxis (1 2)
yaxis (1 2) ylabel(, axis(1) nogrid) ylabel(, axis(1) nolabel) ylabel(, axis(2)
nolabel) xlabel(, axis(1) nolabel) xlabel(, axis(2) nolabel) aspectratio(1)
xscale(range(-1100 1100)) yscale(range(-1100 1100)) xtitle("", axis(1)) xtitle("",
axis(2)) ytitle("", axis(2)) legend(off))
```

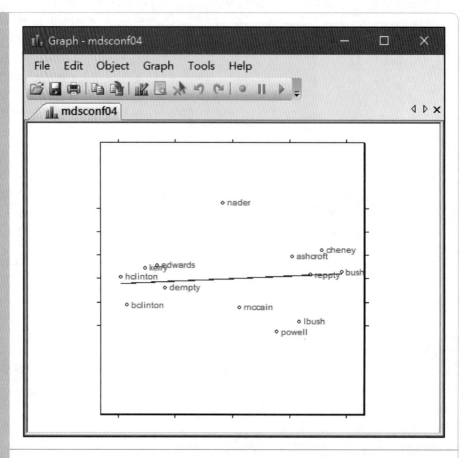

圖 11-19　「**graph twoway** (**line** newaxis mdsdim1) (**scatter** mdsdim2 mdsdim1,
　　　　　 name(mdsconf04, replace)」 所繪 MDS 圖

註：Graphics > Twoway graph (scatter, line, etc.)

### 11-2-3 練習題：古典多維標度法：美國 10 城市社會經濟特徵 (matrix define、mdsmat、mdsconfig、mdsshepard 指令 )

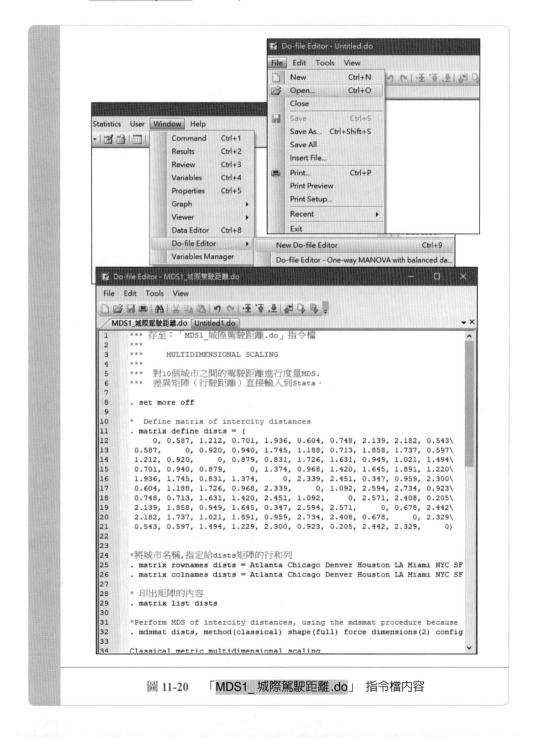

圖 11-20　「MDS1_ 城際駕駛距離 .do」 指令檔內容

```
*** 存至:「MDS1_城際駕駛距離.do」指令檔
***
***       MULTIDIMENSIONAL SCALING
***
***    對10個城市之間的駕駛距離進行度量MDS
***    差異矩陣（行駛距離）直接輸入到STaTa

. set more off


*   Define matrix of intercity distances
. matrix define dists = (
     0, 0.587, 1.212, 0.701, 1.936, 0.604, 0.748, 2.139, 2.182, 0.543\
 0.587,     0, 0.920, 0.940, 1.745, 1.188, 0.713, 1.858, 1.737, 0.597\
 1.212, 0.920,     0, 0.879, 0.831, 1.726, 1.631, 0.949, 1.021, 1.494\
 0.701, 0.940, 0.879,     0, 1.374, 0.968, 1.420, 1.645, 1.891, 1.220\
 1.936, 1.745, 0.831, 1.374,     0, 2.339, 2.451, 0.347, 0.959, 2.300\
 0.604, 1.188, 1.726, 0.968, 2.339,     0, 1.092, 2.594, 2.734, 0.923\
 0.748, 0.713, 1.631, 1.420, 2.451, 1.092,     0, 2.571, 2.408, 0.205\
 2.139, 1.858, 0.949, 1.645, 0.347, 2.594, 2.571,     0, 0.678, 2.442\
 2.182, 1.737, 1.021, 1.891, 0.959, 2.734, 2.408, 0.678,     0, 2.329\
 0.543, 0.597, 1.494, 1.229, 2.300, 0.923, 0.205, 2.442, 2.329,     0)



* 將城市名稱指定給dists矩陣的行和列
. matrix rownames dists = Atlanta Chicago Denver Houston LA Miami NYC SF Seattle DC
. matrix colnames dists = Atlanta Chicago Denver Houston LA Miami NYC SF Seattle DC

* 印出矩陣的內容
. matrix list dists

*Perform MDS of intercity distances, using the mdsmat procedure because the data
are already in matrix form. Also, save the plotted MDS configuration in memory.
. mdsmat dists, method(classical) shape(full) force dimensions(2) config

Classical metric multidimensional scaling
    dissimilarity matrix: dists
```

|  |  | | Number of obs | = | 10 |
| Eigenvalues > 0 | = | 5 | Mardia fit measure 1 = | | 0.9951 |
| Retained dimensions | = | 2 | Mardia fit measure 2 = | | 1.0000 |

| Dimension | Eigenvalue | abs(eigenvalue) Percent | Cumul. | (eigenvalue)^2 Percent | Cumul. |
|---|---|---|---|---|---|
| 1 | 9.581963 | 84.61 | 84.61 | 96.99 | 96.99 |
| 2 | 1.6880766 | 14.91 | 99.51 | 3.01 | 100.00 |
| 3 | .00816701 | 0.07 | 99.58 | 0.00 | 100.00 |
| 4 | .00321825 | 0.03 | 99.61 | 0.00 | 100.00 |
| 5 | .00051025 | 0.00 | 99.62 | 0.00 | 100.00 |

Configuration in 2-dimensional Euclidean space (principal normalization)

| Category | dim1 | dim2 |
|---|---|---|
| Atlanta | 0.7188 | 0.1432 |
| Chicago | 0.3821 | -0.3406 |
| Denver | -0.4815 | -0.0253 |
| Houston | 0.1609 | 0.5738 |
| LA | -1.2037 | 0.3898 |
| Miami | 1.1336 | 0.5820 |
| NYC | 1.0723 | -0.5185 |
| SF | -1.4206 | 0.1123 |
| Seattle | -1.3416 | -0.5797 |
| DC | 0.9796 | -0.3369 |

* 顯示儲存在 memory 中的圖形
. graph display, name(basicmds)

* mdsmat 指令只能產生基本圖,要產生更好圖,請使用 mdsconfig 事後命令。

```
. mdsconfig, name(distconfig) ynegate scheme(s1color) msymbol(oh) mcolor(black)
xaxis(1 2) yaxis(1 2) ylabel(, axis(1) nogrid) ylabel(, axis(2) nolabel) xlabel(,
axis(2) nolabel) xsize(4)  xtitle("", axis(2)) ytitle("", axis(2))
```

* 事後指令 mdsshepard 圖：視覺判定 MDS 適配度，愈靠近 45°線者愈佳
```
. mdsshepard, name(shepdists) scheme(s1color) msymbol(oh) mcolor(black) xaxis(1 2)
yaxis(1 2) ylabel(, axis(1) nogrid) ylabel(, axis(2) nolabel) xsize(4) xtitle("",
axis(2)) ytitle("", axis(2))
```

# 對應分析
# (correspondence analysis)

對應分析 (multiple correspondence analysis, MCA) 早在二戰前就出現在歐洲，但其潛力目前尚未受到社會科學的重視。2000 年左右進入美國後，已經應用在語言學的研究中，成為該學門中重要研究方法（Glynn, et al., 2014; Glynn, & Robinson, 2014）。商管學院也已在使用，但並未在國內形成風氣。

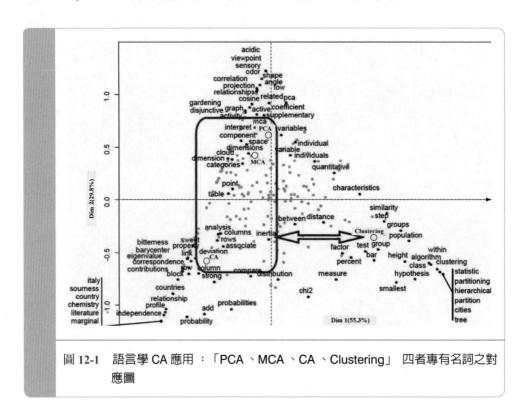

圖 12-1　語言學 CA 應用 ：「PCA 、MCA 、CA 、Clustering」 四者專有名詞之對應圖

# 12-1 對應分析 (multiple correspondence analysis) 之概念

多變量分析 (MVA) 是基於線性代數的統計學原理，它涉及一次觀察和分析多個統計結果變數。多變量分析之目標有 4 類，如圖 1-1。

對應分析 (correspondence analysis, CA) 是將高維度資料簡化為低維度資料的統計技術。例如：教科書主題之研究，藉由對應分析產出的空間圖，可讓教科書研究者立即掌握內容分析類目表中的不同類別變數之相似性及區隔性，且研究者

可根據其對研究主題的熟悉度,來得到合理的研究資料詮釋及解釋。

對應分析旨在處理 2 個或多個不連續的變數或類別之間的關係。對應分析的特點有:

1. 對應分析以列聯表為基礎,將資料的特性呈現於空間分布的圖示中,CA 接近幾何學的概念甚過於統計的概念 (Greenacre, 1993)。透過各個類別或變數在空間的分布距離探討類別間或變數間的關係,將複雜的資料結構視覺化 (Clausen, 1998)。

2. 對應分析是探索性的資料分析方法,主旨不在於檢證資料是否適配研究者設定的理論模型,而是呈現資料本身的結構 (Greenacre, 1993)。將 CA 從理論層次應用到社會科學界的是 Benzécre 特別強調歸納法的資料分析,而不是一般統計方法較常使用的演繹法 (Clausen, 1998)。此外,如 Bourdieu 所說,對應分析是一種對眾多關係的「思考」方法,不同於一般的統計模式蘊含著某種社會或行動的因果哲學 (Tarnai & Wuggenig, 1998)。對於社會學而言,對應分析以低度抽象以及圖解的方式提供社會學者探討和思索社會位置、價值取向以及行為模式之間可能關係的有效方法 ( 陳家倫,2001)。

對應分析的基本原理與因素分析相關的主成分分析 (principal component analysis) 相符合 (Clausen,1998)。其次,對應分析強調空間分布圖顯示資料結構的特徵,和 MDS(multi-dimensional scaling) 有許多相似之處 ( 陳家倫,2001)。

在非對稱圖 (asymmetric map) 中,頂點 (vertex or vertices points) 代表想像的模列的極端奇異值,限定奇異值點之位置的範圍,最分散的點就在於 vertices points 上。因此,在非對稱圖中所有的點都落在頂點之內。某個代表列的奇異值的點愈接近頂點 ( 代表行的類別 ),表示對應的列和行的相關性愈高。在非對稱圖中,頂點和列的奇異值都同樣重要,列的奇異值可以直接參考頂點作為解釋。此外,不論是對列的分析或是對行的分析所得到的對應分析表,彼此有很高的相似性,也就是兩者相關非常高 (Greenacre,1994)。

## 一、什麼是對應分析 (correspondence analysis)

對應分析又稱為相應分析,也稱 R-Q 分析,是因素分子基礎發展起來的一種多元統計分析方法。它主要通過分析定性變數構成的列聯表來揭示變數之間的關係。在因素分析中人們通常只是分析原始變數的因素結構,找出決定原始變數

的公共因素，從而使問題的分析簡化和清晰。這種研究對象是變數的因素分析稱為 R 型因素分析。但是對於有些問題來說，我們還需要研究樣品的結構，若對於樣品進行因素分析，稱為 Q 型因素分析。當我們對同一觀測數據施加 R 和 Q 型因素分析，並分別保留 2 個公共因素，則是對應分析的初步。

運用這種研究技術，可以獲取有關消費者對產品品牌定位方面的圖形，從而可即時調整營銷策略，以便使產品品牌在消費者心中樹立正確形象。

這種研究技術還可以用於檢驗廣告或市場推廣活動的效果，可以通過對比廣告播出前或市場推廣活動前與廣告播出後或市場推廣活動後消費者對產品的不同認知圖，來看出廣告或市場推廣活動是否成功的向消費者傳達了需要傳達的訊息。

## 二、對應分析的基本思想

對應分析的基本思想是將一個聯列表的行和列中各元素的比例結構，以點的形式在較低維的空間中表示出來。

## 三、對應分析方法的優缺點

1. 定性變數劃分的類別愈多，這種方法的優越性愈明顯。
2. 揭示行變數類間與列變數類間的聯繫。
3. 將類別的聯繫直觀地表現在圖形中。
4. 不能用於相關關係的假設檢驗。
5. 維數由研究者自定。
6. 受極端值 (outlier) 的影響。

## 四、對應分析主要應用

主要應用在市場細分、產品定位、地質研究以及電腦工程等領域中，原因在於它是一種視覺化的數據分析方法，能夠將幾組看不出任何聯繫的數據，通過視覺上可以接受的定點陣圖展現出來。

## 五、對應分析的特點

它最大特點是能把眾多的樣品和眾多的變數同時作到同一張圖解上，將樣品的大類及其屬性在圖上直觀而又明瞭地表示出來，具有直觀性。另外，它還省去了因素選擇和因素軸旋轉等複雜的數學運算及中間過程，可以從因素載荷圖上對

樣品進行直觀的分類，而且能夠指示分類的主要參數(主因素)以及分類的依據，是一種直觀、簡單、方便的多元統計方法。

## 六、對應分析法處理過程

對應分析法整個處理過程由兩部分組成：表格和關聯圖。對應分析法中的表格是一個二維的表格，由行和列組成。每一行代表事物的一個屬性，依次排開。列則代表不同的事物本身，它由樣本集合構成，排列順序並沒有特別的要求。在關聯圖上，各個樣本都濃縮為一個點集合，而樣本的屬性變數在圖上同樣也是以點集合的形式顯示出來。

# 12-2 簡單的對應分析 (discriminant correspondence analysis) (ca、camat 指令)

## 12-2-1 對應分析：「性別與學歷」對科學信仰之對應 (ca 指令)

範例 1：對應分析：「性別與學歷」對科學信仰之對應 (ca 指令)

本例想瞭解，「性別 sex 與學歷 edu」對變數 A 的影響，變數 A 是「我們經常相信科學，而且在感情或信仰方面還不夠」，變數 A 採 Likert 五點反向計分方式 (1 非常同意、5 非常不同意)。sex 是二分類別變數，學歷 edu 共分 6 個等級。

## 一、資料檔之內容

資料檔「issp93.dta」，如圖 12-2 所示，共有 871 名受試者。

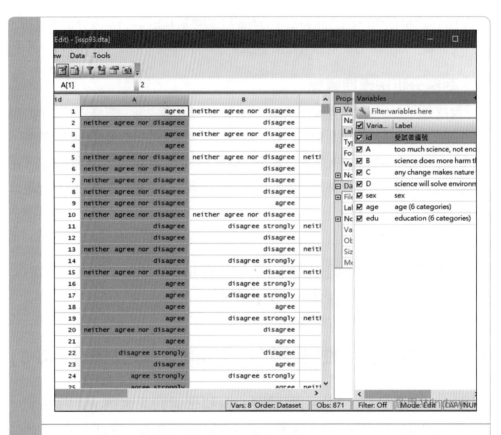

圖 12-2 「issp93.dta」資料檔內容 (N=871 個人)

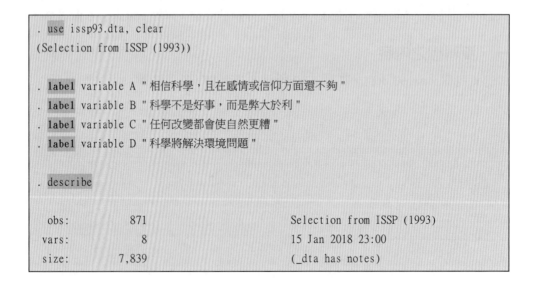

```
------------------------------------------------------------------------
              storage  display     value
variable name  type    format      label      variable label
------------------------------------------------------------------------
id             int      %9.0g                  受試者編號
A              byte     %26.0g      agree5     相信科學，且在感情或信仰方面還不夠
B              byte     %26.0g      agree5     科學不是好事，而是弊大於利
C              byte     %26.0g      agree5     任何改變都會使自然更糟
D              byte     %26.0g      agree5     科學將解決環境問題
sex            byte     %9.0g       sex        sex
age            byte     %9.0g       age        age (6 categories)
edu            byte     %20.0g      edu        education (6 categories)
------------------------------------------------------------------------
```

## 二、分析結果與討論

Step 1. 2 個類別變數的 CA 分析

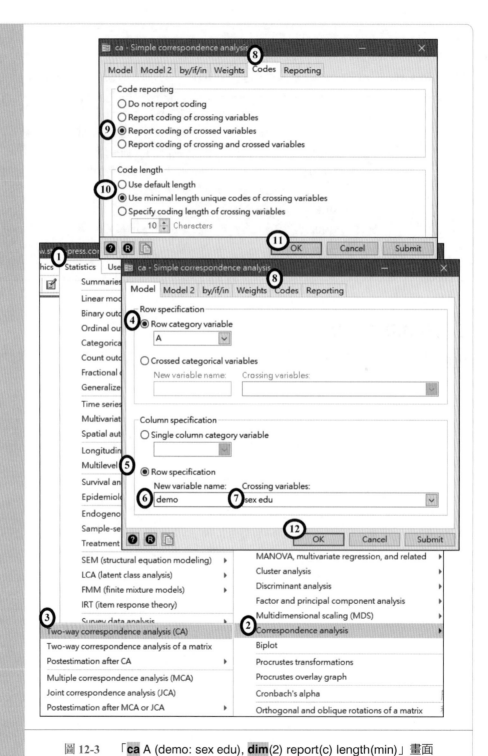

圖 12-3 「**ca** A (demo: sex edu), **dim**(2) report(c) length(min)」畫面

註：Statistics > Multivariate analysis > Correspondence analysis > Two way correspondence analysis (CA)

```
* Example with ca with crossed variables

* You want to analyze how gender and education affect response to the statement
  "We believe too often in science, and not enough in feelings or faith," coded in
  variable A, which has five categories, with 1 indicating strong agreement and 5
  indicating strong disagreement. Variable sex contains information on gender (two
  categories), and variable edu contains information on education (six categories).
  We think of the variables sex and edu as a demographic classification with 2x6=12
  categories. ca performs a CA of the 5x12 frequency table:

. webuse issp93.dta, clear
(Selection from ISSP (1993))
. label language short
. ca A (demo : sex edu), dim(2) report(c) length(min)

(codes of edu not of same length)

Coding of (demo: sex; edu)

   +----------------------------+
   | value   code   description |
   |----------------------------|
   |    1    m/-p    male; -p    |
   |    2    m/p     male; p     |
   |    3    m/-s    male; -s    |
   |    4    m/s     male; s     |
   |    5    m/-t    male; -t    |
   |    6    m/t     male; t     |
   |    7    f/-p    female; -p  |
   |    8    f/p     female; p   |
   |    9    f/-s    female; -s  |
   |   10    f/s     female; s   |
   |   11    f/-t    female; -t  |
   |   12    f/t     female; t   |
   +----------------------------+

Correspondence analysis                    Number of obs    =      871
```

```
                                          Pearson chi2(44)    =     72.52
                                          Prob > chi2         =    0.0043
                                          Total inertia       =    0.0833
    5 active rows                         Number of dim.      =        2
   12 active columns                      Expl. inertia (%)   =    80.17
```

| Dimension | singular value | principal inertia | chi2 | percent | cumul percent |
|---|---|---|---|---|---|
| dim 1 | .2108455 | .0444558 | 38.72 | 53.39 | 53.39 |
| dim 2 | .14932 | .0222965 | 19.42 | 26.78 | 80.17 |
| dim 3 | .1009876 | .0101985 | 8.88 | 12.25 | 92.42 |
| dim 4 | .0794696 | .0063154 | 5.50 | 7.58 | 100.00 |
| total | | .0832662 | 72.52 | 100 | |

Statistics for row and column categories in symmetric normalization

| Categories | overall mass | quality | %inert | dimension_1 coord | sqcorr | contrib |
|---|---|---|---|---|---|---|
| **A** | | | | | | |
| A++ | 0.137 | 0.690 | 0.161 | 0.483 | 0.502 | 0.151 |
| A+ | 0.370 | 0.791 | 0.146 | 0.339 | 0.738 | 0.201 |
| A | 0.234 | 0.872 | 0.200 | -0.296 | 0.259 | 0.097 |
| A- | 0.204 | 0.248 | 0.115 | -0.223 | 0.223 | 0.048 |
| A-- | 0.055 | 0.984 | 0.378 | -1.386 | 0.709 | 0.502 |
| **demo** | | | | | | |
| m/-p | 0.017 | 0.279 | 0.047 | 0.541 | 0.273 | 0.024 |
| m/p | 0.202 | 0.881 | 0.035 | 0.093 | 0.128 | 0.008 |
| m/-s | 0.134 | 0.980 | 0.185 | -0.330 | 0.199 | 0.069 |
| m/s | 0.053 | 0.937 | 0.238 | -1.156 | 0.750 | 0.335 |
| m/-t | 0.038 | 0.396 | 0.062 | -0.375 | 0.217 | 0.025 |
| m/t | 0.046 | 0.755 | 0.156 | -1.005 | 0.751 | 0.220 |
| f/-p | 0.026 | 0.222 | 0.042 | 0.312 | 0.155 | 0.012 |
| f/p | 0.232 | 0.954 | 0.163 | 0.491 | 0.869 | 0.265 |

| | | | | | | |
|---|---|---|---|---|---|---|
| f/-s | 0.144 | 0.937 | 0.025 | 0.207 | 0.633 | 0.029 |
| f/s | 0.055 | 0.663 | 0.025 | -0.205 | 0.233 | 0.011 |
| f/-t | 0.018 | 0.223 | 0.005 | -0.049 | 0.024 | 0.000 |
| f/t | 0.034 | 0.298 | 0.017 | -0.059 | 0.018 | 0.001 |

----------------------------------------------------------------

| | dimension_2 | | |
|---|---|---|---|
| Categories | coord | sqcorr | contrib |

-------------+-------------------------------

| A | | | |
|---|---|---|---|
| A++ | 0.352 | 0.189 | 0.113 |
| A+ | 0.108 | 0.054 | 0.029 |
| A | -0.541 | 0.613 | 0.459 |
| A- | -0.088 | 0.025 | 0.011 |
| A-- | 1.025 | 0.275 | 0.388 |

-------------+-------------------------------

| demo | | | |
|---|---|---|---|
| m/-p | -0.096 | 0.006 | 0.001 |
| m/p | -0.268 | 0.753 | 0.097 |
| m/-s | -0.775 | 0.780 | 0.540 |
| m/s | 0.685 | 0.186 | 0.166 |
| m/-t | 0.405 | 0.179 | 0.042 |
| m/t | 0.091 | 0.004 | 0.003 |
| f/-p | 0.245 | 0.067 | 0.011 |
| f/p | 0.182 | 0.085 | 0.052 |
| f/-s | 0.171 | 0.304 | 0.028 |
| f/s | 0.331 | 0.430 | 0.041 |
| f/-t | 0.170 | 0.199 | 0.004 |
| f/t | 0.277 | 0.280 | 0.018 |

----------------------------------------------

Step 2. 繪 2 個類別變數的 CA 對應圖

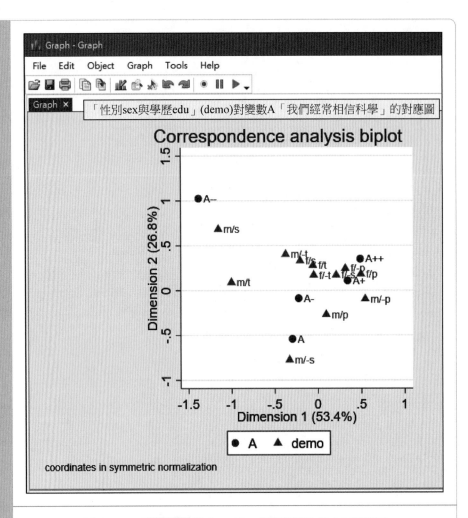

圖 12-4 「cabiplot 指令」 繪 2 個類別變數的 CA 對應圖

註：Statistics > Multivariate analysis > Correspondence analysis > Postestimation after CA > Biplot of row and column points

## 12-2-2 對應分析 (correspondence analysis)：輸入矩陣—— 5 個國家與 11 個資源之對應 (camat 指令 )

範例 2 ：對應分析——5 個國家與 11 個資源之對應 (**camat** 指令 )

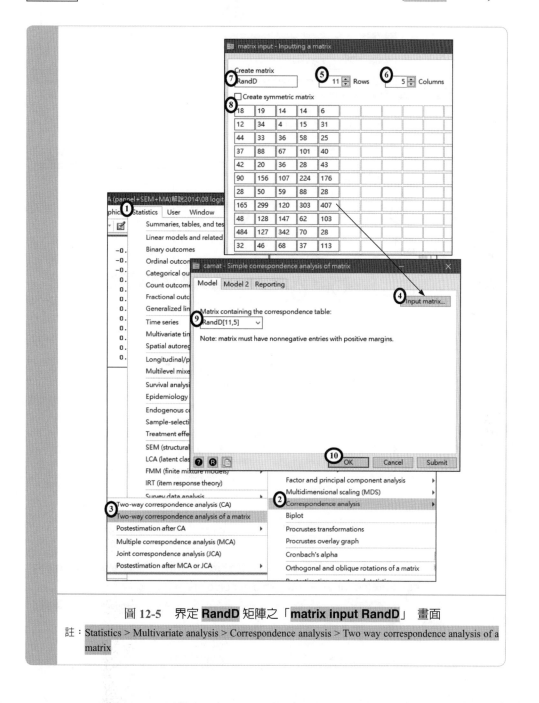

圖 12-5　界定 **RandD** 矩陣之「**matrix input RandD**」 畫面

註：Statistics > Multivariate analysis > Correspondence analysis > Two way correspondence analysis of a matrix

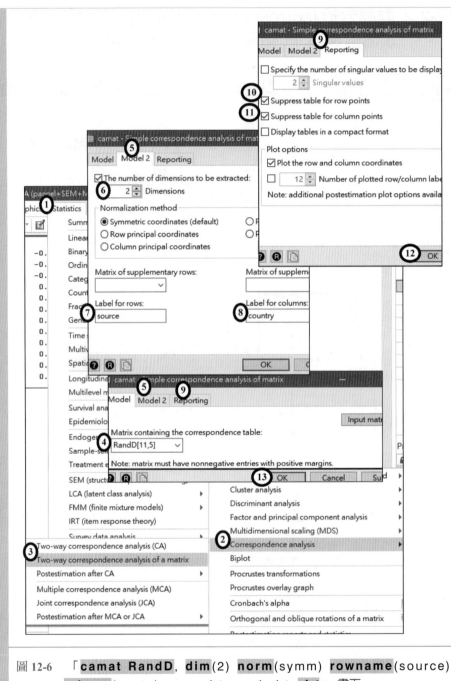

圖 12-6 「**camat RandD**, **dim**(2) **norm**(symm) **rowname**(source) **colname**(country) norowpoints nocolpoints **plot**」 畫面

註：Statistics > Multivariate analysis > Correspondence analysis > Two way correspondence analysis of a matrix

```
* camat 範例
. matrix input RandD = (18  19  14  14  6 \12  34  4  15  31 \44  33  36  58  25
  \37  88  67  101  40 \42  20  36  28  43 \90  156  107  224  176 \28  50  59  88  28
  \165  299  120  303  407 \48  128  147  62  103 \484  127  342  70  28 \32  46  68
  37  113)
* 註 : Data > Matrices, ado language > Input matrix by hand

* 印出 RandD 矩陣
. matrix list RandD

RandD[11,5]
        c1    c2    c3    c4    c5
  r1    18    19    14    14     6
  r2    12    34     4    15    31
  r3    44    33    36    58    25
  r4    37    88    67   101    40
  r5    42    20    36    28    43
  r6    90   156   107   224   176
  r7    28    50    59    88    28
  r8   165   299   120   303   407
  r9    48   128   147    62   103
 r10   484   127   342    70    28
 r11    32    46    68    37   113

* 界定 RandD 矩陣的直行命名 : 有 5 個國家 (country)
. matrix colnames RandD = Britain West_Germany France Italy Netherlands
* 界定 RandD 矩陣的橫列命名 : 有 11 個資源 (source)
. matrix rownames RandD = earth_exploration pollution human_health en-
ergy agriculture industry space university nonoriented defense other

* 繪二類別變數之對應圖,如下圖
. camat RandD, dim(2) norm(symm) rowname(source) colname(country)
  norowpoints nocolpoints plot
```

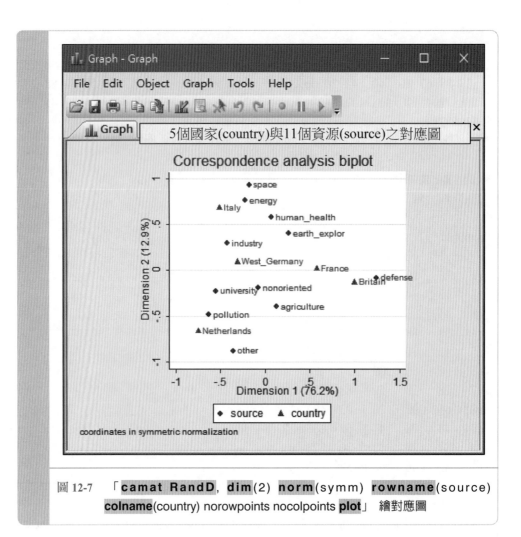

圖 12-7 「**camat RandD**, **dim**(2) **norm**(symm) **rowname**(source) **colname**(country) norowpoints nocolpoints **plot**」 繪對應圖

## 12-3 多重且聯合對應分析 (multiple and joint correspondence analysis)：科學四態度之對應圖 (mca 指令)

MCA(multiple and joint correspondence analysis) 是因素分析 (factor analysis, FA) 的一種，同樣是以觀察眾多測量題背後具內部一致性 (internal consistency)、縮小維度 (dimension deduction)、找出「潛在變數」(latent variable) 為目標的方法。

FA 以繪製陡坡圖 (scree plot) 當作是判定「留下哪幾個測量題」的最直接方法；MCA 也可以產生陡坡圖，但它的意義不盡相同，表示的是這些題目形成了多少個值得保留的維度。

### 範例：多重且聯合對應分析：科學四態度之對應圖 (ca、mca 指令)

本例想瞭解「性別 sex 與學歷 edu」對變數 A 的影響，變數 A 是「我們經常相信科學，且在感情或信仰方面還不夠」，變數 A 採 Likert 五點反向計分方式 (1 非常同意、5 非常不同意 )。sex 是二分類別變數，學歷 edu 共分 6 個等級。

## 一、資料檔之內容

資料檔「issp93.dta.dta」，如圖 12-2 所示，共有 871 個受試者。

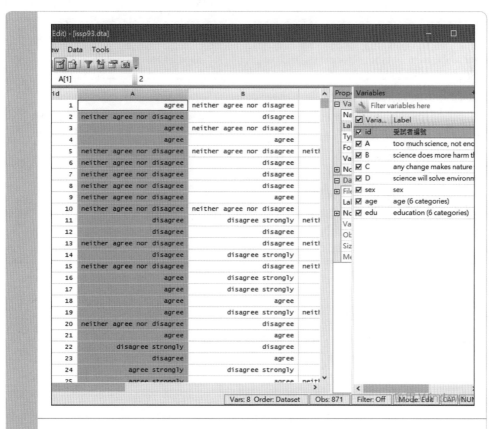

圖 12-8 「issp93.dta」 資料檔內容 (N=871 個人 )

```
. webuse issp93.dta, clear

(Selection from ISSP (1993))

. label variable A " 相信科學，且在感情或信仰方面還不夠 "
. label variable B " 科學不是好事，而是弊大於利 "
. label variable C " 任何改變都會使自然更糟 "
. label variable D " 科學將解決環境問題 "

. describe

 obs:            871                 Selection from ISSP (1993)
 vars:             8                 15 Jan 2018 23:00
 size:         7,839                 (_dta has notes)

--------------------------------------------------------------------------
                 storage   display    value
variable name     type     format     label    variable label
--------------------------------------------------------------------------
id                int      %9.0g               受試者編號
A                 byte     %26.0g     agree5   相信科學，且在感情或信仰方面還不夠
B                 byte     %26.0g     agree5   科學不是好事，而是弊大於利
C                 byte     %26.0g     agree5   任何改變都會使自然更糟
D                 byte     %26.0g     agree5   科學將解決環境問題
sex               byte     %9.0g      sex      sex
age               byte     %9.0g      age      age (6 categories)
edu               byte     %20.0g     edu      education (6 categories)
--------------------------------------------------------------------------
```

## 二、分析結果與討論

**Step 1.** MCA：科學「A、B」二態度之對應圖

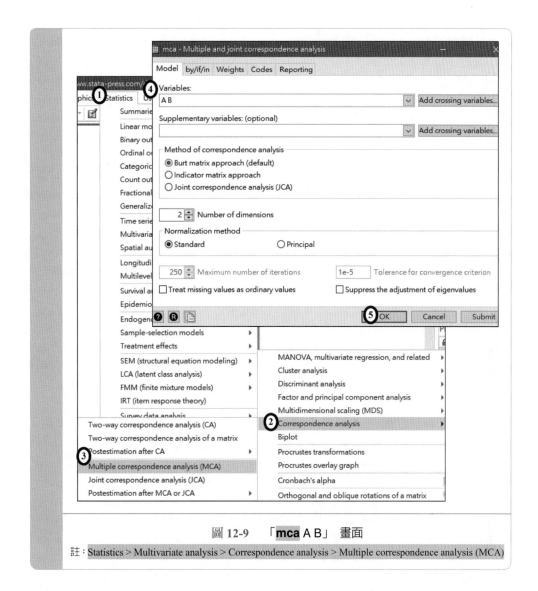

圖 12-9 「**mca** A B」 畫面

註：Statistics > Multivariate analysis > Correspondence analysis > Multiple correspondence analysis (MCA)

　　首先，我們用較簡單的2個變數「A、B」的MCA與CA進行2種方法的比較。MCA 內定分析是 CA 的 Burt 矩陣，它以主要慣性 (principal inertias) 來調整結果。雖然標準座標 (standard coordinates) 是相同的，但 MCA 若未經調整結果將給予 CA 不同的主要慣性。

```
* 先二個變數「A,B」的 MCA 分析：當對照組
. webuse issp93.dta, clear
. mca A B
```

| Multiple/Joint correspondence analysis | Number of obs | = | 871 |
|---|---|---|---|
| | Total inertia | = | .2377535 |
| Method: Burt/adjusted inertias | Number of axes | = | 2 |

| Dimension | principal inertia | percent | cumul percent |
|---|---|---|---|
| dim 1 | .1686131 | 70.92 | 70.92 |
| dim 2 | .0586785 | 24.68 | 95.60 |
| dim 3 | .010444 | 4.39 | 99.99 |
| dim 4 | .0000178 | 0.01 | 100.00 |
| Total | .2377535 | 100.00 | |

Statistics for column categories in standard normalization

| | | overall | | | dimension_1 | | |
|---|---|---|---|---|---|---|---|
| Categories | mass | quality | %inert | | coord | sqcorr | contrib |
| **A** | | | | | | | |
| agree stro~y | 0.068 | 1.000 | 0.100 | | 1.017 | 0.502 | 0.071 |
| agree | 0.185 | 0.997 | 0.042 | | 0.560 | 0.982 | 0.058 |
| neither ag~e | 0.117 | 0.930 | 0.062 | | 0.248 | 0.083 | 0.007 |
| disagree | 0.102 | 0.922 | 0.123 | | -1.239 | 0.907 | 0.157 |
| disagree s~y | 0.028 | 0.954 | 0.174 | | -2.741 | 0.845 | 0.207 |
| **B** | | | | | | | |
| agree stro~y | 0.041 | 0.982 | 0.146 | | 1.571 | 0.490 | 0.101 |
| agree | 0.100 | 0.962 | 0.034 | | 0.667 | 0.932 | 0.044 |
| neither ag~e | 0.118 | 0.840 | 0.043 | | 0.606 | 0.716 | 0.043 |
| disagree | 0.161 | 0.769 | 0.043 | | -0.293 | 0.228 | 0.014 |
| disagree s~y | 0.080 | 0.994 | 0.235 | | -1.926 | 0.900 | 0.298 |

```
               |     dimension_2
   Categories  |   coord   sqcorr  contrib
---------------+---------------------------
A              |
 agree stro~y  |   1.718    0.498    0.202
        agree  |   0.116    0.015    0.002
neither ag~e   |  -1.344    0.847    0.212
     disagree  |  -0.268    0.015    0.007
 disagree s~y  |   1.672    0.109    0.077
---------------+---------------------------
B              |
 agree stro~y  |   2.671    0.493    0.291
        agree  |  -0.201    0.029    0.004
neither ag~e   |  -0.427    0.124    0.022
     disagree  |  -0.764    0.541    0.094
 disagree s~y  |   1.055    0.094    0.089
---------------------------------------------
```

**Step 2.** 再 2 個類別變數「A、B」的 CA 分析：當實驗組

同理，使用 ca 指令搭配「norm(standard)」選項，求得結果與先前 mca 相同的標準化結果。

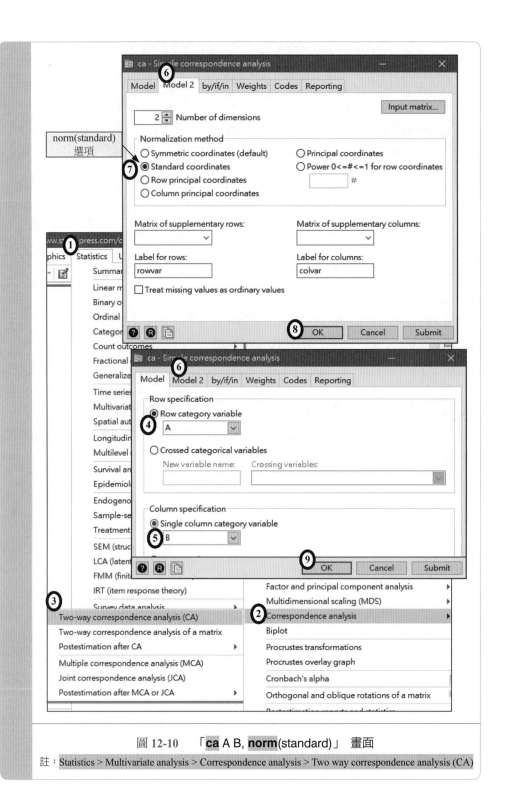

圖 12-10 「**ca** A B, **norm**(standard)」 畫面

註：Statistics > Multivariate analysis > Correspondence analysis > Two way correspondence analysis (CA)

```
. webuse issp93.dta, clear
. ca A B, norm(standard)


Correspondence analysis                    Number of obs      =       871
                                           Pearson chi2(16)   =    207.08
                                           Prob > chi2        =    0.0000
                                           Total inertia      =    0.2378
        5 active rows                      Number of dim.     =         2
        5 active columns                   Expl. inertia (%)  =     95.60


               |  singular   principal                              cumul
    Dimension  |   value      inertia         chi2    percent      percent
    -----------+----------------------------------------------------------
        dim 1  |  .4106252   .1686131        146.86    70.92        70.92
        dim 2  |  .2422364   .0586785         51.11    24.68        95.60
        dim 3  |  .1021961   .010444           9.10     4.39        99.99
        dim 4  |  .0042238   .0000178          0.02     0.01       100.00
    -----------+----------------------------------------------------------
        total  |             .2377535        207.08     100


Statistics for row and column categories in standard normalization


                |         overall         |        dimension_1
    Categories  |  mass   quality   %inert |  coord   sqcorr   contrib
    ------------+-------------------------+-------------------------------
     A          |                         |
    agree stro~y|  0.137   1.000    0.200  |  1.017    0.502    0.141
          agree |  0.370   0.997    0.084  |  0.560    0.982    0.116
    neither ag~e|  0.234   0.930    0.123  |  0.248    0.083    0.014
       disagree |  0.204   0.922    0.245  | -1.239    0.907    0.314
    disagree s~y|  0.055   0.954    0.348  | -2.741    0.845    0.414
    ------------+-------------------------+-------------------------------
     B          |                         |
    agree stro~y|  0.082   0.982    0.291  |  1.571    0.490    0.201
          agree |  0.200   0.962    0.068  |  0.667    0.932    0.089
    neither ag~e|  0.235   0.840    0.086  |  0.606    0.716    0.087
       disagree |  0.323   0.769    0.086  | -0.293    0.228    0.028
```

```
disagree s~y |   0.161     0.994     0.470 |   -1.926     0.900     0.596
------------------------------------------------------------------------

             |              dimension_2
  Categories |   coord    sqcorr   contrib
-------------+----------------------------------
 A           |
 agree stro~y |   1.718     0.498     0.403
       agree |   0.116     0.015     0.005
 neither ag~e | -1.344     0.847     0.423
    disagree | -0.268     0.015     0.015
 disagree s~y |   1.672     0.109     0.154
-------------+----------------------------------
 B           |
 agree stro~y |   2.671     0.493     0.582
       agree | -0.201     0.029     0.008
 neither ag~e | -0.427     0.124     0.043
    disagree | -0.764     0.541     0.188
 disagree s~y |   1.055     0.094     0.179
----------------------------------------------
```

1. ca 和 mca 輸出報表都先印出：主要慣性 (principal inertias)。ca 報表的主要慣性只是奇異值 (singular values) 的平方。由 ca 報表的 2 條訊息 ( 未出現 mca 報表 )，是表中的卡方值 ( chi-squared ) 和標題中解釋的慣性。卡方值被視為雙維 (two way) 表格的「橫列與直行 (row and column profiles)」的不相似性的度量。卡方距離對雙維 (two way) 表格是有意義的，但是當應用於指標矩陣或 Burt 矩陣的行和列時 (Greenacre, 2006)，則沒有多少意義。explained inertia 是報表頭中累積百分比列的值，與所選維數相對應；它只是不顯示在 mca 報表頭。

2. 第二個表中報告的座標 (coordinates) 是相同的。質量 (mass)、慣性 (inertia) 和貢獻 (contributions)，mca 大約是 ca 的一半。ca 的行和列中的加總和是主要慣性，但在 mca 中只有直行 (columns)，總和為主要慣性。

Step 3. 換科學態度之 4 個變數「A、B、C、D」的 MCA 分析

繼續使用「issp93.dta」資料檔。並使用 MCA 內定方法，即數據是 CA 的 Burt 矩陣，它是簡單的尺度調整。

```
. webuse issp93.dta, clear


. mca A-D, normalize(principal)

Multiple/Joint correspondence analysis      Number of obs    =      871
                                            Total inertia    = .1702455
      Method: Burt/adjusted inertias        Number of axes   =        2


                  |    principal            cumul
      Dimension   |    inertia    percent   percent
      ------------+---------------------------------
          dim 1   |   .0764553     44.91     44.91
          dim 2   |   .0582198     34.20     79.11
          dim 3   |    .009197      5.40     84.51
          dim 4   |   .0056697      3.33     87.84
          dim 5   |   .0011719      0.69     88.53
          dim 6   |   6.61e-06      0.00     88.53
      ------------+---------------------------------
          Total   |   .1702455    100.00


Statistics for column categories in principal normalization


                |        overall         |       dimension_1
      Categories |  mass  quality  %inert |  coord   sqcorr  contrib
      ------------+------------------------+--------------------------
      A           |                        |
      agree stro~y |  0.034   0.963   0.060 |  0.508   0.860   0.115
            agree |  0.092   0.659   0.023 |  0.151   0.546   0.028
      neither ag~e |  0.059   0.929   0.037 | -0.124   0.143   0.012
         disagree |  0.051   0.798   0.051 | -0.322   0.612   0.069
      disagree s~y |  0.014   0.799   0.067 | -0.552   0.369   0.055
      ------------+------------------------+--------------------------
      B           |                        |
      agree stro~y |  0.020   0.911   0.100 |  0.809   0.781   0.174
            agree |  0.050   0.631   0.027 |  0.177   0.346   0.021
      neither ag~e |  0.059   0.806   0.027 |  0.096   0.117   0.007
         disagree |  0.081   0.620   0.033 | -0.197   0.555   0.041
```

```
disagree s~y |   0.040    0.810    0.116 |  -0.374    0.285    0.074
-------------+----------------------------+----------------------------
C            |                            |
agree stro~y |   0.044    0.847    0.122 |   0.597    0.746    0.203
       agree |   0.091    0.545    0.024 |   0.068    0.101    0.006
neither ag~e |   0.057    0.691    0.045 |  -0.171    0.218    0.022
    disagree |   0.044    0.788    0.054 |  -0.373    0.674    0.080
disagree s~y |   0.015    0.852    0.071 |  -0.406    0.202    0.032
-------------+----------------------------+----------------------------
D            |                            |
agree stro~y |   0.017    0.782    0.039 |   0.333    0.285    0.025
       agree |   0.067    0.126    0.012 |  -0.061    0.126    0.003
neither ag~e |   0.058    0.688    0.044 |  -0.106    0.087    0.009
    disagree |   0.065    0.174    0.014 |  -0.061    0.103    0.003
disagree s~y |   0.043    0.869    0.034 |   0.196    0.288    0.022
-----------------------------------------------------------------------


             |          dimension_2
  Categories |   coord   sqcorr   contrib
-------------+----------------------------
A            |
agree stro~y |   0.176    0.103    0.018
       agree |  -0.069    0.113    0.007
neither ag~e |  -0.289    0.786    0.084
    disagree |   0.178    0.186    0.028
disagree s~y |   0.596    0.430    0.084
-------------+----------------------------
B            |
agree stro~y |   0.331    0.131    0.038
       agree |  -0.161    0.285    0.022
neither ag~e |  -0.233    0.690    0.055
    disagree |  -0.068    0.065    0.006
disagree s~y |   0.509    0.526    0.179
-------------+----------------------------
C            |
agree stro~y |   0.219    0.101    0.036
       agree |  -0.143    0.444    0.032
```

```
 neither ag~e |   -0.252     0.473     0.062
      disagree |    0.153     0.114     0.018
 disagree s~y |    0.728     0.650     0.136
-------------+--------------------------------
D            |
 agree stro~y |    0.440     0.497     0.057
        agree |   -0.002     0.000     0.000
 neither ag~e |   -0.280     0.601     0.078
      disagree |   -0.051     0.071     0.003
 disagree s~y |    0.278     0.581     0.057
--------------------------------------------
```

1. 我們選擇 principal normalization normalize(principal)，它通過主要慣量來縮放座標。具有 Burt 矩陣和調整的 MCA，前 2 個維度已解釋了總慣量的 79.1%。

2. 儘管印出所有的奇異值，但是 mca 輸出的表格中慣性的百分比並不等於 100%。爲什麼呢？因爲百分比是 Burt 方法的下限估計值，並且已進行了調整。

Step 4. 繪科學態度之 4 個變數「A、B、C、D」的二維對應圖

```
*We displayed the origin axes in the plot with option origin.
. mcaplot, overlay origin
```

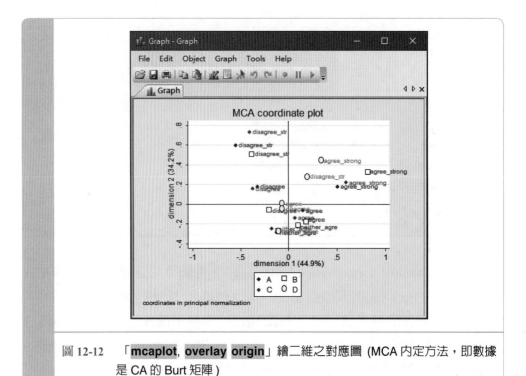

圖 12-12 「**mcaplot, overlay origin**」繪二維之對應圖 (MCA 內定方法，即數據是 CA 的 Burt 矩陣)

由上圖可看到清晰的圖案。問題 A 、B 和 C 的結果聚集在一起，而問題 D 形成了自己的模式。問題 D 與「A 、B 和 C」的表述方式不同，圖表顯示 D 與「A 、B 和 C」不相容。

**Step 5.** 繪科學態度之 4 個變數「A、B、C、D」的 MCA coordinate plot

可用下列指令，來產生與 Greenacre (2006, 70) 相同的對應圖。

```
*We displayed the origin axes in the plot with option origin.
. mcaplot, overlay xnegate origin ylabel(-1(.5)1.5)  xlabel(-1.5(.5)1)
```

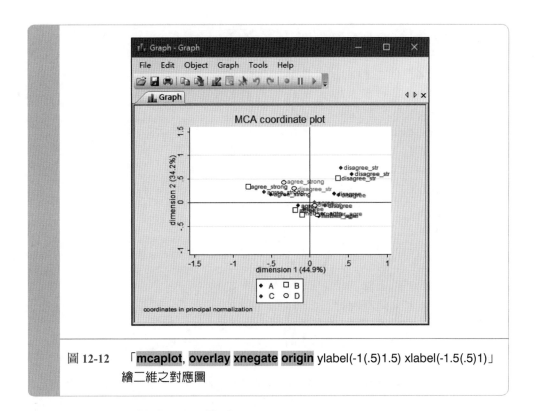

圖 12-12 「**mcaplot**, **overlay xnegate origin** ylabel(-1(.5)1.5) xlabel(-1.5(.5)1)」
繪二維之對應圖

**Step 6.** 科學態度之 4 個變數「A、B、C、D」指標矩陣的 CA(CA of the
indicator matrix) ( 對比 MCA 內定法，即數據是 CA 的 Burt 矩陣 )

本例再用「**method(indicator)**」來與先前 CA 結果做比較，並以這些數據的
指標矩陣上對執行等效分析。此次，前 2 個維度只解釋了總主要慣性的 22.2%。

```
. mca A-D, method(indicator)

Multiple/Joint correspondence analysis      Number of obs     =       871
                                            Total inertia     =         4
    Method: Indicator matrix                Number of axes    =         2

            |   principal              cumul
  Dimension |    inertia    percent    percent
------------+---------------------------------
      dim 1 |   .4573792     11.43      11.43
```

```
      dim 2 |   .4309658    10.77    22.21
      dim 3 |   .3219257     8.05    30.26
      dim 4 |   .3064732     7.66    37.92
      dim 5 |   .2756747     6.89    44.81
      dim 6 |    .251928     6.30    51.11
      dim 7 |   .2425591     6.06    57.17
      dim 8 |   .2349506     5.87    63.05
      dim 9 |    .225468     5.64    68.68
     dim 10 |   .2206291     5.52    74.20
     dim 11 |   .2098376     5.25    79.44
     dim 12 |   .1971485     4.93    84.37
     dim 13 |   .1778833     4.45    88.82
     dim 14 |   .1691119     4.23    93.05
     dim 15 |   .1528191     3.82    96.87
     dim 16 |   .1252462     3.13   100.00
------------+------------------------------------
      Total |         4    100.00
```

Statistics for column categories in standard normalization

| | overall | | | | dimension_1 | | |
|---|---|---|---|---|---|---|---|
| Categories | mass | quality | %inert | | coord | sqcorr | contrib |
| A | | | | | | | |
| agree stro~y | 0.034 | 0.280 | 0.054 | | 1.837 | 0.244 | 0.078 |
| agree | 0.092 | 0.100 | 0.039 | | 0.546 | 0.080 | 0.019 |
| neither ag~e | 0.059 | 0.218 | 0.048 | | -0.447 | 0.028 | 0.008 |
| disagree | 0.051 | 0.220 | 0.050 | | -1.166 | 0.160 | 0.047 |
| disagree s~y | 0.014 | 0.260 | 0.059 | | -1.995 | 0.106 | 0.037 |
| B | | | | | | | |
| agree stro~y | 0.020 | 0.419 | 0.057 | | 2.924 | 0.347 | 0.118 |
| agree | 0.050 | 0.095 | 0.050 | | 0.642 | 0.047 | 0.014 |
| neither ag~e | 0.059 | 0.140 | 0.048 | | 0.346 | 0.017 | 0.005 |
| disagree | 0.081 | 0.127 | 0.042 | | -0.714 | 0.111 | 0.028 |
| disagree s~y | 0.040 | 0.527 | 0.052 | | -1.354 | 0.161 | 0.050 |

```
C         |                           |
agree stro~y |  0.044    0.525    0.052 |   2.158    0.450    0.137
      agree |  0.091    0.102    0.040 |   0.247    0.016    0.004
neither ag~e |  0.057    0.189    0.048 |  -0.619    0.051    0.015
   disagree |  0.044    0.216    0.051 |  -1.349    0.179    0.054
disagree s~y |  0.015    0.312    0.059 |  -1.468    0.063    0.022
-------------+--------------------------+--------------------------
D         |                           |
agree stro~y |  0.017    0.155    0.058 |   1.204    0.049    0.017
      agree |  0.067    0.008    0.046 |  -0.221    0.008    0.002
neither ag~e |  0.058    0.195    0.048 |  -0.385    0.020    0.006
   disagree |  0.065    0.015    0.046 |  -0.222    0.008    0.002
disagree s~y |  0.043    0.168    0.052 |   0.708    0.048    0.015
-----------------------------------------------------------------

          |        dimension_2
Categories |   coord   sqcorr   contrib
-------------+--------------------------
A         |
agree stro~y |  0.727    0.036    0.012
      agree | -0.284    0.020    0.005
neither ag~e | -1.199    0.190    0.055
   disagree |  0.737    0.060    0.018
disagree s~y |  2.470    0.153    0.055
-------------+--------------------------
B         |
agree stro~y |  1.370    0.072    0.025
      agree | -0.667    0.048    0.015
neither ag~e | -0.964    0.123    0.036
   disagree | -0.280    0.016    0.004
disagree s~y |  2.108    0.367    0.117
-------------+--------------------------
C         |
agree stro~y |  0.909    0.075    0.024
      agree | -0.592    0.086    0.021
neither ag~e | -1.044    0.137    0.040
   disagree |  0.635    0.037    0.012
```

```
disagree s~y |    3.017     0.249      0.089
-------------+-------------------------------
D            |
agree stro~y |    1.822     0.106      0.038
       agree |   -0.007     0.000      0.000
neither ag~e |   -1.159     0.175      0.051
    disagree |   -0.211     0.007      0.002
disagree s~y |    1.152     0.120      0.038
-----------------------------------------------

. mcaplot, overlay originmcaplot, overlay origin
```

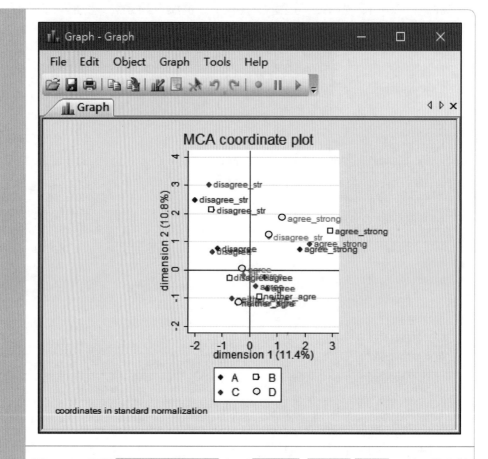

圖 12-13　改用 **method(indicator)** 之 「**mcaplot, overlay origin**」 繪二維之對
　　　　　應圖

　　儘管前 2 個維度只解釋了總慣量的 22.2%，並且在指標矩陣的 CA 中，證明完整的卡方幾何是困難的，但是在這裡看到了與前面的圖形相同的清晰模式。變數 A、B 和 C 是相關的，但變數 D 不屬於「A、B 和 C」組。

參考文獻

Addelman, Sidney (Oct 1969). The Generalized Randomized Block Design. *The American Statistician, 23* (4), 35-36.

Addelman, Sidney (Sep 1970). Variability of Treatments and Experimental Units in the Design and Analysis of Experiments. *Journal of the American Statistical Association, 65* (331), 1095-1108.

Afifi, A., Clark, V. and May, S. (2004). *Computer-Aided Multivariate Analysis*. 4th ed. Boca Raton, Fl, Chapman & Hall/CRC.

Anscombe, F. J. (1948).The Validity of Comparative Experiments . *Journal of the Royal Statistical Society. Series A (General). 111* (3), 181-211.

Bailey, R. A. (2008). *Design of Comparative Experiments*. Cambridge University Press.

Balock, H. M., Jr., (1972). *Social statistics* (2nd ed.). New York, McGraw-Hill.

Bapat, R. B. (2000). *Linear Algebra and Linear Models* (Second ed.). Springer.

Bartlett, M. S. (1954). *A Note on the Multiplying Factors for Various chi-square Approximations*. J R Stat Soc Series B. 16 (2), 296-298.

Baxter, M. J. (1994). *Exploratory multivariate analysis in archaeology*. Edinburgh, Edinburgh University Press.

Bazzoli, GJ., Shortell, SM., Dubbs, N., Chan, C., and Kralovec, P. A. (1999). *Taxonomy of Health Networks and Systems*, Bringing Order Out of Chaos. Health Services Research, February.

Benzécri, J. P. (1973). *L'analyse des données. II. L'analyse des correspondances. Dunod*, Paris, France. 619.

Bernstein, I. H., Garbin, C. P., & Teng, G. K. (1988). *Applied multivariate analysis*. New York, Springer-Verlag.

Berry, W. D., & Feldman, S. (1985). *Multiple regression in practice*. Beverly Hills, CA, Sage.

Bray, J. H., & Maxwell, S. E. (1985). M*ultivariate analysis of variance*. Beverly Hills, CA, Sage.

Brown, J. D., and E. Beerstecher. (1951). *Metabolic patterns of underweight and overweight individuals*. In Biochemical Institute Studies IV, No. 5109. Austin, TX, University of Texas Press.

Bryman, A., & Cramer, D. (1990). *Quantitative data analysis for social sciences*. London, Routledge.

Bryne, B. M. (1989). *A primer of LISREL, Basic applications and programming for confirmatory factor analytic models*. New York, Springer-Verlag.

Busch, D. H. (1991). *The new critical path method: CPM: The state-of-the-art in project modeling and time reserve management*. Chicago, Probus Publishing Company.

Caliński, Tadeusz & Kageyama, Sanpei (2000). *Block designs: A Randomization approach-Volume I: Analysis. Lecture Notes in Statistics*. 150. New York, Springer-Verlag.

Carroll, J. D., & Green, P. E. (1997). *Mathematical tools for applied multivariate analysis*. San Diego, Academic Press.

Cattell, R. B. (1943). The description of personality: Basic traits resolved into clusters. *Journal of Abnormal and Social Psychology. 38* (4), 476-506.

Cauraugh, J. H. (2002). Experimental design and statistical decisions tutorial: Comments on longitudinal ideomotor apraxia recovery. *Neuropsychological Rehabilitation, 12*, 75-83.

Child, D. (1990). *The essentials of factor analysis* (2en ed.). London, Cassell.

Christensen, R. (1990). *Log-linear models*. New York, Springer-Verlag.

Clausen, S. (1998). *Applied Correspondence Analysis: An Introduction*. Thousand Oaks:Sage.

Cooley, W. W., & Lohnes, R. R. (1971). *Multivariate data analysis*. New York, Wiley.

Crowder, M. J., & Hand, D. J. (1990). *Analysis of repeated measures.* (1st ed.). London, Chapman and Hall.

Derrick, B., Toher, D., White, P. (2016). Why Welchs test is Type I error robust. *The Quantitative Methods for Psychology. 12* (1), 30-38.

Derrick, B., Toher, D., White, P. (2017). *How to compare the means of two samples that include paired observations and independent observations*: A companion to Derrick, Russ, Toher and White (2017). The Quantitative Methods for Psychology. 13 (2), 120-126.

Dunn, O. J., & Clark, V. A. (1987). *Applied statistics: Analysis of variance and regression* (2nd ed.). New York, Wiley.

Dwyer, J. H. (1983). *Statistical models for the social and behavioral sciences.* New York, Oxford University Press.

Edwards, A. L. (1985). *Multiple regression and the analysis of variance and covariance* (2nd ed.). New York, W. H. Freeman.

Elifson, K. W., Runyon, R. P., & Haber, A. (1982). *Fundamentals of social statistics.* Reading, MA: Addison-Wesley.

Everitt, B. S., & Dunn, G. (2001). *Applied multivariate data analysis*. London, Arnold; New York, Oxford University Press.

Fadem, Barbara (2008). *High-Yield Behavioral Science* (High-Yield Series). Hagerstwon, MD, Lippincott Williams & Wilkins.

Fang, K., & Zhang, Y. (1990). *Generalized multivariate analysis*. Beijing, Science Press.

Farrell, R. H. (1985). *Multivariate calculation: Use of the continuous groups*. New York, Springer-Verlag.

Field, A. (2009). *Discovering Statistics Using SPSS* (3rd edition). Los Angeles, Sage.

Fisher Box, Joan (1987). Guinness, Gosset, Fisher, and Small Samples. *Statistical Science. 2* (1), 45-52.

Fisher, R. A. (1936). The use of multiple measurements in taxonomic problems, *Eugen. 7*, 179-188

Flury, B., & Riedwyl, H. (1988). Multivariate statistics: A practical approach.London, Chapman and Hall.

Garson, G. David (2015). *GLM Multivariate, MANOVA, and Canonical Correlation*. Asheboro, NC, Statistical Associates Publishers.

Gates, Charles E. (Nov 1995). What Really is Experimental Error in Block Designs? *The American Statistician, 49* (4), 362-363.

Geer, J. P. van de. (1993). *Multivariate analysis of categorical data*. Newbury Park, CA, Sage. (Available at the UH Downtown, QA278.G433 1993 v. 2 )

Geisser, S. and Greenhouse, S. W. (1958). *An extension of Box's result on the use of the F distribution in multivariate analysis.* Annals of Mathematical Statistics, 29, 885-891.

Gillham, Nicholas Wright (2001). *A Life of Sir Francis Galton: From African Exploration to the*

*Birth of Eugenics*. Oxford University Press, New York.

Girden, E. R. (1992). ANOVA: Repeated measures. Newbury Park, CA: Sage.

Goodman, L. A., & Magidson, J. (Ed.). (1985). *Analyzing qualitative/categorical data, Log-linear models and latent structure analysis.* Lanham, MD, University Press of America.

Green, P. E. (1978). *Mathematical tools for applied multivariate analysis.* New York, Academic Press.

Greenacre, M. (1994). *Correspondence Analysis and its Interpretation.* In M. Greenacre & J. Blasius (Eds.),Correspondence Analysis in the Social Sciences (pp.23-52). London: Academic Press.

Greenance, M. (1984). *Theory and Applications of Correspondence Analysis.* London: Academic Press.

Grimm, L. G. and Yarnold, P. R. (editors). (1995). *Reading and Understanding Multivariate Statistics.* Washington, D. C., American Psychological Association.

Grimm, L. G., & Yarnold, P. R. (Ed.). (2000). *Reading and understanding more multivariate statistics.* Washington, DC., American Psychological Association.

Gueorguieva, R. & Krystal, J. H. (2004). Progress in analyzing repeated-measures data and its reflection in papers published in the archives of general psychiatry. *Archives of General Psychiatry, 61,* 310-317.

Guilford, J. P., & Fruchter, B. (1978). *Fundamental statistics in psychology and education* (6th ed.). New York, McGraw-Hill.

Gupta, A. K. (Ed.). (1987). *Advances in multivariate statistical analysis.* Boston, Kluwer Academic Publishers.

Gupta, S. K., Ghosh, T. C. (2001). Gene expressivity is the main factor in dictating the codon usage variation among the genes in *Pseudomonas aeruginosa. Gene* 273: 63-70.

Haberman, S. (1975). *Maximum likelihood estimates in exponential response models.* Technical Report. Chicago, IL, University of Chicago.

Hagenaars, J. A. (1990). *Categorical longitudinal data: Log-linear panel, trend,and cohort analysis.* Newbury Park, CA: Sage.

Hair, J. F., Anderson, R. E., & Tatham, R. L. (1987). *Multivariate data analysis with readings* (2nd ed.). New York, Macmillan.

Hand, D. J., & Taylor, C. C. (1987). *Multivariate analysis of variance and repeated measures: A practical approach to behavioral scientists.* London, Chapman and Hall.

Hanushek, E. A., & Jackson, J. E. (1977). *Statistical methods for social scientists.* New York, Academic Press.

Harris, R. J. (2001). *A primer of multivariate statistics.* Mahwah, N. J., Lawrence Erlbaum Associates.

Hayduk, L. A. (1987). *Structural equation modeling with LISREL, Essentials and advances.* Baltimore, Johns Hopkins University Press.

Hays, W. L. (1973). *Statistics for the social sciences* (2nd ed.). New York, Holt, Rinehart, and Winston.

Healey, J. F. (1984). *Statistics: A tool for social research.* Belmont, CA, Wadsworth.

Hill, M. O. (1974). Correspondence analysis: a neglected multivariate method. Appl. Stat.23, 340-

54.

Hinkelmann, Klaus and Kempthorne, Oscar (2008). *Design and Analysis of Experiments. I and II* (Second ed.). Wiley.

Hopkins, D. K., Hopkins, B. R., & Glass, G. V. (1996). *Basic statistics for the behavioral sciences.* Boston, Allyn and Bacon.

Howard, E. A., & Steven D. B. (Ed.). (2000). *Handbook of applied multivariate statistics and mathematical modeling.* San Diego, Academic Press.

Howell, D. (2010). *Statistical Methods for Psychology* (7th edition). Australia, Wadsworth.

Huberty, C. J. and Olejnik, S. (2006). *Applied MANOVA and Discriminant Analysis*, Second Edition. Hoboken, New Jersey, John Wiley and Sons, Inc.

Huck, S. W. & McLean, R. A. (1975). Using a repeated measures ANOVA to analyze the data from a pretest-posttest design: A potentially confusing task. *Psychological Bulletin, 82*, 511-518.

Hyunh, H. and Feldt, L. S. (1970). Conditions under which mean square ratios in repeated measurements designs have exact F-distributions. *Journal of the American Statistical Association, 65*, 1582-1589.

James. S. (2001). *Applied multivariate statistics for the social sciences.* Mahwah, N. J., Lawrence Erlbaum Associates.

Johnson, R. A., & Wichern, D. W. (1982). *Applied multivariate statistical analysis.* Englewood Cliffs, NJ, Prentice-Hall.

Johnson, R. A., & Wichern, D. W. (1988). *Applied multivariate statistical analysis.*(2nd ed.). Englewood Cliffs, NJ, Prentice-Hall.

Johnsson, T. (1989). *On stepwise procedures for some multiple inference problems.* Gteborg, Alqvist & Wiksell International.

Kachigan, S. K. (1982). *Multivariate statistical analysis.* New York, Radius Press.

Kachigan, S. K. (1986). *Statistical analysis: An interdisciplinary introduction to univariate & multivariate methods.* New York, Radius Press.

Kariya, T. (1985). *Testing in the multivariate general linear model.* Tokyo, Kinokuniya Co.

Kaufman, L., and P. J. Rousseeuw (1990). Finding Groups in Data: An Introduction to Cluster Analysis. New York: Wiley.

Kempthorne, Oscar (1979). *The Design and Analysis of Experiments* (Corrected reprint of (1952) Wiley ed.). Robert E. Krieger.

Keppel, G., & Zedeck, S. (1989). *Data analysis for research designs: Analysis-of variance and multiple regression/correlation approaches.* New York, W.H. Freeman.

Khattree, R., & Naik, D. N. (1999). *Applied multivariate statistics with SAS software.* Cary, NC, SAS Institute ; [New York], J. Wiley & Sons.

Krippendorff, K. (1986). *Information theory: Structural models for qualitative data.*Beverly Hills, CA, Sage.

Krzanowski, W. J. (2000). *Principles of multivariate analysis: A user's perspective.* Oxford [Oxfordshire] ; New York, Oxford University Press.

Kuehl, R. O. (2000). *Design of experiments: Statistical principles of research design and analysis.* Pacific Grove, CA , Duxbury/Thomson Learning.

Larsen, R. J., & Marx, M. L. (1981). *An introduction to mathematical statistics and its applications*. Englewood Cliffs, NJ, Prentice-Hall.

Lazarsfeld, P. F. and Henry, N. W. (1968). *Latent structure analysis*. Boston, Houghton Mifflin.

Lentner, Marvin; Thomas Bishop (1993). The Generalized RCB Design (Chapter 6.13). *Experimental design and analysis* (Second ed.). P. O. Box 884, Blacksburg, VA 24063, Valley Book Company. 225-226.

Lepš J., P. Šmilauer (1999). *Multivariate Analysis of Ecological Data. Faculty of Biological Science.* Univ. South Bohemia, Ceské Budéjovice.

Levine, G. (1991). *A guide to SPSS for analysis of varian*ce. Hillsdale, NJ, Lawrence Erlbaum Associates.

Lindzey, G., & Aronson, E. (Eds.). (1968). *The handbook of social psychology(end ed.) (Vol. 2 Research Methods). Reading*, MA, Addison-Wesley.

Liu Q, Y Feng, Q Xue (2004). Analysis of factors shaping codon usage in the mitochondrion genome of Oryza sativa. *Mitochondrion 4*, 313-320.

MacEachron, A. E. (1982). *Basic statistics in the human services: An applied approach*. Baltimore, University Park Press.

Manly, B. F. J. (1986). *Multivariate statistical methods: A primer.* London, Chapman and Hall.

Mardia, K. V., J. T. Kent, and J. M. Bibby (1979). Multivariate Analysis. New York: Academic Press.

McDonald, R. P. (1985). *Factor analysis and related methods*. Hillsdale, NJ, Lawrence Erlbaum Associates.

McPherson, G. (2001). *Applying and interpreting statistics: A comprehensive guide*. New York , Springer.

Morrison, D. F. (1990). *Multivariate statistical methods* (2nd e3d.). New York, McGraw-Hill.

Naes, T., & Risvik, E. (Ed.). (1996). *Multivariate analysis of data in sensory science. Amsterdam.* New York, Elsevier. (QP435 .M83 1996)

Narayan C. G. (1996). *Multivariate statistical analysis.* New York, M. Dekker.

Neter, J., Wasserman, W., & Kutner, M. H. (1990). *Applied linear statistical models: Regression, analysis of variance, and experimental designs* (3rd ed.). Homewood, IL, Irwin.

Nikiforov, A. F., Suslov, S. K., & Uvarov, V. B. (1991). *Classical orthogonal polynomials of a discrete variable*. Berlin, Springer-Verlag.

Nishisato, S. (1980). *Analysis of Categorical Data: Dual Scaling and Its Applications*. Univ. Toronto, Toronto, Canada. 276.

Norris, C. N., & Rolph, J. E. (1981). *Introduction to data analysis and statistical inference*. Englewood Cliffs, NJ, Prentice-Hall.

Ohrnstedt, G. W. B., & Knoke, D. (1982). *Statistics for social data analysis*. Itasca, IL, Peacock.

Oksanen, J. (2004). *Multivariate Analysis in Ecology-Lecture Notes*. p.63-70. Department of Biology, Univ. Oulu, Oulu, Finnish.

Parsa, A. R. (1990). *Analysis of contingency tables with structural zeros and ordered categories*. Unpublished doctoral dissertation, Texas A & M University, College.

Pedhazur, E. (1997). *Multiple Regression in Behavioral Research*. 3rd ed. Orlando, Fl, Holt, Rinehart and Winston, Inc.

Pollatsek, A. & Well, A. D. (1995). On the use of counterbalanced designs in cognitive research: A suggestion for a better and more powerful analysis. *Journal of Experimental Psychology, 21*, 785-794.

Raghavarao, Damaraju (1988). *Constructions and Combinatorial Problems in Design of Experiments* (corrected reprint of the 1971 Wiley ed.). New York.

Rao, C. R. (1951). "An asymptotic expansion of the distribution of Wilks' Criteria". Bulletin de l'Institut *International de Statistique, 33*, 177-180.

Rao, C. R. (1955). Estimation and tests of significance in factor analysis. *Psychometrika 20*, 93-111.

Rasch, G. (1960). *Probabilistic models for some intelligence and attainment tests*. Chicago, University of Chicago Press.

Read, T. R. C., & Cressie, N. A. C. (1988). *Goodness-of-fit statistics for discrete multivariate data*. New York, Springer-Verlag.

Rencher, A. C. (1998). *Multivariate Statistical Inference and Applications*. New York, Wiley.

Rencher, A. C., and W. F. Christensen (2012). *Methods of Multivariate Analysis*. 3rd ed. Hoboken, NJ, Wiley.

Richard Mankiewicz (2004). *The Story of Mathematics* (Paperback ed.). Princeton, NJ, Princeton University Press.

Richard, A. R., & Enrico, S. (1999). *Aspects of multivariate statistical analysis in geology*. Amsterdam, New York , Elsevier.

Richard, A. J., & Dean, W. W. (2002). *Applied multivariate statistical analysis*. Upper Saddle River, N.J., Prentice Hall.

Santner, T. J., & Duffy, D. E. (1989). *The statistical analysis of discrete data*. New York, Springer-Verlag.

Shah, Kirti R. & Sinha, Bikas K. (1989). *Theory of Optimal Designs*. Lecture Notes in Statistics.

Shen, M. L. (1998). *Applied Multivariate Analysis*.(in Chinese) p.243-301. Jeou Chou Book Co. Ltd., Taipei, Taiwan.

Smith, H., R. Gnanadesikan, and J. B. Hughes (1962). Multivariate analysis of variance (MANOVA). B*iometrics 18*, 22-41.

Snedecor, G. W., and Cochran, W. G. (1989). Statistical Methods, eighth edition. Iowa State University Press.

Spearman, C. (1904). The Proof and Measurement of Association between Two Things. *American Journal of Psychology 15*, 88-103.

Stevens, J. (2002). *Applied multivariate statistics for the social sciences*. Hillsdale, NJ, L. Erlbaum Associates.

Stone, M. (1987). *Coordinate-free multivariate statistics: An illustrated geometric progression from Halmos to Gauss and Bayes*. Oxford, Clarendon Press.

Street, Anne Penfold & Street, Deborah J. (1987). *Combinatorics of Experimental Design*. Oxford U. P.

Tabachnick, B. G., & Fidell, L. S. (2001). *Using multivariate statistics*. Boston, Allyn and Bacon.

Tan Q, K Brusgaard, TA Kruse, E Oakeley, et al.(2004). Correspondence analysis of microarray time-course data in case-control design. *J. Biomed. Informatics 37*: 358-365.

Tandy, R. D. (1989). *An empirical comparison of univariate and multivariate repeated measures analysis techniques when applied to motor performance data microform: A Monte Carlo study*. Unpublished doctoral dissertation, Texas A & M University, College Station, TX.

Tatsuoka, M. M. (1971). Multivariate Analysis: Techniques for Educational and Psychological Research. New York, John Wiley and Sons.

Tatsuoka M. M. (1988). *Multivariate analysis: Techniques for Educational and Psychological Research*. 2nd. Macmillan Pub. Co., New York, USA. 477.

Tekaia. F., Yeramian, E., & Dujon, B. (2002). Amino acid composition of genomes, lifestyles of organisms, and evolutionary trends: A global picture with correspondence analysis. *Gene, 297*, 51-60.

Thomas T. H. W. (2002). *Evidence-based health care management: Multivariate modeling approaches*. Boston, Kluwer Academic Publishers.

Thurstone, L. L. (1947). *Multiple Factor Analysis. Chicago*, University of Chicago Press.

Tong, Y. L. (1990). *The multivariate normal distribution*. New York, Springer Verlag.

Tryon, Robert C. (1939). *Cluster Analysis: Correlation Profile and Orthometric (Factor) Analysis for the Isolation of Unities in Mind and Personality*. Edwards Brothers.

Wickens, T. D. (1995). *The geometry of multivariate statistics*. Hillsdale, N. J., L. Erlbaum Associates.

Wilk, M. B. (June 1955). The Randomization Analysis of a Generalized Randomized Block Design . *Biometrika. 42* (1-2), 70-79.

Wishart, J. (1928). The generalised product moment distribution in samples from a normal multivariate population. *Biometrika. 20*A (1-2), 32-52.

Wright, S. (1921). Correlation and causation. *J. Agric. Res. 20*, 557-585.

Yuan Z. F., J. Y. Zhou (2003). *Multivariate Statistical Analysis*. (in Chinese) p.188-195. 2nd. Science Press, Beijing, China. 303.

Zeller, R. A., & Carmines, E. G. (1978). *Statistical analysis of social data*. Chicago, Rand McNally.

Zeller, R. A., & Carmines, E. G. (1980). *Measurement in the social sciences: The link between theory and data*. New York, Cambridge University Press.

Zyskind, George (Dec 1963). Some Consequences of randomization in a Generalization of the Balanced Incomplete Block Design . *The Annals of Mathematical Statistics. 34* (4), 1569-1581.

林清山 (1988)。多變項分析統計法，第 5 版，臺北：東華。

陳家倫 (2001)。臺灣宗教行動圖像的初步建構，在「宗教與社會變遷」第三期第五次臺灣社會變遷基本調查之研究分析研討會，中央研究院社會研究所，檢索於 http://www.ios. sinica.edu.tw/pages/seminar/scs3-5/scs3-54.doc, 2018-01-13。

# 五南研究方法書系 STaTa 系列

張紹勳 博士 著

**1H0U**

多變量統計之線性代數基礎：
應用STaTa分析

**1H0R**

有限混合模型(FMM)：STaTa分析
(以EM algorithm做潛在分類再迴歸分析)
（附光碟）

**1H0Q**

邏輯斯迴歸及離散選擇模型：
應用STaTa統計（附光碟）

**1H0P**

多層次模型（HLM）及
重複測量 —— 使用STaTa（附光碟）

**1H0F**

STaTa在財務金融
與經濟分析的應用（附光碟）

**1H0C**

STaTa在結構方程模型
及試題反應理論的應用（附光碟）

**1HA8**

生物醫學統計：
使用STaTa分析（附光碟）

**1H99**

STaTa與高等統計
分析（附光碟）

**1HA1**

Panel-data迴歸模型：STaTa在
廣義時間序列的應用（附光碟）

五南文化事業機構
WU-NAN CULTURE ENTERPRISE

f 五南財經異想世界

106臺北市和平東路二段339號4樓
Tel：02-27055066 轉824、889 林小姐

國家圖書館出版品預行編目資料

多變量統計之線性代數基礎：應用STaTa分析
／張紹勳著. -- 初版. -- 臺北市 ： 五南,
2018.08
　　面； 公分
　　ISBN 978-957-11-9804-0(平裝附光碟片)
　.統計套裝軟體　2.統計分析
512.4　　　　　　　　　　107010388

1HOU

# 多變量統計之線性代數基礎：應用STaTa分析

作　　者 ─ 張紹勳

發 行 人 ─ 楊榮川

總 經 理 ─ 楊士清

主　　編 ─ 侯家嵐

責任編輯 ─ 黃梓雯

文字校對 ─ 陳俐君、黃志誠

封面設計 ─ 盧盈良

出 版 者 ─ 五南圖書出版股份有限公司

地　　址：106台北市大安區和平東路二段339號4樓

電　　話：(02)2705-5066　　傳　　真：(02)2706-6100

網　　址：http://www.wunan.com.tw

電子郵件：wunan@wunan.com.tw

劃撥帳號：01068953

戶　　名：五南圖書出版股份有限公司

法律顧問　林勝安律師事務所　林勝安律師

出版日期　2018年8月初版一刷

定　　價　新臺幣1000元